AF545966

Sathya Sai Baba

Die Weisheit der Bhagavadgita

Sathya Sai Vereinigung e. V.

Titel der englischsprachigen Originalausgabe: Bhagavadgita for Today, Fifth Reprint 2010, Sai Towers Publishing. Aus dem Englischen ins Deutsche übersetzt von Philippa Durst, überarbeitet von Vera und Philipp v. Dietlein. Titel der 4. Auflage: Vorträge über die Bhagavadgita.

Umschlaggestaltung: Hartmut Balzer

Das Buch wurde auf FSC-zertifiziertem Papier aus nachhaltiger Forstwirtschaft mit mineralölfreien Farben alkoholfrei gedruckt. Die Folie des Umschlagüberzugs ist lösemittelfrei.

Die Deutsche Bibliothek verzeichnet diese Publikation in der Deutschen Nationalbibliografie. Detaillierte bibliografische Daten sind im Internet unter http://dnb.ddb.de abrufbar.

ISBN 978-3-932957-77-2

5. überarbeitete Auflage 2014

Sathya Sai Vereinigung e. V., Buchzentrum,
Grenzstraße 43, 63128 D-Dietzenbach
Umschlaggestaltung und Satz: Sathya Sai Vereinigung e. V.
Druck und Bindung: Pustet, Regensburg

www.sathyasai-buchzentrum.de

Inhalt

Zur Übersetzung

In diesem Buch wurden die *Sanskrit*-Ausdrücke des englischen Originals größtenteils ins Deutsche übertragen. Da es sich hierbei oft um philosophische Konzepte handelt, für die es im Deutschen nicht immer eindeutige Entsprechungen gibt, werden sie sinngemäß jeweils mit dem annähernd treffendsten Begriff wiedergegeben. Um dem Leser die Zuordnung zu ermöglichen, werden die *Sanskrit*-Wörter im Text in Klammern gesetzt. Die in *kursiver* Schrift gedruckten Begriffe sind im Glossar erläutert.

Die *Sanskrit*-Begriffe wurden in einer vereinfachten Umschrift wiedergegeben, wie sie in der Literatur für Nicht-*Sanskrit*-Gelehrte gebräuchlich ist; dabei erscheinen nur drei zusätzliche Buchstaben: ā, ī und ū. Zugunsten der Lesbarkeit wurde darüber hinaus die Schreibweise aller indischen Namen und einiger *Sanskrit*-Begriffe eingedeutscht.

Das englische Wort „mind“ ist je nach Sinnentsprechung verschieden übersetzt worden. Es wird fast immer als Übersetzung des *Sanskrit*-Wortes „Manas“ benutzt. „Manas“ bezeichnet den Geist (im relativen Sinn), die Wünsche, Gedanken und Gefühle, das Gemüt, das Denken, die Psyche, den Verstand. Der englische Begriff „spirit“ wurde als Geist im absoluten Sinne übersetzt. „Spirit“ bezeichnet das innere Selbst, den göttlichen Funken, der im Herzen wohnt.

Zur Aussprache der Sanskrit-Wörter

- Die Vokale ā, ī, ū sowie e und o sind immer lang (wie in Rat, Sieg, Zug, See und Dom).
- c – tsch (klatschen)
- j – dsch (englisch: joy)
- jn – gn (vereinfacht, den genauen Laut gibt es im Deutschen nicht)
- s – ss (Wasser)
- sh – sch (ein Laut zwischen sch und s wie in Stein)
- v – w (Wort)
- y – j (jeder)
- Das h in bh, ch, dh, gh, jh, ph, th ist als ein deutlich hörbarer Hauchlaut zu sprechen (zum Beispiel „Budd-hi").
- Die Betonung richtet sich nach der Länge der Vokale; bei längeren Wörtern liegt die Betonung auf der drittletzten Silbe, wenn die vorletzte kurz ist (zum Beispiel „Sādhana", „Vāsana", „Sāttvika"). Wenn die vorletzte Silbe lang ist (durch Länge oder mehrere aufeinanderfolgende Konsonanten), trägt sie den Ton (zum Beispiel „Ānanda", „Bhāvaroga", Ahamkāra").

Botschaften

Angenommen ihr werdet gefragt: „Wer hat all diese Vielfalt in der Welt erschaffen? Wer ist für all diese Mannigfaltigkeit verantwortlich?“ Was werdet ihr antworten? ... Die richtige Antwort ist: „Es gibt überhaupt keine Vielfalt!“ ... Das eine göttliche Selbst bleibt für immer das eine Selbst. Ihr haltet es irrtümlicherweise für viele. Der Fehler liegt bei euch. Korrigiert eure Sichtweise. Beseitigt die Täuschung. Das Göttliche hat sich nicht in die Welt verwandelt, so wie sich das Seil nicht in eine Schlange verwandelt hat. In der Dunkelheit habt ihr das Seil fälschlicherweise für eine Schlange gehalten, aber es bleibt ein Seil. So bleibt auch das göttliche Selbst das göttliche Selbst, obwohl die Unwissenheit über diese Tatsache es euch als die Welt sehen lässt. ... Die Welt der Vielfalt steht auf einem Bein, genannt Illusion. Schlagt dieses Bein ab, und die Welt fällt. ... Ich sage euch oft: Identifiziert sogar mich nicht mit diesem bestimmten Körper. Ihr versteht es nicht. Ihr ruft mich bei nur einem Namen und glaubt, ich hätte nur eine Gestalt, aber es gibt keinen Namen, den ich nicht trage, und es gibt keine Gestalt, die nicht meine ist.

Nach langem Suchen hier und dort, in Tempeln und in Kirchen, kehrt ihr schließlich zurück, schließt den Kreis dort, wo ihr gestartet seid, und findet heraus, dass Er, nach dem ihr in der ganzen Welt gesucht habt, nach dem ihr in Tempeln und Kirchen geweint und gebetet habt, nach dem ihr als Geheimnis aller Geheimnisse Ausschau gehalten habt, der Nächste der Nahen ist. ... Euer eigenes Selbst, ... die Wirklichkeit eures Lebens, eures Körpers und eurer Seele. Stellt dies fest! Bekundet dies!

Ihr, als Körper, Geist (mind) und Seele, seid ein Traum. Aber was ihr wirklich seid, ist reines Sein, Wissen, Glückseligkeit. Ihr seid der Gott dieses Universums. Ihr erschafft dieses Universum und zieht es an. Um das Unendliche zu erreichen, muss das erbärmlich kleine Gefängnis der Individualität verschwinden. ... Folgt dem Herzen. Ein reines Herz sucht jenseits des Intellekts. Es wird inspiriert. ... In euch ist die wahre Glückseligkeit. In euch ist das mächtige Meer des göttlichen Nektars. Sucht es in euch. Fühlt es. Spürt es. Es ist hier, das Selbst. Es ist nicht der Körper, der Geist, der Intellekt. All dies sind simple Manifestationen. Über all diesen seid ihr. Ihr erscheint als die lächelnde Blume, die glitzernden Sterne. Was gibt es in der Welt, das euch etwas wünschen lassen könnte?

Aus Worten und Texten von Sai Baba

Einführung in die Gita

Gita bedeutet „Gesang“. Die *Gita* ist aber kein gewöhnliches Lied. Sie ist das göttliche Lied der Befreiung. Sie wurde uns von Gott gegeben, um uns von den Täuschungen zu befreien, die uns gefangengenommen haben. Die *Gita* feiert unsere höchste Wahrheit, den *Atman*.

„Atman“ bedeutet „Selbst“. Aber *„Atman“* bedeutet auch „Gott“. Der *Atman* ist unser Gott-Selbst, unser wahres Selbst, und weil Gott stets Eines ist, ist der *Atman* das eine wahre Selbst von jedem und allem. Es ist die Täuschung, die Ihn als viele erscheinen lässt. Es ist unsere Bestimmung, die Wolken der Illusion zu vertreiben, damit die Wahrheit enthüllt und der *Atman* erkannt wird. Das ist Selbsterkenntnis.

Wenn Selbsterkenntnis kommt, schwindet die Illusion von getrennten Wesen und Dingen und wird durch Einheitsbewusstsein ersetzt. Selbsterkenntnis ist das einzige Wissen, das wahrhaftig ewigen und andauernden Wert besitzt, weil es uns befähigt, alle Begrenzungen von Zeit und Ort zu überwinden und uns in die Glückseligkeit des Selbst *(atman)* zu versenken.

In jedem großen Zeitalter kommt Gott als *Avatar* und lehrt die *Gita,* um uns in Selbsterkenntnis zu initiieren und die Schleier zu zerreißen, die unsere göttliche Natur verbergen. Vor fünftausend Jahren kam Gott als *Krishna,* um diesen Gesang der Wahrheit in einer Zeit großen moralischen Niedergangs zu überreichen. Zu jener Zeit gab er die *Gita,* um *Arjuna* und durch ihn die ganze Menschheit vor dem Nebel der Illusion und Anhaftung zu erretten. In diesem Zeitalter ist er als Sai Baba wiedergekommen, um uns diese heilige Lehre zu einer anderen Zeit großen Aufruhrs und verfallender Werten zu geben. Die Krankheit, die er behandelt, ist dieselbe, und das Heilmittel, das er verschreibt, ist auch dasselbe. Es stammt vom selben alten Wissen. Aber weil er eben jene Quelle des ewigen Wissens ist, weiß er, wie sie auf eine Weise vermittelt werden kann, die sie heute lebendig und in der gegenwärtigen Zeit bedeutsam werden lässt.

In seinen *Gita*-Lehren zeigt uns Baba, wie die falsche Vorstellung unserer Sinne und des Geistes überwunden werden, die ständig die Illusion eines getrennten Seins fördern. Er leitet uns Schritt für Schritt auf den inneren Weg, damit wir erkennen, wer wir wirklich sind. Wenn alle Illusion fort ist, erkennen wir, dass wir nicht dieser Körper und diese Persönlichkeit sind. Wir sind nicht die getrennten, in Name und Gestalt individualisierten Wesen. Die Wahrheit ist, und das hat er fortwährend wiederholt, dass wir nicht verschieden von Gott sind. Unsere unwandelbare Wirklichkeit, welche dieselbe war, bevor wir die Begrenzungen dieses Körpers angenommen haben, und welche dieselbe sein wird, nachdem wir diesen Körper losgelassen haben, ist das eine göttliche Selbst, der *Atman.* Unerklärlicherweise ist der *Atman* von den veränderlichen Namen und Formen verhüllt, die den verdeckenden Schleier von *Maya* – der Illusion – ausmachen. Doch unter den Schichten der Verschleierung, versteckt vor den Blicken, leuchtet der *Atman* in allen als unveränderliches Leuchten des göttlichen Lichtes.

Dies zu erkennen, erfordert die Reinigung des Bewusstseins, bis nur noch reine Bewusstheit bleibt, die nicht mehr von Illusionen des Geistes (mind) vernebelt ist. Baba sagt uns, dass wir von Einheitsbewusstsein durchdrungen werden, wenn wir unsere nach außen gerichtete Sichtweise und unsere Faszination für die Welt aufgeben und stattdessen unseren Geist nach innen wenden, um die ganzheitliche Sicht zu erreichen. Wenn wir unser Körperbewusstsein überwinden, erlangen wir Gottesbewusstsein. Wenn wir uns über unser begrenztes menschliches Bewusstsein hinaus in die Fülle unseres Potenzials ausdehnen, werden wir, wer wir wirklich sind. Wir transzendieren die Illusion des Getrenntseins von Gott, Mensch und Welt und gehen in das eine göttliche Prinzip ein. Das ist die essenzielle Lehre der *Gita*.

Die *Gita* ist das wahre Herz der alten Weisheit, welche die ewige Philosophie des Ostens ausmacht. Sie ist die Grundlage aller Spiritualität. Es wurde uns gesagt, dass sie einen tiefgründigen Einfluss auf Jesus ebenso wie auf Buddha hatte, ganz zu schweigen von den zahllosen spirituellen Lichtern, die diesen Planten in den Jahrtausenden beehrt haben, seit die *Gita* von *Krishna* auf dem Schlachtfeld geschenkt wurde. Die *Gita* hat etwas für jeden auf jeder Stufe des spirituellen Weges. Baba spricht zu jedem von uns auf der Stufe, für die wir bereit sind, indem er uns, wo auch immer wir sind, auf unsere letztendliche Bestimmung hinweist. Wenn wir diese *Gita* in unseren Alltag aufnehmen, müssen wir kein anderes Buch mehr lesen und keine andere Lehre mehr studieren. Indem wir den hier gegebenen Anweisungen folgen, werden wir nach Hause zu unserer unwandelbaren Wahrheit gebracht. Vorher gibt es jedoch einige Stufen, die wir durchlaufen müssen. Von ihnen spricht man am besten in Begriffen der *Yogas*. Das *Sanskrit*-Wort *„Yoga"* bedeutet „Einheit" und bezieht sich auf die Einheit mit Gott.

Es gibt drei Haupt-*Yogas,* die Baba hier aufgreift. Sie sind *Karmayoga* – der Weg des selbstlosen Dienens –, *Bhaktiyoga* – der Weg der Hingabe, bei dem wir die Göttlichkeit in allem sehen, was wir erblicken – und *Jnānayoga* – der Weg der Weisheit, der Gipfel der spirituellen Reise, an dem wir permanent bei der höchsten Wahrheit verweilen. Diese *Yogas* sind die Seife, die uns reinigt und die Schichten der Unwirklichkeit abträgt, die den *Atman* bedeckt haben. Zu lange schon haben Illusion und Unwirklichkeit sich bizarrerweise, aber vollkommen überzeugend als die einzig wahre Realität ausgegeben und die echte Wirklichkeit, den *Atman,* verborgen. Diese *Yogas* helfen uns, zum Einheitsbewusstsein zurückzukehren.

Es mag die Frage aufkommen, warum Baba diese neue Version der *Gita* ausgearbeitet hat, obwohl die Verse von *Krishnas Bhagavadgita* frei erhältlich sind. Baba erklärt, dass sich dieses gegenwärtige Zeitalter sowohl von *Krishnas* Zeit als auch von *Ramas* Zeit unterscheidet. Im Zeitalter von *Rama* waren die Kräfte der Dunkelheit als dämonische Horden und äußere Feinde verkörpert, die den inneren Frieden und die Ruhe der Menschen störten. *Rama,* Gott, der als *Avatar* inkarnierte, griff persönlich zu den Waffen und ging in den Wald, um dieses Böse zu zerstören. Zehntausende von Jahren später, im Zeitalter von *Krishna,* waren die Kräfte des Bösen nicht draußen im Wald, sondern in genau derselben Familie. Jetzt griff der *Avatar* nicht direkt zu den Waffen. Stattdessen fuhr er einen Streitwagen und rüttelte *Arjuna* wach, in die Schlacht zu ziehen und den Sieg zu erringen.

In Wahrheit hatte das Göttliche den Ausgang bereits entschieden. Um *Arjuna* klarzumachen, dass er bloß ein Schauspieler in diesem Drama war, gab *Krishna Arjuna* eine Vision der kosmischen Gestalt Gottes. Plötzlich konnte *Arjuna* die gesamte Zeit – Vergangenheit, Gegenwart und Zukunft – sehen. Er sah all die Krieger auf beiden Seiten, verschlungen von ihrem unausweichlichen Schicksal, dem Spiel folgend, das vom Herrn orchestriert wurde. Obwohl *Arjuna* damit befasst war, sämtliche Schlachten zu führen, sah er, dass er bloß ein Instrument war, das den Willen des Herrn ausführte, und dass die letztendliche Entscheidung des Krieges, der Triumph der

Rechtschaffenheit über das Böse, sogar schon entschieden war, bevor die erste Schlacht begann.

In jenen Tagen lebten die Menschen viel länger als heute. Baba hat erwähnt, dass *Krishna* und *Arjuna* zur Zeit des *Mahabharata*-Krieges in ihren Achtzigern waren. *Krishna* und *Arjuna* kannten einander seit über siebzig Jahren. Sie waren die engsten Freunde, verbrachten die meiste Zeit zusammen und waren als Schwäger miteinander verwandt. In der ganzen Zeit, die sie gemeinsam verbrachten, kam die *Gita* niemals zur Sprache. Jahrelang hatte *Arjuna* zusammen mit den anderen *Pandava*-Brüdern edelmütig jede Verletzung und Erniedrigung ertragen, die von ihren bösen Cousins zugefügt worden war. Aber die Kräfte des Bösen waren unerbittlich. Es war dem Konflikt bestimmt, im Krieg zu gipfeln. Es wurden Vorbereitungen für die Schlacht getroffen. Jetzt, an ihrem Vorabend, als *Arjuna* seinen geliebten Großvater, seinen verehrten Lehrer und all seine anderen nahen Verwandten bereit für den Kampf auf der gegnerischen Seite aufgestellt sah, warf er in Verzweiflung seinen Bogen weg.

Als Baba darüber sprach, sagte er, dass *Arjuna* in seinem Leben vielen weltlichen Dilemmata begegnet war und wusste, wie er mit ihnen umgehen musste. Aber an diesem Punkt sah sich *Arjuna* einem spirituellen Dilemma gegenüber. Er war vom Gefühl der Hilflosigkeit überwältigt, das vom Ansturm seiner inneren Feinde herrührte – von Anhaftung, Verblendung, einer getäuschten Sichtweise und anderen mehr, die ihn seine Wahrheit und Verpflichtung vergessen ließen, Rechtschaffenheit um jeden Preis zu beschützen. In seiner Verzweiflung wandte er sich nun an *Krishna,* im Wissen, dass allein *Krishna* ihn aus diesem Sumpf erretten konnte. Er erklärte: „Herr, befiehl mir, ich werde tun, was du sagst." In diesem Moment wandelte sich die Beziehung von Kameraden und Gleichgestellten zu Meister und Schüler, und das war der Punkt, so sagt uns Baba, an dem *Krishna* beschloss,

Arjuna die *Gita* zu lehren. Die Hingabe des individuellen Willens an den göttlichen Willen war der Schlüssel zur richtigen Vorbereitung für diese uralte Weisheit.

Baba sagte, dass der Weise *Vyasa* sich mit seinen yogischen Kräften des subtilen Hörens eingestimmt hatte, ihren Dialog zu hören. *Vyasa* arbeitete *Krishnas* Lehren in siebenhundert Versen als *Sanskrit*-Gedicht aus, das im Laufe der Zeit als die *Bhagavadgita* erhalten blieb. Aber, so sagte Baba, in den etwa zwanzig Minuten, in denen *Krishna* auf dem Schlachtfeld zu *Arjuna* sprach, habe er nicht tatsächlich all diese Verse in einem poetischen Metrum niedergelegt. *Krishnas* Ziel sei ganz speziell gewesen.

Krishna, die inkarnierte Göttlichkeit, war stets und unaufhörlich glücklich. *Arjuna* erlebte, wie der Rest der Menschheit, Zeiten der Freude und des Leids. Hier, am Vorabend der Schlacht, war *Arjuna* sehr niedergeschlagen, aber zuvor an jenem Tag war er sehr ermutigt und begierig gewesen zu kämpfen. *Krishna* wusste, dass diese Stimmungsschwankungen durch die Täuschung verursacht wurden. *Arjuna* war nicht in Verbindung mit seiner wahren Natur, dem *Atman,* der synonym ist mit ewiger Freude. *Krishna* beschloss, *Arjunas* Konfusion zu vertreiben und seinen Mut zu stärken, indem er ihn das Wissen um den *Atman* lehrte, damit *Arjuna* seine eigene göttliche Wahrheit entdecken und für immer in unwandelbarer innerer Freude versunken sein würde.

In diesen Kapiteln gibt Baba uns Einblicke in die wichtigsten Stellen von *Krishnas Gita*. Weil dieses Buch die *Gita* für das gegenwärtige Zeitalter ist, gibt uns Baba zusätzliche Anleitungen für unseren spirituellen Fortschritt, die besonders für diese schwierigen Zeiten und unsere Bedürfnisse geeignet sind. Sein Ziel gleicht dem von *Krishna,* nämlich uns in ewige Glückseligkeit *(ānanda)* zu führen, die unsere wahre Natur ist.

Dieses Zeitalter unterscheidet sich in vielerlei Hinsicht von *Krishnas* Zeitalter. In diesem Zeitalter bekämpfen die Kräfte des Guten und des Bösen einander nicht nur in derselben Familie, sondern auch im Inneren jedes Wesens. Baba sagt uns, dass keiner entkommen und überleben würde, wenn der Herr heute mit einem Schwert in der Hand käme, um alle Spuren des Bösen auszumerzen. Stattdessen kommt Er als der innere Leiter. Indem wir seiner Führung folgen, müssen wir unsere eigenen inneren Schlachten austragen, unsere eigenen inneren Feinde besiegen und den ultimativen Sieg der Befreiung und des Erwachens erringen.

Dieses *Kaliyuga,* in dem wir jetzt leben, in dem grober Materialismus und Gesetzlosigkeit um sich greifen und spirituelle Werte nachgelassen haben, ist auf viele Weisen das dunkelste aller Zeitalter. Aber aus dem spirituellen Blickwinkel ist es das beste aller Zeitalter für die Transformation des Einzelnen. In diesem Zeitalter können wir die Fesseln der Illusion äußerst bereitwillig abwerfen und den *Atman* erkennen. Aber es erfordert das Schwimmen flussaufwärts gegen die kraftvolle Strömung und die Stromschnellen des weltlichen Lebens, die versuchen, uns hinabzuziehen und im endlosen Kreislauf von Geburt und Tod fest im Griff zu halten. Jetzt zeigt uns der *Avatar* dieses Zeitalters durch seine Lehren, wie wir durch diese Stromschnellen navigieren können. Er arbeitet innerlich als der Bewohner jeden Wesens und leitet uns an, wie wir unsere eigenen inneren Feinde konfrontieren und diesen inneren Krieg von Gut gegen Böse in uns gewinnen können.

In vergangenen Zeitaltern, so hebt Baba hervor, widmete sich der spirituelle Weg in erster Linie Ritualen und religiösen Praktiken wie Meditation, Buße, Rezitation von *Mantras,* Gebeten und anderen anbetenden Aktivitäten. Diese Übungen sind immer noch wichtig, aber sie reichen nicht. Baba sagt oft: „Hände, die im Dienst an der

Gesellschaft arbeiten, sind viel heiliger als Lippen, die beten." Er will, dass wir *Karmayoga* ausführen und uns in selbstlosem Dienst an der Menschheit engagieren. All unsere Arbeit muss rein sein und bis zum Äußersten unseres Potenzials getan werden. Gleichzeitig dürfen wir keine Anhaftung an die Früchte unserer Arbeit haben, sondern müssen stattdessen all unsere Handlungen und ihre Ergebnisse Gott opfern.

Wenn wir Göttlichkeit überall sehen, als Bewohner, der sich in allen Wesen niedergelassen hat, und dieser allgegenwärtigen Göttlichkeit in allem, was wir tun, dienen, dann wird *Karmayoga* automatisch zu *Bhaktiyoga*. Unsere Arbeit wird Anbetung. Aber darin gibt es immer noch eine Trennung zwischen uns und Gott; es gibt immer noch eine gewisse Dualität. Baba ist mit unserem spirituellen Fortschritt nicht zufrieden, bis wir vollkommen in Nichtdualität eingetaucht sind und unsere höchste Wahrheit erreichen, das Erkennen des unsterblichen Selbst. Das ist die letzte Stufe.

Baba erzählt die kurze Geschichte einer alten Dame, die nachts zuhause nähte. Sie arbeitete an ihrem Bilderteppich, als sie ihre Nadel verlor. Weil das Licht in ihrem Haus sehr schummerig war, ging sie nach draußen zur Straßenlaterne und suchte dort, wo das Licht hell war, nach der Nadel. Baba beendete die Geschichte hier. Wann immer er diese Geschichte erzählte, schien er ein bisschen über ihre Dummheit amüsiert zu sein.

Wir sind wie die alte Dame. Wir haben unsere Nadel verloren, während wir am Bilderteppich unserer vielen Leben arbeiten. Unsere verlorene Nadel ist das Wissen um unsere Wahrheit, ohne das wir unsere Arbeit nicht beenden können. Nachdem wir zahllose Leben lang, gefangen in Illusion, herumgetastet haben, wissen wir jetzt, dass es etwas Entscheidendes für unsere Existenz gibt, das wir verloren haben. Wir gehen zu großen Lehrern und in *Aschrams,* in denen das spirituelle Licht intensiv ist, in der Hoffnung, dort zu finden, was wir suchen.

Wir bekommen großen Trost, wenn wir im Licht sind, und wir erhalten ein tieferes Verständnis, wonach wir suchen, aber die letztendliche Entdeckung dessen, was wir verloren haben, kann nur geschehen, wenn wir in das Innerste unseres Herzens sehen. Dort drinnen, tiefer als der Körper und der Geist (mind), tiefer als unser Gefühl des „Ichseins", das der Kern unseres individuellen Selbst ist, jenseits aller Hüllen, der subtilen und der kausalen, die unsere Wahrheit verhüllen, finden wir das hellste Licht von allen, das Licht des *Atman*. Wenn der *Atman,* unser wahres Selbst, erkannt wird, ist der Bilderteppich unserer langen Reise in der Welt, an dem wir so viele Weltalter und Leben lang gearbeitet haben, schließlich vollendet.

Baba versichert uns, dass, so wie der letztliche Ausgang des Krieges, der *Arjuna* in einer Vision gezeigt wurde, wahr war, auch der Ausgang unserer langen Reise und des inneren Krieges bereits vom göttlichen Willen beschlossen ist. Es ist uns bestimmt, heimzukehren. Trotzdem müssen wir immer noch den Weg gehen, die Schlachten kämpfen und den Endsieg über unsere inneren Feinde gewinnen. Wir initiieren diesen Prozess, indem wie Freundschaft mit der Göttlichkeit in unserem Herzen schließen, indem wir sie als ständige Begleiterin ansehen und es ihr erlauben, unsere innere Reise zu leiten.

So wie wir auf unserem Weg vorankommen, klären sich die Wolken der Illusion auf und werden wir uns des großen Mysteriums bewusst. Wir erkennen, dass die spirituelle Reise, auf der wir uns zu befinden glaubten, selbst eine Illusion ist. Wir sind keine Individuen auf dem spirituellen Weg, die den Anweisungen des göttlichen inneren *Gurus* folgen. In Wahrheit sind wir die Totalität. Wir selbst sind das Göttliche. Wir sind der *Atman* und waren immer der *Atman*. Der *Atman* wird weder geboren, noch stirbt er. Als *Atman* sind wir von nirgendwoher gekommen, noch gehen wir irgendwohin. Wir haben uns niemals verändert. Nur die Illusion der Individualität und des

Getrenntseins hat sich verändert. Schließlich verschwindet diese Illusion, und wir entdecken die herrliche Wahrheit, dass wir immer eins mit Gott waren. Baba sagt uns: „Gott, wenn ihr Gott denkt. Staub, wenn ihr Staub denkt. Denkt Gott. Seid Gott. Ihr seid Gott. Erkennt es."

Vor einigen Jahren wies uns Baba in einer öffentlichen Ansprache an, mehrmals täglich zu wiederholen: „Ich bin Gott, ich bin Gott, ich bin nicht verschieden von Gott. Ich bin das unendliche Höchste. Ich bin die eine Wirklichkeit." Wenn wir es dieser Erklärung der Wahrheit erlauben, unser Leben zu durchdringen und uns mit der vollkommenen Liebe anzufüllen, die Gott ist, werden diese kraftvollen Worte allmählich unsere direkte innere Erfahrung. Mehr und mehr identifizieren wir uns mit dem Göttlichen, unserem wirklichen Selbst, und immer weniger mit den vergänglichen Persönlichkeiten, die nichts als Schatten des Selbst sind. Somit erkennen wir, wer wir sind – das unsterbliche Selbst, das eine Göttliche, das die Liebe ist.

Das ist die inspirierende Botschaft dieser *Gita*.

Die Essenz der Gita

Für Menschen aus dem Westen, die mit der traditionellen *Bhagavadgita,* so wie sie der Weise *Vyasa* niedergelegt hat, nicht vertraut sind, folgt hier eine Zusammenfassung. Die *Gita* wurde *Arjuna* von *Krishna* kurz vor der großen Schlacht der riesigen Armeen mit Millionen von Kriegern gegeben, die aus Königreichen kamen, welche über den ganzen indischen Subkontinent verstreut waren. In massiven Gefechten, die achtzehn Tage lang wüteten, traten die Kräfte des Guten gegen die Kräfte des Bösen an. Diese Schlacht stellte sich als einer der blutigsten Kriege aller Zeiten heraus. Als er vorbei war, hatte nur eine Handvoll Männer überlebt.

In dieser Schlacht nahm *Krishna,* der inkarnierte Gott, die demütige Rolle eines Wagenlenkers ein, der *Arjuna* und die *Pandava*-Brüder zum Sieg geleitete. Aber am Vorabend des großen Krieges sah es danach aus, als ob die Schlacht schon verloren wäre, bevor sie überhaupt begonnen hatte. *Arjuna,* der beste Krieger auf Seiten der Guten, wurde von Zweifeln überwältigt. Er beschloss, seinen Bogen niederzuwerfen und nicht zu kämpfen. Die Situation entstand, nachdem *Krishna Arjunas* Wagen zwischen die feindlichen Armeen gelenkt hatte. Dort sah *Arjuna* seinen geliebten Großvater, seinen Lehrer und seine Verwandten in der gegnerischen Formation, die sich darauf vorbereiteten, zu kämpfen und für ihre Sache zu sterben. Sie hatten sich mit den Kräften der Unredlichkeit verbündet.

In tiefer Verzweiflung rief *Arjuna* aus: „O *Krishna,* ich kann nicht kämpfen! Ich fühle mich von Hilflosigkeit überwältigt! Was soll es in diesem Krieg Gutes zu gewinnen geben, wenn er zum Tod all dieser Verwandten, Lehrer und Helden führt. Ich weiß nicht, was mir meine Pflicht gebietet! Ich flehe dich an: Sag mir, was für mich richtig ist. Ich ergebe mich dir ganz und gar! Ich bin dein Schüler! Bitte lehre mich!"

Darauf begann *Krishna* mit einer Ermahnung, die *Gita* zu lehren: „*Arjuna,* schüttle diese Verzagtheit ab. Sie ist deiner nicht würdig. Gib dieser Schwäche nicht nach. Du hast dich so lange auf die Schlacht vorbereitet, um die Rechtschaffenheit zu bewahren.

Ebenso wie der Mensch abgetragene Kleider von sich wirft und frische, saubere anzieht, so entledigt sich der *Atman* des alten Körpers und geht in einen neuen ein. Körper werden geboren, und was geboren wird, muss sterben. Der ewige *Atman* aber wird niemals geboren und stirbt nicht. Waffen können ihn nicht verletzen, Feuer kann ihn nicht verbrennen, Wasser kann ihn nicht benetzen und Wind nicht ausdörren.

Der *Atman* ist nicht mit dem vergänglichen Körper identisch. Er ist vielmehr das unvergängliche Selbst eines jeden. Wenn dies einmal erkannt ist, was soll einen dann noch grämen? Die Weisen grämen sich niemals, weder um der Toten, noch um der Lebenden willen.

Ich bin dieser *Atman, Arjuna*. Ich bin der höchste Herr und wohne im Herzen jedes Wesens. Ich bin der Vater dieser Welt und auch ihre Mutter und der Erhalter. Ich bin Anfang, Mitte und Ende. Alles ist aus mir erschaffen. Alles ist von mir durchdrungen. Kein Lebewesen kann ohne mich existieren. Wo auch immer Menschen wandeln, es ist mein Weg. Welchen Weg sie auch wählen, ich bin ihr Ziel.

Von Ewigkeit an bin ich ohne Geburt und unverändert, und doch verkörpere ich mich von Zeitalter zu Zeitalter. Wann immer Rechtschaffenheit schwindet und Unrecht sich durchsetzt, nehme ich Gestalt an, um das Gute zu beschützen und das Böse zu vernichten.

So wie ich durch meine unerklärbare Vorstellungskraft *(maya)* verhüllt bin, erkennt mich die Welt nicht. Obwohl die Menschen mich nicht kennen, *Arjuna,* kenne ich sie alle, sowohl ihre Vergangenheit als auch ihre Gegenwart und Zukunft. In Wahrheit bin ich immer unmanifestiert und unvergänglich. Aber die Unwissenden verstehen mein transzendentales Wesen nicht und halten mich für einen gewöhnlichen Sterblichen.

Meine Wirklichkeit verkennend ignorieren sie mich und werden durch vergebliche Hoffnungen und Taten und nutzloses Wissen in Anspruch genommen. Gefangen im Netz der Illusion *(maya)* lassen sie sich wie Marionetten in einem Karussell herumwirbeln.

Diese Täuschungskraft ist am schwersten zu besiegen. Unter Tausenden von Menschen kämpfen nur wenige darum, meine Wahrheit zu erkennen, und unter denen, die es versuchen, gelingt es einem Einzigen, mich in meiner Wirklichkeit zu erfassen. Er ist wahrhaftig ein *Yogi,* der in höchste Weisheit versunken ist. Darum, *Arjuna:* Sei ein *Yogi!* Nimm mit deinem ganzen Sein Zuflucht bei mir allein, und durch meine Gnade wirst du höchsten Frieden empfangen.

Halte deinen Geist (mind) von diesem Augenblick an fest auf mich gerichtet, der ich in deinem Herzen wohne. Sei mir ergeben, verbeuge dich tief vor mir, verehre mich. Wisse, dass ich immer in dir bin, und du wirst bald eins mit mir werden. Wahrhaftig, das verspreche ich dir, *Arjuna,* denn du bist mir sehr lieb. Wer mein göttliches Leben und mein Werk kennt, wird nach dem Tod nicht wiedergeboren werden. Er wird mich nicht aus dem Blick verlieren und ich ihn auch nicht.

Arjuna, wer für mich wirkt und mich als höchstes Ziel hat, wer mir ergeben und frei von Bindungen ist und keinerlei Bosheit gegenüber jeglichen Geschöpfen hegt, der wird bald zu mir gelangen. Wer um meine göttliche Herkunft und Aufgabe weiß, wird nach seinem Tod nicht wiedergeboren. Er sieht überall mich, den Bewohner in allen Lebewesen, als den Unvergänglichen inmitten des Vergänglichen.

Ich trage die Last derer, die mich stets vor ihren geistigen Augen haben und mir unentwegt mit Liebe dienen, und ich gebe ihnen, was sie brauchen. Es macht sie für immer glücklich und zufrieden, über mich zu sprechen. Aus Liebe zu ihnen schärfe ich ihr Unterscheidungsvermögen und beseitige das Dunkel der Unwissenheit, das ihren Blick trübt. Indem sie ihre Sinne beherrschen, überwinden sie das Reich des Todes und des Zerfalls und erlangen Unsterblichkeit.

Arjuna, wer mir in Liebe ein Blatt von einem Baum, eine Blume, eine Frucht oder auch nur etwas Wasser opfert und dies mit reinem Herzen gibt, dessen Opfer werde ich gewiss annehmen. Was du auch tust, was du auch isst, opferst oder schenkst, was für eine Art von Enthaltsamkeit du auch übst, opfere sie zuerst mir. Dann wirst du befreit sein von den Folgen deines Tuns, und schon bald wird dein Geist (mind) ruhig und weise und entsagen können. Gleichmütig und ohne Blick auf die Früchte deines Tuns wirst du ein für alle Mal frei sein von den Fesseln der Wiedergeburt.

Arjuna, weihe jede Handlung mir. Halte deinen Geist fest auf mich gerichtet. Ich werde all deine Handlungen durch dich ausführen und dich von allen Sünden befreien. Fürchte nichts. Durch meine Gnade wirst du alle Hindernisse überwinden.

Wenn du aber aus Überheblichkeit nicht auf mich hörst, wirst du mit Sicherheit zugrundegehen. Du magst denken: ‚Ich kämpfe nicht‘, aber dein Pflichtgefühl, deine eigene Natur wird dich zum Handeln zwingen. Was du aus Selbsttäuschung nicht tun willst, solltest du trotz der Einwände deines kleinen Ichs tun. Erhebe dich, *Arjuna!* Zerschlage mit dem Schwert des Wissens, das ich dir gegeben habe, deine Unwissenheit, welche die Wahrheit bezweifelt, dass Göttlichkeit in deinem Herzen gegenwärtig ist. *Arjuna,* steh auf und erringe den Sieg! Du hast das Gelübde getan, die Rechtschaffenheit zu ehren. Die Mächte des Unrechtmäßigen greifen um sich. Du musst dich ihnen entgegenstellen und sie vernichten.

Nimm Zuflucht bei mir, *Arjuna.* Denk allzeit an mich und kämpfe! Nicht du bist es, der diese Recken besiegen wird, sondern ich. Ich bin der Schöpfer der Welt und ihr Erhalter, aber ich bin auch die mächtige, weltenzerstörende Zeit, die alles vertilgt. Jene Krieger im feindlichen Lager sind bereits von mir geschlagen. Du bist nur das Werkzeug, durch das ich handle.

Sieh, ich gebe dir einen Anblick meiner kosmischen Gestalt! In ihr kannst du das Einssein von allem Existierenden erkennen. Sei dir meiner göttlichen Kraft bewusst! Sei dir des Universums bewusst, des Bewegten und des Unbewegten, das als Ganzes in mir vereint ist!"

Überwältigt vor Verwunderung und Erstaunen senkte *Arjuna* in tiefer, demütiger Verehrung sein Haupt und antwortete mit gefalteten Händen: „O höchster Gott! Ehre und Preis sei dir! Heil und nochmals Heil! Selbst wenn sich die Leuchtkraft von tausend Sonnen am Himmel vereinte, wäre ihre Herrlichkeit gering im Vergleich zu deinem Glanz! Du bist das höchste Wesen, der unsterbliche Hüter der ewigen Ordnung *(dharma).* Du bist alles, was es zu erkennen gibt. Im Anblick deiner wunderbaren Gestalt erschaudert die Welt in Ehrfurcht, und so erschaudere ich. So wie alle Flüsse zum Meer fließen, strömen jene Helden der Menschenwelt in deine flammenden Münder!"

Daraufhin nahm der gepriesene Herr wieder seine anmutige Gestalt als *Krishna* an und sprach: „Aus Gnade habe ich dir die unendliche, ursprüngliche Gestalt meines Wesens offenbart. Was du gesehen hast, ist schwer zu erlangen. Weder durch das Studium der Schriften noch durch Askese, das Geben von Almosen oder das Durchführen von Ritualen, sondern allein durch ungeteilte Hingabe kann ich so geschaut werden. Diese Erfahrung meiner kosmischen Gestalt, die ich dir geschenkt, und das Wissen, das ich dich gelehrt habe, sind die kostbarsten aller Schätze.

Hast du mir mit voller Aufmerksamkeit zugehört, *Arjuna?* Ist die Illusion, die von deiner Unwissenheit verursacht wurde, beseitigt? Überdenke alles, was ich dir gesagt habe. Reflektiere gründlich darüber, und dann tu, was dir gefällt."

Arjuna antwortete: „O Herr des Universums! Deine kraftvollen, wunderbaren Worte enthalten die höchste Weisheit, und du hast sie mit so viel Mitgefühl gesprochen! Dank deiner Gnade ist die Unwissenheit jetzt von mir gewichen. Frei von allem Zweifel stehe ich vor dir. Bitte, unterweise mich! Ich werde tun, was auch immer du befiehlst!"

TEIL I

DER WEG DER HINGABE

Erste Ansprache

Liebe und Pflichterfüllung – der Weg zur Vollendung

Wenn ihr Frieden und Glückseligkeit wollt, müsst ihr in Liebe leben.
Nur durch Liebe findet ihr inneren Frieden.
Nur durch Liebe findet ihr wahres Glück.
Liebe lebt vom Geben und Vergeben.
Entwickelt deshalb Liebe, lebt in Liebe.
Diese Worte von Sai sind ein Strom der Liebe, der zu euch hinfließt.

Verkörperungen der Liebe,

es gibt viele Arten von Wissen, aber nur ein höchstes Wissen. Dieses höchste Wissen ist das Wissen um das Selbst, die Erkenntnis des unsterblichen Selbst *(atman)*. Es ist das Wissen um eure unveränderliche Wirklichkeit, euer wahres Selbst – das, was niemals geboren wurde und niemals sterben wird. Es gibt viele andere Arten von Wissen und Gebiete der Kunst, Wissenschaft, Wirtschaft und Bildung. Diese werden euch nur dazu verhelfen, weltliche Ziele und Annehmlichkeiten zu erreichen. Aber um die ewige Glückseligkeit zu erfahren, die eure wahre Natur ist, müsst ihr Selbsterkenntnis erlangen. Es ist das einzige

Wissen, das euch befähigt, den inneren Frieden und die unendliche Freude zu erleben, die eure wahre Identität ist. Wenn ihr vor Selbsterkenntnis strahlt, werdet ihr die Liebe selbst. Ihr werdet rein und vollkommen selbstlos. Dann seid ihr für immer in perfekter Harmonie mit allem Sein.

Selbsterkenntnis ist Gotterkenntnis

Selbsterkenntnis und Gotterkenntnis sind nicht voneinander verschieden. Das heilige Wissen um Gott und das heilige Wissen um das unsterbliche Selbst sind ein und dasselbe. Sie sind die eine göttliche Weisheit. Wenn ihr das eine Selbst überall erkennt, werdet ihr ins Einheitsbewusstsein eingeführt. Dann seht ihr nur die Einheit in all der Vielfalt um euch herum. Ab diesem Moment überwindet ihr die weltliche Existenz und erreicht die Unsterblichkeit, nach der ihr gesucht habt.

Was ist die Grundlage für dieses höchste Wissen? Die Grundlage ist die Reinheit des Geistes (mind). Um euren Geist zu reinigen, müsst ihr euer ganzes Leben mit Spiritualität anfüllen. Engagiert euch in edlen Aktivitäten. Schließt euch spirituell denkenden Menschen an. Zeigt im täglichen Leben ein gutes Verhalten und strebt danach, eure Pflicht bis zur Perfektion zu erfüllen. Lebt euer Leben so, dass es ein Leben des selbstlosen Dienens und tugendhafter Taten ist. Studiert die weisen Lehren der Zeitalter, setzt sie in tägliche Praxis um, lasst diese Lehren als eure Wegweiser dienen. Dann wird euer Geist rein, und mit einem gereinigten Geist seid ihr fähig, zwischen Ewigem und Vergänglichem zu unterscheiden und zwischen dem, was eurem spirituellen Fortschritt förderlich und was ihm abträglich ist. Dann werden sämtliche eurer alltäglichen Aktivitäten geheiligt und Gottes Gnade wird über euch ausgeschüttet.

Vielleicht seid ihr jetzt sehr gebildet in weltlichem Wissen, seid ein großer Gelehrter oder weltberühmter Experte auf vielen Gebieten. Doch all eure Titel und Errungenschaften können euch keine wahre Weisheit geben. Um wahrhaft weise zu sein und den Kummer aus eurem Herzen zu beseitigen, müsst ihr wissen, wer ihr wirklich seid. Ihr müsst euer unsterbliches Selbst erkennen. Ihr könnt Kummer auf keine andere Weise vertreiben. Allein die Kenntnis eures wahren Selbst erlaubt es euch, alles Leid und Elend zu überwinden. Dies ist das einzige Wissen, das euch alles Glück schenken kann. Wenn ihr ein weltliches Wissensgebiet beherrscht, erntet ihr den Respekt eurer Kollegen. Ihr könnt berühmt werden und eure weltlichen Sehnsüchte erfüllen, aber nur wenn ihr Selbsterkenntnis *(ātmavidyā)* erlangt, verdient und erntet ihr Gottes Gnade. Wenn ihr sie habt, werdet ihr für immer glücklich sein.

Wer verdient es nun, dieses heilige Wissen zu erlernen? Ist es, wie manche behaupten, ausschließlich alten Menschen vorbehalten oder verdient auch ein Kind es, dieses zu erlernen? Sollte es nur religiösen Eingeweihten gegeben oder auch jenen verfügbar gemacht werden, die keinen religiösen Hintergrund haben? Sollte es nur Männern erlaubt sein oder sind Frauen gleichermaßen dazu berechtigt? Die Wahrheit ist: Um diese Weisheit zu erlangen, sind Rasse, Hautfarbe, Alter, Geschlecht, Nationalität und sozialer Status gleichgültig. Der Weise *Valmiki* war in seinen jungen Jahren ein Straßenräuber und der Weise *Narada* wurde von einer niedrigen Magd geboren. Dennoch wurden beide große spirituelle Lichter. Jeder ist gleichermaßen berechtigt, diese höchste Weisheit zu erlangen.

Gott, der Herr, kommt zu jenen, die Hingabe zu ihm haben. Er schaut auf das Herz, nicht auf den äußeren Status. Entwickelt eure Hingabe. Hingabe ist sehr wichtig für das menschliche Leben. *Krishna* sagt in der *Gita:* „Ihr werdet mir sehr lieb, wenn ihr mit einem liebenden Herzen dient."

Glauben an euer Selbst und Glauben an Gott

Wenn der Herr euch rät, eure Hingabe zu entwickeln, bedeutet dies nicht, dass ihr eure weltlichen Pflichten vernachlässigen solltet. Bereitet euch gründlich auf all eure weltlichen Aufgaben vor. Achtet sorgsam darauf, säkulares Wissen ordentlich zu erlernen. Ihr braucht es, um eure Pflichten zu erfüllen. Was am wichtigsten ist: Habt immer Glauben an euer Selbst, glaubt daran, dass ihr fähig sein werdet, die Rolle zu erfüllen, für die ihr das menschliche Leben angenommen habt. Glauben an euer Selbst und Glauben an Gott ist das wahre Geheimnis von Größe. In Wahrheit, sind sie dasselbe, weil der Glaube an euer Selbst bedeutet, an eure angeborene Göttlichkeit zu glauben.

Weltliches Wissen kann euch nur Nahrung und Obdach verschaffen, wohingegen Selbsterkenntnis *(ātmavidyā)* euch den größten aller Schätze gibt, die Erkenntnis eurer eigenen Göttlichkeit. Dennoch werdet ihr ohne ein gewisses weltliches Wissen nicht in der Lage sein, das Wissen um den Ewigen zu erlangen. Auf dem Gebiet des weltlichen Wissens solltet ihr nicht nachlässig sein. Spirituelles Wissen muss mit weltlichem Wissen ausgewogen verbunden werden. Die Weisen *Valmiki* und *Vyasa* wurden von allen verehrt. Sie verfassten viele heilige Schriften und zeitlose Epen wie das *Ramayana* und das *Mahabharata.* Sie waren große spirituelle Lichter, aber sie waren auch in weltlichem Wissen sehr bewandert. Wie hätten sie sonst so große Klassiker schreiben können?

Alles in der Welt stammt von Gott. Wenn alles von ihm kommt, was könnt ihr ihm dann noch opfern? Das Einzige, was ihr ihm darbringen könnt, ist eure Liebe. Das ist alles, was er von euch erwartet. Deshalb sang ein großer Dichter:

„Geliebter Herr! Du bist die alles durchdringende Wirklichkeit.
Das gesamte Universum ist von Dir erfüllt.

Wie könnte ich Dir einen Tempel bauen?
Du strahlst wie Millionen und Abermillionen Sonnen.
Wie könnte ich Dir mein kleines Kerzenlicht opfern?
Du bist die innewohnende Wirklichkeit in allen Geschöpfen.
Wie könnte ich Dich bei einem bestimmten Namen nennen?
Das ganze Weltall ist in Deinem Magen enthalten.
Wie könnte ich Dir da eine Speise opfern?
Alles, was ich Dir opfern kann, ist meine Liebe
Und alles, was ich erhoffen kann, ist,
dass ich mich in Dich entleere,
Der Du das Meer der Liebe bist."

Das Formlose nimmt eine Form an

Aus eurem menschlichen Bedürfnis nach Befriedigung heraus gebt ihr Gott Namen und Gestalt, aber in Wirklichkeit hat er überhaupt keine Gestalt. Und doch nimmt er eine Gestalt an, damit ihr eure Hingabe an ihn ausdrücken und ihn anbeten könnt und dadurch einige eurer spirituellen Bedürfnisse befriedigt. Welche Gestalt Gottes ihr auch erwählt, um ihr zu folgen, betet Ihn mit einem liebenden Herzen an. *Ramakrishna Paramahamsa* war in weltlichen Dingen nicht bewandert, tatsächlich konnte er kaum schreiben. Doch sein Geist (mind) betete ständig die Göttliche Mutter an. Mit einem vor Liebe überfließenden Herzen weihte er sein ganzes Leben der Anbetung der Göttlichen Mutter. Er lebte von fünf Rupien im Monat. Das reichte für all seine Bedürfnisse. Durch seine intensive, auf Eines ausgerichtete Hingabe wurde er erleuchtet. Heute ist er auf der ganzen Welt bekannt und überall gibt es *Ramakrishna*-Missionen. Er wird universell verehrt.

In ähnlicher Weise wurde aus Ratnakara, dem Räuber, wegen seiner Liebe zu Gott der große Weise *Valmiki*. *Prahlada* war der Sohn eines

Dämons. Dennoch wurde er durch die heilige Liebe, die er für Gott empfand, erleuchtet und rein. *Hanuman,* ein Affe, errang großen Ruhm durch die ständige Wiederholung des Namens *Rama* und wird in ganz Indien verehrt. Jatayu war ein Vogel, der dank seiner großen Liebe zu *Rama* eins mit dem göttlichen Prinzip wurde, als er sein Leben aufgab. Bei der Hingabe an Gott gibt es keine Unterschiede von Rasse, Kaste, Konfession, Geschlecht oder welcher Zuordnung auch immer. Jeder ist im gleichen Ausmaß berechtigt und befähigt.

Das Kapitel über Hingabe *(bhaktiyoga)* ist das wichtigste Kapitel der *Bhagavadgita*. Deshalb haben wir heute damit begonnen. Hingabe *(bhakti)* ist nicht nur das Wiederholen des Gottesnamens. Es ist eine unsterbliche und reine Liebe zu Gott. Sie ist vollkommen selbstlos in ihrem Wesen, bar jeglicher weltlicher Wünsche. Sie ist rein, beständig und ewig. Diese göttliche Liebe solltet ihr ununterbrochen in eurem täglichen Leben praktizieren.

Göttliches Bewusstsein

Um damit zu beginnen, müsst ihr wissen, wer ihr in Wahrheit seid. Seid ihr der Körper? Wenn es so wäre, warum sagt ihr dann: „Das ist mein Körper"? Da ihr ihn als „euren Körper" bezeichnet, müsst ihr etwas anderes als dieser Körper sein. Wenn ihr sagt: „Mein Herz", bedeutet dies, dass ihr verschieden von eurem Herzen seid. Euer Herz ist ein Gegenstand, der euch, dem Eigentümer, gehört. Im weltlichen Sinn sagen wir: „Das ist mein Bruder, das ist meine Schwester, das ist mein Verstand, mein Körper, mein Intellekt." Das bei all diesen Erklärungen unveränderliche Element ist das „Mein". Es gibt ein wahres „Ich", das hinter dem kleinen „Mein" steht und es entstehen lässt. Es ist wahrlich das tiefste Bewusstsein in jedem Menschen und in allen Dingen. Es ist das universelle Ich, das göttliche Bewusstsein *(caitanya)*. Dieses göttliche Bewusstsein ist alles durchdringend. Es ist in euch, um euch herum, unter euch, über euch und neben euch. Wahrhaft, ihr seid es.

Dieses göttliche Bewusstsein ist überall, in allem in der Welt zu finden. Aber um es zu erkennen, muss sich der Geist (mind) nach innen wenden. Ihr müsst euch nach innen ausrichten und eure Wahrheit finden, indem ihr erkennt, dass ihr weder dies noch das seid *(neti, neti)*. Ihr seid nicht der Geist, nicht der Körper und nicht der Intellekt. Wer seid ihr dann? Es kommt die Antwort: „Ich bin ich *(aham, aham)*." Dies ist der rechte Weg, um Selbsterkenntnis zu verfolgen. Dieser Weg kann sich nur aus dem Weg der Liebe ergeben, aus dem Weg der Hingabe. Es gibt keinen anderen, wenn ihr nach Gott sucht.

Wohin ihr auch schaut, überall hat das Formlose Formen angenommen. Gott ist überall anwesend, aber damit ihr ihn begreifen könnt, hat er einen bestimmten Namen und eine bestimmte Gestalt angenommen. Er existiert überall als die formlose Göttlichkeit, aber bevor ihr diese Erkenntnis erlangen könnt, müsst ihr Liebe und Hingabe zu Gott entwickeln, der Form angenommen hat. Deshalb betretet ihr den Weg der Hingabe anfangs auf der niedrigsten Stufe und verehrt den Herrn mit einem Namen und einer Gestalt. Dann steigt ihr stetig, Zentimeter um Zentimeter, zu einer höheren Stufe auf. Ihr zieht euren Geist von der äußeren Welt zurück und verehrt das Formlose, bis ihr schließlich eure eigene Wirklichkeit als das formlose göttliche Prinzip erkennt. Das ist Selbsterkenntnis.

Arbeit, Anbetung und Weisheit

Ohne Blüte könnt ihr keine Frucht haben. Das Reifen der Blüten zu unreifen Früchten und dann zu reifen Früchten ist der Weg der Selbsterkenntnis. Die Blütezeit ist der Weg des Dienens *(karma)*. Wenn die Blüten zu unreifen Früchten werden, wird er zum Weg der

Hingabe *(bhakti)*. Wenn die Früchte reifen und voll des süßen Nektars der Weisheit sind, wird er zum Weg der Selbsterkenntnis *(jnāna)*. Zu diesem Zeitpunkt haben sich die Blüten der guten Werke und des Dienens durch Liebe und Hingabe in die süßen Früchte der Weisheit verwandelt. Gute Werke führen deshalb auf natürliche Weise zu Anbetung und Losgelöstheit und weiter zu Weisheit. Auf dem spirituellen Weg reicht Anbetung allein nicht, ihr müsst euch auch in guten Werken engagieren. Eure Arbeit wird jedoch Gottesdienst, wenn ihr jede Handlung aus Liebe zu Gott ausführt und ihm alles, was ihr tut, als Opfer darbringt.

Solange ihr in dieser Welt seid, müsst ihr euch in Arbeit engagieren. Arbeit ist für Menschen sehr wichtig. Durch Arbeit und Aktivitäten lernt ihr, eure Gedanken, Worte und Taten in Einklang zu bringen. Für große Seelen *(mahātma)* sind Gedanken, Worte und Taten immer eins. Zunächst werdet ihr nach den Früchten eurer Arbeit trachten. Anfangs, wenn noch viel Wunschdenken vorhanden ist, werdet ihr nicht imstande sein, eure Arbeit ohne den Wunsch zu tun, euch an den Früchten zu erfreuen *(nishkāmakarma)*. Aber im Laufe der Zeit werdet ihr selbstlos und interessieren euch die Früchte eures Handelns nicht mehr im Geringsten. Auf diese Weise wird eure Arbeit allmählich in Gottesdienst verwandelt. Mit der Zeit tut ihr alles aus Liebe zu Gott.

Die Wahrheit ist eine, aber die Weisen rufen sie mit verschiedenen Namen an. Das Göttliche ist Einheit, aber viele Namen werden benutzt, um diese eine absolute Wirklichkeit anzusprechen. Aus dem Einen sind Viele hervorgegangen. Wenn ein Kind geboren wird, nennt man es „Baby". Wenn es heranwächst, „Jugendlicher". Nach dem zwanzigsten Lebensjahr wird es zum „Erwachsenen" und später zu einem „Vater" oder einer „Mutter" und noch später zu einem „Großvater" oder einer „Großmutter". Und doch ist es immer ein und dasselbe Wesen. In ähnlicher Weise ist die letzte Wirklichkeit immer ein und dieselbe. Wenn ihr diese Einheit erkennt und in der einen, allen veränderlichen Namen und Formen unterliegenden Göttlichkeit gefestigt bleibt, werdet ihr etwas wahrhaft Lohnendes erreicht haben.

Das Auslöschen der Täuschung

Ihr müsst ein klares Verständnis von der *Bhagavadgita* in eurem Herzen haben. Was ist die Essenz der *Gita*-Lehren? Einige meinen, es sei der Weg des Dienens und des Handelns *(karmayoga),* andere sagen, es sei der Weg der Liebe und Hingabe *(bhaktiyoga)*. Wieder andere sagen, es sei der Weg des Wissens und der Weisheit *(jnānayoga)*. Aber all dies sind Teilwahrheiten. Die *Gita* beginnt mit einem Vers, dessen erstes Wort *„Dharma"* ist, was Pflicht oder Rechtes Handeln bedeutet. Der abschließende Vers der *Gita* endet mit dem Wort „mein" *(mama)*. Wenn diese Worte zusammengefügt werden, bilden sie „meine Pflicht" oder „meine Arbeit" *(mamadharma)*. Das fasst die gesamten Lehren der *Gita* zusammen. Es bedeutet, dass ihr euer Menschenmögliches tun müsst, um die für euren Lebensstand vorgeschriebenen Pflichten vollkommen und auf bestmögliche Weise zu erfüllen.

Seid ihr Studenten, so lernt eure Lektionen gut. Seid ihr im Stand eines Haushälters, so kommt euren Verpflichtungen gegenüber eurer Familie und eurer Arbeit sorgfältig nach. Seid ihr im Ruhestand, so erfüllt die Pflichten, die für diesen Stand angemessen sind, und wenn ihr der Welt entsagt habt, um euch der Kontemplation über die Wirklichkeit hinzugeben, dann haltet an diesem Weg fest. Wenn ihr euer *Dharma* auf beste Weise erfüllt und euren Aufgaben aufrichtig und gewissenhaft nachkommt, wird es keine Verwirrung und kein Elend geben.

Arjuna musste seine Pflicht auf dem Schlachtfeld tun. Seine Berufung war es, ein Krieger zu sein, das Böse zu bekämpfen und das Gute zu beschützen. Aber als er seine Freunde und Verwandten auf beiden

Seiten des Schlachtfelds aufgestellt sah, vergaß er seinen festen Entschluss, für das Rechte zu kämpfen – den Kampf, auf den er sich so lange vorbereitet hatte. Er war voller Bindungen und Täuschungen und warf seinen Bogen zu Boden. Er verwarf seine Pflicht und fühlte sich elend. *Krishna* lehrte *Arjuna,* wie er sich von Verzweiflung befreien konnte, indem er an seiner vorgeschriebenen Pflicht festhielt. Er lehrte ihn die Wahrheit des unsterblichen Selbst und zeigte ihm, dass es seine Pflicht war, den inneren Aufforderungen des Herrn zu folgen, der im Schrein seines Herzens war. Als *Krishna* seine Lehre beendete, fragte er *Arjuna:* „Sind deine Bindungen und Täuschungen gewichen?" *Arjuna* nahm seinen Borgen auf und antwortete: „Meine Verzweiflung ist vollkommen verschwunden. All meine Täuschungen sind vergangen. Ich werde nun tun, was du befiehlst."

Solange ihr Täuschungen habt, befindet ihr euch in Bindungen. Wenn ihr an Täuschung und Verblendung *(moha)* leidet, ist Befreiung *(moksha)* nicht möglich. Befreiung hat nichts mit weltlichen Vergnügungen zu tun. Sie ist kein klimatisiertes Auto oder komfortables Leben. Sie ist die vollkommene Zerstörung der Täuschung. Befreiung *(moksha)* ist das Auslöschen aller weltlichen Bindungen, das Verbrennen aller selbstsüchtigen Wünsche *(moha).*

Tut eure Pflicht von heute an bis zur Vollkommenheit und werdet Vorbilder für die Menschheit. Wendet die Lehre der *Gita* in eurem täglichen Leben an und seid mit meiner Gnade gesegnet. Viele von euch verschwenden bloß ihre Zeit. Beginnt heute, euch selbst zu ändern. Verliert keine Zeit. Zeit ist Gott. Verbringt täglich einige Zeit mit diesen heiligen Lehren und kontempliert über ihre innere Bedeutung. Wenn sie einmal verstanden sind, setzt sie in die Praxis um. Nur auf diese Weise werdet ihr imstande sein, ein heiliges Leben zu führen, ein Leben von Reinheit und Vollkommenheit, was das Kennzeichen eines wahren Menschen ist.

Zweite Ansprache

Ergebenheit – die Umwandlung des Menschen in Gott

Krishna erklärte in der Gita: „Wenn du dich mir vollkommen überlässt und Zuflucht bei mir suchst, wirst du von mir beschützt. Ich werde all deine Sünden von dir nehmen und dich zur Selbsterkenntnis geleiten."
Diese Worte müsst ihr in eurem Herzen wohl bewahren. Folgt stetig dem Weg der vollkommenen Ergebenheit an Gott, und Er wird für euch sorgen und euch zu sich holen.

Verkörperungen der Liebe,

Gottes Macht ist unermesslich und unbegrenzt. Die enorme Vielfalt, die ihr im Universum wahrnehmt, ist das Ergebnis von Gottes Macht der Täuschung *(maya)*. Das physische für das menschliche Auge sichtbare Universum ist nur ein winziger Teil der Allmacht Gottes. Alle Welten zusammen können von einem Teil des Fußes Gottes bedeckt werden. Es ist unmöglich, die Größe des Herrn zu begreifen. Er durchdringt das gesamte Universum – das grobstoffliche wie das feinstoffliche. Es gibt keinen Ort, an dem er nicht ist.

Das Universum

Das Universum ist Gottes Körper. Er hat sich in der Schöpfung inkarniert. Um das göttliche Prinzip zu verstehen, auf dem das Universum beruht, könnt ihr die gewaltige Größe des Universums betrachten. Der Mond ist Hunderttausende von Meilen von der Erde entfernt, die Sonne viele Zehnmillionen von Meilen. Selbst der allernächste Stern ist Abermillionen von Meilen entfernt, und jenseits von ihm, in den mit bloßem Auge nicht mehr erreichbaren Winkeln des Universums, gibt es Sterne, die noch milliardenmal weiter weg sind. Dieser grobstoffliche Aspekt des Universums *(bhūtākāsha),* das in unseren Augen so unendlich groß erscheint, ist nur der winzigste Teil des feinstofflichen Aspektes des Universums *(cittākāsha)*. Verglichen mit dem feinstofflichen Universum ist das ganze gewaltige physische Universum nicht größer als ein Atom.

Das gemessen an der physischen Welt so unermesslich große feinstoffliche Universum ist seinerseits nur ein mikroskopisch kleiner Teil eines viel, viel größeren Aspektes des Universums, den man als „kausales Universum" *(cidākāsha)* bezeichnen kann. Es wird so genannt, weil aus diesem feinsten Aspekt die feinstoffliche und die grobstoffliche Welt entsteht. Jede dieser drei Welten, die grobstoffliche oder physische, die feinstoffliche oder mentale und die kausale sind so enorm groß, dass die Schriften erklären, sie könnten vom menschlichen Verstand unmöglich begriffen oder mit Worten beschrieben werden. Sie übersteigen jegliches Vorstellungsvermögen, jenseits der Verstandeskraft des Geistes (mind). Und doch existiert jenseits von ihnen, das Grobe, das Feinstoffliche und das Kausale transzendierend, das göttliche Prinzip, der letztendliche Ursprung *(mahākārana)* von allem.

Der Weg der Hingabe

Gott ist jenseits des Grobstofflichen, des Feinstofflichen und des Kausalen. Doch als Herr gebietet er über all diese Welten. Er ist der Herr über die Zeit, die Vergangenheit, Gegenwart und Zukunft. Menschen sind mit begrenzten Fähigkeiten ausgestattet und mögen es sehr schwierig finden, das göttliche Prinzip zu verstehen. Dann ist der leichteste Weg, dem man folgen kann, der Weg der Hingabe – *Bhaktiyoga*. Dies ist es, was *Krishna Arjuna* lehrte. *Krishna* beschrieb den Weg der Hingabe in drei Schritten.

Der erste und wichtigste Schritt ist: „Arbeite für Gott *(matkarmakrit)!"* Ihr seid euch dessen vielleicht nicht bewusst, aber jedes bisschen Arbeit ist für Gott bereits getan. Er ist der höchste Herr dieser Welt und alles in der Welt gehört ihm. Führt jede Handlung im Wissen aus, dass sie ein Opfer für Gott ist. Widmet all eure Arbeiten ihm, während ihr stets darauf achtet, dass Gott nicht außerhalb von euch ist.

Der zweite Schritt ist: „Um meinetwillen allein *(matparamo)!"* Bis zu diesem Zeitpunkt habt ihr nur an euch gedacht. Aber wer seid ihr? Wer ist dieses „Ich", das ihr meint, wenn ihr euch auf euch selbst bezieht? *Krishna* sagte: „Ich bin es, der in dir erscheint." Dieses Wort „ich" bezieht sich nicht auf den Körper, weder auf euren eigenen noch auf *Krishnas* Körper. Dieses „Ich" entströmt dem höheren Selbst, dem *Atman*. Dieses „Ich" sollte niemals mit dem Körper, dem Geist (mind), der Intuition oder irgendeinem anderen Wesensaspekt des Menschen gleichgesetzt werden. Es transzendiert das begrenzte persönliche Selbst des Individuums. Es bezieht sich nur auf das unbegrenzte unpersönliche Selbst, das göttliche Selbst *(atman),* welches das wahre Selbst eines jeden ist.

Das begrenzte persönliche Selbst, das sich „ich" nennt, hat sich mit dem Universellen verbunden. Aber das persönliche Selbst ist nicht das wirkliche Selbst. Es ist lediglich eine Widerspiegelung des unsterblichen göttlichen Selbst *(atman)*. Was ihr bisher auch getan habt, tatet ihr allein um der Zufriedenheit des göttlichen Selbst willen. Diese heilige Wahrheit nicht erkennend habt ihr euch in der Illusion verfangen und von ihr wegreißen lassen. *Krishna* sagte zu *Arjuna:* „Was du auch tust, tu es um meinetwillen, um mich zu zufriedenzustellen. Tu alles, was du tust, für mich. Führe all deine Handlungen für mich aus, als mein Beauftragter." Dieses „Mich" oder „Ich", von dem *Krishna* spricht, ist nicht Gott außerhalb von euch. Es bezieht sich auf den *Atman,* euer göttliches Selbst. Tut alles, was ihr tut, allein für Gott, der nichts anderes als euer höchstes Selbst ist.

Der dritte Schritt ist: „Sei nur Gott ergeben *(matbhakta)!*" Versteht das innere Geheimnis dieser Anweisung. Hingabe ist die Ausdrucksform der Liebe und das Gefühl, das „Liebe" genannt wird, entströmt Gott, eurem höchsten Selbst *(atman)*. Liebe kommt von Gott und ist auf Gott gerichtet.

Liebe hat überhaupt nichts mit weltlichen Gefühlen und säkularen Dingen zu tun. Liebe, die nur ein anderes Wort für „Hingabe" ist, ist der wahre Name für euer höchstes Selbst *(atman)*. Dieses Prinzip der Liebe, das dem Innersten eures Herzens entströmt, muss jede Handlung, jedes Wort und jeden Gedanken durchdringen. Dies geschieht, wenn ihr denkt, dass alles, was ihr tut, sagt oder denkt, allein der Zufriedenheit Gottes dient.

Euer höchstes Selbst ist Gott

Im Wachbewusstsein denkt ihr vielleicht, dass ihr alles um eures Körpers und Geistes (mind) willen tätet. Aber im Tiefschlaf seid ihr euch eures Körpers und Geistes nicht bewusst. Um wessentwillen erfreut ihr euch an der Ruhe und dem Frieden des Schlafes? Um des Selbst *(atman)* willen! Schlafen, Essen, all die Tätigkeiten, die ihr täglich verrichtet, werden nur aus Liebe zu eurem Selbst ausgeführt. Ihr glaubt, dass ihr all dies für euer persönliches Selbst tätet, welches ihr als getrennt von Gott erfahrt, aber das „Ich“, mit dem ihr euch benennt, geht in Wirklichkeit von eurem höchsten Selbst *(atman)* aus, das nicht verschieden ist von Gott. Was auch immer ihr aus Liebe für euch selbst tut, erreicht das höchste Selbst und damit Gott. Ihr müsst also alles, was ihr tut, sei es gut oder schlecht, mit dem Bewusstsein tun, dass es mit Gewissheit Gott erreichen wird. Hingabe bedeutet, all eure Handlungen zu heiligen und sie Gott allein zu widmen.

In den alten Schriften (brihadāranyaka-*upanischad)* finden wir ein Gespräch zwischen dem Weisen *Yajnavalkya* und seiner Gattin *Maitreyi,* in dem er ihr diese innere Bedeutung erklärt. Er sagt: „Um wessentwillen liebst du mich? Wenn du deine tiefsten Absichten prüfst, wirst du herausfinden, dass du um deinetwillen liebst. Die Ehefrau liebt ihren Ehemann nicht um seinetwillen. Sie liebt ihn um ihres Selbst willen, und dieses Selbst ist das wahre Selbst, ihr höheres Selbst. Du glaubst vielleicht, die Mutter liebe ihr Kind um des Kindes willen, aber so ist es nicht. Sie liebt es um ihres Selbst willen. Wieder ist es um ihres höchsten Selbst willen. Man sagt, der Lehrer *(guru)* liebe seinen Schüler um des Schülers willen, aber in Wirklichkeit liebt er ihn hauptsächlich um seines Selbst willen. Gleichermaßen liebt der Gottesverehrer Gott nicht um dessentwillen, er liebt Gott in Wirklichkeit um seines Selbst willen.“

Wenn ein Gottesverehrer tiefe Freude der Liebe zu Gott empfindet, glaubt er, es sei sein persönliches Selbst, das diese Freude erlebe. Somit ist seine Liebe zu Gott mit Selbstsucht gefärbt. Aber Gottes Liebe für seinen Verehrer ist vollkommen anders. Sie ist nicht selbstsüchtig. Gott liebt seinen Verehrer um des Verehrers willen. Hierin liegt eine wichtige versteckte Wahrheit, die hinter jeder spirituellen Übung zu finden ist. Gott kennt keinen Unterschied oder Trennung.

Er fühlt nicht, dass einige Dinge ihm gehörten und andere einem anderen. Wo es ein Gefühl des Unterschieds und der Individualität gibt, erheben sich Selbstsucht und das Gefühl von Ich und Mein. Aber Gott begrenzt sich nicht nur auf eine bestimmte Gestalt. Er hat kein trennendes Gefühl von Mein und Dein, keine Selbstsucht. Deshalb wurden die drei Schritte „Arbeite für mich", „Um meinetwillen allein" und „Sei nur mir ergeben" um euretwillen gegeben. Sie wurden nicht Gott zum Vorteil gegeben, sondern euch zum Vorteil. Sie sind zu eurer Hilfe gedacht, damit ihr euer wahres Selbst erkennt, indem ihr alle Spuren von Selbstsucht und Trennung entfernt, die eure Wahrheit umwölken und euch davon abhalten, eins mit Gott zu sein.

Die unbegrenzte Macht Gottes

Wenn ihr einen kühlen Luftzug haben wollt, könnt ihr einen Fächer so wedeln, dass ihr etwas Luft bekommt. Aber wenn ein Wirbelsturm entsteht, erzeugt er riesige Wellen an den Meeresküsten und entwurzelt selbst große Bäume. Die Brise, die ihr mit dem Fächer erzeugt, ist sehr schwach, die Kraft Gottes dagegen gewaltig und unbegrenzt. Nehmt einige andere Beispiele: Wenn ihr Wasser aus einem Brunnen pumpt, werdet ihr nur eine kleine Menge fassen. Aber bei einem wolkenbruchartigen Regen schwellen Flüsse zu reißenden Strömen an und werden zusammen mit dem Meer zu einer einzigen großen Flut. Das eine entspringt der sehr begrenzten menschlichen Kraft, das andere der grenzenlosen Allmacht Gottes.

Was geschieht beispielsweise, wenn ihr zu Hause Licht haben wollt? Ihr zündet eine Kerze an oder schaltet eine elektrische Lampe ein. Wenn aber die Sonne am Morgen aufgeht, durchflutet sie die ganze Stadt und auch die Wälder im Handumdrehen mit ihrem Licht. Das kleine Licht eurer Lampe ist sehr schwach im Vergleich zur Leuchtkraft der Sonne, die ihren Glanz überallhin verbreitet. Wieder ist es die unbegrenzte göttliche Kraft im Vergleich zur begrenzten menschlichen. Wie könnt ihr die unbegrenzte göttliche Kraft erreichen? Wie können die begrenzten Fähigkeiten eines menschlichen Wesens in die grenzenlose Allmacht Gottes umgewandelt werden? Die Methode heißt Ergebenheit.

Der Herr hat in der *Gita* erklärt: „Ich werde all deine Sünden zunichtemachen und dich zu der höchsten Stellung erheben, die meine ist." Wie ist das möglich? Die physische Welt, die ihr mit euren menschlichen Augen seht, ist der gröbste Aspekt des Universums *(bhūtākāsha)*. Wenn dieser grobstoffliche Aspekt im Geist (mind) eine feinstoffliche Form annimmt, habt ihr den feinstofflichen Aspekt des Universums *(cittākāsha),* und wenn dieser geistige Aspekt eine noch feinere Form im Herzen annimmt, habt ihr den kausalen Aspekt des Universums *(cidākāsha)*. Der ewige, grenzenlose Gott ist jenseits all dieser Welten. Er ist das Größte vom Größten, aber er nimmt die Form des Kleinsten vom Kleinen an und lässt sich im Herzen des Gottesverehrers nieder, tief im kausalen Aspekt *(cidākāsha)*. Die wunderbare Wahrheit ist, dass der so unbegrenzt große und allmächtige Herr es erlaubt, sich im Herzen des Gottesverehrers einsperren zu lassen. Hier ist eine kleine Geschichte, die dies erläutert.

Der Gottesverehrer ist sogar noch größer als Gott

Eines Tages kam *Narada* in Gottes Gegenwart. Gott fragte ihn: *„Narada,* hast du auf deinen Reisen durch die Welt das grundlegende Geheimnis des Universums herausfinden können? Bist du in der Lage gewesen, das Geheimnis der Welt zu entdecken? Wohin du auch schaust, findest du die fünf großen Elemente Erde, Wasser, Feuer, Luft und Äther. Welchem dieser Elemente, glaubst du, gebührt der erste Rang? Was ist von allem, was im Universum auffindbar ist, das Wichtigste?

Narada dachte eine Weile nach und antwortete dann: „Herr, das wichtigste der fünf Elemente ist sicher die Erde, denn sie ist das dichteste und schwerste." Gott entgegnete: „Wie kann das Element Erde das wichtigste sein, wenn doch drei Viertel der Erde von Wasser bedeckt sind und nur ein Viertel von Land? Diese große Erde wird vom Wasser verschlungen. Was ist größer – das, was verschlungen wird, oder das, was verschlingt?" *Narada* musste einsehen, dass das Wasser größer sein musste, weil es die Erde verschlungen hatte.

Gott fragte weiter: „Aber *Narada,* es gibt doch die alte Legende, dass sich die Dämonen einst im Wasser versteckt hielten und ein Weiser *(agastya)* auf der Suche nach ihnen das ganze Meer mit einem Schluck austrank. Wer war wohl größer: der Weise oder das Meer?" *Narada* gab zu, dass der Weise ohne Zweifel größer gewesen sein müsse als das Wasser, das er getrunken habe. „Aber", fuhr Gott fort, „es wird gesagt, dass derselbe Weise ein Stern am Himmel wurde, als er seinen Körper verließ. Nun erscheint so ein großer Weiser als winziger Stern am unendlich weiten Himmel. Wer ist nun größer: der Weise oder der Himmel?" *Narada* antwortete: „Herr, der Himmel ist sicherlich größer als der Weise." Darauf fragte ihn Gott: „Aber wir wissen, dass Gott eines Tages in der Gestalt eines Zwergs *(vamana)* als *Avatar* auf die Erde kam. Er dehnte sich so enorm aus, dass er imstande war, Himmel und Erde mit einem seiner Füße zu bedecken. Was ist nun größer: Gottes Fuß oder der Himmel?" „Oh, der Fuß Gottes ist mit Sicherheit größer", antwortete *Narada.* Aber Gott fragte weiter: „Wenn der Fuß Gottes so groß ist, wie steht es dann mit seiner unendlichen Form?"

Narada ahnte, dass sie nun beim Kern der Sache angelangt waren. „Ja", sagte er voller Freude, „der Herr ist der Größte von allen und allem. Er ist jenseits von allem Messbaren. In keiner der Welten gibt es etwas Größeres als ihn." Aber Gott hatte noch eine Frage: „Was ist mit dem Gottesverehrer, der es geschafft hat, diesen unendlich großen Gott in sein Herz zu schließen? Sag, *Narada,* wer ist größer: der Gottesverehrer, der Gott in seinem Herzen eingeschlossen hat, oder Gott, der von seinem Verehrer eingeschlossen wurde?" *Narada* musste gestehen, dass der Gottesverehrer sogar größer ist als Gott und deshalb in der Rangordnung an erster Stelle stehen muss, sogar über Gott.

Ihr könnt Gott mit der Kraft der Liebe binden

Solch eine ungeheure Kraft, die imstande ist, selbst Gott zu binden, ist in Reichweite eines jeden Gottesverehrers. Wie groß oder stark eine Kraft auch immer sein mag, wenn sie durch irgendetwas anderes gebunden werden kann, so ist das Bindende als stärker anzusehen. Die ehrfurchtgebietende Macht Gottes wird durch die Macht der Liebe gebunden. Ihr könnt also auf dem Weg der Hingabe Gott binden und in eurem Herzen als Gefangenen halten.

Wenn ihr einen Tropfen Wasser aus dem Meer nehmt und in eurer Hand haltet, erscheint er im Vergleich zum Meer sehr, sehr klein. Aber lasst den Tropfen zurück ins Meer fallen, und er wird sogleich ein Teil des unendlich großen Meeres. Wenn eure Kleinheit als Menschen sich mit der riesigen Kraft des Göttlichen verbindet, werdet ihr unendlich groß und allmächtig. Ihr werdet eins mit Gott. In den heiligen Schriften heißt es: „Wer Gott *(brahman)* erkannt hat, wird zu Gott (brahmavid brahmaiva bhavati)." Das bedeutet, dass das Erkennen von Gott euch mit Gott vereint. Der Vorgang, der euch und Gott vereint, wird der Weg der Hingabe *(bhakti)* genannt.

Unglücklicherweise ziehen es heute viele Menschen vor, die Existenz Gottes nicht einmal zu beachten. Sie verlassen sich lieber auf ihre eigene begrenzte Kraft und lassen sich nur von menschlichen Errungenschaften beeindrucken. Sie sind bereit, sich tief vor dem

Dorfschulzen oder einem kleinen Beamten zu verneigen, aber sie weigern sich, der allmächtigen kosmischen Persönlichkeit Demut und Gehorsam zu erweisen, die der Herr über das ganze Universum ist. Gott, der Ursprung und die Ursache von allem Sichtbaren und Unsichtbaren, wird ignoriert. Der Grund für diesen traurigen Zustand ist, dass nur sehr wenige dazu in der Lage sind, die Wahrheit zu begreifen, die diesem riesigen manifestierten Universum zugrundeliegt. Wenn sie verstünden, dass alles nur eine Widerspiegelung des einen Göttlichen ist, würden sie niemals falsche Wege einschlagen.

Warum nach wilden Früchten im Wald suchen, wenn ihr einen wunscherfüllenden Baum in eurem Garten habt? Wenn schon die allesgebende Himmelskuh *(kamadhenu)* in eurem Stall steht, warum dann zum Markt laufen, um Milch zu kaufen? Wenn ihr die unfassbaren Wohltaten begreifen würdet, die ihr von der Himmelskuh erhaltet, würdet ihr niemals anderswohin schauen und euch mit trivialen Dingen abgeben. Kleinen Geistern erscheinen selbst kleine Dinge sehr groß. Ihr erhaltet, was ihr verdient: Denkt klein, und ihr werdet klein. Kleinliche Gedanken gebären kleinliche Charaktere. Ihr werdet von kleinen Dingen angezogen, weil ihr glaubt, dass eure Kraft begrenzt sei. Aber in Wirklichkeit ist eure Kraft unendlich.

Von der Dualität zur Nichtdualität

Ihr bleibt klein, indem ihr euch mit dem Körper identifiziert. Ihr denkt: „Ich bin dieser Körper." Dieser Gedanke hält euch in einem Zustand des Kleinseins. Weitet stattdessen eure Sicht von „ich bin dieser Körper *(aham dehāsmi)*" zu „ich bin die Seele, ein Funke des Göttlichen *(aham jīvāsmi)*" aus. Steigt auf diese Weise von der Stufe der Dualität *(dvaita)* zur Zwischenstufe der bedingten Nichtdualität *(vishishtādvaita)* auf. Dann müsst ihr euch von „Ich bin die Seele, ein Teil des Göttlichen *(aham jīvāsmi)*" zu „Ich bin das Göttliche, ich bin nicht verschieden von Gott, Gott und ich sind eins *(aham brahmāsmi)"* ausdehnen. Das ist die höchste spirituelle Stufe, die Stufe der vollkommenen Nichtdualität *(advaita)*. Das Gefühl, mit dem ihr den Weg beginnt – das Gefühl, dass ihr der Körper wäret –, ist von dualistischem Denken geprägt. Das ist die Brutstätte allen Kummers. Solange ihr in der Dualität gefangen seid, ist alles Kummer und Sorge. Wenn ihr euch mit dem höchsten Selbst *(atman)* identifiziert, ist alles Seligkeit und Freude.

Ihr müsst euer Denken erheben und euch stets mit dem höchsten Selbst identifizieren. Dadurch gebt ihr die falsche Identifikation mit dem Körper auf. Das ist die richtige Einstellung für die Verehrung des Herrn! Anbetung heißt auf *Sanskrit „Upāsana",* was so viel bedeutet wie „nah bei Gott sitzen." Aber es reicht nicht, nur nah zu sein. Der Frosch sitzt zwar auf dem Lotosblatt, aber hat er etwas von dem süßen Nektar in der Lotosblüte? Nur nah sein (englisch: near), bringt keinen Nutzen, man muss Gott auch lieb (dear) sein. Ihr müsst imstande sein, den Honig zu saugen.

Eure Nachbarn mögen sehr nah bei euch wohnen, aber ihr werdet nicht zu sehr von den Problemen und Sorgen betroffen, die sie vielleicht erleben. Wenn sich dagegen euer Ehepartner oder Sohn auf der anderen Seite der Welt aufhält und ihr über eine Woche lang keinen Brief von ihm bekommt, macht ihr euch Sorgen. In diesem Fall ist der Körper zwar sehr weit entfernt, aber eure gegenseitige Liebe bringt euch einander nahe. Die Beziehung zu den Nachbarn ist nicht so liebevoll, obwohl sie sehr nah sind. Ein anderes Beispiel: In einem Haus können viele Ameisen und Mäuse herumlaufen, aber nennt ihr sie deswegen eure Freunde? Neben körperlicher Nähe (englisch: nearness) muss es auch Zuneigung (dearness) geben. Ein tiefes Gefühl der Liebe muss sich entwickeln und die Beziehung durchdringen. Ihr müsst dem Herrn nah und lieb sein.

Nah und Lieb

Welchen Gewinn bringt euch Nähe und Zuneigung? Wenn ihr nah beim Licht sitzt, bekommt ihr Licht, und mithilfe der Helligkeit seid ihr imstande, auch noch etwas Sinnvolles zu tun. Wenn ihr unter dem Ventilator sitzt, spürt ihr den kühlen Luftzug und vergesst die Hitze, die euch vorher zugesetzt hat. Während der kalten Jahreszeit sitzt ihr beim Feuer, und seine Wärme wird euch vor der Kälte schützen, die euch vielleicht zu schaffen macht. In jedem dieser Fälle wird eine Eigenschaft beseitigt und tritt eine andere an ihre Stelle.

So ist es auch, wenn ihr dem Herrn nah seid: Wenn ihr ihm lieb werdet, bekommt ihr seine Liebe, und bald fallen alle schlechten Eigenschaften von euch ab und werden durch gute ersetzt, die Gott verkörpern. Mehrt eure Liebe, sodass ihr dem Herrn immer näher kommt und ihm immer lieber werdet. Der einfachste Weg, Gott näherzukommen, ist, euch ständig, in allem, was ihr seht, tut und sagt, an ihn zu erinnern. Denkt nur an Gott und wie ihr ihm näher sein und lieber werden könnt.

Auf dem Weg der Hingabe reicht es nicht, Gott zu lieben, ihr müsst euch auch in Aktivitäten engagieren, die dem Herrn gefallen, damit ihr seine Liebe erwecken und seine Liebe zu euch fühlen könnt. Es gibt eine Reihe von Merkmalen, die ein Gottesverehrer haben sollte, um ihn gottgefällig zu machen: Nehmt Tadel und Lob, Kälte und Hitze, Gewinn und Verlust, Freud und Leid, Ehre und Verachtung, oder welche Gegensatzpaare es sonst noch geben mag, mit Gleichmut. Fühlt euch nicht herabgesetzt, wenn man euch kritisiert, und nicht erhöht, wenn man euch lobt. Jubiliert nicht, wenn ihr vom Glück begünstigt werdet; seid nicht niedergeschlagen, wenn es euch verlässt. Bleibt gleichmütig gegenüber der Hitze wie der Kälte. Beide können euch eine Quelle der Freude sein.

Im Winter empfindet ihr warme Kleidung und die Nähe zu einer

Wärmequelle als wohltuend, während ihr im Sommer dünne Kleidung vorzieht und etwas Kühle willkommen ist. Zu manchen Zeiten schenkt Hitze Wohlbehagen, zu anderen die Kälte. Ob ihr daran Freude habt oder nicht, hängt davon ab, wie ihr sie verwendet. Hitze und Kälte, Gewinn und Verlust, alle anderen Gegensatzpaare und überhaupt alles in der Welt hat seinen Nutzen. Jedes Ding ist für einen bestimmten Zweck erschaffen worden. Ihr müsst es nur in der Weise benutzen, die eurem Leben und eurem Entwicklungsstand entspricht.

Zeigt gegenüber niemandem Hass

Es wäre schierer Unsinn, einem Kind einen goldenen Becher zu schenken oder einem Wahnsinnigen ein Schwert in die Hand zu geben. Der wertvolle goldene Becher sollte nur einem Menschen gegeben werden, der seinen Wert zu schätzen weiß. Dieser Mensch würde sich sehr über den Becher freuen und ihn richtig behandeln. Ebenso wird derjenige, der den Wert der Hingabe kennt, sich ihrer bedienen, um sich und den anderen reine Freude zu bereiten. Echte Liebe wird niemals irgendjemandem Kummer bereiten, sie wird nie dazu führen, einen anderen zu hassen. Die wünschenswerten Eigenschaften des Gottesverehrers sind im zwölften Kapitel der *Gita* angeführt. Sie beginnen mit „Wer keinem Wesen in der Welt Leid zufügt *(adveshtā sarvabhūtānām)*“. Wie ein Papagei ständig zu wiederholen: „Herr, ich liebe Dich“, und gleichzeitig anderen das Leben schwerzumachen, kann nicht als Hingabe betrachtet werden.

Ihr werdet zu einem Gottesverehrer voller Liebe und Hingabe, wenn ihr euch dem Herrn vollkommen ergebt und bereit seid, jeden seiner Befehle auszuführen. *Arjuna* war wegen seines Stolzes und Egoismus verzagt, aber nachdem er den Rat Gottes vernommen hatte, fiel er ihm zu seinen göttlichen Füßen und sagte: „Herr, ich bin dein Schüler. Lehre mich, was gut für mich ist. Ich ergebe mich dir ganz und gar.“ Bis zu diesem Zeitpunkt begegneten sie einander als Schwäger. *Arjuna* war mit *Krishnas* Schwester verheiratet. Aber als *Arjuna* erst einmal sagte: „Ich will tun, was du sagst, ich werde deine Befehle ausführen“, wurde er zum Verehrer. Die Transformation fand in seinem Geist (mind) statt, als sich seine Schwager-Beziehung in die des Schülers verwandelte, der Gott zum Lehrer hat. Solch eine mentale Transformation ist absolut notwendig für einen Gottesverehrer. Ohne sie macht eure Hingabe jedwede Nähe, die ihr fühlt, frucht- und nutzlos.

Tut eure Pflicht im Leben mit dem Bewusstsein dieser hohen Prinzipien. Bleibt gleichmütig und vergewissert euch, dass die Arbeit, die ihr tut, gut und den jeweiligen Gegebenheiten angemessen ist. Diese Verse der *Gita* sollen nicht nur auswendig gelernt, sondern müssen auch gelebt werden. Wenn ihr ihre tiefe Bedeutung ganz begreift und sie in eurem täglichen Leben praktiziert, werden eure Sorgen bald verschwinden und wird sich all euer Kummer auflösen.

Dritte Ansprache

Verdient euch Gottes Liebe

Der Herr sagt in der Gita:
„Wer stetige und unverrückbare Hingabe an mich hat,
der ist mir sehr lieb."

Verkörperungen der Liebe,

in der Welt könnt ihr Geld verdienen, Wohlstand und Eigentum erwerben, Ehre und Ansehen erlangen und Status und Macht erreichen. All dies sind Belohnungen, die ihr durch eure weltlichen Anstrengungen erzielen könnt. Aber der Herr hat in der *Gita* verkündet, dass all dies vorübergehende Früchte sind. Sie sind vergänglich und haben keinen bleibenden Wert. Das Einzige, was ihr in dieser Welt erlangen könnt, das von wirklichem Wert ist, das ständig und ewig bei euch bleibt, ist die Liebe Gottes. Diese göttliche Liebe ist außergewöhnlich. Kein Preis kann jemals für sie angesetzt werden. Sie ist ein Schatz, der über alles Messbare hinausgeht. Ihr müsst alles daran setzen zu entdecken, mit welchen Mitteln ihr euch diese kostbare Liebe des Herrn verdienen könnt.

Die Liebe Gottes

Gottes Liebe ist bedingungslos. Sie ist für alle gleich. Aber was müsst ihr tun, um diese außergewöhnliche Liebe Gottes zu erfahren? Welchem Weg solltet ihr folgen? Wenn ihr Samen aussät, ohne vorher das Unkraut ausgerissen und das Feld vorbereitet zu haben, könnt ihr keine gute Ernte erwarten. So ist es auch mit dem Feld, das euer Herz ist. Wenn ihr nicht vorher all die schlechten Eigenschaften der Selbstsucht entfernt habt, bekommt ihr keine gute Ernte. Die *Gita* lehrt uns, dass das Hauptunkraut, das aus dem Acker des Herzens entfernt werden muss, die Anhaftung und Identifikation mit dem Körper ist. Auch jetzt stellt ihr euch zwar vielleicht vor, dass ihr Gott liebt, aber nur diesen Gedanken zu haben, wird euch keine nennenswerten Ergebnisse bringen. Das wäre, als ob man gute, keimfähige Samen auf unbearbeiteten, steinigen Boden aussäte. Das Wichtigste, was ihr herausfinden müsst, ist, ob Gott euch liebt. Selbst wenn ihr Gott liebt, wird eure Hingabe euch nicht weit tragen, wenn ihr euer Leben nicht transformiert habt, um ihm sehr lieb zu werden und seine grenzenlose, unveränderliche Liebe zu fühlen,

Was ist nun der Weg, um Gottes Liebe zu verdienen? Ihr findet die Antwort auf diese Frage in der *Bhagavadgita* im Kapitel über den Weg der Hingabe *(bhaktiyoga)*. Darin werden zahlreiche menschliche Eigenschaften genannt, die Gott sehr gefallen. Die *Gita* spricht davon, entschlossen zu sein und den festen Beschluss gefasst zu haben, nur die spirituellen Lehren in eurem Alltag zu praktizieren. Sie legt großen Wert darauf, unter allen Umständen beständigen Gleichmut zu bewahren, und ermahnt euch, vollkommen zufrieden *(santripti)* und allezeit und unter allen Umständen voller Freude zu sein. Was ist die innere Bedeutung dieser letzten Anweisung?

Wahre Freude

Betrachtet die Gefühle, die ihr durch das Singen hingebungsvoller Lieder auf spirituellen Versammlungen bekommt. Wenn ein Lied *(kīrtan)* gesungen wird, das euch nicht vertraut ist, dessen Melodie euren Ohren nicht besonders gefällt oder zu dessen besonderem Gottesaspekt ihr euch nicht hingezogen fühlt, kann es sein, dass ihr dabei nur wenig echte Gefühle habt. Ihr folgt dem Lied nur oberflächlich mit euren Lippen. Was für ein großer Unterschied liegt zwischen diesem Lied und einem Lied, das ihr liebt, das aus eurem innersten Herzen kommt, das frei, spontan und mit großer Freude entsteht und euch mit Begeisterung und Hingabe zu Gott erfüllt *(samkīrtan).*

Gleichermaßen liegt ein riesiger Unterschied zwischen vorübergehenden Freuden, die ihr aus der Welt der Erscheinungen und ihren vergänglichen Dingen und Phänomenen gewinnt *(tripti),* und der wahren Freude, die aus den Tiefen des Herzens kommt *(santripti).* Letztere ist völlig verschieden von der vorübergehenden Befriedigung, die ihr in weltlichen Dingen findet. Diese tiefe, aus dem Herzen kommende Freude ist mit Wahrheit verbunden. Sie ist immerwährend. Sie ist losgelöst von allen weltlichen Sorgen. Sie repräsentiert das Einssein des Geistes (spirit). Diese Freude *(santripti)* vermag sich niemals zu verändern, denn es gibt nichts, was man wahrer Freude hinzufügen könnte. Sie ist an sich ganz und vollkommen.

Wahre Freude entsteht aus Gleichmut. Lasst euch von weltlichen Dingen nicht mitreißen und messt ihnen keine Wichtigkeit bei. Verwendet eure Zeit und Anstrengungen darauf, die Launen des Geistes (mind) zu kontrollieren und entwickelt mentale Festigkeit. Gleichmut bedeutet, dass ihr unbeeinflusst von Sieg oder Niederlage, Gewinn oder Verlust, Freud oder Leid bleibt. Akzeptiert, was auch immer geschieht, was auch immer euch begegnet, als Geschenk Gottes, das mit großer Zufriedenheit genossen wird, indem ihr es als das Geschenk der Liebe betrachtet, das euch für euer eigenes Wohl gegeben wird. Dann wird euer Herz mit Gefühlen der Liebe und Zufriedenheit angefüllt und erkennt ihr die wahre Freude *(santripti)* der Hingabe.

Mut und Beständigkeit

Eine weitere wichtige Eigenschaft, die jeder Gotthingegebene besitzen muss, ist Beständigkeit und Mut. Es ist ganz natürlich für euch, Mut und einen festen Entschluss zu haben. Ihr könnt diese Eigenschaften auf vielerlei Weisen im Leben manifestieren. Ihr könnt diese Eigenschaften nutzen, um auf Berge zu klettern. Mit dem gleichen Abenteuergeist und Mut könnt ihr ein Meer überqueren oder euch durch einen wilden Dschungel kämpfen. Ihr könnt euch auch genauso mutig und entschlossen daran begeben, Wohlstand zu verdienen, Besitztümer anzuschaffen und Gewinne zu machen. Es könnte aber auch vorkommen, dass ihr tapfer und mutig seid, diese Eigenschaften jedoch auf gnadenlose Weise manifestiert; ihr zieht es vielleicht vor, alle edlen Eigenschaften der Menschlichkeit und des Göttlichen außer Acht zu lassen und stattdessen dämonische Charakterzüge anzunehmen. Entschlossenheit und Standfestigkeit können auf gute oder schlechte Weise eingesetzt werden. Es liegt an euch, wie ihr sie nutzt.

Als *Valmiki,* der berühmte Weise, noch der Räuber Ratnakara war, benutzte er all seinen Mut, seine Entschlossenheit und Verwegenheit auf üble Weise. Dank seines Umgangs mit den sieben Weisen und des Lauschens ihrer Lehren, mit denen sie ihn unterwiesen, ständig den Gottesnamen zu wiederholen, war er imstande, sein Leben zu ändern und seine Bestimmtheit und großen Kräfte zum Wohl der Menschheit einzusetzen. Schon bald hatte er den Namen *Rama* ununterbrochen auf der Zunge. So wurde er der Verfasser des *Ramayana,* der großen epischen Erzählung von *Ramas* Leben. Vergeudet also eure Standfestigkeit und Entschlusskraft nicht mit üblen Dingen, ja nicht einmal mit den gewöhnlichen weltlichen Dingen! Nutzt euren Mut und eure Entschlossenheit stattdessen dazu, die Gnade Gottes zu erlangen.

Die Anbetung Gottes mit und ohne Gestalt

Im Kapitel über Hingabe *(bhaktiyoga)* erklärt *Krishna* die beiden Arten der Verehrung Gottes mit und ohne Gestalt. Die *Gita* vergleicht diese beide Arten miteinander und betont, welche für Gottesverehrer auf jeder ihrer Stufen des spirituellen Fortschritts besser, leichter und sicherer ist. Die *Gita* erklärt, dass es unmöglich ist, das formlose und eigenschaftslose göttliche Prinzip zu erkennen, wenn man nicht zuvor durch die Stufe der Anbetung des Göttlichen mit Gestalt und Eigenschaften gegangen ist.

Solange ihr eine Anhaftung an euren Körper habt und vom Körperbewusstsein durchdrungen werdet, seid ihr nicht imstande, den formlosen Aspekt des Allerhöchsten zu verstehen und zu erreichen. Ihr erlangt die notwendigen Qualifikationen zur Verehrung des Formlosen nur, wenn ihr eure Bindung an den Körper, die Welt und all eure anderen Anhaftungen überwunden habt. Solange ihr euch also mit dem Körperlichen identifiziert und glaubt, dass ihr eine besondere Gestalt hättet, müsst ihr euch auch Gott mit einer bestimmten Gestalt vorstellen. Somit beginnt ihr eure spirituelle Reise, indem ihr Gott in einer bestimmten Inkarnation anbetet, die gewisse göttliche Eigenschaften hat. Nachdem ihr diesem Weg eine Zeitlang gefolgt seid, könnt ihr eure Übung abändern und den formlosen Aspekt des Allerhöchsten verehren.

In Wirklichkeit ist die ganze Welt Gottes Form. Alles, was ihr überall seht, ist eine Gestalt Gottes. Doch anfänglich konzentriert ihr euch auf eine bestimmte Gestalt Gottes, auf eine der Inkarnationen Gottes *(avatar)*. Diese göttlichen Inkarnationen sind mit dem physischen Universum verbunden. Dem entsprechen auf mentalem Gebiet die feinstofflichen Formen Gottes. Dies ist der feinstoffliche Aspekt des Universums. Die physischen und mentalen Gebiete haben mit den Sinnen und dem Geist (mind) zu tun. Das, was sie transzendiert, ist das kausale Universum. Dieses kausale Universum ist aus der feinstofflichsten Manifestation von Materie gebildet, die in potenzieller Form die Samen aller Namen und Formen enthält. Dieser kausale Aspekt wird in jeder Nacht im Tiefschlaf *(sushupti)* erfahren. Darin kann der formlose Aspekt Gottes erlebt werden.

Im Wachzustand sind die Auswirkungen des Geistes (mind) und der Sinne sehr stark, weil sie mit der Welt der Erscheinungen zusammenhängen. Im Traumzustand, der mit der feinstofflichen Welt verbunden ist, herrschen die Sinne nicht über euch, aber ist der Geist sehr aktiv. Im Tiefschlaf, der mit der kausalen Welt verbunden ist, löst sich der Geist auf und versteht die Sinneseindrücke nicht. Nur in diesem Zustand, in dem der Geist und die Sinne vollkommen inaktiv sind, ist es möglich, den formlosen Aspekt des Göttlichen zu erfahren. Es kann jedoch auch im Wachzustand erfahren werden, wenn der Geist ruhig und gleichmütig wird und die Sinne friedvoll und inaktiv bleiben. Dann betretet ihr im Wachsein den kausalen Zustand und erlebt den formlosen Aspekt der Göttlichkeit.

Viele Gottesverehrer gründen ihre spirituellen Erfahrungen nur auf den mit Namen und Gestalt manifestierten Gott. Die Form und das Formlose sind beide essenziell für einen Gottesverehrer. Sie sind wie die beiden Beine zum Gehen und die beiden Flügel für einen Vogel. Um das letzte spirituelle Ziel zu erreichen, müsst ihr die beiden Beine der Form und des Formlosen haben, indem ihr einen Fuß vor den anderen setzt, wobei das eine Bein „Gott mit Gestalt“ darstellt, das von dem anderen, „Gott ohne Gestalt“, unterstützt wird. Es ist wichtig zu erkennen, dass die Manifestation des Herrn als Gestalt nur vorübergehend ist, während der gestaltlose Aspekt des Göttlichen ewig ist – allgegenwärtig und unveränderlich. Hier ist ein kleines Beispiel, das diesen Grundsatz veranschaulicht.

Nur das Formlose ist der bleibende Aspekt Gottes

Wenn ihr kommt, um Babas spirituelle Ansprache zu hören, sitzt ihr hier im Tempel mit etwa Tausend anderen. Dies geschieht auf dem physischen Gebiet und dauert vielleicht ein oder zwei Stunden. Diese Erfahrung bezieht sich auf eine bestimmte Zeit und Aktivität. Sie kann aber im Geist (mind) wiederholt werden, nachdem ihr nach Hause gegangen seid. Sooft ihr daran denken wollt, wird sie in eurem Geist *(cittākāsha)* gegenwärtig sein: Tausende Menschen, die im Tempel sitzen, Sai Baba, der die Ansprache hält. Durch die äußere Sichtweise und eure Erfahrung im Wachzustand könnt ihr sehen, dass ihr alle hier im Tempel sitzt. Was geschieht, wenn ihr wieder zu Hause seid? Ihr werdet herausfinden, dass dieser Tempel in eurem Herzen ist und jederzeit in Erinnerung gerufen werden kann.

Ihr wart eine Stunde lang hier, aber es kann für immer eine bleibende Erinnerung für euch werden, selbst nachdem ihr den *Aschram* verlassen habt. Nachdem ihr die physische Erfahrung in der Welt der Erscheinungen gemacht habt, wurde sie zu einer bleibenden Erinnerung im feinstofflichen Universum *(cidākāsha)* des Geistes, die später wieder abgerufen werden kann. So wie ihr euch diese Erfahrung wiederholt in Erinnerung ruft und über Babas Lehren nachsinnt, wird ihre Botschaft eurem Herzen dauerhaft eingeprägt.

Ohne die körperliche Erfahrung in dieser Halle gäbe es keinen dauerhaften Eindruck in eurem Herzen, den ihr später in eurem Geist (mind) wieder erleben könnt. Hat sich dieser Eindruck einmal eurem Geist eingeprägt, besteht keine Notwendigkeit, tatsächlich körperlich im Tempel zu sein oder Babas physische Gestalt zu sehen. Genauso ist es, wenn ihr Gott zunächst in physischer Gestalt erlebt.

Dann werdet ihr später mit Sicherheit in der Lage sein, auf diese Weise den formlosen Gott zu erfahren. Die Form ist vergänglich, während das Formlose ewig ist. Aber dieses Formlose wird nur als bleibende Wesenheit für euch weiterleben, wenn ihr die göttliche Form erst einmal erfahren und eurem Herzen durch Verehrung und Hingabe eingeprägt habt.

Nehmt ein anderes Beispiel. Angenommen ihr wollt einem kleinen Kind das Wort „Stuhl" erklären. Wenn ihr „Stuhl" nur aussprecht, wird ihm nicht klar, was damit gemeint ist. Ihr könnt ihm jedoch einen Stuhl zeigen und sagen, es solle ihn sich genau ansehen. Währenddessen wiederholt ihr das Wort „Stuhl". Dann wird das Kind später jedes Mal, wenn es einen Stuhl sieht, an das Wort erinnert, das mit der Form zusammenhängt, die ihr ihm gezeigt habt, und wird das Wort „Stuhl" selbst wiederholen. Die Form des einzelnen Stuhls, mit dem ihr die Bedeutung des Wortes gelernt habt, mag vergänglich sein, aber das Wort „Stuhl" und die Art von Gegenstand, für die es steht, bleiben. Ohne die vergängliche Form gesehen zu haben, wird das Kind das bleibende Wort „Stuhl" nicht erlernen. Das dauerhafte Element wird durch das Vergängliche verstanden. Obwohl das Göttliche formlos ist, müsst ihr es aus diesem Grund mit einer bestimmten Form in Zusammenhang bringen, um es zu verstehen.

Bringt euren Geist durch die Anbetung des Göttlichen mit Gestalt zur Ruhe

Viele Menschen glauben nicht einmal an die Existenz Gottes. Ihr Geist ist die meiste Zeit unstet und sie fragen sich: „Existiert Gott wirklich? Ist es wirklich wahr, dass da ein Gott ist?" Ein eiserner Entschluss ist absolut notwendig, um festen Glauben an Gott zu kultivieren. Nur durch die Anbetung des Göttlichen mit Gestalt könnt ihr euren Geist zur Ruhe bringen. Betrachtet dafür ein weiteres kleines Beispiel.

Dieses Kissen ist mit loser Baumwolle gefüllt. Was bedeckt dieses Kissen? Ein Stück Stoff. Woraus besteht dieser Stoff? Aus Baumwolle. Ihr habt also außen ein Stück Stoff und innen Baumwolle. Aber in Wirklichkeit ist sowohl innen als auch außen nur Baumwolle. Die „formlose" Baumwolle hat die Form eines Fadens angenommen. Aus dem Faden wurde Stoff, und dieser Stoff umhüllt die „formlose" Baumwolle. Der Stoff ist die Form und die ungesponnene Baumwolle das Formlose. Vom Formlosen zur Form und dann wieder von der Form zum Formlosen – das sind die Verwandlungen des Göttlichen. Um ein Kissen herzustellen, braucht man mehr als nur lose Baumwolle. Zuerst muss man die Baumwolle zu Stoff verarbeiten, dann kann man mit dem „geformten" Stoff die „formlose" Baumwolle umhüllen.

Gleichermaßen sind das Göttliche mit Form und sein formloser Aspekt exakt dasselbe. Beide sind wichtig. Durch die vergängliche Form werdet ihr euch der bleibenden Formlosigkeit bewusst. Solange ihr euch immer noch mit dem Körperbewusstsein identifiziert und das Gefühl habt, mit eurem Körper verbunden zu sein, ist es euch nicht möglich, den Aspekt der Form aufzugeben. So wie euer Geist zur Ruhe kommt und im Glauben verwurzelt ist und ihr euch jenseits des Körperbewusstseins bewegt, werdet ihr in der Lage sein, den dauerhaft formlosen Aspekt des Göttlichen zu erfahren.

Den formlosen Gott in eurem Herzen anbeten

Traditionell könnt ihr den formhaften Gott mit jeder der vielen Arten ritueller Anbetung verehren. Ihr opfert Gott vielleicht Blumen und badet seine Statue in geweihtem Wasser. Ihr könnt Räucherstäbchen abbrennen oder andere Formen der Verehrung ausführen. Das stellt euch zufrieden: Die äußerliche Verehrung der Form mit verschiedenen Gegenständen gewährt Zufriedenheit *(tripti)*. Aber wenn ihr Gott erst einmal in eurem Herzen habt, werdet ihr ihn durch die Blumen eures Herzens verehren. Wenn das Körperbewusstsein und die mit ihm verbundene Illusion vernichtet sind, wird sich die Gottheit, die ihr zuvor äußerlich angebetet habt, in ihrem formlosen Aspekt in der Tiefe eures Herzens niederlassen, und ihr werdet sie mit den lieblichen Blumen eurer Gefühle anbeten wollen. Das wird euch wahre, unveränderliche Freude bereiten.

Solange ihr Gott in einer Gestalt verehrt, verwendet ihr „echte" Blumen wie Rosen, Tagetes und Jasmin. Sie sind so vergänglich wie der Körper, der die Anbetung ausführt. Wenn ihr aber den formlosen Gott in eurem Herzen verehren wollt, nehmt ihr dafür andere Blumen: Es sind ewige Blumen. Diese Blumen sind die edlen Eigenschaften, die ihr in eurem Herzen entwickelt und Gott opfert. Es sind die Blumen der Gewaltlosigkeit, der Sinnenkontrolle, der Wahrhaftigkeit, der Geduld und des Ertragenkönnens, der Liebe, des Mitgefühls, der Mildtätigkeit und der Opferbereitschaft. Diese Blumen sind zur innerlichen Verehrung bestimmt. Um euch auf die Stufe der Verehrung des Formlosen zu erheben, müsst ihr diese Blumen des Herzens entfalten und für euren Gottesdienst nutzen. Dann wird sich euch die unaussprechliche, immerwährende Freude *(santripti)* des Geistes (spirit) offenbaren und auf den Weg heim zu eurem göttlichen Ursprung geleiten.

Innerer Frieden und Zufriedenheit

Im zwölften Kapitel der *Gita* lehrt *Krishna* die wesentlichen Merkmale, die ein wahrer Gottesverehrer haben muss. Dies sind die Eigenschaften, die ihr hegen müsst, wenn ihr von Gott geliebt sein wollt. Wenn ihr ein Jünger Gottes werden wollt, müsst ihr als Erstes inneren Frieden und Entschlusskraft entwickeln. Ihr solltet allzeit zufrieden sein, Sorgen niemals Raum geben und es keinem Schmerz erlauben, in euer Herz einzudringen und es aus der Ruhe zu bringen.

Das *Bhagavatam,* das große Werk über die Hingabe, beschreibt *Prahlada* als den idealen Gottesverehrer, der all diese Eigenschaften besaß. Als die Dämonen *Prahlada,* den Sohn des Dämonenkönigs, belästigten, erlaubte er es dem Schmerz niemals, sein Herz in Unruhe zu versetzen, gleichgültig, welchen Qualen und welcher Folter er ausgesetzt wurde. Er hörte nicht auf, den Namen des Herrn zu wiederholen, und suchte Zuflucht bei ihm, seinem Beschützer und Retter. Auch in der größten Not vergoss er keine Träne. Darum wurde *Prahlada* als derjenige bezeichnet, der vollständig im *Yoga,* der Einheit mit Gott, gefestigt war. Obwohl er in der phänomenalen Welt lebte und eine Gestalt besaß, ließ er es nicht zu, dass Wünsche oder Neigungen in sein Herz eindrangen.

Liebt alle

Ein wahrer Gottesverehrer sollte keine schlechten Wesensmerkmale wie Hass, Eifersucht, Zorn oder Gier haben. Dies sind die Haupthindernisse auf dem Weg zur Hingabe, die in euer Wesen eindringen. Ihr müsst das Gefühl des Einsseins mit allen Menschen entwickeln. Wenn ihr Hass gegenüber einem anderen entwickelt, hasst ihr genau den Gott, den ihr anbetet. Es ist euer aufgeblähtes Ego, das euch gegeneinander aufbringt und bewirkt, dass Hass, Eifersucht und Zorn entstehen. Deshalb ist die wichtigste Warnung der *Bhagavadgita:* „Zeigt gegenüber keinem Wesen Hass *(adveshtā sarvabhūtānām).*"

Bevor ihr nicht das Feld von Unkraut befreit und es für die Saat vorbereitet habt, werden die Samen keine gute Ernte bringen. Ebenso werden all eure spirituellen Übungen fruchtlos sein, wenn ihr das Unkraut des Ego nicht aus eurem Herzen entfernt. Das Wichtigste, das ihr vom Weg der Hingabe *(bhaktiyoga)* lernen könnt, ist, dass ihr nicht nur Gott, sondern auch alle anderen Wesen lieben und als Gott behandeln sollt. Gott zu verehren und gleichzeitig anderen Schaden zuzufügen, kann nicht Hingabe genannt werden. Das legt bloß die Abgründe der eigenen Unwissenheit offen. Solche Menschen werden auf dem spirituellen Weg niemals Fortschritte machen.

In den kommenden Tagen werdet ihr etwas über die Wege erfahren, wie ihr euren Glauben stärken und euer Leben durch gute Taten heiligen könnt. Wenn ihr diese wünschenswerten Eigenschaften entwickelt und in eurem täglichen Leben praktiziert, werdet ihr die Liebe und Gnade Gottes auf euch ziehen.

Vierte Ansprache

Inneres Forschen – der Weg der Weisheit

Meditation (dhyāna) ist die ständige,
ununterbrochene Kontemplation über Gott.
Dies ist die grundlegende spirituelle Aktivität, welche die Gita lehrt.
Nur dann und wann an Gott zu denken,
kann nicht Meditation genannt werden.
Meditation ist, zu allen Zeiten,
unter allen Umständen an Gott zu denken.
Sie ist ein kontinuierlicher, unaufhörlicher Prozess (abhyāsayoga).

Verkörperungen der Liebe,

die ständige Erinnerung an Gott ist die Methode, bei der ihr den Geist (mind) kontinuierlich nach innen wendet, um mit dem innewohnenden Herrn einszuwerden. Dies kann richtigerweise Meditation *(dhyāna)* genannt werden. Jede Übung, die ihr regelmäßig praktiziert, ist eine Konzentrationsübung. Solch eine Übung fokussiert sich für gewöhnlich auf einen ausgewählten Gegenstand und ist an einen bestimmten Ort und eine bestimmte Zeit gebunden. Wahre Meditation dagegen geht unaufhörlich weiter. Sie ist vollkommen frei von allen Objekten und Erscheinungen und transzendiert Raum und Zeit völlig. Deshalb heißt es in der *Gita,* dass das kontinuierliche Meditieren allen anderen regelmäßig durchgeführten spirituellen Übungen überlegen ist.

Aber es gibt eine Übung, die der Meditation sogar noch überlegen ist. Die ultimative spirituelle Übung ist das Entwickeln von Weisheit. Weisheit entsteht aus dem Erforschen des Inneren *(vicarana),* es ist das Hineinschauen in das innerste Wesen, in das Herz aller Dinge. Wenn ihr diesen Weg vertrauensvoll geht, werdet ihr Stufe um Stufe den höchsten Zustand des Friedens und der Seligkeit erreichen. Dies ist das einzigartige Ziel des menschlichen Lebens, und alle Menschen werden es eines Tages erreichen.

Die drei Stufen des Weisheitsweges

Um den Zustand des bleibenden inneren Friedens zu erreichen, beginnt ihr mit dem Erforschen des wahren Herzens von allem. Dies ist der Prozess des inneren Untersuchens, die erste Stufe auf dem Weisheitsweg. Dann müsst ihr die tiefen Einsichten, die ihr gewonnen habt, nutzen indem ihr die spirituellen Lehren bis ins Kleinste in eurem täglichen Leben umsetzt. Dies ist die zweite Stufe. Wenn ihr beginnt, dies unermüdlich zu praktizieren, werdet ihr mit der Zeit das Ziel der Gotterkenntnis erreichen und euch an unendlicher Glückseligkeit erfreuen. Dies ist die dritte und letzte Stufe auf dem Weisheitsweg.

Ihr könnt die erste Stufe mit der Zeit im Leben vergleichen, in der ihr ein Schüler *(jijnāsu)* seid. Als Schüler und spirituell Suchender seid ihr damit beschäftigt, Wissen zu erlangen. Auf dieser Stufe erforscht ihr das Prinzip, das allem im Universum zugrunde liegt. Ihr versucht, die tiefere Bedeutung der großen Weisheitssprüche zu verstehen, etwa „Das bist du *(tat tvam asi).*" „Das" *(tat)* bezieht sich auf das ewige göttliche Prinzip, das wir „Gott" nennen, und „du" *(tvam)* meint das unsterbliche Selbst *(atman),* welches das eine wahre Selbst in jedem Menschen ist. Auf dieser ersten Stufe bemüht ihr euch, das Sprichwort, das besagt, dass das höchste Selbst und Gott ein und dasselbe sind, zu verstehen, und ihr sucht nach dieser Einheit im Innersten von allem.

Ihr beginnt also, die allem Existierenden zugrunde liegende Einheit zu suchen. Wenn ihr euch dieser Einheit bewusst geworden seid, lebt ihr euer Leben, indem ihr diese große Wahrheit auf all eure täglichen Aktivitäten anwendet. Diese zweite Stufe *(sādhaka)* kann mit der Zeit im Leben verglichen werden, in der ihr in einem Arbeitsverhältnis steht und berufstätig seid. Wenn ihr aber zuvor eure Ausbildung nicht beendet und es versäumt habt, euch zu qualifizieren, werdet ihr keine geeignete Position finden. Deshalb erlangt ihr auf der ersten Stufe eine gute Ausbildung und entwickelt euer Wissen, damit ihr sie auf der nächsten Stufe in die Praxis umsetzen und für eure Lebensaufgabe anwenden könnt. Die dritte Stufe *(ārūdha)* kann mit dem späteren Lebensabschnitt verglichen werden, in dem ihr im Ruhestand seid und Rente bezieht.

Eure Rente erhaltet ihr erst, wenn ihr eure Berufslaufbahn beendet habt, ebenso wie ihr erst ins Berufsleben eintreten könnt, wenn ihr eure Ausbildung abgeschlossen habt. Dies sind also die drei Stadien eures Lebensweges: Schüler, Berufstätiger und Pensionär.

Gleichermaßen beginnt ihr den Weg der Weisheit als ein Suchender, dann werdet ihr ein Praktizierender und schließlich werdet ihr ein weiser Erleuchteter. Auf dieser letzten Stufe erfreut ihr euch am vollkommenen Geistesfrieden und erkennt die Einheit der gesamten Schöpfung.

Um diesen Seelenfrieden und den Zustand nichtendender innerer Freude auf Dauer zu genießen, müsst ihr zuvor die Stufe des Erforschens betreten und alle Anhaftungen an die Welt aufgeben. Heutzutage begeben sich sogenannte „spirituell Suchende“ zuerst in Abhängigkeiten und versuchen später ins Stadium der Selbsterforschung überzuwechseln. Sie nennen einander „Bruder“ und „Schwester“ und streben danach, Einheit zu praktizieren, während sie gleichzeitig neue weltliche Bindungen erschaffen. Bestenfalls könnte man sie „Teilzeit-Gottesverehrer“ nennen. Die *Bhagavadgita* lässt keine Teilzeithingabe gelten. Die *Gita* sieht nicht über solche Teilzeithingabe hinweg. Sie lehrt vollkommene Hingabe, indem man sich selbst und alles, was man hat, Gott opfert.

Gott ist der Meister der Zeit

Um das Prinzip der vollständigen Hingabe zu praktizieren, müsst ihr euch der Zeit bewusst werden – wie sie totale Macht über alles Veränderliche ausübt und doch vollkommen machtlos gegen den unveränderlichen Gott ist, ihren Meister. Gott unterliegt nicht der Zeit. Er steht nicht unter dem Bann der Zeit, sondern hält sie unter seiner Kontrolle. Derjenige, der an die Zeit gebunden ist, ist der Mensch; derjenige, der die Zeit transzendiert, ist Gott. Der Sterbliche ist der Mensch, der Unsterbliche ist Gott. Nur wenn ihr im Göttlichen Zuflucht sucht, könnt ihr die Dimension der Zeit transzendieren. Die Zeit verzehrt den Menschen, während Gott die Zeit verzehrt. Die Zeit ist für den Fortschritt oder Niedergang eines Menschen, sein Wohl oder Verderben, Verdienst oder Schuld verantwortlich. Deshalb finden wir in den *Upanishaden* folgendes Gebet:

„O Gott, du bist die wahre Verkörperung der Zeit.
Bitte, hilf mir, mein Leben zu heiligen
und all meine Zeit mit dem Denken an dich zu verbringen,
damit ich deine Lotosfüße sicher erreiche.“

Die gesamte Welt ist unentwirrbar im Griff der Zeit verstrickt. Es ist unmöglich, gegen das Element Zeit anzukämpfen. Die Zeit wartet auf niemanden. Ihr seid an die Zeit gebunden, die Zeit ist nicht an euch gebunden. Die Zeit kann mit einem großen Fluss verglichen werden. Alle Menschen und Lebewesen werden von diesem Strom der Zeit weggeschwemmt. Wenn ihr von einer Flutwelle weggerissen werdet, findet ihr keinen Schutz und keine Rettung bei etwas, das selbst von ihr fortgerissen wird. Sucht ihr trotzdem Schutz bei dem, was selbst schutzlos ist, so gleicht ihr einem Blinden, der sich von einem anderen Blinden führen lässt. Am Ende habt ihr euch beide verirrt. Wenn ihr euch aber von jemandem helfen lasst, der am festen Ufer steht, werdet ihr mit Sicherheit gerettet werden.

Der Eine, der am Ufer steht und von der Flut der Zeit nicht eingeholt wird, ist Gott. Wenn ihr bei Gott Zuflucht nehmt, könnt ihr euch von allen Nöten und Sorgen, die mit dem Prinzip der Zeit verbunden sind, befreien. Gott hat das Prinzip der Hingabe verkündet und auf seine Wichtigkeit hingewiesen, indem er dem Menschen sagte: „O Mensch, du wirst von den Fluten der Zeit erfasst. Der Einzige, der dich davor bewahren kann, bin ich. Flüchte dich zu mir, und ich werde dich retten." Wenn ihr diesen göttlichen Befehl befolgt und euch selbst, euer Vermögen, euren Besitz und eure gesamte Familie dem Herrn zu Füßen legt und euch ihm vollkommen ergebt, werdet ihr mit Sicherheit gerettet werden.

Der Schleier der Täuschung

Zunächst ist es schwierig, dieses Prinzip der Ergebenheit zu praktizieren, denn zwischen dem Menschen und Gott gibt es einen dichten Schleier. Wegen dieses Schleiers unterliegt ihr leicht dem Zweifel und der Verwirrung. Dann werdet ihr euch unfähig fühlen, euch vollständig hinzugeben. Dieser Vorhang ist die Täuschung *(maya)*.

Was bedeutet Täuschung? Täuschung bezieht sich auf das, was nicht existiert. Wenn ihr dem Bann der Täuschung unterliegt, glaubt ihr, dass das, was nicht wirklich existiert, existiere. Und ihr stellt euch vor, dass das, was wirklich existiert, nicht existiere. Das, was sich niemals verändert, existiert wirklich und ist wahr. Das, was sich ändert, existiert nicht wirklich und ist nicht wahr. Das Eine, das immer existiert, wahr und unveränderlich ist, ist Gott, das Eine-ohne-ein-Zweites. Wenn die Welt als gottlos betrachtet wird, so wird sie als sich ständig ändernd gesehen. Weil sie sich verändert, kann sie nicht wahr und somit nicht wirklich existent sein. Aber auf diese Weise seht ihr die Welt nicht richtig.

Wenn ihr dem Bann der Täuschung unterliegt, seht ihr die Welt als getrennt von Gott. Ihr seht die Göttlichkeit nicht als das Prinzip, dem alles in der Welt unterliegt, und als Ergebnis davon bekommt ihr Angst und findet es unmöglich, euch vollkommen hinzugeben. Das ist wie das Sehen eines Seils und es für eine Schlange zu halten. Doch in Wirklichkeit ist keine Schlange da. Ihr geratet in Anspannung und Angst, weil ihr euch eine Schlange vorstellt, die es gar nicht gibt. Was ist der Grund für diese Angst? Sich Dinge einzubilden, die in Wirklichkeit gar nicht da sind, ist die Ursache für Angst. Dieses Gefühl ist für all eure Probleme verantwortlich. Wenn ihr die Situation mit vollem Gewahrsein anschautet, würdet ihr erkennen, dass es da gar keine Schlange gibt, sondern bloß ein Seil. Dann würdet ihr euch nicht fürchten; ihr würdet euch nicht scheuen, es anzufassen, es in der Hand zu halten und damit zu spielen, denn ihr würdet erkennen, dass alles, was da ist, ein Seil ist.

Ihr habt viele Sorgen, weil ihr die Tatsache vergesst, dass die gesamte Welt die Verkörperung Gottes ist. Die Welt ist nicht so, wie ihr denkt. Ihr seht die Welt nur aus der Perspektive der Erscheinungen und betrachtet sie nicht mit forschenden Augen. Wenn ihr die Welt richtig betrachtetet, würdet ihr erkennen, dass sie ein Strom ständigen

Wandels ist. Dieser anhaltende ununterbrochene Strom des Wandels ist das Grundmerkmal der Welt der Erscheinungen. Aber das eine göttliche Prinzip in ihm beherrscht diesen Strom des Wandels.

Das kann auf einen Fluss bezogen werden. Das ununterbrochene Fließen des Wassers in einem Fluss vermittelt den Anschein, als ob das Strömen etwas Beständiges sei, etwas, das nicht aufhöre. Und doch sind die vorbeirauschenden Wasserpartikel in jeden Augenblick und an jeder Stelle des Flusses andere. Einige Wasserpartikel sind schlammig, einige beinhalten Steine, andere schäumen und wieder andere sind reines Wasser. Obwohl der Strom kontinuierlich zu sein scheint, verändert sich seine Zusammensetzung ständig. Wir sehen also, dass der Fluss eine Kombination veränderlicher und unveränderlicher Element ist.

In gleicher Weise werden Wesen, die ein Ausdruck des Lebens sind, geboren und sterben. Obwohl sie kommen und gehen, gibt es eine Kontinuität des Lebens in der Welt. Leben, das kontinuierlich weitergeht, kann als wahr betrachtet werden, während Lebewesen, die geboren werden, sterben und sich ständig verändern, Unwahrheit repräsentieren. Deshalb sind die sich wandelnden Ausdrucksformen des Lebens unwahr, aber das Leben selbst ist wahr. Es ist ein ständiger Strom, dessen Essenz Göttlichkeit ist.

Die Welt ist ein Fluss von Wahrheit und Unwahrheit

Deshalb wird das Leben auch mit dem Fluss verglichen, in dem sich die Wahrheit mit der Unwahrheit, der Veränderung, verbunden hat. Ihr könnt sie als Strom einer sich wandelnden Wahrheit betrachten, einer Wahrheit, die bedingt und nicht ganz wahr ist. Die Welt ist eine Kombination von reiner Wahrheit, welche dieselbe bleibt und sich nie verändert, und Unwahrheit, die mit Dingen zu tun hat, die sich permanent ändern. Die Weisheitslehren haben diesen Zustand als

Wahrheit-Unwahrheit beschrieben, als eine Mischung oder Kombination, in der sowohl Wahrheit als auch Unwahrheit gleichzeitig bestehen. Spirituelle Praxis ist der Prozess, bei dem ihr das Wahre vom Unwahren trennt und die Wahrheit zurückbehaltet. Ihr erkennt die Täuschung, dass die Welt getrennt von euch und Gott existiert, als das, was sie ist, nämlich Unwahrheit. Wenn sie einmal als Unwahrheit erkannt ist, werdet ihr von ihr nicht länger getäuscht, und die Wahrheit, welche die Einheit von Gott, Mensch und der Welt ist, bleibt offenbar.

Unwissenheit, Natur, Welt, Dunkelheit *(tamas),* Illusion *(maya)* und Geist (mind) – sie alle sind die täuschende Macht Gottes. Zu glauben, dass Dinge existieren, die in Wirklichkeit nicht existieren, und unter ihren Einfluss zu geraten, das ist *Maya*. Ein Weiser hat dies in einem Satz zusammengefasst: „Gott ist wahr, aber die Welt ist unwahr (brahma satyam jagad mithyā)." Ihr müsst diese Aussage richtig verstehen. Sie bedeutet, dass unsere irrige Auffassung und Erfahrung der Welt unwahr *(mithyā)* ist. Die Welt ist in ihrer Essenz Wahrheit. Gott *(brahman)* ist die eine unwandelbare Grundlage für diese Welt des Wandels. Wenn ihr dies vertieft erforscht, werdet ihr entdecken, dass die Welt in Wirklichkeit nicht die Welt, sondern Gott ist.

Haltet allein an Gott fest

In der *Bhagavadgita* sagte *Krishna* zu *Arjuna: „Arjuna,* du unterwirfst dich dem Element Zeit, du lässt dich von ihren Fluten mitreißen und entfernst dich weit, weit von mir. Ergib dich ganz mir, und all deine Sorgen werden bald verschwunden sein." Wenn ihr mit Gott verbunden seid, wenn ihr ihm nah seid, kann euch die Täuschung *(maya)* nichts anhaben. Hier ist ein kleines Beispiel dafür.

In den teuren Häusern der Reichen gibt es meist einen Hund, der am Tor Wache hält, um die Leute fernzuhalten. Dieser Hund ist nicht irgendein dahergelaufener Straßenköter, sondern ein Hund, der von seinem Besitzer mit großer Fürsorge aufgezogen und ausgebildet wurde. Ein solcher Hund bellt nicht, solange die Leute nur draußen vorübergehen. Er bellt nur, sobald sich jemand dem Tor nähert und versucht hereinzukommen. Die meisten Besucher, die von dem Hund angebellt werden, drehen sich um und gehen fort. Andere aber, die fest entschlossen sind, den Hausherrn zu sprechen, bleiben stehen und rufen laut nach ihm. Irgendwann wird der Hausherr aus dem Fenster gucken, um zu sehen, wer am Tor steht. Wenn er in dem Wartenden einen Freund erkennt, kommt er aus dem Haus, holt den Freund am Tor ab und nimmt ihn die Treppe hinauf mit ins Haus.

Wenn dieser scheinbar Fremde, der da am Tor gestanden hat, als Freund des Hausherrn erkannt wird, hört der Hund auf zu bellen und nach ihm zu schnappen. Der Hund weiß nun, dass dieser Mensch vom Hausherrn die Erlaubnis hat, einzutreten. Die Täuschung kann mit dem Hund verglichen werden. Sie bewacht das Tor der Befreiung *(moksha)* und Glückseligkeit. Wenn jemand, der kein Freund des Hausherrn ist und dort nichts zu suchen hat, durch das Tor hereinkommt, wird ihn der Hund packen. Die meisten fürchten, vom Hund angefallen zu werden, und laufen davon. Ebenso entscheiden sich die meisten Menschen, sich abzuwenden, sobald sie Schwierigkeiten auf dem spirituellen Weg erfahren, anstatt unerschrocken an ihrem Bestreben festzuhalten. Und so erreichen sie ihr Ziel nicht und werden vom Zauber der Täuschung hin- und hergeworfen.

Aber ein wahrer Gottesverehrer, der in diesem Beispiel der Mensch ist, der den festen Entschluss hat, zum Hauseigentümer zu gelangen, stört sich überhaupt nicht an dem Hund. Er bleibt am Tor, zieht die Aufmerksamkeit des Hausherrn auf sich und wartet, bis dieser herauskommt. Für den beharrlich Wartenden ist das Bellen des Hundes und der Schmerz der Täuschung sogar hilfreich, denn der Schmerz zieht die Aufmerksamkeit und das Mitgefühl des Herrn im Inneren an. Der Herr wendet seinen Blick dem Gottesverehrer zu, bemerkt ihn und nimmt ihn mit ins Haus. Deshalb kann nur derjenige, der Mut und eine starke, entschlossene Natur hat, der beschlossen hat, dazubleiben, ganz gleich wie wild der Hund bellt, es schaffen, den Herrn zu sehen, und fähig sein, den Palast des höchsten Friedens zu betreten.

Besiegt eure Sinne

Die fünf Sinne und die Sinnesobjekte, die wir mit ihnen wahrnehmen, repräsentieren diesen Hund der Täuschung, der euch ablenken und davon abhalten will, Gott zu erreichen. Aus diesem Grund sagte *Krishna* zu *Arjuna: „Arjuna,* du hängst an so vielen Sinnesobjekten. Deshalb wirst du von den Ereignissen aus der Fassung gebracht. Es ist dir noch nicht gelungen, deine Sinne zu kontrollieren und Konzentration zu entwickeln. Deshalb ist es dir auch noch nicht gelungen, dem Göttlichen einen Platz in deinem Herzen zu geben. Praktiziere deshalb weiter die Übung, deinen Geist (mind) Gott zuzuwenden, der in deinem Herzen wohnt. Dann wirst du die Konzentration des Geistes erlangen, und nur damit wirst du in der Lage sein, dich vollkommen Gott hinzugeben. Denk immer und überall an Gott. Welche Arbeit du auch tust, denk an Gott. Denk mit Liebe und Glauben an Gott.

Selbst wenn du in den Krieg ziehst, denk zuerst an Gott und dann kämpfe. Dies ist kein gewöhnlicher Krieg. Der Kampf, in den du nun verwickelt wirst, ist nicht einfach eine Auseinandersetzung zwischen dir und anderen. Was du vor allem zu bekämpfen hast, sind deine eigenen Schwächen, deine schlechten Eigenschaften, all deine Begrenzungen und Zweifel. Zieh mit warmen Gedanken der Liebe zum Gott in deinem Herzen in den Krieg und sei siegreich. Denk daran, dass du nicht gegen andere kämpfst. Du bekämpfst deine eigenen

Sinnesorgane. Gib also nicht auf, bis du den Sieg errungen hast und sie vollkommen beherrschst."

Auch *Prahlada* sprach in einem früheren Zeitalter von diesem inneren Kampf zu seinem Vater, dem mächtigen Dämonenkönig *Hiranyakashipu*. Er sagte: „Vater, du hast zahlreiche Kriege und die Herrschaft über viele Welten gewonnen, aber es ist dir nicht gelungen, den Sieg über deine eigenen Sinne zu erringen. Durch den Sieg über die äußeren Welten bist du ein mächtiger König geworden, doch erst wenn du deine eigenen Sinne beherrschen gelernt hast, wirst du der König eines ganzen Universums sein. Wie willst du jemals deine Feinde da draußen besiegen, wenn du dich weiterhin von deinen Sinnen unterjochen lässt? Wenn du deine inneren Feinde bezwungen hast, kannst du leicht mit den äußeren fertig werden."

Wie ist das möglich? Nur indem ihr euch dem Göttlichen hingebt. Ihr sagt: „Meine Sachen", „meine Person", „meine Landsleute". Solange ihr so fühlt, wird es euch nicht gelingen, euch vollständig hinzugeben. Dies alles sind Anhaftungen an das Körperliche. Ihr müsst nicht nur die Herrschaft über das Körperliche, sondern auch über das Mentale erlangen, und schließlich müsst ihr das Gebiet des Spirituellen erreichen. Wenn es euch gelungen ist, euch vollkommen zu ergeben und das Reich des Spirituellen zu betreten, wird für alles von selbst gesorgt und werdet ihr nicht länger von Belastungen und Verantwortungen geplagt.

Überreicht eure Belastungen Gott

Wenn ihr eine Zugreise machen wollt, müsst ihr euer Gepäck von einem Träger oder mit einem anderen Transportmittel bis zum Bahnhof befördern, und wenn niemand da ist, um euch zu helfen, müsst ihr es selbst tragen. Seid ihr aber erst einmal in den Zug eingestiegen, könnt ihr eure Sachen abstellen, wo ihr wollt. Ihr könnt euch zurücklehnen und die Mühen mit dem Gepäck vergessen, denn der Zug wird euch samt eurem Gepäck befördern. Aber es gibt ein paar Unbelehrbare, die selbst im Zug das Gepäck noch auf ihrem Kopf tragen. Das sind jene, die mit Gottes Gnade gesegnet wurden, aber immer noch zweifeln und weiterhin ihrem eigenen unabhängigen Willen folgen. Sie haben sich nicht ganz hingegeben.

Wenn ihr euch dem Herrn vollkommen ergeben habt und ihm alles, was zu tun ist und auch wann es getan werden muss und wie es zu geschehen hat, den Lotosfüßen darbringt, wird er sich um alles kümmern. Um diesen Grad der Hingabe zu erreichen, darf keine Spur von Ego übriggeblieben sein, darf es kein Gefühl der Ichbezogenheit mehr in euch geben. Das zeigte *Lakshmana, Ramas* Bruder, auf besonders deutliche Weise im *Ramayana.*

Lasst uns die Geschichte anschauen, in der *Rama, Sita* und *Lakshmana* während ihres Exils im Wald die Anhöhe der Bergregion Citrakuta erreichten. Wie es die Natur des Herrn ist, liebt er es, göttliche Spiele *(līlā)* aufzuführen. Er ist der vollkommene Schauspieler. Er kennt weder Kummer noch Schmerz, was auch geschieht, aber manchmal tut er so, als hätte er derartige Gefühle. Immer wenn Gott in menschlicher Gestalt auf die Erde kommt, verhält er sich auf natürliche Weise als Mensch. Er nimmt die Gestalt eines Menschen an, damit sich die Menschen ihm leichter nähern können. An jenem Tag tat *Rama,* der inkarnierte Gott, so, als sei er sehr müde. Er wischte sich den Schweiß von der Stirn und klagte: *„Lakshmana,* ich bin so müde. Ich glaube, ich kann nicht mehr weitergehen. Bau doch bitte hier irgendwo eine Hütte, damit wir ein wenig ausruhen können."

Lakshmana fragte: „Bruder, wo soll die Hütte stehen?" *Rama* antwortete: „Du kannst selbst entscheiden, welcher Platz geeignet ist, und sie dann errichten." Aber *Lakshmana* entgegnete: *„Rama, Rama!* Was habe ich getan? Was habe ich falsch gemacht? Welche Sünden habe ich begangen, dass ich solche Worte hören muss? Bitte lass mich wissen, warum du so zu mir gesprochen hast!“ Nun kannte *Rama* *Lakshmanas* Geist (mind) und wusste, warum er so reagierte, aber damit *Sita* das volle Ausmaß von *Lakshmanas* Ergebenheit begreifen konnte, fragte er: *„Lakshmana,* sag mir, was bedrückt dich? Was habe ich gesagt, dass du so viel Schmerz fühlst?“

Lakshmana antwortete: „Ich habe alles aufgegeben: meine Frau, meine Mutter, meinen Vater, das Königreich, alles. Ich bin mit dir gegangen in dem Gefühl, dass du der Vater bist, dass *Sita* die Mutter ist, und dass überall, wo du bist, unsere herrliche Hauptstadt *Ayodhya* ist. Ich bin nur mitgegangen, um deinen Willen zu erfüllen. Ich habe meinen eigenen Willen restlos aufgegeben, und nun bittest du mich, eine Hütte zu bauen, und zwar an einem Ort, den ich auswählen soll. Dabei ist dein Befehl alles, was ich denken kann. Ich kann nichts anderes mehr denken. Was auch immer dein Wille ist, werde ich tun. Meine einzige Pflicht ist es, dir zu gehorchen. Mein einziges Ziel, wahrlich mein Ein und Alles bist du, du selbst. Du allein musst mir sagen, wo die Hütte errichtet werden soll.“ *Sita* erkannte die Tiefe von *Lakshmanas* Ergebenheit. Sie wandte sich an *Rama* und bat ihn, *Lakshmana* von seinem Kummer zu befreien und selbst den Platz für die Hütte zu bestimmen.

Ergebt euch vollkommen Gott

Die grundlegende Lehre dieser Geschichte ist, dass der Mensch keinerlei Wünsche haben sollte, außer den einen Wunsch, sich ganz Gott hinzugeben. Alles gehört Gott und nur Gott. Hingabe bedeutet implizit, den Geboten Gottes, dessen Anweisungen klar vernommen werden können, wenn ihr ihn in euer Herzen geschlossen habt, bedingungslos zu gehorchen. Hingabe ist die Grundlage der Erklärung: „Kommt, setzt euch in meinen Zug, und ich werde für euch sorgen.

Lasst euer Egogefühl und eure Wünsche los. Tragt euer Gepäck nicht selbst auf dem Kopf und hört auf zu leiden."

In diesem Sinne lehrte *Krishna* die Ergebenheit als höchste und wichtigste Stufe der Hingabe. Wenn ihr euch erst einmal ganz dem Herrn ergeben habt, werdet ihr seine Gnade gewinnen. „Wo auch immer ihr seid, sei es in der Stadt, im Dorf, im Wald oder in den Lüften, ich werde eure Zuflucht sein. Kommt, und überlasst euch mir!" Das ist Gottes Gebot und sein Versprechen. Wenn ihr erst einmal Sein seid, wird er euch Zuflucht gewähren und vor allem Schaden beschützen.

Hingabe bedeutet aber nicht, eure Unterscheidungsfähigkeit aufzugeben. Ihr müsst erkennen, was Wünsche sind und was wahrhaft göttlich ist, und ihr müsst all eure weltlichen Wünsche hingeben und dem Göttlichen opfern. Bemüht euch, den rechten Weg der Hingabe zu entdecken und dadurch euer Leben zu heiligen und das Ziel zu erreichen.

Fünfte Ansprache

Findet Gott in eurem Herzen

Der Herr erklärt in der Gita:
„Nur wenn du aller Selbstsucht und Anhaftungen entsagst,
Freud und Leid mit Gleichmut begegnest
und Duldsamkeit unter allen Umständen lebst,
wirst du mein Verehrer und mir sehr lieb.“

Verkörperungen der Liebe,

für gewöhnliche spirituell Suchende ist es schwierig, einen gleichmütigen Geist (mind) zu behalten und frei von Anhaftungen und Sorgen um sich selbst und die Familie zu sein. Besonders für Haushälter ist solche Gleichmütigkeit und Losgelöstheit nahezu unmöglich. Sie sind dazu in der Lage, Gott durch die verschiedenen Arten von spirituellen Übungen zu verehren, die in den Schriften beschrieben sind. Aber es ist für sie sehr schwierig, ihr Ego zu vernichten und alle Gefühle von Ich und Mein zu beseitigen. Warum ist dies so? Das Ego lässt sich schwer ausschalten, solange ihr einen Unterschied zwischen eurem eigenen Willen und dem Willen und Gebot Gottes macht. Ihr habt Zweifel und seid unfähig, euch hinzugeben, weil ihr andere und die Welt als getrennt von Gott seht. Nur wenn ihr begreift, dass Gott allen Menschen überall in der Form eines ständig leuchtenden Lichtes *(jyotis)* innewohnt, das im Tempel ihres Herzens strahlt, wird es euch möglich sein, euer Ego auszulöschen und euch Gott ganz zu ergeben. Wenn ihr erst einmal die allesdurchdringende Einheit des Herrn begreift, wird es euch nicht schwerfallen, ihm zu folgen. Erkennt, dass die aus sich selbst heraus strahlende Flamme der Gegenwart Gottes, die in allen Menschen wohnt, auch in euch wohnt. Der Eine, der alle Menschen beschützt, ist ein wesentlicher Teil eurer eigenen Gestalt.

Der innewohnende Gott

Seit undenklichen Zeiten wird erforscht, ob Gott existiert oder nicht. Sobald ihr euch davon überzeugt habt, dass er existiert, besteht der nächste Schritt darin herauszufinden, auf welchem Weg ihr ihn erreichen könnt. Das Problem, wie und wo Gott gefunden werden kann, ist heute so aktuell wie in alten Zeiten und zu einer Frage geworden, vor der die Menschheit heute sprachlos dasteht. Um dieses Problem zu lösen, haben zahlreiche Weise den festen Entschluss gefasst, all ihre Fähigkeiten und ihre ganze Opferbereitschaft für das Finden einer Lösung einzusetzen. Diese Weisen enthüllten, wo sie gesucht und wie sie von der Existenz des strahlenden Herrn erfahren haben. Sie gaben der ganzen Welt die Erklärung:

„O Bewohner, es ist uns gelungen, das transzendentale Prinzip zu erkennen, das jenseits dieser sichtbaren, erschaffenen Welt existiert. Es ist nicht in der äußeren Welt oder im Weltraum zu finden, sondern nur in eurem eigenen inneren Selbst. Es ist in eurer inneren Vision, in eurer Seele, im heiligen Herzen eures tiefsten Selbst. Dort wohnt der glückselige Herr."

Dies war ihre große Entdeckung: dass Gott im Körper wohnt. Gott ist der Unvergängliche *(sharīrin),* der im vergänglichen Körper lebt. Der Körper ist unbelebt, er kennt sein Selbst nicht. In der *Gita* wird

Gott „der Kenner des Körpers“ und „der Eine, der dem Körper Bewusstsein gibt“ genannt. Um den Schleier der Unwissenheit *(maya)* zu zerreißen, der eure Wahrheit verbirgt, müsst ihr euch bemühen, den unsterblichen Herrn, der strahlend in eurem sterblichen Körper wohnt, zu entdecken. Ihr müsst den Herrn nicht nur in eurem Körper und den Körpern anderer Geschöpfe finden, in denen er sich niedergelassen hat, sondern auch in jedem Gegenstand, in jedem Ding. Er ist der Bewohner der fünf Elemente Äther, Luft, Feuer, Wasser und Erde. Er ist die wahre Grundlage der Schöpfung.

Um einen Diamanten zu finden, müsst ihr tief in der Erde schürfen. Ihr werdet ihn nicht draußen an einem Baum hängen sehen. Ebenso werdet ihr den kostbarsten Diamanten, welcher der Herr ist, nicht irgendwo draußen herumliegen sehen, leicht erkenntlich für alle. Mithilfe der Lehren der großen Seelen *(mahātma)* müsst ihr euch bemühen, Gott im Inneren zu finden. Der Körper ist nichts Gewöhnliches. Er ist der Tempel Gottes, er ist ein Wagen, der den Herrn befördert. Man kann sich die Welt als ein großes Dorf vorstellen, durch das der Herr in einem Wagen genannt „Körper“ wie in einer Prozession gefahren wird.

Im Körper ist reines Bewusstsein

Es ist nicht richtig, dem Körper gegenüber gleichgültig zu sein, ihn zu vernachlässigen oder auf unangemessene und unrechte Weise zu gebrauchen, denn der Körper ist der Tempel Gottes. Der Körper darf nur für Tätigkeiten genutzt werden, die heilig und selbstlos sind. Ihr müsst ihn gut pflegen und durch gute Werke heiligen. Zweifellos ist der Körper etwas Träges, doch in ihm lebt das Prinzip, das reines Bewusstsein ist. Er kann mit einem Boot verglichen werden, das euch hilft, das Meer des weltlichen Daseins *(samsāra)* zu überqueren. Es war nicht leicht für euch, ihn zu erlangen. Durch unzählige Verdienste und zahllose Inkarnationen in anderen Formen wart ihr in der Lage, diesen menschlichen Körper zu erlangen. Ihn auf falsche Weise zu nutzen würde bedeuten, alle Verdienste aus früheren Leben zu vergeuden.

Es ist euer außergewöhnliches Glück, dass ihr imstande wart, dieses Leben als Mensch zu erlangen. Deshalb muss das heilige Boot, das euch ans Ziel bringen kann, äußerst sorgfältig gepflegt werden, damit ihr das Meer der weltlichen Existenz *(samsāra)* sicher überqueren könnt. In diesem Meer tummeln sich furchterregende Krokodile und alle möglichen schrecklichen Kreaturen, die euch großen Schaden zufügen können. Diese gefährlichen Krokodile sind die sechs Feinde des Menschen in Gestalt von Lust, Zorn, Gier, Anhaftung, Stolz und Eifersucht. Sie hausen in allen Schichten des unauslotbar tiefen Meeres der weltlichen Existenz.

Das Wasser dieses Meeres der weltlichen Existenz, das all diese abscheulichen Geschöpfe erhält, besteht aus einer Mischung von Gegensätzen wie Freud und Leid, Anziehung und Abstoßung. Wenn ihr in diesem Meer des Lebens seid, ist es sehr schwierig vorauszusagen, wann euch das Glück winkt und wann ihr Schmerz erleidet. Da ihr von so vielen Krokodilen umgeben seid, ist die beste Methode für das sichere Beenden der Reise, die Einheit in allem zu sehen. Ihr müsst fest daran glauben, dass das göttliche Prinzip, die Gottheit in Form der aus eigener Kraft leuchtenden Flamme, jedem Menschen und jeder Sache innewohnt. Wenn ihr erst einmal die Gegenwart Gottes in jedem Menschen erkannt habt, wenn die Einheit in all der scheinbaren Verschiedenheit erkannt wird, seid ihr nicht länger in der Lage, jemanden zu hassen. Deshalb räumt die *Gita* der Aufforderung „Zeigt gegenüber keinem Wesen Hass *(adveshtā sarvabhūtānām)*" den ersten Platz ein.

Die verschiedenen rituellen Handlungen wie das Singen zum Lobe Gottes (bhajana) und die Wiederholung des Gottesnamens (japa), die euch einmal so wichtig vorkamen, werden euch im Vergleich sehr klein vorkommen, wenn ihr erst einmal das Prinzip erkannt habt, dass Gott in jedem Herzen wohnt. Nur wenn ihr diese große Wahrheit ignoriert, erachtet ihr die hingebungsvollen Praktiken in eurem spirituellen Leben als höchst bedeutsam. Solange ihr die Kunst des Schwimmens noch nicht beherrscht, braucht ihr verschiedene Schwimmhilfen als Unterstützung. Sobald ihr erst einmal schwimmen gelernt habt, sind diese Hilfen nicht länger notwendig. Gleicherweise sind all die verschiedenen Arten von Ritualen notwendig, bis ihr den Sinn der *Gita* richtig versteht. Wenn ihr die süße Essenz der *Gita* verstanden habt, werden euch all diese Rituale ziemlich nebensächlich vorkommen.

Seht Gott in allem

Im Kapitel über Hingabe *(bhakti)* sind die edlen Eigenschaften eines Gottesverehrers beschrieben, durch die er dem Herrn lieb wird. Dort wird betont, dass alle wünschenswerten Eigenschaften erblühen, sobald die sechs Feinde des Menschen unter Kontrolle gebracht sind. Kann das jemals einfach sein? Ja. Diese sechs Feinde können leicht besiegt werden, wenn ihr erst einmal die Wahrheit erkennt, dass der eine Gott in allen fünf Elementen gegenwärtig ist und dass Er es ist, der jedes Wesen bewegt. Bevor ihr dies nicht erkannt und erfahren habt, wird euch in keiner eurer Unternehmungen echte Befriedigung zuteil.

Wenn ihr Salz in den Mund nehmt, wird euch alles salzig schmecken, selbst wenn ihr versucht, süßen Saft zu schlucken. Ihr müsst zuerst das Salz ausspucken und den Mund gut ausspülen. Dann seid ihr in der Lage, die Süße zu schmecken. Wenn das Salz weg ist, könnt ihr die ungetrübte Süße des Saftes genießen. Nur wenn ihr ebenso imstande seid, das Ego zu besiegen, indem ihr alle schlechten Charaktereigenschaften, die ein Teil von euch geworden sind, ablegt, könnt ihr die Süße der Barmherzigkeit, des Opfers, der Mildtätigkeit, des Mitgefühls und der göttlichen Liebe kosten.

Versucht zunächst zu verstehen, was wahre Hingabe *(bhakti)* bedeutet. *Bhakti* ist eine alles verzehrende Liebe zu Gott. Wenn ihr Hingabe entwickelt und all eure Liebe auf Gott richtet, wird euch alles, was ihr braucht, gegeben werden. Ihr werdet die Fähigkeit erlangen, euch selbst zu opfern. Ihr werdet eure Liebe ausweiten. Liebe ist der wahre Lebensatem des Menschen. Ohne Liebe könnt ihr nicht leben. Liebe ist eine sehr heilige Qualität. Wie zuvor bereits gesagt erklärte ein großer Weiser in alten Zeiten einmal seiner Frau: „Alle Liebe, die du hast, ist in Wirklichkeit um deines höheren Selbst *(atman)* willen. Liebe ist nicht um anderer willen da, sondern nur für das höhere Selbst." Aber allzu oft wird diese heilige Liebe für das eine Selbst durch die Täuschung auf den Körper gerichtet. Überall auf der Welt finden wir die Krankheit der Identifikation mit dem Körper *(bhāvaroga)*.

Die Krankheiten der Menschheit

Viele Vergnügungen, denen ihr im Leben nachgeht, sind in Wirklichkeit die Erleichterung, die ihr fühlt, wenn ihr vorübergehend den Schmerz einer Krankheit lindert, an der ihr leidet. Ihr denkt zum Beispiel, dass das Einnehmen von Nahrung ein Genuss sei, aber sie ist nur eine Medizin. Nahrung ist die Medizin für die Krankheit des Hungers. Wenn ihr die Medizin gebt, wird die Krankheit vorübergehend vergessen. Ihr kocht viele verschiedene köstliche Speisen und erfreut euch an ihrem Geschmack, aber darin liegt nicht der wahre Grund, weshalb ihr Nahrung zu euch nehmt. Wie ihr wisst, werden Medikamente manchmal in Form von Mischungen verabreicht, die etwas enthalten, das ihren Geschmack versüßt. Ebenso bekommt ihr gegen die Krankheit „Hunger" eine Zusammenstellung köstlicher

Speisen, aber letzten Endes kann man Nahrung bloß als Medizin ansehen, welche die Krankheit „Hunger" heilt, die euch befallen hat. Nachdem ihr gegessen habt, verschwinden die Symptome der Krankheit. Wenn ihr ebenso ein Glas kühles Wasser trinkt, verschwinden die Symptome der Krankheit „Durst".

Wir haben neulich die sechs inneren Feinde des Menschen besprochen: Lust, Zorn, Gier, Anhaftung, Stolz und Eifersucht. Sie sind die am tiefsten sitzenden Erkrankungen der Menschheit. Nur wenn ihr euch in Übungen engagiert, die als Medizin dienen, um diesen Krankheiten entgegenzuwirken, werden sie nachlassen und verschwinden. Ein Leben lang habt ihr in der falschen Vorstellung gelebt, dass ihr verschiedene Vergnügen genießen würdet, in Wirklichkeit aber seid ihr mit diesen Krankheiten behaftet. Ehe ihr nicht erkennt, dass der Bewohner eures Körpers Gott ist, werdet ihr nicht aufhören, euch mit solchen Krankheiten und den Leiden, die sie mit sich bringen, zu belasten.

Sucht in eurem eigenen Körper nach Gott

Alle spirituellen Übungen können nur mit Hilfe des Körpers durchgeführt werden. All eure angeeignete Bildung habt ihr durch euren Körper erlangt. Von der Herrlichkeit Gottes und seinen außerordentlichen Merkmalen habt ihr erfahren, weil euer Körper euch dazu die Möglichkeit bot. Nehmt euren Körper als Grundlage und strengt euch an, den Herrn darin zu sehen. Denkt nicht, Gott lebe irgendwo in einer anderen Welt. Er ist tatsächlich im Körper gegenwärtig. Auch Sünde ist nicht etwas, das in einer entfernten Welt existiert; sie hängt von den Handlungen ab, die ihr mit eurem Körper ausführt. Sowohl euer Verdienst als auch eure Schuld sind Folgen der Handlungen, die ihr mithilfe eures Körpers ausgeführt habt. Ihr müsst unaufhörlich und ernsthaft danach trachten, Gott im Inneren eures eigenen Körpers zu finden.

Nur wenn ihr an die Türe klopft, wird der Meister im Inneren sie öffnen. Auch eure Mutter gibt euch nur dann zu essen, wenn ihr es von ihr erbittet. Deshalb müsst ihr bitten und immer weiter bitten. Klopft an die Tür, und klopft immer weiter an; forscht, und hört nicht auf zu forschen; sucht, und hört nicht auf zu suchen. Wenn ihr mit aller Ernsthaftigkeit nach Gott in eurem Inneren sucht, werdet ihr ihn gewiss finden. Wenn ihr in ein Zimmer geht, in dem zahlreiche Sachen verstaut sind, werdet ihr die bestimmte Sache, nach der ihr auf der Suche seid, nur finden, wenn ihr sorgfältig sucht. Ohne zu suchen, werdet ihr niemals die Sache finden, die ihr haben wollt. Deshalb heißt es: „Suchet, und ihr werdet finden; klopft an die Tür, und es wird euch aufgetan."

Vielleicht habt ihr das Gefühl, dass ihr schon seit langer Zeit an die Türe klopft und sie sich nicht für euch geöffnet hat. Findet aber zuerst einmal heraus, ob ihr an die richtige Tür geklopft habt. War es die Tür zur Befreiung oder die zur Bindung? Habt ihr an die Tür geklopft, hinter welcher der Herr wohnt, oder an die Tür, hinter der die Teufel hausen? Zu wem geht ihr? Bei wem sucht ihr Zuflucht? Bittet ihr den barmherzigen Einen, den, der als Mensch auf die Erde kommt und euch durch sein eigenes Leben ein Beispiel gibt? Bittet ihr die Mutter des Universums? Bittet ihr die Mutter um Essen oder den Teufel?

Es mag ja sein, dass ihr nach dem Herrn sucht, aber ihr bittet nicht um das Göttliche. Kein Zweifel, dass ihr zu Gott betet, aber ihr bittet um belanglose materielle und weltliche Dinge. Ihr steht vor dem Wunscherfüllungsbaum, und worum bittet ihr? Um so lächerliche Dinge wie Kaffeepulver. Stattdessen müsst ihr den Wunscherfüllungsbaum bitten, er möge euch mit dem transzendentalen Prinzip beschenken, das euch für immer mit ewiger Freude erfüllt.

Eure Hingabe muss weiter wachsen und Fortschritte machen und ihr müsst den festen Glauben im Geist (mind) behalten, dass Gott in eurem eigenen Körper wohnt. Wenn ihr nach dem Herrn suchen wollt, der in euch wohnt, müsst ihr euren Blick nach innen richten. Auf welche Weise sollt ihr nach Gott verlangen? Ihr müsst wie ein Kalb schreien, das nach seiner Mutter schreit, die es stehengelassen hat und mit der Herde weitergezogen ist, oder wie eine treue Frau, die ihren Mann verloren hat und im Trennungsschmerz laut nach ihm weint. Ihr müsst nach ihm rufen wie ein kinderloses Ehepaar, das Gott anfleht, er möge ihm ein Kind schenken. So sollt ihr zum Herrn beten, voller Hingabe und Sehnsucht, seine Gegenwart in euch zu erfahren.

Bringt all eure Gedanken, Worte und Taten in Harmonie

Aber heutzutage sind eure Gebete meist voll pompöser Worte ohne Gefühl. Ihr denkt das Eine und sagt das Andere. Nur wenn ihr die Gedanken in eurem Kopf (mind) mit den Worten aus eurem Mund in Übereinstimmung bringt, können eure Worte zu Gebeten werden und wirksam sein. Dann müsst ihr eure Gebete in die Praxis umsetzen. Wenn eure Aktivitäten im täglichen Leben mit euren Gedanken und Worten übereinstimmen, können eure Gebete zur Anbetung werden, und wenn ihr die vollkommene Einheit von Gedanke, Wort und Tat erreicht, werdet ihr eine große Seele *(mahātma)*.

Ihr müsst euch selbst prüfen, ob ihr diesem Weg der Harmonie von Gedanke, Wort und Tat folgt. Wenn ihr ehrlich seid, stellt ihr vielleicht fest, dass diese drei meistens uneinheitlich in drei verschiedene Richtungen gehen. Wenn sich eure Gedanken von euren Worten unterscheiden und diese wiederum von eurem Tun, dann besitzt ihr die Merkmale eines Dämonen *(durātman)* statt eines Heiligen. Solche Unstimmigkeit wird euch nicht guttun und euch beim Herrn nicht beliebt werden lassen.

Duldsamkeit, die erste spirituelle Eigenschaft

Wie eure Gedanken sind, so werden die Ergebnisse sein. Was immer ihr fühlt, wird sich in eurer Art zu sprechen und zu handeln widerspiegeln. Zuallererst müsst ihr eure Gefühle läutern. Ihr müsst eure Liebe rein machen. Dazu müsst ihr die Tugend der Duldsamkeit *(kshamā)* entwickeln, jene heitere Geduld und Selbstbeherrschung unter allen Umständen allen Gutes zu tun, selbst jenen, die euch schaden wollen. Es gibt nichts Größeres als diese Fähigkeit der Duldsamkeit. Sie ist gleichbedeutend mit der Wahrheit, sie ist das Herz der Rechtschaffenheit, die Essenz des alten Wissens, der *Veden*. Erduldenkönnen ist praktizierte Gewaltlosigkeit, Zufriedenheit, Mitgefühl. Duldsamkeit ist wahrlich alles in den drei Welten. Nur wenn ihr Geduld und Nachsicht entwickelt habt, seid ihr imstande, Gott zu erreichen.

Aber noch verliert ihr die Beherrschung wegen jeder Kleinigkeit und baut Spannungen auf. Ärger und Launen sind gefährlich. Sie können euer Leben ruinieren. Wenn ihr unter Ärger leidet, werdet ihr nichts erreichen, was Wert hat. Man wird euch verachten und verspotten. Ihr werdet euren Wohlstand einbüßen. Alle Ehren, die ihr genossen habt, werden zu Asche. Euer Ärger wird euch sogar von denen entfernen, die euch am nächsten stehen. Wegen ihres Ärgers verlieren Menschen oft alles, was sie besitzen, und ihr Leben ist vergeudet. Deshalb lehrte *Krishna* in der *Gita* das Prinzip der Liebe und die Notwendigkeit, Liebe zu kultivieren, um Hass, Eifersucht, Ärger und allen anderen schlechten Eigenschaften zu begegnen, die euch so sehr schaden.

Liebe kennt keinen Hass.
Liebe ist frei von Selbstsucht.
Liebe ist stets weit entfernt vom Zorn.

Liebe nimmt niemals; sie kennt nur das Geben.

Liebe ist Gott.

Ihr könnt Gott allein durch Liebe erfahren

Wenn ihr Gott ersehnt, müsst ihr diese heilige Eigenschaft der Liebe entwickeln. Nur durch Liebe seid ihr fähig, Ihn zu erfahren, der die Liebe selbst ist.

Um den Mond zu sehen, braucht man weder eine Kerze noch eine Taschenlampe. Das Licht des Mondes reicht, um ihn zu betrachten. Wenn ihr Gott sehen wollt, braucht ihr euch nur in die Liebe zu versenken. Füllt euch an mit Liebe, und es wird euch sicher gelingen, Gott zu finden. Aber solange diese Liebe noch nicht fest und klar in euch ist, braucht ihr spirituelle Übungen wie Lobgesang (bhajana), die Wiederholung des Gottesnamens (japa) und andere Formen der Verehrung. Wenn sich diese Liebe erst einmal entwickelt hat, sind diese Übungen nicht mehr notwendig.

Wenn eure Augen verschlossen sind, könnt ihr den Mond nicht sehen, selbst wenn er noch so hell scheint. Wenn eure Augen ebenso vor der liebevollen Gegenwart Gottes in euch verschlossen sind, werden euch gute Taten einschließlich spiritueller Übungen helfen, eure Augen zu öffnen und euren Blick zu klären, sodass ihr den Herrn sehen und euch an ihm freuen könnt. Das ist die Bedeutung von *Krishnas* Lehren in der *Gita*.

Nur wenn ihr solch großen Worten lauscht, sie richtig versteht und in die Tat umsetzt, werdet ihr euer göttliches Ziel erreichen. Verbringt mindestens eine Stunde am Tag damit, diese Lehren zu studieren, und berücksichtigt sie in all euren täglichen Aktivtäten. Auf diese Weise nutzt ihr eure Zeit weise und heiligt euer Leben.

Sechste Ansprache

Die drei Stufen auf dem spirituellen Weg

Füllt euer Herz mit jener Hingabe,
die ausschließlich auf das eine Ziel ausgerichtet ist,
und Gott wird sich in euch offenbaren.
Dann werdet ihr ihn sehen, wie er wirklich ist.
Dann werdet ihr rechtzeitig in ihn eingehen und eins mit ihm.

Verkörperungen der Liebe,

es gibt drei Hauptstufen auf dem geistigen Weg, dem ihr folgen müsst, um euer spirituelles Ziel zu erreichen. Sie sind in der *Gita* auf vielerlei Weisen beschrieben worden. Am Ende des elften Kapitels, in dem *Krishna Arjuna* eine Vision seiner kosmischen Form gewährt, findet ihr die drei Stufen wie folgt beschrieben:

- Als Erstes müsst ihr wissen, dass Gott hier existiert *(jnātum)*.
- Dann müsst ihr ihn von Angesicht zu Angesicht schauen *(drashtum)*.
- Schließlich müsst ihr mit ihm einswerden *(praveshtum)*.

Diese drei Schritte führen euch zur Befreiung.

Erkennt, dass Gott hier ist, und dann erfahrt Gott direkt

Auf der ersten Stufe erfahrt ihr durch die Worte der heiligen Schriften oder eines Lehrers, dass Gott wirklich existiert. Aber dieses Wissen allein gibt keine unbegrenzte Freude. Ihr entdeckt, dass Gott hier ist, aber ihr erkennt auch, dass es eine Trennung zwischen euch und Gott gibt. Dieses Gefühl des Getrenntseins *(dvaita)* kann als Grundlage der weiteren Schritte auf dem Weg dienen. Für sich selbst genommen wird es jedoch keine bleibende Zufriedenheit gewähren.

Allmählich bringt euch die Qual der Trennung von Gott zum nächsten Schritt. Es entwickelt sich in euch der Wunsch, ein direktes, persönliches Erleben durch den Anblick *(darshan)* des Herrn zu bekommen. Ihr habt das Gefühl: „Ich möchte dich sehen, geliebter Herr. Wie kann ich dich direkt erfahren?" Aber es wird nicht einfach geschehen, nur weil ihr es euch wünscht. Ihr müsst euch intensiv danach sehnen und verzehren und darauf hoffen, Ihn zu schauen. Zu welcher Gestalt und welchem Aspekt der Gottheit auch immer ihr in eurer Hingabe Liebe entwickelt habt, ihr müsst euch jetzt mit ganzem Herzen nach ihr sehnen und euch wünschen, sie direkt zu sehen. Wenn euer Sehnen aufrichtig ist, wird der Herr sich euch nach einiger Zeit auf individuelle Weise zu erkennen geben und euch die ersehnte Vision schenken. Hier ist eine kurze Geschichte, die dies veranschaulicht:

Der Kuhhirte

Es war einmal ein armer Kuhhirte, der einen starken Glauben und eine tiefe Sehnsucht hatte, Gott zu sehen. Eines Tages kam ein Prediger (harikathadas) ins Dorf, in dem der Junge lebte, und hielt spirituelle Ansprachen. Er sammelte Zuhörer um sich und besang die Herrlichkeit Gottes und seine großartigen Werke. Es war dem Hirten nicht möglich, seine Arbeit aufzugeben und zu allen Zusammenkünften zu kommen, weil er den ganzen Tag bei den Kühen sein musste. Am Abend, sobald er seine Kühe in den Stall gebracht hatte, ging er jedoch zum Prediger, um ihm zuzuhören. Er lauschte mit großer Ernsthaftigkeit und Aufmerksamkeit allem, was gesagt wurde.

Der Prediger war ein Anhänger von *Vishnu,* und so bezog er die charakteristischen Merkmale Gottes auf die Gestalt von *Vishnu* – oder *Narayana,* wie er auch genannt wird. Im Laufe der Ansprache beschrieb er wiederholt das überlieferte Bild des Herrn „von dunkler Hautfarbe, der ein weißes Zeichen auf seiner Stirn hat und auf einem weißen Adler reitet." Er erklärte auch, dass *Vishnu* allzeit bereit sei, denen zur Hilfe zu kommen, die bei ihm Zuflucht suchten, und dass er alles als Opfergabe annehme, was ihm im vollen Vertrauen und Glauben gegeben werde.

Als der Prediger *(pandit)* erneut die Eigenschaften des Herrn wiederholte, hinterließen seine Ausführungen einen unauslöschlichen Eindruck im Herzen des Jungen. Der *Pandit* sagte auch, dass Gott die Musik besonders liebe und durch Gebete gewonnen werden könne, die man ihm in Form von Gesang aus tief ergebenem Herzen darbringe.

Der kleine Hirte trug wie üblich Essen bei sich, das er für gewöhnlich mittags aß. Täglich opferte er diese Speise mit aller Aufrichtigkeit und Hingabe dem Herrn und betete zu Gott, etwas davon zu nehmen. Er begann seine Gebete mit dem Gesang: „O geliebter Herr, du reitest auf einem weißen Adler, so hat man mir gesagt. Komm! Bitte, komm zu mir und nimm diese Speise an!" So betete der Junge unablässig eine Woche lang. Er selbst rührte das Essen nicht an, weil Gott nichts davon nahm. Am Ende der Woche war er sehr geschwächt.

Schmerzgeplagtes Sehnen nach der Gegenwart Gottes

Neben seiner körperlichen Schwäche befiel ihn große Verzweiflung, weil er fühlte, dass er vielleicht nicht auf die richtige Weise zu Gott gebetet hatte, und dass dies der Grund war, weshalb Er nicht antwortete. Er war fest davon überzeugt, dass der Herr wegen seiner eigenen Unzulänglichkeit nicht gekommen sei und nichts von der Speise genommen habe. Also sang er mit noch größerer Hingabe und festerer Entschlossenheit weiter und war voller Zuversicht, dass er am Ende doch noch die Gnade des Herrn erlangen würde.

In diesem geschwächten Zustand erreichte er den Wald. Er fühlte sich vollkommen ausgezehrt, war aber entschlossen, nichts zu essen, solange der Herr seine Opfergabe nicht angenommen hatte. Sein flehentlicher Gesang entströmte seinem Herzen jetzt noch süßer. Der Kuhhirte sang die ganze Zeit weiter, er bat den Herrn herabzukommen und die Speisen und Getränke anzunehmen, die er mit so großem Sehnen darbrachte. In dem Augenblick, als vollkommene Übereinstimmung zwischen Gefühl, Melodie und Inhalt des Liedes eintrat, kam Gott herab. Aber wie erschien er dem Hirten? Er kam als Junge gleichen Alters, der das einfache ockerfarbene Gewand eines bettelnden Heiligen *(sādhu)* trug.

Der Hirte fragte den Jungen, der vor ihm stand: „Bitte, lieber Freund, darf ich wissen, wer du bist? Bist du ein Wanderer, der durch diesen Wald will?“ Der heilige Junge antwortete: „Ich bin der Herr. Ich bin *Narayana*. Du hast darum gebeten, mich zu sehen, und so bin ich gekommen, dir meinen Anblick *(darshan)* zu gewähren.“ Da er sich erinnerte, dass der Herr den süßen Klang der Musik liebt, stellte der Hirte seine weiteren Fragen im melodischsten Gesang: „Aber du siehst gar nicht so aus, wie man mir den Herrn beschrieben hat: dunkelhäutig, mit einem weißen Zeichen auf der Stirn und auf dem Rücken eines weißen Adlers reitend! Der *Pandit* hat gesagt, daran könne man den Herrn erkennen. Das scheint aber nicht zu stimmen. O Lieber, wenn du wirklich der segensreiche Herr bist, bitte, zerstreue meine Zweifel und lass mich dich in deiner wahren Form schauen!“

Der Anblick Gottes

Der Junge hatte eine bestimmte Beschreibung gehört, und nun wollte er den Herrn auch genauso sehen und erleben, wie er ihn beschrieben bekommen hatte und an ihn glaubte. Doch Gott hat keinen bestimmten Namen oder eine bestimmte Gestalt. Er hat tausend Augen, tausend Ohren, tausend Hände und tausend Füße. Aber um seine Anhänger, die sich nach seinem Anblick sehnen, zu erfreuen und zufriedenzustellen, nimmt er die Gestalt an, um die ernsthaft gebetet wurde. Um dem Hirtenjungen seinen Wunsch zu erfüllen, offenbarte sich der Herr, indem er in der strahlenden Gestalt von *Vishnu* erschien und die von dem Jungen so liebevoll geopferten Speisen und Getränke annahm. Dies ist die zweite Stufe *(drashtum),* auf der man sich nach dem Anblick des Herrn sehnt. Aber selbst diese Vision vermittelt nicht die wahre Gestalt Gottes, sondern diejenige, die der Gottesverehrer durch sein Gebet gewählt hat. Gott liebt aufrichtige, aus tiefstem Herzen kommende Gefühle, und er gibt darum, im Einklang mit den Gefühlen seines Verehrers den *Darshan* in der Gestalt, die der Jünger sich am meisten wünscht.

Als der Herr seinem Blick wieder entschwunden war, dachte der Junge bei sich: „Zuerst habe ich eine Beschreibung von ihm bekommen, dann habe ich um seinen Anblick gebetet. Nun ist er herabgekommen, und ich durfte ihn von Angesicht zu Angesicht erleben. Wie kann ich ihn aber erreichen und immer bei ihm sein?“ Nur zu wissen, dass Gott existiert, wird einen Gottesverehrer nicht zufriedenstellen. Auch der Anblick Gottes wird ihn nicht vollkommen zufriedenstellen. Wenn er eine Vision gehabt hat, sehnt er sich nach der vollständigen Vereinigung mit ihm. Nur dann wird er ewigwährende

Glückseligkeit genießen. In unserer Geschichte vom Hirten hatte der Herr ihm seinen Anblick *(darshan)* geschenkt und war dann wieder verschwunden. Aber von diesem Augenblick an trug der Junge das Bild des Herrn in der Form von *Vishnu* unauslöschlich in seinem Herzen. Mit dieser lieblichen Gestalt vor seinem geistigen Auge stellte er nun Nachforschungen an und dachte nur noch darüber nach, wie er Ihn erreichen und eins mit Ihm werden könne. Dies ist die dritte Stufe *(praveshtum)*.

Jenseits der Dualität

In derselben Weise wie in dieser Geschichte bekommt ihr durch das Lesen und Studieren der heiligen Schriften eine Ahnung davon, wie Gott ist. Aber letztlich wird euch das nicht zufriedenstellen. Es ist noch immer nur ein Stadium der Dualität *(dvaita)*, denn ihr und Gott bleibt darin getrennt. Ihr werdet deshalb Anstrengungen unternehmen, um über diese Stufe hinauszugehen. Der nächste Schritt ist die bedingte Nichtdualität *(vishishtādvaita)*. Er entspricht dem tiefempfundenen Wunsch, Gott direkt zu sehen und zu erfahren. Aber wie kommt ihr zu einer Vision des Göttlichen? Indem ihr euch in eurem Herzen die Gestalt Gottes vorstellt, die euch beschrieben wurde, und dann ununterbrochen über diese Gestalt kontempliert. Was ihr auch tut, sagt, seht oder hört, ihr müsst mit dieser heiligen Gestalt einswerden.

Die bestimmte Gestalt Gottes, die ihr euch vorstellt, wird zu einer Gedankenform in eurem Geist (mind). Diese Gedankenform sollte dann mit dem Gefühl der liebenden Hingabe genährt werden, sodass sie zu einer Gefühlsform in eurem Herzen wird. Ganz allmählich vertiefen und verfestigen sich diese Gefühle, bis ihr eines Tages eine wirkliche Vision des Herrn erlangt. Also: Zuerst wird vom Herrn gehört und an ihn gedacht, dann wird er mit intensiven Gefühlen der

Hingabe und des Sehnens gesucht und schließlich offenbart er sich in einer Gestalt und kann direkt erfahren werden. Mit anderen Worten: Die Gedankenform wird zu einer Gefühlsform, die dann in eine reale Erfahrung transformiert wird. Das beschreibt die zweite Stufe auf dem Weg *(drashtum)*. Ihr erhaltet nicht nur den persönlichen *Darshan* des Herrn, den zu sehen ihr euch gesehnt habt, sondern ihr bekommt auch die Gelegenheit, von Angesicht zu Angesicht mit ihm zu sprechen.

Nachdem ihr den Herrn gesehen und mit ihm gesprochen habt, seid ihr schon etwas mehr befriedigt. Aber wenn ihr ein wahrer Verehrer des Herrn seid, wird euch auch diese goldene Gelegenheit nicht die vollständige Freude bereiten, nach der ihr euch sehnt. Ihr wollt Gott nun erreichen und eins mit ihm werden. Ihr denkt: Ich habe gehört – *Jnātum* –, ich habe gesehen – *Drashtum* –, nun muss ich ihn erreichen und eins mit ihm werden – *Praveshtum*. Im Stadium des *Jnātum,* in dem ihr durch Lesen und Hören erfahren habt, dass Gott existiert, habt ihr das Gefühl, von Gott getrennt zu sein. Das ist die Stufe der Dualität *(dvaita)*. Aber auf der zweiten Stufe *(drashtum)* seht ihr den Herren und bekommt das Gefühl, dass ihr ein Teil von ihm seid. Das ist die bedingte Nichtdualität *(vishishtādvaita)*. Aber jetzt schreitet ihr voran zum Gefühl „Der Herr und ich sind ein und dasselbe“. Das ist die Stufe der vollkommenen Nichtdualität *(advaita)*. Hier denkt ihr: „Entweder muss ich eins mit ihm werden oder er eins mit mir.“ Dann herrscht vollkommene Einheit.

Einswerden mit Gott

Solange der Fluss noch gesondert vom Meer besteht, das sein Ursprung und Ziel ist, behält er seinen Eigennamen und seine individuelle Identität. Sobald er aber ins Meer eingemündet ist, nimmt er den Geschmack, die Form und auch den Namen des Meeres an. Wenn ihr einswerden wollt mit dem Herrn, müsst ihr die Gefühle, die Gestalt und alle heiligen Eigenschaften Gottes annehmen. Nur dann werdet ihr eins mit ihm.

Ihr müsst fühlen, dass sich alle Eigenschaften des Herrn in euch manifestieren müssen. Sagt euch: „Die Großzügigkeit Gottes liegt in mir. Alle selbstlosen Gefühle Gottes liegen in mir. Die grenzenlose Liebe Gottes ist in mir.“ Wenn ihr vertrauensvoll in dieser Überzeugung lebt, werdet ihr schließlich die Erkenntnis erlangen, dass ihr und Er einsseid. Dann ist die vollkommene Einheit da.

Nach diesem Gefühl der Einheit müsst ihr ununterbrochen streben. Ihr solltet alle möglichen Anstrengungen unternehmen, um es zu erreichen. Dann werdet ihr eines Tages Erfüllung finden. Sie ist das letztliche Ziel des menschlichen Lebens. Nur wenn ihr diesen Ort erreicht, den Ort, von dem ihr ursprünglich gekommen seid, wird die wahre Erfüllung euer sein.

Die drei Stufen des weltlichen Lebens

Selbst im weltlichen Leben könnt ihr diese fortschreitenden Stufen erkennen, die für das Erreichen des Ziels notwendig sind. Ein Beispiel: Nehmt an, dass auf dem Markt eine Ladung Mangos angekommen ist und ihr Mangos gerne esst. Vielleicht gibt es eine Sorte, die ihr besonders mögt und genießt. Nun kommt ein Freund und erzählt euch, dass genau diese Sorte Mangos angekommen sei und verkauft werde. In dem Moment, in dem ihr das hört, seid ihr ein bisschen zufrieden. Schon der bloße Gedanke an die Mangos erfreut euch, auch wenn ihr sie noch nicht gekauft, geschweige denn gegessen habt.

In dem Augenblick, in dem ihr die Nachricht erhaltet, lauft ihr zum Markt, um herauszufinden, wo die Mangos verkauft werden und ob es überhaupt noch welche gibt. Ja, da sind sie noch! Ihr seht sie euch genauer an. Der Anblick stellt euch ein bisschen mehr zufrieden, aber so ganz glücklich seid ihr immer noch nicht. Ihr wählt ein paar von den Früchten aus, legt sie in eure Tasche und bezahlt. Auf dem Nachhauseweg denkt ihr nur an die Mangos und daran, was für ein Glück ihr doch gehabt hättet, so schöne Mangos zu finden. Ihr freut euch darauf, sie zu essen. Warum verbringt ihr so viel Zeit damit, über sie nachzudenken? Weil ihr diese Früchte außerordentlich gern mögt, und eure Aktivitäten, um sie zu bekommen, sind ein Beweis eurer starken Liebe für sie.

Ihr könnt viel Freude daraus gewinnen, wenn ein Objekt des Verlangens, das ihr gedanklich ständig genährt habt, eine konkrete Form annimmt, die ihr äußerlich wahrnehmen könnt. In Wahrheit ist alles, was ihr äußerlich seht, nur eine Widerspiegelung eurer inneren Gedanken. Wenn ihr einen Wunsch habt, der stark genug ist, werdet ihr im Äußeren das manifestieren, was ihr im Inneren so sehr wünscht. Euer Wunsch nach den Mangos hat euch zum Markt geführt. Jetzt habt ihr sie gekauft und nach Hause gebracht. Ihr wascht sie gut und schält sie. Dann beginnt ihr, sie mit viel Genuss und Vorfreude zu essen. Während ihr sie verzehrt, genießt ihr glücklich den nektargleichen Saft dieser schönen Früchte. Schon bald ist der Saft nicht länger etwas, das außerhalb von euch ist, sondern ein Teil von euch. Dadurch bekommt ihr immense Freude, ihr fühlt euch vollkommen selig.

Erkennen, Sehen und Einswerden mit dem Göttlichen

Was ist der Grund für diese große Freude? Lasst uns den Prozess rekapitulieren. Zunächst habt ihr erfahren, dass die bestimmte Frucht, die ihr liebt, auf dem Markt erhältlich ist. Das ist Wissen *(jnātum)*. Nachdem ihr davon gehört habt, werdet ihr nicht entmutigt, sondern entwickelt den intensiven Wunsch, die Früchte zu bekommen und zu genießen. Ihr seid mit dem großen Wunsch, die Früchte zu sehen, zum Markt gegangen. Schließlich habt ihr sie gefunden und einen schönen Anblick der Früchte bekommen. Dies ist die Stufe des Sehens *(drashtum)*. Nachdem ihr die Früchte saht, habt ihr sie erworben und gegessen. Dies ist die Stufe des Eintretens und Einswerdens mit dem Objekt eures Verlangens *(praveshtum)*.

Habt ihr auch solch ein intensives Verlangen nach Gott? Das ist der eine Wunsch, den ihr wirklich entwickeln müsst. Nachdem ihr so viele Vorträge gehört und so viele Schriften gelesen habt, nachdem ihr erkannt habt, dass Gott existiert, müsst ihr den starken Wunsch verspüren, ihn zu sehen, sonst waren alle Anstrengungen umsonst. Ihr müsst mit aller Kraft danach streben, die direkte Schau des Herrn zu erhalten.

Ein Schüler wird sich nach dem Erreichen einer bestimmten Klasse und dem Lernen der Fächer des Schuljahres sicher nicht damit zufriedengeben, im nächsten Jahr in dieser Klasse zu bleiben. Er wird in eine höhere Klasse aufsteigen wollen. Wenn ein Schüler zwei Jahre lang in derselben Klasse bleibt, entwickelt er Verzweiflung und Verzagtheit. Er verliert nicht nur den Mut, sondern wird auch noch von seinen Mitschülern gehänselt. Ebenso werdet ihr in den Augen anderer Gottesverehrer verlieren, wenn ihr auf der Stufe der dualistischen Anbetung stehenbleibt, ohne in eurer spirituellen Entwicklung voranzukommen. Andere Gottesverehrer werden sagen: „Sieh dir den an. Er hat so viele Jahre lang etliche Vorträge gehört und alle Schriften gelesen, aber was hat es gefruchtet? Er scheint überhaupt keine Fortschritte zu machen."

Dieses unglückliche Stehenbleiben auf der ersten Stufe ist das charakteristische Zeichen der dumpfen Eigenschaft der Trägheit und Faulheit *(tamoguna)*. Ihr müsst diese Trägheit abstreifen und von der dualistischen Stufe *(dvaita)* zur nächsten aufsteigen, auf der ihr Gott verinnerlicht. Auf dieser Stufe *(vishishtādvaita)* müsst ihr versuchen, durch die ununterbrochene Kontemplation über das Göttliche im Inneren den unmittelbaren Anblick Gottes in der von euch gewählten Gestalt zu erfahren. Mit einem intensiven Verlangen werdet ihr die ersehnte Chance bekommen, den Herrn zu sehen, mit ihm zu sprechen und ihm zu dienen.

Den andauernden Frieden des unsterblichen Selbst erreichen

Aber selbst dann solltet ihr noch nicht zufrieden sein, sondern danach trachten, die letzte und höchste Stufe zu erreichen. Es sollte keine Pause, keinen Geistesfrieden oder Zufriedenheit geben, bevor ihr nicht den Zustand des völligen Einsseins mit Gott *(advaita)* erreicht habt. In diesen Tagen strebt ihr nur danach, euren Körper auszuruhen und ein wenig Geistesfrieden zu erlangen. Aber das ist nicht gut. Ihr müsst den dauerhaften Frieden des *Atman* erreichen, der euer wahres unsterbliches Selbst ist. Wenn ihr mit ihm wiedervereinigt seid, werdet ihr zum Frieden selbst. Das Selbst *(atman)* ist die wahre Verkörperung des Friedens. Das individuelle Selbst *(jīvātman)* muss einswerden mit dem universalen Selbst *(paramātman)*. Dann ist die lange Reise beendet und wird vollkommene Seligkeit verwirklicht.

Ein Fluss wird aus dem Meer geboren und endet im Meer. Aber wie ist er überhaupt entsprungen? Am Anfang wurde Meerwasser zu Wolken. Bei diesem Vorgang geschahen Trennung und Dualität. Die Wolken sind etwas Getrenntes, das Meer ist etwas Getrenntes. Meerwasser ist salzig, nachdem es eine Wolke wurde, ist es süß. Aber nun verwandelt sich das Wasser, das in der Wolke enthalten ist, in Regen. Ihr könnt es einen Regen der Liebe nennen, denn das Regenwasser wird zu einem Fluss und eilt mit großem Enthusiasmus dahin, um sich wieder mit dem Meer zu vereinen. Dieser Vorgang könnte mit der Stufe *(vishishtādvaita* oder *drashtum)* verglichen werden, auf der sich eine große Seelenqual und ein Sehnen entwickelt, dem Ziel immer näherzukommen.

Auf dieser Stufe wünscht ihr euch von ganzem Herzen, die Heimat wieder zu erreichen, von der ihr getrennt wurdet. Das Wasser, das zum Fluss geworden ist, hat den Drang, zum Meer zurückzukehren, aus dem es gekommen ist. Nur dann wird es sein Ziel erreicht haben. Das ist der nichtdualistische Zustand *(advaita)* des vollkommenen Einswerdens mit dem Ursprung *(praveshtum)*.

Ihr wurdet als menschliche Wesen geboren und habt einen Teil eures Lebens als gewöhnliche Menschen verbracht. Aber dann habt ihr die Entscheidung gefällt, den spirituellen Weg anzutreten. Ihr sucht die Gesellschaft *(satsanga)* mit spirituell ausgerichteten Menschen auf. Ihr lauscht den großen Ereignissen, von denen die Schriften berichten, welche die heiligen Eigenschaften des Herrn beschreiben. Aber nun empfindet ihr, dass euch all das nicht genügt. Ihr verlangt nach dem unmittelbaren Anblick des Herrn. Aber selbst dann seid ihr noch nicht zufrieden. Nur die Gelegenheit gehabt zu haben, den Herrn zu sehen und mit ihm zu sprechen, wird euch immer noch nicht restlos glücklich machen. Aber wenn ihr letztendlich ganz in ihn eingegangen und mit ihm vereint seid, habt ihr die vollkommene Erfüllung all dessen, wonach ihr euch gesehnt habt, denn dann seid ihr eins mit dem nichtendenden Frieden und der Seligkeit, die der Herr ist. Das war die Lehre, die *Krishna Arjuna* auf dem Schlachtfeld *(dharmakshetra)* gab.

Arjunas heilige Namen

In der *Gita* benutzte *Krishna* eine Reihe bestimmter Namen, wenn er *Arjuna* ansprach. Selbst im weltlichen Leben mag Menschen eine Reihe von Titeln und Namen verliehen werden. In der *Gita* war es die Verkörperung des Göttlichen, *Krishna,* der *Arjuna* verschiedene Namen gab. *Krishna* sagte zu *Arjuna:* „*Arjuna,* du bist kein Kind der Sterblichkeit. Du bist Gott selbst. Du bist der Sohn der Unsterblichkeit."

Arjuna sah sich in seinem Leben vielen Herausforderungen ausgesetzt, in denen er sich heldenhaft behauptete. Als Ergebnis davon wurden ihm verschiedene Titel verliehen. Um seine stärkste Waffe, den Bogen (gāndīva) zu bekommen, tat er strenge Buße und sah sich einer Vielzahl von Problemen gegenüber, aber er überstand sie mit einer großen Portion Vertrauen, Mut und Überzeugung.

Sein Entschluss angesichts all der Hindernisse wurde belohnt, indem er schließlich *Shivas* heiligen Bogen direkt von ihm gewann. Während er versuchte, diese himmlische Waffe zu bekommen, wandten sich sogar die Naturelemente gegen ihn, aber nichts konnte ihn von seinem festen Entschluss und seinem Ziel abhalten. Weil er diesen Bogen (dhanus) gewinnen konnte, verlieh der Herr ihm den Titel *„Dhanamjaya"* – „Sieger über den Bogen".

Aber auch aus weltlicher Sicht hätte er *„Dhanamjaya"* genannt werden können – „Einer, der siegreich Reichtum gewinnt". Es gibt dazu eine Geschichte. Der älteste der *Pandava*-Brüder, *Dharmaraja,* welcher der König war, beschloss, ein großes königliches Opferritual (rājasūyayāga) durchzuführen. Zu jener Zeit standen die *Pandavas* den bösen *Kauravas* gegenüber. Zudem war die Schatztruhe der *Pandavas* leer. Sie hatten kein Geld mehr. Angesichts dieser Hindernisse, war es nahezu unmöglich, ein solch großes Opferritual *(yāga)* durchzuführen. Dennoch hielt *Dharmaraja* daran fest. Er sagte zu *Arjuna:* „Bruder, dieser Anlass erfordert enorm hohe Geldausgaben. Wir brauchen ein sehr großes Vermögen. Woher sollen wir das Geld bekommen?" *Arjuna* entgegnete: *„Dharmaraja,* warum sorgst du dich um das Beschaffen von Geld, wenn wir den wunscherfüllenden Baum in Gestalt von *Krishna* haben? Warum sollten wir uns fürchten? Wenn *Krishna* uns nur einmal segnet, werden wir in der Lage sein, jeden Geldbetrag zu bekommen."

Arjuna reiste zu verschiedenen Königen, die über die umliegenden

Reiche regierten, um sie über *Dharmarajas* Wunsch zu informieren, ein großes Opferritual abzuhalten. Sobald die Könige hörten, dass *Dharmaraja* plante, den *Yāga* durchzuführen, boten sie an, ihn mit ihren eigenen Schätzen zu unterstützen, und so brachte *Arjuna* Reichtümer in solcher Fülle mit zurück, dass es Dutzender Elefanten brauchte, sie zu tragen. Es gab große Haufen von Gold, Silber und Edelsteinen. *Krishna,* der all dies eingegeben hatte, kam und tat, als ob er nichts wüsste. Er fragte *Dharmaraja:* „Wo hast du so viel Reichtum bekommen? Woher stammt er?“ *Dharmaraja* antwortete in schierer Unwissenheit und brüderlichem Stolz: „Durch meinen Bruder bekam ich all dies.“

Von diesem Tag an sprach *Krishna Arjuna* als *„Dhanamjaya“* – „den Eroberer von Geld“ – an. Auf diese Weise verbarg er seine eigene Rolle und verkündete der ganzen Welt, dass es *Arjuna* war, der in der Lage gewesen war, solch große Mengen Reichtum anzuhäufen. Es gab viele weitere Namen, die *Arjuna* gegeben wurden, so auch „Partha“ – „Sohn der Erde“. Diese Namen waren nicht für *Arjuna* allein gedacht. So wie ihr diese verschiedenen Namen hört, könnt ihr sie auf euch beziehen. Jeder enthält eine tiefere Bedeutung und zeigt, wie Gott seine Gnade über seine Verehrer ausschüttet. Macht sie zu einem Teil von euch, füllt sie mit Leben, indem ihr danach strebt, ihre tiefere Bedeutung zu verstehen und in die Praxis eures Alltags umzusetzen.

Siebte Ansprache

Zurückhaltung der Zunge beim Essen und Sprechen

Eine der wichtigsten Disziplinen,
die für die Vereinigung mit Gott notwendig sind,
ist die Kontrolle der Zunge.
Dies muss sowohl beim Essen als auch beim Sprechen geübt werden.
Ohne die Kontrolle der Zunge ist es unmöglich,
dem Weg der Hingabe zu folgen und eins mit Gott zu werden.

Verkörperungen der Liebe,

wie die meisten Tiere auf der Erde und in der Luft haben auch die Menschen fünf Sinnesorgane. Diese Sinnesorgane müssen äußerst achtsam genutzt werden, ihr solltet euch über ihre Möglichkeiten und Grenzen bewusst sein. Ihr müsst ebenso Kontrolle über sie ausüben, wie ihr auch andere machtvolle Energiequellen und Werkzeuge im täglichen Leben kontrolliert. So kann euch das Feuer auf unterschiedliche Weisen dienen, wenn ihr es sorgsam und intelligent nutzt, aber wenn es außer Kontrolle gerät, kann es auch sehr gefährlich sein. Oder denkt an das Messer oder die Elektrizität: Wenn ihr den richtigen

Umgang damit kennt, werden sie euch dienlich sein, andernfalls können sie recht gefährlich werden. Alles hängt von eurer Sorgfalt und Intelligenz ab. Der *Vedanta* hat besonderen Wert auf den rechten Gebrauch der Sinnesorgane und die Anwendung dieses Verständnisses in eurem täglichen Leben gelegt.

Die doppelte Fähigkeit der Zunge

Jedes der menschlichen Sinnesorgane ist einem besonderen Zweck zugeordnet, nur die Zunge hat eine doppelte Fähigkeit: Sie hat sowohl die Fähigkeit des Sprechens als auch die Fähigkeit des Schmeckens. Der Herr mahnt uns in der *Gita,* diese Fähigkeiten mit großer Vorsicht einzusetzen, und lobt den Gottesverehrer, der vollkommene Kontrolle über seine Zunge erreicht hat. Ein solcher Jünger wird bald ein reines und beständiges Herz entwickeln und die ständige Gegenwart des Herrn fühlen. Um solche Kontrolle zu erlangen, haben Gottesverehrer seit jeher bestimmte Disziplinen praktiziert, etwa das Einhalten von Schweigen, die Kontrolle der Nahrungsaufnahme und absolutes Fasten.

Fasten fördert die Gesundheit des physischen Körpers. Im mentalen Bereich schenkt es Freude und Glückseligkeit. Ungeregelte Nahrungsaufnahme und Völlerei sind schädlich für einen Gottesverehrer. Zu abwechslungsreiches und zu schmackhaftes Essen führt zu Schlaffheit und Trägheit *(tamoguna).* Es ist ausgesprochen dumm zu glauben, man könne gottgefällig handeln und sich Gottes Nähe erfreuen, während man sich alle möglichen wohlschmeckenden Speisen genehmigt. Schlemmerei und Gottesnähe sind nicht miteinander vereinbar. Ihr müsst deshalb von Anfang an entschiedene Anstrengungen unternehmen, eure Zunge unter Kontrolle zu halten. Wenn ihr erst einmal die Herrschaft über die Zunge erreicht habt, werden sich die anderen Sinne ganz von selbst unter Kontrolle bringen lassen.

Die Kontrolle der Zunge

Die Gottesverehrer von heute unterwerfen sich allen möglichen Regeln und Regulierungen, um ein diszipliniertes spirituelles Leben zu führen. Unglücklicherweise haben sich diese nicht auf das Kontrollieren der Zunge ausgewirkt. Dabei ist es gar nicht nötig, sich so sehr damit zu plagen, die verschiedenen Sinnesorgane unter Kontrolle zu bringen. Wenn die Zunge richtig kontrolliert wird, sind alle anderen Sinne von allein im Einklang. Weil die Menschen nicht dazu in der Lage waren, Kontrolle über die Zunge zu erlangen, werden sie von zahlreichen Zweifeln, emotionaler Aufruhr, Widersprüchen und Verwirrungen geplagt. Die Kontrolle der Zunge bezieht sich nicht nur auf die Nahrung, sondern auch auf das Sprechen. Ihr müsst euch darüber im Klaren sein, dass es nichts Mächtigeres gibt als die Kraft des Wortes. Deshalb müsst ihr euer Sprechen streng unter Kontrolle halten.

Ihr werdet gemerkt haben, dass man im Leben auch für kleine Errungenschaften Opfer bringen muss. Alles hat seinen Preis. Selbst um kleiner, nutzloser, nichtswürdiger Dinge willen ist der Mensch bereit, sogar sein Leben aufs Spiel zu setzen, doch sucht ihr nicht nach dem, was äußerst wichtig ist, was alles andere beinhaltet und die echte Grundlage von allem Wertvollen ist. Der größte aller Schätze ist das unsterbliche Selbst *(atman)*. Nur wenn ihr etwas aufgebt, könnt ihr stattdessen etwas bekommen. Solltet ihr dann nicht alles andere aufgeben, um dieses wichtigste und kostbarste aller Besitztümer zu erwerben? Solltet ihr nicht alles opfern, um euer höchstes Selbst *(atman)* zu erreichen?

Wenn ihr auf dem Markt Gemüse kauft, müsst ihr dafür mit Geld bezahlen. Ohne die Bereitschaft, etwas zu bezahlen und dadurch von eurem Geld zu opfern, bekommt ihr das Gemüse nicht. Indem ihr etwas gebt, könnt ihr etwas anderes bekommen. Gleichermaßen müsst ihr schlechte Eigenschaften aufgeben, wenn ihr Tugenden erlangen wollt. Nur indem ihr eure Vorlieben und Abneigungen aufgebt, könnt ihr Gleichmut erlangen. Nur indem ihr schlechte Eigenschaften aufgebt, könnt ihr gute Eigenschaften annehmen und nur durch das Aufgeben eurer schlechten Gedanken, Gewohnheiten und Verhaltensweisen könnt ihr gute Gedanken, gute Gewohnheiten und gute Verhaltensweisen erlangen.

Viele Weise haben beschrieben, wie die Zunge ständig danach lechzt, sich an Gutem zu erfreuen, und wie einfach alles wird, sobald der Mensch gelernt hat, sie zu beherrschen. Der Hauptweg, diese Kontrolle zu erlernen, besteht im Schweigen. Ihr solltet Stille nicht nur in Bezug auf euer Sprechen üben, sondern auch in Gedanken still sein. Euer Geist (mind) sollte frei von allen Gedanken bleiben. Das ist wahres Schweigen.

Entwickelt einen unterscheidenden Geist

Wenn ihr Kontrolle über die Speisen, die ihr zu euch nehmt, gewinnen wollt, solltet ihr es der Zunge nicht länger erlauben zu essen, wonach es ihr gelüstet. Ihr müsst Unterscheidungsfähigkeit *(buddhi)* entwickeln. Bei jeder Aktivität im Leben müsst ihr euer Unterscheidungsvermögen einsetzen, um zu erfassen, ob das, was ihr tut, euch spirituell nutzt. Auf dem Gebiet der Nahrung müsst ihr herausfinden, ob die Speisen, die ihr esst, rein *(sāttvika)* sind oder von stumpfer, ungesunder Qualität, die eine schläfrige und faule Reaktion *(tāmasa)* hervorrufen.

Nach der *Gita* ist für einen Gottesverehrer die Kontrolle über die Zunge durch maßvolles Essen reiner Speisen absolut notwendig. Nutzt eure Fähigkeiten zur Unterscheidung bei jeder Speise und fragt: „Ist die Nahrung rein oder wird sie mein Bewusstsein stören oder mindern?“ Wenn ihr jede Speise auf diese Weise untersucht und Nahrung mit Vernunft zu euch nehmt, bleibt ihr stets gleichmütig. Ihr werdet von Geringschätzung oder Wertschätzung nicht beeinflusst.

Wenn ihr dagegen unterscheidungslos esst, ohne zu untersuchen, ob euch etwas zuträglich ist oder nicht, und nur darauf achtet, wie ihr euren Hunger stillen und eure Geschmacksknospen befriedigen könnt, werdet ihr nicht imstande sein, eure Anhaftungen und Gefühle zu kontrollieren. Ihr werdet in Schwächlichkeit versinken. Wenn irgendjemand eine abfällige Bemerkung über euch macht, werdet ihr daraus sofort schließen, dass die ganze Welt gegen euch sei, und deprimiert sein. Eure Zufriedenheit schwindet in dem Augenblick, in dem euch jemand kritisiert oder beschuldigt; Kummer befällt euch und ihr empfindet das ganze Leben als sinnlos.

Umgekehrt bläht ihr euch vor Stolz und Ego auf, wenn man euch lobt und wertschätzt. Es ist dann praktisch unmöglich, euch festzuhalten. Was ist der Grund für diese Instabilität? Die Hauptursache für diese Art von Schwäche ist die Beschaffenheit der Speisen, die ihr esst. All diese widrigen Gefühle entstehen aus einem Mangel an Kontrolle und Unterscheidungsfähigkeit in Bezug auf Nahrung. Die *Gita* hat das Erfordernis betont, große Sorgfalt bei der Auswahl von Speisen, die ihr esst, zu entwickeln. Ihr müsst euch stets an die Wichtigkeit reiner Nahrung erinnern, die euch hilft, in allen Situationen gleichmütig zu bleiben, damit ihr weder freudig erregt seid, wenn man euch lobt, noch deprimiert, wenn man euch kritisiert.

Die Reinheit der Nahrung, der Kochtöpfe und des Kochs

Die *Gita* hat auch erklärt, dass die Kochtöpfe und Kochutensilien rein sein müssen und dass der Vorgang des Kochens selbst rein sein muss. Die benutzten Töpfe müssen absolut sauber sein. Reinheit bezieht sich nicht nur auf die physische Sauberkeit, sondern auch auf die Art und Weise, wie das Kochgeschirr und die Lebensmittel in den Besitz des Betreffenden gekommen sind. Ihr müsst darauf achten, dass diese mit rechten Mitteln und durch ehrliche Arbeit erworben wurden. Sachen, die nicht auf rechte Weise erstanden wurden und zum Kochen von Speisen benutzt werden, führen nicht nur zu schlechten Gedanken, sondern bringen euch auch vom rechten Weg ab.

Als Nächstes müsst ihr auch prüfen, ob der Vorgang des Kochens und der Essenszubereitung selbst rein ist, indem ihr die Gedanken und Gefühle der Person, die gekocht hat, in Erfahrung bringt. Es gibt also drei Dinge, die ihr aufmerksam beachten und kontrollieren müsst. Normalerweise kümmert man sich höchstens um die Sauberkeit der Gefäße, nicht um die Reinheit der Person, die kocht, und um die Reinheit der Nahrung selbst. Ihr kennt nicht die Gefühle des Kochs und ihr wisst auch nicht, ob der Händler die Lebensmittel, die ihr kauft, rechtmäßig erworben hat oder nicht.

Deshalb solltet ihr vor dem Essen beten und die ganze Mahlzeit Gott darbringen. Damit reinigt und heiligt ihr sie. Dieses Tischgebet dient nicht dem Wohl des Herrn, sondern eurem eigenen. Es reinigt eure Speisen, indem ihr Gottes Segen auf sie herabruft. Vor dem Essen könnt ihr euer eigenes aufrichtiges Gebet aus eurem Herzen sprechen und Gott bitten, die Speise zu reinigen und zu segnen. Oder ihr könnt ein formelles Gebet nehmen, etwa die Verse aus der *Gita,* die traditionell vor dem Essen gesprochen werden. Dieses Gebet setzt sich zusammen aus Vers vierundzwanzig des vierten Kapitels und Vers vierzehn des fünfzehnten Kapitels, die besonders wirksam sind.

Der Segen für Speisen, die Gott dargebracht werden

Brahmārpanam brahma havir
Brahmāgnau brahmanā hutam
Bbrahmaiva tena gantavyam
Brahma karma samādhinā

Aham vaishvānaro bhūtvā
Prāninām dehamāshritaha
Pranāpāna samā yuktah
Pacāmy annam catur vidham.

Das bedeutet:

Die Opferhandlung ist Gott *(brahman),*
der Akt des Opferns ist Gott.
Geopfert durch Gott im heiligen Feuer, das Gott ist.
Der allein erreicht Gott,
Der in all seinen Handlungen ganz in Gott eingeht.

Ich bin die allesdurchdringende kosmische Energie,
Die in den Körpern der Lebewesen wohnt.
Mit ihrem Ein- und Ausatem vereint,
Verzehre ich alle Arten von Nahrung.

Deses Gebet entfernt alle Mängel und Unreinheiten, welche die Töpfe und Lebensmittel hatten, und ebenso die negativen Einflüsse, denen sie während des Kochens ausgesetzt waren. Vor dem Darbringen des Gebetes ist die Nahrung lediglich Nahrung. Aber wenn ihr sie erst einmal Gott geopfert habt, wird sie zur gesegneten Speise.

Die Rolle der Zunge beim Sprechen

Der zweite Aspekt der Zunge ist das Sprechen. Das Sprechen hat, wie bereits erwähnt, einen überaus mächtigen Einfluss auf den Geist (mind) und alle mentalen Vorgänge. Es hat eine gewaltige Kraft. Es kann euer Denken verhindern, es kann euer Herz brechen, es kann euch sogar töten. Es kann aber auch ermutigen, ja sogar Leben schenken und euch beim Erreichen des Ziels behilflich sein. Dies sind die beiden unterschiedlichen, ja entgegengesetzten Wirkungen des gesprochenen Wortes.

Durch den Gebrauch angemessener Worte ist es möglich, den gesamten Geist eines Menschen zu verwandeln. Unglücklicherweise glauben viele Menschen nicht an diese Tatsache. Sie denken: „Wie sollte es möglich sein, den Geist (mind) durch bloße Worte zu verändern? Welche Experimente sind durchgeführt worden, um Beweise dafür zu liefern, dass die Sprache eine solche Macht hat? Worte sind doch nur grobstoffliche Schallwellen, die mit dem Ohr empfangen werden", und sie meinen weiter: „Der menschliche Geist ist ein sehr feinstoffliches Ding. Wie können bloße Worte etwas so Subtiles und Feines wie den Geist eines Menschen transformieren? Das gibt es nicht!" Auf diese Weise streiten sie, dass es unmöglich sei, eine mentale Transformation durch Worte zu bewirken. Hier ist eine kurze Geschichte, die dies veranschaulicht.

Die Geschichte von dem Beamten und dem Lehrer

Es gab in Indien einmal einen Regierungsbeamten, der nicht an die große Macht von Worten zur Transformation des Geistes glaubte, besonders wenn es um spirituelle Lehren ging. Er war der Bildungsminister eines Distrikts und zu den Schulen, für die er zuständig war, gehörten einige religiöse Einrichtungen. Eines Tages besuchte er eine solche Schule, in der ein Lehrer seinen jungen Schülern die *Veden* erklärte. Dieser spirituelle Lehrer sprach mehrere Stunden lang ohne Unterbrechung. Der Beamte, der sich zu den Schülern gesetzt hatte und zuhörte, bekam dabei Kopfschmerzen. Schließlich sagte er zum Lehrer: „Mein Lieber, das hier sind kleine Kinder. Es ist nicht nötig und außerdem sinnlos, sie mit so langen Vorträgen zu belasten. Die tiefen Wahrheiten der Schriften können von den Kindern sowieso nicht aufgenommen, geschweige denn verstanden werden."

Der Lehrer antwortete, dass Kinder nur in einem so zarten, formbaren Alter auf den rechten Weg geführt werden könnten. Er glaube, dass es die Herzen der Kinder von Zweifeln reinigen und sie auf den rechten Pfad bringen werde, wenn sie diese hohen Ideale von Anfang an mit auf den Weg bekämen. Der Beamte antwortete: „Ich glaube nicht an all diese Worte. Wie können bloße Worte den Geist verändern? Ich kann nicht glauben, dass es so etwas gibt." Der Lehrer versuchte, ihn mit Erklärungen und Argumenten zu überzeugen, aber der Beamte hörte nicht zu und erlaubte es den Worten des Lehrers nicht, zu ihm vorzudringen. Er war verstockt. Zu viel Amtsbefugnis resultiert oft in Zynismus und einem übersteigerten Gefühl der eigenen Bedeutung. Zweifel tauchen bald auf und es folgt Gerissenheit. In kurzer Zeit verschwinden alle Tugenden und die Vernunft wird gemindert.

Als der Lehrer erkannte, dass es ihm unmöglich war, seinen Standpunkt verständlich zu machen, wie sehr er sich auch bemühte, versuchte er ihn mit einer praktischen Lektion zu beweisen, die der Beamte mit Sicherheit begreifen würde. Er bat den kleinsten seiner Schüler aufzustehen, und sagte zu ihm: „Kind, geh und wirf den Beamten aus dem Klassenzimmer, und zwar sofort!" Als der Beamte diese Worte hörte, wurde er sehr wütend und schrie: „Wer glaubst du eigentlich, wer du bist? Ich bin ein Regierungsbeamter, der Minister für das Bildungswesen des Distrikts! Und du befiehlst einem Kind, mich hinauszuwerfen? Wie kannst du es wagen?"

Der Lehrer sagte darauf: „Nun Sir, ich habe Sie weder gestoßen noch geschlagen, nicht einmal angefasst habe ich Sie. Ich habe Ihnen absolut nichts getan. Allein durch das Hören von Worten scheinen Sie sich sehr aufzuregen. Oder was könnte Sie sonst so wütend gemacht haben? Es sind diese paar Worte, die ich nicht einmal an Sie persönlich gerichtet habe, nicht wahr?“ So bewies der Lehrer, dass Worte sehr mächtig sein können. Sie haben eine enorme Fähigkeit, großen Schaden anzurichten oder großen Nutzen zu bringen, je nachdem wie sie eingesetzt werden. Nach diesem Anschauungsunterricht verließ der Beamte, um einiges klüger geworden, den Raum.

Die Macht der Worte

Auch in den Schriften findet ihr Hinweise, die herausstellen, wie mächtig Worte sein können, ja dass sie die ganze Welt zerstören können. Dort steht auch, dass, wenn ihr einen Baum fällt, dieser immer noch austreiben kann, und dass ein Stück Eisen, das entzweibricht, vom Schmied wieder zusammengefügt werden kann. Er hält die beiden Stücke ins Feuer und schlägt so lange darauf, bis sie wieder eins sind. Aber wenn ihr ein Herz durch Worte brecht, könnt ihr es nicht wieder heilen. Worte können unendliche Schwierigkeiten wie auch grenzenlose Freude bereiten. Achtet also sorgfältig darauf, dass die Worte, die ihr sprecht, niemandem eine Verletzung zufügen und Schmerz bereiten.

Wenn euer Körper ausrutscht und hinfällt, gibt es unter Umständen eine Verletzung, die euch eine Weile lästig ist. Aber so ein Sturz hat keine dauerhaften Folgen. Die kleine Wunde, die dabei vielleicht entsteht, verheilt schnell. Aber wenn eure Zunge ausrutscht und ihr mit harten Worten das Gemüt oder Herz eines Menschen verletzt, bringt ihr ihm eine Wunde bei, die von keinem Arzt der Welt geheilt werden kann. Gebraucht deshalb niemals Worte, die das Gefühl eines Menschen verletzen könnten! Eines Tages werden die Worte, die ihr benutzt habt, zu euch zurückkehren. Gebraucht nur gute, sanfte Worte.

Man sagt, die Zunge liebe Süßes. Ihr könnt also auf diese Weise mit ihr sprechen: „Liebe Zunge, du magst so gern Süßes. Warum verweilst du nicht beim süßen Namen des Herrn? Zunge, du weißt genau, was wahrer Opfergeist bedeutet, du bist doch die Verkörperung des Opfergeistes selbst. Lass dich nur dazu benutzen, den Namen Gottes zu singen. Sing von Gott *(narayana),* und werde dadurch heil und geheiligt!“

Opferbereitschaft und Duldsamkeit

Warum sagen wir, dass die Zunge weiß, was wahrer Opfergeist ist, und dass sie absolut selbstlos ist? Nun, es ist eine Erfahrung, die ihr jeden Tag machen könnt. Wenn ihr der Zunge Süßigkeiten gebt, kostet sie diese, und sobald sie herausfindet, das sie köstlich süß sind, sagt sie sich: „Oh, ich will diese süßen Sachen an den Magen weitergeben, damit er sich auch daran erfreuen kann.“ Wenn das, was sie zu kosten bekommt, aber nicht angenehm schmeckt – nehmen wir an, es ist etwas Bitteres –, so wird sie dies nicht an den Magen weitergeben, sondern das widerliche Zeug ausspucken, um den Magen vor Kummer zu bewahren. Gut oder schlecht, süß oder bitter – die Zunge ist nicht bestrebt, irgendetwas für sich und ihr eigenes Vergnügen zurückzubehalten. Sie lebt selbstlos, ehrbar und in Kenntnis ihrer Grenzen. Sie ist bereit, lebenslänglich im Mund eingeschlossen auszuharren. Kommt sie jemals heraus? Nein. Welche Arbeit sie auch verrichtet, sie tut sie ohne zu murren, eingesperrt im Mund.

Noch ein wichtiger Aspekt der Zunge ist wichtig: Sie hat eine erstaunliche Fähigkeit zur Duldsamkeit. Mit welchen Schwierigkeiten und Problemen sie es auch zu tun bekommt und wie viel Ärger ihr auch bereitet wird, sie bleibt bei sich, voller Geduld, und überschreitet niemals ihre Grenzen. Sie lebt umzingelt von einer ganzen Reihe gefährlicher Gesellen, den scharfen und kräftigen Zähnen. Mit großem Geschick versteht sie es, von diesen aggressiven Mitbewohnern ihres engen Quartiers weder gebissen noch sonst wie verletzt zu werden. Sie kommt mit ihnen aus, ohne je Schaden zu erleiden.

Auf diese Weise kann euch die Zunge sehr wichtige Lektionen erteilen, zum Beispiel, dass ihr unter Menschen leben könnt, mit denen schwer auszukommen ist. Wenn ihr eure ganze Vorsicht, Geduld und Geschicklichkeit benutzt, sollte es euch trotz aller widrigen Umstände möglich sein, euch eures Lebens zu erfreuen. Es gibt heutzutage allerdings sehr wenige, die einem solch guten Beispiel folgen. In den meisten Fällen neigen die Menschen dazu, selbst schlechte Eigenschaften anzunehmen, wenn sie in schlechte Gesellschaft geraten. Alle guten Gefühle, alle guten Eigenschaften, guten Gedanken und das rechte Verhalten schwinden im Nu und alle Verdienste und Tugenden gehen dadurch verloren. Damit ihr nicht an solch schlimmen Folgen leidet, ist es notwendig, dass ihr die vollkommene Kontrolle über eure Zunge gewinnt.

Sprechen verschwendet spirituelle Energie

Baba sagt seinen Schülern und Studenten recht häufig: „Liebe Studenten, redet nicht so viel! Die göttliche Energie, die in euch ist, wird dadurch verschwendet. Wenn ihr so viel redet, lässt euer Gedächtnis nach und wird euer Körper schwach. Letztlich resultiert daraus vorzeitiges Altern, abgesehen von dem schlechten Ruf, den ihr euch damit einhandelt."

Angenommen, ihr besitzt ein Radio. Ihr schaltet das Radio ein, um die Nachrichten oder Musik zu hören, aber dann verlasst ihr das Zimmer und vergesst, die Anlage wieder auszuschalten. Das Radio spielt einfach sinnlos weiter und verbraucht kostbare Energie. Euer Körper kann mit dem Radio verglichen werden und der Intellekt mit dem Knopf, der es eingeschaltet hat, aber mit dem es nicht wieder ausgeschaltet wurde. Euer Geist (mind) ist in diesem Vergleich der Ton, der in Form des Geplappers sinnlos weiterläuft, das ihr den ganzen Tag von euch gebt. Die heilige, göttliche Energie, die in euch ist, wird durch endloses Gerede verschwendet.

Ihr redet vom Aufstehen am frühen Morgen bis zum Zubettgehen am späten Abend – wenn nicht laut, dann doch innerlich. Die Lautstärke ist vielleicht nicht immer auf das Maximum eingestellt, aber das Reden, der „Ton“ in eurem Inneren, läuft pausenlos weiter, und die wertvolle spirituelle Energie in euch wird ebenso verschwendet wie die Energie, die vom Radio verbraucht wird, ganz gleich ob es laut oder leise spielt. Die Energie versickert.

Dieses viele Reden, mehr Reden und noch mehr Reden ist der Hauptgrund für frühzeitiges Altern und Senilität. All dieses Reden ist nicht gut. Ihr müsst Stille bewahren. Von Geburt an habt ihr nie inneres Stillsein geübt. Ihr müsst es jetzt tun. Die beiden Funktionen der Zunge sind in Wirklichkeit eng miteinander verbunden, denn zu viel Reden führt zu unnatürlich viel Hunger. Wenn der Redner mehr Hunger verspürt, wird er natürlich auch mehr Nahrung verzehren. Wegen dieses exzessiven Essens entstehen Gefühle, die sich wiederum in noch mehr Reden äußern. In diesem Prozess wird Sinneskontrolle zu einem nahezu aussichtslosen Unterfangen.

Wenn man einem Pferd zu viel Futter gibt und es anschließend anbindet, wird es nervös und widerspenstig und kann nicht ruhig stehen. Ein Pferd, das kräftig gefüttert wird, muss auch ausgeritten werden. Ebenso werdet auch ihr nervös und ruhelos, wenn ihr reichlich Nahrung verzehrt ohne hart zu arbeiten oder zu trainieren, und obendrein entstehen egoistische Gefühle wie Selbstsucht und Stolz in euch. Angemessene Betätigung dagegen stärkt eure Gesundheit und richtiges Essen in Maßen wird die negativen Tendenzen beherrschen.

Eines der Hauptziele spiritueller Praxis besteht darin darauf zu achten, dass die Nahrung, die ihr zu euch nehmt, für den Dienst an der Gesellschaft genutzt wird. Ihr müsst fest entschlossen sein, immer

Gutes zu tun. Begegnen euch Widrigkeiten, solltet ihr nicht schwanken oder flackern wie eine Kerzenflamme im Wind. Euer Selbstvertrauen muss stark sein.

Selbstvertrauen

Beobachtet einmal einen winzigen Vogel, wie er angeflogen kommt und sich auf einen Zweig setzt. Er bleibt eine Weile sitzen. Jetzt nehmt an, dass Wind aufkommt und der Zweig vor und zurück schaukelt. Der kleine Vogel ängstigt sich vor dieser Bewegung des Zweiges nicht. Warum? Weil er sich nicht auf den Zweig als seine einzige Stütze verlässt, sondern auf seine Flügel. Darum ist sein Selbstvertrauen stark, mag der Zweig auch noch so sehr schwanken. Selbst wenn der Zweig bricht, wird ihn dies nicht in Gefahr bringen oder abstürzen lassen. Der Mensch von heute dagegen ängstigt sich wegen der kleinsten Alltagsschwierigkeiten. Er besitzt nicht einmal das Selbstvertrauen, das sogar ein kleiner Vogel hat. Warum ist dies so? Der Grund ist: zu reichliches Essen. Er verzehrt Nahrung, die voller Schlacken ist und wiederum Gefühle erzeugt, die von *Rajas* – exzessiver nervöser Energie und Aktivität – durchdrungen sind, welche Befürchtungen und Ärger fördern. Die Folge davon ist, dass der Mensch keine Chance hat, seine wahre Natur zu erleben, die Gleichmut und Reinheit *(sattva)* ist.

Die Jugendlichen von heute mögen viele Zweifel haben. Sie sehen, wie Tiere und Vögel miteinander leben und sich großer Freiheit erfreuen, und sie fragen sich, warum sie nicht die gleiche Freiheit und Unabhängigkeit wie die Tiere genießen dürfen. Die richtige Antwort darauf ist: Ja, auch ihr habt ein Recht auf Freiheit, aber auf eine Freiheit, die einem menschlichen Wesen angemessen ist, nicht einem Tier. Die Tiere haben die Freiheit, die ihnen als Tieren zusteht. Ihr aber solltet euch an der menschlichen Freiheit erfreuen, einer Freiheit, die für das menschliche Wesen natürlich ist.

Lebt als wahrhaft menschliche Wesen, entwickelt die Eigenschaften, die für einen Menschen angemessen sind. Es ist nicht richtig, sich als „Mensch“ zu bezeichnen und die Freiheit eines Tieres genießen zu wollen. Die menschlichen Wesenszüge sind Opfergeist, Liebe, Barmherzigkeit, Freigiebigkeit, Mitgefühl, Gewaltlosigkeit und andere solch edler Eigenschaften. Entwickelt keine Merkmale, die mit einem Tier verbunden sind, wie Selbstsucht, Ärger, Hass, Lust, Eifersucht und ähnliches. Diese dämonischen Eigenschaften haben in einem menschlichen Wesen keinen Platz.

Löscht Selbstsucht, Stolz und Eifersucht aus

Insbesondere solltet ihr es Selbstsucht, Stolz und Eifersucht niemals erlauben, sich in euch einzunisten. Diese drei sind die schlimmsten aller Charakterzüge, die einen Menschen verseuchen können. Wollt ihr nur gute, also menschliche Eigenschaften statt tierischer oder dämonischer Eigenschaften annehmen, so müsst ihr auf den beiden Gebieten des Sprechens und der Nahrung Herrschaft über eure Zunge erringen. Das ist der königliche Weg für die Menschen. Der Weg der Hingabe *(bhaktiyoga)* verlangt von euch, dass ihr die Zunge in der richtigen Weise nutzt, das heißt Nahrung und Worte richtig gebraucht.

Besonders in diesem Zeitalter des Materialismus und der Unredlichkeit *(kaliyuga)* kann die Zunge leicht geheiligt werden, indem sie den heiligen Namen wiederholt. Anstatt eure kostbare göttliche Energie und eure wertvolle Zeit mit unnötigen Worten zu vertun, lasst die Zunge immerzu das Lob Gottes singen und Seinen Namen wiederholen. Singt den Namen des Herrn! Das ist die rechte Weise, euer Leben zu verbringen. Nutzt jeden Augenblick des Tages, um euch mit der Herrlichkeit und Heiligkeit Seiner Gegenwart anzufüllen.

Achte Ansprache

Allein durch Liebe könnt ihr Gott erreichen

Der Herr verkündete in der Gita:
„Wenn du immer in Liebe an mich denkst,
werde ich dich mit dem Geschenk
der spirituellen Unterscheidungskraft (buddhiyoga) segnen.
Sie wird dich zur immerwährenden Einheit mit mir führen.
Das verspreche ich dir."

Verkörperungen der Liebe,

Buddhi ist das Unterscheidungsvermögen, kraft dessen ihr das Wirkliche vom Unwirklichen und das Beständige vom Unbeständigen unterscheiden könnt. Diese spirituelle Urteilsfähigkeit erschließt sich nur jenen, die heilige Hingabe entwickelt haben und mit Liebe zu Gott angefüllt sind. Hingabe ist die königliche Straße zum Erlangen der Weisheit und der einzige Weg zum höchsten spirituellen Wissen. Sie ist wahrlich der einzige Weg, der zur Selbsterkenntnis führt. Hingabe erweckt die Gnade Gottes. Der Herr verkündete im zwölften Kapitel der *Gita:* „Wer sich mir hingibt, ist mir lieb."

Hingabe

Was aber ist Hingabe *(bhakti)?* Hingabe ist beständige, zum Herrn hinfließende Liebe. Wenn eure Liebe zu Einzelnen oder zu Vergänglichem, Weltlichem hinfließt, kann sie nicht Hingabe genannt werden. Das ist tatsächlich nur eine Form von Anhaftung. Doch wenn Liebe unaufhörlich zu Gott, dem einen unwandelbaren Prinzip hinter dieser Welt des Wandels, hinfließt, dann wird eure Liebe zur Hingabe.

Anfänglich entwickelt ihr eure Hingabe, indem ihr euch Gott zuwendet und euch ihm nähert. Dann verstärkt ihr eure Liebe zu Gott, indem ihr die Einstellung kultiviert, dass ihr Verehrer und Diener Gottes *(dāso 'ham)* seid, und ihr gebt euch seinem Willen hin. So wie sich eure Liebe zu Gott vertieft, schreitet ihr zu der Stufe voran, auf der ihr eine intime Nähe zu Gott fühlt und ständig seine Gegenwart erfahrt. Ihr erreicht die Vollendung eurer spirituellen Reise, wenn ihr vollständig erkennt: „Ich bin Gott. Gott und ich sind eins."

In der Praxis kann Hingabe zwei Formen annehmen. Zuerst ist da die Art von Hingabe, die sich auf unterschiedliche rituelle Praktiken und Andachtsformen wie die traditionelle Verehrung des Herrn mit rituellen Opfergaben, Pilgerschaften zu spirituellen Zentren, die Teilnahme an spirituellen Veranstaltungen, das Singen hingebungsvoller Lieder, das Studieren gottpreisender Literatur und so weiter bezieht. Dies sind die üblichen Formen von Hingabe *(vaidhabhakti)*. In der *Gita* lehrte der Herr, dass diese verschiedenen Übungen als von niederer Art betrachtet werden. Wenn sich eure Anbetung jedoch zur vollkommenen Versunkenheit in Gott ausweitet, wenn eure Liebe zu Gott in all eure täglichen Aktivitäten eindringt und ihr einen tadellosen, heiligen Charakter entwickelt, dann bringt ihr die höhere Hingabe *(parabhakti)* zum Ausdruck, die dem Herrn gefällt.

Es besteht also ein deutlicher Unterschied zwischen dieser Hingabe, die dem Herrn besonders lieb ist *(vaidhabhakti),* und der gewöhnlicheren Art von Hingabe *(parabhakti).* Letztere nutzt die Dinge der Welt der Erscheinungen, um den Herrn anzubeten, zum Beispiel Blumen. Woher sind diese Dinge gekommen? Wart ihr imstande sie herzustellen? Nein. Sie alle wurden von Gott erschaffen. Wo bleibt die Entsagung, wenn die Dinge, die ihr opfert, vom Herrn selbst erschaffen wurden? Solche Opfergaben bringen euch nicht sehr weit auf dem spirituellen Weg. Gott hingegen die heiligen Blüten eures Herzens zu opfern, die nichts mit der Welt zu tun haben, und diese in liebender Anbetung des Einen, der seinen Platz in eurem Herzen hat, darzubringen, ist die höchste Form von Hingabe *(parabhakti).* Nach dieser Art von Hingabe solltet ihr trachten.

Meditation und Hingabe sind ein und dasselbe

Eine weitere Weise, an diese höchste Form der Hingabe zu denken, besteht in der unaufhörlichen Meditation über Gott allein. Das gängige Verständnis von Meditation beschränkt sich auf die Übung der Konzentration auf einen Gegenstand, um dadurch eine höhere Bewusstseinsebene zu erreichen. Das ist aber nicht der rechte Ansatz zum Verständnis von Meditation. Wahre Meditation *(dhyāna)* ist Meditation über Gott und Gott allein. Deshalb sind Meditation und Hingabe in Wirklichkeit dasselbe. Beiden ist die Konzentration auf den Herrn gemeinsam, das ausschließliche Ausrichten der Gedanken auf ihn und nichts anderes. Ohne solch eine Meditation oder Hingabe ist es unmöglich, die strahlende Herrlichkeit Gottes überall und in allem zu erkennen und dadurch wahres spirituelles Wissen zu erlangen.

Ihr sehnt euch nach den Früchten eurer Bemühungen, aber ihr könnt sie nicht erlangen ohne erst die Blüte zu haben. Erst kommt die Blüte, dann die Frucht. Hingabe ist wie die Blüte. Ohne zuerst die Blüte der unerschütterlichen Liebe zu Gott entwickelt und ihr das

Erblühen erlaubt zu haben, könnt ihr die Frucht der spirituellen Weisheit nicht ernten. Diese Blume der Liebe kann sich auf verschiedene Weisen ausdrücken, wie folgendes Beispiel zeigt.

Der Haushälter und der Mönch

Es gab zwei Gottesverehrer, die eine alles einnehmende Liebe zu Gott hatten. Einer war ein Haushälter, der ein Familienleben führte, und der andere ein entsagender Mönch *(samnyāsin)*. Der Familienvater – Nagamahashaya – empfand sich als Diener des Herrn und praktizierte stets das Prinzip der vollkommenen Hingabe an Gott. Der große Wert des Dienens ist, dass das Ego durch das Praktizieren von Demut und Ergebenheit schnell verschwindet. Solange ihr Egoismus habt, seid ihr nicht in der Lage, das heilige Wissen über das höchste Selbst zu erlangen.

Egoismus ist überall zu finden. Selbst *Arjuna,* dem *Krishna* so lange ein Freund gewesen war und so viel Ermutigung gab, war sein Leben lang von egoistischen Gefühlen durchsetzt. Erst nachdem *Arjuna* seinen Bogen weggeworfen hatte und sich vollkommen dem Herrn ergab, indem er sagte: „Befiehl mir, o Gott, ich werde tun, was auch immer du sagst“, lehrte ihn *Krishna* die höchste Weisheit der *Gita.*

Der Haushälter startete also vom ganz bescheidenen Beginn, der mit „Ich bin dein Diener *(dāso 'ham),* o Herr, ich bin dein Instrument“ zusammenhängt. Auf diese Weise drückte er seine unerschütterliche Liebe zu Gott aus. Der Mönch – *Vivekananda* – andererseits, drückte seine Liebe zu Gott aus, indem er Gott überall, wohin er ging, und in jedem und allem, was ihm begegnete, suchte. Er wiederholte ständig: „Wohin ich auch sehe, ich sehe nur Gott. Alles, was ich sehe, ist von Gott erschaffen und von Gott durchtränkt. Jeder, den ich treffe, ist kein anderer als Gott. Auch ich bin wahrhaft Gott *(shivo 'ham).“*

Wegen der verschiedenen Lebensumstände, traten die beiden

Gottsuchenden unterschiedliche Wege an, um die Macht der Täuschungskraft zu überwinden. Der Haushälter wurde durch seinen Weg des Gottdienenden kleiner und kleiner, bis er schließlich so winzig war, dass er zwischen den Pranken des schrecklichen Tigers *Maya,* der Täuschungskraft, die ihn in ihren Klauen gefangen hielt, hindurchschlüpfen konnte. Durch das Verlieren seines Ego wurde er frei. Für den Mönch brachen die Fesseln der *Maya,* die ihn gebunden hatte, entzwei, als er durch die Begrenzungen seines Ego brach, indem er in der Überzeugung aufging: „Überall ist allein Gott. All dies ist Gott. Auch ich bin Gott. Ich bin Gott." Durch ihre tiefe Liebe zu Gott war jeder von beiden auf seinem eigenen Weg in der Lage, die Macht der Illusion zu überwinden.

Ich bin Gott

Wenn ihr in euch ständig die heilige und erhabene Vorstellung „Ich bin Gott" hegt, kann euch nichts mehr erschüttern. Nichts kann euch mehr den Weg versperren. Es genügt natürlich nicht, lediglich diese Worte auszusprechen. Ihr müsst zuerst euer Körperbewusstsein überwinden und eine starke Kontrolle über die Sinne gewinnen. Gleichzeitig müsst ihr eine intensive Liebe zu Gott entwickeln und sie leben, indem ihr euch kontinuierlich mit dem Göttlichen identifiziert. Dies wird euch zur höchsten Weisheit führen. Oder ihr könnt eure Liebe zu Gott ausdrücken, indem ihr dem Weg des Dienens folgt. Er wird den Egoismus rasch aus eurem Herzen entfernen und euch mit Seligkeit erfüllen.

Es gibt drei aufeinanderfolgende Stufen auf dem Weg der Gotterkenntnis. Anfangs verkündet ihr: „Ich bin ein Diener des Herrn." Hier gibt es zwei Wesenheiten: eine ist Gott und die andere seid ihr. Ihr stellt euch Gott irgendwo weit entfernt vor, und euer Ansatz ist, dass ihr ihn ausfindig machen, ihm näher kommen und sehr nah sein wollt. Allmählich schreitet ihr auf diesem Weg voran und zur rechten Zeit werdet ihr den Herrn von Angesicht zu Angesicht schauen. Dann sagt ihr ihm: „Herr, ich gehöre dir." Auf dieser zweiten Stufe steht ihr aufrecht vor dem Herrn und bezeichnet euch selbst als Gotthingegebenen. Auf der dritten Stufe könnt ihr dann behaupten: „Du und ich sind eins."

Die erste Stufe, die durch die Erklärung „Ich bin ein Diener des Herrn" gekennzeichnet ist und auf der Gott als weit entfernte Form betrachtet wird, ist Dualität *(dvaita)*. Die zweite Stufe, auf der ihr von Angesicht zu Angesicht zu Gott sagt: „Ich bin Dein Verehrer", und ihn in eurem Herzen fühlt, ist die Stufe der bedingten Nichtdualität *(vishishtādvaita)*. Die dritte Stufe, auf der die letztendliche Wahrheit in euch dämmert und ihr zu Gott sagt: „Ich bin du und du bist ich", ist Nichtdualität *(advaita)*. An diesem Punkt gibt es keinen Unterschied zwischen euch und Gott.

Von der Form zum Formlosen

Ihr beginnt eure Reise auf der Stufe der Dualität und gelangt schließlich zur Stufe der Nichtdualität *(advaita)*. Ihr beginnt eure spirituellen Übungen *(sādhana)* mit der üblichen Art von Hingabe – dem Verehren Gottes mit einer Gestalt und Eigenschaften durch Rituale und äußere Anbetung. Aber dann bewegt ihr euch zum Formlosen weiter, zum absoluten Aspekt des Göttlichen. Auf diesem Weg entwickelt ihr euch anfänglich spirituell, indem ihr ein Diener Gottes seid, aber irgendwann identifiziert ihr euch ganz mit dem Herrn.

Stellt euch für einen Augenblick einen sehr großen Kreis vor und daneben, von ihm getrennt, einen weiteren, sehr viel kleineren Kreis. Der große Kreis steht für Gott und der kleine für die Einzelseele *(jīva)*. In diesem Beispiel ist das Individuum verschieden und fern von Gott. Das ist Dualität *(dvaita)*. Wenn ihr nun den kleinen Kreis in den großen hineinbewegt, habt ihr die begrenzte Nichtdualität *(vishishtādvaita)*. Das Individuum ist nun ein Teil Gottes geworden, es existiert in Gott. Was bedeutet es dann, wenn sich das Individuum total mit dem Göttlichen vereint? Der kleine Kreis muss ausgedehnt und immer größer werden, bis er die volle Größe des großen Kreises angenommen hat. Ab diesem Punkt sind die beiden Kreise ununterscheidbar und hat sich der Mensch mit Gott vereint. Das ist vollständige Nichtdualität *(advaita)*.

Gebt euch dem Göttlichen in euch hin

Auf dem Weg der Hingabe ist es die absolute Ergebenheit, die bewirkt, dass die Einzelseele sich ausdehnt und mit Gott einswird. Das geschieht, sobald ihr eure begrenzte Individualität verlasst, indem ihr euch dem Göttlichen hingebt, das in euch wohnt, sodass all eure Schwächen von euch abfallen und ihr die Geistesgröße entwickelt, die schließlich im Einswerden mit Gott gipfelt. Wie könnt ihr dieses Verständnis eurer göttlichen Natur erlangen? Wie erkennt ihr das Göttliche in euch, sodass ihr seinen Anweisungen folgen könnt? Nur durch stetiges Üben *(abhyāsayoga)* erlangt ihr diese Erkenntnis.

Selbst für die kleinsten Fertigkeiten dieser Welt müsst ihr ständig üben, sei es Lesen, Schreiben, Gehen oder Essen. Sie alle entwickeln sich allein durch Übung. Ihr fangt mit einem ersten Schritt an und tut irgendwann einen letzten. In diesem Fall bedeutet der letzte Schritt das Erreichen des höchsten Wissens, das euch frei macht.

Es gibt zwei Arten von Wissen. Das eine bezieht sich auf das spirituelle Wissen, das andere auf die physische Welt. Gewöhnliches Wissen, das sich mit den Dingen der Welt befasst, betrifft das Untersuchen der verschiedenen Eigenarten materieller Gegenstände. Aber das Verstehen des inneren Prinzips, der zugrunde liegenden Ursache und des Zwecks jedes materiellen Gegenstandes, der jemals in der Welt existiert hat, ist spirituelles Wissen. Das ist es, was Weisheit genannt werden kann. Dies ist eine sehr wichtige Eigenschaft, die es zu kultivieren gilt. Selbst für das Verstehen der Welt in ihren tieferliegenden Aspekten müsst ihr euch zuerst spirituelle Weisheit aneignen.

Für das Erlangen spiritueller Weisheit müsst ihr euren Körper weise nutzen und euren Geist und eure Sinne unter Kontrolle halten. Ohne den Körper kann man keine Handlung ausführen. Er wird für alle möglichen Arten von Tätigkeiten benötigt, er ist die Grundlage für alle Handlungen. Benutzt euren Körper dazu, euer Ziel zu erreichen und Tätigkeiten auszuführen, die anderen dienlich sind. Hier ist ein kleines Beispiel.

Wünsche in Weisheit verwandeln

Nehmt einmal an, ihr geht zu einem Picknick in den Wald und habt alles mitgebracht, was ihr zum Kochen und Zubereiten des Essens braucht. Bevor ihr mit der Zubereitung der Speisen beginnt, sammelt ihr drei Steine, legt sie zusammen und stellt die Kochtöpfe darauf. Als Nächstes füllt ihr Wasser in den Topf und anschließend den Reis. Unter dem Topf, zwischen den Steinen, macht ihr Feuer.

Wozu braucht ihr Feuer unter dem Topf? Damit ihr durch die Hitze des Feuers den Reis kochen könnt, der sich im Topf befindet. Wenn ihr den Reis einfach ohne Topf ins Feuer gäbet, würdet ihr nicht das Essen bekommen, das ihr wollt. Die Hitze des Feuers überträgt sich auf den Topf, vom Topf aufs Wasser und schließlich vom Wasser auf den Reis. Auf diese Weise wird der Reis gekocht und ihr genießt euer Essen.

In diesem Wald des Lebens sucht ihr nach Glückseligkeit, die mit den Speisen, die ihr zubereitet, verglichen werden kann. Die drei Steine sind die Grundeigenschaften Trägheit *(tamas),* Aktivität *(rajas)* und Reinheit *(sattva),* die allen natürlichen Phänomenen und menschlichen Aktivitäten zugrunde liegen. Euer Körper könnte mit dem Kochtopf verglichen werden, eure Gefühle und Wünsche mit dem Wasser und eure spirituellen Sehnsüchte und Hoffnungen mit dem Reis. Das Feuer, das ihr zwischen den drei Steinen angezündet habt, ist die reinigende Übung *(sādhana)* für das Erlangen von Weisheit. Dieses reinigende Feuer, das eine Zeitlang brennen muss, muss an den Körper gelegt werden und durch den Körper an die Gefühle und Wünsche. Dadurch werden diese ihrerseits gekocht und in die höchsten spirituellen Sehnsüchte verwandelt. Dieser Vorgang führt schließlich zum gekochten Produkt, der spirituellen Speise, dem Erkennen des wahren Selbst *(ātmajnāna)*.

Es ist unmöglich, solch ein spirituelles Wissen sofort und unmittelbar im Herzen zu erfahren, wenn ihr nicht vorher durch diesen Kochvorgang gegangen seid. Durch den Körper und eure guten Taten müsst ihr eure Wünsche verbrennen und in Sehnsucht nach geistigen Zielen verwandeln. Das wird euch zur Erkenntnis der höchsten Weisheit führen.

Das Aufgeben der Früchte eurer Arbeit

Die richtige Meditationsübung ist die allmähliche, langsame und beständige Kontrolle aller Wünsche durch das kontinuierliche Praktizieren der Liebe zu Gott. Durch das Kontrollieren der Sinne und eurer Wünsche wird es euch möglich, all eure Aktivitäten auf ganz natürliche und selbstverständliche Art auszuführen, ohne die Ernte einer Frucht eurer Arbeit zu erwarten. Tatsächlich ist es unmöglich, Arbeit ohne Früchte zu haben. Jede Handlung, die ihr ausführt, wird notwendigerweise irgendeine Wirkung zur Folge haben – das ist die Frucht der Tat. Es ist also nicht so, dass es gar keine Früchte gibt. Die *Gita* lehrt euch jedoch, dass ihr an den Früchten nicht interessiert sein solltet. Die Früchte werden immer da sein, aber arbeitet nicht zu dem Zweck, sie zu erlangen! Arbeitet nur, weil ihr es als eure Pflicht betrachtet, zu arbeiten – weil es Gottes Wille ist.

Während ihr eure Pflichten erfüllt, werden zuweilen Wünsche in euch hochkommen und sich auch Ergebnisse, also Früchte eurer Arbeit, zeigen. Das schadet nicht. Erfüllt einfach weiter eure Pflichten. Die *Gita* hat nicht gelehrt, dass Taten keine Früchte haben werden. Menschen, die nicht richtig verstanden haben, was „Opfern der Früchte des Handelns" bedeutet, geben das Handeln an sich auf. Doch Tätigkeit muss sein. Was die *Gita* betont, ist das Entsagen im Handeln und nicht das Entsagen des Handelns. Bis das Essen gekocht ist, wird Feuer benötigt. Bis ihr das innere Geheimnis der Arbeit und des Opferns der Früchte versteht, müsst ihr fortfahren, euch in Tätigkeiten zu engagieren und eure Pflichten zu erfüllen.

Liebe ist die Wurzel aller spirituellen Praktiken

Ein edler Charakter und ein gutes Benehmen künden von der inneren Wahrheit eines Menschen. Diese Wahrheit basiert auf Liebe. Ob ihr euch mit dem Opfern der Früchte eures Handelns *(karmayoga)* beschäftigt, über den allgegenwärtigen Herrn kontempliert *(bhaktiyoga)* oder euer Inneres erforscht und danach strebt, Weisheit zu erlangen *(jnānayoga)* – die Wurzel all dieser spirituellen Übungen ist Liebe. Es gibt fünf wesentliche menschliche Werte, die einen edlen Menschen auszeichnen. Diese sind Wahrheit *(satya),* Frieden *(shānti),* Liebe *(prema),* Rechtschaffenheit *(dharma)* und Gewaltlosigkeit *(ahimsā)*. Sie existieren jedoch nicht getrennt voneinander. Sie hängen alle essenziell von einem dieser fünf Werte ab, welcher der primäre Wert ist. Das ist Liebe.

Wenn Liebe in die Gedanken eintritt, wird sie zu Wahrheit. Wenn sich Liebe in Form von Tätigkeit manifestiert, wird sie zu Rechtschaffenheit. Wenn eure Gefühle mit Liebe gesättigt sind, werdet ihr selbst zum Frieden. Die wahre Bedeutung des Wortes „Frieden“ ist Liebe. Wenn ihr euer Verstehen mit Liebe erfüllt, ist es Gewaltlosigkeit. Für all diese edlen menschlichen Werte ist es Liebe, die unter ihnen strömt.

Mit anderen Worten: Wenn ihr all eure Gedanken mit Liebe nährt, seid ihr in Liebe versunken. Wenn ihr Liebe in eurem täglichen Leben praktiziert, ist es *Dharma* – rechtschaffenes Leben. Wenn ihr die ganze Zeit Liebe fühlt, habt ihr euch in dauerhaftem Frieden niedergelassen, und wenn ihr ein tiefes Verstehen des göttlichen Prinzips der Liebe habt, seid ihr in Gewaltlosigkeit versunken. In der *Gita* heißt es im Kapitel über Hingabe: „Fülle dich an mit Liebe und benutze diese Liebe, um Mich zu erreichen. Auf diese Weise wirst du Meine Nähe (englisch: nearness) und Zuneigung (dearness) gleichermaßen erlangen.“

Lieber Gottesverehrer! Deine Hände sind sehr klein, und doch versuchst du, mir mit diesen beiden kleinen Händen zu dienen. Deine Augen sind sehr klein. Mit deinen beiden kleinen Augen versuchst du, mein ganzes riesiges Universum zu sehen. Deine Ohren sind sehr klein, und doch versuchst du, mit diesen beiden kleinen Ohren meinen heiligen Worten zu folgen. Mit deinen beiden kleinen Füßen versuchst du, dich mir zu nähern.

Doch indem du mir mit deinen beiden kleinen Händen bloß dienst, wirst du nicht viel erreichen. Meine unendlich weite Schöpfung mit deinen beiden kleinen Augen lediglich anzuschauen, wird dir auch nicht viel nutzen. Meine göttlichen Worte nur mit deinen beiden kleinen Ohren aufzunehmen, wird dich ebenfalls nicht viel weiterbringen. Und einfach nur mit deinen beiden kleinen Füßen in meine physische Gegenwart zu kommen, wird dir bei deinem Vorhaben auch nicht sehr viel weiter helfen. Aber es gibt etwas, das einen gewaltigen Einfluss, eine wirklich bedeutende Wirkung haben wird: Gib mir einen festen Platz in Deinem Herzen! Wenn du mich erst einmal in dein Herz aufgenommen hast, werden dir alle anderen Tätigkeiten nicht mehr wichtig erscheinen.

Welcher Art von Verehrung ihr euch auch durch den Gebrauch eurer Hände, Augen, Ohren, Füße widmet, hat nur dazu gedient, euren Geist (mind) zu beherrschen. Wenn ihr Gott jedoch einladet, in euer Herz zu kommen, wird das Beherrschen des Geistes und der Sinne sehr einfach: Sie werden ganz von selbst still. Es bedarf keiner besonderen Anstrengung, die Früchte eurer Tätigkeiten darzubringen. *Krishna* sagte: „Wenn du einmal damit begonnen hast, in Gedanken an mich allein zu verweilen, dich nur dem Gedanken an mich hinzugeben, werde ich mich von allein um alles andere kümmern." Um diese Stufe der vollkommenen Ausgerichtetheit auf Gott zu erreichen, müsst ihr einen festen Entschluss und unerschütterlichen Glauben entwickeln, dass der Herr stets in eurem eigenen Herzen gegenwärtig ist. Euer Herz ist sein Wohnsitz.

Füllt euer Herz mit Liebe und Glauben an

Gott ist stets Fülle und Vollkommenheit. Um diese Fülle zu erreichen, müsst ihr vollen Glauben haben. Wenn Er ganz und vollkommen ist und ihr seid es nicht, kann sich die nötige Bindungskraft nicht entwickeln, die euch und Gott zusammenhält. Um die Fülle und vollkommene Liebe, die der Herr ist, zu erlangen, müsst auch ihr die Fülle im Herzen haben – die Fülle des Glaubens und der Liebe. Wenn ihr stattdessen mit Zweifeln angefüllt seid, untergrabt ihr das reine Prinzip der Liebe, das euer wahres Wesen ist. Eure Zweifel besudeln euer Herz und entfernen euch vom allwissenden, allmächtigen, allgegenwärtigen Herrn, der sich all eurer Gedanken bewusst ist.

Welche Gedanken euch auch kommen, füllt sie mit Ihm an. Denkt an Ihn mit einem Herzen, das von Liebe und Glauben übervoll ist, und ihr werdet Ihn gewiss erreichen. Er sagt in der *Gita,* dass ihr ihm lieb seid, wenn ihr ihn aus tiefstem Herzen verehrt. Das heißt, Ihn überall und in allem zu sehen. Die *Gita* erklärt: „Hasse nichts und niemanden in der ganzen Schöpfung *(adveshtā sarvabhūtānām),* denn Er ist in jedem Namen und in jeder Form." Wenn das Gefühl der Liebe euer gesamtes Wesen durchdringt, werdet ihr Ihm sehr lieb sein.

Alle edlen Eigenschaften des Menschen sind bereits in Fülle in jedem menschlichen Wesen angelegt, aber nur sehr wenige machen den Versuch, sich dieser Fülle bewusst zu werden. Die Menschen vergeuden ihre Zeit damit, ausschließlich äußerlichen Tätigkeiten in der Welt nachzugehen. Ihr müsst euch aber auch mit spirituellen Tätigkeiten beschäftigen, denn diese helfen euch, das Ziel des Menschseins zu erreichen. Ihr verehrt Gott beispielsweise durch äußere Rituale. Ihr müsst eure Andacht aber ebenso innerlich halten, indem ihr Gott die Blüte eures Herzens opfert. Dann werden Einigkeit und Harmonie in eurem Leben herrschen. Wenn ihr solch eine Einheit in all euren Tätigkeiten – den weltlichen wie den geistigen – erreicht habt, wird euer Leben geheiligt sein, und ihr werdet in allem, was ihr tut, Erfüllung finden.

Liebe ist die wichtigste aller menschlichen Eigenschaften

Auf dem Weg der Hingabe *(bhaktiyoga)* wurde gelehrt, dass die Liebe die Grundlage für alles ist. Sie ist die einzigartige, unvergleichlich wichtige Eigenschaft, die entwickelt werden muss. All eure Gedanken müssen in diese Qualität der Liebe vertieft sein, dann wird sich Wahrheit von selbst in eurem Herzen niederlassen. All eure Handlungen müssen von Liebe durchtränkt sein, dann wird sich *Dharma* von selbst in all euren Unternehmungen manifestieren. All eure Gefühle müssen von Liebe durchtränkt sein, dann seid ihr imstande, unendlichen

Frieden zu erfahren. Euer gesamtes Verstehen muss von Liebe durchtränkt sein, dann könnt ihr nichts und niemanden mehr hassen oder verletzen. Deshalb ist Liebe die wahre Grundlage des Seelenfriedens. Liebe ist die wahre Grundlage von Wahrheit, Rechtschaffenheit und Gewaltlosigkeit. Das ist der Grund, weshalb Baba so oft sagt: „Liebe ist Gott, Gott ist Liebe".

Die Essenz der Lehren des Wegs der Hingabe ist das Entwickeln und Praktizieren dieser selbstlosen Liebe. Dann werdet ihr großherzig und entwickelt auf diese Weise all die Größe, die euch innewohnt.

Neunte Ansprache

Wunsch und Zorn – die Zwillingsübel

Nur wenn ihr eure Gedanken beruhigt,
könnt ihr eure Wünsche und Begierden überwinden,
und nur wenn ihr eure Wünsche kontrolliert,
seid ihr fähig, Zorn zu besiegen.
Darum ist der erste Schritt im Kampf gegen Zorn und Begierden,
frei vom Denken zu werden.
Dies gilt sowohl für Gottesverehrer als auch für normale Menschen,
aber, wie es in der Gita im Kapitel über Bhaktiyoga gelehrt wird,
ist das Stillwerden des Geistes besonders wichtig für Gottesverehrer.

Verkörperungen der Liebe,

das Beruhigen des Geistes (mind) ist eine wichtige Übung sowohl für Gottesverehrer als auch für gewöhnliche Menschen, aber für Gottesverehrer ist es besonders wichtig. So lehrt es die *Gita* im Kapitel über Hingabe. Gedanken sind mit Energie und Leben angefüllt. Sie können sogar stärker als die stärkste Materie sein. Ab dem Augenblick der Geburt beginnt ihr zu denken. Das Material, das Gedanken ausmacht, ist extrem fein. Es entsteht aus der Nahrung, die ihr esst. Wenn ihr also ausschließlich heilige Speisen zu euch nehmt, werdet ihr nur heilige Gedanken haben.

Benutzt heilige Gedanken, um dunkle Gedanken zu zerstören

Wenn ein Mensch mit heiligen Gedanken angefüllt ist, werden all seine Taten und auch Worte heilig sein. Solch heilige Gedanken sind wie ein scharfes Messer oder Schwert. Ihr könnt heilige Gedanken nutzen, um schlechte Gedanken, Gefühle und Handlungen aufzuspüren und in Stücke zu schneiden. Wenn ihr dagegen schlechte Nahrung zu euch nehmt, werden schlechte Gedanken, Gefühle und Handlungen geradezu wuchern. Nicht nur das: Durch ungesunde Nahrung schwächt ihr euren Körper, verliert die Fähigkeit zur Verdauung und leidet an allen möglichen körperlichen Gebrechen.

Der Herr hat in der *Gita* betont, dass sowohl für das Wohlergehen der Welt als auch für das Entwickeln des spirituellen Potenzials, das dem Menschen innewohnt, ein starker und reiner Körper essenziell ist. Dafür ist es wichtig, dass nur gesunde Nahrung verspeist wird und dass sie geheiligt wird, indem sie vor dem Verzehr dem Herrn dargebracht wird.

Gedanken und der Denkvorgang machen die wirkliche Form des Geistes (mind) aus. Wenn Gedanken der Welt der Erscheinungen und den mit ihr verbundenen Dingen zugewandt werden, drehen sie sich um Besitz und Reichtum, denn das sind die Grundlagen des Lebens in der Welt der Erscheinungen. Das Wort „Reichtum" bezieht sich für gewöhnlich auf eure weltlichen Besitztümer und Anhaftungen, etwa an Geld, Haus und Grund. Eine weitere Art von Reichtum ist euer Ruf, eure Position und euer Gesellschaftsstatus. Aber die *Gita* betrachtet weder weltliche Güter noch den persönlichen Status als euren wahren Reichtum. Sie verkündet, dass Charakter, euer gutes

Benehmen und vor allem das Wissen um das höchste Selbst *(atman)* euer wahrer Reichtum sind.

Guter Charakter, gutes Benehmen und Wissen um das Selbst

Weltlicher Name, Ruf, Besitz und Familie sind vorübergehend. Schon zu Lebzeiten können sie euch verlassen. Unheil und Missgeschick können dazu führen, dass ihr Ruf und Ehre, Besitz und Familie verliert, und was noch schwerer wiegt: Nichts davon wird nach dem Tod eine Verbindung mit euch haben. Aber ein guter Charakter, gutes Benehmen und alle edle Eigenschaften, die sie entstehen lassen, helfen euch nicht nur zeitlebens, sondern auch wenn dieses Leben vorbei ist. Sie bleiben für immer eure ständigen Gefährten. Sie werden an eurer Seite sein, stets bereit, euch beim Erlangen des Wissens um euer wahres Selbst zu helfen. Dadurch erreicht ihr den Herrn und werdet eins mit ihm.

Euer wahrer Ruhm hängt weder von körperlicher Schönheit oder Charme noch von Reichtümern oder körperlicher Stärke ab. Er hängt allein von eurem guten Charakter ab. In den Schriften findet ihr die Geschichte des machtvollen und unbarmherzigen Königs *Vishvamitra,* der vom Ego und Stolz auf seine körperliche Kraft besessen war. Eines Tages beschloss er, sich an dem Weisen *Vasishta* zu rächen. *Vasishta* bezog seine Kraft einzig aus dem Göttlichen. Er war eine große Seele, die ständig im Gottesbewusstsein lebte – ein *Brahmarishi.* Er trug den unsichtbaren Schild des Schutzes, der aus der ständigen Versunkenheit in das göttliche Prinzip *(brahmatattva)* herrührt.

Als er von *Vishvamitras* tödlichen Pfeilen und Geschossen getroffen wurde, blieb der Weise vollkommen unerschüttert. *Vishvamitras* Pfeile blieben wirkungslos, so als ob sie gegen eine Felswand abgeschossen worden wären. All seine Geschosse zerbrachen in dem

Augenblick, da sie *Vasishtas* Körper berührten, in Stücke und fielen kraftlos zu Boden.

Körperliche Kraft ist in Wirklichkeit eine Schwäche. Nur Kraft, die auf dem Göttlichen basiert und die Macht der Rechtschaffenheit besitzt, ist wahre Stärke. Als *Vishvamitra* dies erkannte, begann er mit ernsthaften Bußübungen und hoffte, damit die gleichen erhabenen spirituellen Höhen wie der Weise zu erreichen. Nach langer Askese gelang es ihm schließlich, *Brahman* zu erkennen, sodass *Vasishta* selbst ihn zum *Brahmarishi* erklärte.

Göttliche Stärke und körperliche Stärke

Die *Kauravas,* die schlechten Cousins, denen *Arjuna* und die *Pandavas* im großen Krieg gegenübertreten mussten, waren einhundert Brüder. Auch sie gründeten ihre Stärke auf militärische Macht. Letzten Endes starben alle Brüder in dem Krieg, den sie selbst angestiftet hatten, und nicht ein einziger Sohn blieb übrig, der die Bestattungsrituale für die Eltern hätte vornehmen können, als diese starben. Was für ein schreckliches Schicksal! Anstatt göttliche Hilfe zu suchen, nahmen die *Kaurava*-Brüder nur zu materieller Macht, Geld und der Stärke einzelner Menschen Zuflucht. Die *Pandava*-Brüder dagegen übergaben *Krishna* alles und suchten nichts als seine Gnade.

Krishna war sehr erfreut, als *Arjuna* ihm in vollkommener Ergebenheit zu Füßen fiel. Er zog *Arjuna* zu sich hoch und sagte: „Steh auf, *Arjuna*. Wahre Stärke liegt im Glauben. Am Ende wird immer die Gerechtigkeit triumphieren und Selbstsucht untergehen. Das ist die eine unwandelbare dharmische Wahrheit, die für jedes Zeitalter gilt.“ *Krishna* versicherte *Arjuna* am Tag der Schlacht, dass jeder, der bei Gott Zuflucht suche, Seine Gnade erlangen und in allen Unternehmungen erfolgreich sein werde. Wer aber den Schutz des Herrn ablehne, werde Seine Gnade nicht gewinnen und am Ende sein Ziel verfehlen und zerstört werden.

Wenn ihr danach trachtet, die Gnade Gottes zu verdienen, müsst ihr eure weltlichen Wünsche kontrollieren. Alle Aktivitäten in der Erscheinungswelt *(bhūtākāsha)* haben etwas mit dem Wachzustand zu tun. Die Ergebnisse dieser Aktivitäten sind nicht realer als die Ergebnisse eurer Träume. Die Häuser und Paläste, die ihr in euren Träumen seht, verschwinden schlagartig, sobald ihr die Augen öffnet und aufwacht. Sie sind nicht wirklich und waren es auch niemals. Eure Traumerlebnisse verschwinden im Wachzustand, so wie die Erlebnisse des Wachzustands in euren Träumen verschwinden. Im Tiefschlaf verschwinden sie beide.

Die drei Welten und der jenseits von ihnen existierende Gott

Krishna lehrte in der *Gita,* dass es drei Welten gibt: die grobstoffliche *(bhūtākāsha),* die mentale *(cittākāsha)* und die kausale *(cidākāsha)* Welt. Die mentale Welt ist eine feine Form der körperlichen Welt und die kausale Welt ist eine noch feinere Form der mentalen Welt. Von diesen drei ineinander verwobenen Welten eures Wach-, Traum- und Tiefschlaf-Bewusstseins ist die kausale die feinstofflichste. Sie durchdringt alles. Doch jenseits all dieser ist der unendliche Herr *(brahman),* das höchste Prinzip des Göttlichen. Dieses göttliche Prinzip ist das Feinste des Feinstofflichen, das Kleinste des Kleinen, aber auch das Größte des Großen. Unter den Mächtigen ist das Göttliche das Mächtigste. Es kann nichts Größeres geben. Gebt ihm einen Platz in eurem Herzen, und ihr werdet gerettet. Wisst, dass das Mächtigste alles Mächtigen euer wirkliches Selbst *(atman)* ist. Dies ist eure Wahrheit.

Menschen, die sich danach sehnen, das Gottesprinzip, das höchste Ziel, zu erreichen, müssen ihre Reise auf der ersten Stufe des Weges beginnen, auf der ihr euch als Diener oder Bote Gottes *(dāso 'ham)* betrachtet. Dies ist die Stufe der Dualität *(dvaita).* Allmählich betretet ihr die Stufe der bedingten Nichtdualität *(vishishtādvaita),* der zweiten

Stufe auf dem spirituellen Weg. Hier erfahrt ihr die Göttlichkeit in euch selbst, in eurem eigenen Herzen. Auf dieser Stufe identifiziert ihr euch sehr stark mit dem Herrn. Ihr habt das Gefühl: „Gott ist in mir, Er ist der Eine, der ich wirklich bin. Ich bin Er. Ich bin Er *(so 'ham).*" So wie ihr dann weiter auf dem spirituellen Weg voranschreitet, verschwindet alle Dualität vollkommen und bleibt ihr nur mit dem Ich *(aham)* zurück, dem wahren Selbst, ohne jede Veränderlichkeit oder Begrenzung.

Diese ganze Reise ist so etwas wie der Heilungsprozess einer Wunde. Anfänglich bildet sich eine schützende harte Kruste über der Wunde. Die schützende Kruste fällt mit fortschreitender Heilung schließlich von selbst ab. Wenn die beiden das reine Ich verdeckenden Gefühle, ein Diener des Herrn zu sein und eins mit dem Herrn zu sein, abfallen, seid ihr auf der letzten Stufe der Nichtdualität *(advaita).* Dann seid ihr tief in die Wahrheit des „Ich bin ich *(aham, aham)*" versunken.

Wohin ihr auch blickt, ihr seht euer eigenes Selbst

Wenn ihr behauptet: „Ich bin Er *(brahman),* ich bin Gott", ist das immer noch eine gewisse Dualität *(vishishtādvaita),* weil da immer noch zwei Wesen sind – ich und Gott. Das ist immer noch keine vollständige Nichtdualität *(advaita).* Wenn ihr anfänglich sagt: „O Herr, ich bin dein Diener *(dāso 'ham)*", ist der Herr getrennt und ist der Diener getrennt und ist ihr Status eindeutig verschieden. Sobald ihr dagegen sagt: „Ich bin Gott *(brahman)*", ist zwar noch eine Spur von Dualität vorhanden, die Unterscheidung zwischen beiden entspricht jedoch nicht mehr einem getrenntem Subjekt und Objekt, sondern einem Sehen der Widerspiegelung eines Bildes von euch selbst in einem Spiegel.

Wann immer Menschen verschieden sind, wann immer es zahlreiche gesonderte Wesen gibt, sind auch viele verschiedene Bilder oder Widerspiegelungen vorhanden. Auf der Stufe der bedingten Nichtdualität *(vishishtādvaita)* dagegen seht ihr überall nur mehr euer eigenes Abbild, weil ihr alles seid, was da ist. Ihr seid das eine Selbst, das als viele Bilder widergespiegelt wird, so wie die eine Sonne in vielen mit Wasser gefüllten Gefäßen als voneinander getrennte Bilder gesehen wird. In der bedingten Nichtdualität seid ihr also allein, es gibt keinen anderen. Das Einzige, was noch zwischen euch und dem Göttlichen steht, ist der Spiegel. Ihr seht andauernd euer eigenes Ebenbild, und so erlebt ihr euch als dem Herrn sehr nah, von Angesicht zu Angesicht mit ihm.

Wenn ihr aber nur mehr den einen allesdurchdringenden Gott wahrnehmt, wo bleibt dann die Notwendigkeit eines Bildes überhaupt? Kann es einen Ort geben, an dem er nicht ist? Wenn die ganze Welt das Haus des allgegenwärtigen Herrn ist, wo solltet ihr dann nach der Tür suchen, um sein Haus zu betreten? Wenn es eine getrennte Straße und ein getrenntes Haus gäbe, dann müsste es eine Türe geben, die auf die Straße hinausführt. In Wirklichkeit gibt es überhaupt keine Straße. Wenn der allesdurchdringende Herr überall ist, wie kann es da einen bestimmten Ort geben, an dem ihr Ihn suchen müsst. Nein, es gibt keinen bestimmten Ort, an dem Er wohnt.

Wenn ihr erst einmal erkennt, dass Er zu allen Zeiten überall ist, dann ist die wirkliche Wahrnehmung des Göttlichen nicht die eines Objektes, dessen Abbild an verschiedenen Orten gesehen wird, sondern die Erkenntnis, dass es nur euer Selbst gibt, das eine unsterbliche Selbst *(atman),* das überall zu finden und in allem in seiner ganzen Fülle gegenwärtig ist. Diese alles durchdringende Wahrnehmung des Göttlichen als das Eine ohne ein Zweites wird Nichtdualität *(advaita)* genannt.

Ihr seid keine Sünder, ihr seid Gott

Viele Menschen beten zuweilen entsprechend ihrer religiösen Bräuche:

„O Herr, ich bin ein Sünder, meine Seele ist voller Sünde, ich habe so viele sündige Taten ausgeführt." Aber wer ist die Person, die sündigt? Kann es jemals jemanden geben, der von Gott getrennt ist? Kann so jemand existieren? Diese Bekenntnisse über das Sündigen und Sündigsein sind nicht gut für euch. Ihr solltet lieber denken: „In Wahrheit bin ich Gott. Ich bin nicht verschieden von Gott. Ich bin der Frieden selbst. Ich bin ewige Liebe. Ich bin reine, endlose Glückseligkeit *(ānanda)."* Solch erhebende Gedanken in eurem Geist (mind) sind der beste Weg, um das Ziel zu erreichen.

Krishna beginnt in der *Gita* die Liste der edlen Eigenschaften, die ein Gottesverehrer haben sollte, mit den Worten: „Hege gegenüber keinem Wesen Hass *(adveshtā sarvabhūtānām)*." Wenn ihr Freud und Leid gleichmütig hinnehmt, kommt die Frage des Hasses gar nicht erst auf. Wenn ihr erkennt, dass dasselbe transzendente Prinzip in allen menschlichen Wesen und Geschöpfen verkörpert ist, kann es keinen Raum für Hass geben. Wenn ihr erkennt, dass das eine Göttliche in allen Wesen gleichermaßen wohnt, wie könnt ihr da einen anderen hassen? Wo gibt es überhaupt einen anderen? Ihr fragt euch in diesem Zusammenhang vielleicht, an wen sich der Satz „Hege gegenüber keinem Wesen Hass *(adveshtā sarvabhūtānām)*" richtet. An jene, die erkannt haben, dass das eine transzendente Prinzip gleichermaßen in ihnen und in allen anderen Lebewesen wohnt? Nein, er richtet sich selbstverständlich nicht an sie. Die Aufforderung gilt für all jene, welche die große Wahrheit der Einheit aller Wesen noch nicht erfasst haben.

Die Süße des Weges eines Dieners

Eine außergewöhnliche Freude kommt in euch auf, wenn ihr euch in die Haltung versenkt, ein Diener Gottes zu sein *(dāso 'ham)*. Ihr werdet schon bald mit Freude angefüllt sein, weil ihr die Süße des Herrn aufgesaugt habt, und ihr werdet diesen glücklichen Zustand niemals aufgeben wollen. Ihr kommt zu dem Schluss, dass ihr, wenn ihr von diesem Gefühl, ein Diener zu sein, zum Zustand von „Ich bin Er *(brahman)*" fortschreiten müsstet, nicht mehr in der Lage wäret, euch an dieser vollendeten Süße des Herrn zu erfreuen. Der Zucker weiß nichts von seiner eigenen Süße. Ihr könntet euch Sorgen machen, dass ihr, wenn ihr eins mit dem Zucker wäret, seine Süße nicht länger genießen würdet. Solange ihr in der Diener-Haltung an der Süße des Herrn teilhabt, mögt ihr es vorziehen, darin zu bleiben, damit ihr auf ewig die Süße schmecken könnt, statt eins mit ihm zu sein.

Hanuman, der große Verehrer Gottes, beispielsweise hatte das Erlebnis äußerster Seligkeit durch die unerschütterliche Haltung des „Ich bin *Ramas* Diener." Aber wie lange kann dieses Gefühl andauern? Nur so lange, wie ihr die Gnade des Herrn habt und ihm nah seid. Solltet ihr jemals von Gott getrennt werden, so erleidet ihr wahrscheinlich äußerste Qualen.

Auf der Stufe der bedingten Nichtdualität – Ich bin Er *(so 'ham)* – taucht die Frage des Leidens gar nicht erst auf, weil ihr in diesem verzückten Zustand ununterbrochen mit dem Herrn zusammenseid und es keine Möglichkeit gibt, Getrenntsein oder Leid zu erfahren. Auf der Stufe des Dienens – Ich bin ein Diener des Herrn *(dāso 'ham)* – besteht die Möglichkeit des Getrenntwerdens von Herr und Diener, aber auf der zweiten Stufe der bedingten Nichtdualität gibt es keine Unterbrechung der Freude, weil keine Möglichkeit des Getrenntseins entsteht.

Wunsch und Zorn kontrollieren

Wenn ihr die letzte Wahrheit eures Seins erreichen und in den glückseligen Zustand eures eigenen göttlichen Prinzips *(atman)* eintauchen wollt, müsst ihr die vollkommene Kontrolle eurer Wünsche entwickeln. In dem Augenblick, in dem ein Gedanke auftaucht, solltet ihr sofort seine Natur untersuchen. Ihr solltet euch fragen: „Ist dieser Gedanke wünschenswert oder ist er meinem geistigen Fortschritt abträglich?“ Gottesverehrer sollten von Anfang an sehr wachsam sein und darauf achten, dass schlechte Gedanken nicht in ihrem Geist (mind) verbleiben. Für die meisten Menschen ist es nicht möglich, ganz frei von Gedanken zu bleiben. Aber ihr könnt zumindest etwas gegen die schlechten Gedanken unternehmen: Gestattet es ihnen nicht, sich bei euch einzunisten. Beherbergt sie nicht, gewährt ihnen keinen Unterschlupf.

Verwandelt alle schlechten Gedanken sofort in heilige. Seht gleichzeitig zu, dass ihr euch nur mit guten Tätigkeiten beschäftigt. Ergreift jede sich bietende Gelegenheit, diese Tätigkeiten in Gottesdienst zu verwandeln, indem ihr sie dem Herrn weiht. Durch das Verwandeln aller Gedanken in edle und gute Gedanken und jeder Arbeit in einen Gottesdienst werdet ihr ganz natürlich Fortschritte auf dem heiligen Weg machen. Indem ihr eure Gedanken auf diese Weise kontrolliert, werdet ihr auch imstande sein, aufkommenden Zorn zu beherrschen.

Nur recht wenige bemühen und fragen sich, was die beste Weise ist, Ärger zu beherrschen, wenn er aufsteigt und sie überfällt. Die einfachste Art, Ärger zu kontrollieren, ist: Lacht ganz laut in dem Augenblick, in dem ihr merkt, dass der Ärger in euch aufsteigt. Oder geht ins Badezimmer und duscht kalt. Ihr könnt auch ein Glas kaltes Wasser trinken und euch an einem kühlen Ort ausruhen. Am hilfreichsten ist es, in dem Augenblick, in dem Ärger sich bemerkbar macht, den Raum zu verlassen und draußen ein paar Schritte zu gehen. Wenn es euch mit all diesen Maßnahmen immer noch nicht gelingt, euren Ärger zu kontrollieren, stellt euch vor den Spiegel und betrachtet euer Gesicht: Euer eigener Anblick wird so viel Abscheu in euch hervorrufen, dass euch das Beherrschen des Zorns im Nu möglich sein wird

Es gibt noch etwas, das ihr tun könnt, wenn Ärger in euch hochkommt: Fragt euch nach seiner Ursache. Ist euer Ärger gerechtfertigt? Denkt immer daran, dass ihr eine Sünde begeht, wenn ihr im Zorn jemanden verletzt. Das kann unmöglich gut für euch sein. All diese Methoden anzuwenden, ist recht schwierig, aber es reicht schon daran zu denken, eure Zunge nicht sofort in Aktion treten zu lassen und in einen Schwall zorniger Worte auszubrechen, sobald ihr Ärger in euch hochkommen spürt. Nehmt euch Zeit, die Dinge zu überdenken. Ärger schwächt einen Menschen, der sich in spirituellen Disziplinen *(sādhana)* üben will, auf vielfache Weise. Wenn ihr euch ein bisschen anstrengt, Ärger zu kontrollieren, sobald er sich bemerkbar macht, werdet ihr dadurch euren Körper stärken und euren Geist (mind) reinigen.

Anziehung und Abstoßung

Die *Gita* hat erklärt, dass ein schwacher Mensch niemals Selbsterkenntnis erlangen kann. Um Wissen über euer wahres Selbst *(atman)* zu erlangen, ist es äußerst wichtig, dass ihr die volle Herrschaft über eure Anhaftungen *(rāga)* und Hassgefühle *(dvesha)* erreicht – über Wünsche und Ärger. Diese Gegensatzpaare entstehen aus den ursprünglichen Eigenschaften von Anziehung und Abstoßung, die der menschlichen Psyche ebenso innewohnen wie allen wahrgenommenen Dingen und Wesen. Anziehung und Abstoßung sind für alles verantwortlich, was die Welt ausmacht. Sie halten euch an die Welt gebunden, und solange ihr mit der Welt beschäftigt seid, wird das Licht der Wahrheit nicht für euch leuchten. Deshalb müssen die Anziehung und Abstoßung der weltlichen Dinge aus eurem Herzen verbannt werden. Dann kann das Wissen vom wahren Selbst *(atman)* darin Wurzeln schlagen.

Wenn ihr dieses heilige Wissen um den *Atman* in eurem Herzen habt, werdet ihr in der Lage sein, euch am Frieden zu erfreuen. Dann wird sich der Duft des Friedens um euch herum verbreiten und alle, die ihr seht und berührt, beeinflussen. Wenn ihr aber mit schlechten, Gedanken und Handlungen angefüllt seid, werden diese in einem fort euer Herz vergiften und auch andere mit ihrem Gift anstecken. Alle Gedanken, ob gut oder schlecht, die euer Herz durchdringen, werden sich früher oder später auf die Menschen um euch herum übertragen, und diese Menschen werden beginnen, dieselben Gefühle hervorzubringen.

Manchmal ist es vielleicht schwierig, gute Gedanken von schlechten zu unterscheiden. Die wirkliche Unterscheidung betrifft keine äußeren Erscheinungen und Merkmale, sondern die innere Reinheit und Absicht. Wenn ihr eine Rose in der rechten Hand haltet, die im Osten als die reine Hand betrachtet wird, erreicht der Duft dieser Blume nicht nur euch, sondern auch die Menschen um euch herum. Aber die Rose verbreitet ihren süßen Duft auch an alle, wenn ihr sie in der linken Hand haltet, die im Osten als unreine Hand betrachtet wird. Ihr mögt eine Unterscheidung zwischen der rechten und linken Hand machen, doch dem Duft ist das einerlei. Die Rose dehnt ihren Duft von der unreinen Hand ebenso reich auf alle aus, die in der Nähe sind, wie von der reinen Hand.

Ob ihr ein Theist oder ein Atheist seid, hängt ebenso nur von euren eigenen Gefühlen und Überzeugungen ab. Ihr seid Gott lieb, wenn ihr heilige Gedanken habt und euch in guter Arbeit und guten Gedanken engagiert, auch wenn ihr Atheisten seid. Gott hat in der *Gita* gesagt: „Wer es auch sein mag, er ist mir lieb, wenn er seine Wünsche und seinen Zorn beherrschen kann, wenn er sein Angezogensein und Abgestoßensein von Menschen und Dingen der Welt unter Kontrolle gebracht hat."

Charakter, nicht Überzeugung ist wichtig

Die indische Philosophie unterteilt die Menschen in jene, die an Gott glauben *(āstika),* und in jene, die nicht an Gott glauben *(nāstika).* Aber für das Göttliche sind die Charaktereigenschaften des Menschen das, was zählt, nicht ihre Überzeugungen. *Prahlada,* der Sohn des Dämonenkönigs *Hiranyakashipu,* war einer der größten Gottesverehrer. Sein Vater und seine Lehrer, die ihm ihre dämonischen Charakterzüge einprägen wollten, setzten ihn großen Schwierigkeiten aus. Obwohl er als Dämon geboren worden war, zeigte *Prahlada* stets einen edlen und echten Charakter. Trotz aller Probleme, vor denen er stand, war er fähig, andauernd die Glückseligkeit seines eigenen unsterblichen Selbst zu genießen und um die Gegenwart Gottes in seinem Herzen zu wissen. *„Prahlada"* bedeutet „Derjenige, der sich beständiger Glückseligkeit erfreut". Wenn ihr also ununterbrochen an den Herrn denkt, werden diese Gefühle der Freude aus euch herausleuchten, und ihr werdet einswerden mit Gott *(brahman).*

Schon vor Beginn eurer spirituellen Reise müsst ihr bestimmte Anstrengungen unternehmen und Anhaftungen *(rāga)* und Hass *(dvesha),* Wünsche *(kāma)* und Zorn *(krodha)* beherrschen lernen. Das wird das göttliche Prinzip in euch zum Leuchten bringen. Das Beherrschen der Wünsche und des Ärgers ist die wichtigste spirituelle Übung. Sie ist die wichtigste Aufgabe für jeden Gottesverehrer. Wenn es euch gelingt, Wünsche und Zorn, Vorlieben und Abneigungen zu beherrschen, seid ihr fähig, euer Leben zu rechtfertigen und euer Ziel zu erreichen. Wenn ihr es ihnen aber erlaubt, in euch zu bleiben, werden all eure spirituellen Übungen, ganz gleich, welche es sein mögen, fruchtlos und euer Leben schier vergeudet sein.

Zehnte Ansprache

Liebe und Opfergeist – die Medizin gegen Begierde und Zorn

Zorn entsteht aus Begierde und Begierde entspringt Gedanken.
Deshalb sind allein die Gedanken für beides verantwortlich.
So wie ihr keinen Stoff ohne Fäden
und keinen Faden ohne Baumwolle bekommt,
könnt ihr auch keinen Zorn ohne Begierde
und keine Begierde ohne Gedanken bekommen.

Verkörperungen der Liebe,

in der *Gita* hat der göttliche Lehrer Begierde und Zorn als „Feuer" *(anala)* bezeichnet. Feuer ist gefährlich, selbst wenn es in einiger Entfernung von euch brennt. Wenn das für ein Feuer zutrifft, das außerhalb von euch brennt, wie viel vorsichtiger müsst ihr damit umgehen, wenn es wild in eurem eigenen Herzen brennt! Das Feuer der Begierde und des Zorns hat die außergewöhnliche Fähigkeit, alle menschlichen Eigenschaften in euch zu zerstören, den göttlichen Funken in euch zu unterdrücken und nur die dämonischen Kräfte in euch wüten zu lassen.

Das Feuer der Begierde

Die meisten Dinge in der Welt haben festgesetzte Grenzen, aber das Feuer der Begierde und des Zorns ist grenzenlos in seinem Hunger. Welchen Brennstoff ihr einem Feuer auch vorsetzt, sei es Holz, Öl oder irgendetwas anderes, es wird nie genug haben. Aber selbst das zerstörendste Feuer wird letztlich ausbrennen und erlöschen, wenn es seinen Brennstoff verbraucht hat, während das Feuer der Begierde und des Zorns keine solchen Grenzen kennt. Es hat einen unersättlichen Appetit. Es erschöpft sich nicht selbst. Es ist niemals zufrieden. Dieses Feuer der Begierde und des Zorns kennt keinerlei Zufriedenheit.

Das ist seine Natur. Gibt es ein Mittel, es zu kontrollieren? Der Herr hat in der *Gita* erklärt: „Ihr könnt Zorn durch Liebe und Begierde durch Entsagung und Opfer besiegen." Wo Liebe ist, kann es keinen Zorn geben. Wenn ihr eure Liebe wachsen lasst, werden Hass und Zorn in eurem Herzen keinen Platz mehr finden, um Wurzeln zu schlagen. Das Herz ist wie ein Lehnsessel – es bietet nur einem Sitzenden Platz. Deshalb kann sich nur eine Eigenschaft darin niederlassen. Es lässt keinen Platz für andere, die gleichzeitig hinzukommen. Ihr müsst die größten Anstrengungen auf euch nehmen, damit sich Liebe in eurem Herzen niederlässt. Ihr dürft es eurem Herzen niemals erlauben, wie „eine Reise nach Jerusalem" zu werden, die mal der Liebe einen Platz gibt und andermal dem Zorn und Hass.

Wenn ihr Zorn durch Liebe besiegen wollt, müsst ihr eure Liebe riesengroß werden lassen. Sie ist jederzeit bereit, sich freigebig zu verströmen und über die Mängel und Schwächen der anderen hinwegzusehen. Die Liebe besitzt eine außergewöhnliche Fähigkeit: Sie lebt vom Geben und Vergeben (englisch: giving and forgiving), während das kleine Egoselbst vom Nehmen und Vergessen (getting and forgetting) lebt. Wo Liebe ist, da kann es keinen Raum für

Selbstsucht geben, und wo Selbstsucht ist, da kann es keinen Raum für Liebe geben.

Macht Liebe zur vorherrschenden Kraft in eurem Leben

Es gibt absolut nichts in dieser Welt, das ihr nicht erreichen könnt, wenn ihr dieses Prinzip der Liebe ausstrahlt. Mit Liebe könnt ihr sämtliche Hindernisse überwinden. Um also einen vollkommenen Sieg über den Zorn zu erringen, müsst ihr euer Herz mit Liebe anfüllen und die Liebe zur treibenden Kraft in eurem Leben werden lassen. Wenn ihr erkannt habt, dass euer Herzensbewohner der Bewohner aller Herzen ist, dass der von euch angebetete, auf dem Thron eures Herzens sitzende geliebte Herr auch jedem anderen Herzen innewohnt, wird es euch unmöglich sein, irgendjemanden zu hassen oder auf irgendjemanden zornig zu sein. Wie könnt ihr einen Menschen geringschätzen, wenn doch im Herzen eines jeden derselbe geliebte Herr wohnt? Versenkt euch also tief in das Prinzip der Liebe und gebt ihm einen festen und dauerhaften Platz in eurem Herzen.

Wie Baba bereits erwähnt hat: Wenn sich Liebe mit Gedanken verbindet, wird sie zur Wahrheit *(satya);* Liebe, die in euer Handeln einfließt, wird zu Rechtschaffenheit *(dharma);* Liebe, die eure Gefühle durchdringt, erfüllt euer Herz mit höchstem Frieden *(shānti),* und wenn ihr es der Liebe gestattet, eure Vernunft und euren Verstand zu leiten, wird eure Intelligenz mit einem tiefen Respekt und einer Fürsorge für alles Leben durchtränkt und manifestiert ihr die Eigenschaft der Gewaltlosigkeit *(ahimsā)*. Liebe ist deshalb Wahrheit, Rechtschaffenheit, Frieden und Gewaltlosigkeit. Für all diese edlen menschlichen Eigenschaften ist Liebe der untergründig fließende Strom. Wenn eure Gedanken nicht mit Liebe angefüllt sind, gibt es keine Wahrheit. Wenn keine Liebe in euren Handlungen ist, wird es keine Rechtschaffenheit *(dharma)* geben. Wenn ihr keine Liebe in eurem Herzen fühlt, wird es keinen Frieden geben, und wenn ihr euren Verstand nicht auf Liebe gründet, wird sich Gewaltlosigkeit nicht in eurem Intellekt etablieren.

So wie Zucker die Grundlage aller möglichen Sorten von Süßigkeiten bildet, ist die Liebe die Grundsubstanz für Wahrheit *(satya),* Rechtschaffenheit *(dharma),* Frieden *(shānti)* und Gewaltlosigkeit *(ahimsā)*. Liebe ist das Göttlichkeit. Liebe ist Gott und Gott ist Liebe. Liebe ist die göttliche Kraft, die alles aktiviert. Durch Liebe könnt ihr Hass und Zorn leicht besiegen. Lebt deshalb immer in Liebe.

Die Natur des Zorns

Zorn kann zur Quelle vieler Schwierigkeiten werden und euch vor zahllose Probleme stellen. Er zerstört eure Würde und untergräbt das Prinzip der Menschlichkeit, das in euch existiert. Zorn nähert sich anfangs in subtiler Weise und durchdringt allmählich alles. Wenn er anfänglich kommt, fragt er nur nach einem Plätzchen für sich. „Gib mir nur ein kleines Fleckchen, wo ich mich niederlassen kann", wispert er. Sobald dies geschehen ist, erklärt er: „Nun werde ich mir genügend Platz verschaffen, damit ich mich zum Bleiben hinlegen kann." Aber nicht einmal den winzigsten Raum solltet ihr solch üblen Charakterzügen in eurem Herzen geben. Wenn ihr den Zorn erst einmal einlasst, werdet ihr ihn nicht mehr los. Selbst wenn ihr euch mit ihm anfreunden und ihm fünfzigtausend Rupien anbieten würdet, verließe er euch nicht. Er ist ein ungeheuer gefährliches Gift, dem ihr die Tür nicht einen Spaltbreit offenhalten dürft, um seinen Fuß hineinzusetzen.

Beim Auto signalisiert das rote Bremslicht, dass der Wagen gleich zum Stehen kommt. Genauso ist es mit euch: Bevor ihr in Zorn ausbrecht, bekommt ihr rote Augen; eure Lippen beginnen zu zittern, und der ganze Körper wird heiß. In dem Augenblick, in dem ihr eines dieser Symptome an euch bemerkt, verlasst ihr am besten sofort den Ort, an dem ihr euch gerade befindet. Geht an einen einsamen Ort und setzt euch dorthin, bis wieder Frieden in euch einkehrt. Wie gestern gesagt, könnt ihr auch ein kaltes Bad nehmen.

Drückt sich Zorn erst einmal in Worten aus, kann er zu endlosen Komplikationen und Problemen führen. Selbst wenn euer Zorn berechtigt ist und ihr die Wahrheit beschützt, müsst ihr dennoch lernen, wie ihr diese Wahrheit auf sanfte, liebevolle und annehmbare Weise vermittelt, sodass sie von der Person, mit der ihr sprecht, angenommen werden kann, ohne dass sie sich verletzt fühlt. Jeder Gottesverehrer muss lernen, seinen Zorn zu beherrschen, indem er Liebe in seinem Herzen nährt und größer werden lässt.

Entsagung besiegt Wünsche

Lasst uns als Nächstes betrachten, wie mit Wünschen umzugehen ist. Ihr müsst eine Natur des Verzichts entwickeln, ihr müsst von Entsagung durchdrungen sein. Entsagung bedeutet weder die Familie zu verlassen und sich in die Einsamkeit zurückzuziehen, noch verlangt sie von euch, euren Besitz aufzugeben. Wenn ihr erst einmal die Mängel aller Dinge erkannt habt und euch ihre Vergänglichkeit und Wertlosigkeit bezüglich des Erreichens eures Ziels klar geworden ist, werdet ihr automatisch aufhören, sie euch zu wünschen.

Auch als Haushälter, der in die Welt versunken ist, könnt ihr die Mängel und Schwächen der weltlichen Dinge erkennen. Es gibt vielleicht bestimmte Speisen, die ihr besonders liebt, zum Beispiel Curry, und ihr bittet den Koch, eine Auswahl an Speisen mit diesem Curry zuzubereiten. Ihr setzt euch hin, das Gericht wird gebracht und ihr seid drauf und dran, es zu verspeisen. Aber nun kommt der Koch gerannt und sagt: „Stopp! Sir, bitte essen Sie das Gericht nicht, eine giftige Eidechse ist in den Topf gefallen und schwimmt nun tot darin herum." In dem Augenblick, in dem ihr diese Worte vernehmt und die Gefahr erkennt, welche die Speise in sich birgt, würdet ihr sie unter keinen Umständen mehr essen wollen, ganz gleich wie sehr ihr euch darauf gefreut habt.

In gleicher Weise müsst ihr die Natur der weltlichen Dinge betrachten. Sie verändern sich ununterbrochen und eines Tages müssen sie aufhören zu existieren. Wenn ihr dies erkennt, wie könnt ihr darauf erpicht sein, sie euch anzueignen und dauerhafte Freude aus ihnen zu schöpfen? Nahrung ist nichts anderes als eine Medizin gegen die Krankheit namens Hunger. Wie könnte sie jemals ein Luxus sein, dem man frönen dürfte? Wenn ihr krank seid und euch Medikamente gegeben werden, nehmt ihr sie etwa nicht, nur weil sie euch nicht schmecken? Begreift deshalb die Tatsache, dass die Dinge, die ihr in dieser Welt benutzt, nur Medikamente gegen die Krankheit sind, die ihr gerade habt.

So wie sich die Krankheit bessert, schwindet der Bedarf an Medizin. Wenn ihr gesund seid, braucht ihr überhaupt keine Medizin, doch wenn ihr krank seid, müsst ihr die Arznei einnehmen, die euch kurieren wird. Ihr könnt sie nicht einfach ablehnen, bloß weil sie nicht besonders gut schmeckt, und gleichzeitig hoffen, geheilt zu werden. Jetzt lauft ihr allen möglichen anziehenden und schmackhaften Dingen hinterher, die eure Krankheit aber nur verschlimmern, anstatt sie zu heilen. Ihr freut euch über die Entdeckung so vieler Annehmlichkeiten in dieser Welt und über das glückliche Leben, das ihr führt, und ihr genießt Vieles, was euch Vergnügen und Bequemlichkeit zu bereiten scheint. Aber dies sind keine wahren Freuden, denn in der Zukunft werdet ihr mit Sicherheit den Folgen all der Genüsse, die ihr euch jetzt gestattet, begegnen müssen.

Die Seuchen Begierde und Hass

Stellt euch einen riesigen Baum vor, der viele Äste mit Blüten und Früchten hat. Es ist ein gewaltiger und schöner Baum. Eines Tages beginnt der Baum abzusterben, und die Blüten fallen ab. Ist der Grund zu wenig Wasser? Zu wenig Dünger? Hat man ihn falsch genährt? Nein. Es liegt an einer Art Seuche, die seine Wurzeln befallen hat und den wunderschönen Baum von innen her zerstört. Die Seuche schleicht sich an den Wurzeln ein und frisst den riesigen Baum von innen her auf. Wenn ihr es den Seuchen Begierde und Hass erst einmal erlaubt, in euer Herz einzudringen, werdet ihr eines Tages plötzlich vor dem Ruin stehen. Das ist absolut gewiss.

In der materiellen Welt glaubt ihr, dass ein reicher Mann eine sehr wichtige Person sei, aber in der Welt des Geistes (spirit) haben materielle Güter keinerlei Bedeutung. Mildtätigkeit ist eine viel größere Qualität als alle weltlichen Besitztümer. Wo keine Mildtätigkeit ist, hat Reichtum überhaupt keinen inneren Wert. Ihr habt vier Söhne, von denen jeder einen Anspruch auf euren Besitz haben wird. Der erste ist die Mildtätigkeit, der zweite die Steuerbehörde, der dritte der Dieb und der vierte das Feuer. Jeder dieser vier will euer Vermögen, doch wenn ihr alles eurem Erstgeborenen, der Mildtätigkeit, vermacht, werden die anderen keinen Anteil daran bekommen. Wenn ihr freigebig den Bedürftigen gebt, werdet ihr entdecken, dass die anderen Anwärter großen Respekt vor eurer Entscheidung haben und ihren Anspruch nicht geltend machen.

Wir wissen beispielsweise, dass der Staat euch eine Steuervergünstigung zubilligt, wenn ihr den Bedürftigen etwas spendet. Selbst das Feuer wird euch meiden und auch die Diebe werden euch fernbleiben. Wenn ihr also Almosen gebt, die als euer Erstgeborener und natürlicher Erbe anzusehen sind, werden die anderen, die an euch herantreten würden, euer Handeln respektieren und sich nicht einmischen. Aber wenn ihr Besitz habt und ihn nicht an die Armen weitergebt, werden die Diebe und der Staat ein Auge auf euer Vermögen haben. Wenn diese aus irgendeinem Grund beschließen sollten, euch ungeschoren zu lassen, wird eines Tages ein Brand euren Besitz zerstören.

Lasst alle edlen menschlichen Eigenschaften in euch leuchten

Die *Gita* hat erklärt, dass nicht Reichtum, sondern Barmherzigkeit und Mildtätigkeit wahrhaft wichtig sind. Gleichermaßen ist für Menschen nicht die Fähigkeit wichtig, gut zu sprechen, sondern die Wahrheit, die geäußert wird. Wenn in euren Worten keine Wahrheit ist, wird alles, was ihr von euch gebt, wertlos sein. Die *Gita* hat auch erklärt, dass es nicht auf das Leben an sich ankommt, sondern auf einen guten Charakter. Ein Leben ohne guten Charakter ist wertlos. Ihr müsst eure guten Charaktereigenschaften fördern und euch einen guten Ruf erwerben, damit alle edlen menschlichen Eigenschaften in euch leuchten.

Eure allerwichtigste Pflicht ist es, gute Gedanken zu hegen, gutes Benehmen zu zeigen, gute Worte zu sprechen und ein gutes Leben zu führen. Ihr müsst mit euren Worten und Taten sehr vorsichtig umgehen, damit ihr euch niemals einen schlechten Ruf einhandelt. Es ist besser, für ein paar Augenblicke als Schwan mit einem unbefleckten Namen und einem tadellosen Charakter zu leben, als einhundert Jahre das Leben einer Krähe zu haben, die sich mit ihrem Gekrächze über andere auslässt. Die *Gita* lobt eine solch hohe Seele *(paramahamsa),* deren Leben voller Güte ist.

Gute Handlungen sind weit wichtiger als körperliche Stärke. Ein Körper, der nicht dazu genutzt wird, anderen zu dienen, ist nichts als ein lebendiger Leichnam. Nutzt euren Körper für den Dienst an der Menschheit, und nicht nur, um eure persönlichen, selbstsüchtigen

Bedürfnisse zu befriedigen. Heutzutage ist alles, was der Mensch unternimmt, denkt oder spricht, von Selbstsucht bestimmt. Um diese Neigung zu überwinden, müsst ihr ständig nach Möglichkeiten suchen, wie ihr anderen helfen könnt, und die Haltung des Dienens entwickeln. Durch diesen Vorgang – durch eure guten Taten – wird die ganze Menschheit geheiligt. Es ist sehr schwierig, ein Leben als Mensch zu erlangen. Ihr müsst euch Zeit nehmen, darüber nachzudenken, wie ihr diese seltene Chance, die euch gegeben wurde, richtig nutzt. Entwickelt gute Gewohnheiten, die euch helfen, Schwächen wie Zorn und Begierden zu überwinden, welche diese goldene Chance zunichtemachen.

Ersetzt schlechte Gewohnheiten durch gute Gewohnheiten

Wie könnt ihr die so tiefverwurzelten schlechten Gewohnheiten am besten überwinden und durch gute ersetzen? Betrachtet ein kleines Beispiel. Eines Tages läuft euch ein schöner Hund zu. Ihr wisst nicht, wem er gehört. Er ist so hübsch, und um ihn eine Weile bei euch zu haben und euch an seiner Gegenwart zu erfreuen, gebt ihr ihm etwas zu fressen. Am nächsten Tag kommt der Hund ungefähr um die gleiche Zeit wieder, und erneut gebt ihr ihm etwas zu fressen und genießt es für eine Weile, dass er bei euch ist. So geht das nun jeden Tag. Allmählich entwickelt sich Anhänglichkeit, und nun kommt der Hund regelmäßig und verbringt immer mehr Zeit bei euch. Eines Tages merkt ihr, dass der Hund nicht mehr weggeht. Von da an lebt er einfach in eurem Haus.

Aber die Freude, die ihr beim Betrachten körperlicher Schönheit habt, hält nicht lange an, und sobald ihr mit dem Anblick keine Freude mehr verbindet, wird sie euch lästig. Ihr werdet es leid, diesen Hund ständig um euch zu haben, und ihr sucht nach einem Weg, ihn wieder loszuwerden.

Als Erstes müsst ihr euch fragen, warum sich der Hund an euch gebunden hat und nun in eurem Haus lebt. Der Grund ist, dass ihr ihn vom ersten Mal an, als er kam, regelmäßig jeden Tag gefüttert habt. Ihr habt ihn auch gestreichelt und bewundert und ihm überhaupt viel Aufmerksamkeit geschenkt. Diese täglich sich wiederholende Gewohnheit hat eine Bindung zwischen euch und dem Hund entstehen lassen. Ihr müsst nun regelmäßig eine neue Übung *(abhyāsa)* praktizieren, die diese Bindung löst und euch hilft, den Hund loszuwerden. Die beste Methode ist, den ursprünglichen Vorgang, der die Bindung geschaffen hat und euch den Hund so lieb hat werden lassen, umzukehren.

Ständiges Üben ist der Schlüssel für alle Leistungen im Leben

Im Fall des Hundes bedeutet dies, ihm einige Tage lang nichts mehr zu fressen zu geben und keine Aufmerksamkeit mehr zu schenken, dann wird er euch von sich aus verlassen. Übung ist also wichtig. Durch Üben habt ihr euch gewisse Bindungen und unerwünschte Eigenschaften angeeignet, und durch Üben könnt ihr sie ändern. Die *Gita* hat gesagt, dass regelmäßiges Üben für alles der Ausgangspunkt ist. Im zwölften Kapitel über Hingabe *(bhaktiyoga)* heißt es: „Durch Übung werdet ihr fähig, Wissen zu erlangen. Durch Wissen gelangt ihr zur Meditation. Durch Meditation entwickelt ihr Opfergeist, und nur wenn ihr opferbereit seid, werdet ihr Seelenfrieden erlangen.“ Es beginnt also alles mit beständigem Üben *(abhyāsa).*

Viele Leben lang seid ihr immerzu in das Schöne verliebt gewesen und habt euch auf Begierden und Zorn eingelassen, bis diese Leidenschaften tiefe Wurzeln in eurem Herzen geschlagen haben. Nun seid ihr Sklaven eurer Wünsche geworden. Bloße Worte reichen nicht, um sie loszuwerden. Nachdem ihr schon so lange Anhaftungen habt, haben sich diese negativen Eigenschaften so stark entwickelt, dass sie, selbst wenn ihr sie an der Oberfläche abschlagt, immer wieder austreiben. Wenn Wünsche ein fester Teil von euch geworden sind, könnt ihr nur durch das Umkehren des Vorgangs, durch das Praktizieren von Loslösung und Verzicht, lernen, diese tief verwurzelten Übel zu vertreiben.

Anfänglich sind Wünsche ungeheuer attraktiv und liebenswert. Nach einiger Zeit entwickelt ihr Abscheu vor ihnen, aber dann ist es bereits ziemlich schwierig, wenn nicht gar unmöglich, sich von ihnen zu befreien. Deshalb ist es das Beste, wenn ihr von Anfang an Entsagung und Losgelöstheit als Teil eures Wesens lebt und Wünschen keinen Raum und keine Bedeutung gebt. Solange ihr keinen solchen Opfergeist und keine Fähigkeit habt, den Versuchungen zu widerstehen, werdet ihr nicht imstande sein, die Gnade Gottes zu erlangen.

Ein Ochse oder ein Pferd, das nicht zu bändigen ist, ein Auto ohne Bremsen und ein Leben, das nicht auf Sinneskontrolle basiert, sind gefährlich. Sinneskontrolle ist sehr wichtig. Ihr müsst die Neigungen des Geistes (mind) streng kontrollieren, damit sie nicht in alle Richtungen abschweifen und den Begierden nachlaufen. Der Geist (mind) und die Sinne müssen innerhalb gewisser Grenzen unter Kontrolle gehalten werden. Selbst Glück, das gewisse Grenzen überschreitet, kann schädlich sein. Für alles gibt es eine Grenze, einen Bereich des gesunden Funktionierens.

Haltet die Sinne innerhalb ihrer normalen Grenzen

Die Körpertemperatur liegt normalerweise bei 98,6 Grad Fahrenheit (37 Grad Celsius; Anmerkung des Übersetzers). Wenn sie auch nur ein Grad zunimmt, ist eine Krankheit im Anzug. Nur wenn sich die Temperatur auf einem bestimmten Stand hält, weist sie auf einen gesunden Körper hin. Gleichermaßen ist der Blutdruck normal, wenn er 120 zu 80 anzeigt. Wenn der Blutdruck auf 150 zu 90 steigt, zeigt dies einen anormalen Zustand im Körper an und lässt auf eine Erkrankung schließen. Der Herzschlag sollte bei fünfundsiebzig Schlägen pro Minute liegen; auch hier ist eine Krankheit gegeben, wenn er schneller wird.

Dasselbe trifft auf eure Sinne zu. Es gibt eine Spannbreite von Helligkeit, die für das Arbeiten der Augen passend ist. Wenn das Licht zu hell ist, können die Augen nicht sehen und werden geschädigt. Das trifft auch auf die Ohren zu. Es gibt eine angenehme Spannbreite von Klang. Wenn der Lärmpegel diese Spannbreite überschreitet, was in der Nähe eines Flugzeugs, eines Zugs oder eines Lautsprechers passieren kann, wird das Gehör geschädigt. In dieser Weise ist das Funktionieren aller Sinne auf eine normale Spannbreite begrenzt.

Wir sehen, dass das Leben eine Art „Gesellschaft mit beschränkter Haftung" ist. Wenn ihr unbeschränkt Geschäfte mit dieser GmbH betreibt, müsst ihr eine Menge Unannehmlichkeiten in Kauf nehmen. Ihr müsst euch deshalb Verhaltensbeschränkungen auferlegen und euer Leben immer innerhalb bestimmter Grenzen leben, das heißt Disziplin üben. Disziplin ist für den Fortschritt eines Menschen überaus wichtig. Ohne Disziplin sinkt er zum Tier herab. Aber selbst Disziplin muss sich innerhalb bestimmter Grenzen bewegen, wenn ihr euch des Lebens erfreuen wollt. Ihr seht: Für alles sind Grenzen notwendig. Wenn ihr innerhalb dieser Grenzen bleibt, wird euch das Leben keine Schwierigkeiten bereiten.

Die *Gita* lehrt, dass Begierde *(kāma)* und Zorn *(krodha)* die Haupthindernisse auf dem Weg zur Befreiung sind. Deshalb ist es von großer Bedeutung, dass sie gezügelt werden. Ihr müsst gut auf diese fürchterlichen Feinde achten und volle Kontrolle über sie erlangen. Diese Feinde befinden sich nicht außerhalb von euch, sondern sind in euch. Wenn ihr euch von diesen inneren Feinden besiegen lasst, wie könnt ihr es jemals mit den Feinden draußen aufnehmen? Sobald ihr es aber gelernt habt, eure inneren Feinde unter Kontrolle zu halten, seid ihr fähig, eure äußeren Feinde mit Leichtigkeit zu besiegen. Die *Gita* hat gezeigt, dass Begierde und Zorn besiegt werden, indem ihr euer Leben mit Entsagung, Opfergeist und Liebe anfüllt.

Elfte Ansprache

Wahre Entsagung – konzentriert euch auf Gott, nicht auf die Welt

Wenn ihr Gott erreichen und schauen wollt,
ist Losgelöstheit (vairāgya) die wichtigste Eigenschaft,
die ihr entwickeln müsst.
Losgelöstheit verleiht euch die Fähigkeit,
euren Blick nach innen zu richten,
sie lässt euch euren Geist nach innen wenden
und in der Betrachtung eurer inneren Schönheit verweilen.

Verkörperungen der Liebe,

wenn ihr erst einmal die Mängel und Schwächen der weltlichen Dinge erkannt habt, werdet ihr schon bald euren Wunsch verlieren, sie zu besitzen. Der Geist (mind) ist sehr mächtig, aber auch unstet. Er ist außerdem hartnäckig, immer darauf erpicht, sich durchzusetzen. *Arjuna* bat *Krishna* um Hilfe beim Kontrollieren des Geistes. Er klagte: „O Herr, die Gedanken haben große Kraft und sind so unstet!" *Krishna* antwortete: *„Arjuna,* wenn du Losgelöstheit übst, wird es dir mit Sicherheit gelingen, deine Gedanken zu beherrschen!"

Kontrolle des Geistes

Man könnte den menschlichen Geist mit dem Pipalbaum vergleichen, dessen Blätter andauernd in Bewegung sind, ob der Wind weht oder nicht. Ähnlich unstet ist der menschliche Geist, der darüber hinaus noch die Eigenart hat, stark und eigensinnig zu sein. Ein Elefant ist auch überaus stark und unter Umständen recht grausam. Aber mithilfe des Stachelstocks könnt ihr ihn lenken. Das Pferd ist ein Tier, das kaum jemals ganz stillsteht. Es bewegt ununterbrochen seine Beine, die Ohren, den Kopf oder Schweif. Und so ruhelos geht es einmal hierhin, einmal dorthin. Doch mithilfe einer Kandare kann es gelenkt werden und geht schließlich willig in die Richtung, in die der Reiter will.

Ein anderes Beispiel liefert uns der Affe, der pausenlos herumspringt und ein wahres Sinnbild der Unbeständigkeit und Zerstreutheit ist. Doch mit entsprechender Dressur kann selbst der Affe kontrolliert werden. Genauso wie man einen wilden und starken Elefanten mit dem Stachelstock in seine Grenzen verweisen, das nervöse und unbeständige Pferd mit der Kandare und den Affen durch Abrichten unter seine Herrschaft bringen und lenken kann, lässt sich der menschliche Geist, so zäh und unstet er ist, durch beharrliches inneres Loslassen und Verzichten – *Vairāgya* und *Abhyāsa* – beherrschen.

Loslösung

Echte Losgelöstheit bezieht sich auf das Erkennen der vergänglichen Natur der Dinge und gestattet es dem Geist (mind) nicht, sich an Vorübergehendes zu heften. Das heißt nicht, dass man zwangsläufig Abneigung, Widerwillen oder gar Hass für sie empfinden sollte. Es bedeutet vielmehr, sich ihnen mental nicht verhaftet zu fühlen. Es ist nicht möglich, die Dinge in der Welt der Erscheinungen vollständig aufzugeben. Aber ihr könnt euer „Mein“, eure Besitzhaltung ihnen gegenüber aufgeben. Wenn ihr das geschafft habt, dürft ihr euch dieser

Dinge ruhig erfreuen, denn nun können sie euch nicht mehr schaden.

Alles in dieser Welt – jeder Mensch und jeder Gegenstand – unterliegt dem Wandel, der Veränderung. Die Welt besteht aus sechs grundlegen Arten von Veränderungen: Geburt, Wachstum, Alter, Verfall, Degeneration und Tod. Dies sind die Veränderungen, der alle Objekte unterliegen. Sich der Illusion hinzugeben, dass diese veränderliche und vorübergehende Welt dauerhaft sei, und sich an ihre Objekte zu hängen, ist in der Tat sehr töricht.

In einem *Vishnu*-Tempel seht ihr Statuen von *Garuda,* dem Adler, und in einem *Shiva*-Tempel Statuen von *Nandi,* dem Stier; in einem Tempel, der *Rama* geweiht ist, seht ihr ein Bildnis von *Hanuman,* dem Affen. In all diesen Darstellungen ist die Konzentration von jedem dieser Wesen, *Nandi, Garuda* und *Hanuman,* auf die Füße Gottes gerichtet. Sie sehen nur den Herrn, nicht die Welt. All diese Bilder demonstrieren die rechte Art von Anhaftung. Ihre Anhaftung gilt dem Herrn, der unvergänglich ist. Und ihre Losgelöstheit gilt der Welt, die vorübergehend ist. Die Bedeutung all dieser symbolischen Darstellungen ist, dass ihr euch nicht zu sehr um das Vergängliche kümmern solltet, sondern euch allzeit auf die ewige Wesenheit, die der Herr ist, konzentrieren und euch in ihn versenken solltet.

Sobald ihr die Unvollkommenheit der Objekte, ihre Vergänglichkeit und Zeitgebundenheit einmal erkannt habt, werdet ihr nach und nach vom Wunsch ablassen, sie zu besitzen. Es gibt eine ganze Reihe von Geschichten über große Herrscher mit Macht und Reichtum, die alle Luxusgüter besaßen, die man sich nur erträumen kann, diesen aber keine Freude und keinen Seelenfrieden abgewinnen konnten. Um Seelenfrieden zu finden, gingen sie in den Wald und taten Buße. Das brachte ihnen die Befriedigung und innere Freude, nach der sie sich so gesehnt hatten.

Nutzt jedes Ding auf beste Weise

Loslösung beinhaltet mehr als das bloße Erkennen der Mängel und Schwächen der Dinge aufgrund ihrer vergänglichen Wesensart. Loslösung beinhaltet auch die positive Eigenschaft, aus den Dingen der Welt den größten Nutzen zu ziehen. Trachtet immer danach, das Beste aus einer Sache zu machen und sie für das wertzuschätzen, was sie ist. Es wird euch nicht viel Freude bereiten, die Fesseln und den Kummer, den die Dinge dieser Welt hervorrufen, nur einfach zu erkennen. Ihr müsst lernen, wie ihr diese Dinge am besten nutzt, um eure Pflichten in dieser Welt zu erfüllen. Das wird euch eine gewisse Befriedigung verschaffen. Im weiteren Sinne bedeutet wahre Entsagung tatsächlich das Aufgeben von weltlichem Kummer und das Erreichen der Glückseligkeit des höchsten Selbst *(atman)*. Familie, Frau, Kinder und Besitz aufzugeben und in die Einsamkeit zu gehen, kann nicht als wahre Entsagung betrachtet werden. Entsagen bedeutet, den Aspekt der Schwäche in der objekthaften Welt ebenso zu erkennen wie ihre positiven und starken Seiten anzunehmen.

Wann immer ihr in Not geratet, sei sie physischer, mentaler, finanzieller oder sonstiger Art, könnt ihr eine Haltung des Losgelöstseins von der Angelegenheit entwickeln, die diesen Zustand verursacht hat. Das ist etwas ganz Natürliches! Nehmt zum Beispiel an, jemand stirbt. Sein Leichnam wird zum Friedhof oder ins Krematorium getragen. Ihr beobachtet den Vorgang und entwickelt dabei eine Art von Loslösung, indem ihr darüber philosophiert, dass der Körper kommt und eines Tages, früher oder später, abgelegt werden muss. Aber diese Art von Losgelöstheit ist nur eine vorübergehende Erscheinung, ein Gefühl des Augenblicks, und kann nicht als wahre Losgelöstheit *(vairāgya)* betrachtet werden.

Ein anderes Beispiel ist, wenn eine Mutter ihr erstes Kind zur Welt bringt. Sie glaubt, die Schmerzen nicht mehr aushalten zu können und schreit, dass sie lieber sterben wolle, als das weiter zu ertragen. Auch das ist keine wahre Losgelöstheit. Kaum ist das Baby geboren und sieht sie, dass es ein Mädchen ist, hat sie sofort den Wunsch, nächstes Mal einen Jungen zu bekommen. So ähnlich ist es, wenn einem Menschen seine Wünsche nicht erfüllt werden. Auch dann entwickelt er eine gewisse Form von Entsagung, aber es handelt sich immer um eine vorübergehende Geisteshaltung. Ständige Entsagung ist etwas ganz anderes.

Permanente Nichtanhaftung ist eine intensive Losgelöstheit, im Gegensatz zur unbedachten oder vorübergehenden, schwachen Form der Loslösung. Ein Mensch mag beschlossen haben, sich auf eine Pilgerreise zu einer der heiligen Stätten Indiens zu begeben, verspürt aber gleich darauf den Wunsch, die Reise auf den nächsten Monat zu verschieben. Wenn es sich um die Durchführung einer guten Sache wie einer Pilgerreise handelt, ist man geneigt, sie aufzuschieben. Eine weniger gute Sache tut man dagegen gleich, auf der Stelle, ohne Zeit zu verlieren! Die meisten Menschen unternehmen im Allgemeinen keine großen Anstrengungen, um Gutes zu tun. Diese Haltung könnte man als eine Art seichte Entsagung *(vairāgya)* betrachten. Sie wird euch aber nicht helfen, euer spirituelles Ziel zu erreichen. Für den spirituellen Fortschritt eines Menschen ist die intensive Form der Entsagung wesentlich.

Harishcandra und Buddha

Wenn ihr eine bestimmte Handlung als gut und heilig erkannt habt, solltet ihr sie nicht verschieben. Ihr solltet sie sofort in die Tat umsetzen und zusehen, dass sie erfolgreich ausgeführt wird. Das ist der königliche Weg, der von Buddha als für alle gültig niedergelegt wurde. Als Gautama Buddha erkannt hatte, dass der menschliche Körper vergänglich ist und keines der Dinge dieser Welt ewig erhalten bleiben würde, beschloss er, die unveränderliche Wahrheit zu suchen und zu entdecken. Er gab seine Familie und sein Königreich auf und ging in den Wald, um die höchste Wirklichkeit zu erkennen.

Ein anderer großer Herrscher, der ebenfalls intensive Entsagung und Opfersinn bewies, war Kaiser *Harishcandra*. Unglückliche Umstände führten dazu, dass er alles, was er in der Welt besaß, verlor, sein Kaiserreich, seine Frau, seine Familie, und dass er seine Tage als Aufseher auf einer Verbrennungsstätte verbrachte.

An dem Tag, an dem er seine täglichen Pflichten auf dem Gelände des Krematoriums aufnahm, wurde die Leiche eines reichen Mannes gebracht, der von einer großen Anzahl von Freunden begleitet wurde. Sie legten ihn nieder, zündeten das Feuer an und gingen danach sofort wieder nach Hause. Üblicherweise beschwert man den Körper zuvor mit einem Gewicht, damit er sich in der Flammenhitze nicht aufrichtet und wieder zurückfällt. Nur *Harishcandra* war noch anwesend. Keiner der Freunde war geblieben, um bei dem Toten zu wachen. Er war gerade im Begriff, mehr Brennmaterial herbeizuschaffen, um es ins Feuer zu legen, als er bemerkte, wie der Körper sich aufrichtete. Verwundert ging er näher hin, um ihn besser sehen zu können.

Da bemerkte er, dass der Leichnam zur Liegeposition zurückgekehrt war. *Harishcandra* hatte einen Augenblick lang gedacht, der Mann sei noch lebendig und wolle nach seinen Freunden Ausschau halten, begriff aber sogleich, dass es sich nur um eine vorübergehende Täuschung gehandelt hatte. *Harishcandra* dachte bei sich: „So wie ich diesen Leichnam für lebendig gehalten habe, dachte ich, dass die Welt wirklich sei. Sie ist nicht wirklich. Sie ist nur die Illusion einer Wirklichkeit".

Harishcandra bedauerte, dass ein so reicher Mann keine Angehörigen hatte, die bis zum Ende bei seinem Leichnam blieben. Er dachte, dass, wie viel ein Mensch auch besessen habe und wie hochgestellt er auch gewesen sein mochte, nicht einmal Frau und Kinder nach seinem Tod eine Bindung an ihn verspürten. Als Ergebnis dieses Erlebnisses entwickelte *Harishcandra* eine intensive Losgelöstheit gegenüber den Objekten und Formen der Welt.

Weltliche Anhaftungen sind wie Gift

Täglich und jederzeit geschehen Veränderungen in allen Dingen der Schöpfung. Diese Veränderungen sind nichts Künstliches, nichts Eingebildetes, sondern in der Natur der Dinge angelegt. Die Welt ist eine Bühne für die Wechselfälle des Lebens. Wenn ihr dies erkannt habt, werdet ihr frei sein von Leid. Jeder, der weiß, dass in den Fängen einer Schlange tödliches Gift enthalten ist, wird sich ihr nicht leichtfertig nähern. Wenn ihr einem Skorpion begegnet, der den giftigen Stachel hochaufgerichtet hat, lauft ihr dann nicht gleich davon? Höchstens ein kleines Kind in seiner Unschuld oder ein ausgemachter Dummkopf würde sich ihm noch weiter nähern, gestochen werden und daran sterben.

Ihr bemüht euch, ein giftiges Geschöpf zu meiden, weil ihr um seine schädliche Natur wisst. Ebenso würdet ihr euch bemühen, weltliche Anhaftungen zu meiden, wenn ihr um ihre schädliche Natur wüsstet. Der Herr lehrte in der *Gita,* dass es viel besser ist, von Anfang an losgelöst von den Dingen zu bleiben, anstatt Bindungen zu entwickeln und dann desillusioniert zu werden, wenn die unausweichlichen Veränderungen beginnen. Stattdessen macht ihr Pläne und hängt euch um ein paar kurzlebiger Vergnügen willen an sie. Ihr verausgabt euch in Plänen und Überlegungen wie: „Ich sollte dies tun, ich sollte das tun“, oder: „Ich sollte lieber dieses als jenes tun“, und ihr verheddert euch in unzähligen Vorhaben und Tätigkeiten. Aber ihr werdet die Folgen all dieser Handlungen in der Zukunft zu tragen haben.

Die Samen, die ihr durch eure Handlungen gesät habt, werden aufgehen und reifen, und ihr werdet ihre Ernte einbringen. Wenn die

Samen von einer bestimmten Art sind, könnt ihr nicht erwarten, Ergebnisse einer anderen Art zu bekommen. Die Taten, mit denen ihr euch beschäftigt, werden euch in Form entsprechender Früchte wiedergegeben und als unsichtbare Girlande um den Hals gehängt. Diese Girlande ist zwar nicht zu sehen, wenn ihr aus dem Schoß eurer Mutter geboren werdet. In diesem Augenblick hängt weder eine Kette aus Perlen noch eine aus kostbaren Edelsteinen oder Gold um euren Hals. Trotzdem ist die Girlande vorhanden. Sie ist aus den Folgen eurer Taten aus vielen vorhergehenden Leben zusammengesetzt. Diese Girlande, die euch vom Schöpfer gegeben wird, schmückt euren Hals, auch wenn sie von den physischen Augen nicht gesehen wird.

Wer die Wahrheit kennt, dass jede Handlung ihre Wirkung zeitigt, wird in seinem Leben nur noch gute Taten ausführen, die ihm gute Ergebnisse einbringen. Das lehrt die *Gita* als eine spirituelle Übung von besonderer Wichtigkeit für Gottesverehrer. Sie führt letztlich zur Entwicklung von Gleichmut und Losgelöstheit von den Dingen der Welt und zum Erlangen wahrer Weisheit. Hier ist ein Beispiel, das die illusorische Natur der Welt und die Losgelöstheit erklärt, die ihr gegenüber ihr haben solltet.

König Janakas Traum

König *Janaka* hatte sich außerordentliche Leistungen im Wissen um Gott *(brahmajnāna)* erworben und wurde deshalb „König ohne Körper *(videha)*" genannt, was bedeutet, dass er das Körperbewusstsein transzendieren konnte. Eines Abends besprach er nach dem Abendessen Verwaltungsangelegenheiten mit seinen Ministern und zog sich erst spät in sein Schlafgemach zurück. Dort hatte man ihm Speisen bereitgestellt, doch er rührte es nicht an. Müde legte er sich auf sein Lager und die Königin massierte ihm die Füße. Bald schlief er ein. Die Königin winkte den Dienern, den Raum zu verlassen, und vergewisserte sich, dass der König während seines Schlafes nicht gestört wurde. Sie deckte ihn zu, dämpfte das Licht und setzte sich still an seine Seite.

Kurz darauf erwachte der König mit einem Ruck, öffnete die Augen, setzte sich auf und sah sich ungläubig im Raum um. Mit seltsamem Ton in der Stimme fragte er: „Ist dies wirklich oder das? Ist dies die Wahrheit oder jenes?"

Die Königin erschrak ein bisschen wegen seines verstörten Blicks und dieser seltsamen Fragen. Sie versuchte herauszufinden, wovon er sprach. Doch der König antwortete nicht auf ihre Erkundigungen, sondern fuhr fort mit seinem: „Ist dies die Wahrheit oder jenes?" Die Königin rief nun die Minister, Ratgeber und sonstigen Würdenträger. Als alle versammelt waren, richtete einer von ihnen das Wort an den König: *„Mahārāja,* was ist dein Zweifel? Was ist genau deine Frage?" Aber der König antwortete auch diesmal nicht. Schließlich brachten die Minister den großen Weisen *Vasishta* zu ihm. *Vasishta* fragte den König: „Wonach fragst du? Was ist dein Zweifel? Kann ich ihn für dich klären?" Aber auf alle Erkundigungen antwortete der König nur wieder mit denselben Fragen: „Ist dies die Wahrheit oder jenes. Ist dies wirklich oder das?"

Vasishta, der allwissend war, schloss die Augen und meditierte für eine Weile über das seltsame Verhalten des Königs. Er erkannte, dass König *Janaka* sehr abrupt aus einem überaus lebhaften Traum erwacht war, in dem er sein Königreich verloren und sich selbst umherirren hatte sehen – allein und elend in einem Wald. Er war hungrig, müde und verlassen, und als er so umherwanderte und ständig rief: „Ich bin hungrig, ich bin hungrig!", geschah es, dass ihn Wegelagerer hörten, die den Wald durchstreiften. Sie hatten sich soeben in einer Lichtung niedergelassen, um ihr Mahl zu verzehren. Sie aßen von ihren Blatttellern. Als sie den Verirrten erblickten, hatten sie Mitleid mit ihm, gaben sich zu erkennen und luden *Janaka* ein, mit ihnen das Mahl zu teilen.

In diesem Augenblick näherte sich ein Tiger, und alle rannten um ihr Leben. Der Tiger fraß alle Speisen auf, und *Janaka* fand sich wieder allein im Wald vor und rief: „Oh, ich bin so hungrig. Ich bin so sehr hungrig." Darauf erwachte er aus seinem Traum und sah sich in einem Palast auf einer königlichen Liegestätte an der Seite seiner Königin und da war ein Silbertablett mit den feinsten Leckerbissen neben ihm, und er begann sich zu fragen, ob er nun der ausgehungerte, vergessene arme Kerl war, dem die Räuber ihr Essen angeboten hatten, oder dieser vom Luxus umgebene Herrscher, der in einem prunkvollen Palast wohnte. „Ist dies wahr oder jenes? Ist dies wirklich oder jenes?"

Der große Seher *(maharshi) Vasishta,* der den Grund für die Verwirrung des Königs sofort erkannte, sprach: „König *Janaka,* weder der Bettler noch der Herrscher ist wirklich. Du allein bist wahr. Du selbst bist die Wahrheit. Das Du, das im Traum als reines Bewusstsein gegenwärtig war und die Rolle des Bettlers spielte und das im Wachzustand gegenwärtig ist und die Rolle des Königs spielt, dieses Du, das Zeuge dieser beiden Zustände war, ist die wahre Wirklichkeit. Das Leben ist tagsüber ein Tagtraum und nachts ein Nachttraum. Beides sind Illusionen. Beide sind voller Mängel und Fehler, weil sie ständig von einem Zustand in den nächsten überwechseln. Sie können deshalb nicht wahr sein. Nur das Du, das in all diesen Zuständen unverändert bleibt, ist wahr, frei von jeglichem Wechsel und aller Illusion."

Dies wurde auch in der *Gita* betont, in der *Krishna* die wichtige Wahrheit hervorhob, dass die Welt sich ständig wandelt und allein das Selbst *(atman)* wahr und unwandelbar ist.

Die Qual des Getrenntseins von Gott

Losgelöstheit bedeutet nicht, alles hinter sich zu lassen, um in den Wald oder die Einsamkeit zu ziehen und das Leben eines Entsagenden *(samnyāsin)* zu führen. Buße *(tapas)* bezieht sich nicht auf bestimmte Körperhaltungen oder körperliche Übungen, sondern auf die intensive Sehnsucht, die ihr verspürt, wenn ihr euch von Gott getrennt glaubt. Wann immer diese Qual des Getrenntseins von Gott verspürt wird, wo auch immer dies sein mag, seid ihr mit Buße befasst. Alle weltlichen Erfahrungen werden von Kombinationen der drei Eigenschaften beherrscht: Trägheit oder Chaos *(tamas),* Aktion und Reaktion *(rajas)* und Rhythmus oder Ruhe *(sattva).* Die Qual der Buße mit ihrem intensiven Streben, Gott zu erreichen, bringt euch in den Seinszustand, der diese drei weltlichen Eigenschaften transzendiert. Zu dieser Zeit werdet ihr eine tiefe innere Gelassenheit und die Einheit von Gedanke, Wort und Tat erleben.

Gedanke, Wort und Tat sind die Ursachen von *Karma.* Sie werden Handlungswerkzeuge genannt. Es ist diese Einheit der drei Handlungswerkzeuge, die als Buße beschrieben werden kann. Wenn diese Einheit vollkommen ist, entsteht daraus eine unbeschreibliche Freude, welche die echte Glückseligkeit des *Atman* ist. Wahre Buße ist also der Punkt, an dem die drei Handlungswerkzeuge sich vereinen und ihr die ewige Freude eures unsterblichen Selbst erfahrt.

Nehmt folgendes Beispiel: Ihr erfreut euch täglich an den Vorteilen der Elektrizität. Vielleicht habt ihr einen elektrisch betriebenen Ventilator in eurem Zimmer. Wenn seine drei, von einem Motor betriebenen Flügel in verschiedene Richtungen rotieren würden, hättet ihr nicht viel davon. Aber wenn sie sich im Einklang miteinander drehen, so als wären sie ein einziger Flügel, könnt ihr euch an dem frischen Luftzug des Ventilators erfreuen. Wenn sich die drei Werkzeuge des Handelns *(kārana)* – Gedanke, Wort und Tat –

gleichermaßen vereinen und wie eines zusammenarbeiten, könnt ihr wahre Glückseligkeit erleben.

In diesem Bild kann euer Herz mit dem Zimmer verglichen werden, in dem der Ventilator angebracht ist. Die drei Handlungswerkzeuge sind mit den drei Flügeln des Ventilators vergleichbar. Eure Intelligenz *(buddhi)* kann als der Schalter betrachtet werden und eure spirituelle Kraft, die Energie, die vom höchsten Selbst ausstrahlt, als die Elektrizität, die den Ventilator mit Energie versorgt. Eure spirituellen Übungen *(sādhana)* sind der Vorgang, bei dem der Intellekt geläutert wird, wodurch sich der Schalter umlegt. Wenn die drei Handlungswerkzeuge so wie die Ventilatorflügel harmonisch zusammenarbeiten, wird all eure Qual in Glückseligkeit umgewandelt. Auf diese Weise wandelt ihr eure Lebenskraft und all eure spirituelle Stärke in Seligkeit um.

Wahre Entsagung bedeutet, den Geist Gott zuzuwenden

Die Menschheit hat die Fähigkeit vergessen, Buße *(tapas)* zu tun. Wenn ihr euren Blick in der äußeren, vergänglichen Welt umherschweifen lasst, führt euer spiritueller Weg immer mehr nach unten hin zu Trägheit und Stauung *(tamas)*. Wenn ihr eure Sicht und euer Bewusstsein auf den beständigen Gott richtet, dann praktiziert ihr Buße, und eure spirituelle Entwicklung macht einen Sprung nach vorn. Wenn eine Tür verschlossen ist und ihr sie öffnen wollt, müsst ihr den Schlüssel ins Schloss stecken und nach rechts drehen, dann geht sie auf. Wenn ihr den Schlüssel aber nach links dreht, bleibt die Tür verschlossen. Der Schlüssel und das Schloss sind dieselben geblieben. Der Unterschied besteht in der Drehrichtung. Euer Herz ist das Schloss und euer Geist (mind) der Schlüssel. Wenn ihr den Geist Gott zuwendet, erlangt ihr die Befreiung. Wendet ihr ihn in Richtung weltlicher Dinge, bleibt ihr gebunden. Es ist derselbe Geist, der sowohl für Befreiung als auch für Bindung verantwortlich ist.

Wahre Entsagung *(vairāgya)* besteht darin, euren Geist Gott zuzuwenden. Das bedeutet, euren Geist ständig von anderen Gedanken zurückzuholen und bei der dauerhaften Wesenheit zu verweilen. Solch eine mentale Losgelöstheit und Opferbereitschaft muss zu einem intensiven Gefühl entwickelt werden. Verschiebt eure Übung nicht auf den nächsten Tag und dann auf den übernächsten und so weiter.

Angenommen ihr seid zu einer Hochzeit eingeladen. Ihr legt eure festlichen Kleider schon Tage zuvor bereit. Oder: Wenn ihr ins Kino gehen könnt, seid ihr sehr schnell startbereit. Sogar für bloß einen Spaziergang, macht ihr euch im Nu fertig. Nun, wenn ihr nicht gerade heute ins Kino gehen könnt, ist es ein Leichtes dies auf den nächsten Tag verschieben. Wenn ihr jetzt nicht spazierengeht, könnt ihr jederzeit später gehen. Aber die Reise zu Gott kann nicht aufgeschoben oder abgesagt werden. Ihr müsst stets bereit sein zu akzeptieren, was euch auf eurem Weg begegnet. Die Zeit wartet auf niemanden. Nicht sie folgt dem Menschen, sondern der Mensch muss sich nach ihr richten. Die Zeit ist in ständigem Fluss und reißt alles mit sich fort.

Die *Gita* lehrt, dass ihr euch aller Dinge dieser Welt erfreuen dürft, euch aber dabei nicht an sie binden solltet, indem ihr glaubt, sie zu besitzen. Diese Haltung der Entsagung oder Losgelöstheit ist einer der wichtigsten Aspekte der spirituellen Philosophie, wie sie die *Gita* darlegt.

Zwölfte Ansprache

Losgelöstheit – Gedanken, Worte und Taten vereinigen

Der Geist (mind) ist die Nabe am Rad der Wiedergeburten,
der Brennpunkt, aus dem alle weltlichen Aktivitäten hervorgehen.
Um diesen Brennpunkt zu durchdringen und eine Schau des
darüber hinaus gehenden unsterblichen Selbst (atman) zu erhalten,
müsst ihr die Übung der Nichtanhaftung (vairāgya) praktizieren.
Gebt euch die größte Mühe,
diese außerordentlich wichtige Disziplin zu entwickeln.

Verkörperungen der Liebe,

Entsagung *(vairāgya)* kann auch als Nichtanhaftung verstanden werden. Nichtanhaftung ist gegeben, wenn der Geist und die Sinne unbeeinflusst von den Objekten der Welt und gleichgültig gegenüber ihrer Anziehungs- und Abstoßungskraft sind. Der Geist (mind) überlagert das wahre Selbst und kann deshalb als Schleier bezeichnet werden. Er ist ein Schleier der Unwissenheit, denn er verbirgt euer wahres Selbst *(atman)* und lässt euch seiner glänzenden Gegenwart in euch unbewusst bleiben. Aber der Geist wird seinerseits von den Sinnen heruntergezogen und die Sinne wiederum von den Objekten angezogen. Sie lassen sich von ihnen binden. Deshalb ist der erste Schritt beim Erkennen eures wahren Selbst das Erlangen der Kontrolle über die Sinnesorgane. Dafür ist das Praktizieren von Nichtanhaftung essenziell.

Losgelöstheit führt zu Selbsterkenntnis

Wenn ihr erst einmal frei von der Anhaftung an die Sinnesorgane seid, werden die Sinne nicht länger imstande sein, euren Geist zu binden. Ein Geist, der von den Sinnen befreit ist, wird rein und transparent. Er wird seinen verhüllenden Einfluss nicht länger auf den *Atman* ausüben. Wenn sich der Schleier des Geistes auflöst, wird sich euer Selbst seiner selbst bewusst. Dann seid ihr in der Einheit allen Seins versunken und erfreut euch an der Glückseligkeit *(ānanda),* die euer wahres Wesen ist. Die *Gita* lehrt, dass Nichtanhaftung *(vairāgya)* für das Erkennen eures wahren Selbst *(atman)* entscheidend ist.

Anhaftung oder Nichtanhaftung wurde auch in den *Yoga*-Klassikern *(yogasūtra)* des Patanjali, einem großen Seher des alten Indien, betont. Er lehrte, dass Losgelöstheit das natürliche Eigentum eines Geistes sei, der unbeeinflusst von den Sinnesorganen und den Objekten ist, die sie anziehen. Solch ein von der Sklaverei der Sinnesorgane und -objekte befreiter Geist ist rein und unberührt von Illusion. Solch eine Reinheit des Geistes gewinnt ihr, wenn ihr alle Dinge dieser Welt als vergänglich und veränderlich betrachtet. Die alten Weisheitslehren *(upanishaden)* erklären, dass alle Kreaturen in dieser gewaltigen Welt – von der niedrigsten bis zur höchsten und sogar bis hin zu den himmlischen Wesen – flüchtige, veränderliche Erscheinungen sind. In diesem Wissen solltet ihr alle Anhaftungen an Sinnesobjekte aufgeben. Jede Anhaftung führt allmählich, aber beständig zu Bindung.

Wie die Flamme eines Feuers durch das Entfernen des Brennholzes von allein erlischt, so macht das Entfernen der Sinnesobjekte die

Sinne unfruchtbar. Die Weisheitslehren haben auf eindrucksvollste Weise betont, dass nur der Mensch, der an nichts Geringerem als dem vollkommenen Erkennen des höchsten Selbst *(atman)* interessiert ist, ein wahrer Entsagender *(vairāgin)* ist. Weder die Dinge der Welt noch der himmlische Wohnort Gottes kann ihn von seiner auf das Eine ausgerichteten Konzentration ablenken.

In einer der alten Weisheitslehren *(katha-upanishad)* wird die Geschichte eines weisen Jungen namens Naciketas erzählt, der sich wegen eines von seinem Vater geleisteten Eids im Reich des Todes wiederfand. *Yama,* der Herr des Todes, versuchte, seinen Körper einzunehmen. Er sagte zu dem Jungen: „Ich werde dir vollkommene Meisterschaft und Herrschaft über allen Reichtum und alle Macht dieser Erde und sämtliche Genüsse der himmlischen Welten geben." Aber Naciketas antwortete: „Diese Welt und alle Welten jenseits davon sind vergänglich; sie werden nicht andauern. Ich will nichts mit Dingen zu tun haben, die kommen und gehen. Ich will nur eine Schau des höchsten Selbst *(atman)* haben. Ich will nur die letzte Wahrheit erkennen – das, was sich niemals verändern wird. Die Welt mit ihren Abhängigkeiten und all dem Kummer, der sie begleitet, ist für denjenigen, welcher sich von den Sinnesobjekten hinreißen lässt. Sie interessieren mich nicht im Mindesten."

Anhaftung an die Dinge, von denen ihr denkt, sie gehörten euch

Lasst uns annehmen, dass ihr über einen langen Zeitraum in einem bestimmten Haus gewohnt habt. Eines Tages müsst ihr an einen anderen Wohnsitz umziehen. Ihr packt all euer Hab und Gut zusammen, ladet es in einen Möbelwagen und fahrt die Sachen zum anderen Haus. Erfahrungsgemäß geht das Packen so weit, dass ihr sogar eure ausgedienten Sandalen einpackt und den alten Besen noch mitnehmt, weil ihr denkt, dass sie euch gehörten. Warum tut ihr das?

Der Grund dafür ist, dass ihr durch eure Anhänglichkeit an die Sinnesobjekte gebunden seid. Ihr packt diese alten Sachen zusammen und nehmt sie deshalb so gern mit, weil ihr an ihnen hängt; ihr seht sie als etwas zu euch Gehörendes an.

Aber betrachtet als weiteres Beispiel einen Schuldirektor: In jeder Schule gibt es viele wertvolle Gegenstände. So hat zum Beispiel der Physiksaal eine sehr teure technische Ausstattung und außerdem Stühle, Tische, sonstiges Mobiliar und eine Wanduhr. Wenn der Schuldirektor in den Ruhestand geht oder versetzt wird, empfindet er keinerlei Anhaftung an diese Dinge, und so verlässt er die Schule mit demselben freien Geist, mit dem er einst gekommen war. Er sorgt und kümmert sich nicht um den Verbleib dieser Wertgegenstände und geht. Der Grund dafür ist: Er weiß ganz genau, dass keiner dieser Gegenstände ihm gehört. Sie gehören der Verwaltung, der Schulbehörde, dem Staat. Deshalb verlässt er die Schule mit einem Gefühl des Nichtanhaftung und Gleichgültigkeit gegenüber diesen Dingen.

Wo die Vorstellung von Mein und Besitz herrscht, entsteht Leiden. Wenn ihr dieses Besitzempfinden nicht habt, werdet ihr durch nichts gebunden und braucht nicht zu leiden. Für alle Bindungen, Leiden und allen Kummer ist nur das Gefühl von Ich und Mein verantwortlich. Ihr könnt alle Dinge, die ihr in der Welt findet, so nutzen wie der Schuldirektor. Gebt nicht die Dinge an sich und auch nicht eure Handlungen und Aktivitäten auf! Gebt nur die Anhaftung auf, die ihr gegenüber den Dingen, der Welt und euren Handlungen habt.

Gebt die Früchte eures Handelns auf

Mit anderen Worten: Gebt die Früchte eures Handelns auf. Erfüllt eure Pflicht mit einem Gefühl völliger Losgelöstheit und dem Erkennen der Unvollkommenheit der Dinge. Wenn ihr die grundlegenden Gesetze, welche die Welt regieren, versteht und die Unvollkommenheit erkennt, die sowohl den Dingen der Welt als auch den Beziehungen, die ihr in der Welt habt, innewohnen, werdet ihr schnell in der Lage sein, die entstandenen Bindungen zu überwinden.

Wer waren die Eltern und wer die Kinder, bevor ihr geboren wurdet? Wer war vor der Hochzeit der Ehemann und wer die Ehefrau? Erst nach der Geburt gab es Eltern und das Kind. Vor der Geburt gab es keine solche Beziehung und nach dem Tod wird es solch eine Beziehung nicht geben. Nur in der kurzen, flüchtigen Zwischenzeit entsteht das Gefühl des Besitzens und Anhaftens. Dies alles passiert wegen eurer fehlerhaften Sichtweise und Herangehensweise. Es entsteht aus einer engstirnigen, kurzsichtigen Einstellung. Für all euren Kummer sind nur eure Gefühle und Einstellungen verantwortlich. Wenn ihr erst einmal die Unvollkommenheit der Dinge und Beziehungen erkannt habt, werdet ihr keinen Wunsch mehr haben, sie zu besitzen.

Versucht, das Prinzip der Nichtanhaftung zu verstehen. Ihr müsst einen Zustand erreichen, in dem ihr keinerlei Anhaftung und Bindung habt, noch nicht einmal im Traum und Tiefschlaf. Wenn ihr im Wachzustand ein Gefühl der Anhaftung hegt, wird es in subtiler Form auch im Traumzustand und im Tiefschlaf da sein. Der Traumzustand kann mit der Reflektion in einem Spiegel betrachtet werden. Was ihr im Wachzustand auch erlebt, wird sich im Traumzustand ausdrücken und dort als Widerspiegelung gesehen. Deshalb sind der Wach- und der Traumzustand wie Gegenstände und ihre Bilder. Wenn ihr im Wachzustand den rechten Weg einschlagt, die Wahrheit achtet und euch im Licht dieser Wahrheit verhaltet, werdet ihr auch im Traumzustand den rechten Weg nehmen. Um voranzuschreiten, müsst ihr die Unvollkommenheit der Sinnesobjekte erkennen und sie überwinden, indem ihr eure Anhaftung an sie aufgebt.

Alles unterliegt dem Wandel

Durch den Ablauf der Zeit unterliegt alles dem Wandel. Essen, das heute frisch gekocht wird, ist schmackhaft und köstlich. Solange es frisch ist, hat es das Potenzial uns Kraft und Gesundheit zu geben. Aber dasselbe Essen verdirbt nach zwei Tagen und wird giftig. Eine Speise, die heute gut und nützlich, gesund und wohltuend ist, wird nach einer Weile schlecht, nutzlos, ungesund und schädlich. Diese Veränderungen sind unvermeidlich.

Unter diesem Gesichtspunkt können auch die vier Stadien des Gottesverehrers auf dem spirituellen Weg gesehen werden: derjenige, der Erleichterung von Schmerz und Leid sucht *(ārthin);* derjenige, der materiellen Segen und Wohlstand sucht *(arthārthin);* derjenige, der spirituelles Wissen sucht *(jijnāsu),* und ein Weiser *(jnānin).* Im Laufe der Zeit entwickelt sich derselbe Mensch wahrscheinlich durch all diese Stadien.

Wir können auch die Veränderungen betrachten, die im Laufe eines Lebens auftreten. Gleich nach der Geburt wird das Neugeborene Baby genannt, nach einigen Jahren wird der Mensch als Jugendlicher beschrieben, zwanzig Jahre später gilt er als Erwachsener und nach weiteren dreißig Jahren als Großvater oder -mutter. Es handelt sich die ganze Zeit um denselben Menschen, aber durch das Vergehen der Zeit werden ihm, in Abhängigkeit von den unterschiedlichen Lebensphasen, die er durchläuft, verschiedene Namen gegeben.

Ein Menschenleben, das höchst schwierig zu erlangen ist, unterliegt mit dem Verrinnen der Zeit vielen Veränderungen. Wenn dies für den Menschen gilt, wie viel mehr gilt dies dann für alle anderen Wesen und die Sinnesobjekte der Welt? Wenn ihr nach dem folgenschwersten Mangel sucht, den ein menschliches Wesen aufweist, so werdet ihr herausfinden, dass es die Veränderung des Körpers ist. Ob zum Besseren oder Schlechteren, die Veränderungen können nicht vermieden werden. Weil Veränderungen allem in der Welt der Erscheinungen innewohnen, solltet ihr keine Anhaftung oder ein Mein-Gefühl für irgendetwas oder -jemanden entwickeln.

Wer ist der Vater? Wer ist die Mutter? Wer sind die Kinder? Wer sind die Mitglieder einer Familie? Wer sind Freunde? Dies alles sind veränderliche Formen. Ihr könnt diese Fragen nicht für alle Zeiten beantworten. Wenn ihr euch all dieser Veränderungen bewusst werdet, die permanent in all diesen Beziehungen geschehen, wie könnt ihr dann Bindungen an sie entwickeln? Die *Gita* lehrt, dass man alle Veränderungen, welche die Zeit mit sich bringt, als grundlegende Unvollkommenheit und Fehler erkennen muss. Entwickelt deshalb völlige Losgelöstheit von den fehlerhaften Formen, welche diese Veränderungen erfahren. Sie haben keine Beständigkeit.

Stetige Übung

Nichtanhaftung *(vairāgya)* ist die erste wichtige Disziplin, die ihr aufnehmen solltet. Die zweite ist fortwährendes Üben *(abhyāsa)*. Welche Art von Übung kann als fortwährend bezeichnet werden? Eine Art ist Askese oder Buße – *Tapas*. Manche Menschen werden ein bisschen ängstlich, wenn sie das Wort *Tapas* hören. Sie verbinden Askese unweigerlich damit, in den Wald zu gehen, von dort auffindbaren Wurzeln und Früchten zu leben und sich allen möglichen Gefahren und Qualen auszusetzen. Das ist nicht wahres *Tapas;* das bedeutet nur, den Körper äußeren Leiden und einer Bestrafung auszusetzen.

Nicht der Körper, sondern der Geist (mind) muss leiden. Der Geist tendiert entweder zu Faulheit *(tamoguna),* zu Chaos oder endloser Aktivität *(rajoguna)* und ist mit einem Gefühl angefüllt, der Handelnde oder Besitzende zu sein. Askese ist, solch einen Verstand mit all seinen anhaftenden negativen Neigungen eine echte Tortur durchmachen zu lassen, bis all diese Eigenschaften ihren Einfluss verlieren. *Tapas* bedeutet auch, die Unvollkommenheit der Sinnesorgane zu beheben. Das ist wahre Askese. Es gibt drei Arten von *Tapas:* körperliches *Tapas,* sprachliches *Tapas* der Zunge und mentales *Tapas* des Geistes.

Die drei Askesen: körperliche, sprachliche und mentale

Körperliches *Tapas* besteht darin, den Körper zur Durchführung guter Taten zu nutzen. Dazu gehören das Anbeten Gottes und das Ausdrücken eurer Dankbarkeit, indem ihr großen Seelen dient. Wenn ihr deren Gnade erlangt, werden sich die selbstsüchtigen Aspekte der Ichsucht und des Besitzanspruches allmählich verringern. Wenn diese negativen Eigenschaften erst einmal nachlassen, entwickeln sich positive Eigenschaften und Handlungen von allein. An diesem Punkt werdet ihr auf natürliche Weise zur Gesellschaft *(satsanga)* gleichgesinnter spiritueller Wesen hingezogen und dazu inspiriert, die *Gita,* das *Ramayana,* die *Upanishaden* und andere heilige Schriften zu studieren.

Außerdem werdet ihr Wohltätigkeit zur Unterstützung von Bildung, medizinischer Versorgung und Krankenhäusern, Armenspeisung und anderer guter Zwecke erweisen. So wie ihr früher im Sinne der Tradition mildtätig wart, indem ihr Gold, Land und Vieh gespendet habt, um den Körper zu heiligen, heiligt ihr ihn heute mit anderen guten Werken. Wenn ihr keinerlei schädliche oder verbotene Dinge tut, geratet ihr nicht in den Bann des Gefühls, der Handelnde oder Besitzende zu sein. Ihr werdet euch von den Bindungen dieser beiden Eigenschaften befreien. All dies kann als körperliche Askese *(tapas)* beschrieben werden.

Sprachliches *Tapas* besteht im Benutzen guter, edler Worte. Auch wenn ihr die Wahrheit aussprecht, sollte ihr nicht rau oder scharfzüngig sein. Ihr müsst darauf achten, niemanden zu verletzen. Das ist gemeint, wenn es in der *Gita* heißt, dass die Wahrheit sanft und gewaltlos sein muss. Benutzt die Zunge als etwas Heiliges, das euch gegeben wurde, um Freude zu bereiten und zu helfen. Fügt niemandem Kummer zu. Nutzt eure Gedanken dazu, all die glorreichen Eigenschaften Gottes zu beschreiben. Gebraucht nur Worte, die anderen ganz besonders helfen. Benutzt eure Sprache, um anderen den rechten Weg zu zeigen. Erklärt anderen alle großen und spirituellen Erfahrungen, die ihr hattet. Korrigiert Menschen, wenn sie den falschen Weg einschlagen, durch gute Worte und eine süße Zunge. Vergewissert euch, dass kein bisschen Falschheit in euer Herz und euer Sprechen eindringt. Das ist der Weg, um ein Experte der Wahrheit und Gewaltlosigkeit zu werden.

Schweigt lieber als eine Unwahrheit zu sagen

Wenn ihr dem Weg der Wahrheit folgt, könnt ihr Schwierigkeiten begegnen. Es gab einmal einen Weisen, der Buße tat und das Gelübde abgelegt hatte, den Weg der Wahrheit und der Gewaltlosigkeit zu gehen, komme, was wolle. Ein grausamer Jäger, der davon gehört hatte, versuchte den Weisen dazu zu bringen, sein Gelübde zu brechen. Er jagte einen Hirsch und trieb ihn so, dass er an dem Weisen vorbeikommen musste, der in seine Buße *(tapas)* versunken war. Er bemerkte den Hirsch, der sich hinter einem Busch versteckte, als der Jäger herbeigerannt kam und fragte: „Hast du einen Hirsch hier vorbeikommen sehen?" Der Weise befand sich in einem großen Zwiespalt. Sagte er die Wahrheit, so schadete er dem Hirschen; sagte er sie nicht, so brach er sein Gelübde. Einerseits würde er die Sünde begehen, einem anderen Wesen zu schaden, und andererseits würde er die Sünde begehen, zu lügen.

Der Weise fand einen sehr guten Weg, mit diesem Dilemma umzugehen. Er beantwortete die Erkundigung des Jägers auf hintergründige

Weise. Er sprach: „Die Augen, die sehen, können nicht sprechen, und der Mund, der spricht, kann nicht sehen. Ich kann nichts zum Sprechen bringen, was gesehen hat, und nichts zum Sehen bringen, was gesprochen hat. Das ist die Wahrheit." Auch in solch schwierigen Situationen sollte man keine Unwahrheit sagen, aber man ist vielleicht auch nicht dazu in der Lage, die Wahrheit zu sagen. Wenn man sich mit sprachlicher Askese befasst, können schwierige Situationen dieser Art entstehen. Ihr solltet euch die größte Mühe geben, ihnen zu entkommen, ohne eine Unwahrheit zu sprechen. Ganz gleich, wie die Umstände auch sein mögen, äußert niemals eine Lüge! Wenn ihr die Wahrheit nicht sagen dürft, ist es das Beste, zu schweigen und Stille zu bewahren, statt eine Unwahrheit zu äußern.

Betrachtet die dritte Art von *Tapas,* die mentale Askese. Bei ihr müsst ihr gute Eigenschaften und Tugenden entwickeln. Welche Gedanken auch durch euren Geist (mind) blitzen, euer Gesicht wird sie widerspiegeln. Deshalb sagt man, das Gesicht sei der Hinweis auf den Geist. Alle Gedanken reflektieren sich auf eurem Gesicht. Wenn ihr gramerfüllt seid, wird cuer Gesicht diesen Zustand widerspiegeln. Wenn heilige Gedanken in eurem Geist sind, wird euer Gesicht sehr heiter sein. Die Auswirkung des Geistes und seiner Gedanken kann auf diese Weise leicht erkannt werden.

Nur wenn ihr heilige Gedanken, Gefühle und Ideen in eurem Geist habt, seid ihr fähig, ein glückliches und fröhliches Leben zu führen. Wenn euch schlechte Gedanken peinigen und ihr versucht zu lächeln, wenn jemand zu euch kommt und mit euch spricht, wird euer Lächeln künstlich sein und den gestörten inneren Zustand euers Herzens erkennen lassen. Ihr solltet es niemals zulassen, euch in einen solch jämmerlichen Zustand zu begeben. Seht zu, dass ihr immer glücklich seid! Wann werdet ihr glücklich und froh sein? Nur wenn eure Gedanken gut und heilig sind. Um solche guten und heiligen

Gedanken in eurem Geist zu hegen, solltet ihr die Kontrolle über eure Gedanken ausüben.

Haltet täglich eine Zeit des Schweigens ein

Ihr solltet wenigstens ein paar Stunden am Tag Schweigen einhalten. Dann kann der Geist ein bisschen Ruhe von den Wellen der Worte und Gedanken bekommen. Auch die Wiederholung des heiligen Namens Gottes und die Konzentration auf den Herrn beruhigen den Geist. Das Wiederholen des Gottesnamens und das Denken an Ihn bringen euch innere und äußere Reinheit. So wie ihr euren Körper jeden Tag reinigt und in ein sauberes äußeres Gefährt verwandelt, muss auch euer Geist einer regelmäßigen Reinigung unterzogen werden, um seine Frische und Heiligkeit zu erneuern. Zurzeit seid ihr hauptsächlich mit körperlicher Reinlichkeit beschäftigt. Ihr müsst euch aber auch mit mentaler Reinheit befassen, die gleichermaßen lebenswichtig ist. Gute Gedanken, gute Gefühle und gute Werke sind ausreichend, um innere Reinheit hervorzurufen.

Askese *(tapas)* bedeutet tatsächlich das Hervorbringen einer körperlichen, sprachlichen und mentalen Einheit, indem man Taten, Worte und Gedanken einswerden lässt. Das ist wahres *Tapas*. Ein *Mahātma* – eine große Seele – ist jemand, der imstande war, sich der Einheit dieser drei Merkmale zu erfreuen. Wenn Gedanken, Worte und Taten eines Menschen verschieden sind, kann er nicht als groß betrachtet werden.

Weltliche Erfahrungen werden von einer Kombination dieser drei Merkmale beherrscht. Von diesen lassen Trägheit und Chaos eine faule Natur entstehen, Handeln und Reaktion eine aktive und leidenschaftliche Natur und Rhythmus und Ruhe eine reine, harmonische Natur. Askese bezieht sich darauf, die ersten beiden, die träge und die leidenschaftliche Natur *(tamo-* und *rajoguna),* in eine reine, ruhige und harmonische Natur *(sattvaguna)* zu transformieren. Auf diese Weise könnt ihr euch der Harmonie all dieser drei Naturen erfreuen, die zu Einem geworden sind. Wenn schließlich all eure Handlungen, Worte und Taten vollkommen einsgeworden sind, werdet ihr alle weltlichen Eigenschaften überwunden haben und sogar von den Begrenzungen der reinen, ruhigen Natur frei sein.

Nehmt zum Beispiel an, ihr seid in einen Dorn getreten. Ihr braucht nicht lange nach einem Werkzeug zu suchen, um diesen aus eurem Fuß zu entfernen. Es genügt ein zweiter Dorn, um den ersten herauszuholen. Dann könnt ihr beide Dornen wegwerfen. Auf gleiche Weise können die beiden niederen Eigenschaften – *Tamo-* und *Rajoguna* – mithilfe des *Sattvaguna*-Dorns entfernt werden. Solange diese beiden niederen Eigenschaften nicht entfernt worden sind, braucht ihr die ruhige Eigenschaft *(sattvaguna)*. Sie kann mit einer goldenen Kette verglichen werden, die leidenschaftliche Eigenschaft *(rajoguna)* mit einer Kette aus Kupfer und die träge Eigenschaft *(tamoguna)* mit einer Kette aus Eisen. Alle drei Ketten binden euch gleichermaßen. Der Wert des Metalls der Kette mag verschieden sein, dennoch binden sie euch alle.

Befreit euch von allen Bindungen

Wenn ein Mensch an eine goldene Kette gebunden ist, wird er dann in dieser Situation glücklich sein? Nein! Bindung bleibt Bindung, egal ob die Ketten aus Gold, Kupfer oder Eisen sind. Somit bedeutet auch eine reine, ruhige Natur *(sattvaguna)* Bindung, und ihr müsst letztlich auch sie loswerden. Ihr müsst euch von allen Bindungen befreien. Aber bis ihr Göttlichkeit erreicht, braucht ihr die reine, ruhige, harmonische Eigenschaft. Sobald ihr in Gott eingegangen seid, gibt es keine unterschiedlichen Eigenschaften mehr. In diesem Zustand taucht die Frage nach den drei Eigenschaften *(guna)* überhaupt nicht mehr auf. Wenn ihr alles geopfert und eins mit dem Herrn geworden seid, erhebt ihr euch über diese Eigenschaften und werdet vollkommen frei von allen Ketten.

Die *Gita* lehrt, dass beständiges Üben *(abhyāsa)* und Verzicht *(vairāgya)* wesentlich sind, um den Geist zu kontrollieren. Üben beschränkt sich aber nicht auf das tägliche Einhalten religiöser Rituale. Üben bedeutet, den Körper, die Zunge und den Geist so zu gebrauchen, dass ihr keine Bindungen entwickelt. Üben bedeutet, euer ganzes Leben auf das eine Ziel auszurichten, Göttlichkeit zu erreichen. Jedes Wort, das ihr äußert, jeder Gedanke, den ihr denkt, und jede Tat, die ihr ausführt, sollte rein und mit Wahrheit verbunden sein. Wahrheit und Reinheit sind die wirklichen Instrumente für den Erfolg auf dem spirituellen Weg. Mein Wunsch ist, dass ihr diese edlen Eigenschaften entwickelt und euer Leben dadurch heiligt!

Dreizehnte Ansprache

Verschwendete Zeit ist verschwendetes Leben

Der Herr erklärt in der Gita: „Wer ständig an mich denkt, ist mir sehr lieb." Erinnert euch deshalb stets an Gott. Gebt Ihm euren Geist (mind) und euren Willen. Überlasst alles Ihm, und ihr werdet Ihn schnell erreichen

Verkörperungen der Liebe,

Der Herr lehrt in der *Gita,* dass Freud und Leid, Hitze und Kälte, Gewinn und Verlust, Lob und Kritik mit Gleichmut begegnet werden müssen. Dieser Gleichmut des Geistes (mind) ist eines der wichtigsten Merkmale eines wahren Gottesverehrers. Es gibt viele weitere Eigenschaften eines wahren Gottesverehrers, doch diese sind alle in zwei grundlegenden Eigenschaften enthalten: Disziplin *(abhyāsa)* und Entsagung *(vairāgya).* Disziplin bezieht sich auf die Kombination der drei Arten von Buße *(tapa):* körperliche, mentale und sprachliche Buße. Entsagung bedeutet das Erkennen der Unvollkommenheit der gegenständlichen Welt und das Führen eines Lebens, das nicht an diese Dinge gebunden ist. Mit anderen Worten: ein Leben als Beobachter. Wenn ihr imstande seid, diese beiden wichtigen Eigenschaften, Disziplin und Entsagung, in euer tägliches Leben einzubeziehen, braucht ihr keine weiteren spirituellen Übungen.

Beginnt eure spirituellen Übungen, wenn ihr jung seid

Wenn ihr diese beiden Eigenschaften entwickeln wollt, müsst ihr bereits in der Kindheit damit beginnen und die frühe Phase eures Lebens auf heilige und erhebende Weise nutzen. In der heutigen Welt beginnen die Menschen erst im hohen Alter mit dem Üben spiritueller Disziplinen. Erst nachdem sie Luxusgüter ausgiebig genossen haben und von weltlichen Vergnügungen angewidert und erschöpft sind, ziehen sie es in Betracht, den spirituellen Weg einzuschlagen. Nachdem sie ihr Leben damit verbracht haben, sich auf Sinnesobjekte, ein Familienleben, Kinder, Reichtum, Eigentum, Status und Ruf zu konzentrieren, stehen sie im Alter enttäuscht da. Sie begreifen, dass nichts Wahres in diesen Dingen liegt und dass Seelenfrieden und bleibende Freude nicht aus der Welt der Erscheinungen und weltlichem Streben kommen können. Erst wenn sie an ihrem Lebensabend angekommen sind und von der Leere ihrer Erfahrungen verfolgt werden, beginnen sie mit dem Üben spiritueller Disziplinen.

Im hohen Alter, wenn ihr an allen Arten körperlicher und mentaler Schwäche leidet, ist es jedoch sehr schwierig, die Übungen durchzuführen und rigoros ein spirituelles Leben zu beginnen. Aber selbst dann solltet ihr nicht entmutigt sein und denken, dass es keine Möglichkeit zum spirituellen Fortschritt für alte Menschen gebe. Auch ihnen werden sich gewiss Gelegenheiten für spirituelle Erfahrungen bieten. Es ist weit besser, zumindest im Alter mit der ständigen Erinnerung an den Herrn zu beginnen, als überhaupt nie an ihn zu denken. Was das Denken an Gott betrifft, gibt es keine Beschränkungen hinsichtlich Zeit, Ort oder Alter. Aus diesem Grund erklärte der göttliche

Lehrer in der *Gita:* „Denk an mich zu allen Zeiten und an allen Orten.“ Aber er verkündete auch, dass die beste Gelegenheit, diese spirituellen Übungen in einer vorgeschriebenen Weise zu praktizieren, in eurer Jugend gegeben ist. Wenn euch eure körperlichen Kräfte, eure Sinne und Geisteskraft zur vollen Verfügung stehen, ist die beste Zeit, spirituelle Übungen aufzunehmen.

Dieser Prozess ist wie das Reservieren eines Flugtickets, bevor man die Reise antritt. Wenn ihr am Flughafen ankommt, nachdem ihr zuvor euren Platz reserviert habt, werdet ihr eure Reise wahrscheinlich reibungslos fortsetzen können. Wenn ihr dagegen erst in letzter Minute zum Flughafen fahrt, ohne eine Reservierung zu haben, kommt ihr vielleicht nicht ins Flugzeug. Dann hängt alles vom Glück ab. Am Ende müsst ihr möglicherweise auf langsamere Weise reisen oder eure Reise verschieben. Genauso ist es mit Menschen, die im hohen Alter damit beginnen, über spirituelle Themen nachzudenken. An diesem Punkt ihres Lebens sind sie vielleicht in der Lage, sich spirituell erheblich weiterzuentwickeln, oder sie sind es nicht. Aber wenn dieselben Menschen bereits in jungen Jahren ernsthaft spirituelle Übungen aufgenommen hätten, wäre es ihnen spiritueller Erfolg im hohen Alter gewiss.

Vergeudet eure Jugend nicht

Wenn ihr euer Leben bereits in jungen Jahren damit vergeudet, euch an weltlichen Vergnügungen zu erfreuen und die Kraft eures Körpers und eurer Sinnesorgane zu verschwenden, werdet ihr im Alter vielleicht nicht die Chance bekommen, euer Ziel des Einswerdens mit Gott zu erreichen. Es macht keinen Sinn, Dämonen köstliche Speisen zu servieren und dann, wenn sie alles Wertvolle verzehrt haben, das Übriggebliebene Gott zu opfern. Meint ihr, dass Gott dies erfreue? Nein! Nachdem all eure Kräfte von den Dämonen des Zorns, der

Gier, der Lust und des Stolzes aufgezehrt worden sind, versucht ihr, das Übriggebliebene Gott darzubringen. Aber dieses Opfer wird nicht von ihm angenommen. In diesem Zusammenhang hat die *Gita* betont, dass eure Jugend ein sehr kostbarer Zeitabschnitt ist, der mit großer Sorgfalt für euren spirituellen Fortschritt genutzt werden muss.

Wenn ihr etwas seit langer Zeit besitzt und es für selbstverständlich haltet, könnt ihr seinen wahren Wert vielleicht nicht wertschätzen. Erst wenn ihr es verloren habt, schätzt ihr es richtig. Solange ihr eure Augen habt, kennt ihr nicht den Wert und die Kostbarkeit eurer Augen. Ihr erkennt die Wichtigkeit des Sehens erst, wenn ihr euer Augenlicht verloren habt. Wenn ihr ebenso eine gute Gesundheit habt und im Vollbesitz all eurer Fähigkeiten seid, versteht ihr ihren wahren Wert nicht. Wenn ihr die Gesundheit verliert und eure geistigen Fähigkeiten nachlassen, bereut ihr und klagt, dass eure Kräfte euch verlassen hätten. Aber alles Lamentieren ist an diesem Punkt nutzlos. Ihr habt es den schlechten Angewohnheiten in eurer Jugend erlaubt, eure Freunde zu werden und tiefe Wurzeln in euch zu schlagen. Ihr habt die Fähigkeiten und Kräfte, die euch gegeben wurden, vergeudet und missbraucht, indem ihr blind den Wünschen eurer Sinne gefolgt seid. Später, im Alter, werden diese schlechten Gewohnheiten und Eigenschaften eure Hauptfeinde.

Die meisten Jugendlichen nutzen ihre Unterscheidungsfähigkeit nicht richtig. Sie versuchen nicht herauszufinden, wer ihr wahrer Freund und wer ihr Feind ist. Wenn ihr nur euren Sinnen und niederen Instinkten folgt und eure Intelligenz nicht entwickelt habt, um die Bedeutung des Lebens zu erkennen, gibt es dann einen Grund, euch Menschen zu nennen? Sollte man euch nicht lieber als Tiere bezeichnen? Wenn ihr die Bedeutung eines menschlichen Lebens begreift und euch mit den edlen Eigenschaften eines Menschen anfüllt, werden die Sinne nicht länger in der Lage sein, euch zu verwirren.

Nutzt euren Körper Gott zuliebe

Heutzutage nutzt ihr Gott um des Körpers willen. Ihr nutzt euren Körper nicht, um Gott anzubeten. Ihr betet zu Gott um eine gute Gesundheit, wann immer ihr krank seid, aber ihr nutzt nicht all eure körperliche Kraft und Fähigkeiten, solange ihr sie habt, um Gott anzubeten. Ihr bildet euch ein, dass später genug Zeit da sein werde, um Gott anzubeten, und so verschwendet ihr weiter eure Zeit. Ihr meint, nach der Pensionierung könntet ihr damit beginnen, die Kontemplation über Gott aufzunehmen und spirituelle Übungen zu machen. Vielleicht habt ihr das Gefühl, dass es besser sei, zwischenzeitlich das Leben zu genießen und euch an den Dingen der Welt zu erfreuen, solange ihr noch jung seid. Aber wie könnt ihr damit beginnen, an Gott zu denken, wenn ihr alt werdet, nachdem ihr all eure Fähigkeiten verloren habt.

Wenn ihr jetzt nicht all eure körperlichen Kräfte und Kapazitäten für die Anbetung des Herrn nutzt, wird es später zu spät sein. Wenn Kinder Späße über euch machen und euch einen „alten Affen" nennen, werdet ihr dann die Kraft haben, ein intensives spirituelles Leben zu führen? Wenn euer Haar ergraut ist, wenn ihr kaum dazu in der Lage seid, euch zu bewegen, wenn ihr fast nicht mehr sehen könnt, wenn alle Sinnesorgane schwach geworden sind, werdet ihr dann in der Lage sein, sie für die Anbetung Gottes zu nutzen? Nein, das wird nicht möglich sein. Die Schriften haben sehr eindrucksvoll und klar beschrieben, dass es nutzlos ist, erst in den letzten Tagen mit spirituellen Übungen *(sādhana)* anzufangen. Sie haben dargelegt: Könnt ihr dem Tod sagen, er solle ein bisschen warten, weil ihr für einige Augenblicke an Gott denken wollt, wenn der Gott des Todes euch aufsucht und zuruft: „Komm! Komm!", wenn eure Angehörigen euren Körper nicht mehr im Haus behalten wollen und zurückrufen: „Nehmt ihn mit! Nehmt ihn mit!", und eure Frau und die Kinder weinend um euch herumstehen?

Ihr solltet in der Jugend alles zusammentragen, was nötig ist, um ein starkes Fundament für eine glückliche Zukunft zu legen. Glaubt ihr wirklich, dass es euch gelingen werde, nur noch an Gott zu denken, wenn ihr erst nach der Pensionierung damit beginnt? Nein, das ist nicht möglich. Ihr solltet euch schon vor dem Ruhestand voll und ganz mit regelmäßigen spirituellen Übungen beschäftigen. Stattdessen verliert ihr euch sogar im Ruhestand noch in Arbeit, verschwendet euer kostbares Leben in Clubs und mit vielen anderen Dingen.

Ihr könnt kein spirituelles Leben beginnen, wenn der Tod vor der Tür steht

Eine Hausfrau fragte ihren Mann einmal: „Solltest du nicht wenigstens jetzt, da du alt bist, an Gott denken? Du hast dir während deines Arbeitslebens nie die Zeit dafür genommen. Bitte, tu es jetzt!" Der Geschäftsmann antwortete: „Ich habe nicht einmal Zeit zu sterben, geschweige denn an Gott zu denken." Glaubt ihr, dass der Tod nicht zu einem Menschen kommen werde, bloß weil dieser meint, er habe keine Zeit für ihn? Wird sich der Tod nach seinen Wünschen richten? Nein, die Zeit wartet auf niemanden. Nutzt die Zeit deshalb gut, solange ihr welche habt!

Der Feind namens Tod wartet zusammen mit seinen Soldaten namens Krankheit darauf, Krieg gegen euren Körper zu führen. Die Menschen sterben überaus erbärmlich und hilflos, wenn Krankheit und Tod sie überfallen. Aber keine Streitmacht der Welt kann diejenigen angreifen, welche die Gnade des Herrn errungen haben. Ihr müsst deshalb schon in eurer Jugend die Gnade Gottes gewinnen und euch rüsten, sämtlichen Angriffen der Feinde zu widerstehen, wenn sie euch belagern kommen. Darüber hinaus müsst ihr in eurem Herzen fest davon überzeugt sein, dass diese Lebensreise lang ist. Jede andere Reise, ob mit dem Bus, der Eisenbahn oder dem Flugzeug dauert nur kurz; ihr braucht keine allzu großen Vorbereitungen dafür zu treffen. Aber für die Lebensreise müsst ihr euch auf alle möglichen Eventualitäten einer langen Reise einstellen. Andernfalls werdet ihr später sehr unglücklich sein, sobald ihr mit ernsthaften Problemen und Schwierigkeiten konfrontiert werdet.

Ihr wisst vielleicht, dass auf den Waggons von Güterzügen, mit denen chemische Substanzen transportiert werden, bei der Herstellung ein bestimmtes Zukunftsdatum angeschrieben wird, an dem die normale Lebensdauer des Containers abgelaufen ist und er ins Depot zurück muss, um wiederaufbereitet zu werden. Das Gleiche gilt für euren „Container", den Körper. Auch auf ihm steht ein bestimmtes Rückrufdatum, es wurde von Gott selbst darauf geschrieben.

Ihr erinnert euch nicht daran, dass ihr zurückgehen müsst. Die Menschen vergessen diese überaus wichtige Tatsache. Wenn ihr wirklich später alle Freuden des Lebens genießen wollt, müsst ihr während eurer Jugend die Gnade Gottes verdienen. Die frühe Kindheit und Jugend sind sehr wichtige Zeitabschnitte im Leben. Ihr vergeudet diese Jugend, weil ihr euch ihres Wertes nicht bewusst seid. Ihr benutzt eine goldene, edelsteinbesetzte Tasse für einen niederen, minderwertigen, verachtenswerten Zweck. Ihr nehmt teures Sandelholz, um das Feuer der Sinne zu nähren. Das Gefäß ist wertvoll und der Brennstoff kostbar, aber die Nahrung, die ihr mit ihrer Hilfe zu kochen beabsichtigt, ist schal und wertlos. Ein so wertvoller Körper und dieser so heilige Treibstoff werden für den Genuss nutzloser Trivialitäten verschwendet. Wertlose Dinge werden in dieses kostbare Gefäß gelegt und für erbärmliche Vergnügungen genutzt. Ihr benutzt einen goldenen Pflug, um das Feld eures Herzens zu bestellen und bringt nichts als nutzloses Unkraut hervor.

Das wahre Leben als Mensch geht mit Unterscheidungsfähigkeit und Entsagung einher

Das Feld eures Herzens ist außerordentlich kostbar und heilig. Der göttliche Lehrer hat verkündet, dass auch dieses Feld ihm gehöre. Er hat erklärt, dass er ebenso das Feld sei wie dessen Kenner. Er ist der wahre Eigentümer eures Herzens und eures Körpers. Er hat sich mit beiden identifiziert. Was tut ihr mit diesem heiligen Herzen und Körper? Ihr benutzt einen goldenen Pflug, um die nutzlose Saat sinnlicher Vergnügungen großzuziehen. Jeder, der sich der Kostbarkeit des Herzens und der Gefühle darin bewusst ist, wird sie nicht missbrauchen. Das Leben muss für Gutes genutzt werden, für das Wohl der Mitmenschen, für das Erreichen des heiligen Ziels und das Betreten des heiligen Weges und für das Hervorbringen eines strahlenden Glanzes im Herzen und im Geist (mind). Ihr müsst dieses Leben nutzen, um in Göttlichkeit einzugehen. Nur dann werdet ihr die Berechtigung haben zu sagen, dass euer Leben geheiligt und echt geworden ist.

Es heißt, dass es sehr schwierig, ja fast unmöglich sei, eine Geburt als Mensch zu erlangen. Was ist an einem Leben als Mensch so besonders? Warum ist es so schwierig zu erreichen? Alle Freuden, welche die Tiere und Vögel genießen, könnt ihr auch haben. Wo liegt in diesem Fall der Sinn der Behauptung, dass das menschliche Leben etwas so Besonderes und Kostbares sei? Der Sinn liegt darin, dass ihr die Fähigkeit habt, zwischen richtig und falsch zu unterscheiden, darin, dass ihr die Fähigkeit habt, Anhaftungen und Hass aufzugeben. Deshalb müsst ihr die Intelligenz, die euch gegeben wurde, dazu nutzen, zwischen der tierischen Lebensweise und der menschlichen Lebensweise zu unterscheiden. Wenn ihr nicht zwischen dem wahren Selbst *(atman)* und dem niederen Selbst *(anatman)* unterscheidet, wenn ihr eure höhere Intelligenz *(buddhiyoga)* nicht entwickelt, werdet ihr ein Opfer von Unruhe und Sorgen. Ihr könnt keinen inneren Frieden finden, weil ihr nicht dem richtigen Weg folgt.

Junge Menschen müssen mit fester Entschlossenheit die drei Arten von Askese *(tapas),* körperliche, mentale und sprachliche Askese, einhalten und damit der Welt ein Beispiel geben. Ihr müsst mit dem aktiven Prinzip *(rajoguna)* das träge Prinzip *(tamoguna)* unterwerfen und dann mit dem gelassenen Prinzip *(sattvaguna)* das aktive Prinzip besiegen. Es ist unmöglich, ruhig zu bleiben, solange euer Herz mit der trägen und der aktiven Natur angefüllt ist. Wenn der Kopf leer ist, könnt ihr darauf hoffen, ihn mit guten Gedanken anzufüllen, aber wenn euer Kopf schon voll von allen möglichen nutzlosen Gedanken ist, wie könnt ihr ihn dann mit etwas Großem, Heiligem anfüllen? Ihr habt den Kopf voll von nutzlosem weltlichem Klimbim. Ihr müsst ihn zuerst davon leeren. Nur dann seid ihr in der Lage, euren Kopf mit heiligen Gefühlen und Gedanken anzufüllen.

Richtet eure Konzentration standhaft auf Gott

Viele von euch folgen einem Irrweg und führen ein sinnloses Leben. Ihr weint, wenn ihr geboren werdet, und ihr weint, wenn ihr sterbt. In der Zwischenzeit weint ihr euer ganzes Leben lang um nutzlose Dinge. Aber weint ihr auch, wenn ihr das Schwinden von Rechtschaffenheit *(dharma)* seht? Das ist es, weswegen ihr weinen solltet. Ihr solltet eure Kraft und Fähigkeiten nutzen, um das Schwinden von *Dharma* aufzuhalten und dazu beizutragen, dass die daraus entstandenen Wunden heilen. Was ist ein rechtschaffenes Leben *(dharma)?* Es ist das ständige Erinnern und die ununterbrochene Kontemplation über Gott. Die *Gita* hat nicht gelehrt, dass ihr eure Familie, euren Wohlstand und euer Eigentum aufgeben und dann in den Wald gehen solltet. Nein! Sorgt für eure Familie. Tut eure Pflicht. Aber haltet eure Konzentration fest auf den Herrn gerichtet. Was ihr auch tut, vergesst nicht euer Ziel. Wenn ihr es aufgebt, werdet ihr euch verirren und auf Abwege geraten. Euer göttliches Ziel muss fest in eurem Bewusstsein verankert sein. Erfüllt eure täglichen Pflichten mit diesem Ziel vor Augen.

Lasst keine Makel oder Fehler eure Worte verschmutzen. Haltet stets an der Wahrheit fest. Manche Menschen meinen, sie könnten in schwierigen Zeiten die Wahrheit verdrehen. Sie denken vielleicht sogar, es sei manchmal notwendig, die Unwahrheit zu sagen. Aber in schwierigen Situationen könnt ihr so viel Geistesgegenwart entwickeln, dass ihr lieber schweigt, anstatt eine Wahrheit oder eine Unwahrheit zu sagen. Sagt keine Wahrheit auf unangenehme Weise und sagt auch keine Unwahrheit auf angenehme Weise. Wenn eine schwierige Zeit der Prüfung kommt, solltet ihr lernen, bloßstellende Situationen zu vermeiden, ohne eine Unwahrheit zu sagen. In bestimmten Situationen müsst ihr euch äußerst vorsichtig verhalten. Ihr solltet wissen, wie ihr mit Worten umgeht ohne Menschen zu verletzen. Ein Sprichwort sagt: „Derjenige ist ein glücklicher Mensch, der weiß, wie man spricht, ohne jemanden verletzen." Ihr solltet weder andere verletzen noch von anderen verletzt werden. Hier ist eine kurze Geschichte dazu:

Seid beständig in eurem Üben

Eine Hausfrau nahm an einer Reihe von Veranstaltungen teil, auf denen der spirituelle Lehrer *(pandit)* die Schriften erklärte. Sie konzentrierte sich und hörte mit großer Aufmerksamkeit allem zu, was gesagt wurde. Eines Tages erzählte der Redner die Geschichte von *Rama* und *Sita (ramayana)* und erklärte in diesem Zusammenhang, dass der Ehemann für die Ehefrau das Ziel des Lebens sei. Er sagte: „Es ist die Pflicht einer Ehefrau, ihren Gatten zufriedenzustellen und glücklich zu machen. Behandelt den Ehemann immer als Gott." Nachdem die Frau all dies gehört hatte, ging sie nach Hause zurück. Sie war so von diesem Vortrag beeindruckt, dass sie sogleich beschloss, alles, was sie gelernt hatte, in die Praxis umzusetzen. Kaum war ihr Mann zum Mittagessen nach Hause gekommen, nahm sie einen Krug Wasser und schüttete es ihm mit dem Gedanken, dass sie ihren Gatten voller Verehrung diene, über die Füße. Der Mann war verlegen und verblüfft. Er betrat das Haus und setzte sich hin, um seine Füße zu trocknen, aber bevor er es tun konnte, bestand sie darauf, es für ihn zu tun.

Nachdem der Mann all dies gesehen hatte, rief er den Arzt an. Er wusste nicht, dass seine Freu den Vortrag gehört hatte. Der Arzt kam, verordnete der Frau Schlaftabletten und sagte, dass es ihm wie ein Hysterieanfall vorkomme, es ihr aber nach ein, zwei Tagen Bettruhe wahrscheinlich wieder gutgehe. Der Mann aß sein Mittagessen und sagte seiner Frau, sie solle sich ausruhen. Dann fuhr er zurück ins Büro. Die Frau aber ging schnurstracks wieder zu der Veranstaltung, um die nächste Lektion zu hören. Das Thema an diesem Nachmittag war die trügerische Beziehung zwischen Eheleuten. Der *Pandit* sagte: „Wer ist der Ehemann? Wer ist die Ehefrau? Nichts ist von Dauer. All diese Dinge sind nur vergänglich und vorübergehend. In Wahrheit existiert gar nichts." Dann fügte er hinzu: „Allein Gott ist wahr. Er ist die einzige wirkliche Wahrheit." Die Frau ging nach Hause und setzte sich in ihren *Pūjā*-Raum.

Am Abend kam der Mann eine halbe Stunde früher als sonst nach Hause, weil er dachte, dass sich seine Frau vielleicht noch nicht wohlfühle und seiner Hilfe bedürfe. Er klopfte an die Tür und sagte freundlich, er sei es, sie möge bitte öffnen. Aus dem *Pūjā*-Raum kam die Antwort: „Es gibt keinen Vater, keine Mutter, kein Haus, nichts, nicht einmal einen Ehemann." Dieses Verhalten alarmierte den Ehemann und er brachte sie schließlich doch so weit, dass sie ihm die Tür öffnete. Kaum war er ins Haus gelangt, ging er geradewegs zum Telefon und rief den Psychiater an. Der Psychiater kam, befragte die Frau eingehend und stellte seine Diagnose. Er sagte, all die Vorträge, die sie gehört habe, hätten zu dem seltsamen Verhalten geführt. Wenn man dafür sorge, dass sie im Haus bleibe, würde sie bald über den Berg sein. Es wurden Vorkehrungen getroffen, die Frau am Besuch weiterer Vorträge zu hindern.

Nachdem ihr diese Einschränkungen auf Verordnung des Arztes auferlegt worden waren, ging sie zwei Tage lang nicht zu den Lektionen und begann sich wieder normal zu benehmen. Die Nichtanhaftung, die sie entwickelt hatte, war also nur vorübergehend und oberflächlich und hielt nicht lange an. Der Ehemann aber war jetzt glücklich, und die gewohnte tägliche Routine wurde wieder aufgenommen. Nach einer Woche kehrte die Frau wieder an den Ort zurück, an dem die Vorträge gehalten wurden. An jenem Tag nahm der *Pandit* die Lehren der *Gita* durch. Er erläuterte, dass man stets die Wahrheit sagen solle, wann auch immer man spreche, aber nicht in bloßstellender Art und Weise. Die Frau hörte sich alles an und ging wieder nach Hause. An dem Abend sagte ihr Mann zu ihr, sie seien zu einem Hochzeitsempfang eingeladen, und bat sie, mit ihm hinzugehen. Sie machte sich schnell fertig und begleitete ihren Mann.

Die Hochzeitszeremonie begann. Es war in jener Gegend Brauch, das glückverheißende Halsband, das die Braut trägt, von jedem Mitglied der älteren Generation berühren und segnen zu lassen. Der Vater der Braut kam zu der Frau, erkannte sie und fragte: „Wie geht es Ihrer Mutter? Alles in Ordnung?“ Diese Fragen waren Höflichkeiten, der Austausch einiger Worte, während er ihr das Halsband zum Segnen hinhielt. Die Frau antwortete: „Meiner Mutter geht es gut, aber vor einer Woche ist plötzlich meine Schwiegermutter gestorben; sie wurde am darauffolgenden Tag eingeäschert.“

Der Nachbar, der neben ihr saß, fragte sie daraufhin: „Warum haben Sie so etwas Unglückbringendes gesagt, während Sie das Halsband berührt und gesegnet haben? Es soll doch der Braut und ihrer künftigen Familie ein langes und glückliches Leben bescheren." Die Frau antwortete: „Hätte ich nur wegen des Halsbandes eine Lüge sprechen sollen? Nein, niemals. Es ist eine Tatsache, dass meine Schwiegermutter letzte Woche gestorben ist und dass man ihren Körper verbrannt hat!" Eine intelligente junge Frau, die in der Nähe saß, sagte nun: „Mutter, gewiss sollten Sie die Wahrheit sprechen, aber Sie sollten sich auch der Umstände bewusst sein und darüber nachdenken, was angemessen ist, bevor Sie sprechen."

Sprecht die Wahrheit, aber wahrt Diskretion in euren Worten

Wenn ihr an einem bestimmten Tag eine spirituelle Lehre hört, setzt ihr sie mit großem Eifer und Überzeugung sofort in die Tat um, aber nur an genau diesem Tag. Das ist nicht die rechte Art, spirituelle Studien zu betreiben. Ihr solltet euren Intellekt dazu benutzen, den Kontext zu erfassen, in dem ihr euch befindet, bevor ihr Worte in einer gegebenen Situation gebraucht. Wenn ihr etwas sagt oder tut, solltet ihr immer die Wahrheit als das königliche Instrument vor Augen haben, das euch hilft, das höchste Ziel zu erreichen. Die Zunge sollte nicht durch Unwahrheit besudelt werden. Der Körper sollte nicht durch Gewaltanwendung verunreinigt werden. Der Geist (mind) sollte nicht durch schlechte Gedanken und Gefühle befleckt werden. Nur wenn ihr diese Dreiheit – Zunge, Körper, Geist – heiligt und in Einklang bringt, seid ihr imstande, die heilige Vision des Herrn zu bekommen.

Schüler und Studenten sollten außerordentlich vorsichtig mit dem Sprechen der Wahrheit umgehen. Natürlich sollten sie unbedingt bei der Wahrheit bleiben, aber auch gut darauf achten, dass sie nicht unnötig viel reden oder andere verletzen. Kontrolliert eure Zunge. Wo es ein Missverständnis mit jemandem gibt und ihr dem Betreffenden all seine Fehler aufzählt, mit der Rechtfertigung, eure Worte seien wahr, wird es später unweigerlich Komplikationen geben. Ihr dürft niemals jemanden hassen. Wenn ihr Liebe im Herzen habt, sind eure Worte ganz von selbst sehr sanft. Selbst wenn Ärger aufsteigt, wird er von flüchtiger Natur sein.

Es gibt vier Arten von Menschen: Der Ärger eines Menschen, der ein gelassenes Wesen hat, ist kurzlebig. Er schwindet augenblicklich. Die *Gita* erklärt so jemanden zur Großen Seele. Die zweite Art von Mensch hat diesen Ärger für einige Minuten, aber er wird schon bald wieder verschwinden. Die dritte Kategorie behält ihren Ärger kontinuierlich, den ganzen Tag lang. Der Mensch der niedrigsten Kategorie behält seinen Zorn ein Leben lang.

Die vier Arten von Ärger

Der göttliche Lehrer hat dies auch noch auf andere Weise gesagt: „Der Zorn eines guten Menschen ist wie das Schreiben auf Wasser – er ist nicht im Geringsten beständig. Der Zorn eines Menschen der zweiten Kategorie ist wie das Schreiben auf Sand – er wird von einem Moment auf den anderen weggewischt. Der Zorn eines Menschen der dritten Kategorie ist wie das Schreiben auf Stein – auch er wird über eine lange Zeitdauer abgetragen. Aber der Zorn der vierten Art von Mensch ist wie das Eingravieren auf eine Stahlplatte – er wird nie verschwinden, es sei denn, ihr schmelzt die Platte ein und formt sie neu. Nur wenn ihr sie ins Feuer legt, wird sie zerstört. Nur durch intensive Transformation gibt es eine Möglichkeit, sie zu verändern."

In der *Gita* können Lehren gefunden werden, die äußerst bedeutungsvoll für unseren Alltag sind. Es wird sehr schwierig für euch, alle Lehren der *Gita* in die Praxis umzusetzen. Aber ihr solltet zumindest diejenigen Lehren nehmen, die direkt auf euer gegenwärtiges Leben anwendbar sind, und sie in die Praxis umsetzen. Auf diese Weise zieht ihr einen unmittelbaren Nutzen daraus und werdet euch rasch eurem letzten spirituellen Ziel nähern.

Vierzehnte Ansprache

Denkt an Gott, vergesst die Welt

Von allen kostbaren Dingen in der Welt ist die Zeit das kostbarste.
Denkt sorgsam darüber nach, wie ihr eure wertvolle Zeit verbringt.
Eure erste Pflicht als Mensch ist es, euren Körper, eure Arbeit
und eure Zeit Gott zu widmen, der die Verkörperung der Zeit ist.

Verkörperungen der Liebe,

eine beeinträchtigte oder auch verlorene Gesundheit kann manchmal mit Arzneien wiederhergestellt werden. Verlorene Zeit aber kann durch nichts wiedergebracht werden. Es gibt keine Möglichkeit, sie zurückzuholen und neu zu nutzen. Ihr müsst jede erdenkliche Anstrengung unternehmen, diese kostbare Zeit auf heilige Art und Weise zu verwenden. Zeit ist unendlich, sie geht immer weiter. Aber die euch bemessene Zeit ist nur ein mikroskopisch kleiner Teil davon. Viele von euch verschwenden ihre Zeit mit der Vorstellung, dass die Welt der Erscheinungen wirklich sei. Als Folge davon benutzt ihr all eure begrenzte Zeit für das Genießen weltlicher Freuden. Wenn ihr auch nur einen Augenblick darüber nachdächtet, was ihr bisher erreicht habt und wie ihr eure unbezahlbare Zeit verwendet habt, würdet ihr es sehr bedauern, so verschwenderisch mit ihr umgegangen zu sein.

Findet heraus, wer ihr wirklich seid

Ihr weint, wenn ihr geboren werdet, weil ihr in diese Welt gekommen seid, ohne zu wissen, wer ihr seid und warum ihr hier seid. Euer Schrei ist eine angstvolle Bitte herauszufinden: „Wer bin ich *(ko 'ham)?*" Wann werdet ihr jemals in der Lage sein zu verstehen, wer ihr wirklich seid, wenn ihr euer gesamtes Leben nur für eure physische Existenz verwendet? Es gibt einen tieferen Sinn in eurem Leben als nur den, für das leibliche Wohl zu sorgen. Ihr müsst euer Leben mit „Wer bin ich *(ko 'ham)?*" beginnen und es mit „Ich bin Er! Ich bin Gott *(so 'ham)!*" beenden. Ihr müsst erkennen, dass ihr das Göttliche seid, und euer Leben in höchstem Frieden *(prashānti)* beenden, der eure wahre Wirklichkeit ist. Unglücklicherweise konzentrieren die meisten von euch ihre Aufmerksamkeit nur auf die erreichbaren weltlichen Genüsse, streben nach sofortigen Vergnügungen und denken kein bisschen an die künftigen Konsequenzen, die euren Taten folgen.

Wenn ein Frosch Fliegen oder Würmer vor sich sieht, wird er so glücklich und enthusiastisch, dass er am liebsten sofort auf sie springen und sie verschlingen und genießen würde. Aber hinter dem Frosch liegt lauernd eine Schlange, bereit, den Frosch zu fangen und aufzufressen. Die Schlange ist sehr glücklich, ihr Mahl in Form dieses Frosches gefunden zu haben, der für einen Moment mit seinem eigenen Vergnügen beschäftigt ist. Die Schlange weiß nicht, dass ein Falke über ihrem Kopf segelt, bereit, die Schlange mit seinen Klauen zu greifen. Der Falke ist so erfreut über den Gedanken, diese unerwartete Schlange zu schnappen und zu verzehren, dass er nicht auf den Jäger achtet, der sich im Busch versteckt hält und bereit ist, ihn zu erlegen.

Gleicherweise denkt auch ihr nur an die Erfüllung eurer Wünsche und erwartet die Annehmlichkeiten, die ihr vor euch seht, ohne an all das zu denken, was hinter euch heranschleicht und darauf wartet, über euch herzufallen. Ihr vergeudet eure Zeit, ohne den Schaden zu bedenken, der in Zukunft über euch hereinbrechen mag. Ihr könnt nicht wissen, zu welcher Zeit, an welchem Ort und unter welchen Umständen sich euch Gefahr zeigt und euren Weg kreuzt. Deshalb müsst ihr die Zeit, die euch zur Verfügung steht, heiligen und in Kenntnis ihrer Heiligkeit und Kostbarkeit auf rechte Weise nutzen.

Die Jugend ist die kostbarste Zeit des Lebens

Ihr seid vielleicht bereit, Millionen für das zu bezahlen, was euch gerade attraktiv erscheint, doch kein Geld der Welt kann euch die bereits verbrachte Zeit wiederbringen. Die Jugend ist die kostbarste und heiligste Zeitspanne im Leben eines Menschen. Sie gibt euch eine goldene Chance, euer Leben richtig zu nutzen und zu heiligen. In einem Menschenleben ist die Zeit der Jugend wie das Wasser, das in einem Fluss fließt. Sie kann nicht zurückgeholt werden. Die heutige Jugend sollte diese Tatsache erkennen. Nutzt eure Zeit auf rechte Weise, und ihr werdet in eurem Leben Erfüllung finden. Seid euch stets der vielen Aspekte des Rades der Zeit bewusst. Erkennt, wie ungeheuer wichtig Zeit ist. Macht euch Gedanken über das, was die Zukunft euch aller Wahrscheinlichkeit nach bringen wird, und behaltet das Ziel eures Lebens ständig im Blick.

Im Kapitel über die Hingabe sagt die *Bhagavadgita,* dass Zeit das wichtigste Element in eurem Leben ist und ihr eure Zeit weise nutzen solltet. Eure Zeit sollte dafür verwandt werden, Gott zu erreichen. Der göttliche Lehrer sagt in der *Gita,* dass ihr ein gesegnetes Leben haben werdet, auch falls ihr keinen sehr hohen Grad an Nichtanhaftung an weltliche Dinge entwickelt habt, wenn ihr euch in eurer Zeit ständig Gott bewusst seid, all eure Arbeiten und Pflichten als Anbetung ausführt und alles, was ihr tut, Gott opfert.

Krishna sagte zu *Arjuna: „Arjuna,* wenn du kämpfen musst, kämpfe. Aber denk dabei an mich. Dann wirst du keine Sünde auf dich nehmen. Wenn du alles mir geopfert hast und mich ständig im Herzen bewahrst, wirst du unter keinerlei Folgen deiner Handlungen zu leiden haben. Es wird nicht von dir erwartet, dass du in den Wald gehst und Buße tust oder all deine Beziehungen aufgibst. Du brauchst nicht deine Familie, dein Haus und deinen Besitz aufzugeben. Was du auch siehst, sprichst und hörst, was du auch denkst und tust, tu es als meine Arbeit und bring sie mir dar. Opfere deinen Geist (mind) und Intellekt vollkommen mir. Das ist die rechte Art, deine Zeit zu heiligen. Wenn du dein Leben auf diese Weise führst, wirst du gerettet werden! Darauf gebe ich dir mein Wort!"

Entwickelt Selbstvertrauen und fasst einen festen Entschluss

Unglücklicherweise findet man heutzutage nirgendwo diese Fähigkeit zur Entsagung, diese Zielgerichtetheit, diesen tiefen Glauben, das Pflichtbewusstsein und die Bereitschaft, das Denken (mind) und den Intellekt Gott zu opfern. Die meisten Menschen von heute haben keine Vision, die von Glauben durchdrungen ist. Ihr aber solltet einen solch tiefen Glauben entwickeln. Ihr könnt nicht darauf hoffen zu wissen, welches Leben ihr in der Zukunft führen und unter welchen Umständen und an welchem Ort ihr euch wiederfindet werdet. Niemand außer Gott weiß diese Dinge. Wenn ihr ihm alles opfert, wird er euch in allen Lebenslagen beschützen. Solch eine vertiefte Ebene der Entsagung erfordert starkes Selbstvertrauen und eine klare Sichtweise. Welche Arbeit ihr auch tut, ihr müsst eine große Entschiedenheit haben und einen festen Entschluss fassen. Ohne sie könnt ihr nicht einmal die kleinste Sache erreichen.

Ein kleiner Vogel legte seine Eier auf den Meeresstrand. Er hätte gern ein bequemes Leben gehabt, aber mehrere Male kamen Wellen und schwemmten die Eier hinaus aufs Meer. Der Vogel verlor allmählich den Mut und verzagte, denn jedes Mal, wenn er seine Eier gelegt hatte, trug das Meer sie fort. Mit der Zeit wurde er sehr wütend auf dieses Meer. Nun werdet ihr euch fragen, was so ein kleiner Vogel dem riesigen Meer antun kann. Aber der Vogel hatte keine solchen Zweifel. Er sah sich nicht als nur den kleinen Vogel, der gegen das Meer nichts ausrichten kann. Im Gegenteil, er war sogar fest entschlossen, dieses Meer auszuleeren! Das war sein Gelübde, und er hatte sich fest vorgenommen, es zu erfüllen. Tag und Nacht stand er am Strand, steckte sein Köpfchen ins Meer, nahm ein bisschen Wasser in sein Schnäbelchen, flog auf die andere Seite eines nahen Berges, ließ das Wasser dort fallen und beschloss, das ganze Meer Tropfen für Tropfen zu leeren. Er glaubte, dass er es letztlich schaffen würde, auf diese Weise das Meer zu besiegen.

Als er merkte, dass er allein nicht weit kommen würde, ersuchte er den Adler *Garuda, Vishnus* Gefährt, der mit göttlichen Kräften ausgestattet war, um Hilfe. Mit *Garudas* Hilfe war es ihm schließlich möglich, *Vishnus* Gnade zu erringen. Das Meer bekam nun große Angst und entschuldigte sich demütig bei dem kleinen Vogel. Es versicherte ihm, dass seine Eier niemals wieder von den Wellen verschlungen würden und dass er von nun an gerne am Strand ungestört brüten könne. Wie klein war dieser Vogel, und wie groß das Meer! Auch ihr haltet euch für so klein, aber ihr solltet nie die Hoffnung verlieren und verzweifeln. Lasst euch nicht durch den Gedanken entmutigen, klein und unbedeutend zu sein, während Gott unendlich groß und allmächtig sei.

Ihr fragt euch vielleicht: „Warum sollte Gott mir Aufmerksamkeit schenken? Was kann ich ihm schon bieten, dass er es auch gerne annimmt? Der ganze Kosmos gehört ihm doch bereits. Wenn es nicht einmal den Engeln und anderen göttlichen Wesen möglich ist, ihn zu sehen, wie sollte es mir jemals möglich sein?“ Solche herabwürdigende, selbstverkleinernde Gedanken werden euch aber nicht weit bringen. Solange ihr so denkt, werdet ihr die Gnade des Herrn nicht erreichen und nicht fähig sein, ihm zu dienen. Gebt solchen Äußerungen der Schwäche keinen Raum. Ihr müsst Gott in eurem Herzen einen festen Platz geben und zu ihm sprechen: „Geliebter Herr! Ich weiß, dass du im gesamten Universum zu Hause bist, aber du wohnst auch in meinem Herzen. Ich werde dich da mit all meiner Kraft festhalten. Es ist wahr, dass du das Größte des Großen bist, aber du bist auch das Kleinste des Kleinen, und in dieser kleinen Form wohnst du in meinem Herzen.“ Wenn ihr solch einen festen Glauben an euch selbst und den ebenso festen Entschluss gefasst habt, Gott unverrückbar in euer Herz zu lassen, werdet ihr ihn gewiss erreichen und dadurch alle Stärke des Herrn erlangen.

Die Geburt ist voller Leiden, das Leben ist voller Leiden und der Tod ist voller Leiden

Gautama Buddha gelang es mit festem Entschluss und vielen Bußübungen, den Zustand der Erleuchtung *(nirvāna)* zu erreichen. Eines Tages, als Buddhas Vater erfuhr, dass sein Sohn um Almosen bettelte, sandte er ihm folgende Botschaft: „O mein Kind, dein Großvater war ein König, dein Vater ist ein König, und auch du bist ein König. Ich habe gehört, dass du, König von edler Abstammung, um Essen bettelst. Es gibt keinen Mangel in diesem Königreich; es fehlt auch nicht an Überfluss. Du kannst alles haben, was du wünschst. Ich leide unsagbare Qualen in dem Wissen, dass du, der du alle Annehmlichkeiten und allen Überfluss eines königlichen Palastes genießen könntest, bettelst und auf der nackten Erde wie ein Bettler lebst. Bitte, komm zurück in den Palast. Ich heiße dich willkommen und will alle Vorbereitungen für deine Wiederkehr treffen. Das Königreich selbst wird dir gehören.“

Buddha, der diese Worte mit vollkommener Losgelöstheit aufnahm, antwortete dem Boten: „Bitte sag dem König: ‚Ja, mein Großvater war ein König. Mein Vater ist ein König, und auch ich war ein

König. Aber jetzt bin ich ein Entsagender *(samnyāsin)*. Ich habe der Welt entsagt, und ich glaube, dass meine wahren Eltern *Samnyāsins* sind und meine wahren Vorfahren auch *Samnyāsin* waren. Wenn du willst, dass ich zurückkomme, musst du erst diese Fragen beantworten: Hast du die Macht, mich vor dem Tod zu bewahren? Kannst du Krankheiten von mir fernhalten und mir garantieren, dass ich gesund bleibe? Hast du die Fähigkeit, mich vor dem Altern und Vergreisen zu bewahren? Hast du die Macht, mich von diesen Übeln zu befreien? Wenn du mir darauf die richtigen Antworten gibst, werde ich augenblicklich in den Palast zurückkommen.

Buddha sah, dass Geborenwerden mit Leiden verbunden ist, dass Leben leidvoll ist und dass auch das Ende Leiden bedeutet. Er reagierte richtig auf die Bitte seines Vaters. Er hatte alles Leid und jeden Kummer der Welt gesehen und konnte deshalb nicht weiterhin in Unwissenheit und Täuschung dahinleben; das wäre reine Torheit gewesen. Buddhas Leben soll euch als wichtiges Beispiel dienen. In der begrenzten Zeit, die euch gegeben ist, müsst ihr eure wirkliche Natur erkennen. Das ist das wahre Ziel eines Menschenlebens. Euer Körper besteht aus den fünf Elementen, und wird eines Tages vergehen. Der Bewohner eures Körpers ist die einzige fortdauernde Wesenheit. Wenn ihr der Wahrheit nachgeht, werdet ihr herausfinden, dass es so etwas wie Altern und Tod für das innewohnende Selbst nicht gibt. Wenn ihr begreift, dass dieser Bewohner, der eure ureigene Wirklichkeit ist, das Göttliche in all seiner Fülle ist, werdet ihr die Wahrheit erkennen und immerwährenden Frieden genießen.

Das Feld und der Kenner des Feldes

Der göttliche Lehrer sprach in der *Gita* über den Körper und seinen Bewohner mit den Begriffen „Feld" *(kshetra)* und „Kenner des Feldes" *(kshetrajna)*. Mit dem Kenner ist der Eine gemeint, der bewusst und mit dem höchsten Wissen angefüllt ist, wohingegen das Feld ohne solch ein Bewusstsein und Wissen ist. Was ist das Feld, das ohne das höchste Wissen ist? Es ist der Körper mit seinen grobstofflichen und feinstofflichen Aspekten, es ist der Wohnort des Herrn. Wisst, dass der Herr, der jedes Wissen und alle Weisheit hat, in diesem Feld des Körpers wohnt. Er ist sein Wohnort hier auf Erden.

Üblicherweise sprecht ihr über euren Körper als „mein Körper". Mit anderen Worten: Ihr räumt ein, dass ihr nicht der Körper seid, sondern dass er euch gehört. Auch der Bewohner weiß, dass er nicht *Kshetra* – das Feld – ist, sondern dass es ihm gehört. Wenn ihr sagt: „Das gehört mir", erklärt ihr damit, dass ihr und der betreffende Gegenstand voneinander verschieden seid. Wenn ihr sagt: „Das ist mein Taschentuch", so erklärt ihr eure Verschiedenheit von ihm. Wenn ihr sagt: „Dies ist mein Taschentuch", stellt ihr euer Getrenntsein vom Taschentuch fest. Es ist etwas anderes als ihr. Und wenn ihr sagt: „Das ist mein Körper", bedeutet dies, dass ihr etwas anderes als euer Körper – also getrennt von diesem – seid. Wenn Gott gleichermaßen erklärt, dass das Feld sein sei, dann ist er frei, es zu jeder Zeit aufzugeben, wann er dies wünscht.

Der Körper wurde euch gegeben, damit ihr die Möglichkeit habt zu erkennen, wer ihr wirklich seid, damit ihr seinen Bewohner erkennen könnt. Ohne Körper wäret ihr nicht in der Lage, Ihn zu erkennen. All eure Arbeit, sowohl weltlich als auch spirituell, kann nur mit Hilfe des Körpers ausgeführt werden. Der Körper besteht aus zwanzig Prinzipien. Dies sind die fünf Wahrnehmungsorgane, die fünf Aktivitätsorgane, die fünf Lebenshauche und die fünf Hüllen. Zusammen mit dem niederen Geist *(manas),* dem Unterscheidungsvermögen *(buddhi),* dem Sitz der Gefühle und des Erinnerungsvermögens im Herzen *(citta),* dem Ego *(ahamkāra)* und dem innewohnenden Selbst *(atman)* ergeben sie die fünfundzwanzig Prinzipien, aus denen ein

Mensch besteht. Das Wissen vom Körper und dem innewohnenden Geist *(atman)* bezieht sich auf den Weg der Weisheit *(sānkhyayoga)*.

Die ganze Welt ist eine Illusion

Narren, die in der Illusion geboren sind und in Illusion aufwachsen, erkennen diese niemals als das, was sie tatsächlich ist. Die ganze Welt ist Täuschung *(maya),* alle Bindungen sind Täuschung, das Familienleben ist Täuschung, Tod ist Täuschung – alles, was ihr wahrnehmt und denkt, ist Täuschung. Das Leben selbst ist Täuschung. Wo sind all die Könige und Herrscher, die so stolz auf ihre Errungenschaften waren? Sie sind allesamt vom Rad der Zeit zermahlen worden. Tage, Monate, Jahre und Zeitalter sind sämtlich in sich zusammengefallen. Die Zeit ist ein fortwährendes Fließen, und in diesem Fluss werden alle Dinge und Menschen, jedes Objekt und jedes Wesen davongeschwemmt. Etwas, das mit dem Fluss der Zeit weggetragen wird, kann nicht die Stütze für etwas anderes sein, das ebenfalls vom Strom fortgerissen wird.

Wer kann wen retten? Die einzige ewige Wesenheit, die nicht vom Strom der Zeit erfasst wird und alle retten kann, ist Gott. Er allein kann jeden von euch beschützen. Er ist das sichere Ufer dieses unendlichen Stroms der Zeit. Haltet an ihm fest! Das ist das Geheimnis des Lebens und das Merkmal eines wahren Menschen. Glaubt an den Herrn und nicht an die Welt – das ist die rechte Art, euer Leben zu leben und euch daran zu erfreuen. Denkt immer an diese drei Prinzipien: Erstens, vergesst niemals Gott. Zweitens, glaubt nicht an die Welt. Drittens, fürchtet euch niemals vor dem Tod.

Das sind die Grundregeln für die Menschheit. Die *Gita* nennt vierundsechzig Wesensmerkmale, die als Eigenschaften eines wahren Gottesverehrers gelten. Für einen Einzelnen ist es unmöglich, all diese Eigenschaften zu besitzen. Wenn ihr eine oder zwei von ihnen praktizieren könnt, reicht das. Habt festen Glauben an Gott. Wenn ihr erst einmal tiefen Glauben entwickelt habt, braucht ihr nichts Weiteres. In einer Zündholzschachtel sind vielleicht fünfzig Streichhölzer, aber um Feuer zu machen, braucht ihr nur ein Einziges davon – nicht alle fünfzig. In gleicher Weise reicht es, wenn von den vierundsechzig Merkmalen nur eine einzelne Eigenschaft bis zur Vollkommenheit umgesetzt wird. Das wichtigste Merkmal ist selbstlose Liebe *(prema)*. *Swami* hat oft wiederholt: „Liebe ist Gott und Gott ist Liebe. Lebt in Liebe." Wenn ihr in Liebe lebt und euch ins Göttliche versenkt, wird sich der Herr um alle Einzelheiten eures Lebens kümmern. *Krishna* sagte zu *Arjuna:* „Wenn du vollkommenen Glauben an mich hast, wenn du mit Hingabe an mich angefüllt bist und alles mir überlässt, bist du mir sehr lieb."

Die vier Arten von Gottesverehrern

Wahre Hingabe *(bhakti)* bezieht sich nicht nur auf das Ausführen verschiedener religiöser Rituale wie das hingebungsvolle Singen, das Wiederholen heiliger *Mantras,* das Sprechen von Gebeten in Stille und in der Gemeinschaft oder das Sitzen in Meditation. Hingabe meint tiefen, unerschütterlichen Glauben an Gott. Es gibt vier Arten von Gottesverehrern: die Suchenden nach dem Segen, der ihre Leiden lindert *(ārthin);* die Suchenden nach dem Segen für ein glückliches Leben in Fülle *(arthārthin);* die Forschenden nach der tieferen Bedeutung des Lebens *(jijnāsu)* und die Wissenden, welche die höchste spirituelle Weisheit erkannt haben *(jnānin)*.

Die erste Art *(ārthin)* ist derjenige, der zu Gott betet, wenn er in Schwierigkeiten ist oder Probleme und Sorgen hat. Nur in solchen Zeiten denkt er an den Herrn und betet ihn an.

Die zweite Art *(arthārthin)* ist derjenige, der den Herrn anfleht, ihm Macht, Reichtum und Position zu geben. Er betet zu Gott um

Nachkommenschaft und ein langes Leben und sehnt sich nach Haus und Eigentum, Gold, Juwelen und ähnlichem. Die meisten Menschen trachten nach weltlichem Segen und erkennen nicht, dass Weisheit wahrer Reichtum ist, dass Charakter der wahre Besitz ist, dass die Versunkenheit in Gott der wertvollste Edelstein ist. Sie sind begierig nach dem Erlangen weltlicher Dinge, aber verstehen die feinsinnige und tiefere Bedeutung all dieser äußeren Symbole weltlichen Reichtums nicht.

Die dritte Art von einem Gottesverehrer *(jijnāsu)* ist stets mit dem Erforschen der geistigen Grundfragen beschäftigt. Er versucht ständig zu wissen: „Wo ist Gott? Wer ist Gott? Wie kann ich Gott erreichen? Was ist meine Beziehung zu Gott? Wer bin ich?“ Wenn ihr in diese Stufe eintretet, befasst ihr euch mit solchen Forschungsthemen, um spirituelle Erkenntnis zu erlangen. An erster Stelle müsst ihr versuchen herauszufinden: „Wer bin ich? Woraus ist die Welt entstanden? Was ist mein Ziel?“ Ihr zerbrecht euch den Kopf mit diesen wichtigen Fragen und bemüht euch um ein größeres Verständnis. Ihr sucht großartige Menschen auf, lauscht ihren Lehren, dient ihnen und studiert die heiligen Schriften. Durch diesen Prozess wandelt sich indirektes Wissen in direktes Wissen, weil die Lehren, die ihr gehört und studiert habt, eure direkte innere Erfahrung werden.

Wenn ihr schließlich die Lehren vollkommen in euch aufgenommen habt, lasst ihr diese Stufe hinter euch und werdet zur vierten Art Gottverehrer, dem größten Wissenden der Wahrheit, demjenigen, der an der Wahrheit festhält *(jnānin)*. Diese Weisheit ist wahres spirituelles Wissen, transzendentale Erkenntnis. Es bezieht sich auf die Erfahrung der Einheit, die Erfahrung des Einen ohne ein Zweites.

Nur bei Äußerlichkeiten zu verweilen, verursacht endloses Leid. Wenn eure Erfahrungen allein auf weltlichem Wissen basieren, müsst ihr an den Reaktionen leiden, die aus diesem Wissen resultieren. Stellt euch vor, ihr versetzt einem Tisch einen heftigen Stoß und verspürt dabei so etwas wie Stolz. Ihr brüstet euch damit, dass ihr es ihm ordentlich gezeigt und sicherlich weh getan hättet, aber im nächsten Augenblick entdeckt ihr zu eurem Unbehagen, dass euch dieser Gegenstand mit derselben Intensität zurückgestoßen hat und ihr einen genauso großen Schaden erlitten habt. Beim Wissen der Welt gibt es immer diese Antwort. Was ihr auch tut, wird auf euch zurückfallen; was ihr auch sagt, wird zu euch widerhallen; was ihr auch denkt, wird zu euch zurückgespiegelt. Alles in der Welt beinhaltet Reaktion, Reflektion und Resonanz.

Aber im spirituellen Bereich gibt es keine Reaktion, keine Reflektion und keine Resonanz. In diesem Bereich gibt es nur transzendentales Wissen; das ist wahre Erkenntnis. Dort werdet ihr nichts Getrenntes finden, keine Dinge, die reagieren können, nichts, was reflektieren oder resonieren kann, denn auf dem spirituellen Gebiet gibt es keinen anderen. Da gibt es nur Eines. Wo auch immer es eine zweite Wesenheit gibt, wird auch ein Wunsch sein, sie zu besitzen oder zu flüchten. Mit anderen Worten: Da wird ein Gefühl des Wunsches oder der Angst entstehen. Aber wenn ihr in wirkliches Wissen versunken seid, werdet ihr nichts anderes und keinen anderen erfahren; da wird kein Zweiter sein. Dann können weder Wunsch noch Angst entstehen. Diese Stufe kann am besten als Weisheit beschrieben werden, das höchste Wissen. Auf dieser erhabenen Stufe betrachtet und hört ihr nichts als getrennt von euch. Ihr werdet nur in höchster Glückseligkeit versunken sein.

Die Geschichte des reichen Mannes und seiner vier Frauen

Es gibt eine kurze Geschichte, welche die vier Arten von Hingabe, die hier besprochen wurden, illustriert. Ein reicher Mann, der vier Frauen hatte, musste einst wegen wichtiger Geschäfte verreisen. Er verbrachte einige Monate in einem fernen Land, und bevor er nach Hause fuhr, schrieb er allen vier Frauen einen Brief. Darin stand, dass er in wenigen Wochen zurückkehren werde und ihnen gern mitbringen wolle, was sie sich wünschten, wenn sie ihm eine Liste zusenden würden.

Die erste Frau war eine unglückliche Dame; sie litt an vielen Krankheiten. Sie sandte dem Mann eine Liste von Medikamenten und erklärte, dass ihre Gesundheit nicht gut sei und sie gern mehrere ausländische Arzneimittel hätte, die ihr helfen würden, sich besser zu fühlen. Seine zweite Frau hatte sehr viele Wünsche. Sie schrieb: „Lieber Mann, bring mir bitte feinen Schmuck, einige Seidensaris und alle neuesten Modeaccessoirs von dort mit." Er bekam ihren Brief und ließ die gewünschten Dinge besorgen.

Seine dritte Frau hatte eine starke Neigung zum Spirituellen. Sie bat ihren Mann um alle guten Bücher über das Leben großer Heiliger, die er in jenem Land finden könne. Sie suchte immer nach spirituellen Büchern, die sie in ihrem eigenen spirituellen Streben inspirieren würden, und so bat sie den Ehemann zu suchen, ob er solche Bücher finden und ihr mitbringen könne. Seine vierte und liebste Frau schrieb: „Liebster, ich brauche nichts. Ich werde sehr glücklich sein, wenn ich weiß, dass du heil und gesund zurückgekommen bist."

Bei seiner Rückkehr brachte der Mann alles mit, was die Frauen sich gewünscht hatten. Die erste bekam die neuesten Arzneimittel aus dem Ausland, die zweite schönen Schmuck und Seidensaris vom Feinsten. Der dritten Frau brachte der Mann die besten Ausgaben der heiligen Schriften und andere heilige Bücher mit. Dann ging er zu seiner ersten Frau und blieb bei ihr, denn sie hatte ihn gebeten: „Bitte komm heil nach Hause. Ich wünsche mir weiter nichts." Sie wollte nur ihn. Die anderen drei Frauen wurden nun eifersüchtig, weil der Mann bei ihr blieb. Sie sandten folgende Botschaft an ihn: „Wir waren so lange ohne dich, und nun kommst du uns nicht ein einziges Mal besuchen. Was ist der Grund dafür?" Der Ehemann antwortete: „Ich habe jeder von euch genau das gegeben, was sie sich gewünscht hat. Die eine wollte Medikamente, und ich habe sie ihr gebracht; die andere wollte Juwelen, und ich habe sie ihr gebracht; die nächste wollte heilige Bücher, und ich habe sie ihr gebracht; und eine wollte nur mich, und so hat sie nun mich!"

Gott antwortet auf die Bitten eines jeden

Dieser Ehemann ist Gott selbst, und seine vier Frauen sind die vier Arten von Gottesverehrern. Der Herr wird euch genau das geben, worum ihr ihn bittet. Wenn ihr nur um ihn bittet, wird er kommen und in eurem Herzen wohnen. Gott ist der wunscherfüllende Baum, der Baum, der alle denkbaren Früchte hervorbringt. Er wird auf die Bitten eines jeden antworten. Er ist allwissend, er ist überall. Er weiß, was ihr wollt, und wird es euch geben. Tatsächlich ist diese gesamte Welt ein wunscherfüllender Baum. Gott benutzt die Welt, um eure Wünsche zu erfüllen und sich um eure Bedürfnisse zu kümmern. Nur wenige Menschen verstehen das. Hier ist eine weitere Kurzgeschichte, die dies veranschaulicht:

Es war einmal ein Wanderer, der lange Zeit in der prallen Sonne gegangen war. Endlich fand er einen schönen, großen Baum, unter dem er rasten konnte. Er war nach dem langen, heißen Weg sehr müde, und der Schatten des Baumes tat ihm ungeheuer wohl. Nach einer Weile verspürte er großen Durst und dachte: „Wie schön wäre es, wenn ich ein Glas kühles Wasser hätte!" Wie aus dem Nichts hervorgezaubert erschien plötzlich ein Becher mit Wasser vor ihm. Er hatte sich unter einen Wunscherfüllungsbaum gesetzt und wusste es nicht! Er trank das Wasser aus, und ein zweiter Gedanke kam ihm in den Sinn: „Wie schön wäre es, wenn ich ein weiches Kissen und ein bequemes Bett hätte. Dann könnte ich mich wirklich gut ausruhen."

Sofort erschienen ein Kissen und ein Bett, von Gott selbst geschenkt. Nun hatte es der Wanderer sehr bequem.

Bald aber kam ihm der Gedanke: „Wie wunderbar bequem ist dieses Bett mit dem Kissen! Wenn ich nun noch meine Frau hier haben könnte, wäre alles vollkommen." Sofort erschien seine Frau vor ihm. Im selben Augenblick bekam er es mit der Angst zu tun. Er war sich nicht sicher: „Ist sie wirklich meine Frau oder ein Dämon, der ihre Gestalt angenommen hat?" Kaum war ihm der Gedanke durch den Kopf geschossen, verwandelte sie sich tatsächlich in einen Dämon. Die Furcht übermannte ihn jetzt, und er fragte sich entsetzt: „Oh je, wird der Dämon mich nun auffressen?" Im nächsten Augenblick fiel der Dämon über ihn her und verschlang ihn in einem.

Die Moral dieser Geschichte ist: Wenn ihr unter dem Wunscherfüllungsbaum sitzt, müsst ihr gut darauf achten, was ihr denkt. Die Gedanken, die ihr habt, werden mit Sicherheit Wirklichkeit werden. Die ganze Welt kann mit einem Wunscherfüllungsbaum verglichen werden. Wenn ihr gute Gedanken habt, werdet ihr gute Ergebnisse ernten; wenn ihr schlechte Gedanken habt, werden schlechte Ergebnisse die Folge sein. Hegt deshalb niemals schlechte Gedanken oder Gefühle. Deshalb hat *Swami* oft gesagt: „Seid gut, tut Gutes, seht Gutes. Das ist der Weg zu Gott."

Ihr seid nicht sterblich, ihr seid unsterblich

Die gesamte Welt ist die Schöpfung des Herrn und von seinem Willen durchdrungen. Gott ist überall. Denkt über niemanden Schlechtes. Habt vollkommene Kontrolle über eure Sinne und hegt nur gute Gedanken. Ganz gleich ob ihr alt oder jung seid, erlaubt es nur guten Gedanken, in euren Geist zu kommen, und trachtet immer nur danach, ein gutes Leben zu führen. Das ist der wahre Sinn eines menschlichen Lebens. Das *Sanskrit*-Wort für „Mensch" ist *„Nara"* und bedeutet „Dasjenige, was nicht zerstört werden kann, dasjenige, was immer zum Herrn zurückkehrt“. *Nara* ist derjenige, der nicht zerstört wird, der unsterblich ist“. Die alten Schriften *(upanishaden)* erklären: „Du bist kein sterbliches Wesen; du bist das Kind der Unsterblichkeit“. Der Mensch wird auch *Mānava* genannt. Dies bezieht sich auf jemanden, der ohne Unwissenheit ist. Aber heutzutage verhaltet ihr euch alle närrisch. Durch eure Gedanken, Worte und Taten gebt ihr dem Wort Mensch – *Mānava* – nicht den richtigen Wert.

Es heißt, dass selbst der Tod süßer sei als ein Leben in der Blindheit der Unwissenheit. Ihr müsst die Unwissenheit dazu veranlassen, vor euch zu fliehen und nie wieder zurückzukommen. Wenn ihr die Dunkelheit vertreiben wollt, müsst ihr das Licht hereinlassen. Wo Licht ist, kann keine Dunkelheit sein. Wenn ihr euch von Unwissenheit befreien wollt, müsst ihr Weisheit erlangen. Wenn ihr Weisheit habt, kann Unwissenheit bei euch nicht Fuß fassen und wird hinweggefegt. Um Weisheit zu erlangen, müsst ihr Gottes Gnade verdienen. Tyagaraja, der Dichter, sang: „O Gott *(rama)!* Wenn ich deine Gnade habe, wovor brauche ich mich dann noch zu fürchten? Was kann mir das Schicksal anhaben?“

Euer Leben sollte nicht von Lust, Zorn, Gier, Täuschung, Stolz oder Eifersucht beherrscht werden. Sie sind eure Feinde. Sie müssen besiegt und überwältigt werden. Sie sind die Dunkelheit, das Produkt der Unwissenheit. Euer Leben muss von Licht und Weisheit regiert werden. Strebt von diesem Augenblick an nach Gottes Gnade und erlangt Weisheit. Denkt an Gott, überall, zu allen Zeiten und Umständen, um Seine Gnade zu erlangen. Es gibt in diesem Zeitalter der Dunkelheit *(kaliyuga)* keine kraftvollere spirituelle Übung als diese. Beschäftigt euch mit der ständigen Wiederholung des heiligen Gottesnamens und bewahrt ihn unablässig im Innersten eures Herzens. Dadurch segnet ihr euer Leben und gebt das beste Beispiel für den Rest der Welt.

TEIL II

DER WEG DER WEISHEIT

Fünfzehnte Ansprache

Gebt die Selbsttäuschung auf – erkennt euer wahres Selbst

Krishna ermahnte Arjuna: „Arjuna, gib deine Verzagtheit auf! Fasse Mut und kämpfe! Die Schwäche, die sich deines Herzens bemächtigt hat, ist eines Helden nicht würdig!“

Verkörperungen der Liebe,

worin lag der Grund für *Arjunas* Verzagtheit? In seiner Unwissenheit. Aus Unwissenheit entwickelte er Körperbewusstsein, und aufgrund dieses Körperbewusstseins wurde er konfus und niedergeschlagen; er verlor seine Entschlusskraft und seinen Mut und war unfähig, irgendetwas zu beginnen.

Verblendung und Anhaftung führen zu Sorgen

Krishna sprach zu *Arjuna:* „Solange du so mutlos bist, wird dir auch nicht das Geringste gelingen. Du wirst vom Kummer verfolgt werden. Weißt du, woher dieser Kummer stammt? Er entsteht aus deiner Anhaftung. Du bist verblendet durch das Gefühl von „meine Leute“, „meine Verwandten“ und „meine Freunde“. Diese Besitzhaltung stammt aus der Unwissenheit. Bindung und Verblendung werden dich immer feige machen und in Kummer stürzen. Sie sind die wahren Feinde, die du besiegen musst.

Solange du von dieser Besitzhaltung beeinflusst wirst und nur an dich selbst, deine Familie und dein Eigentum denkst, kannst du sicher sein, dass du früher oder später unglücklich sein wirst. Du musst dein Blickfeld von deinem kleinen Selbst und seinen Sorgen um Mich und Mein abwenden. Richte dich auf den Willen des Göttlichen aus. Reise von Selbstsucht zu Selbstlosigkeit, von Bindung zu Befreiung."

Die Lehre ist heute mehr denn je anwendbar. Denkt zum Beispiel an die Zeit, als der Schulfotograf Bilder von allen Mitschülern in eurer Klasse machte. Wenn die Fotos vom Labor zurückkamen, wart ihr mehr als wahrscheinlich daran interessiert, euer eigenes Foto zu suchen. Ihr wart nicht ebenso an den anderen Fotos interessiert. Oder überlegt euch, was war, wenn euer Vater von einer langen Reise zurückkehrte und Geschenke für jedes Kind der Familie mitbrachte. Ihr wart wahrscheinlich begierig darauf herauszufinden, was er euch mitgebracht hatte. Dies sind Beispiele einer weitverbreiteten Selbstsucht, die überall vorherrscht. Aber ihr solltet diese Art von Beschränktheit hinter euch lassen und weitherzig und selbstlos werden. Dann seid ihr ein geeignetes Instrument in Gottes Händen und tragt zum Wohl der gesamten Welt bei.

Verblendung zerstört euren Mut und Willen

Vor der *Mahabharata*-Schlacht hatte *Arjuna* an einigen anderen Kriegen teilgenommen, aber noch nie war er von Mutlosigkeit und Anhaftung übermannt gewesen. Nun jedoch, da er erkannte, dass seine Gegner, die er bekämpfen musste, sein eigener Großvater, seine Verwandten und sein Lehrer waren, wurde *Arjuna* von Kummer überwältigt. Dieses Verbundenheitsgefühl machte ihn niedergeschlagen. Er wurde ein Opfer der Verblendung. Das Gefühl von „Mein“ hatte sich eingeschlichen. So wie sich dieses Gefühl Raum verschaffte, breitete sich als Folge damit einhergehend auch Kummer aus. Zuvor, als *Krishna* in seiner Friedensmission zur gegnerischen Seite gegangen war, hatte *Arjuna* noch davon abgeraten. Er drängte zum direkten Krieg und hatte versucht, *Krishna* zu überzeugen, dass seine Mission bei den *Kauravas* nutzlos und zum Scheitern verurteilt sei und nur ein siegreicher Krieg ihnen das Königreich wiederbringen könne, das *Arjuna* und seinen Brüdern gestohlen worden war.

Damals hatte *Arjuna* zu *Krishna* gesagt: „*Krishna,* dieser Streit ums Recht kann nicht friedlich beigelegt werden. Die *Kauravas* werden sich niemals mit deinen Bedingungen einverstanden erklären. Ihr Hass und ihre Gier sind unersättlich. Warum solltest du deine Kraft und Zeit mit ihnen verschwenden? Gut und Böse können nicht zusammen existieren. Sie sind nicht miteinander vereinbar, sie werden niemals zusammenkommen. Deine Mission ist dazu bestimmt, fehlzuschlagen.“ Damals war *Arjuna* voller Mut und Entschlossenheit, weil er seinen Großvater, seinen Lehrer, seine Verwandten und viele seiner Freunde nicht sah, die ihm auf der anderen Seite gegenüberstanden. Bevor dieses Besitzdenken am Vorabend der *Mahabharata*-Schlacht aufflammte, schien *Arjuna* eine sehr großzügige Sicht der Dinge zu haben. Aber nun, da er mitten auf dem Schlachtfeld stand, wurde *Arjunas* Blick getrübt. Sein Herz wurde ihm schwer und seine Gedanken wirr. Als er seine nächsten Verwandten und einige seiner Freunde auf der anderen Seite kampfbereit stehen sah, wurde ihm schwindelig, und er sagte: „*Krishna,* ich werde nicht kämpfen!“

Aber bedenkt, dass *Arjuna* im Begriff war, eine Schlacht für den Schutz von Rechtschaffenheit zu führen, eine Schlacht, auf die er sich viele Jahre lang vorbereitet hatte. Er war bereits auf dem Schlachtfeld und der Krieg stand unmittelbar bevor. War das die richtige Zeit, seine Gegner als Verwandte zu betrachten? Als *Krishna Arjunas* Worte hörte, wurde er sehr zornig. Er sagte zu *Arjuna:* „Das ist Kleinmut. Er bekommt dir nicht! Ein furchtloser Mensch wie du, der immer wie ein wahrer Held mit stolz erhobenem Haupt herumgelaufen ist, scheint mit einem Mal unter Furchtsamkeit zu leiden. Solch ein kleinmütiger Mensch kann nicht mein Schüler sein. Der Krieg steht bevor. Die letzten Vorbereitungen dafür sind in den vergangenen drei Monaten getroffen worden und der Schlachtplan steht jetzt fest.

Hättest du diese Art des Zauderns gleich zu Anfang gezeigt, so hätte ich gewiss nicht die Aufgabe übernommen, deinen Wagen zu lenken. Zauderst du zu diesem späten Zeitpunkt, nachdem du Freunde und Verwandte von der Rechtmäßigkeit deiner Sache überzeugt und dazu überredet hast, auf deiner Seite zu stehen? Jetzt, wo sie alle hier versammelt sind, legst du deine Waffen nieder und gibst nichtswürdig auf? Ist das die Art eines Helden? Du zerstörst den wahren Geist (spirit) deiner königlichen Linie, deren beschworene Pflicht es ist, Ehre und Rechtschaffenheit *(dharma)* zu beschützen. Wenn du dich weiter als feiger, kleinmütiger Schwächling gebärdest, werden kommende Generationen über deine Feigheit lachen. Du hast den Namen *Arjuna* angenommen, aber du verhältst dich nicht danach!"

Unwissenheit ist die Ursache allen Leids

Was bedeutet *„Arjuna"?* Der Name bedeutet Heiligkeit und Reinheit. Der Grund für einen so edlen Menschen wie *Arjuna,* die Waffen niederzulegen und sich einem Krieg zu verweigern, in dem es um die Rettung des *Dharma* ging, konnte nur Unwissenheit sein. *Narayana,* der Herr, der sich des Wesens dieser Krankheit voll bewusst war, beschloss, sie auszurotten.

Krishna hätte den *Yoga* der Hingabe und den *Yoga* des selbstlosen Handelns bereits zu Anfang der *Gita* lehren können, doch er zog es vor, dies nicht zu tun, sondern erst nachdem er für längere Zeit *Arjunas* Weinen und Klagen zugehört hatte. *Krishna* griff nicht ein. Er wartete geduldig, während *Arjuna* seinen verwirrten Zustand in Worten ausdrückte. Schließlich fragte *Krishna: „Arjuna,* bist du fertig? Hast du all deinen Gefühlen Luft gemacht?“ Erst an diesem Punkt begann *Krishna* mit seinen Lehren.

So wie Studenten nach dem Schreiben ihrer Abschlussprüfungen leer sind, war auch *Arjuna* nach dem Vorbringen seiner Bedenken wie ausgeleert. Das war der Zeitpunkt, da *Krishna* zu sprechen begann: „Eine entsetzliche Willensschwäche hat sich deiner bemächtigt. Ich weiß, wie ich damit umzugehen habe. Ich werde sie heilen! Unwissenheit ist schuld an deiner Verblendung; Unwissenheit ist der Grund für deine Unentschlossenheit.“ Dann unterwies *Krishna Arjuna* in der höchsten Weisheit *(sānkhyayoga),* dem Wissen, welches das wahre Selbst vom falschen Selbst unterscheidet, das Ewige vom Vergänglichen, das Unbewusste vom Bewussten.

Was kann einen Menschen aus seiner Verblendung befreien, wenn er von Angst überwältigt und von Unwissenheit gequält wird? Er ist wie ein Patient in großer Gefahr. Das Erste, was ein Arzt tun muss, ist, den Patienten außer Gefahr zu bringen. Danach kann er mit Langzeittherapien beginnen. Bei einem Menschen, der sich in unmittelbarer Lebensgefahr befindet, ist eine Behandlung nutzlos; er muss erst aus dem Notfall herausgeholt werden. Wenn er einmal außer Lebensgefahr ist, können vielerlei Behandlungsmethoden hilfreich sein. Wenn ein Mensch beispielsweise in einem Fluss zu ertrinken droht, müsst ihr ihn erst aus dem Wasser ziehen, ans Ufer legen und künstlich beatmen. Dann könnt ihr eure weiteren Behandlungen beginnen, um seinen Kreislauf anzuregen und ihm über den Schock hinwegzuhelfen. Solange er noch im Wasser am Ertrinken ist, würdet ihr gewiss keine solchen Maßnahmen ergreifen.

Die Heilung von Unwissenheit

Krishna injizierte *Arjuna* deshalb zunächst eine starke Dosis Mut, um ihn vor dem Untergang in Kummer und Niedergeschlagenheit zu retten. Seine unverzügliche Erste-Hilfeleistung sollte *Arjuna* lehren, zwischen dem wahren Selbst und dem persönlichen Selbst zu unterscheiden. Er sprach: „*Arjuna,* solange du so von Furcht und Ängsten übermannt bist, wirst du nichts erreichen. Sei mutig! Wisse, dass du der *Atman* bist und nicht dieser Körper; dann wirst du furchtlos werden. Ich kann dir helfen, Großes zu erreichen, aber nur, wenn du deine Handlungen auf wahres Wissen gründest und furchtlos bist." Als er dies sagte, lächelte *Krishna, Arjuna* aber weinte.

Derjenige, welcher stets lächelt, ist *Narayana,* der Herr. Derjenige, welcher weint, ist *Nara,* der Mensch. *Krishna* ist das wahre Selbst, der *Atman, Arjuna* ist das falsche Selbst, der *Anatman. Krishna* ist das wahre Selbst, *Arjuna* das falsche. Der Eine ist die Verkörperung der Weisheit, der andere ist von Unwissenheit erfüllt. *Krishna* sagte: „Ich möchte dir etwas sehr Wichtiges erklären. Wir verhalten uns in diesem Augenblick recht unterschiedlich. Ich lächle, während du weinst. Aber wir könnten beide gleich sein; entweder ich werde wie du oder du wirst wie ich. Wenn ich wie du werden sollte, würde ich willensschwach werden. Doch das ist unmöglich! Schwäche kann nie in mich eindringen. Wenn du wie ich werden solltest, müsstest du mir folgen und tun, was ich sage." Darauf antwortete *Arjuna:* „Herr, ich will genau befolgen, was du sagst. Ich werde all deine Gebote bedingungslos erfüllen!" Nachdem er *Arjuna* genügend Ermutigung und Zielstrebigkeit gegeben hatte, versetzte *Krishna Arjuna* in die Lage, seine große Entschlusskraft wiederzugewinnen. Von diesem Augenblick an nahm *Arjuna* unter Befolgung der Anweisungen des Herrn den Kampf auf.

Krishna begann seine Weisheitslehren *(sānkhyayoga)* mit einigen wichtigen Wahrheiten, die sich auf den Körper und den Geist bezogen.

Er sagte: „*Arjuna,* du glaubst, dass diese Leute deine Verwandten und Freunde seien. Aber was bedeutet ‚Verwandter' und ‚Freund'? Sind es Bezeichnungen für den Körper oder für seinen Bewohner? Körper sind nichts als Blasen im Wasser, die kommen und wieder vergehen. All die Verwandten und Freunde, denen du dich jetzt so verbunden fühlst, hatten vorher bereits viele Leben. Aber wart ihr damals Verwandte und Freunde? Nein. Auch du hast schon unzählige Male gelebt, ebenso wie ich. Körper, Geist und Intellekt sind so etwas wie Bekleidungsstücke. Sie sind wie die Kleider, die du trägst, die du ab und zu wechselst. Warum mit ihnen eine enge Verbindung eingehen, sich in sie verlieben und sich dadurch so viel Kummer und Leid aussetzen?

Tu deine Pflicht. Alle Ehren, die dir als Königssohn zustehen, werden dir verliehen, aber auf dem Schlachtfeld ist kein Platz für Willensschwäche und Verzagen. Das kühne Kämpfen für den Erhalt der Rechtschaffenheit *(dharma)* und das Versinken in Verzagtheit sind vollkommen unvereinbar. Solche Ängstlichkeit auf dem Schlachtfeld ziemt sich nicht für einen Helden. Dein Beweggrund ist gerecht und du bist gekommen, um zu kämpfen. Also kämpfe!" Mit solchen Worten kurierte *Krishna Arjuna* von seiner Niedergeschlagenheit und half ihm, wieder Kraft und Mut zu gewinnen. Als *Krishna* seine Lehren auf dem Schlachtfeld beendet hatte, erlangte *Arjuna* seine edlen Ideale zurück und sah dem aufkommenden Kampf mit erneuertem Heldenmut entgegen.

Der Krieg zwischen Selbstsucht und Selbstlosigkeit

Der Platz, auf dem die Schlacht stattfinden sollte *(dharmakshetra),* war historisch ein heiliger Ort, an dem Opferrituale und andere heilige und glückverheißende Handlungen stattgefunden hatten. Es war gleichzeitig der Ort, an dem sich zuvor die Dynastie, der einhundert schlechte Brüder *(kaurava)* entsprossen waren, in ihren schändlichen Aktivitäten ergangen hatte. Deshalb war dieses Feld sowohl heilig als auch vom Bösen verdorben. Dieses Feld namens *Kurukshetra* steht symbolisch für den Körper.

Wenn ein Körper geboren wird, ist er rein und unbefleckt, er ist noch kein Opfer der sechs Feinde des Menschen, nämlich Begierde, Zorn, Gier, Verblendung, Stolz und Eifersucht. Ein neugeborenes Baby ist immerzu glücklich. Ganz gleich ob ein König oder ein Dieb es ansieht, das Baby ist glücklich. Es lächelt und lacht jeden an, der sich ihm nähert, gleichgültig, ob der Betreffende ihm einen Kuss geben oder es schlagen will. Weil ein kleines Kind rein ist, kann man seinen Körper als „Feld der Rechtschaffenheit *(dharmakshetra)* bezeichnen. Im Laufe seines Wachstums sammelt der Körper verschiedene schlechte Eigenschaften an wie Eifersucht, Hass, Anhaftungen, Gier und Selbstsucht. So wie sich diese schlechten Eigenschaften anhäufen, wird der Körper unrein. Deshalb kann der Körper sowohl als rein *(dharmakshetra)* wie auch als unrein *(kurukshetra)* bezeichnet werden. Gut und Böse sind beide in eurem Herzen eingeschlossen.

Die unreinen Eigenschaften *(rajoguna, tamoguna)* sind mit dem „Mein-Denken", dem Besitzdenken, verbunden. Die innere Bedeutung dieses Krieges zwischen den Kräften des Guten und des Bösen mit den fünf *Pandava*-Brüdern und *Krishna* auf der einen Seite und den einhundert schlechten *Kaurava*-Brüdern auf der anderen Seite ist der innere Krieg, der sich in jedem Einzelnen zuträgt, ein radikaler Krieg zwischen Gut und Böse, zwischen Rechtschaffenheit und Unsterblichkeit, zwischen Selbstlosigkeit und Selbstsucht.

Die *Kraurava*-Brüder repräsentieren jene Menschen, welche Dinge, die ihnen nicht gehören, als ihre eigenen betrachten. Sie stehen für die besitzergreifende Natur. Sie betrachten den Körper als ihr wahres Selbst. Wenn ihr Menschen mit der *Kaurava*-Mentalität beobachtet, also jene, welche diese besitzergreifende Natur haben, werdet ihr herausfinden, dass sich alle mit dem Körper und den Sinnesorganen identifizieren. Die große Schlacht zwischen den *Pandavas* und den *Kauravas* dauerte nur achtzehn Tage, aber die Schlacht zwischen den Mächten des Guten und des Bösen dauert euer Leben lang. Sie hat kein Ende. Diese Schlacht wird auf dem Feld eures eigenen Körpers ausgetragen. Auf diese Weise erklärte *Krishna Arjuna* einige der tieferen Bedeutungen der Schlacht.

Vorausschau und Mitgefühl – Eigenschaften, die in einem reinen Herzen gefunden werden

Ihr fragt euch vielleicht, warum die *Gita Arjuna* gelehrt wurde. Unter den *Pandavas* mögen einige der anderen Brüder, etwa der Älteste, *Dharmaraja,* der eine echte Säule der Tugend war, spirituell besser geeignet erscheinen als *Arjuna.* Warum wurde diese heilige *Gita* nicht *Dharmaraja* gegeben, der weithin für seine außergewöhnliche Charakterfestigkeit bekannt war? Und vom körperlichen Standpunkt aus betrachtet war sicherlich *Bhima,* der stärkste der Brüder, qualifiziert, die Lehren der *Gita* zu empfangen. *Krishna* hätte die *Gita Bhima* mitteilen können, aber er tat es nicht. Warum nicht? Warum lehrte er sie allein *Arjuna?* Ihr müsst den tieferen Grund dafür kennen.

Dharmaraja war die Verkörperung der Rechtschaffenheit, aber er hatte keine Vorausschau; er dachte nicht an die künftigen Folgen seiner Handlungen. Erst nachdem die Ereignisse bereits eingetreten waren, dachte er an ihre Konsequenzen, und dann taten ihm seine Handlungen leid. Er hatte Nachsicht, aber keine Vorausschau. *Bhima* seinerseits hatte große Körperkräfte, aber er war nicht sehr intelligent. Er konnte einen Baum samt Wurzeln ausreißen, aber es fehlte ihm an Unterscheidungsvermögen. *Arjuna* dagegen hatte Vorausschau. So sagte er zu *Krishna:* „Lieber bin ich tot, als dass ich gegen diese Menschen kämpfe; es würde zu viel Leid mit sich bringen, selbst wenn wir den Krieg gewännen."

Im Gegensatz zu *Arjunas* Qual wegen all des Leids, das aus der Schlacht entstehen würde, war *Dharmaraja* ohne Zögern bereit, den Kampf aufzunehmen, obwohl er nach dem Ende des Krieges ob des Gemetzels sehr niedergeschlagen war. Jahre später wurde *Dharmaraja* in ein Würfelspiel hineingezogen, in dem er alles verlor, einschließlich seines Reichtums, seines Königreiches und sogar seiner Frau. Danach war er mit großer Pein und Reue angefüllt. Wenn ein Mensch ohne Unterscheidungsvermögen und Vorausschau inmitten schwieriger Umstände zu einer Entscheidung gezwungen wird, bereut er seine Handlungsweise später unweigerlich. Dies war auch die Natur von König *Dasharatha,* dem Vater von *Rama,* der göttlichen Inkarnation, die fünftausend Jahre zuvor gelebt hatte. Auch *Dasharatha* fehlte es an Vorausschau und Unterscheidungsvermögen.

In den frühen Jahren seiner Herrschaft musste *Dasharatha* eine Schlacht führen, um Rechtschaffenheit zu verteidigen und zu erhalten. In diesem Krieg nahm er seine junge Königin *Kaikeyi* mit. *Kaikeyi* war die Prinzessin eines Kriegerkönigreiches und in der Kriegskunst wohlgeübt. Tatsächlich war es *Kaikeyi,* die *Rama* das Bogenschießen und einige Kriegstaktiken beibrachte. Als *Dasharatha* kämpfte, löste sich eines der Räder seines Streitwagens. *Kaikeyi* hielt mit ihren Fingern das Rad an der Nabe fest und rettete so *Dasharathas* Leben ebenso wie ihr eigenes.

Nach dem Sieg merkte *Dasharatha,* dass *Kaikeyis* Hand stark blutete. Als er ihr Elend sah, war er so von Verliebtheit überwältigt und von ihrem Mut und Opfergeist erfreut, dass er ihr versprach: „*Kaikeyi,* du hast zwei Wünsche frei. Was es auch sei, ich werde alles, was in meiner Macht steht, tun, um sie dir zu erfüllen." Er gewährte ihr die Wünsche aus Dankbarkeit für ihre heldenhafte Tat, die ihr Leben gerettet hatte. Aber seine Verliebtheit in sie machte ihn blind für ihren Wankelmut. Er sagte weder etwas über die Art der Wünsche, die sie äußern durfte, noch über den Zeitpunkt, zu dem sie wirksam werden sollten. Er versprach ihr blind die Erfüllung der Wünsche, ohne an die möglichen Folgen zu denken.

Kaikeyi wartete bis zu der Zeit, als *Dasharatha* entschied, das Königreich an *Rama* zu vererben. Da verlangte *Kaikeyi,* dass *Rama* in den Dschungel geschickt und ihr Sohn *Bharata* statt seiner zum König gekrönt werde. Nun tat es *Dasharatha* entsetzlich leid, dass er die Erfüllung der beiden Wünsche ohne weitere Einschränkungen zugesagt hatte, aber es war zu spät, sie zurückzuziehen, und aus Kummer darüber starb er schließlich.

Wir wissen, dass *Krishna Arjuna* besonders mochte, aber das ist nicht der Grund, weshalb er die *Gita Arjuna* und nicht einen seiner Brüder lehrte. Nein. *Krishna* betrachtete alle Folgen und Auswirkungen und fand, dass *Arjuna* als Einziger geeignet war, die *Gita* von ihm zu empfangen. *Arjuna* sah voraus, dass der Krieg sehr üble Folgen haben würde. Dies war der Grund, weshalb er nicht kämpfen wollte. Er quälte sich nicht, nachdem der Krieg vorüber war, sondern vorher. Diese Einstellung, vor einer entscheidenden Handlung mit sich zu ringen und sie nicht nachher zu bereuen, findet sich nur in einem reinen Herzen. *Arjuna* hatte ohne Zweifel ein solch reines, heiliges Herz. *Krishna* war ihm so lieb.

Die Transformation vom Verwandten oder Freund zum Schüler

In jenen Tagen lebten die Menschen viel länger als heute. Zu Zeiten des großen Krieges waren *Krishna* und *Arjuna* nach heutigen Maßstäben in recht fortgeschrittenem Alter. *Krishna* und *Arjuna* waren über siebzig Jahre lang unzertrennlich gewesen. Obwohl sie schon seit so vielen Jahren zusammengewesen waren, hatte *Krishna Arjuna* in all den Jahren nicht die *Gita* gelehrt. Warum nicht? Der Grund lag darin, dass *Arjuna Krishna* all diese Jahre lang als seinen Schwager und engen Freund betrachtet hatte. *Krishna* lehrte *Arjuna* die *Gita* nicht, solange dieser im Körperbewusstsein lebte.

In dem Augenblick, in dem *Arjuna* sich hingab und die Anhängerschaft annahm, wurde *Krishna* sein Lehrer und *Arjuna Krishnas* Schüler. Erst nach diesem Akt der Ergebung seitens *Arjuna* lehrte *Krishna* ihn die *Gita*. Dies bedeutet, dass, wenn ihr wirklich spirituelles Wissen von jemandem erlangen wollt, ihr gegenüber dieser Person zuerst die Beziehung des Schülers zum spirituellen Lehrer einnehmen müsst, bevor die Übertragung des Wissens frei fließen kann.

In den alten Schriften gibt es eine ähnliche Geschichte eines großen Lehrers namens Uddalaka. Zu jener Zeit lebte kein größerer Lehrer als er. Aber er sandte seinen eigenen Sohn, den Knaben Shvetaketu, zu einem anderen Lehrer, um spirituelles Wissen zu erlangen. Der Vater mochte seinen Sohn nicht selbst lehren. Er hatte sich zu diesem Schritt entschlossen, weil er wusste, dass er, solange der Sohn ihn als Vater betrachtete, keine wirkliche Beziehung zu ihm als Lehrer einnehmen konnte. Somit wäre der Junge nicht richtig in der höchsten Weisheit unterrichtet worden. So war auch die Situation zwischen *Krishna* und *Arjuna*. Solange zwischen ihnen die Schwäger-Beziehung existierte, konnte *Arjuna* das Wissen nicht von *Krishna* empfangen. Aber sobald *Arjuna* das Gefühl verließ, *Krishnas* Schwager zu sein, und sich in seinem Herzen stattdessen das Gefühl einstellte, sich in Gegenwart des *Paramātman* – der höchsten Göttlichkeit – zu befinden, wurde er fähig, *Krishnas* Lehren in sich aufzunehmen

Nachdem *Arjuna* sich vollkommen ergeben und das Gefühl entwickelt hatte, dass *Krishna* göttlich war, sagte er zu *Krishna:*

Tvam eva mata ca pita tvam eva
tvam eva bandu ca sakha tvam eva

tvam eva vidya dravinam tvam eva
tvam eva sarvam mama devad eva!

Du bist meine Mutter,
Du bist mein Vater,
Du bist mein bester Freund,
Du bist mein engster Verwandter,
Du bist meine Weisheit,
Du bist mein Schatz,
Du bist mein Alles,
Du bist mein Herr,
O Herr über alle Götter!

Das war der Augenblick, in dem *Krishna* ihn als Schüler annahm und sprach: „Tu meine Arbeit. Tu alles für mich, und ich werde für dich sorgen." Das Wichtigste, was *Krishna* tat, war *Arjuna* von seinem Körperbewusstsein zu befreien. Solange Körperbewusstsein besteht, werdet ihr, ganz gleich, welchem Weg ihr folgt, ob dem des selbstlosen Dienens, dem der Hingabe oder dem der Selbsterforschung, nicht imstande sein, die zum Erreichen des Ziels erforderlichen Disziplinen zu praktizieren. Körperbewusstsein und die daraus entstehenden Bindungen werden euer Herz immer wieder neu vergiften. Ohne das Entleeren des Herzens von seinen alten Schlacken kann es nicht mit neuen, heiligen Gefühlen gefüllt werden. Wie könnt ihr ein Glas, das voller Wasser ist, gleichzeitig auch mit Milch füllen? Ihr müsst zuerst das Wasser ausleeren. *Krishna* sagte: *„Arjuna,* du bist ganz im Körperbewusstsein. Als Erstes musst du davon loslassen. Erst dann kann ich dein Herz mit heiligen Gedanken füllen."

Seid mutig, seid angstfrei, seid unterscheidend

Krishnas Lehren *(sānkhyayoga)* zielten darauf ab, *Arjuna* von seinen Verblendungen und dem daraus entstehenden Kummer und Leid zu befreien. Die wichtigsten Schritte in diesem Prozess sind Hingabe und das Beseitigen des Körperbewusstseins. Als *Arjuna*s Körperbewusstsein verschwunden war, konnte *Krishna* ihm die höchste spirituelle Lehre der Selbsterkenntnis offenbaren. Damit erweckte *Krishna* *Arjuna* aus seinem Schlaf der Unwissenheit. Er sagte: „Es gibt viele Gründe für Sorgen, aber der grundlegendste ist deine Unwissenheit. Du warst dir deiner wahren Natur nicht bewusst und wurdest deshalb von Kummer überwältigt. Aber jetzt hast du nach Gott ausgerufen. Du hast nach Rechtschaffenheit gerufen. Du hast nach mir ausgerufen. Wenn du nach mir rufst, werde ich für dich sorgen und dir alle geben, was du brauchst."

Ihr schreit nach so vielen unterschiedlichen Dingen, aber schreit ihr nach Gott? Vergießt ihr Tränen wegen des Schwindens von Rechtschaffenheit *(dharma)?* Wenn ihr dies tut, wird der Herr selbst sich in eurem Herzen niederlassen, euch seine höchste Weisheit lehren und euch zu einem Instrument in seiner Mission machen. Dafür müsst ihr Mut und innere Stärke haben. *Krishna* lehrte *Arjuna:* „Du darfst niemals irgendeine Art von Wankelmütigkeit im Herzen zulassen. Erst wenn du die Ursache dieser Schwäche aus deinem Herzen getilgt hast, wird die göttliche Kraft in dich eindringen und in deinem Herzen wohnen. Wenn du keinen Mut hast, wird sogar Schlaf dich ängstigen, ganz zu schweigen von übelgesinnnten Menschen. Du musst die Fähigkeit haben, allen Lebenslagen zu begegnen. Wenn du ängstlich davonläufst, werden selbst die Affen über dich herfallen. Aber wenn du einen Stock hast und auf deinen Füßen stehst, werden sich die Affen dir nicht nähern. Wie auch immer die Umstände sein mögen, begegne ihnen standhaft und wende ihnen niemals den Rücken zu. Dann wirst du das erreichen, was du begonnen hast."

Die Essenz dieser Lehre ist: „Seid mutig! Seid frei von Angst!" Mut ist das wichtigste Werkzeug, um jeglichen Erfolg zu erreichen. Aber ihr solltet keinen blinden und törichten Mut haben. Mut muss von Unterscheidungsfähigkeit begleitet sein, nur dann ist der Erfolg gewiss.

Sechzehnte Ansprache

Verbannt die Unwissenheit, und das Leid wird euch für immer verlassen

Um Weisheit zu erlangen, müsst ihr nach innen forschen.
Dazu gehört, dass ihr euch vollständig
von eurem Geist (mind) und euren Gedanken löst.
Es sind die Identifikationen mit dem Geist
und seinen Unreinheiten, die Bindung verursachen.
In diesem Zusammenhang sagte Krishna zu Arjuna:
„Furchtsamkeit, Leid, Sorge, all diese Schwächen und Ängste,
die du erlebst, sind mit dem Geist verbunden.
Was ist der Grund für deinen bedauerlichen Zustand?
Es sind die Unreinheiten deines Geistes, Arjuna.
Du hast dich mit diesem unreinen Geist identifiziert,
und als Ergebnis davon leidest du."

Verkörperungen der Liebe,

das Erste, was *Krishna* tat, als er zu sprechen begann, war, *Arjunas* Krankheit zu diagnostizieren. *Arjuna* litt an Unwissenheit. Er war sich seiner eigenen wahren Natur und der Natur eines jeden anderen nicht bewusst. Er geriet unter den Bann von Täuschung und Dualität. Er fiel den Unreinheiten seines Geistes (mind) zum Opfer. Er fühlte Trennungsangst. Als Ergebnis wurde er bedrückt. Er wurde von Leid und Sorge übermannt. Die Heilung für diese Krankheit der Unwissenheit ist Weisheit. Deshalb begann *Krishna* seine Lehre mit dem Darlegen des Wegs der Weisheit.

Eure wahre Natur ist ewige Freude

Das Leben kann man sich als einen Fluss denken, in dem verschiedene Energien, Gefühle und Zustände zusammenkommen und sich wieder trennen. Dies sind Momente des Übergangs, bei denen sich eine gewisse vergängliche Eigenschaft in ihr Gegenteil verändert oder ein bestimmter Zeitabschnitt wandelt. Die Grenzen beispielsweise zwischen Tag und Nacht, Schlafen und Wachen oder Gesundheit und Krankheit sind Zeiten des Übergangs *(sandhyā)*. Das Zusammenkommen von Freud und Leid ist auch eine solche Zeit. Im Augenblick des Übergangs seid ihr weder glücklich noch traurig. In der Zeit, in der ihr von einem Gefühl zum nächsten wechselt, ist euer Geist im Gleichgewicht und werdet ihr nicht von Gefühlen gebunden. Aber ihr bleibt nicht lange in diesem Zustand. Schon bald bewegt ihr euch in die gegenteilige Eigenschaft, seid glücklich oder verfallt in Kummer. Natürlich trachtet ihr nur nach Glück und nicht nach Kummer, aber um es dauerhaft zu erreichen, müsst ihr all diese vergänglichen Gefühle überwinden.

Wenn ihr euch der Übergänge bewusst werdet, erkennt ihr, dass eure unwandelbare Wahrheit nichts mit den Gegensätzen zu tun hat, zwischen denen ihr im Leben pendelt. Der Weg der Weisheit offenbart euch eure Essenz, die ewige Freude ist. Eure wahre Natur transzendiert all diese vorübergehenden Freuden und Sorgen. Wenn ihr euch mit eurem ewigen Selbst identifiziert, werdet ihr von den Gegensatzpaaren nicht beeinflusst. Der Weg der Weisheit lehrt den

Weg zu ewiger Freude durch Loslösung und Unterscheidung. Diese Praxis muss auf unerschütterlicher Liebe zum Göttlichen basieren, das überall gegenwärtig ist.

Der Körper ist das äußere Gewand, das ihr als reiner Geist tragt

Die *Gita* bezieht sich auf den „Meister der Sinne" *(hrishikesha)* und „Denjenigen, der Kontrolle über seine Sinne gewonnen hat" *(gudakesha)*. *Krishna* ist der Meister der Sinne und *Arjuna* hat Kontrolle über seine Sinne erlangt. Doch am Anfang steckte *Arjuna* tief im Körperbewusstsein und hatte überhaupt keine Kontrolle. *Arjuna* bekam Sorgen, als er an die künftigen Folgen der bevorstehenden Schlacht gegen seine Verwandten und Freunde dachte. Er war sehr beunruhigt darüber, was der Vernichtung dieser Menschen folgen werde. Mit anderen Worten: *Arjuna* dachte nur in der Kategorie des Körperbewusstseins. Den Körper kann man sich als Gefäß oder Behälter vorstellen, in den sich die Seele ergießt, oder als Kleid, in das sie schlüpft. So wie es natürlich ist, ein schmutziges oder abgetragenes Kleid abzulegen und ein neues anzuziehen, gebt ihr auch euren Körper auf und nehmt einen neuen an. *Krishna* zeigte, dass der Tod wie das Ablegen eines alten Kleidungsstückes ist.

Wenn gewöhnliche Menschen hören, dass der Körper als Kleid betrachtet werden kann, das sie an- und ausziehen, bekommen sie Zweifel. Nach achtzig oder neunzig Jahren, wenn das hohe Alter seine Wirkung gehabt hat, können sie es leicht annehmen, dass der Körper einem abgetragenen Kleid gleicht und dass solche alten Kleider abgelegt werden. Aber wenn ein Mensch in der Jugend oder im Mannesalter stirbt, bevor das Altern eingesetzt hat, sieht es für sie aus, als legte er neue Kleider ab. Nehmt an, ein Körper von zwanzig Jahren wird zurückgelassen. Wie kann er als alte, abgetragene Kleidung betrachtet werden? Es ist offensichtlich ein neues Kleid.

Krishna beantwortete diese Frage mit einem Beispiel: Angenommen, ihr geht auf eine Pilgerreise und müsst unterwegs ein Stück Stoff kaufen. Ihr bringt den Stoff mit nach Hause und verstaut ihn in eurer Wäschetruhe. Nach fünf oder zehn Jahren entdeckt ihr diesen Stoff beim Aufräumen wieder und es fällt euch ein, wie ihr ihn vor vielen Jahren gekauft habt. Ihr bringt nun den Stoff zum Schneider, der euch ein Hemd daraus macht. Ihr zieht das neue Hemd an, aber sowie ihr euch auf den Boden setzt, reißt das Hemd hinten auf. Ihr dachtet, es sei ein neues Hemd, und doch war es im Nu verschlissen! Warum hat es nicht länger gehalten? Weil das Stück Stoff alt war. Das Hemd war neu, aber der Stoff kam aus einem alten Bestand. Nur kurze Zeit in einem Körper zu verweilen, sieht oberflächlich betrachtet zwar so aus, als würde ein neues Kleid abgelegt. Aber tatsächlich handelt es sich um einen Körper aus einem alten Bestand. Er ist aus vielen vergangenen Leben zu euch gekommen.

Hier ist ein weiteres Beispiel, das euch helfen wird, dies zu verstehen: Da sind zwei Männer, ein junger und ein alter. Der junge Mann ist achtzehn Jahre alt und damit beschäftigt, einen Stein mit dem Hammer zu bearbeiten. Er hat ihm bereits zwanzig Schläge gegeben, aber der Stein bricht nicht auseinander. Er setzt sich hin, um auszuruhen. Da kommt ein älterer Mann des Weges und schlägt den Stein mit nur zwei Hammerschlägen entzwei. Worin liegt der Grund für dieses überraschende Ergebnis? Dass ein junger Mann den Stein nach zwanzig Schlägen nicht schafft, ein Achtzigjähriger aber mit nur zwei Schlägen? Der Fehler liegt darin, dass man nur an die zwei Schläge des alten Mannes denkt und glaubt, der Stein habe allein wegen der Wucht dieser beiden Schläge nachgegeben. In Wahrheit hat er erst nach zweiundzwanzig Schlägen nachgegeben, den zwanzig Schlägen des jungen Menschen und den zusätzlichen beiden Schlägen des Älteren. Danach ist er zerbrochen.

Dieser Körper ist nur einer von vielen, die ihr getragen habt

In vergleichbarer Weise habt ihr vielleicht in einem früheren Leben spirituelle Übungen praktiziert und euch vieler spiritueller Erfahrungen in einem früheren Leben erfreut, bevor ihr es wieder aufgabt. Jetzt, in diesem Leben, setzt ihr eure spirituelle Reise fort und mögt spirituelle Vollkommenheit erlangen, bevor ihr das hohe Alter erreicht. Wenn ihr über diese Dinge nachdenkt, zieht ihr vielleicht nur das gegenwärtige Leben in Betracht und berücksichtigt lediglich die Anstrengungen und Auswirkungen der Handlungen in diesem Leben. Doch in den Augen Gottes zählen all eure vergangenen Leben, all eure vergangenen Anstrengungen und Ergebnisse. *Krishna* sagte: „Liebes Kind, letzten Endes wird jeder Körper durch die Zeit zerstört. Wisse, dass du in unzähligen Körpern existiert hast und seit Zeitaltern durch unzählige Zyklen von Wiedergeburt und Tod gegangen bist. Es waren so viele, dass sie keiner mehr nennen kann."

Die wahre Bedeutung des Wortes „Körper" *(sharīra)* im *Sanskrit* ist „Das, was sich abnutzt". Der Körper wird als ein Fleischklumpen geboren, wird während seines Wachstums schön und anziehend, altert dann und verliert seine Kraft und Attraktivität wieder. Der Körper ist etwas an sich Unlebendiges, Empfindungsloses. Er unterliegt während seines Lebens einer Reihe von Veränderungen und nutzt sich ab. Aber jetzt habt ihr vielleicht Zweifel: Wie kann der Körper leblos und empfindungslos genannt werden? Er spricht, läuft, lebt, sieht, hört, fühlt, erlebt Schmerz und ist voller Aktivität. Dieser lebendige Körper kann doch nicht als leblos bezeichnet werden. Aber wenn ihr eine Uhr aufzieht, beginnt auch sie zu arbeiten und zu ticken. Ab diesem Augenblick drehen sich die Zeiger und schlägt die Uhr zu jeder Stunde. Aber das ist kein ausreichender Grund, um zu behaupten, die Uhr sei lebendig. Sie funktioniert wegen der Energie, die sie bekam, als ihr sie aufgedreht habt. Ebenso liegt es an der von

Gott gegebenen Lebensenergie, dass euer Körper spricht und andere Aufgaben ausführt. Ohne das göttliche Prinzip, das den Körper belebt, kann er nicht funktionieren – so wie die Uhr nicht ohne Aufziehen funktionieren kann.

Nun taucht eine weitere Frage auf: Eine Uhr läuft zwar, ändert aber nicht ihre Form und Größe, während zum Beispiel der Körper wächst. Wie steht es damit? Wie kann der Körper wachsen, wenn er doch nur etwas Lebloses ist? Leblose Dinge wachsen nicht. Aber wenn ihr den Boden wischt und den Staub zusammenkehrt und in den Mülleimer schüttet, nimmt auch dessen Menge zu. Wenn ihr diesen Körper weiterhin mit allen möglichen Arten von Speisen nährt, wird auch dieser Körper wachsen. So wie sich Nahrung im Inneren ansammelt, wächst der Körper. Ein Staubhaufen mag zunehmen, aber ihr könnt nicht sagen, dass er lebe. Nur weil euer Körper wächst, könnt ihr nicht ebenso daraus ableiten, dass er lebendig sei. Der Körper ist für sich betrachtet ein lebloses Ding. Aber er steckt voller Bewusstsein, weil seine wahre Grundlage das Göttliche ist. Haltet euch diesen göttlichen Urgrund immer vor Augen; es ist das göttliche Bewusstsein, welches das Lebensprinzip in allen Geschöpfen erhält und nährt.

Unwissenheit bedeutet, sich seiner wahren Natur nicht bewusst zu sein

Als *Krishna Arjuna* einen Unwissenden nannte, bedeutete dies, dass *Arjuna* keine Bildung hatte? Nein, ganz und gar nicht. *Arjuna* hatte es zur Meisterschaft in vielen Künsten und Disziplinen gebracht; er war gut ausgebildet in der Kriegsführung, in Verwaltungsangelegenheiten und vielen anderen Berufen. Aber er hatte kein Wissen auf spirituellem Gebiet. Hier zeigte er echte Unwissenheit. Die Menschen benutzen ihre Fähigkeiten und Fertigkeiten, um sich auf einem bestimmten Gebiet zu spezialisieren und Geschicklichkeit darin zu entwickeln. Einige nutzen ihre Fähigkeiten, um Meisterschaft in der Musik zu erlangen;

andere schreiben Gedichte, wieder andere werden ausgezeichnete Maler und Bildhauer. Unter Wissenschaftlern erreicht einer Vortrefflichkeit in Physik, ein anderer in Chemie, ein weiterer in Mathematik und wieder ein anderer in Biologie. Jeder mag auf seinem Gebiet Besonderes geleistet haben, aber nicht viel über die anderen akademischen Fachbereiche wissen.

Der Einzige, der es auf allen Gebieten zu vollendeter Meisterschaft und Können gebracht hat, ist Gott. Aus diesem Grund wurde er als allwissend beschrieben. Wer allwissend ist, ist auch allmächtig und alles durchdringend. Nur Gott hat diese drei Eigenschaften des Allwissens, der Allmacht und der Allgegenwart. In Kenntnis der Vergangenheit, Gegenwart und Zukunft und im Wissen, dass *Arjuna* bereit war, lehrte *Krishna* ihn die großen spirituellen Wahrheiten. Er sagte zu *Arjuna:* „Erkenne die vergängliche Natur des menschlichen Körpers und vergiss nie dessen unveränderlichen Ursprung. Erfülle deine Pflichten mit diesem göttlichen Ursprung vor Augen. Zuallererst musst du deine inneren Bindungen loswerden. Du bist von der Anhaftung an den Körper überwältigt. Diese Art von Anhaftung ist sehr gefährlich und wird dir alle Unterscheidungsfähigkeit rauben." Hier ist eine Kurzgeschichte, welche dies veranschaulicht:

Die Gefahr der Anhaftung an den Körper

Es geschah einmal, dass *Indra,* der Herr über alle himmlischen Wesen, verflucht wurde, als Schwein auf die Erde zu kommen. Da er nun als Schwein geboren war, verbrachte er seine gesamte Zeit mit seiner Familie im schmutzigen, schlammigen Wasser. Eines Tages kam der Weise *Narada* an dem Ort vorbei und erkannte *Indra* in dem Schwein. *Narada,* der *Indra* so sehr liebte, empfand tiefes Mitleid mit ihm. Er sagte zu dem Schwein: *„Indra,* sieh, wie du heruntergekommen bist. Wie konnte so etwas passieren? Wie konntest du, eine große Gottheit mit unbegrenzter Macht, der Herr über alle Himmelsregionen, hierhin gelangen? Aber sorge dich nicht. Ich hole dich hier heraus. Ich werde meine vereinten, durch Buße gewonnenen Kräfte benutzen, um dir zu helfen.“ Er sprach sehr liebevoll mit dem Schwein und bedauerte, dass er, der alle Annehmlichkeiten der himmlischen Gefilde hätte genießen können, in einem so elenden Zustand verharren musste. Er dachte, wie unglücklich *Indras* Leben geworden sei.

Aber *Indra* entgegnete in der Form des Schweins: „*Narada,* was mischst du dich in mein Glück ein? Das Glück, das ich in diesem schmutzigen Wasser erlebe, kann ich nirgendwo sonst erfahren. Das wundervolle Leben, das ich hier mit Frau und Kindern genieße, könnte ich nicht einmal im Himmel haben! Bitte misch dich nicht in mein Leben und in das Glück ein, das ich hier genieße. Bitte geh deiner Wege.“ *Narada* musste *Indras* eigene Waffen, den himmlischen Donner, herbeirufen, damit dieser Schweinekörper zerbarst und einen äußerst erleichterten *Indra* aus seinem Gefängnis der Anhaftung und des Körperbewusstseins befreite.

Wenn ihr unter dem Bann der Verblendung *(moha)* steht, seid ihr vollkommen getäuscht. Dieser Irrtum entsteht durch die unaufhaltsame Macht von *Maya,* die eure Wahrheit verhüllt und vor euch verbirgt. Wenn ihr diese Macht der Illusion zerstört, müsst ihr euer Wissen um das wahre Selbst entwickeln. Deshalb unternahm es *Krishna, Arjuna* im Wissen um das Selbst *(ātmavidyā)* zu lehren. Erst nachdem ihr die direkte Erfahrung des ewigen Selbst habt, könnt ihr eure Arbeit wirklich tun und eure Pflichten richtig erfüllen. Ohne dieses Wissen werdet ihr sogar die alltäglichen weltlichen Aktivitäten nicht verstehen.

Den spirituellen Lehren nur zu lauschen, kann euch nur in geringem Ausmaß helfen. Wenn ihr die *Gita* hört, seid ihr so glücklich und voller Freude. Alles erscheint so simpel. Aber dieses Hochgefühl ist nur ein vorübergehendes Phänomen. Wenn ihr darangeht, die Lehren in die Praxis umzusetzen, tauchen viele Schwierigkeiten auf. Aber ihr müsst euch weiter anstrengen, denn die Lehren allein können wenig ausrichten. Ihr müsst sie mit Leben füllen. Ihr müsst in alles eintauchen, was auch immer ihr gehört und gelesen habt. Dann werdet ihr etwas wirklich Erstrebenswertes erreicht haben.

Ihr müsst die Lehren leben

Der große Weise *Krishnacaitanya* erreichte einst auf einer Pilgerreise in Südindien ein Dorf. Im Dorftempel hatten sich einige Menschen versammelt. Ein Lehrer *(pandit)* erläuterte gerade die Lehren der *Gita*. Er las den Text vor und die Schüler wiederholten die Verse, worauf der Lehrer die Auslegung dazu gab. Einer der Schüler saß in einer Ecke und weinte herzergreifend. Alle anderen hielten die *Gita* in der Hand und wiederholten aufmerksam, was der Lehrer vorlas. Ihr Gesichtsausdruck veränderte sich ständig, je nach der Art des Textes, der vorgetragen wurde. Manchmal war er froh, manchmal ernst. Aber der Schüler, der in der Ecke saß, hatte keine solchen Erlebnisse; sein Gesichtsausdruck blieb stets gleich. Er weinte immer nur.

Caitanya, der das Ganze beobachtet hatte, fragte den Mann: „Warum weinst du? Was ist der Grund für deine Traurigkeit, wenn die *Gita* in solch erbaulicher Weise vorgetragen wird?“ Der Mann antwortete: „Herr, ich weiß nicht, wer du bist. Ich kann kein *Sanskrit*. Ich kann die Verse nicht richtig aussprechen und möchte sie nicht wiederholen, weil ich dadurch eine Sünde begehen könnte. Ich habe mir einfach vorgestellt, wie *Krishna Arjuna* die *Gita* gab und dabei seinen Kopf zu *Arjuna* zurückwenden musste, der hinter ihm im Streitwagen saß. Ich weine, weil ich mir vorstelle, wie *Krishna* so lange, mit dem Kopf nach hinten gewendet ausharren musste, während er *Arjuna* zu überzeugen versuchte. Diese Kopfhaltung muss ihm furchtbare Schmerzen verursacht haben. Wenn doch *Arjuna* vorn und *Krishna* hinten gesessen hätte, würde dies dem Herrn nicht solche Umstände bereitet haben. Der Gedanke schmerzt mich sehr."

Caitanya erkannte, dass er hier einen wahren Jünger des Herrn vor sich hatte. Der Mann empfand so viel Liebe für *Krishna* und hatte sich so sehr mit *Krishna* identifiziert, der *Arjuna* die *Gita* lehrte, dass er selbst ein Teil von *Krishna* geworden war. *Caitanya* kam zu der Erkenntnis, dass es weit besser ist, solche Gefühle zu erfahren, als bloß der *Gita* zu lauschen und ihre Verse zu rezitieren.

Selbst jetzt, während die *Gita* erläutert wird, schreiben einige von euch alles sehr ehrerbietig mit, während andere das Buch aufgeschlagen haben und die Verse lesen, um sie auswendig zu lernen. Das sind jedoch nur äußerliche Beschäftigungen, die keine sehr tiefen Gefühle der Hingabe in euch erwecken. Wenn ihr wollt, dass euer Herz voll und ganz mit der Essenz dieser Lehren durchtränkt wird, müsst ihr die innere Erfahrung suchen. Tut dies, indem ihr die Verse der *Gita* täglich in die Praxis umsetzt. Es wird mehr als genug sein, wenn ihr auch nur einen von ihnen praktiziert. Was für einen Sinn hat es, Hunderte von Versen niederzuschreiben? Wenn ihr euren Kopf mit dem Inhalt des ganzen Buches füllt, wird aus eurem Kopf nur wieder ein weiteres Buch. Was zählt, ist das, was sich euch im Buch eures Herzens einprägt. Es reicht, wenn sich nur eine dieser Lehren eurem Herzen einprägt. Lasst Liebe euer Herz durchtränken. Das ist genug. Anstatt euer Herz mit Gelehrsamkeit und Bücherwissen vollzustopfen, ist es weitaus besser, euer Herz mit Liebe anzufüllen.

Unwissenheit muss vollständig zerstreut werden

Krishna sagte zu *Arjuna:* „Dein Jammern und Lamentieren hat keinen Sinn. Es kommt daher, dass all deine Gefühle auf diesen äußeren körperlichen Verhaftungen und verwandtschaftlichen Beziehungen basieren. Geh in dich. Wende deinen Geist (mind) nach innen. Dann wirst du imstande sein, all die Dinge, die ich erkläre, zu verstehen. Du bedauerst Menschen, die du nicht zu bedauern brauchst. Du quälst dich ohne Grund. Du solltest nicht so leiden. Du fühlst all diesen Kummer, weil dein Herz voller Unwissenheit ist. Verjage die Unwissenheit vollständig aus deinem Sinn. Erst wenn auch nicht die kleinste Spur davon übrig ist, kannst du verstehen, was Weisheit ist."

Unwissenheit ist wie ein Feuer. Nehmt an, ein Feuer ist bis auf ein paar glühende Scheite fast ganz erloschen. Sobald ein Windhauch aufkommt, können ein paar Funken aus dieser Glut einen riesigen Brand auslösen. Darum sollte auch nicht das kleinste Fünkchen noch glimmen. Die Unwissenheit kann auch mit einer Krankheit verglichen werden. Nehmen wir an, eure Krankheit ist beinahe ausgeheilt, eine Spur aber noch vorhanden. Wenn ihr nun, sobald ihr aus dem Krankenhaus entlassen seid, zu Hause nicht die vorgeschriebene Diät befolgt, kann die Krankheit schnell wieder aufflammen und sich ausbreiten. Es sollte auch nicht der geringste Rest von ihr noch da sein.

Ihr könnt Unwissenheit auch mit Verschuldung vergleichen. Angenommen, ihr habt all eure Schulden bis auf einen kleinen Rest von tausend Rupien bezahlt. Aber was geschieht, wenn ihr die Sollzinsen anwachsen lasst? Die Schuld wird wieder ansteigen. Ihr solltet eure Schulden deshalb ganz abzahlen. So ähnlich ist es, wenn in eurem Herzen noch versteckte Spuren von Bindungen und Wünschen vorhanden sind: Eure Sorgen werden aufs Neue aufflammen und sich ausbreiten. Aus diesem Grund ermahnte *Krishna Arjuna:* „Wenn du auch nur den kleinsten Rest von Anhaftung in dir zurückbehältst, wird alles, was ich dich lehre, umsonst sein. Du musst all deine Bindungen, die so lange Zeit von der Unwissenheit genährt wurden und dein Herz umwölken, vollständig ausrotten. Um dir dabei zu helfen, lehre ich dich den Weg der Weisheit *(sānkhyayoga)*."

Die Weisheitslehre ist ein außerordentlich wichtiger Teil der *Gita*. Wenn ihr den Unterschied zwischen dem wahren Selbst, dem göttlichen *Atman,* und dem falschen Selbst *(anatman),* das mit den weltlichen Dingen zusammenhängt, versteht, so versteht ihr alle anderen Kapitel der *Gita* leicht. Ihr müsst etliche Tage in Konzentration verbringen und versuchen, den Unterschied zwischen Wirklichem und Unwirklichem mit ganzem Herzen zu verstehen, und euch dann vom Unwirklichen loslösen. Das ist die zentrale Lehre des Wegs der Weisheit.

Jedes Wort dieser Lehren ist ein wahres Juwel. Nur wenn ihr die Natur des Weisheitsweges vollständig versteht, seid ihr in der Lage, die *Gita* ganz zu verstehen und ein Leben frei von Kummer und Leid zu leben.

Siebzehnte Ansprache

Beherrscht die Sinne, und die ganze Welt wird Euer sein

Was ihr auch sucht, wohin ihr auch seht
– ob hier in der Welt, im Himmel oder in der Unterwelt –,
alles, was ihr finden werdet,
sind die fünf Elemente und nur die fünf Elemente.
In allen Welten gibt es nichts anderes.
Was ihr euch auch jemals gewünscht, benutzt oder verloren habt,
all die unzähligen Dinge sind nichts als ständig sich
verändernde Erscheinungsformen der fünf Elemente.

Verkörperungen der Liebe,

alles im Universum, alles was jemals erschaffen wurde, alles was jemals begriffen wird, besteht aus grob- und feinstofflichen Aspekten der fünf Elemente, nämlich Äther, Luft, Feuer, Wasser und Erde. Diese unzähligen Erscheinungsformen der fünf Elemente haben sich ständig verändert und werden das auch in Zukunft tun. Sie sind alle vergänglich, wandeln sich unablässig von einer Form zur nächsten und einem Namen zum nächsten.

Die vorübergehende Natur aller Dinge

Die Blume, die heute erblüht ist, verwelkt schon morgen und ist ein paar Tage später zersetzt. Eine Speise, die heute gekocht wurde, wird morgen verdorben sein. Noch einen Tag später ist dasselbe Essen bereits giftig. Wenn es einmal verdorben ist, könnt ihr die frische Speise nicht wieder zurückbekommen. Die schöne Form von heute erscheint morgen hässlich. Selbst die Atome, welche die Materie des Mondes bilden, können eines Tages hier auf der Erde landen, und umgekehrt können Atome, aus denen die Erdmaterie besteht, irgendwann den Mond erreichen. Sämtliche Atome, aus denen der menschliche Körper besteht, unterliegen alle sieben Jahre einem totalen Wechsel. Es wäre tatsächlich töricht für euch zu glauben, dass der Körper und die Sinne, die aus den fünf Elementen zusammengesetzt sind, von Dauer seien oder dass ein Gegenstand, der aus ihnen besteht, einen bleibenden Wert habe. Nur die Sinne sind ständig auf der Jagd nach solch äußeren, vergänglichen Dingen.

Die *Gita* zeigt, dass dieser unbeständige Komplex aus den fünf Elementen, den wir Körper, Geist (mind) und Sinne nennen, in vierundzwanzig Grundelemente eingeteilt werden kann. Sie bestehen aus den fünf grobstofflichen Sinnesorganen *(karmendriya)* – Ohren, Haut, Augen, Zunge und Nase. Sie greifen durch die feinstofflichen Sinnesorgane (jnānendriya) – Klang, Berührung, Sicht, Geschmack und Geruch – nach den Sinnesobjekten. Diese grobstofflichen und feinstofflichen Sinnesorgane sind untrennbar miteinander verbunden: Ohne das Feinstoffliche kann das Grobstoffliche nicht arbeiten. So könnt ihr zum Beispiel Augen haben, aber doch nichts sehen; Ohren haben, aber nichts hören; eine Zunge haben, aber nichts schmecken.

Die vierundzwanzig unbeständigen Prinzipien

Zu den grobstofflichen und feinstofflichen Sinnesorganen kommen die fünf Lebensenergien hinzu, die alle Körperfunktionen beleben. Eine von ihnen bezieht sich auf die Atmung, eine weitere auf die Ausscheidung, eine dritte auf den Blutkreislauf, die vierte auf die Verdauung und die fünfte auf den aufwärts gerichteten Fluss, der die höheren Zentren energetisiert. Außer den fünfzehn bereits aufgezählten Prinzipien gibt es vier Fähigkeiten, die „das innere Werkzeug" umfassen. Dieses innere Werkzeug setzt sich aus all den verschiedenen Aspekten dessen zusammen, was wir als Geist *(manas)* verstehen. Er besteht aus dem Denkvermögen, das analysiert und reagiert, aus der Intuition *(buddhi),* die den tieferen Sinn des Lebens erkennt und zwischen dem Wirklichen und Unwirklichen unterscheidet, aus dem subjektiven individuellen Ausdruck oder Ego-Selbst *(ahamkāra),* das mit der Persönlichkeit zusammenhängt, und aus dem Sitz der Gefühle und Erinnerungen *(citta),* in denen die Auswirkungen vergangenen Handelns gespeichert sind.

Alle genannten Aspekte sind in den fünf Hüllen *(kosha)* vorhanden. Diese Hüllen können als verschiedene Körper betrachtet werden, die sich gegenseitig mit fortschreitend feiner werdender Reihenfolge durchdringen, sodass jede Hülle feinstofflicher als die vorhergehende ist. Die gröbste Hülle ist die Nahrungshülle (annamyakosha), die den physischen Körper umhüllt. Sie besteht aus physischer Nahrung. Die nächste ist die erste der feinstofflichen, immateriellen Hüllen. Sie ist dem Lebensatem und der körperlichen Energie zugeordnet (prānamayakosha). Dann kommt die Hülle des Geistes (manomayakosha), die sich auf den niederen Geist bezieht. Die vierte ist die Hülle des Intellekts (vijnāmayakosha). Sie hängt mit dem höheren Geist zusammen, in dem die *Buddhi,* die intuitive, unterscheidende Fähigkeit enthalten ist. Die drei zuletzt genannten Hüllen, die Hülle der Lebenskraft, die Hülle des Geistes und die Hülle des Intellekts, machen zusammen den feinstofflichen Körper des Menschen aus. Schließlich gibt es die Hülle der Glückseligkeit (ānandamayakosha), den subtilsten aller Körper. Er ist als Kausalkörper bekannt und befindet sich jenseits aller Aspekte des Geistes (mind). Er ist die Quelle von allem Geistigen. In ihr verbleibt nur ein dünner Schleier der Unwissenheit, der das wahre Selbst verbirgt, das reine Glückseligkeit ist.

Das unsterbliche Selbst ist jenseits des vergänglichen Individuums

Der Mensch besteht aus diesen vierundzwanzig Prinzipien. Die Weisheitslehren befassen sich mit diesen verschiedenen Prinzipien. Ihr Ziel ist es, euch zu helfen, das eine transzendente Prinzip zu erkennen, das jenseits von ihnen allen liegt. Das ist der *Atman*. Er ist das unsterbliche Selbst, die eine Wirklichkeit, die all diesen Körperprinzipien zugrunde liegt, aber von ihnen nicht beeinflusst wird. Es ist wahr und unveränderlich, während diese vierundzwanzig nur Manifestationen der Unwissenheit sind, die einem ständigen Wandel unterliegen. Zusammen erzeugen diese vierundzwanzig Prinzipien die Illusion, die euch als getrenntes Wesen erscheinen lässt. Wie wollt ihr jemals fähig sein, die ewige Glückseligkeit zu erlangen, die eure wahre Natur ist und in keinster Weise von diesen vergänglichen Dingen beeinflusst wird?

Die Freuden, die ihr durch die Sinne erlebt und die im Augenblick so reizend erscheinen, bereiten euch wahrscheinlich später Kummer. Solche Freuden kommen und gehen, sie sind nicht von Dauer. *Krishna* betonte deutlich, dass ihr nicht an diese Sinnesorgane glauben und von ihnen nicht auf Abwege geführt werden solltet. Wie gebildet ihr auch sein mögt, welche berufliche Position ihr auch bekleidet, ihr könnt keinen Geistesfrieden haben, wenn ihr keine Herrschaft über eure Sinne erlangt habt. Innerer Frieden kann nur durch das Kontrollieren der Sinnesorgane erreicht werden. Vielleicht denkt ihr, dass die Beherrschung der Sinne zu schwierig für euch sei, aber in der *Gita* lehrt euch *Krishna* eine Reihe verschiedener Wege, die euch helfen können, sie erfolgreich im Griff zu haben.

Die Edlen und die Unedlen

Krishna sagt in der *Gita,* dass es zwei Arten von Menschen gebe, und zwar die Edlen *(ārya)* und die Unedlen *(anārya).* Die Edlen sind jene Menschen, die dem rechten Weg, dem heiligen Weg folgen. Sie suchen die Gesellschaft großer Seelen und praktizieren deren Lehren. Folglich erleben sie die großen spirituellen Wahrheiten und erfreuen sich des inneren Lebens des Geistigen (spirit). Im Gegensatz zu ihnen gibt es jene Menschen, die voll unheiliger Gedanken sind und unreine Herzen haben, die im Bann der Unwissenheit stehen und kein rechtschaffenes Leben führen. Ihr böses Verhalten könnte als genaues Gegenteil des beispielhaften Benehmens der Edlen beschrieben werden, so wie Dunkelheit das Gegenteil des Lichtes ist. Wir könnten diese beiden Kategorien somit als die der Götter und die der Dämonen bezeichnen, die der lichten und der dunklen Wesenheiten. *Krishna* sagte: „*Arjuna,* ich dachte bisher, dass du ein Edler seist, aber nun sehe ich, dass du den falschen Weg einschlägst. Du steigst tief in die Dunkelheit hinab; du folgst einem unheiligen Weg. Es wäre nicht recht, dich weiterhin einen Edlen zu nennen. Dein Verhalten ist das eines Unedlen."

Krishna gab *Arjuna* verschiedene solcher Ermahnungen, die ihn zu heldenhaften Anstrengungen ermutigen sollten, um die Qualitäten echten Adels zu manifestieren. Er sprach: „Der Hauptgrund für deinen jetzigen Kummer ist deine Anhaftung, und die Ursache für deine Anhaftung ist Unwissenheit. Aus Unwissenheit erlaubst du deinen Sinnen, deine Handlungen zu leiten. Wenn du dich von Anhaftung und Leid befreien willst, musst du deine Sinne unter Kontrolle bringen. Dazu musst du ihre Natur klar verstehen. Auf der Lebensreise sind die Sinnesorgane sehr wichtig. Sie sind wie das Pferdegespann vor einem Wagen, der dich zum Ziel bringen kann. Aber nur, wenn du die vollkommene Kontrolle über die Pferde hast, werden der Wagen und Insasse heil ankommen. Wenn du sie nicht kontrollierst, werden Wagen und Insasse unvermeidlich ins Unglück stürzen. Wenn du das Ziel also sicher erreichen willst, musst du die Pferde zu lenken verstehen, also, mit anderen Worten, vollkommene Kontrolle über deine Sinne erlernen."

Die Natur der Sinnesorgane

Als *Krishna* über die Sinnesorgane sprach, erwähnte er, dass sie die Fähigkeit hätten, etwas zu ermessen. Die Zunge beispielsweise erfasst den Geschmack von Speisen und stellt fest, ob etwas süß oder bitter ist. Sie tut dies, indem sie die relative Süße oder Bitterkeit der Speisen ermisst. Ebenso erfassen die Ohren, ob Musik melodiös ist oder nicht, die Augen nehmen die Schönheit des Gesehenen wahr. Auf diese Weise ermessen alle Sinne verschiedene Eigenschaften. *Krishna* sprach von bestimmten Grenzen der Sinnesorgane, wie sie von Gott bestimmt waren, um ihren rechten Gebrauch zu sichern. Ihr könnt beispielsweise die Nase zum Atmen und Riechen einsetzen. Wenn ihr die Nase auf rechte Weise gebraucht, befolgt ihr die Befehle des Herrn, und werdet gewiss davon profitieren. Wenn ihr die Nase statt zum Atmen und Riechen guter Düfte dazu missbraucht, Tabakrauch zu inhalieren, so nutzt ihr sie nicht in der Weise, wie sie von Gott bestimmt ist.

Was die Zunge betrifft, so gibt euch der Herr den gutgemeinten Rat: „Kind, benutze deine Zunge, um sanft zu sprechen, und nicht, um das Herz anderer zu verletzen. Benutze Worte, die anderen Freude bereiten." Auch die andere Aufgabe der Zunge muss beachtet werden. Nehmt mit eurer Zunge frische, gesunde *(sāttvika)* Nahrung auf, die reich an Proteinen und Vitaminen ist. Wenn ihr eure Zunge und den Geschmackssinn stattdessen zum Zigarettenrauchen und Alkoholkonsum einsetzt, missbraucht ihr sie. Dann handelt ihr den Geboten des Herrn zuwider, und daraus wird euch Schaden entstehen. Setzt darum alle Sinnesorgane nur für die bestimmten Aufgaben ein, die ihnen von Gott bestimmt ist. Dann werdet ihr den Zweck erfüllen, für den euch jedes dieser Werkzeuge gegeben wurde. Diese Art von geregelter Lebensweise hilft euch, das Ziel zu erreichen.

Als Ergebnis des Gebrauchs der Sinne werdet ihr Freude oder Kummer erleben. Freude oder Kummer kommen nicht von den Sinnesorganen. Erst nachdem die Sinne in Kontakt mit den Sinnesobjekten gekommen sind, werdet ihr diese Gefühle erfahren. Nehmt an, ihr seid auf einem längeren Besuch bei einem Freund in der Nachbarstadt und während eurer Abwesenheit passiert etwas bei euch Zuhause. Ganz gleich was passiert ist, Gut oder Schlecht, ihr erlebt weder Glück noch Kummer, weder Freud noch Leid, solange ihr die Nachricht nicht gehört habt. Aber sobald ihr einen Telefonanruf bekommt und erfahrt, was Zuhause passiert ist, fühlt ihr euch wohl, wenn die Nachricht gut ist, und leidet, wenn die Nachricht schlecht ist. Erst nachdem die Sinnesorgane mit Sinnesobjekten in Berührung kamen, widerfahren euch Freud oder Leid.

Wer von den Sinnen gebunden ist, wird von den Sinnen zerstört

Es gibt eine riesige Anzahl von Sinnesobjekten in der Welt, aber ihr solltet zusehen, dass eure Sinnesorgane nicht mit allzu vielen von ihnen in Kontakt kommen. Sie sind allesamt flüchtige Dinge. Wenn ihr euch von Kleinigkeiten gefangen nehmen lasst, wird euer ganzes Leben unbedeutend, klein und unrein. Ihr könnt dies bei einer ganzen Reihe von Lebewesen sehen, die Opfer dieses oder jenes Sinnesorganes sind. Wenn zum Beispiel ein Reh wohltönende Musik vernimmt, lässt es sich davon verzaubern und kann leicht eingefangen werden. Ein Reh wird also durch Klang gebunden. Ein riesiges Tier wie der Elefant kann mithilfe des Tastsinnes gezähmt werden und wird deshalb durch den Tastsinn gebunden. So kann eine ganze Reihe von Tieren durch verschiedene Sinnesorgane beherrscht werden. Denkt zum Beispiel an die Motte. Sie wird vom Licht so stark angezogen, dass sie darin zugrunde gehen kann. Ähnlich geht es dem Fisch, der vom Geruch des Köders angelockt wird, ihn schluckt und dann gefangen ist. Die Biene dringt ins Innere der Blüte ein, gebannt von ihrem stark verströmendem Duft, und es kann vorkommen, dass sie eine ganze Nacht lang in der Blüte eingesperrt bleibt, wenn sich die Blätter am Abend schließen.

Jedes dieser Lebewesen steht im Bann eines Sinnesorgans, doch der Mensch steht im Bann von allen fünfen und ist deshalb noch verletzlicher als all diese Lebewesen. Hier eine kurze Geschichte dazu:

Der Weise *Dakshinamurti* befand sich einmal auf einer Reise durchs Land. Er betrachtete jeden der fünf Sinne als seinen Lehrer *(guru)*. Als er ans Meeresufer gelangte, freute er sich über die Wellen und die verschiedenen Gesichter des Ozeans. Wie er so ins Schauen vertieft war, kam eine Welle, die Schmutz ans Land spülte. Er stellte fest, dass die Wellen allen Schmutz, der ins Meer gelangte, wieder ausspieen. *Dakshinamurti* überlegte bei sich: „Warum sollte das Meer, das so tief und groß ist, es für notwendig halten, diesen Schmutz auszuspeien? Könnte es so einem kleinen bisschen Schmutz nicht erlauben, hereinzukommen und drinnenzubleiben?“, und er versenkte sich in Meditation. Darin erkannte er, dass sich die Unreinheiten, die der Ozean hereinlassen und bei sich behalten würde, Tag für Tag ansammeln und nach und nach seine gesamte Oberfläche bedecken und verseuchen würden. Er kam zu dem Schluss, dass das Meer bereits zu Anfang beschlossen haben musste, keinerlei Schmutz, Staub oder sonstige

Unreinheiten aufzunehmen: Nur so konnte es ihm gelungen sein, rein und sauber zu bleiben.

Darum solltet auch ihr von Anfang an darauf achten, dass euch nicht einmal im geringsten Maße schlechte Gedanken und Vorstellungen in den Sinn kommen. Ihr solltet es auch nicht der kleinsten Unreinheit erlauben, in euer Herz einzudringen. Ihr müsst sie sofort hinauswerfen, sobald sie ihren Fuß in die Türe stellt. Wenn ihr sie aber hereinlasst und ihr Raum gebt, in der Vorstellung, dass es sich ja eigentlich nur um eine unbedeutende Kleinigkeit handele, die euch nicht wirklich schaden könne, beginnt sie in eurem Herzen zu wachsen. Wenn ihr also die Funktionsweise der Sinne verstanden und gelernt habt, sie richtig zu gebrauchen, werdet ihr großen Nutzen von ihnen haben und nicht von ihnen bedrängt. Wenn ihr es den Sinnen stattdessen erlaubt, über euch zu herrschen und euch zu binden, werdet ihr weder Frieden noch Freude haben. Hier ist noch eine kurze Geschichte, die dies erläutert.

Der König, der von seinen fünf Frauen regiert wurde

Es war einmal ein großer König, der fünf Frauen hatte, die nie auf ihn hörten. Mochte er auch für alle Welt ein König sein, seiner Frauen wurde er nicht Herr. Darunter litt er sehr. Er trug eine Krone auf seinem Haupt, aber in diesem Kopf gab es nur Kummer. „Ich bin der Sklave dieser Frauen geworden und leide darunter“, stellte er bei sich fest. „Ich möchte wissen, ob es in dieser Welt einen Menschen gibt, der keine Angst vor seiner Frau zu haben braucht. Wenn es so jemanden gibt, wie schafft er es, sie zu kontrollieren und nicht von ihr dominiert zu werden?“ Es wäre nicht angemessen gewesen, die Bürger jenes Landes direkt zu befragen, und so berief er eine öffentliche Versammlung ein, zu der alle männlichen Untertanen eingeladen wurden. Zwei riesige Zelte von der Größe eines Stadions wurden aufgestellt, eines auf der einen Seite des Versammlungsplatzes, das andere auf der gegenüberliegenden Seite.

Der König kündigte an, dass das erste Zelt für diejenigen bestimmt sei, die ihrer Ehefrauen Herr geworden wären, und das zweite für jene, die von ihren Ehefrauen beherrscht würden. Nach und nach trafen alle männlichen Untertanen des Reiches in der Stadt ein. Schnurstracks gingen sie auf das zweite Zelt zu. Der König kam und fand das riesige Zelt der von den Frauen Beherrschten zum Bersten voll von Männern vor. Das machte ihm etwas Mut, weil er demnach nicht der Einzige sein konnte, der von seinen Frauen kontrolliert wurde. Doch als er die Versammlung schon eröffnen wollte, entdeckte er einen einzelnen Mann in dem Zelt, das für die Beherrscher der Ehefrauen bestimmt war. Dieses gigantische Zelt war völlig leer, bis auf diesen einen Mann. Der König war überglücklich, ihn zu sehen, ging auf ihn zu und sagte zu ihm, wie sehr er sich freue, wenigstens einen Menschen in seinem Reich gefunden zu haben, der seiner Frau Herr geworden sei.

Der König fragte ihn: „Guter Mann, verrate mir bitte dein Geheimnis beim Beherrschen deiner Frau!“ Der vor Angst zitternde Mann antwortete: „Nein, mein Herr, nein, mein Herr. So ist es nicht. Ich habe kein Geheimnis. Ich kann sie nicht beherrschen. Ich bin es, der vollkommen von ihr beherrscht wird.“ Da sagte der König: „Warum bist du dann in dieses Zelt gegangen?“, wunderte sich der König. Mit schlotternden Knien stammelte der Mann: „Meine Frau hat mir befohlen, in dieses Zelt zu gehen. Deshalb bin ich hier. Sie verbot mir, ins andere zu gehen, in dem sich die Sklaven der Ehefrauen aufhalten, sondern in dieses hier.“ Der König war sehr irritiert über den Mann und befahl ihm: „Verschwinde von hier! Geh sofort zu den anderen in das zweite Zelt; mach, dass du herüberkommst!“ Der Bürger wurde bleich vor Angst, sank auf die Knie und flehte den König mit gefalteten

Händen an: „Mein König, bitte erhöre mich! Du magst mich bestrafen, mach mit mir, was du willst, aber ich habe große Angst davor, meiner Frau zu widersprechen und ins andere Zelt zu gehen!“ Da erkannte der König, dass es nirgendwo in seinem Königreich einen Menschen gab, der nicht der Sklave seiner Frau war.

Der Geist mit seinen fünf Frauen, den Sinnen

Dieser König ist der Geist (mind), der niemals imstande sein wird, all seine Frauen – die Sinne – zufriedenzustellen. Das Auge fordert: „Bring mich an einen Ort, an dem ich nur die allerschönste Aussicht habe!“ Die Zunge verlangt, nur die besten Speisen zu schmecken. Das Ohr will nur die melodischsten aller Klänge hören. Die Haut möchte nur Stoffe ertasten, die besonders angenehm anzufassen sind. Und die Nase will nur die feinsten Gerüche der Welt zu riechen bekommen. Wer kann schon all diese Wünsche der Sinne befriedigen? Es gibt keine Abstimmung und Zusammenarbeit unter ihnen. Wenn ihr euch den Sinnesorganen unterwerft, werden sie euch eine Menge Schwierigkeiten bereiten. Ihr müsst gleich von Anfang an einen Weg finden, wie ihr sie vollständig unter Kontrolle bekommt. Dann werdet ihr etwas wirklich Nennenswertes erreicht haben. Ein wahrer Held in dieser Welt ist jemand, der es geschafft hat, vollkommene Kontrolle über seine Sinne zu erlangen.

Hört nicht auf die Sinne, wenn sie ihre Forderungen stellen. Lenkt euren Geist stattdessen auf den höheren Intellekt *(buddhi)*. Lasst ihn entscheiden, was zu tun ist. Dann wird der niedere Geist (mind) folgen und seinerseits die Sinne befehligen. Auf diese Weise müssen die Sinne folgen. So werden sie gebändigt. Ein Mensch, der sein Leben auf den niederen Geist und die Sinne gründet, ist dem Ruin ausgesetzt und wird schlechter als ein Tier. Der Weise gründet sein Leben auf den höheren Geist, der sein Intellekt, sein Unterscheidungsvermögen, seine Einsicht und Intuition ist. Wenn ihr euer Leben auf euren höheren Geist ausrichtet, wird eure *Buddhi* euch direkt zum Ziel bringen. Wenn ihr es aber nur auf den niederen Geist und die Sinne aufbaut, werden alle paar Minuten Veränderungen eintreten, und es wird schwierig sein, vorauszusehen, was mit euch geschehen wird und wo ihr landen werdet. Es ist so, als wollte man einen reißenden Fluss oder ein sturmgepeitschtes Meer mit einem kleinen Boot überqueren. Ihr wisst nicht, wann das Wasser hineinschlägt und das Unheil über euch hereinbricht.

Seid stets wachsam, eure Sinne zu kontrollieren

Es gab einen großen Heiligen namens Hazrat Muhammad. Er war ein außerordentlich tugendhafter, wahrhaft weiser Mann, der seiner Sinne vollkommen Herr war. Eines Tages wurde bekannt, dass sein Ende nahte. All seine Schüler kamen herbei und versammelten sich um sein Bett. Der Weise hatte starke Halsschmerzen, unternahm jedoch heldenhafte Anstrengungen, diesen Schmerz zu überwinden. Schließlich schien er etwas sagen zu wollen, konnte es aber nicht. Seine Schüler waren begierig zu erfahren, welche Botschaft der Meister ihnen während dieser letzten Augenblicke seines Erdenlebens mitteilen wollte. Sie versuchten ihm zu helfen, so gut es ging, und flehten: „*Swami,* du möchtest uns etwas mitteilen. Wir sind begierig, deine Botschaft zu hören!"

Muhammad nahm seine letzten Kräfte zusammen und brachte die Worte heraus: „Meine lieben Kinder, die ganze Zeit wurde ich von *Maya,* der Täuschungskraft, verfolgt. *Maya* sagte mir: ‚Alle anderen sind meine Sklaven geworden. Niemandem ist es gelungen, sich zu befreien, außer dir. Du bist fähig gewesen, deine Sinne vollkommen zu kontrollieren und mich dadurch zu besiegen.' Da antwortete ich: ‚*Maya,* bitte sag nicht, dass ich dich vollkommen besiegt hätte, solange noch ein bisschen Atem da ist und einige Atemzüge zu tun sind. Bevor nicht der allerletzte Atemzug getan ist, ist es schwer zu glauben, dass irgendwer dich jemals besiegen kann.‘ Meine lieben Kinder, bis jetzt ist es mir gelungen, *Maya* zu dominieren, aber ich weiß nicht, ob es mir bis zu meinem letzten Atemzug möglich sein wird. Um mich von *Maya* zu befreien, habe ich in diesen letzten Augenblicken nur an Allah gedacht und von ganzem Herzen zu ihm gebetet.“ Dann verfiel er in Schweigen und beendete so sein Leben.

Diese Geschichte zeigt, dass ihr bis zum allerletzten Atemzug gut darauf achten müsst, den Sinnen nicht nachzugeben. Um das unsterbliche Selbst *(atman)* zu erkennen, müsst ihr lernen, die nach außen gerichteten Sinne zu beherrschen. Sinneskontrolle ist deshalb ein wesentlicher Bestandteil auf dem Weg der Weisheit, den *Krishna* im *Sānkhyayoga* lehrt. Sobald ihr die volle Kontrolle über die Sinne bekommt, fällt es euch leicht, den spirituellen Weg *(yoga)* zu meistern.

Anfänglich werdet ihr einigen Schwierigkeiten ausgesetzt sein. Wenn ihr Autofahren lernt, müsst ihr anfangs auf einem offenen Gelände üben. Erst nachdem ihr es gelernt habt, den Wagen zu beherrschen und zu steuern, könnt ihr euch mit ihm auf die Hauptstraßen und dann auf die engen Nebenstraßen der Stadt wagen. Wenn ihr aber vorher schon im Stadtverkehr fahren wollt, wird das nicht nur anstrengend, sondern auch gefährlich für euch. Ebenso ist es mit den Sinnen: Sobald ihr gelernt habt, sie zu beherrschen und euch die Verlockungen der Welt nicht mehr beeinflussen, könnt ihr jeder Situation problemlos und sorgenfrei begegnen.

Sieg über die Sinne durch Selbsterforschung

Um die Sinne zu beherrschen, solltet ihr einen weiten Horizont bekommen. Vertieft euch in den Geist (spirit) der Selbsterforschung und findet heraus, was das wahre Selbst *(atman)* und was das falsche Selbst ist. Nachdem ihr die Fähigkeit zur Unterscheidung erlernt habt, könnt ihr euch sicher in der Welt bewegen und dabei euer Ziel ständig im Blick behalten.

Die wankelmütigen Sinne können euch niemals dauerhafte Freude bescheren. Nur wenn ihr das Wissen um das wahre Selbst, das unsterbliche Selbst, erlangt, habt ihr wahre Freude. Alle anderen Arten von Wissen und Bildung verhelfen euch lediglich zum Broterwerb. Allein das Wissen um das Selbst ist wahre Bildung. Damit seid ihr fähig, euch der Einheit allen Seins zu erfreuen. Wenn ihr euch erst einmal mit dem Göttlichen in allen Dingen identifiziert habt, wird es keine weiteren Unstimmigkeiten mehr geben, die aus einem Gefühl des Getrenntseins stammen. Wenn ihr alles als Gott *(vāsudeva)* anseht und die gesamte Welt als Gott betrachtet, entfällt sogar die Übung des Unterscheidens. Wenn alles als Eines angesehen wird, gibt es keinen Grund mehr für Unterscheidung.

Wie *Swami* zuvor gesagt hat, können die Sinne sehr gefährlich werden, wie wildgewordene Zugpferde vor einem Wagen. Wenn ihr ihnen keine Zügel anlegt und sie parieren lehrt, werden sie tun, was sie wollen, und mit dem Wagen davonlaufen und rennen, wohin sie möchten. Legt ihnen die Zügel mit Hilfe des Geistes (mind) an. Bringt euren Geschmackssinn, Geruchssinn, Sehsinn, Hörsinn und Tastsinn mit ihren verschiedenen Wahrnehmungen unter Kontrolle. *Swami* hat euch oft gesagt, ihr solltet euch nicht dem Hören und Sehen zu vieler Dinge aussetzen. Erst wenn ihr etwas seht oder von etwas hört, beginnt ihr darüber nachzudenken. Sobald ihr über etwas nachdenkt, entwickelt diese Sache eine Anziehung für euch, und schon wollt ihr sie besitzen. Sobald ihr über etwas Bestimmtes sprecht, denkt ihr an seine Form. Deshalb solltet ihr euch, ganz gleich was die Sache ist, als Erstes fragen: „Hat diese Sache Mängel oder Fehler?“ Wenn ihr ihre Fehler seht und erkennt, dass sie nicht von Dauer ist, dass sie vorübergehend ist, werdet ihr keine Anhaftung an sie entwickeln. Wenn ihr Gott erreichen wollt, müsst ihr frei sein von schlechtem Sehen, Reden und Bindung an jegliche sinnliche Eindrücke.

Die Kontrolle der Zunge ist der erste Schritt in der Sinneskontrolle

Spirituelle Disziplin beginnt mit dem Beherrschen der Zunge. Der Grund dafür liegt darin, dass sie zwei Funktionen hat. Die Augen haben nur eine Funktion, die des Sehens. Ebenso haben die Ohren nur eine Funktion, die des Hörens, und auch die Nase hat nur die eine Funktion des Riechens. Aber die Zunge hat zwei Fähigkeiten: Sie kann sprechen und schmecken. Deshalb müsst ihr besondere Anstrengungen unternehmen, sie unter Kontrolle zu bringen. Ihr habt kein Recht, andere zu kritisieren; ihr habt kein Recht, schlecht von anderen zu denken. Es ist sehr viel besser für euch, über eure eigenen Unzulänglichkeiten nachzudenken. Seht das Gute in den anderen und entfernt das Schlechte aus euch selbst. Wenn ihr nicht einmal die Fähigkeit der Selbsterforschung entwickelt habt, wie könnt ihr da die Fähigkeit haben, in andere Menschen hineinzuschauen? Erlangt zunächst Erfüllung in eurem eigenen Leben. Erst wenn ihr euch selbst gerettet habt, könnt ihr ein Werkzeug zur Rettung anderer werden. Benutzt also keine abschätzigen Worte, werft niemandem einen schiefen Blick zu und denkt nicht schlecht über euren Nächsten. Verbringt eure Zeit nur mit guten Gedanken, gutem Hören und guten Gesprächen.

Um Selbstkontrolle zu erlangen, müsst ihr einige geistige Übungen durchführen. Stetige Übung und Nichtanhaftung sind wesentlich, um Kontrolle über die Sinne zu erlangen. Wenn ihr versteht, dass alle Dinge vergänglich sind, werdet ihr fähig sein, Sinneskontrolle und Losgelöstheit zu entwickeln. Eure wahre Natur ist Edelmut *(ārya)*. Ihr seid nicht gemein und unedel *(anārya)*. Schlagt gute Wege ein und entfaltet eure eingeborene Heiligkeit. Erst wenn das Licht der Weisheit unauslöschlich in euch leuchtet, werdet ihr anderen durch eure guten Gedanken, eure gute Sichtweise und guten Rat helfen können. Diejenigen, die danach handeln, sind wirklich Götter. Diejenigen, welche entgegengesetzte Charakterzüge zu erkennen geben, sind Dämonen. Dämonen suchen nur das Dunkle. Ihr jedoch müsst beschließen, die Dunkelheit aufzugeben und euch mit Licht anzufüllen. Wenn ihr den Weg des Lichtes wählt, wird der Herr, ganz gleich wie eure Vergangenheit ausgesehen haben mag, sich eurer annehmen und seine Gnade über euch ausschütten.

Der geläuterte Bruder des Dämonenkönigs

Vibishana, der Bruder des Dämonenkönigs, gab sich *Rama* hin und fiel ihm zu Füßen. *Sugriva,* der Oberbefehlshaber von *Ramas* Heer, sah dies und warnte *Rama:* „Er ist *Ravanas* Bruder, ein Dämon. Er liebt das Dunkle. Du solltest ihm nicht trauen und ihm deinen Schutz gewähren, nur weil er eine Auseinandersetzung mit seinem Bruder hatte und ihn verlassen hat. Obwohl er jetzt selbst kundtut, der Feind seines Bruders zu sein, ist es immer noch gefährlich, ihm zu glauben." *Rama* schenkte *Sugriva* ein mildes Lächeln und sagte zu ihm: „Mutiger Krieger, ich nahm ihn auf, nicht weil er sich gegen seinen Bruder gestellt, sondern weil er sich mir hingegeben hat. Ich werde jedem meinen Schutz gewähren, der zu mir kommt und sagt: ‚Ich bin dein'. Ich frage nicht danach, wer er ist."

Sugriva wandte sich noch einmal an *Rama* und sagte: „Herr, du hast Vibishana deinen Schutz gewährt und ihm versichert, dass du ihn zum König von Lanka machen würdest, wenn der Krieg vorbei und *Ravana* entmachtet sei. Aber nimm an, dieser böse *Ravana* kommt zu dir und wirft sich dir zu Füßen. Welches Königreich würdest du ihm geben?" *Rama* antwortete: „Wenn *Ravana* so edle Gedanken hegt und sich mir ergibt, werde ich meinen Bruder *Bharata* bitten, zurückzutreten und *Ravana* zum König von *Ayodhya* machen. Ich habe niemals irgendjemanden um irgendetwas gebeten. Um Vergünstigungen zu bitten, ist nicht meine Art. Doch wenn *Ravana* beginnen sollte, sich mit solch guten Gedanken zu beschäftigen, wäre ich bereit, *Bharata* um seinen Rücktritt vom Thron zu bitten."

In allen Zeitaltern sind die göttlichen Inkarnationen *(avatar)* für solch heilige Gedanken und weitherzige Gedanken eingetreten. Auf diese Weise geben sie ein Beispiel für die ganze Welt, dem diese folgen sollte. Der Punkt dieser Geschichte ist, dass Gott euch aufnehmen wird, wenn euer Entschluss rein ist und ihr euch völlig Gott ergebt, ganz gleich wie eure Vergangenheit war und in welch unreiner und unheiliger Umgebung ihr auch aufgewachsen seid. Beginnt damit, indem ihr eure Sinne beherrscht. Das ist der erste Schritt, ein edles Leben zu führen und euch der göttlichen Quelle zu nähern. Sinneskontrolle ist die Grundlage für alle heiligen Taten und ein sorgenfreies Leben.

Krishna sagte: „*Arjuna,* es gibt nichts, was du nicht erreichen kannst, sobald du deine Sinne vollständig unter Kontrolle gebracht hast. Du wirst der Herrscher der Welt sein. Doch wenn du ein Sklave der Sinne bist und dich in Wünschen und Begierden verstrickst, wirst du zum Sklaven der gesamten Welt. Meistere also die Sinne und mach sie zu deinen Sklaven, *Arjuna*. Nur dann wirst du imstande sein, mir als Werkzeug in meiner Mission zu dienen. Erhebe dich, *Arjuna!* Lerne, deine Sinne zu beherrschen! Lass dich weder von Freude in Enthusiasmus versetzen noch von Leid niederschmettern. Der Hauptgrund für deinen Kummer ist Unwissenheit. Du kennst den Unterschied zwischen Wahrheit und Schein, zwischen dem wahren Selbst *(atman)* und dem falschen Selbst *(anatman)* nicht. Beginne jetzt mit der Unterscheidung zwischen beiden. Übe dich im Unterscheidungsvermögen, und deine Sinne werden dir gehorchen. Dann wird alles dein sein."

Achtzehnte Ansprache

Ihr seid der Bewohner, ihr seid nicht der Körper oder der Geist

Krishna sagte: „Arjuna, ich bin dein wahres Selbst. Richte deinen Geist beständig auf mich und erfülle deine Pflichten mit einem an mich gehefteten Geist."

Verkörperungen der Liebe,

wenn ihr eure Arbeit stets im Bewusstsein eurer eigenen Wirklichkeit tut, werdet ihr Großes zustande bringen. Handlungen, die im Gewahrsein des *Atman,* eures wahren Selbst, durchgeführt werden, sind frei von Bindungen. Das Verrichten einer Arbeit im vollen Gewahrsein eurer Identität mit dem *Atman* setzt vollständige Sinneskontrolle voraus. Sinneskontrolle ist eine unentbehrliche Bedingung für die Erleuchtung. Wenn ihr euch erst einmal der vollen Beherrschung der Sinne erfreut, könnt ihr als ein Mensch beschrieben werden, der von höchster Weisheit inspiriert ist *(sthitaprajna)*.

Wenn ihr alle Gegensatzpaare wie Freud und Leid, Hitze und Kälte, Gewinn und Verlust, Ehre und Unehre mit Gleichmut betrachtet und fest in eurer wahren Wirklichkeit gegründet bleibt, habt ihr die

Wesenszüge eines Weisen erlangt. Es ist das Wesen des Weisen, alle Dinge mit Gleichmut zu behandeln. Sobald ihr die wahre Natur der Sinne durchschaut habt, wird es ein Leichtes für euch sein, dem Weg zu folgen, der euch zu wahrer Weisheit führt. Wenn ihr euch aber weiterhin mit dem Körper-Geist-Komplex statt mit dem *Atman* identifiziert, wird dieser erhöhte Bewusstseinszustand für euch unerreichbar bleiben.

Ihr seid der Atman, ihr seid Gott

Krishna sagte zu *Arjuna:* „Denk immer daran, dass du der Bewohner des Körpers *(dehin)* und nicht der Körper *(deha)* bist. Du bist derjenige, der das Kleid trägt, und nicht das Kleid. Du bist der Bewohner des Hauses, und nicht das Haus. Du bist der Zeuge, der Kenner des Individuums, und nicht das Individuum. Aber jetzt, *Arjuna,* hältst du dich irrtümlicherweise für das begrenzte Individuum. Das Genießen unbeständiger Dinge kann dir nur ein ebenso unbeständiges Glück vermitteln. Letztendlich werden sich all diese vorübergehenden Genüsse und Freuden in Kummer verwandeln. Halte deinen Geist (mind) beständig und erfülle deine Pflichten mit dem *Atman* im Sinn. Denk nicht an Tod und Geburt, an Freud und Leid, die auf dich zukommen könnten; sorg dich nicht darum. Geburt und Tod betreffen nur den Körper, nicht dich. Du bist nicht der Körper. Du bist das ewig Seiende, das frei ist von Geburt und Tod. Du hast weder Anfang noch Ende. Du wurdest nie geboren und wirst nie sterben, noch wirst du jemals irgendjemanden töten. Du bist der *Atman*. Du bist allesdurchdringend. Du bist tatsächlich Gott. Dein ureigenes Selbst ist Gott, und Gott ist dein Selbst; der *Atman* ist *Brahman,* und *Brahman* ist *Atman*."

Würde jemand nach der Erkenntnis, dass es in der Natur des Feuers liegt, Hitze zu erzeugen, über die Tatsache bekümmert sein, dass Feuer brennt? Würde jemand unter der Entdeckung leiden, dass Eis die Eigenschaft des Kühlens hat? Die Natur von Feuer ist es, zu brennen, und die Natur von Eis, alles zu kühlen, was mit ihm in Berührung kommt. Gleichermaßen wird alles, was geboren wurde, eines Tages sterben. Das ist natürlich. Was frei ist zu kommen, muss auch frei sein zu gehen. Grübelt also nicht nach über so natürliche Erscheinungen wie Geburt und Tod, Freud und Leid. Erkennt die den Dingen anhaftenden Schwächen und Mängel. Alle Dinge dieser Welt müssen früher oder später Veränderungen unterliegen. Dieselben fünf Elemente, die überall in der Welt sind, befinden sich auch in euch und jedem anderen.

Was ihr euch auch wünscht, wonach ihr auch trachtet, selbst wenn ihr im äußersten Winkel dieser Erde sucht, ihr werdet entdecken, dass ihr nur nach den fünf Urelementen gesucht habt. Das ist alles, was ihr in den Dingen der Welt je finden werdet. Diese fünf Elemente sind schon ein Teil von euch sind. Welchen Zweck hat es daher, sie im Äußeren zu suchen? Es ist natürlich für euch, nach etwas zu streben, was ihr nicht habt, und unnatürlich, nach etwas zu streben, was euch bereits gehört. Es gibt nur ein Sein, das die fünf Elemente transzendiert, und das ist das Göttliche. Nach ihm solltet ihr trachten.

Behaltet den Atman im Blick, und nichts kann euch schaden

Weisheit *(jnāna)* bedeutet, das Eine überall zu sehen. Diese alles durchdringende Einheit ist der *Atman*. Forscht nach dieser Einheit und behaltet sie ständig im Blick. Wenn all eure Handlungen um des *Atman* willen oder zur Freude Gottes ausgeführt werden, seid ihr geheiligt und mit spiritueller Weisheit angefüllt. Viele Weise *(rishi)* haben von alters her heldenhafte Anstrengungen unternommen, um diesen höchsten Zustand *(sthitaprajna)* zu erlangen, in dem man ununterbrochen im Zustand der höchsten Weisheit verweilt.

Als Alexander der Große einst am Ufer des Sindhu stand, hatte er die feste Absicht, Indien mit seiner mächtigen Armee zu erobern und zu plündern. In jenen Tagen gab es keine breiten Straßen; die wenigen Straßen, die das Land durchzogen, glichen eher Fußwegen. Der Kaiser überquerte den Sindhu und bahnte sich mit seiner Armee einen Weg durch den Wald. Die Kundschafter, die dem Heer vorausgingen, fanden auf dem Pfad einen *Yogi,* der unter einem Baum liegend, mit quer über den Weg ausgestreckten Beinen fest schlief. Dieser *Yogi* hatte den Zustand der Erleuchtung *(sthitaprajna)* erreicht; er war ein echter Weiser.

Einer der Soldaten trat vor, weckte den *Yogi* und befahl ihm, aus dem Weg zu gehen, doch der *Yogi* verhielt sich vollkommen gleichgültig gegenüber dem Befehl und rührte sich nicht. Der Soldat drohte ihm und prahlte, dass der große Kaiser Alexander aus Griechenland mit seiner Armee gekommen sei, um Indien zu erobern und das ganze Land zu plündern.

Während der Soldat den *Yogi* so anbrüllte, erschien Alexander auf der Bildfläche. Der Soldat wurde rasend, als er sah, dass der Mann auch jetzt noch nicht aus der Ruhe zu bringen war und dem Kaiser nicht den gebührenden Respekt erwies. Er drohte dem *Yogi,* er werde ihm dafür den Kopf abschlagen. Als der *Yogi* hörte, dass der aufgebrachte Soldat ihm den Kopf abschlagen wollte, lachte er und stand auf. In seinem Gesicht stand keine Spur von Angst; er war belustigt, behielt aber gleichzeitig seine gelassene Miene. Der Kaiser sah das Leuchten in seinem Gesicht und sprach ihn an: „Mein Soldat hat soeben gedroht, dir den Kopf abzuschlagen, aber statt Angst zu haben, scheinst du darüber recht glücklich und unberührt zu sein! Ein gewöhnlicher Mensch wäre ihm sofort zu Füßen gefallen, hätte ihn um Vergebung gebeten und versucht, sein Leben zu retten. Du aber lächelst nur. Wie kommt das?“

Der *Yogi* antwortete: „Ich bin die ewige Wahrheit. Ich bin reines Bewusstsein. Ich bin unendliches Glück *(sat-cit-ānanda)*. Ich bin für immer frei. Deine Waffen können mir nichts anhaben. Feuer kann mich nicht brennen. Wasser kann mich nicht benetzen. Wind kann mich nicht verwehen. Ich wurde nie geboren und werde niemals sterben. Ich bin der unsterbliche *Atman,* das eine wahre Selbst. Ich bin unzerstörbar. Der Soldat glaubt, ich sei nur der Körper, und droht mir deshalb, mich zu töten, indem er mir den Kopf abschlägt. Ist das nicht komisch? Als ich das gehört habe, musste ich lachen."

Diese Worte überraschten den Kaiser. Er dachte bei sich: „Normalerweise fürchten sich die Menschen, wenn man ihnen droht, sie zu töten. Es ist ungewöhnlich, dass ein Mensch angesichts des Todes lacht und so glücklich ist. In Indien gibt es Menschen, die einen so hohen spirituellen Bewusstseinszustand erreicht haben, dass sie nicht einmal den Tod fürchten. Wie könnte ich ein solches Volk jemals erobern? Nein, das würde mir nicht gelingen." Aus der Schlussfolgerung, dass Indien von ihm niemals unterjocht werden könne, befahl er seiner Armee, kehrtzumachen, und drang nicht weiter in das Land ein.

Sinneskontrolle ist leicht, wenn ihr die Sinne versteht

Große Seelen wie diesen *Yogi* gibt es in Indien seit undenklichen Zeiten. Durch ihre Lebensweise haben sie andere Völker die höchsten Wahrheiten der Spiritualität gelehrt. Sie haben die spirituellen Höhen aufgezeigt, die durch Sinnesbeherrschung erreicht werden können. Menschen, welche die Methode zur Beherrschung der Sinne nicht kennen, folgen falschen Wegen und gehen in die Irre. Tatsächlich ist es aber ziemlich einfach, die Sinne unter Kontrolle zu bringen. Wenn ihr die unstete Natur der Sinne nicht versteht, sind alle Versuche, sie zu kontrollieren, voller Schwierigkeiten. Sobald ihr ihre Unzulänglichkeiten erkennt, wird es leicht, sie zu zügeln, weil ihr seht, dass alle Freuden und Vergnügungen, die ihr aus ihnen zieht, von Leid durchtränkt sind.

Der erste Schritt in der Sinneskontrolle ist es, herauszufinden, welche Unvollkommenheiten und Schwierigkeiten mit den verschiedenen Sinnesobjekten verbunden sind. Für solch vergänglichen Freuden und Vergnügungen setzt ihr euch vielen Schwierigkeiten und Problemen aus, die euch noch nachhängen, wenn die kleinen flüchtigen Freuden längst vergessen sind. Wenn ein Kranker seine Diät unterbricht und andere Speisen zu sich nimmt, ist er zwar vorübergehend glücklich. Aber es dauert nicht lange, und er wird die unglücklichen Folgen seiner Handlung zu spüren bekommen. Es kann sogar lebensgefährlich für ihn werden. So ergeht es allen Menschen, die flüchtigen Freuden nachlaufen. Auf lange Sicht müssen sie eine Menge Unannehmlichkeiten in Kauf nehmen.

Wie viele mächtige Könige haben sich Häuser und Paläste geschaffen und dem Luxus der Bequemlichkeit hingegeben, erlesene Speisen gegessen und luxuriöse Wagen gefahren und sind zahllosen nichtigen Betätigungen in der Vorstellung nachgegangen, dass dies die höchsten Genüsse der Welt seien! Und was ist letztlich mit ihnen geschehen? Fragt euch selbst: ‚Genießt ein König, der so frönt, wirklich die Luxusgüter oder genießen die Luxusgüter ihn?' Ihr werdet zu dem Schluss kommen, dass sich die Luxusgüter an ihm erfreuen. Er ist es, der von den Sinnen genossen wird. Sie fressen ihn buchstäblich auf. Er wird zusehends schwächer und krank und altert rasch.

Wenn der König die Sinnesobjekte wirklich genießen würde, müsste er unbegrenzte Gesundheit und Kraft aus ihnen ziehen können. Da er aber in Wirklichkeit von den Sinnen genossen wird, verliert er seine Gesundheit, und dadurch verkürzt sich seine Lebensspanne. In Unkenntnis dieser Wahrheit erfährt er vorübergehend so etwas wie Glück und Zufriedenheit. Sein Blick ist einzig und allein auf die vergänglichen Sinnesobjekte fixiert, ohne die schlimmen

Folgen zu erkennen, die mit dem unterscheidungslosen Wunsch nach Sinnesfreuden einhergehen.

Erkennt die Vergänglichkeit aller Sinnesobjekte

Einst kam ein Mann zu einem Handleser, der den Menschen ihre Zukunft voraussagte. Der Mann zeigte ihm seine Hand, und der Handleser erzählte ihm, dass da eine Linie sei, aus der hervorgehe, dass er einmal sehr reich sein werde. Der Mann war überglücklich. Nachdem der Handleser sich die Hand näher angesehen hatte, sagte er dem Mann, dass die Linie auch darauf schließen lasse, dass er große Ehren zu erwarten habe. Der Mann wurde noch glücklicher als zuvor.

Nach einer weiteren Untersuchung sagte der Handleser: „Du wirst ein sehr hohes Amt bekommen." Der Mann schwamm förmlich im Glück und fühlte sich, als hätte man ihm gerade gesagt, dass er noch am selben Tag Ministerpräsident werden solle. Nach einer Pause sagte der Handleser, dass er viele Kinder haben werde. Eine Glücksbotschaft nach der anderen kam von seinen Lippen. Nachdem er sie dem Mann alle mitgeteilt hatte, sagte er schließlich: „Aber deine Lebensspanne ist sehr kurz!" Als der Mann das hörte, verließ ihn schlagartig jedes Glücksgefühl, und er brach verzweifelt zusammen.

Was nützen euch letztlich Besitz und Wohlstand, Ämter und Würden und viele Kinder, wenn ihr nur eine begrenzte Lebensspanne habt? Was für einen bleibenden Wert haben diese Dinge auf lange Sicht für euch? Wie können diese Dinge von bleibendem Wert für euch sein, wenn ihr nicht mehr am Leben seid? Wie viele Könige und Kaiser haben gelebt? Und in welcher Verfassung haben sie diese Welt verlassen?

In der Geschichte Indiens gab es einst den Kaiser *Harishcandra,* der über Hunderte von Königreichen regierte, die sich über das riesige

Land erstreckten. Er war höchst mächtig, aber musste nicht auch er die Welt verlassen? In alten Zeiten gab es einen Kaiser namens *Nala,* der sogar noch mächtiger war und über die ganze Welt regierte, aber konnte er auch nur eine Handvoll Erde mitnehmen? König *Rama* baute eine prächtige Brücke über den Ozean von Indien nach Lanka, aber was ist davon übriggeblieben? So viele Könige sind gekommen und gegangen, und nicht ein Mensch konnte auch nur eine Handvoll Staub mitnehmen. Wenn ihr über die Menschheitsgeschichte nachdenkt und reflektiert, wird euch klar, wie unbeständig diese Welt in Wirklichkeit ist. Deshalb müssen zwei Hauptmängel der weltlichen Vergnügungen beachtet werden: Sie sind vergänglich und Vorboten des Leids.

Alles, was ihr in der äußeren Welt seht, ist nichts als eine Spiegelung dessen, was in euch ist. Es gibt nur Eines, was wirklich, wahr und allesdurchdringend ist, und diese Wirklichkeit, diese Wahrheit ist immer in euch. Sie ist ewige Wahrheit *(satyam),* ewiges Glück *(shivam)* und ewige Schönheit *(sundaram).* Unternehmt jede mögliche Anstrengung, diese permanente Wahrheit zu erkennen. Lebt in dieser Glückseligkeit. Seid eins mit dieser Gottheit. Sie ist die wahre Verkörperung der Schönheit.

Konzentriert euch auf das Göttliche, euer wahres Selbst, und tut eure Pflicht

Als *Krishna Arjuna* die Eigenschaften eines weisen Menschen beschrieben hatte, wies er ihn an, auf das Schlachtfeld zu ziehen und zu kämpfen. *Krishna* sagte zu ihm: „Halte deine ganze Aufmerksamkeit auf mich gerichtet. Konzentriere dich auf mich allein. Gehorche all meinen Anweisungen und tu deine Pflicht. Dieser Körper wurde dir gegeben, damit du deine Pflicht erfüllst. Du hast dieses Leben wegen deiner Handlungen in der Vergangenheit bekommen;

nun musst du mit deinen Taten dieses Leben heiligen."

Das einzige Licht in dieser Welt, das nicht verlöscht, ist das Licht des *Atman,* das Licht des unsterblichen Selbst *(ātmajyotis)*. Glühbirnen leuchten, solange Strom durch sie fließt; in dem Augenblick, in dem der Strom ausgeschaltet wird, leuchten sie nicht mehr. Nur solange Batterien in der Taschenlampe sind, funktioniert sie. Wenn ebenso die Sinne keine Energie bekommen, hören sie auf zu arbeiten. Sogar Sonne und Mond, die weder Öl noch Batterien oder Elektrizität brauchen, werden am Ende ihr Strahlen verlieren.

Wenn sogar Sonne und Mond wahrscheinlich ihr Licht verlieren, wie steht es dann mit euch? Wenn dies auf mächtige Berge zutrifft, wie steht es dann mit euch kleinen Kieselsteinen, die ihr euch vom Körperbewusstsein täuschen lasst? *Krishna* sagte zu *Arjuna:* „Wegen des Kummers, der aus deiner Anhaftung an deine Verwandten und Freunde entsteht, ertrinkst du in Unwissenheit. Du wirst noch von deinen eigenen Tränen fortgeschwemmt werden. Erhebe dich! Erwache! Lass nicht ab, bevor das Ziel erreicht ist!" Mit solchen Worten rettete *Krishna Arjuna* und brachte ihn auf den rechten Weg.

Der Intellekt übertrifft alle Sinne

Sonne und Mond erhellen die Welt, aber Gott können sie nicht erhellen. Ein Licht, das in einem Haus scheint, kann die Gegenstände darin anleuchten, aber nicht Gott. Woher wisst ihr, dass Sonne und Mond leuchten und Feuer brennt? Aus welchem Grund könnt ihr behaupten, dass diese Dinge hell sind und Leuchtkraft haben? Wegen eurer Augen könnt ihr deren Helligkeit erkennen. Wenn ihr keine Augen hättet, könntet ihr die Helligkeit von Sonne und Mond nicht sehen. Und was hilft den Augen nun, zu sehen? Selbst im Schlaf oder bei geschlossenen Augen gibt es da noch eine unverkennbare Leuchtkraft, die euer Bewusstsein erhellt, und das ist euer höchster Intellekt, eure intuitive Urteilskraft, eure *Buddhi.* Daraus könnt ihr schließen, dass euer Intellekt noch leuchtender ist als eure Augen. Eine kurze Geschichte illustriert dies:

Zwei Freunde, ein Blinder und ein Lahmer, wanderten zusammen von einem Dorf zum anderen. Der Blinde hatte gesunde Beine und der Lahme gute Augen, weshalb der Blinde den Lahmen auf die Schultern genommen hatte. So halfen sie einander voranzukommen. Irgendwann kamen sie an einem prächtigen Melonenfeld vorbei. Der Lahme sagte zu dem Blinden: „Bruder, es gibt wunderschöne Melonen auf diesem Acker. Lass uns hingehen und einige davon essen. Danach können wir uns ein bisschen ausruhen und dann weitergehen."

Der Blinde antwortete: „Bruder, sei vorsichtig. Es könnte ein Wächter da sein, der das Feld im Blick hat." Worauf der Lahme sagte: „Nein, da ist niemand." Der Blinde fuhr fort: „Sag mir bitte, ob das Feld einen Zaun und ein Tor hat." Der andere: „Da ist weder ein Zaun noch ein Tor. Wir können hineingehen und ein Abendessen zu uns nehmen." Der Blinde ließ nicht locker: „Bruder, diese Melonen müssen sehr bitter sein, wenn kein Wächter da ist und auch kein Zaun, der sie vor Dieben schützt."

Ein Mensch hat vielleicht keine guten Augen, aber wenn er seinen Intellekt benutzt, ist er demjenigen überlegen, der mit seinen Augen sehen kann. Erst der Intellekt verleiht den Augen Leuchtkraft. Aber woher hat der Intellekt seine Kraft? Der Intellekt leuchtet aufgrund des *Atman.* Wegen des *Atman* ist also der Intellekt erleuchtet und wegen des Intellekts strahlen die Augen und können sehen, und weil die Augen sehen, wird das Strahlen von Sonne und Mond wahrgenommen, und wegen Sonne und Mond leuchtet die ganze Welt. Wir sehen also, dass der *Atman* die Urquelle ist, die alles erleuchtet. Es ist daher der *Atman,* den ihr anbeten solltet.

Ein weiser Mensch vergisst niemals den Atman

Nur wenn ihr den *Atman* bei allem, was ihr tut, ständig im Blick habt, werdet ihr in der Lage sein, den Zustand wahrer Weisheit zu erlangen. Von einem Weisen, einem *Sthitaprajna,* stellt man sich manchmal vor, dass er etwas mit weltlichen Menschen zu tun habe. Diese Verwirrung kommt von der Redewendung: „Der *Sthitaprajna* schläft, wenn alle anderen wach sind, und wenn alle anderen schlafen, ist er wach". Daraus könntet ihr schließen, dass alle, die nachts arbeiten, wenn die anderen schlafen, etwa der Wächter und der Stationsvorsteher, *Sthitaprajnas* seien. Doch offensichtlich ist das nicht die richtige Bedeutung des Wortes.

Alle Menschen, die ihr Leben auf dieser vergänglichen Welt aufbauen, sind hellwach in Bezug auf diese Welt und ihre Sinnesobjekte. Demgegenüber erscheint der *Sthitaprajna* als schlafend und gleichgültig. Gewöhnliche Menschen sind nicht offen für die Schönheit des *Atman* und „verschlafen" ihn. Aber wenn es um das Weltliche geht, sind sie ganz wach und aufnahmebereit. Der *Sthitaprajna* ist also einer, der sich dem Weltlichen gegenüber schlafend verhält, dem Prinzip des *Atman* gegenüber aber hellwach ist. Mit *Sthitaprajna* ist nicht jemand gemeint, welcher der Welt entsagt und sich in die Einsamkeit zurückgezogen hat. *Krishna* sagte: „Tu deine Arbeit in der Welt. Lebe inmitten der Alltäglichkeiten, die zu deinem Leben gehören. Deine Aufmerksamkeit und Konzentration aber richte ununterbrochen auf den *Atman*. Auf diese Weise wirst du bleibende Weisheit erlangen."

An diesem Punkt könnte ein Zweifel entstehen. Warum muss solch ein Weiser überhaupt noch arbeiten? Er hat weder ein Interesse daran zu arbeiten, noch verbindet ihn irgendein Ehrgeiz damit. Doch er verrichtet Werke zum Wohl der Allgemeinheit. Wenn ein *Sthitaprajna* die Haltung einnähme, dass er nicht zu arbeiten brauche, könnte er nicht andere zur Arbeit inspirieren. Der Weise muss den Menschen ein Beispiel geben, dem sie folgen können. „Darum", sprach *Krishna,* „werde ein vorbildlicher Mensch, *Arjuna.* Du stehst *Krishna* sehr nahe. Du bist sein Verwandter und ihm sehr lieb. Bewahre die innere Bedeutung all dieser Lehren in deinem Herzen. Ich will dich zu einem Vorbild für die ganze Welt erziehen. Ich werde dich als mein Werkzeug benutzen. Du wirst das Werkzeug sein, mit dem ich in dieser Welt große Dinge vollbringen werde."

Alles, was *Krishna* sagte, ist für das Wohl der ganzen Welt gesprochen und hat den Zweck, der Menschheit ein ideales Vorbild zu geben. Alle *Avatare* beschäftigen sich mit absolut heiligen Aktivitäten, doch gewöhnliche Menschen sind nicht imstande, dieses Tun als göttlich anzusehen. In diesem Zusammenhang sagte *Krishna* zu *Arjuna: „Arjuna,* ich habe es mir nicht zur Aufgabe gemacht, deinen Wagen zu lenken, weil ich diese Arbeit liebe oder mich danach sehne. Ich tue sie auch nicht wegen der Pferde. Glaubst du etwa, ich hätte nicht Pferde und Wagen genug? Ich habe es nicht nötig, deinen Wagen und deine Pferde zu lenken. Dein Körperbewusstsein durchdringt dein ganzes Wesen; es ist dir im Blut. Ich inszeniere dieses ganze Spiel, weil ich dich ein für alle Mal von der Krankheit des Körperbewusstseins kurieren will."

Gott hat nicht den Wunsch, gelobt zu werden

Arjuna redete *Krishna* ständig vertraulich als „Schwager *(bhāva)"* an, als engsten und liebsten Verwandten, das Licht seines Herzens. Als sie einmal am Ufer des Yamuna saßen, sagte *Krishna* zu *Arjuna: „Arjuna,* ich mag es nicht, ohne Grund als dein liebster Verwandter angeredet zu werden."

Viele Menschen nehmen sich die Freiheit, Gott mit ähnlichen Worten zu preisen, die großen Respekt oder Familiarität ausdrücken, doch Gott nimmt solche Lobhudelei nicht an. Lobeshymnen sind sehr gebräuchlich unter den Menschen, wenn sie um eine Gunst bitten; es ist, als wendeten sie sich an einen Beamten, mit dem sie sich gutstellen wollten. Aber Ehrerbietung ohne ein echtes Fundament ist wie parfümiertes Wasser: Man kann daran riechen, es aber nicht trinken. Ihr vernehmt alle Schmeicheleien, aber sie berühren euer Herz nicht. Gott nimmt nur echte Gefühle an, die aus einem aufrichtigen Herzen kommen.

Krishna sagte zu *Arjuna:* „Ich will dich nicht bitten, mich nicht mehr *Bhāva* zu nennen, aber dennoch sagst du es mehr aus Ehrerbietung als dass es wirklich wahr wäre. Darum will ich dein Schwager werden, damit du es ernsthaft sagen kannst und in deinem Herzen weißt, dass es wahr ist." Kurz danach gab *Krishna Arjuna* seine Schwester Subhadra zur Frau und wurde tatsächlich sein Schwager.

Balarama, *Krishnas* Bruder, stimmte dieser Heirat nicht zu und kam nicht einmal zur Hochzeit. Vielmehr ging er in die Einsamkeit, in einen Wald. Ab diesem Zeitpunkt empfand Balarama keine große Liebe mehr für *Krishna.* Aber um Gedanke, Wort und Tat in Einklang zu bringen, war *Krishna* bereit, seine Beziehung zu seinem engsten Familienmitglied, seinem älteren Bruder, aufs Spiel zu setzen, der dieses Leben als göttliches Wesen für den ausdrücklichen Zweck angenommen hatte, *Krishna* in seiner Mission zu unterstützen.

Dieser Wesenszug von *Krishna,* Prinzipien vor die Rücksicht auf Verwandtschaft zu setzen, ist wahrlich außergewöhnlich. Seine Taten waren immer in Einklang mit seinen Worten. Die Einheit von Gedanke, Wort und Tat ist die Natur seiner Göttlichkeit. Es ist auch die wahre Natur des Menschen. Was ihr auch denkt, muss in Harmonie mit dem sein, was ihr sagt, und was ihr auch sagt, müsst ihr auch tun. Diese Harmonie von Gedanke, Wort und Tat ist die tiefere Bedeutung von *Swamis* oft wiederholter Aussage: „Das rechte Studienobjekt für die Menschheit ist der Mensch."

Krishna sprach zu *Arjuna:* „Ich will dich zu einem Vorbild für die ganze Welt machen. Deshalb lehre ich dich hier auf dem Schlachtfeld die Tugenden des erleuchteten Wesens *(sthitaprajna)*. Als Erstes werde ich dich in einen weisen Menschen verwandeln und dann die anderen durch dein Beispiel lehren. Zuallererst musst du diese wichtigste aller Grundwahrheiten begreifen, nämlich, dass du nicht der Körper bist, sondern dessen Bewohner. Wenn du das erkannt hast, wirst du nicht länger vom Körperbewusstsein geplagt.

Der Körper ist vergänglich. Gott ist ewig und unvergänglich. Du bist nicht das Kleidungsstück, sondern derjenige, der es trägt. Der Körper ist der Tempel Gottes, aber der Bewohner ist Gott. Diese Welt ist vergänglich und voller Leid. Es hat keinen Sinn, in ihr Zuflucht zu suchen. Alle Menschen, die du kennst, verändern sich. Gott ist das einzige beständige Wesen. Er ist das eine Licht, das nie verlöschen wird. Nimm Zuflucht bei ihm. Er ist das höchste Licht *(paramajyotis)*. Er ist das Licht jeder Seele *(jīvanjyotis)*. Er ist das unauslöschliche Licht des reinen Bewusstseins *(akhandajyotis)*, das eine Licht ohne ein zweites *(advaitajyotis)*."

Mit diesen inspirierenden Worten transformierte *Krishna Arjunas* Herz, das so voller Unreinheiten gewesen war. Indem er ihm diese edlen Prinzipien erklärte, reinigte und erhellte er *Arjunas* Herz. *Krishna* machte *Arjuna* zu einem *Sthitaprajna*, einem wahrhaft Weisen, einem der alle göttlichen Eigenschaften manifestiert hat.

Neunzehnte Ansprache

Sinneskontrolle – der Schlüssel zur höchsten Weisheit

Wenn ihr wahre Losgelöstheit erlangt habt,
wird euch sogar das Erreichen der höchsten himmlischen Sphären
als gewöhnlich und unbedeutend erscheinen.
Arjuna erklärte: „Krishna, selbst wenn mir die Herrschaft
über alle drei Welten übergeben und ich zum Herrn
über die Schöpfung gemacht würde, bedeutete mir dies nichts.
Ich habe kein Interesse an diesen Dingen."

Verkörperungen der Liebe,

Arjuna hatte zu der Zeit, als er sich völlig ergab und bereit war, die *Gita*-Lehren zu empfangen, ein großes Potenzial zur Entsagung. Zu diesem Zeitpunkt hatte er sich von der Welt gelöst und fest an das transzendente Prinzip gebunden, das sich vor ihm als *Krishnas* Gestalt manifestiert hatte. Dieselbe Loslösung von der Welt und ihren Objekten und dieselbe Anhaftung an das Göttliche müssen auch euer Ziel werden. Dies ist die Bestimmung jedes Menschen. Im Verlauf eurer spirituellen Evolution werdet ihr, so wie jeder Einzelne, eines Tages

Entsagung und Gleichmut gegenüber den Sinnesobjekten erlernen und gleichzeitig eine tiefe Sehnsucht nach innerer Selbsterkenntnis entwickeln.

Sinneskontrolle, das Fundament für Selbsterkenntnis

Wenn ihr ein Haus bauen müsstet, und sei es nur ein einfaches, gewöhnliches, würdet ihr nicht sorgfältig darauf achten dass es gute Fundamente bekommt? Wenn dies für das Häuschen gilt, wie viel mehr Sorgfalt müsst ihr walten lassen, um die soliden Grundmauern für das Gebäude des *Ātmajnāna,* das große Schatzhaus der Selbsterkenntnis, zu legen! Um solch solide Grundmauern bereitzustellen, betonte *Krishna* in seinen *Gita*-Lehren für *Arjuna* die Notwendigkeit der Sinneskontrolle durch eine starke Loslösung von den Dingen der Welt. Sie ist ein wesentliches Erfordernis beim Bauen eines starken Fundaments. Wenn das Fundament nicht stark ist, wird das Gebäude des *Ātmajnāna* nicht lange halten und bald zusammenbrechen.

Losgelöstheit kommt nicht plötzlich auf, um die Grundlage der Selbsterkenntnis zu werden. Solch eine starke Loslösung geschieht nicht impulsiv. Diese Eigenschaft muss stetig zusammen mit Hingabe und Sinneskontrolle entwickelt und praktiziert werden. Wenn ihr eine Lampe anzünden wollt, braucht ihr Öl, ein Gefäß, in das ihr dieses einfüllen könnt, und einen Docht. Um in derselben Weise die Lampe der Weisheit anzuzünden, braucht ihr Losgelöstheit, Hingabe und Sinneskontrolle. Losgelöstheit kann mit dem Gefäß verglichen werden und Hingabe mit dem Öl. Die Sinneskontrolle entspricht dem Docht. Wenn ihr diese drei Elemente zusammenbringt, wird der Herr kommen und das Licht der Selbsterkenntnis in euch entzünden. Bevor *Krishna* dieses Licht in *Arjunas* Herz anzündete, sagte er ihm, dass er zuvor seine Sinne vollkommen beherrschen müsse.

Den meisten Menschen ist so eine strenge Kontrolle der Sinne nicht möglich. Selbst wenn sie Anstrengungen in diese Richtung unternehmen und einen gewissen Grad an Sinneskontrolle erreichen, werden sie nicht fortfahren, weil sie fest davon überzeugt sind, dass alle Freuden, die sie erlebt haben, allein durch die Sinnesorgane erreicht werden konnten. Wenn sie diese Freuden aufgeben müssten, würden sie das Gefühl haben, dass ihr Leben zu Ende sei. Sie betrachten Sinnesvergnügen als die einzig wahre Quelle des Glücks und der Zufriedenheit, weil sie etwas sind, das sie Tag für Tag erleben, während die Freude der Selbsterkenntnis, das heilige Wissen des *Atman,* etwas ist, das sie noch nie erfahren haben. Würdet ihr einen Vogel, den ihr in der Hand haltet, loslassen und versuchen, die beiden Vögel zu fangen, die sich vielleicht im Busch versteckt halten? So denken sie und betrachten es als Verrücktheit, die sinnlichen Freuden, die sie jeden Tag aufs Neue genießen, aufzugeben, um die Glückseligkeit des *Atman* durch Selbsterkenntnis zu erlangen, die sie noch nie erlebt haben.

Sinnesvergnügen sind eingebildete Freuden

Das ist auch der Grund, weshalb so viele Menschen die Aufforderung zur Abkehr von allem Äußerlichen und zur Sinneskontrolle ablehnen, die in der *Gita* gelehrt wird. Sie sagen, das sei nicht wirklich nützlich und für normale Menschen im Alltag nicht durchführbar. Aber diese Kritik entsteht, weil die Menschen nicht wissen, was sich in Wirklichkeit abspielt. All die flüchtigen Vergnügen, die sie genießen, sind nur Spiegelbilder der wahren Freude, die immer in ihrem Herzen existiert. Durch das wiederholte Denken an eine bestimmte Person oder Sache verlässt der Geist (mind) seinen Ruheplatz und schweift zu dieser Person oder Sache ab und nimmt ihre Gestalt an. Dann täuscht er sich, indem er denkt, dass er das Objekt genieße. Doch dies kann niemals wahre Freude sein, sondern ist nur eine begrenzte Freude, die der Geist sich vorstellt, eine Widerspiegelung der wahren inneren Freude, welche die Quelle aller anderen Freuden ist. Hier ist ein kleines Beispiel, welches dies verdeutlicht:

Stellt euch ein Baby vor, das an seinem Daumen lutscht und dabei seinen Speichel schluckt. Das macht ihm Freude, weil es denkt, dass aus dem Daumen Milch käme. Tatsächlich ist es so, dass der Speichel, den das Baby für Milch hält, aus seinem eigenen Mund stammt und nicht aus dem Daumen. Es täuscht sich mit dem Gedanken, dass die Quelle seiner Freude außerhalb seines Mundes liege.

Ein anderes Beispiel: Ein Hund hat einen trockenen Knochen gefunden und trägt ihn an einen Ort, an dem er ungestört an ihm nagen kann. Er sieht sich den Knochen an, bewundert ihn und beginnt, an ihm zu knabbern. Da der Knochen alt ist, ist er auch sehr hart. Mit allem Eifer und aller Kraft beißt er an dem Knochen herum, bis sich seine eigenen Zähne bewegen und Blut aus seinem Zahnfleisch sickert. Der Hund ist davon überzeugt, dass das Blut aus dem Knochen komme, und genießt den Geschmack. Aber tatsächlich stammt das Blut nicht aus dem Knochen, sondern aus seinem eigenen Maul. Er erkennt, genauso wenig wie das Baby, die Wahrheit nicht und hat sich von den Vorstellungen seines eigenen Geistes täuschen lassen.

Alle Freude kommt allein vom Selbst

Ähnlich ergeht es den Unwissenden, die denken, dass ihnen die Sinnesobjekte Freude bereiteten. Dabei kommt die beschränkte Freude, die sie erleben, nicht von außerhalb. In ihren eigenen Herzen ist die wahre Freude allgegenwärtig vorhanden. Diese unveränderliche innere Freude wird den Gegenständen übergestülpt und bewirkt, dass die betreffende Sache als die Quelle der Freude erscheint. Und so glauben die Menschen, dass ihnen die Dinge der Welt Freude machten, während diese lediglich ein schwacher Abglanz der unbegrenzten Freude ist, die in ihnen verborgen liegt. Mit der Selbsttäuschung, dass die weltlichen Freuden und Vergnügungen wahre Erlebnisse seien und die Freude, die sie vielleicht in sich selbst erfahren, nur Illusion sein könne, verlieren sie jedes Interesse am Praktizieren der Loslösung. Sie geben die Suche nach der transzendentalen Freude auf und gehen wieder dem weltlichen Vergnügen nach, das sie ihrer Meinung nach in den Sinnesobjekten finden.

Wenn eine Sache wirklich Freude vermitteln könnte, so müsste diese Freude für alle Menschen gleich sein. Aber ihr wisst, dass dies nicht der Fall ist. Eine Sache, die dem einen Freude und Vergnügen macht, ist für den anderen vielleicht zweifelhaft und gibt ihm gar nichts. Wenn die Freude wirklich in den Dingen angelegt wäre, müsste sie für jedermann dieselbe sein. Es gibt Menschen, die eine große Vorliebe für Gurken haben, während andere Gurken überhaupt nicht mögen. Wenn die Freude ein Bestandteil der Gurke wäre, würde sie allen Menschen die gleiche Erfahrung vermitteln und nicht bei dem einen Freude und bei dem anderen Abneigung hervorrufen. Woher kommt dieser Unterschied in der Reaktion des Einzelnen? Warum mögen manche Menschen Dinge, die bei anderen Abneigung hervorrufen? Es kann nur so sein, dass die Freude, die man erfährt, nicht direkt an die Sache gebunden ist, mit der man sie irrtümlich identifiziert, sondern vielmehr aus dem Inneren kommt. Das Gefühl, dass ihr erfahren habt, war nur eine Widerspiegelung eurer eigenen unerschöpflichen Quelle der Freude.

Sinnesobjekte können nur vorübergehende Freude geben

Die Vorlieben und Abneigungen, die ihr augenblicklich verspürt, sind nur vorübergehende Erscheinungen und nicht bleibend. Stellt euch vor, ihr seid sehr hungrig. Dann wird euch Nahrung gereicht, die ihr sehr lecker findet. Was hat die Speise so schmackhaft gemacht? Wenn ihr es genau bedenkt, werdet ihr feststellen, dass euer Hunger dafür gesorgt hat, dass alles so gut schmeckte. Solange ihr hungrig wart, fandet ihr das Essen, das man euch gereicht hat, köstlich. Als der Hunger gestillt war, hätten euch auch die allerfeinsten Delikatessen, die man euch hinstellte, nicht mehr gereizt. Wenn ihr hungrig seid, schmeckt auch das einfachste Essen gut und macht zufrieden. Und wenn ihr satt seid, schmeckt auch das delikateste Essen nicht mehr. Die einzige Erklärung für diese Veränderung ist, dass alle Vorlieben und Abneigungen von eurer individuellen Persönlichkeit ausgehen und nicht von den Dingen als solchen. All eure Gefühle wie Freud und Leid kommen aus dem inneren Sein, nicht aus den äußeren Dingen.

Gewöhnliche Menschen denken, dass die Freude oder das Leid, das sie im Umgang mit geliebten oder ungeliebten Menschen erfahren, von diesen Menschen stammten. Dem ist aber nicht so. Die eigenen Vorlieben und Abneigungen sind es, die verantwortlich sind für Freud und Leid eines Menschen. Man kann auch feststellen, dass Menschen, die eine besondere Zuneigung zu jemandem haben, den Betreffenden mögen, gleichgültig, welche Gesinnung er hat und wie er sich verhält. Woher kommt diese unerschütterliche Treue, diese Zuneigung zu einem Menschen, der vielleicht sogar Unerfreuliches sagt und tut? Der Grund ist der, dass alles, was er sagt und tut, euch gut und lieb erscheint. Wenn ihr einen Menschen als euch sehr lieb betrachtet, so glaubt ihr, ihn auch sehr zu lieben. Diese Qualität, die ihr „Liebe“ nennt, ist in Wirklichkeit ein Gefühl der Anhaftung in euch, die ihr auf den Betreffenden projiziert. Aber beide, die Liebe und die Freude, die euch so real erscheinen, stammen einzig und allein aus euch selbst und nicht aus dem anderen, wobei es keinen Unterschied macht, ob die Person ähnliche Gefühle hat oder nicht. Sie sind kein Teil des anderen.

So ähnlich sprach auch der Weise *Yajnavalkya* zu seiner Frau *Maitreyi* in den alten Schriften. „Meine Liebe“, sagte er, „du liebst mich nicht um meinetwillen, sondern um deinetwillen. Alles, was dir lieb und teuer ist, liebst du nur um des *Atman,* deines eigenen Selbst, willen. Der *Atman* ist dir das Liebste von allem, und um seinetwillen liebst du einen Menschen, wer es auch sei. Die Gefühle, die du für andere hast, sind nur Manifestationen der großen Liebe, die du für dein eigenes wahres Selbst empfindest."

Körperbewusstsein befleckt die reine Liebe des Selbst

Überall in der Welt liebt jeder Mensch, wer er auch sei, die anderen nur um seinetwillen, nicht dem Betreffenden zuliebe. Wenn der Mensch einen Gegenstand liebt, so liebt er nur um seines Selbst willen und nicht um des Objektes willen. Dieses Selbst ist der *Atman,* das wahre Selbst. Aber wenn die reine Liebe des *Atman* von Körperbewusstsein befleckt ist und die Sinne sich durchsetzen, entstehen Zuneigung und Selbstsucht. Dies führt unweigerlich zu Kummer.

Der Körper ist vergänglich; der Tod ist allen gewiss. Auch wenn ein Mensch hundert Jahre leben sollte, muss er doch eines Tages sterben. Jeder weiß das. Ist es dann nicht seltsam, dass diejenigen, die noch am Leben sind, den anderen, die bereits tot sind, vor Kummer nachweinen? Jedem ist der Tod gewiss; insofern kann jeder als ein Sterbender betrachtet werden. Trotz der Tatsache, dass die Menschen selber sterben, empfinden sie Kummer und Trauer, wenn sie an jemanden denken, der gestorben ist. Es ist, als ob der Tod etwas Ungewöhnliches und Unerwartetes wäre und nicht das natürliche Ende, das jeden erwartet. Dieser Kummer, der besonders dann auftritt, wenn ein nahestehender, geliebter Mensch gestorben ist, entsteht nur aus der Anhaftung. Wenn ihr um einen Verstorbenen weint, obwohl ihr doch wisst, dass jeder einmal stirbt, so kann das nur wegen der Anhaftung geschehen, die ihr an den Körper des Betreffenden entwickelt habt. Sie ist verantwortlich für all euren Kummer. Wenn ein Mensch stirbt, ist diese Anhaftung der Hauptgrund für euren Gram, nicht Liebe.

Grundsätzlich ist jeder Mensch zu allen Zeiten ein Suchender nach Freude. Er dürstet nach Freude und möchte niemals leiden. Der Mensch strebt ständig nach Gewinn, niemals nach Verlust. Das ist seine Natur. Gewinn, Freude und Glückseligkeit gehören zu seiner Veranlagung; sie bilden den Kern seines Wesens. Jeder Mensch hätte von Anfang an am liebsten nur Gewinn (englisch: gain), nicht jedoch Schmerz (pain). Ein Geschäftsmann denkt in erster Linie immer an seinen Gewinn. Wenn hier in Indien Getreide, wie zum Beispiel Reis, abgewogen wird und das Gewicht sechs Kilogramm übersteigt, sagt der Händler nicht „sieben", sondern „sechs plus eins". Denn das Wort für „sieben" bedeutet auch „weinen", und so vermeiden die Händler dieses unangenehme Wort und ersetzen es durch ein anderes. Auf diese Weise möchte der Mensch niemals etwas mit Unglück und Verlust zu tun haben. Er möchte nur Profit und Gewinn und die Freude, die damit verbunden ist.

Selbsterkenntnis schenkt die größte Freude

Von allen möglichen Profiten und Gewinnen ist der höchste Gewinn, der euch die größte Freude bereitet, das Erkennen des *Atman*. Das ist die Freude, die ihr suchen und euch zu eigen machen müsst.

Denkt an eine schöne Rose. Wenn ihr sie betrachtet, strömt Freude aus eurem Herzen. So ähnlich ist es, wenn ihr einen schönen Menschen oder etwas Schönes in dieser Welt seht: Ihr empfindet spontane Freude dabei. Viele Menschen machen Reisen, um sich die Gegend anzusehen und sich daran zu erfreuen. Warum machen sie das? Um Freude daraus zu gewinnen. Ihr seht Schönheit in der Natur, in den Menschen, und all das bereitet euch große Freude. Doch wie lange hält diese Art von Schönheit und Freude an? Die Rose, die ihr heute gepflückt habt, beginnt morgen zu welken, dann ist ihre Schönheit dahin. In dem Augenblick, in dem die Schönheit vergeht, tritt auch die Freude, die ihr bei ihrem Anblick verspürt habt, in den Hintergrund. Und so ist es auch mit den verschiedenen Stufen des Lebens: Kindheit, Jugend, Erwachsensein und Alter.

Von der Kindheit kann man sagen, dass sie das Göttliche widerspiegelt. In der frühen Kindheit leidet der Mensch nicht so sehr unter Hass, Eifersucht, Ärger und ähnlichem. Jesus sagte, dass Kinder als etwas Göttliches angesehen werden könnten, da sie keine wirklich schlechten Eigenschaften hätten. Während dieser Lebensphase tauchen keine schlechten Gedanken oder negativen Wesenszüge auf, weder im Geist (mind) noch im Körper. Kleine Kinder sind schön, weil sie keine unreinen Gefühle haben, die von unreinen Gedanken kommen. Mit dem Heranwachsen entwickeln sie allmählich verdorbene Eigenschaften. In dem Moment, in dem solch negative Eigenschaften entstehen, schwindet die Schönheit der kleinen Kinder. Es ist also das Aufkommen schlechter Gedanken, das zu schlechten Worten und Taten führt und schließlich zum Verlust der Schönheit des Kindes.

Schönheit und Freude

Wir sehen, dass die Schönheit eines Menschen vergänglich ist. Sie schwindet dahin und kann somit keine dauerhafte Freude vermitteln. Selbst ein neugeborenes Eselchen ist schön, kaum dass es auf die Welt gekommen ist, aber mit dem allmählichen Heranwachsen bekommt es einen dicken Bauch, fleckiges Fell und ein hässliches Aussehen. Solange keine negativen Eigenschaften vorhanden sind, sieht alles schön aus. Aber wer der Mensch oder was das Sinnesobjekt auch sei, ihr werdet herausfinden, dass seine Schönheit vergänglich ist und als Folge davon auch die damit verbundene Freude. Freude und Schönheit gehören zusammen. Welches ist das eine Prinzip, das immerwährende Freude und Schönheit in sich birgt? Es ist der *Atman!* Er verändert sich niemals, er kennt keine Veränderung. Er hat tatsächlich überhaupt keine Gestalt. Schönheit und Freude sind seine Gestalt.

Obwohl Freude naturgemäß aus dem Innersten eures Herzens strömt, glaubt ihr, dass es die Sinnesobjekte und -organe seien, aus denen eure Freude komme. Aber dem ist nicht so. Alle Freude kommt aus eurem Inneren, und ihr täuscht euch, wenn ihr glaubt, dass sie von außerhalb käme. Die Schriften sprechen von der ewigen Freude *(brahmānanda),* die aus der himmlischen Welt des Schöpfers hervorkommt. Die Freude, die durch den Kontakt der Sinne mit den Sinnesobjekten erlebt werden kann, ist im Vergleich mit dieser schöpferischen Freude *(brahmānanda)* sehr gering. Die sinnliche Freude kann als ein Tropfen im Meer der Glückseligkeit beschrieben werden. Doch selbst das riesige Meer an Freude, das vom Schöpfer des Universums erlebt wird, ist klein im Vergleich zur grenzenlosen Freude, die aus dem spirituellen Herzen strahlt. Dies ist die primäre Quelle aller Freude. Sie ist die Freude aller Freuden. Das Herz kann mit einem überaus strahlenden, hellen Licht verglichen werden, das überallhin leuchtet. Versucht, dieses glanzvolle Licht, das ewig leuchtet, alles durchdringt und eure innere Wahrheit ist, zu verstehen.

Das Licht des Atman erleuchtet alles

Während des Tages erhellt die Sonne die Dinge dieser Welt, nachts spielt der Mond eine ähnliche, wenn auch geringere Rolle. Ihr könnt also sagen, dass Sonne und Mond verantwortlich sind für das Hellsein der Welt und ihrer Objekte. Auch im Traum seht ihr verschiedene Dinge, aber wo sind Sonne und Mond in diesem Zustand? Weder ist die Sonne, die ihr tagsüber während eures Wachzustands seht, im Traum vorhanden, noch ist der Mond noch eine andere Lichtquelle sicher, welche die verschiedenen Dinge anstrahlt. Und doch könnt ihr die gesamte Welt sehen, nämlich die des Traumes. Was erhellt diese Welt im Traum? Im Tiefschlaf herrscht absolute Dunkelheit *(tamoguna)*. Es gibt weder Wissen noch Weisheit in diesem Zustand. Aber woher wisst ihr dann, dass es dunkel ist? Was ist es, das euch dazu befähigt, diese Dunkelheit zu verstehen?

Der Tiefschlaf ist als der unbewusste Zustand beschrieben worden, der Traumzustand als der unterbewusste Zustand und das Wachsein als der bewusste Zustand. Es gibt einen vierten Zustand, der *Turīya* genannt wird und die anderen drei Zustände transzendiert; man kann ihn als den überbewussten Zustand bezeichnen. Im Zustand von *Turīya* seid ihr in der Lage, alles überall zu sehen und höchste Seligkeit zu genießen. Woher kommt nun dieses Licht, das den Zustand der Glückseligkeit beleuchtet und es euch erlaubt, diese vollkommene Freude zu genießen? Dieses Licht ist das Leuchten, das vom *Atman* ausgeht. Es ist dieses Licht, das auch alle anderen Zustände erhellt und euch befähigt, sie zu sehen.

In den *Veden* haben die Weisen *(rishi)* über diesen überbewussten Zustand gesprochen. Sie erklärten: „Wir können einen Zustand sehen, der die anderen, einschließlich die Dunkelheit des traumlosen Zustands, transzendiert. Jenseits des traumlosen Bereiches gibt es das höchste Licht des *Atman,* das den Wachzustand, den Traum und den Tiefschlaf erleuchtet." Um dies ein bisschen besser zu verstehen, betrachtet ein Beispiel aus dem Wachzustand. Was seht ihr, wenn ihr eure Augen für eine Minute schließt? Ihr werdet sagen, da sei nichts, nur absolute Dunkelheit. Aber dann taucht die Frage auf: „Wie kann ich denn wahrnehmen, dass dies Dunkelheit ist? Da ich sie zu sehen scheine und beschreiben kann, muss es ein Licht geben, das diesen Bewusstseinszustand erhellt und mich befähigt, sogar diese Dunkelheit zu sehen." Dieses Licht ist das Licht des *Atman (ātmajyotis)*. Allein dank dieses transzendentalen Lichtes können alle anderen Lichter leuchten.

Wir feiern ein Lichterfest *(dīpāvalī),* bei dem wir eine Kerze entzünden, und mit dieser einen Kerze werden alle anderen Kerzen und

Lichter angezündet. Wegen dieses ersten Lichtes können wir so viele andere Lichter anzünden. Für Menschen ist das erste Licht das göttliche Licht des einen *Atman*. Mit ihm werden alle anderen einzelnen Lichter angezündet, die zahllose individuelle Wesen repräsentieren. Weil ihr dieses göttliche Licht in euch habt, sind die Augen zum Sehen fähig. Es leuchtet von innen und erhellt alle Wesen. Aber es ist nicht nur die Quelle aller Lebewesen, sondern es ist auch die Quelle aller Dinge und aller äußeren Lichtkörper wie Sonne und Mond.

Weil ihr das göttliche Licht nicht sehen könnt, fragt ihr euch vielleicht, wie ihr sicher sein könnt, dass es alle anderen Objekte und Lichter erhellt. Hier ist das Beispiel einer Batterie aufschlussreich. Ihr könnt die Elektrizität in den Batterien nicht sehen, aber wenn ihr den Strom einschaltet, seht ihr, dass die Glühbirne leuchtet. Wenn die Batterien leer gewesen wären, hättet ihr kein Licht von der Birne bekommen. Den Körper kann man sich als Taschenlampe vorstellen, die Energie von einer Batterie bekommt, welche der Geist (mind) ist. Eure Augen sind die Birne und eure Intelligenz der Schalter, der sie ein- und ausschaltet. In dieser Batterie des Geistes ist eine ganz besondere Energie gespeichert, die aus dem *Atman* stammt. In gewöhnlichen Taschenlampen ist die Energie bald erschöpft, aber der Strom des *Atman* fließt kontinuierlich durch den menschlichen Geist. Die *Veden* halten euch nicht dazu an, eure Familie und weltliche Pflichten aufzugeben. Seid in der Welt. Nutzt eure Sinne. Aber tut dies auf richtige und ethische Weise, die der Zeit und den Umständen angemessen ist. Vergesst niemals euer wahres Ziel. Die *Gita* lehrt die Wichtigkeit von Disziplin und der Beachtung von Grenzen in all euren Aktivitäten. Die Bremsen eines Autos werden für das Wohl und den Schutz der Insassen benutzt, damit sie ihr Ziel sicher erreichen. In gleicher Weise müssen die Sinne unter Kontrolle gebracht und für das Wohl und den Schutz des Einzelnen eingesetzt werden, damit er seine Reise sicher beenden kann. Dies ist der Grund, weshalb *Krishna* sehr darauf bedacht war, dass *Arjuna* Sinneskontrolle entwickelte.

Die Freude des Selbst

Alle Freuden und Vergnügen, die ihr in der Welt genießt, sind nur vorübergehend und lediglich die Widerspiegelung der unermesslichen Freude in euch. Aus Unwissenheit glaubt ihr, dass eure Freude aus den Sinnesobjekten komme und diese Freude des Augenblicks wahr sei. Wahr ist jedoch nur, was dauerhaft ist. Diese mit den weltlichen Dingen in Verbindung gebrachte Freuden sind keine wahren Freuden. Nur die endlose Glückseligkeit des Selbst *(atman)* ist wahr; alle anderen Glücksgefühle kommen und gehen. Alle Dinge, die ihr im Wachzustand seht, verschwinden im Traumzustand. Alles im Traum erfahrene Freud und Leid lasst ihr bei der Wiederkehr in den Wachzustand zurück. Personen und Objekte, die ihr im Wachzustand seht, erscheinen im Traumzustand als veränderliche Widerspiegelungen. Im Tiefschlaf verschwinden diese dann voll und ganz. Auf diese Weise ändert sich eure Freude mit den veränderten Zuständen.

Alle weltlichen Freuden, die ihr für dauerhaft haltet, bereiten euch am Ende eine Menge Schwierigkeiten und Kummer. „Deshalb", sprach *Krishna* zu *Arjuna:* „Achte nur auf deine innere Wahrheit, die Grundlage, aus der alle Manifestationen entstehen. Dann werden dich äußere Erscheinungen und Sinneseindrücke nicht belasten." Die Grundlage bleibt unverändert, während die davon abhängigen Manifestationen sich ständig verändern. Wenn sich die Grundlage zusammen mit den Manifestationen änderte, wäre es euch unmöglich zu leben. Betrachtet dieses kleine Beispiel.

Zu unterschiedlichen Zeiten nutzt ihr für die Reise von einem Ort zum anderen verschiedene Transportmittel wie Autos, Züge oder Busse. Das Auto kann sich recht schnell bewegen, ebenso der Bus und sogar wenn ihr geht, kommt ihr relativ schnell voran. In allen Fällen hängt die Fortbewegung von der Straße ab, die fest und unbeweglich bleibt. Stellt euch vor, die Straße bewegte sich zusammen mit dem fahrenden Auto oder Bus ebenso schnell wie bei einem starken Erdbeben. Was würde passieren? Ihr würdet euch gewiss fortbewegen, aber ihr könntet an allen möglichen Orten ankommen. Ihr würdet euer Ziel trotz aller Anstrengungen wahrscheinlich nicht erreichen. Damit ihr ans Ziel gelangt, muss die Straße beständig sein.

Weil die Quelle des *Atman,* der innere Bewohner jeden Herzens, unveränderlich und beständig ist, sind die Menschen in der Lage, die veränderlichen und unbeständigen Dinge der Welt zu genießen. *Krishna* warnte *Arjuna* jedoch: „Gib dich nicht mit diesen hinterhältigen Genüssen zufrieden, die du irrtümlich als von der Welt kommend betrachtest. Die Welt ist flüchtig. Sie ist flatterhaft und voller Leid. Sie besteht aus sich andauernd wandelnder äußerer Manifestation. Sie ist nicht die unveränderliche Grundlage und kann dich nicht zu deiner Wahrheit führen. Wie kannst du dich bei deiner Entwicklung auf die Welt verlassen, wenn sie so vielen Wandlungen und Veränderungen unterliegt? Hältst du es für möglich, daraus andauernde Glückseligkeit zu erlangen? Lass die Welt los und wende dich dem transzendentalen Prinzip, dem *Atman*, zu. Denn er ist immer beständig und unveränderlich. In ihm findest du die unendliche Freude, die du bis jetzt vergeblich in der äußeren Welt gesucht hast!

Fahrt nicht mit dem Fuß auf der Bremse

Manche von euch denken nun vielleicht, dass sich kleine Kinder in träge und hilflose Menschen entwickelten, wenn ihnen Sinneskontrolle beigebracht würde. Aber niemand lehrt sie, dass sie ihre Sinne nicht benutzen sollten. Es geht darum, dass sie lernen, diese vernünftig zu kontrollieren. Ein Auto hat eine Bremse, und bei Gefahr nutzt man diese, um den Wagen anzuhalten. Wenn *Swami* euch bittet, die Sinne und den Geist (mind) zu kontrollieren, fragen sich einige von euch, ob sie noch normal leben und ihre Alltagsaufgaben ausführen können. *Swami* bittet euch jedoch nicht, mit dem Fuß auf der Bremse zu fahren, sondern zur Kontrolle des Wagens bei Bedarf, wann immer eine Gefahr auftaucht, auf die Bremse zu treten. Wenn eine Gefahr besteht, wie zum Beispiel unreine Gedanken, unreine Gefühle, unreines Sehen, unreines Hören und so weiter, müsst ihr Kontrolle ausüben. Falls ihr keine Bremsen habt, landet ihr mit Sicherheit im Kummer. Ein Ochsenkarren, der nicht unter Kontrolle gebracht wird, ein Pferd ohne Zügel, ein Auto ohne Bremsen und ein Mensch ohne Sinneskontrolle sind alle äußerst gefährlich und laufen ins Unglück.

„Deshalb *Arjuna*“, sprach *Krishna,* „kontrolliere deine Sinne und deinen Geist und erkenne die Unvollkommenheiten in allen weltlichen Dingen. Wenn du dich von den veränderlichen Manifestationen abwendest und dich auf der unveränderlichen Grundlage niederlässt, kannst du überall glücklich leben, denn du bist in die Quelle aller Freude, den *Atman,* die ewige Glückseligkeit, eingegangen.“

Die Weisheitslehren raten euch nicht, eure Familie und weltlichen Pflichten aufzugeben. Seid in der Welt, nutzt eure Sinne, aber tut dies in einer vernünftigen und ethischen Weise, die Zeit und Umständen angemessen ist, und vergesst niemals eure wahres Ziel. Die *Gita* lehrt euch die Bedeutung von Disziplin und das Beachten von Grenzen in all euren Aktivitäten. Die Autobremsen werden zum Wohl und Schutz der Fahrgäste benutzt, sodass sie ihr Ziel sicher erreichen können. Gleichermaßen müssen die Sinne unter Kontrolle gebracht und für das Wohl und den Schutz des Einzelnen genutzt werden, damit er seine Reise sicher beenden kann. Das ist der Grund, warum *Krishna* so darauf drang, dass *Arjuna* Sinneskontrolle entwickelte.

Loslösung, Hingabe und Sinneskontrolle

Diese Sinneskontrolle ist so etwas wie der Docht in der Lampe eures Herzens. Er reicht nicht, nur den Docht der Sinneskontrolle zu haben. Ihr müsst auch Öl haben – den Brennstoff für das Licht eurer Hingabe. Und es muss auch ein Gefäß da sein, in dem das Öl enthalten ist. Dieses Gefäß ist eure Losgelöstheit. Wenn ihr im Besitz von Gefäß, Öl und Docht seid, könnt ihr das Licht leicht entzünden. Aber es braucht noch jemanden, der die Flamme anzündet. Dieser Jemand ist Gott. Sobald ihr Losgelöstheit, Hingabe und Sinneskontrolle erlernt habt, kommt Gott und zündet das Licht in eurem Herzen an. In *Arjunas* Fall war es *Krishna,* der die heilige Handlung des Anzündens des Lichtes vornahm und so den Glanz des *Atman* in *Arjunas* Herz offenbarte.

Stellt euch vor, ihr habt Blumen, Nadel und eine Schnur. Entsteht aus diesen drei Dingen von selbst eine Girlande? Nein. Jemand muss sie binden. Ihr mögt Gold und Edelsteine besitzen, aber ohne einen Goldschmied bekommt ihr kein Schmuckstück aus diesen Materialien. Ihr könnt eine hohe Intelligenz haben, ihr mögt Bücher besitzen, die das höchste Wissen enthalten, und ihr habt vielleicht gute Augen, um sie zu lesen, aber ohne jemanden, der euch lehrt die Bücher zu lesen, sind sie bedeutungs- und nutzlos für euch.

Der *Atman* ist allgegenwärtig. Er verändert sich niemals, er kommt nicht und er geht nicht. Auch die spirituellen Lehren werden immer präsent sein, sie werden darauf warten, dass ihr bereit seid, sie zu empfangen, und innerlich habt ihr vielleicht ein intensives Sehnen nach Erleuchtung. Sie alle mögen für euch da sein, aber solange der wahre spirituelle Lehrer *(guru)* nicht kommt und euch das unsterbliche Wissen vermittelt, könnt ihr nicht erleuchtet werden. Wenn ihr bereit seid, die zugrunde liegende Wirklichkeit aller weltlichen Dinge zu erkennen und das göttliche Prinzip in eurem Inneren zu entdecken, braucht ihr den wahren Lehrer *(jagadguru),* die höchste Quelle des Wissens, der kommt und euch lehrt. Damit ihr das heilige Wissen um das Selbst erlangt, ist dieser Lehrer der universelle Lehrer. Es ist Gott, der kommt, um euch zu eurem Ziel zu geleiten. Er kann verschiedene Gestalten annehmen. In *Arjunas* Fall war *Krishna* dieser göttliche Lehrer, und er begann, indem er *Arjuna* Sinneskontrolle lehrte.

Ihr müsst euch die Zeit nehmen, über die tiefere Bedeutung all dieser Lehren zur Sinneskontrolle nachzudenken, die *Krishna Arjuna* nicht in einem *Aschram* erteilte, sondern auf dem Schlachtfeld des *Dharmakshetra,* am Abend vor der großen Schlacht, die gekämpft wurde, um Rechtschaffenheit zu bewahren und den Mächten des Unrechts und der Unwahrheit entgegenzutreten, die um sich gegriffen hatten.

Zwanzigste Ansprache

Ohne Wissen um das Selbst ist weltliches Wissen nutzlos

Krishna lehrt in der Gita, dass eure Probleme,
Schwierigkeiten und Sorgen verschwinden,
sobald ihr wahres spirituelles Wissen erlangt habt.

Verkörperungen der Liebe,

solange ihr euch mit eurem Körper identifiziert, seid ihr unzähligen Schwierigkeiten und Sorgen ausgesetzt. Ihr habt euren Körper hauptsächlich bekommen, damit ihr die Folgen eurer vergangenen Taten erleben könnt. Dies ist euer *Karma,* das Ergebnis der Aktivitäten, mit denen ihr euch beschäftigt habt und die noch keine Früchte getragen haben. Aber wie kam es überhaupt zu dieser Anhäufung von *Karma?* Warum habt ihr euch mit Aktivitäten befasst, die Konsequenzen in weiter Zukunft haben? Der Grund für *Karma* liegt in dem Wunsch nach Dingen, in der Anhaftung an Dinge und die Abneigung oder Abscheu für andere Dinge. Und was ist der Grund für diese Anziehung oder Abstoßung? Euer Geist (mind) ist in Dualität versunken. Ihr haltet diese Welt für wirklich und glaubt, dass sie mit von euch getrennten Dingen und Objekte angefüllt sei. Aber woher stammt diese falsche Sichtweise, diese Dualität? Der Grund für Dualität ist eure Unwissenheit, die Trübung eures Bewusstseins durch den dunklen Schleier, der das Wissen um eure wahre Wirklichkeit verdeckt.

Das Licht der Weisheit vertreibt die Dunkelheit der Unwissenheit

Ihr habt die grundlegende Einheit aller Wesen vergessen. Ihr denkt nicht an die göttliche Grundlage aller Dinge. Ihr habt den *Atman,* euer wahres Selbst, aus dem Blick verloren. Wegen dieser Unwissenheit erlebt ihr so viel Kummer und Leid. Wenn ihr von dieser Dunkelheit der Unwissenheit frei werden wollt, müsst ihr das Licht der Weisheit erreichen. Das Einzige, was Dunkelheit vertreiben kann, ist Licht. Ebenso ist das Einzige, was Unwissenheit vertreiben kann, Weisheit oder spirituelles Wissen. Unwissenheit hat das Wissen um das Göttliche verdeckt, und so seid ihr nicht mehr imstande, die Wahrheit zu sehen. So wie die Glut eines Feuers von Asche bedeckt wird, ist eure Weisheit von Unwissenheit zugedeckt worden, ist euer Licht der Wahrheit von der Asche der Unwissenheit zugedeckt worden und so seid ihr euch eurer eigenen Wirklichkeit nicht bewusst.

Ihr mögt Sehkraft in euren Augen haben, aber wenn ein grauer Star die Oberfläche eurer Augen bedeckt, könnt ihr nichts sehen. Erst nach einer Operation werdet ihr das Augenlicht wiederbekommen. Ebenso wird die Sonne der Weisheit erst ungehindert strahlen, wenn eine spirituelle Operation ausgeführt und die Wolke der Unwissenheit entfernt ist. Es ist, wie wenn Sonnenstrahlen in ein Zimmer fallen, sobald man die schweren Vorhänge vom Fenster wegzieht. Das Prinzip des Göttlichen existiert in jedem Menschen, weshalb niemand völlig ohne Weisheit ist. Es gibt keinen Zweifel daran, dass die Wolken der Unwissenheit zu gegebener Zeit für die gesamte

Menschheit vertrieben werden und das Licht der Weisheit hervorleuchten wird. Alle werden ihren göttlichen Status erkennen.

Wenn das menschliche Leben unendlich ausgeweitet ist, wird es eins mit dem göttlichen Prinzip. Der Mensch plus Unendlichkeit ist Göttlichkeit. Wenn der Geist (mind) des Menschen sich zur Unendlichkeit ausdehnt, wird er ein göttlicher Geist, er wird das kreative Prinzip, welches das Universum hervorgebracht hat. Der *Atman,* das Selbst im Menschen, und das Göttliche, das in ihm wohnt, sind ein und dasselbe. Fügt euch Göttlichkeit hinzu, und ihr werdet das Göttliche selbst. Ihr werdet in den *Atman* eingegangen sein. Unglücklicherweise habt ihr eure Göttlichkeit, eure grenzenlose Unendlichkeit vergessen, als ihr euch verkörpert habt. Ihr seid euch nur eurer begrenzten Individualität bewusst. Wenn ihr eure unendliche Wirklichkeit erreichen wollt, müsst ihr die Göttlichkeit erforschen, die in euch wohnt.

Der Atman bleibt unveränderlich, das Individuum verändert sich

Betrachtet einen Menschen, der sich ein Haus gebaut hat. Ab dem Zeitpunkt, in dem er das Haus fertiggestellt hat, fasst er es als „sein“ Haus auf. Wenn er stirbt, geht das Haus an seinen Erben, der beginnt, es „sein“ Haus zu nennen. Nehmt an, dieser neue Hausbesitzer verarmt und muss das Haus verkaufen, um seine Schulden abzuzahlen. Ein anderer kauft es und beginnt dieses Haus ebenfalls „sein“ Haus zu nennen. Wem gehört dieses Haus nun wirklich? Dem, der es gebaut hat, dem, der es geerbt hat, oder dem, der es gekauft hat? Das Haus hat sich nicht verändert; das Objekt ist dasselbe geblieben. Nur die Personen, die behaupten, es zu besitzen, haben gewechselt. Das Haus steht immer noch, doch das Anrecht, das darauf erhoben wird, unterliegt einem wiederholten Wechsel.

Ebenso gibt es eine unveränderliche Wesenheit, den *Atman,* der, wie das Haus, unbeeinflusst von den zahllosen Eigentümern bleibt, die kommen und gehen. Sie alle behaupten, ein persönliches Eigentum an diesem inneren Haus zu haben, das sie „ich“ nennen. Jeder glaubt, dass ihr eigenes persönliches Selbst das Ich sei, aber in Wahrheit ist es der unwandelbare *Atman*. So unterliegt dieses „Mein“ einem ständigen Wandel, während der *Atman,* der als privates Eigentum betrachtet wird und jedes Mal zum Ausdruck kommt, wenn man „ich“ sagt, unbehelligt von all diesen Behauptungen bleibt.

Gibt es eine Medizin für diese Krankheit des „Mein“? Die offenbarten und überlieferten Schriften haben erklärt, dass es der Geist (mind) sei, der für diese besitzergreifende Wesensart verantwortlich sei. Man sagt, dass der menschliche Geist neben den fünf Sinnen der Wahrnehmung als der sechste Sinn betrachtet werden kann. Er ist jedoch kein Sinn wie die anderen sechs Sinne. Tatsächlich ist er der Meister der Sinne.

Die beiden Zustände des Geistes – rein und unrein

Gäbe es keinen Geist, könnten weder die Bewegungsorgane noch die Sinnesorgane funktionieren. Denn für all die verschiedenen Sinne nimmt der Geist die Position des Kontrolleurs ein. Er ist die Brücke zum inneren Leben des Menschen. Ihr mögt in einem Auditorium sitzen und eure Augen und Ohren können alles aufnehmen, was passiert, aber wenn euer Geist nicht da ist, wenn er zu eurer Heimatstadt wandert, um über Ereignisse nachzudenken, die dort passieren, werdet ihr nichts von dem registrieren, was in diesem Raum geschieht. Danach fragt ihr euren Nachbarn vielleicht: „Was hat der Vortragende gesagt? Ich war geistig abwesend.“ Was war der Grund dafür, dass ihr nichts gehört habt, obwohl eure Ohren hier waren? Was war der Grund dafür, dass ihr nichts gesehen habt, obwohl eure Augen hier waren? Der Grund ist euer Geist.

Wenn euer Geist (mind) abwesend ist, werdet ihr, auch wenn eure Augen hier sind, nicht wissen, wer euer Nachbar ist, und obwohl auch eure Ohren anwesend sind, werdet ihr nicht wissen, was gesagt wurde. Die innere Bedeutung ist, dass der Geist der Meister der Sinne ist. Alle Sinne sollten sich dem Geist in angemessener Weise unterordnen. Wenn der Geist still ist, können die Sinne nicht funktionieren.

Der Geist hat zwei Zustände: der eine ist der unreine Geist *(manas),* welcher die Fähigkeit des Denkens ist, und der zweite ist der reine Geist *(citta),* welcher der Sitz der tiefsten Gefühle ist, die als das spirituelle Herz erfahren werden. Wenn der Geist es sich erlaubt, sich den Sinnen zu unterwerfen, ist er unrein, aber wenn er die Sinne beherrscht und die Diktate des höchsten inneren Wissens befolgt, ist er rein. Mit anderen Worten: Wenn der Geist der höheren Intelligenz *(buddhi)* folgt, welche die Diktate des Herzens kennt, ist er rein. Unrein und rein sind nur Aspekte desselben Geistes. In seinem natürlichen Zustand ist der Geist rein. Durch den Prozess des Denkens und seiner Verbindung zu den Sinnen wird der Geist unrein.

Betrachtet ein kleines Beispiel: Das Kennzeichen eines Taschentuchs ist reines weiß. Die weiße Farbe ist ihm eigen. Wenn ihr das Taschentuch benutzt, wird es schmutzig, und ihr beschreibt es auch als schmutzig. Nachdem es gewaschen wurde, meint ihr wieder, das Taschentuch sei ein sauberer Stoff. Der schmutzige und der saubere Stoff sind ein und dasselbe. Der gleiche Stoff, der Schmutz aufgenommen hat, ist ein schmutziges Stück Stoff geworden. Sobald es gewaschen und der Schmutz entfernt wurde, ist es rein geworden, und ihr bezeichnet es als ein sauberes Stück Stoff. Ihr sagt, der Wäscher habe es wieder weiß gemacht. Aber in Wirklichkeit hat er es nicht weiß gemacht, das Weißsein ist sein natürlicher Zustand. Der Wäscher hat nur den Schmutz entfernt. Genauso ist es mit dem menschlichen Geist: Wenn er Unreines durch die Sinne aufnimmt, kann man ihn als unrein beschreiben. Doch wenn die Sinneseindrücke entfernt wurden und der Geist nicht länger auf die Sinne gerichtet ist, wird er wieder rein.

In diesem Zusammenhang könnt ihr die Bedeutung dieser beiden Zustände des Geistes – *Citta* und *Manas* –, den reinen und den unreinen Geist, verstehen. Wenn der Geist eng mit den Sinnen verknüpft ist, ist er *Manas* – unreiner Geist. Dann ist er nichts als ein Bündel von Gedanken. Man kann ihn sich als den Vorgang des Denkens an sich vorstellen. Bei diesem Vorgang des Denkens und sich Drehens um Dualität und seiner Gegensätze von Anziehung und Abstoßung, wird der Geist unrein. Er absorbiert die unreinen Eindrücke der Sinnesorgane und wird unrein. An diesem Punkt hat er eine bestimmte Form, er ist nur das Ding, das denkt.

Gebt dem Geist Frieden – wendet ihn Gott zu

Wenn der niedere Geist (lower mind) frei von Schmutz und den Unreinheiten der Sinne ist und dem höheren Geist (higher mind) zugewandt ist, wird er wieder rein. Der höhere Geist ist sich stets der innewohnenden Göttlichkeit bewusst. Wenn ihr euren Geist der Göttlichkeit zuwendet, werdet ihr in der Lage sein, ihn von allen Schwierigkeiten und Sorgen zu befreien, die mit unreinen Gedanken verbunden sind, welche durch die Eindrücke der Sinnesorgane entstehen. Deshalb müsst ihr jede mögliche Anstrengung unternehmen, um euren Geist von den Sinnen abzukehren und Gott zuzuwenden. Dies kann als Meditation oder *Yoga* – Vereinigung mit Gott – beschrieben werden. Dies ist der Prozess, durch den ihr einen unrein gewordenen Geist wieder läutert.

Der Geist braucht ein gewisses Maß an Frieden. So wie der Körper Ruhe braucht, braucht der Geist Frieden. Wie kann er ihn finden? Nur wenn ihr den Denkprozess unter Kontrolle bekommt und den

Gedankenfluss verlangsamt, erfährt der Geist Ruhe. Der Geist wird immer versuchen, durch die Sinne nach außen zu gehen und sich den verschiedenen Sinnesobjekten zuzuwenden, und das setzt dann einen Denkprozess in Gang. Wenn ihr die Neigung des Geistes, nach außen zu gehen, beherrscht und ihn stattdessen nach innen, auf Gott richtet, werden die unreinen Gedanken weniger. Dann werdet ihr den Geist auf die rechte Weise nutzen und ihm Ruhe zukommen lassen. Man nennt das *Abhyāsayoga* – den *Yoga* der stetigen Übung. Lasst uns dies näher betrachten.

Wie der turbulente Fluss des weltlichen Lebens überquert werden kann

Was ist das wichtigste Wissen, das ihr besitzen solltet, wenn ihr auf einem breiten, mächtigen Strom fahrt? Ihr solltet wissen, wie man schwimmt. Das kommt zuerst. Das hat Vorrang vor allem anderen Wissen. Wenn ihr euch auf einen breiten Strom wagt ohne schwimmen zu können, riskiert ihr unterzugehen, wie gebildet ihr auch sonst vielleicht seid. Dazu gibt es eine Geschichte:

Ein hoch gebildeter Gelehrter *(pandit)* musste einen breiten Fluss überqueren, um an einer wichtigen Veranstaltung teilzunehmen. Der Wind und die Strömung zogen in verschiedene Richtungen, sodass die Reise an jenem Tag recht langsam vorankam. Nun haben die Gelehrten die Gewohnheit, andauernd zu reden – ob sie sich selbst im Geiste Verse vorsagen oder ob jemand in Hörweite ist. An diesem gewissen Tag konzentrierte sich der Fährmann still darauf, das Boot über den Fluss zu steuern. Der Gelehrte, welcher der einzige Passagier an Bord war, hatte keinen anderen zum Plaudern, und so fing er ein Gespräch mit dem Fährmann an.

„Kannst du lesen und schreiben?“, fragte der Gelehrte ihn. Der Fährmann antwortete: „Nein, ich kann nicht lesen und schreiben.“

„Du scheinst mir ein eigenartiger Mensch zu sein“, fuhr der Gelehrte fort. „Heutzutage gibt es in allen Dörfern Schulen; du solltest zumindest deinen Namen schreiben können.“

Der Gelehrte wollte sich lediglich die Zeit vertreiben. Er fragte den Fährmann weiter: „Kannst du ein Musikinstrument spielen?“ Der Fährmann antwortete: „Herr, ich hatte keine Gelegenheit, ein Musikinstrument zu erlernen!“ „Nun, kennst du eines der neuesten Lieder?“, fragte der Gelehrte. Nein, ich kenne nicht einmal eines“, entgegnete der Fährmann.

„Was bist du doch für ein seltsamer Mensch. In jeder Straße gibt es ein Kino und Lautsprecher, welche die neueste Filmmusik verbreiten. Die Radioprogramme sind voll von den neuesten Popsongs. Solltest du nicht wenigstens einen Teil deines Einkommens dafür verwenden, ein billiges Transistorradio zu kaufen, mit dem du Musik hören kannst?“ Der Fährmann gestand: „Ich weiß nicht einmal, was das ist.“

Der Gelehrte antwortete: „Wenn du in diesem modernen Zeitalter nicht einmal etwas von einem Transistorradio weißt, hast du einen großen Teil deines Lebens verschwendet; mindestens ein Viertel deines Lebens ist umsonst gewesen.“

Dann fragte er den Fährmann: „Hast du eine Zeitung bei dir?“ Der Fährmann antwortete: „Ich habe nicht die geringste Schulbildung; wozu sollte ich eine Zeitung bei mir haben, mein Herr?“ Der Gelehrte fuhr fort: „Ohne Bildung zu haben und ohne eine Zeitung lesen zu können, hast du sogar einen noch größeren Teil deines Lebens verschwendet; womöglich war die Hälfte davon zu nichts nütze.“

Nach ein paar Minuten fragte der Gelehrte wieder: „Hast du eine Uhr? Kannst du mir sagen, wie spät es ist?“ „Ich weiß nicht, wie man die Zeit liest; wozu sollte ich dann eine Uhr haben, mein Herr?“, fragte der Bootsmann. Der Gelehrte gab zurück: „Auch wenn du die

Zeit nicht lesen kannst, solltest du wenigstens eine Plastikuhr am Handgelenk tragen; auch das ist heutzutage eine große Mode. Sieh nur, wie viel von deinem Leben du verschwendet hast. Wer kein Radio hat und auch keine Zeitung und keine Uhr, dem sind drei Viertel seines Lebens baden gegangen."

Inzwischen war starker Wind aufgekommen und hatte sich unversehens in einen Sturm verwandelt. Das Boot schlingerte von einer Seite zur anderen, und bald trat der Fluss über die Ufer. Der Fährmann konnte das Steuer nicht länger halten. Er fragte den Gelehrten: „Mein Herr, können Sie schwimmen? Der Gelehrte entgegnete: „Nein, schwimmen habe ich nie gelernt."

Als der Fährmann sich bereit machte, ins Wasser zu springen, rief er dem Gelehrten noch zu: „O mein Herr, was für ein Jammer! Was für eine Verschwendung! Wenn Sie nicht schwimmen können, wird gleich Ihr ganzes Leben baden gehen!"

Wenn ihr einen turbulenten Fluss überquert, solltet ihr schwimmen können. Wenn ihr nicht wisst, wie man schwimmt, wird euch euer ganzes sonstiges Wissen – sei es Philosophie, Physik, Chemie, Botanik, Handel, Mathematik, Politologie oder was auch immer – nichts nützen. Auf der Reise des Lebens befindet ihr euch auf einem reißenden, unberechenbaren Strom, und ihr solltet wissen, wie ihr euch über Wasser halten und den Strom überqueren könnt. Um sicher durch den Fluss des Lebens zu schwimmen, solltet ihr das Wissen um das Selbst *(atman)* haben und müsst ihr ein starkes Unterscheidungsvermögen entwickeln und wissen, was für die Überquerung des Stromes des Lebens nützlich und was unnütz ist. Wenn ihr keine dementsprechenden Fähigkeiten entwickelt habt, werdet ihr keine Erfüllung im Leben finden. Ihr werdet im Fluss des weltlichen Lebens ertrinken.

Äußere und innere Freiheit

Solange ihr euer Leben auf Wohlstand, Eigentum und weltliche Dinge gründet, könnt ihr niemals wahre Freude erleben. Zwei Dinge muss jeder Mensch erlangen: Das eine ist äußere Freiheit, das andere innere Freiheit. Äußere Freiheit meint Unabhängigkeit, das Freisein von äußeren Bindungen und Beschränkungen. Mit innerer Freiheit ist das Freiwerden von der Bindung durch die Sinne gemeint, die volle Herrschaft über die Sinne. Jeder Einzelne sollte beide Formen von Freiheit verwirklichen.

In der äußeren Welt werdet ihr keine wirkliche Freude haben, solange ihr unter der Kontrolle von Menschen seid, die euch unsympathisch sind. In der inneren Welt werdet ihr auch keine wirkliche Freiheit haben, solange ihr ein Sklave der Sinne seid. Auch für die äußere Freiheit ist Sinneskontrolle wichtig. Aber um ein Meister der inneren Welten zu werden, ist die Sinneskontrolle die wichtigste Fähigkeit, die ihr entwickeln müsst, denn dadurch erlangt ihr die Kontrolle über den Geist (mind). Wenn ihr erst einmal Geisteskontrolle habt, seid ihr in der Lage, den Geist von der Welt abzuwenden und Gott zuzuwenden. Dann werdet ihr sowohl innerlich als auch äußerlich wahre Freude erleben, denn dann werdet ihr überall Göttlichkeit sehen.

Die Beherrschung der Gedanken und Sinne ist der Sieg, der von allen menschlichen Wesen errungen werden muss. Bis jetzt habt ihr nach allen möglichen Freuden und Vergnügungen gestrebt; ihr betet weiterhin um Glück und Seligkeit, aber ihr unternehmt keine Anstrengungen zu entdecken, wo dieses Glück zu finden ist. *Krishna* sagte zu *Arjuna:* „Du betrügst dich, wenn du glaubst, dass du Glück und Frieden im Alltagsleben fändest. Dort wirst du keine wahre Freude finden. Sinnesobjekte können dir nicht die Freude geben, nach der du suchst. Nur wenn du deine Sinne unter Kontrolle bringst, wirst du Frieden und Freude erfahren."

Ob ihr Gläubige oder Ungläubige seid, ihr müsst Kontrolle über die Sinne erlangen. Seid der Meister der Sinne. Erlaubt es ihnen nicht, sich zu erregen und Sinnesobjekten nachzurennen. Haltet eure Sinne unter Kontrolle und euren Geist fest auf den Herrn gerichtet. Befolgt seine Lehren und Anweisungen. Ohne seine Gnade wird eure Stärke euch verlassen und werdet ihr nicht in der Lage sein, eine sinnvolle Arbeit zu tun.

Ihr braucht die Gnade des Herrn, um etwas Wertvolles zu erreichen

Solange *Arjuna Krishnas* Segen und Gesellschaft hatte, war er ein starker Held und zu vielen heroischen Taten fähig. Aber als *Krishna* seinen sterblichen Körper ablegte, wurde *Arjuna* wegen seines Körperbewusstseins und seiner Anhaftung von Kummer und Selbstmitleid überwältigt. Er hatte das Gefühl, dass *Krishna* ihn verlassen habe, und deshalb verlor er all seinen Mut. *Arjuna,* der große Held, wurde schwach und unfähig, selbst die kleinste Aufgabe zu erledigen. Als *Arjuna* die überlebenden Frauen und Kinder aus *Krishnas* Hausgemeinschaft *(pandava)* in die Hauptstadt *Hastinapura* in Schutz brachte, wurde er im Wald von Räubern überfallen. *Arjuna* kämpfte und tat sein Bestes, um die Frauen und Kinder aus den Klauen dieser mörderischen Räuber zu retten, aber es gelang ihm nicht.

Arjuna war es im Laufe der vielen Schlachten im *Mahabharata*-Krieg gelungen zu kämpfen und zahlreiche große Helden zu besiegen. Er war unbesiegbar, ganz gleich, was gegen ihn eingesetzt wurde. Aber derselbe *Arjuna* war noch nicht einmal imstande, die Räuber im Wald zu bezwingen und die ihm anvertrauten Frauen und Kinder zu beschützen. Warum? Bis dahin hatte sich *Arjuna* mit *Krishna* an seiner Seite sehr stark gefühlt. Er bemerkte nicht, woher die Stärke gekommen war, er glaubte, dass es sein eigener Mut und seine Kraft gewesen seien, welche die von ihm errungenen Siege ermöglicht hätten. Aber die Täuschung rührte von Unwissenheit her. *Arjunas* Stärke gehörte nicht ihm. Sie war ihm von Gott gegeben.

Obwohl ein Mensch mit göttlicher Kraft ausgestattet sein mag, täuscht er sich, wenn er denkt, dass diese Stärke durch seine eigenen menschlichen Fähigkeiten entstehe. So erging es *Arjuna*. Aber als er die Kraft des Göttlichen verloren hatte, war er nicht einmal mehr zu Kleinigkeiten imstande. Der Mensch ist zu vielen Aktivitäten fähig, weil das Göttliche in ihm ist und ihm innere Kraft, Standhaftigkeit und Stärke schenkt. Ohne die göttliche Kraft könnte der Mensch nichts tun. Ohne die Briefmarke des Göttlichen führt auch nicht die kleinste Unternehmung zum Erfolg. Diese Briefmarke ist äußerst wichtig. Betrachtet folgendes Beispiel:

Angenommen, ihr habt aus dickem, kunstvollen Papier einen schönen Briefumschlag gemacht, *Swamis* Adresse in verzierten farbigen Buchstaben sorgsam mit der Hand darauf geschrieben und farbenreich verziert. Auch die Umrandungen des Briefumschlags habt ihr kunstvoll mit exquisitem Design gestaltet. Ihr habt den Brief in den Umschlag gesteckt, zugeklebt und bei der Post aufgegeben. Aber trotz aller Mühe und Kunstfertigkeit kommt der Brief nie bei *Swami* an. Warum wohl? Weil ihr die Briefmarke vergessen habt. All eure Verzierungen und Schönschrift konnten den Brief nicht zu *Swami* befördern.

Selbst ein Brief, der am Studentenwohnheim in den Postkasten geworfen wird, erreicht den weniger als eine Meile entfernten Tempel nicht, wenn keine Briefmarke darauf klebt. Aber mit Briefmarke darauf hätte der Brief Tausende von Meilen weit reisen und sein Ziel erreichen können. Das Postamt schenkt Verzierungen, ausgeschmückten Lettern und schönen Zeichnungen keine Aufmerksamkeit. Es schaut nur auf die Adresse und prüft, ob der Umschlag ausreichend frankiert ist. Das Wichtigste ist also, eine Briefmarke zu besorgen und sie ordentlich auf den Umschlag zu kleben.

Gottes Gnade wird durch die Reinheit des Herzens verdient

So wie in diesem Beispiel achtet Gott nicht auf all eure ausgearbeiteten Bemühungen, solange ihr eure Anstrengungen nicht richtig adressiert, die Briefmarke der Göttlichkeit nicht beschafft und sie nicht auf eure Arbeit geklebt habt. Wie bekommt ihr diese Briefmarke? Durch die Reinheit des Herzens, indem ihr all eure Anstrengungen in Übereinstimmung mit edlen Werten bringt. Gott achtet nicht auf all eure Gelehrsamkeit, Leistungen, Reichtümer und Positionen. Weltlich gesinnte Menschen mögen das tun, nicht aber Gott. Gott schaut nur in euer Herz. Was nutzt es, viele akademische Grade und große Gelehrsamkeit in einem bestimmten Fachgebiet zu erlangen, wenn euer Herz durch all eure Bildung nicht gereinigt wurde? Es sind die Werte, die ihr täglich in den Bereichen von Wahrheit und Aufrichtigkeit praktiziert, die euch durch das Leben tragen und eure größten Aktivposten sind. Dies ist der Grund, weshalb wir Werte so stark im Erziehungssystem hier im *Aschram* betonen.

Wird ein Hungriger satt, wenn ihr ihm bloß verschiedene Arten köstlicher Speisen zeigt? Wird ein Armer von seiner Armut befreit, wenn er bloß die Geschichten großen Reichtums hört? Wird ein Kranker gesund, wenn ihr ihm nur von den verschiedenen Medikamenten erzählt, die ihn gesund machen könnten? Nein. Ebenso werdet ihr keinen großen Nutzen aus den Lehren der *Gita* ziehen, wenn ihr sie nur hört. Ihr habt viele Ansprachen und Darlegungen großer Wahrheiten gehört. Nun müsst ihr wenigstens eine oder zwei dieser Lehren in die Praxis umsetzen. Dann werdet ihr wahre Freude erleben.

Damit eure Anstrengungen erfolgreich und wirklich wertvoll sind, braucht ihr die Briefmarke der Göttlichkeit. Das bedeutet, die edlen Werte zu praktizieren, welche die *Gita* lehrt. Aber noch bevor diese Werte in die Praxis umgesetzt werden können, müsst ihr euren Geist kontrollieren und auf das Eine ausrichten. Dies kann nur geschehen, wenn ihr eure Sinne meistert. Die entscheidende Lektion all dieser Lehren ist die Kontrolle der Sinne. *Krishna* sagte *Arjuna: „Arjuna,* wenn du etwas wirklich Wertvolles im Leben erreichen willst, musst du die Kontrolle über deine Sinnesorgane erlangen." Das Gleiche sagte *Prahlada* zu seinem Vater, dem Dämonenkönig *Hiranyakashipu:* „Vater, du hast so viele Welten erobert, aber den wahren Sieg hast du nicht errungen: Du warst nicht imstande, dich selbst zu besiegen!"

Es gibt viele Wesen, aber nur eine zugrundeliegende Göttlichkeit

Wie kann ein Mensch jemals den süßen Nektar des Göttlichen kosten, wenn er seinen Geist und seine Sinne nicht besiegt hat? Um die Herrschaft über den Geist und die Sinne zu erlangen, ist es wichtig, dass ihr den tieferen Grund für all diese Anstrengungen kennt. Das letzte Ziel eures Lebens ist es, die eine Göttlichkeit zu erkennen, die allem und jedem zugrunde liegt. Ihr müsst in das eine atmische Prinzip eingeführt werden, das in jedem Herzen existiert.

Die Sonne ist für alle nur eine. Es gibt nicht verschiedene Sonnen für verschiedene Arten von Lebewesen in verschiedenen Teilen der Erde. Es mag Tausende von unterschiedlichen Gefäßen geben, die mit Wasser gefüllt sind. Einige sind Tongefäße, andere bestehen aus Messing und wieder andere aus Silber oder Kupfer. Über ihnen am Himmel steht die eine Sonne, die sich in all diesen Gefäßen spiegelt. Wer nur die Spiegelungen sieht, könnte meinen, dass es soundso viele Sonnen gebe, aber obwohl es viele Widerspiegelungen gibt, ist die darin widergespiegelte Sonne nur eine. Der Wert der Gefäße mag sich unterscheiden – das Silbergefäß ist im Vergleich zum Tongefäß sehr kostbar –, aber dennoch ist die Sonne, die sich spiegelt, nur ein und dieselbe.

Vom höchsten Gelehrten bis zum größten Dummkopf, vom reichsten Menschen bis zum ärmsten Bettler, vom mächtigsten bis zum bescheidensten Bürger unterscheiden sich die Körper und Erscheinungsformen, in die sie sich verkleidet haben, gleichermaßen, aber der Eine, welcher der Bewohner all dieser Körper ist, das Selbst *(atman),* das in all diesen Körpern widergespiegelt wird, ist ein und dasselbe. Die Kleider, die ihr tragt, und die Edelsteine, mit denen ihr euch schmückt, sind vielleicht sehr teuer. Ein armer Mensch ist nicht dazu in der Lage, solch kostbare Dinge zu besitzen. Aber diese Unterschiede sind nur wie die Wertunterschiede der Gefäße. Die Göttlichkeit in all diesen Körpern ist allein eine.

Wenn ihr euch dieser Wahrheit erst einmal bewusst werdet und die Einheit in allen Wesen erkannt habt, wird euch Sinneskontrolle ganz leicht fallen. Anstatt andere beherrschen zu wollen, werdet ihr danach trachten, euch selbst zu beherrschen. Anstatt andere zu korrigieren, werdet ihr euch um euren eigenen Geist und eure eigenen Sinne kümmern. Unvollkommenheit und Fehler sind in jedem Menschen. Wer sollte da Macht und Autorität über den anderen ausüben? Wenn jemand einen Fehler begangen hat, kann es eure Pflicht sein, ihm den rechten Weg zu weisen, doch euer Hauptfokus sollte es sein, euch selbst zu korrigieren. Erfüllt eure Pflicht, tut die Arbeit, die euch aufgegeben wurde, aber denkt immer an das eine Göttliche, das in jedem Wesen wohnt.

Nur Weisheit kann Unwissenheit besiegen

Die Unwissenheit ist sehr tiefgehend. Sie verdeckt eure innere Wahrheit. Es ist euch unmöglich, diese dicke Schicht der Unwissenheit zu beseitigen, indem ihr ihr frontal begegnet. Morgens um sieben Uhr ist euer Schatten fünfzig Fuß (15,2 Meter; Anmerkung des Übersetzers) lang, obwohl ihr vielleicht nur fünf Fuß (1,52 Meter) groß seid. Wie könnt ihr diesen fünfzig Fuß langen Schatten verkürzen? Kann man ihn bekämpfen? Wird er auf euch hören, wenn ihr ihn beschimpft?

Wird er schrumpfen, weil ihr ihn kritisiert? Was ihr auch tut, der Schatten wird nicht kürzer. Aber sowie die Sonne am Himmel höher steigt, verkürzt sich der Schatten ganz von selbst. Wenn die Sonne im Zenit steht, befindet sich euer Schatten unter euren Füßen und wird so sehr eins mit ihnen geworden sein, dass er nicht mehr zu sehen ist.

Ihr mögt fünf Fuß groß sein, doch eure Unwissenheit ist fünfzig Fuß groß! Ihr müsst lernen, euch selbst zu erforschen, damit eure Weisheit wächst. Solange die Sonne der Weisheit weiter steigt, schwindet eure Unwissenheit. Auf diese Weise kann eure Unwissenheit vollkommen aufgelöst werden. Dies ist die eine Methode.

Aber es gibt noch eine andere Methode, mit dem fünfzig Fuß langen Schatten umzugehen. Ihr erkennt, dass ihr ihn nicht besiegen könnt, indem ihr euch ihm zuwendet und versucht, ihn zu überrennen. Ihr merkt, dass der Schatten dadurch kein bisschen kürzer, geschweige denn unsichtbar wird. Wenn ihr aber euer Gesicht der Sonne statt dem Schatten zuwendet, liegt der Schatten automatisch hinter euch, und egal wie mächtig er ist, ihr werdet ihn nicht mehr wahrnehmen. Er wird für immer aus eurem Blickwinkel verschwinden. Denkt also nicht an eure Unwissenheit, sondern immer an die Sonne der Weisheit. Auf diese Weise lasst ihr die Unwissenheit hinter euch und habt die Sonne vor euch. Der Schatten wird euch nichts mehr anhaben können. Das heißt: Richtet den Blick allezeit auf Gott.

Beide Methoden solltet ihr anwenden. Richtet euren Blick allezeit auf Gott und benutzt euer Unterscheidungsvermögen und die Fähigkeit zur Intuition, um eure Weisheit zu vergrößern. Es gibt zwei Haupt-*Yogas* oder spirituelle Wege: den Weg der Hingabe und den Weg der Weisheit. Wenn ihr eure Aufmerksamkeit nicht auf Gott richtet und eure Weisheit nicht vergrößert, sondern euch weiter der Welt zuwendet, wird eure Unwissenheit wie der Schatten und der Sonnenuntergang weiter zunehmen und ihr werdet verlorengehen. „Deshalb“, warnte *Krishna Arjuna:* „benutze dein höchste Intelligenz *(buddhi),* um deine Weisheit zu vergrößern. Auf diese Weise wird Unwissenheit vernichtet. Im Augenblick, da deine Unwissenheit vernichtet ist, löst sich die Dualität auf, und sobald die Dualität verschwindet, wirst du auch nicht länger von Sinnesobjekten angezogen oder abgestoßen, und wenn sich diese Anhaftungen an und die Abscheu vor Dingen auflösen, schwindet auch dein Körperbewusstsein. Wenn kein Körperbewusstsein da ist, gibt es kein Leid."

Entwickelt Weisheit durch das Erforschen des Inneren

Wir haben gesehen, dass ihr zuerst *Rāga* und *Dvesha* – Anhaftung und Abneigung – gegenüber Sinnesobjekten überwinden müsst. Wenn diese beiden aufhören, wird die Dualität zerstört. Und wenn sich Dualität auflöst, schwindet die Unwissenheit. Deshalb hat die *Gita* erklärt, dass ihr durch Weisheit dazu in der Lage seid, Unwissenheit zu zerstören und die endgültige Wirklichkeit zu erreichen.

Was ist diese Weisheit, die ihr entwickeln solltet? Kann sie etwa durch das Anhäufen weltlichen Wissens gewonnen werden? Nein. Sie hat nichts mit äußeren Phänomenen zu tun. Sie beschäftigt sich nur mit inneren Erfahrungen. Nur wenn ihr Selbstvertrauen, Vertrauen in den innewohnenden *Atman,* entwickelt habt, seid ihr in der Lage, starkes Vertrauen in Gott zu entwickeln. Wenn ihr an euch selbst glaubt, könnt ihr Glauben an Gott haben. Um solch einen festen Glauben an Gott zu haben, um die innewohnende Göttlichkeit zu erkennen, die in allen dieselbe ist, müsst ihr euch beständig mit dem Praktizieren von Selbsterforschung befassen.

Von morgens früh, wenn ihr aufsteht, bis zum Schlafengehen am Abend sagt ihr unablässig „ich, ich, ich" und „mich" und „mein". Aber selbst wenn ihr „ich" sagt, wisst ihr, wer dieses Ich ist? Ihr sagt: „Dies ist mein Körper", „Dies ist meine Intelligenz", „Das ist mein inneres Gefühl", „Das sind meine Sinne", aber fragt ihr euch auch einmal: „Wer bin ich?" Wenn ihr nie nach eurer inneren Wahrheit forscht, was nützt euch dann alle Bildung, die ihr euch angeeignet habt? Wenn ihr nicht die Anstrengung der Selbsterforschung unternehmt, wer soll dann die Schrift, die ihr auf eurer Stirn tragt, entfernen? Wer wird das *Karma,* das dort eingeprägt ist, entfernen? Statt euch mit Selbsterforschung zu befassen, erlaubt ihr es nur unreinen Gedanken, in euren Kopf einzudringen, und so wird euer ganzes Denken null und nichtig.

Wenn ihr sagt: „Dies ist mein Taschentuch", solltet ihr erkennen, dass sich derjenige, der das Ich ist, von dem Objekt, in diesem Fall dem Taschentuch, unterscheidet. Ihr sagt: „Dies ist mein Körper", und nicht: „Ich bin dieser Körper." Wenn ihr erklärt, dass dies euer Körper sei, bestätigt ihr damit, dass ihr und der Körper verschieden und getrennt voneinander seid. Wenn ihr dann nachforscht, wer dieses „Ich" ist, das dies sagt, führt euch dies zu dem Bewohner des Körpers. Ihr müsst erforschen, wer dieser Bewohner ist; mit anderen Worten: Ihr müsst herausfinden, wem all diese Dinge gehören. Nur wenn es einen Besitzer gibt, macht ein Satz wie: „Dies ist mein Eigentum", oder: „Dies ist mein Land", Sinn. Nur der Herr, der das Eigentum hält, hat das Recht zu sagen: „Dies ist mein Eigentum." Für Körper und Geist ist dieser Herr der Bewohner. Dieser Herr unterliegt keiner Veränderung und wird euch nie verlassen. Das ist der Grund, weshalb ihr mittels Selbsterforschung das Göttliche entdecken solltet, das eure wahre Wirklichkeit ist.

Jeder spirituell Suchende sollte die Erforschung des Inneren beginnen. Bei allen spirituellen Übungen, die ihr macht, solltet ihr drei Viertel eurer Zeit auf die Selbsterforschung verwenden; dann werdet ihr den vollen Erfolg haben. Nur wenn ihr eure Zeit richtig verwendet, indem ihr euren Körper und all euer Tun heiligt, könnt ihr das Ziel erreichen. Der Hauptgrund für allen Kummer, für den ihr empfänglich seid, ist die Schwäche, die ihr entwickelt, weil eure Sinne nicht unter eurer Kontrolle sind. Nutzt all eure zur Verfügung stehende Kraft dafür, eure Sinne unter Kontrolle zu halten. Lenkt euren Geist auf den rechten Weg und entwickelt feste Entschlusskraft. Dadurch erlangt ihr große Stärke.

Die *Bhagavadgita* erklärt, dass ihr die Sinne beherrschen, aber nicht zerstören solltet. Die *Gita* sagt auch nicht, dass ihr auf das Handeln, sondern nur auf die Früchte eurer Handlungen verzichten solltet. Ihr müsst also eure Arbeit tun. Obwohl der Herr es nicht nötig hat, irgendwelche besonderen Arbeiten zu verrichten, findet ihr ihn unablässig mit Arbeit beschäftigt. Wenn er stets arbeitet, solltet ihr dann nicht auch arbeiten?

Tut eure Arbeit und benutzt all eure Sinne auf die rechte Weise. Gebraucht sie innerhalb der angemessenen Grenzen für den Zweck, für den sie bestimmt sind. Gebraucht sie niemals in falscher Weise. Dies ist die Botschaft der *Gita*.

Einundzwanzigste Ansprache

Das Göttliche zu erkennen bedeutet, das Göttliche zu sein

Krishna sagte: „Bist du ein Sklave deiner Wünsche,
so bist du ein Sklave der gesamten Welt.
Aber wenn du die Wünsche zu deinem Sklaven machst,
ist die Welt Dein.“

Verkörperungen der Liebe,

glaubt an das Göttliche in euch, an den *Atman,* der die Grundlage allen Glücks und aller Freude ist, die ihr jemals in dieser Welt erlebt. Die Menschen leiden immens aufgrund ihres Irrtums, dass die Freuden, welche die Sinne ihnen vermitteln, und die weltlichen Vergnügen wahr und von Dauer seien. Doch sie sind vergänglich; sie können nicht anhaltend wirken. Die Menschen geben sich nicht die Mühe herauszufinden, was die Ursache der Freuden ist, die mit den Sinnesobjekten und allem weltlichen Luxus zusammenhängen.

Das atmische Licht wird von den unreinen Sinnen verdeckt

In der *Bhagavadgita* wird der Körper mit einem Gefäß mit zehn

Löchern verglichen, in dem ein unauslöschliches Licht brennt. Wenn ihr dieses Gefäß mit einem dicken Stoff bedeckt, kann das Licht nicht hinausscheinen. Wenn ihr den Stoff nun vorsichtig entfernt, könnt ihr sehen, wie Licht durch die zehn Löcher scheint. In diesem Augenblick sieht es so aus, als wären es zehn Lichter. Wenn ihr das Gefäß aber wegnehmt und das Licht zurücklasst, erkennt ihr, dass da immer nur ein Licht gewesen ist. Das eine Licht, das in dem Gefäß – dem Körper – strahlt, ist der aus sich selbst leuchtende *Atman*.

Dieses strahlende Licht des *Atman* wurde vom Körper und seinen zehn Sinnesorganen zugedeckt. Es gibt fünf grobe und fünf feine Sinne, die mit dem menschlichen Körper verbunden sind. Man kann sie sich als die zehn Löcher im Gefäß denken, durch die das Licht des *Atman* strahlt. Das Gefäß, der Körper, wurde von dem dicken Stoff des Besitzdenkens und der Anhaftung bedeckt. Dieses dicke Stück Stoff verdunkelt das reine Licht des *Atman*. Zuallererst müsst ihr diesen Stoff aus Selbstsucht und Besitzdenken entfernen. Die Vorstellung von „Mein" stammt von Unwissenheit her; sie ist eine Art Täuschung, die euch ein Gefühl des Getrenntseins haben lässt und an die Dualität bindet. Sie entsteht aus der kosmischen Illusion – *Maya*. Man kann sich *Maya* als das Gewand Gottes vorstellen. Gott wurde beschrieben, dass er Illusion als äußere Gestalt hat. Diese Täuschung verhüllt und versteckt ihn vor dem Anblick.

Wenn ihr den Stoff der Illusion wegzieht, wird das innere Licht enthüllt und scheint strahlend durch die Sinnesorgane. Jedes Gefühl, das ihr durch eure Haut wahrnehmt oder durch eure Ohren hört, ist nichts als eine Reaktion auf dasselbe innere Licht. Jeder Klang, den ihr durch euren Mund erzeugt, ist nichts als ein Widerhall des einen göttlichen inneren Lichtes. Alles was ihr durch die Sinne zu tun und zu erfahren imstande seid, ist nur eine Reflektion, Reaktion und Resonanz des leuchtenden Strahlens *(ātmajyotis)* eures unsterblichen

Selbst, des *Atman*. Aber solange ihr euch mit diesem Gefäß des Körpers identifiziert, seid ihr nicht in der Lage, das eine atmische Licht zu sehen. Nur wenn ihr euch ganz mit dem *Atman* identifiziert, seid ihr fähig, dieses eine atmische Licht statt einer Vielfalt verschiedener Lichter zu sehen.

Seht Einheit in all der Vielfalt

Bislang habt ihr Vielfalt und Trennung in dem gesehen, was in Wirklichkeit Einheit ist. Aber jetzt müsst ihr diese falsche Sichtweise korrigieren. Die alten Weisheitslehren *(upanishaden)* haben betont, dass ihr nicht vollkommen sein werdet, bis ihr nur Einheit in der Illusion der Vielfalt seht, die um euch herum erscheint. Wann könnt ihr diese Einheit sehen und direkt erfahren? Nur wenn ihr euer Gefühl der Identifikation mit dem Körper zerstört. Dann werdet ihr alles als eins erleben. Es ist *Maya,* welche diese täuschende Erfahrung einer scheinbaren Vielfalt hervorruft, wo in Wirklichkeit nur Einheit ist. Aber es ist die universelle Erfahrung der großen Weisen und Mystiker, dass es nur eine Einheit in all der Vielfalt der Welt gibt.

Diese Einheit ist die Grundlage von allem überall. Es ist der *Atman,* der in allen Dingen und jedem Lebewesen erfahren werden muss. Dies ist auch die Summe und Substanz der *Bhagavadgita,* die ihrerseits die Essenz aller alten Weisheitslehren *(upanishaden)* ist. Die *Gita* beschreibt diese Einheitserfahrung als *Yoga,* den Prozess der Vereinigung mit dem Göttlichen und der Versunkenheit in die eine Göttlichkeit. Ihr müsst nachforschen und Begebenheiten aus eurem eigenen täglichen Leben nehmen, um zu sehen, wie ihr diese Einheit in all der Vielfalt erfahren und dadurch die Göttlichkeit erfahren könnt, die allen Dingen innewohnt.

Nehmt das Beispiel der Essenszubereitung. Ihr könnt verschiedene Arten von Süßigkeiten in Betracht ziehen, etwa Kekse, Kuchen, kandierte Früchte oder was euch auch immer schmeckt. Die Formen und Namen dieser Süßspeisen sind verschieden, doch die innere Substanz, die ihnen den charakteristischen süßen Geschmack gibt, ist dieselbe. Diese Süße kommt vom Zucker. Weil Zucker in all diesen Einheiten ist, sind sie alle süß. Das Mehl ist nicht süß; es hat keinen besonderen Geschmack. Aber wenn man es mit Zucker vermengt, kann man es als Süßigkeit genießen. Es ist unwichtig, welches Mehl ihr verwendet, ob Reismehl, Weizenmehl oder anderes Mehl: Wenn es mit Zucker vermengt ist, wird es süß. Ebenso sind die Dinge der Welt geschmacklos und fade, aber weil der Zucker der Göttlichkeit mit ihnen vermengt ist, könnt ihr so viele Dinge in der Welt genießen und sie als wünschenswert und süß betrachten.

Ihr seid Menschen, keine Tiere

Vergeudet euer Leben nicht damit, weltlichen Genüssen nachzulaufen. Erkennt die Wahrheit, dass ihr dieses Leben als menschliche Wesen nicht nur bekommen habt, um zu essen und zu schlafen oder eure Zeit mit sinnlosen Aktivitäten und Unterhaltungen zu verschwenden. Wenn ihr euch umschaut, seht ihr eine Vielzahl von Tieren, vom Vogel bis zum Wurm, die nur des Futters wegen leben. Wozu sollte ein menschliches Leben gut sein, wenn es nur dem Vergnügen diente, das auch die Vögel und Würmer genießen? Wozu nutzt das Aneignen höherer Bildung, wenn ihr euer Leben zum Schwelgen in jenen niederen Vergnügungen verwendet, denen auch die Tiere ohne höhere Bildung nachgehen? Was ist das besondere Ideal, das dem Menschen vorbehalten ist? Welche tiefere Bedeutung steckt in der Aussage, dass es außerordentlich schwierig ist, ein Leben als Mensch zu erlangen?

Das Leben als Mensch wurde euch nicht gegeben, damit ihr euch wie Tiere verhaltet oder wie Dämonen aufführt. Der Mensch wurde geboren, um seine göttliche Essenz zu erkennen. Das Leben wurde euch gegeben, damit ihr die höchste Ebene des Gottesbewusstseins erreicht. Das Gleiche lehrte Jesus, als er sagte: „Der Mensch lebt nicht vom Brot allein“.

Ihr müsst etwas erreichen, das von außergewöhnlicher Bedeutung ist. Ihr habt das Leben erhalten, damit ihr die euch innewohnende Göttlichkeit erkennt. Eure erste Pflicht als Mensch ist es, alles Vergängliche aufzugeben und die Dinge zu erlangen, die unvergänglich sind. Aber heute strebt ihr nicht nach solch außerordentlichen Eigenschaften. Stattdessen lebt ihr ein vergeudetes Leben voller Anhaftungen. Das war auch *Krishnas* Warnung: *„Arjuna,* dieses Körperbewusstsein und die Anhaftung an deinen Körper binden dich. Du verschwendest dein Leben. Gib deine Bindung an den Körper jetzt auf!“

Ihr müsst herausfinden, warum ihr diese Anhänglichkeit an den Körper habt. Betrachtet dieses kleine Beispiel: Jeder weiß, dass es nicht recht ist, zu lügen. Viele Menschen legen zu dem einen oder anderen Zeitpunkt im Leben den Schwur ab, ab sofort nie wieder zu lügen. Aber kaum sind sie wieder in einem Gespräch, erzählen sie eine Lüge. Oder nehmt einen Geschäftsmann, der weiß, dass er nicht betrügen darf. Er fasst den Entschluss, sich einzuschränken und nur einen angemessenen, bescheidenen Gewinn zu machen. Aber tags darauf greift er schon wieder zu unlauteren Mitteln. Oder: Jemand beschließt, nicht mehr zu tratschen oder andere mit seiner Rede zu verletzen, hat aber innerhalb von Minuten sein Gelübde vollkommen vergessen und beginnt einen anderen Menschen zu kritisieren.

Der Mensch scheint ganz und gar keinen steten Geist (mind) zu haben. Ohne einen stetigen, gefestigten Geist ist es ihm unmöglich, seine Handlungen unter Kontrolle zu bekommen. An einem Festtag, hat er vielleicht das Gefühl, dass er an nichts anderes als an Gott denken und fasten will. Doch nach einiger Zeit findet er eine Entschuldigung und sagt sich: „Lass mich wenigstens Tee trinken und ein paar Kekse essen." Wenn der Mensch fortwährend in dieser Weise von seinen festen Entschlüssen abweicht, muss eine sehr mächtige Wesenheit in ihm an der Arbeit sein, die ihn ständig zu Fall bringt. Wenn dieser mächtige Instinkt oder Zwang in ihm nicht wäre, würde er seine Entschlüsse nicht ändern, und er wäre imstande, seinen Willen zu gebrauchen, um an der erklärten Disziplin festzuhalten.

Verlangen lässt euch euren Entschluss brechen

Es gibt also eine Macht, eine im Menschen verborgene Kraft, die er nicht besiegen oder begreifen kann. Wenn er sich tiefer damit beschäftigt und versucht herauszufinden, worin diese Kraft wirklich besteht, wird er entdecken, dass sie mit den drei weltlichen Eigenschaften *(guna)* zusammenhängt, die dem Menschen innewohnen. Diese drei Eigenschaften, die das weltliche Leben enthalten, charakterisieren den Geist (mind) und seinen Denkprozess. Sie sind Faulheit und Trägheit *(tamas),* Aktivität und Leidenschaft *(rajas)* und Gelassenheit und Ruhe *(sattva)*. Diese drei Eigenschaften dominieren in verschiedenen Kombinationen das Leben des Menschen. Sie werden durch die Qualität der Nahrung und die Neigung, sich dem Schlaf hinzugeben oder sich diesen zu entziehen, gefördert oder vermindert.

Von diesen drei Eigenschaften sind die beiden erstgenannten – Trägheit *(tamoguna)* und wilde Aktivität *(rajoguna)* – wahrscheinlich diejenigen, die euch dazu anstiften, den falschen Weg einzuschlagen. Faulheit lässt Widerwille, Abscheu und Ärger entstehen. Eine allzu aktive Natur hat Anziehung, Begierde oder Anhaftung an weltliche Dinge zur Folge. Begierde ist der stärkste Drang, der den Mensch seine Entschlüsse aufgeben lässt. Sie wirkt wie die Leiterin oder Anführerin aller schlechten Eigenschaften.

Ihr könnt euch zwar Pläne zurechtlegen, wie ihr eure äußeren

Feinde besiegt, aber eure Konzepte und Strategien nützen euch nichts, solange ihr eure inneren Feinde nicht besiegt habt. Wie könnt ihr hoffen, eure äußeren Feinde zu besiegen, wenn ihr euch euren inneren Feinden unterworfen habt? Wie werdet ihr dazu imstande sein, wenn die inneren Feinde eure Willenskraft untergraben und all eure guten Vorsätze zunichte gemacht haben? Die Anführerin aller üblen Neigungen, die Begierde, hat sich einen unterirdischen Gang in euer Haus gegraben, und die anderen – Hass, Zorn, Gier und Eifersucht – folgen ihr hinein. Sobald diese Feinde in euch eingetreten sind, verliert ihr euer Unterscheidungsvermögen und eure Weisheit. In dem Augenblick, in dem ihr eure Weisheit verliert, gebt ihr auch euren Entschluss auf. Deshalb ist die Hauptursache dafür, dass ihr eure festen Vorsätze nicht in die Tat umsetzt, das Aufsteigen von Begierde. Gehen wir der Sache noch weiter nach.

Wenn Paläste für Herrschaftssitze von großen Kaisern und Königen bestimmt sind, werden sie üblicherweise von einer Befestigungsmauer umgeben, die sie vor Eindringlingen schützt. In dieser Mauer befinden sich bewehrte Eingangstore. Auch ein Tempel befindet sich üblicherweise in einem von Mauern umgebenen Areal und auch in diesen Mauern gibt es Tore oder Türen. Der menschliche Körper ist so etwas wie solch eine Umfriedungsmauer, die Gott, der als *Atman* im Tempel des Herzens wohnt, umschließt. Eine äußere Festung oder ein Tempel wird mithilfe von Ziegeln, Zement, Sand und Mörtel errichtet, aber der Tempel des Körpers ist aus Fleisch und Blut. Seine Tore sind die Sinnesorgane. Durch diese Tore dringen die Begierde und andere üble Neigungen ein und machen sich über das innerste Heiligtum her.

Der Körper wurde euch gegeben, um den Bewohner zu erkennen

Der Körper bezieht seinen Glanz von dem Bewohner, Gott. Solange der Bewohner im Körper residiert, ist er voller Leben und Wohlgeruch. Sobald er den Körper verlässt, fault dieser und widert uns an. Ohne den Bewohner ist der Körper etwas Verwerfliches, das ganz und gar nicht duftet, sondern unablässig üblen Geruch verbreitet. Der Prozess der Umwandlung eines Körpers mit so abstoßenden Eigenschaften in ein Werkzeug, das zum Dienst am Mitmenschen und zur Erkenntnis des Göttlichen geeignet ist, kann große Freude und innere Zufriedenheit geben. Aber der Mensch versteht seinen Körper nur als ein Mittel, das ihm physisches Vergnügen bereitet, und somit benutzt er ihn in erster Linie auf selbstvernichtende Weise. *Krishna* warnte *Arjuna,* dass ein solches Verhalten kein Zeichen eines wahrhaft menschlichen Wesens sei. Er sprach zu *Arjuna:* „Der Körper wurde dir gegeben, damit du den inneren Bewohner *(dehin)* verstehst. *Arjuna,* benutze deinen Körper nur zu heiligen Zwecken. Vögel und andere Tiere haben dieses Unterscheidungsvermögen nicht."

Durch eure einzigartige Fähigkeit zur Selbsterforschung und Selbstprüfung habt ihr die Kapazität, Großes zu erleben. Ihr müsst all eure Kräfte nutzen, um die Prinzipien, welche die menschliche Natur ausmachen, zu verstehen. Als Erstes müsst ihr erkennen lernen, welche Macht die Begierde hat, die euch all eure Entschlüsse aufgeben lässt. Natürlich muss es ein bestimmtes Maß an Begierde oder Verlangen geben; ohne sie könntet ihr keinen Augenblick lang existieren. Aber ihr müsst all eure Begierde für das Gute einsetzen. Es sollte euer Verlangen sein, anderen zu helfen. Das macht wahres Menschsein aus. Wenn ihr nicht das Wohl der gesamten Gesellschaft zum Ziel habt, könnt ihr nicht Mensch genannt werden.

Weil ihr in die Gesellschaft hineingeboren seid, in der Gesellschaft lebt und so viele Vorteile von der Gesellschaft habt, müsst ihr ihr auch dienen. Indem ihr der Gesellschaft dient, dient ihr Gott. Sei es ein kleiner oder ein großer Dienst, alles, was ihr tut, muss Gott zuliebe getan werden. Jede Arbeit, die ihr verrichtet, muss in göttliches Tun, in Gottesdienst verwandelt werden. Fragt euch bei allen Arbeiten, die ihr leistet: „Wird sie mich zum Ziel bringen?“ Wenn ihr den Herrn überall in allen seht, werdet ihr alles mit Gottesbewusstsein tun.

Alle Lichtstrahlen oder Energien im Körper stammen von dem einen göttlichen Licht, das von Gott kommt. Sie sind alle Widerspiegelungen des inneren Lichtes des *Atman,* der Leuchtkraft des höchsten Herrn. Gleichermaßen kommen alle Lichter, die in den einzelnen Wesen leuchten, von dem einen Licht der Göttlichkeit, dem einen alles durchdringenden atmischen Licht. Dessen solltet ihr euch stets bewusst sein. Ihr könnt den äußeren Körper mit all seinen Merkmalen sehen, aber ihr könnt den *Atman* nicht direkt sehen. Ihr habt das rechte Verständnis vom unendlichen Glanz des Herrn nicht entwickelt, der als der Bewohner in allen Wesen weilt. Betrachten wir es an einem Beispiel.

Alles kommt von der einen innewohnenden Göttlichkeit

Es hat starke Regenfälle gegeben. Ganze Bäche fließen von den Bäumen und Wasser stürzt von den Dächern und Regenrinnen; es kommt von den Überständen, es schwappt vom Dach des benachbarten Hauses über, fließt von dort auf euer Haus, es überflutet alles rundherum und bildet Bäche und Flüsse. Das Wasser ist überall. Es scheint aus vielen verschiedenen Quellen zu kommen, und doch stammt jeder einzelne Tropfen aus derselben, einzigen Quelle am Himmel.

Ebenso kommen alle Redekunst, alle Kraft, alle Schönheit, all diese Fertigkeiten, die dem Menschen eigen sind, aus ein und derselben göttlichen Quelle, der einen Göttlichkeit, die alles durchdringt. Ihr müsst diese Einheit erkennen, die all diesen verschiedenen Merkmalen zugrunde liegt. Wenn ihr diese Einheit erst einmal erfasst habt, verschwinden alle Verschiedenheiten, und wenn keine Verschiedenheit mehr vorhanden ist, ist auch kein Verlangen mehr da. Wenn das Verlangen, die Begierde, euch verlassen hat und die Anziehung an die weltlichen Dinge mit ihr geht, gibt es keinen Raum mehr für Abstoßung und Abneigung, die zu Ärger führen.

Durch spirituelle Übungen, insbesondere durch inneres Forschen, seid ihr in der Lage, die Einheit zu erkennen und euch der Göttlichkeit zu erfreuen, die immer in euch ist. Diese Sehnsucht nach dem Erreichen des Lichtes der göttlichen Weisheit, nach dem Erkennen der Einheit in der Vielheit, ist in einem großartigen Gebet der *Upanishaden* ausgedrückt:

Asato mā sad gamaya
tamaso mā jyotir gamaya
mrityor mā amritam gamaya

Vom Nichtsein führe mich zum Sein,
Von der Dunkelheit führe mich zum Licht,
Vom Tod führe mich zur Unsterblichkeit.

Ganz gleich welche Arbeit ihr auch tut, wenn ihr sie Gott zuliebe tut und ihm weiht, bekommt sie einen sehr hohen Wert. Alles, was mit dem Herrn in Verbindung kommt, wird dadurch geheiligt und höchst wirkungsvoll. Betrachtet beispielsweise eine gewöhnliche Ratte, die verabscheuungswürdig ist. Wenn ihr eine Ratte in eurem Haus seht, nehmt ihr einen Stock und versucht, sie zu töten, oder ihr stellt eine Falle auf, um sie zu vernichten. Wenn ihr das seht, verspürt ihr Ekel. Aber in Indien wird die Ratte traditionell mit einer bestimmten Gestalt Gottes in Verbindung gebracht – mit *Ganesha,* der Verkörperung der göttlichen Weisheit. Die Ratte ist *Ganeshas* Gefährt. Wenn ihr ein Verehrer von *Ganesha* seid und Bilder von der Ratte mit *Ganesha* seht, verehrt ihr sie als das heilige Werkzeug des Herrn. Was ist der Grund dafür? Der hohe Wert, den *Ganeshas* Ratte hat, stammt aus ihrer Verbindung mit einer Darstellung des Göttlichen.

Ähnlich geht es euch, wenn ihr einer Schlange begegnet. Ihr empfindet vielleicht Furcht und sucht nach einem Stock, um sie aus dem Weg zu schaffen, oder ihr bittet einen Schlangenbeschwörer, sie zu fangen. Aber wenn die gleiche Schlange um *Shivas* Hals geschlungen ist, verehrt ihr sie und verneigt euch ehrerbietig vor ihr. Was ist der Grund dafür? Der Grund liegt darin, dass die Schlange sich Gott geopfert hat und nur ihm allein dient. Deshalb wurde sie so göttlich wie er. Selbst wenn es sich um eine giftige Schlange handelt, erwirbt sie Ruhm und Adel, sobald sie sich Gott hingegeben hat.

Die Verbindung mit dem Göttlichen macht euch göttlich

Eines Tages sandte *Vishnu* eine Botschaft an *Shiva*. Er schickte sie durch *Garuda,* den Adler, der *Vishnus* Gefährt war. *Garuda* landete flügelschlagend vor *Shiva*. Die Schlange, die um *Shivas* Hals lag, verspürte davon eine leichte Brise und begann zu zischen. Obwohl der Adler der Todfeind der Schlangen ist und sich jede Schlange normalerweise davonschleichen würde, wenn sich ihr ein Adler nähert, zischte diese Schlange *Garuda* an. Den Mut dazu bekam sie aus der großen Kraft, die ihr der hohe Rang an *Shivas* Hals verlieh. Als die Schlange, die sehr unter Egoismus litt, nicht aufhörte zu zischen, sagte *Garuda:* „O Schlange, ich muss dich verschonen, weil du um *Shivas* Hals geschlungen bist. Aber komm doch für einen Augenblick hierher.“ Sobald die Schlange ihren Posten verlässt, wird sie eine leichte Beute für einen Adler. Doch solange sie ihre Position behält, bekommt sie wegen ihrer Nähe zum Göttlichen große Stärke.

Die einzige annehmbare Ichsucht ist tatsächlich jene, wenn ihr das Ich mit Gott verbindet und behauptet: „Ich bin eins mit Gott“.

Wenn ihr stattdessen eure Nähe zu Gott und eure Stellung als von Gott Geliebte aufgebt und euch das Ego einholt, sinkt ihr in die Minderwertigkeit ab und werdet schwach und verletzbar. Selbst kleine, belanglose Dinge bekommen einen viel höheren Wert, indem ihr bei Gott Schutz sucht. Ein Stein, der auf der Straße liegt, ist etwas ganz Gewöhnliches. Doch wenn ein Bildhauer ihn nimmt und aus ihm die Statue einer Gottheit herausmeißelt, wird derselbe Stein in einem Tempel aufgestellt und verehrt. Sinnt einmal über den außergewöhnlichen Wert nach, den ihr bekommt, wenn ihr euch mit dem Göttlichen verbindet und eins mit ihm werdet.

Im Göttlichen ist kein Platz für Minderwertigkeit jeglicher Art. In der Geschichte von *Rama* begab es sich, dass *Sita, Ramas* Frau, vom Dämonenkönig *Ravana* entführt und in seinem Palast gefangen gehalten wurde. Zu jener Zeit litt *Ravana* unter großer mentaler Pein. Obwohl seit ihrer Entführung zehn Monate vergangen waren, schenkte *Sita* sich ihm nicht. Nicht einmal ein einziges Wort hatte sie in dieser Zeit mit ihm gesprochen. Womit er ihr auch drohte, *Sita* blieb ihm gegenüber völlig gleichgültig. *Ravanas* Frau, Mandodari, blieb das nicht verborgen. Sie suchte ihren Mann auf und versuchte, ihn zu korrigieren. Sie sagte: „*Ravana,* du hast unbegrenzte Fähigkeiten. Du hast viel Buße getan und bist ein außergewöhnlicher Verehrer von *Shiva*. Du hast ungeheure Kräfte entwickelt, um dich unkenntlich zu machen. Du bist als Bettelmönch *(samnyāsin)* erschienen, um *Sita* zu entführen. Du hast die Fähigkeit, jede Tarnung anzunehmen und dich in jede beliebige Gestalt zu verwandeln. Du kannst alles, was du willst. Warum bist du dann nicht in die Gestalt von *Rama* geschlüpft, als du zu *Sita* gingst? *Sita* hätte dich dann sofort erhört. Warum hast du das nicht getan?“ *Ravana* antwortete: „Mandodari, wenn ich mich in *Rama* verwandelt und diese heilige Gestalt angenommen hätte, wäre ich nicht länger in der Lage gewesen, dieses lustvolle Verlangen aufrechtzuerhalten!“

Wenn ihr mit dem Göttlichen eins geworden seid, verschwinden all eure kleinen, niederen Gedanken und Vorstellungen und können eure Ruhe nicht länger stören. „Deshalb", sagte *Krishna* zu *Arjuna,* „wenn du in eine Schlacht ziehst, kämpfe, aber denke währenddessen an mich. Das ist die rechte Weise, deine Pflicht zu erfüllen. Auf diese Weise wirst du das hohe Ideal des Beschützens von Rechtschaffenheit *(dharma)* aufrechterhalten und für andere ein gutes Beispiel abgeben. Du wirst dadurch großen Ruhm erlangen. Wenn du alles dem Göttlichen weihst, wirst du in allen Unternehmungen erfolgreich sein. Dazu musst du Herrschaft über die Sinne erlangen. Langsam aber stetig musst du lernen, deine Sinnesorgane zu zügeln, bis du ihrer vollkommen Herr geworden bist. Dann wirst du fähig sein, dein ganzes Potenzial als Mensch zu erkennen. Dann wirst du auch Gleichmut entwickelt haben, und man wird dich einen wahrhaft weisen Menschen *(sthitaprajna)* nennen.

Noch lebst du mit so vielen Anhaftungen. Wie kannst du Gleichmut entwickeln, wenn du gebunden bist? Du hältst dich vom inneren Frieden fern. All diese Verwandtschaften und Beziehungen, die du pflegst, wechseln ständig. Sie sind nicht von Dauer und können dir letztendlich nicht weiterhelfen. Erkenne die Wahrheit, die ewig unverändert ist. Binde dich an die Göttlichkeit. Sie ist immer mit dir. Sie wird dich niemals verlassen."

Zweiundzwanzigste Ansprache

Die drei Welten – die grobstoffliche, die feinstoffliche und die kausale

All die unzähligen Dinge, die ihr in der Welt seht,
sind nur eine Kombination der fünf Elemente.
Alles besteht ausnahmslos aus den fünf Elementen
und nur aus den fünf Elementen.
Es gibt kein sechstes Element, das irgendwo zu finden wäre.

Verkörperungen der Liebe,

es gibt drei Arten von Räumen *(ākāsha),* die als Universum oder Welten betrachtet werden können. Diese sind das grobe physische Universum *(bhūtākāsha),* das feinstoffliche Universum des Geistes *(cittākāsha)* und das feinste und ausgedehnteste der drei Universen, das kausales Universum *(cidākāsha)* genannt wird. Jenseits dieser drei existiert das transzendentale göttliche Prinzip, der *Atman,* das höchste Selbst, das als Grundlage für alles dient.

Die fünf Elemente, grob und fein

Ein Gottesverehrer, der bestrebt ist, das göttliche Prinzip zu erkennen und eins mit ihm zu werden, sollte diese drei Universen *(ākāsha)* verstehen. Das grobe physische Universum besteht aus den fünf großen Elementen Äther, Luft, Feuer, Wasser und Erde. Der Äther, der auch Raum genannt wird, ist das erste der fünf Elemente. Er ist allesdurchdringend und von sehr feiner Struktur. Er hat keine bestimmten Eigenschaften außer Klang. Nach ihm kommt die Luft. Luft kann gefühlt, aber nicht gesehen werden; sie hat nur zwei Erkennungsmerkmale, nämlich Klang und Berührung. Dann kommt das Feuer. Feuer kann gesehen werden. Es ist dichter als Luft und hat drei Merkmale, nämlich Klang, Berührung und Form. Darauf folgt das Element Wasser. Wasser ist noch dichter. Es kann wie das Feuer mit dem bloßen Auge gesehen werden und hat vier Merkmale, nämlich Klang, Berührung, Form und Geschmack. Die Erde, das letzte der fünf Elemente, ist das dichteste von allen und hat fünf Erkennungsmerkmale, nämlich Klang, Berührung, Form, Geschmack und Geruch. Ihr könnt sehen, dass die letzten drei Elemente – Feuer, Wasser und Erde – eine Form haben. Die ersten beiden – Äther und Luft – haben andere Eigenschaften, aber keine Form.

Alle Dinge, die in der physischen Welt gefunden werden, sind vergänglich und unterliegen einem ständigen Wandel. Im Laufe der Zeit erfahren alle Dinge eine vollständige Verwandlung von einem Namen und einer Form zu einem anderen Namen und einer anderen Form und so fort. Im physischen Universum ist alles andauernd in Bewegung. Lasst uns die Natur der physischen Dinge, die aus den fünf Elementen zusammengesetzt sind, tiefgründiger erforschen. Denkt an die verschiedenen Atome, die zu einer bestimmten Zeit an einem bestimmten Ort existieren. Sie bilden die verschiedenen Gegenstände, die dann an jenem Ort in einem bestimmten Augenblick erscheinen. So wie sich die Atome bewegen und ihre Position verändern, verändert sich auch die Form, die sie hervorgerufen haben.

Die Atome in allen Gegenständen sind einem so rasend schnellen Ortswechsel unterworfen, dass es schwierig ist zu sagen, wann eine bestimmte Veränderung an einem Objekt stattgefunden hat. Der Prozess der Veränderungen hält ununterbrochen an. Alle Objekte, die aus diesen sich ständig verändernden Atomen zusammengesetzt sind, verändern ihre Form und Gestalt kontinuierlich im Laufe der Zeit.

Die Atome, die den menschlichen Körper bilden, verändern sich ebenso in jedem Augenblick und rufen im Körper entsprechende Veränderungen hervor. All diese verschiedenen Wandlungen ähneln den Wellen auf dem Meer. Für sie gibt es keinen Anfang und kein Ende. Die Wassertropfen der einen Welle vereinigen sich mit denen der nächsten. Und die Wellen, mit denen sich die Tropfen vereinigt haben, gehen selbst in anderen Wellen auf, und so fort. Der Vorgang der Veränderungen und Verschmelzungen ist fortwährend. Dies ist die Natur des physischen Universums.

Das Leben ist eine Folge von Wellen

Mit einer solchen Aufeinanderfolge von Meereswellen kann auch die Menschheit verglichen werden, und andere Lebewesen wie Tiere und Pflanzen sind mit anderen Wellen vergleichbar. Pflanzen kann man sich zudem ebenso als Wellen vorstellen wie Insekten und Kriechtiere. Die dämonischen Kräfte können als besondere Art von Wellen gelten, die göttlichen Kräfte als wieder andere. Im Bereich der Natur ist es unmöglich zu sagen, welcher Aspekt einer Welle in eine andere eingeht. So wie die Tropfen einer Welle sich vermischen und in eine andere Welle eingehen, kann auch eine Welle, die menschliche Eigenschaften beinhaltet, in eine andere Welle eingehen, die Eigenschaften anderer Lebewesen beinhaltet. Es ist ein einziger kontinuierlicher Prozess der Veränderungen und des Wandels. Auf diese Weise kann das Leben als eine Aufeinanderfolge von Wellen beschrieben werden.

In der gleichen Weise, wie der menschliche Körper Veränderungen unterworfen ist, unterliegt auch der menschliche Geist einem Wandel. Die menschliche Natur ist mit dem Denkprozess verbunden, der das Resultat einer ununterbrochenen Verkettung von Gedanken ist. Diese Gedankenprozesse sind vorübergehend und unterliegen einem beständigen Wandel. Wir sehen also, dass alles, einschließlich des Lebens des Menschen, einem Wandel unterliegt. Solange ihr nicht imstande seid, die sechs verschiedenen Arten von Veränderungen im Leben – Geburt, Wachstum, Reife, Niedergang, Verfall und Tod – anzuerkennen, werdet ihr vom Gedanken getäuscht, das Leben währe ewig. Die Hauptursache für diesen Mangel an Begriffsvermögen ist die Unwissenheit. Sie verursacht das Ego und egoistische Gefühle der Selbsttäuschung.

Das physische Weltall enthält Milliarden von Sonnen, von denen jede ihre eigene Welt hat. Es gibt unzählige größere und kleinere Planeten und Wesenheiten. In diesem unendlich weiten Universum ist die Erde sogar kleiner als ein winziger Tropfen. Auf dieser Erde ist Indien nur ein kleines Land. In diesem kleinen Land gibt es einen kleinen Staat und in diesem einen sehr kleinen Distrikt. In diesem Distrikt ist ein noch viel kleineres Dorf, in dem ein unbedeutendes kleines Haus steht. Und in diesem kleinen Haus sitzt ein sehr kleiner Junge. Ist es in Anbetracht seiner winzigen Größe in diesem riesigen Universum nicht lächerlich, dass so ein kleiner Junge sich wichtigtut und selbstgefällig aufbläht? Wenn ihr an diese Welt und euren eigenen Platz darin denkt, könnt ihr sehen, dass ihr vom physischen Standpunkt aus gesehen nichts seid als ein winziger Fleck in diesem weiten Universum. Kann so ein kleiner Fleck sich je erhoffen, das Ganze zu verstehen? Kann eine kleine Ameise je erwarten, das weite Meer zu ermessen? Und doch ist selbst das weite Meer einem ständigen Wandel unterworfen, und dasselbe gilt für die ganze Erde und alles in diesem physischen Universum.

Die Welt, in der ihr lebt, ist völlig vergänglich und vorübergehend. Wie kann ein unbedeutendes, vergängliches Wesen dieser vorüberziehenden Welt versuchen, die unendliche, grenzenlose, ewige Wesenheit zu verstehen? Um das unendliche Wesen zu verstehen, müsst ihr einen unveränderlichen Standort in dieser unveränderlichen Entität einnehmen. Körper, Persönlichkeit und Individualität sind allesamt vergänglich und können mit einer Fata Morgana verglichen werden. Der Mensch versucht, seinen Durst an einem solchen Trugbild zu löschen. Eine Fata Morgana erscheint als eine Wasserfläche, die es in Wirklichkeit nicht gibt. Von einer Fata Morgana kann kein Stoff benetzt und kein Eimer gefüllt werden. Ihr werdet euren Durst dort niemals löschen können. Genauso können euer Körper und eure individuelle Natur niemals euren Durst nach der wahren Freude stillen, die ihr sucht.

Für das göttliche Prinzip ist die Welt vollkommen unbelebt

Die gesamte weite physische Welt ist so etwas wie ein Atom in der mentalen Welt, so wie euer Körper ein winziges Atom im Universum ist. Doch diese unglaublich große mentale Welt hat selbst nur die Größe eines Atoms in der kausalen Welt. Die physische Welt, die aus den fünf grobstofflichen Elementen besteht, kann durch die fünf Wahrnehmungssinne begriffen werden. Aber da alles in der physischen Welt aus den fünf Elementen, und nur aus den fünf Elementen, besteht, ist diese Welt völlig unbeweglich und empfindungslos. Und doch ist das göttliche Prinzip in ihm enthalten. Dieses göttliche Prinzip kann auch in der mentalen Welt gefunden werden. Weil die mentale Welt aus denselben fünf Elementen (in ihrem feinstofflichen Aspekt) besteht, ist auch diese Welt unbeweglich und empfindungslos. Aber so wie das göttliche Prinzip dem bewegungslosen Körper innewohnt und ihn aktiviert und auch dem unbeweglichen Geist (mind) innewohnt und ihn belebt, wohnt es ebenso den physischen und geistigen Welten inne und versorgt sie mit Energie und Leben.

Dieses göttliche Prinzip, das Energie und Vitalität in die körperlichen und mentalen Welten bringt, leuchtet glanzvoll aus der kausalen Welt, der subtilsten in diesem riesigen Universum, hervor. Stellt euch die Reflektion in einem Spiegel vor, um diesen Prozess zu verstehen. Das Bild oder die Widerspiegelung hat keine unabhängige Existenz aus sich selbst. Es kann nur gesehen werden, wenn derselbe widergespiegelte Gegenstand leuchtet; und es kann sich nur bewegen, wenn sich derselbe widergespiegelte Gegenstand bewegt. All der scheinbare Glanz der Dinge macht die Welt aus, die aus der kausalen Welt entsteht und dann von den mentalen und physischen Welten reflektiert wird, die als Spiegel fungieren. So wie das Strahlen der Sonne vom Mond reflektiert wird, wird die leuchtende Gegenwart des kausalen Zustandes im feinen mentalen Zustand und im groben physischen Zustand widergespiegelt.

Nehmt nun an, ihr wolltet die Widerspiegelung, die ihr von euch selbst in einem Spiegel seht, schmücken. Könnt ihr das, und zwar so, dass der Schmuck von Dauer ist? Könnt ihr einen Punkt auf die Stirn eures Spiegelbildes malen, sodass er dort bleibt? Nein, das wäre vergebliche Mühe. Wenn ihr einen Punkt auf die Stelle im Spiegel malt, wo sich eure Stirn gerade befindet, würde sich euer Spiegelbild mit euch bewegen, und der Punkt, der vorher auf der Stirn war, würde sich jetzt vielleicht über dem Ohr befinden. Wenn ihr zur Seite tretet, tritt auch euer Spiegelbild zur Seite. Gibt es eine Möglichkeit, den Punkt auf die Stirn in eurem Spiegelbild so zu malen, dass er dort bleibt, ganz gleich, was geschieht? Ja, es gibt ihn. Ihr müsst den Punkt auf eure eigene Stirn, das, was reflektiert wird, malen. Dann könnt ihr euch in jede beliebige Richtung bewegen, ja sogar den Spiegel hin und her drehen, ohne dass sich der Punkt von eurer Stirn entfernt. Hier ist eine kurze Geschichte, die dieses Prinzip veranschaulicht:

Der Künstler, der versuchte, das Bild des Herrn einzufangen

Es gab einmal einen berühmten Künstler, der ein ausgesprochen begabter Porträtmaler war. Er kam einst in die Hauptstadt *Dvaraka,* in der *Krishna* lebte, und wollte *Krishna* malen. *Krishna* sagte mit einem strahlenden Lächeln: „Gut, du kannst gerne ein Bild von mir malen, wenn du das möchtest." Der Künstler bat: *„Swami,* wenn du nur für eine Stunde stillsitzt, male ich Konturlinien, die ich später mit Details fülle." *Krishna* setzte sich hin und bewegte sich nicht. Der Künstler machte einige erste Skizzen. Nach einer Weile warf er sich zu *Krishnas* Füßen nieder und sagte: *„Swami,* ich bin jetzt fertig." Lächelnd fragte *Krishna:* „Wann wirst du mir das Bild zeigen?" Der Maler antwortete: *„Swami,* morgen um diese Zeit müsste es fertig sein."

Die ganze Nacht hindurch arbeitete er unermüdlich an der schwierigen Aufgabe, ein genaues Abbild Gottes auf Leinwand zu malen. Als das Bild am nächsten Morgen beendet war, war der Maler außerordentlich zufrieden damit. Er deckte das Gemälde mit einem schönen Tuch ab und brachte es *Krishna.* Aber als er das Tuch lüftete, musste er feststellen, dass *Krishnas* Aussehen sich in den vergangenen vierundzwanzig Stunden total verändert hatte. Der Maler hielt das Bild neben *Krishna,* betrachtete es zuerst und dann *Krishna* und musste erkennen, dass die beiden kaum eine Ähnlichkeit miteinander hatten. *Krishna* betrachtete das Bild ebenfalls und sprach es aus: „Mein Lieber, das Bild scheint unvollkommen zu sein." Der Maler sagte: „Bitte verzeih mir, *Swami.* Bitte gib mir eine weitere Chance. Lass es mich noch einmal versuchen. Ich werde es besser machen." Diese Szene wiederholte sich zehn Tage lang.

Jeden Tag überarbeitete der Künstler sein Bild aufs Neue, aber es gelang ihm nie, ein exaktes Bild von *Krishna* zu malen. Er begann sich zu schämen. Er kam zu dem Schluss, dass es das Beste für ihn sei zu verschwinden, und so verließ er *Dvaraka* in aller Eile. Gerade als er die Stadt verließ, traf er auf den Weisen *Narada*. *Narada* fragte ihn: „Du scheinst ziemlich aufgeregt zu sein. Sag mir, was dich so unglücklich macht.“ Der Maler erzählte ihm, was geschehen war, worauf *Narada* antwortete: „Nun, *Krishna* ist ein Meisterschauspieler und Meisterregisseur. Er hat dieses ganze Schauspiel inszeniert. Mit den Methoden, die du anwendest, wird es dir nicht möglich sein, ein wahres Bild von ihm zu bekommen. Wenn du es aber unbedingt schaffen willst, höre auf meine Worte und tu, was ich dir sage“.

Der Maler war damit einverstanden, genau das zu tun, was *Narada* ihn angewiesen hatte. Er kehrte nach *Dvaraka* zurück und ging am nächsten Tag wieder mit einem verhüllten Bild zu *Krishna*. Er sagte zu *Krishna: „Swami,* endlich ist es mir gelungen, dir dein exaktes Ebenbild zu bringen. Sieh es dir bitte an. Es wird immer dein wahres Antlitz zeigen. Alle Änderungen deines Gesichtsausdrucks und deiner Gestalt wird das Bild, das du hier gleich sehen wirst, wahrheitsgetreu wiedergeben.“ Dann nahm er das Tuch vom Bild und sagte: „Bitte nimm es an als mein bestes Bild von dir.“ Als er das Bild enthüllte, kam ein blank polierter Spiegel zum Vorschein.

Mit so vergänglichen Materialien wie Pinsel, Farbe und dergleichen seid ihr nicht in der Lage, ein Bild von Gott, der ewig ist, zustandezubringen. In der physischen Welt *(bhūtākāsha)* ist alles vorübergehend. Alle Formen unterliegen einem ständigen Wandel und können kein richtiges Bild vom ewigen, unveränderlichen Herrn vermitteln. Solch vergängliche Formen können kein klares Bild vom unvergänglichen Herrn abgeben. Wenn ihr ein sauberes und immer gleichbleibendes Bild von Gott bekommen wollt, braucht ihr nur den Spiegel zu reinigen, der euer eigenes geläutertes Herz ist.

Überwindet das Vergängliche, um das Unvergängliche zu erreichen

Der Versuch, Gott durch die sich verändernden Formen zu erkennen, die im grobstofflichen Universum gefunden werden, ist eine Art von Täuschung. Die immer unveränderliche Wesenheit kann nicht durch die sich stets verändernden Formen erkannt werden. Welches Wissen ihr euch auch auf diese Weise aneignet, es ist nur vorübergehend. Die grundlegende Natur dieser fünf Elemente ist ihr ständiger Wandel. Um den Zustand des Unveränderlichen zu erreichen, müsst ihr über die fünf Elemente und ihre sich verändernden Formen hinausgehen.

Nehmt an, ihr seid auf einer Pilgerreise zu einem Tempel, um einen Anblick des Herrn zu haben. Vielleicht war euer Weg dahin sehr beschwerlich. Wenn ihr endlich dort ankommt und die Gelegenheit habt, in den Tempel zu kommen, steht ihr mit einem sehnenden Herzen vor dem Bildnis des Herrn. Ihr schaut das heilige Bild an, aber schließt augenblicklich eure Augen, weil ihr ein intensives Gefühl erlebt, in Seiner göttlichen Gegenwart zu sein. Mit spontan geschlossenen Augen wendet ihr euren Blick nach innen. Warum schließt ihr, nachdem ihr solche Schwierigkeiten auf euch genommen habt, dorthin zu kommen und einen Blick auf das heilige Bild zu werfen, schließlich, wenn ihr da seid, eure Augen und blickt nach innen? Welche innere Bedeutung hat dies? Ihr wendet euren Blick nach innen, weil ihr erkennt, dass ihr in euer Herz blicken müsst, um einen dauerhaften und wahren Anblick des Herrn zu bekommen. Ihr wisst intuitiv, dass die Bilder, die euch eure physischen Augen vermitteln, nur flüchtige Eindrücke sind, Eindrücke, die ebenso flüchtigen Gedanken übergestülpt werden. Nachdem ihr diese sinnlichen Bilder in die Gedanken aufgenommen habt, müssen sie so festgehalten werden, dass sie unveränderliche Eindrücke im Herzen werden.

Obwohl ihr keine direkte Erfahrung des Göttlichen im physischen Universum machen könnt, wird der indirekte Anblick des Göttlichen, den ihr dort bekommen könnt, euch heilige Erlebnisse vermitteln.

Nur weil die physische Welt vorübergehend ist und sich stets wandelt, solltet ihr diese Gefühle der Verbundenheit mit dem Göttlichen nicht aufgeben, auch wenn sie nur von kurzer Dauer sind. Diese Gefühle bereiten euch vorübergehende Freude. Als Erstes müsst ihr euch diese vorübergehende Freude sichern und dann langsam und allmählich die Reise zur unveränderlichen, ewigen Freude antreten. Es gibt drei Etappen auf dieser Reise. Diese Reise führt euch durch die drei Welten, die physische, die mentale und die kausale, sie führt vom Grobstofflichsten zum Feinsten. Nur in der kausalen Welt findet ihr das Bild der realen Wahrheit. Die kausale Welt entsteht aus dem transzendentalen Zustand, der diese drei Welten durchdringt und über sie hinausgeht. Diese transzendentale Quelle, welche die kausale Welt erleuchtet, ist das unwandelbare Licht des *Atman*.

Ihr seid nicht nur einer, sondern drei

Ihr könnt ein gewisses Verständnis von all diesem bekommen, indem ihr über *Swamis* oft gemachte Aussage kontempliert: „Ihr seid nicht eine Person, sondern drei: diejenige, welche ihr glaubt zu sein; diejenige, für welche die anderen euch halten, und diejenige, welche ihr wirklich seid." Diejenige, die ihr zu sein glaubt, der Körper, ist vergänglich und unwahr. Welches Leben ihr heute auch lebt, welche Erfahrungen ihr heute auch macht, sie sind alle vorübergehend. Der Körper und seine Aktivitäten sind vergänglich und hängen mit der physischen Welt zusammen. Wenn andere jetzt an euch denken, tun sie dies nicht nur wegen eurer körperlichen Erscheinung, sondern auch wegen eurer Persönlichkeit und Charaktermerkmale. Sie haben ein eher mentales Bild von euch. Deshalb bezieht sich derjenige, für den die anderen euch halten, auf den Geist (mind) und die mentale Welt, die auch unwandelbar und unwahr ist. Aber derjenige, der ihr wirklich seid, ist der *Atman,* die unveränderliche Wahrheit, die im kausalen Zustand leuchtet.

Ein Stück Eis in eurer Hand beginnt bald zu schmelzen und wird wieder zu Wasser. Warum? Weil das Schmelzen zum Wesen des Eises gehört. In ähnlicher Weise ist die Veränderlichkeit, das Vorübergehende, die wahre Natur von allem, das in der physischen Welt erscheint. Selbst während ihr versucht, das grobe körperliche Universum zu verstehen, müsst ihr an die feineren, subtilen inneren Welten denken. Die physische Welt ist auf der grobstofflichen Ebene. Ihr erlebt sie während des Wachzustands. Dasselbe Ding in einer feinstofflichen Form hängt mit der mentalen Welt zusammen, die ihr im Traumzustand erlebt. Im Wachzustand seid ihr imstande, Dinge wegen des Lichtes wahrzunehmen, das Sonne und Mond aussenden. Aber die Sonne und der Mond eures Wachzustandes sind in euren Träumen nicht vorhanden. Nur das Licht, das aus der mentalen Welt kommt, bewirkt, dass ihr Dinge dieser Welt seht.

In dem Augenblick, in dem ihr das Grobstoffliche beiseiteschiebt, wird das feine innere Licht sichtbar. Während des Tages könnt ihr die Sterne nicht sehen, aber nur weil ihr sie nicht sehen könnt, bedeutet dies nicht, dass sie nicht da wären. Die Sterne leuchten auch am Tag, aber ihr seht sie wegen der gewaltigen Leuchtkraft der Sonne nicht. Sowie das Sonnenlicht in der Dämmerung schwächer wird, beginnt ihr die Sterne zu sehen.

Hinter dem Grobstofflichen ist das Feinstoffliche, hinter dem Feinstofflichen ist das Kausale

Hinter der äußeren, grobstofflichen Erfahrung liegt die subtilere, feinstoffliche Erfahrung, aus der die äußere hervorgegangen ist, und im Feinstofflichen kann die Vorlage für das Grobstoffliche gefunden werden. Schon in der Kindheit eines großen spirituellen Lehrers könnt ihr das Zeichen desjenigen sehen, dessen Mission es ist, der Menschheit Licht zu bringen. Wenn ihr die zugrunde liegende feinstoffliche

Eigenschaft dieses Wesens versteht, seht ihr ganz klar, wie sie jeden Aspekt seines Lebens durch all ihre äußeren Manifestationen und jeden wichtigen Lebensabschnitt geformt hat.

Es gibt einen weiteren Zustand, der sowohl das Grobstoffliche als auch das Subtile transzendiert. Das ist das Kausale. Der kausale Zustand hat keine Bewegungen, er unterliegt keinem Wandel. In ihm muss das aus sich selbst leuchtende Licht des *Atman (paramajyotis)* gefunden werden. Wegen dieses alles durchdringenden Lichtes des *Atman,* das in und durch den kausalen Zustand leuchtet, seid ihr in der Lage, die mentale und die physische Welt zu erfahren. Gäbe es keine feinstoffliche mentale Welt, könnte es für euch keine grobstoffliche Welt geben. Aber gäbe es keine kausale Welt, existierte weder eine feinstoffliche mentale noch eine grobstoffliche physische Welt für euch. Um euren göttlichen Status zu kennenzulernen, muss euch eure Reise vom Körperlichen über das Mentale zum Kausalen führen. Eure Wahrheit muss im Kausalen wurzeln. Ihr müsst das Körperliche nutzen, um das Mentale zu erreichen und das Mentale, um zum Kausalen zu gelangen.

Es ist schließlich das Licht des *Atman*, des Bewohners, der all diese Stufen des Bewusstseins aktiviert und belebt. Der *Atman* ist die Quelle und die Grundlage aller drei Welten. Im Meer findet ihr Wellen, den Seegang und Schaum auf der Wasseroberfläche, starke Strömungen unter der Wasseroberfläche und weiter darunter die Stille des tiefen Meeres. Die Wellen und der Schaum, die Strömungen und das Tiefseewasser sind nicht voneinander verschieden, Wasser ist das gemeinsame Element, das sie alle durchdringt. Aber es scheint so, als ob sie sich unterscheiden würden.

In der Welt der Erscheinungen müsst ihr ebenso das gemeinsame Element entdecken, das allen Erfahrungen zugrunde liegt und die körperlichen, die mentalen und die kausalen Welten vereint. Ihr könnt diese drei Universen *(ākāsha)* mit den drei Bewusstseinszuständen in Verbindung bringen. Ihr könnt euch den Wachzustand *(bhūtākāsha)* als das körperliche Universum, den Traumzustand *(cittākāsha)* als das mentale Universum und den Tiefschlaf *(cidākāsha)* als das kausale Universum vorstellen. Jenseits dieser drei Zustände ist ein vierter Zustand *(turīya),* der sie durchdringt und ihnen allen zu eigen ist. Das ist der Zustand des höheren Bewusstseins, der transzendentale Zustand. Der unbewusste Zustand des Tiefschlafs *(sushupti)* hängt mit dem kausalen Universum zusammen. Er hat eine sehr tiefgründige Eigenschaft des Friedens. Der Tiefschlaf gibt euch jedoch keine dauerhafte Erfahrung der wahren Glückseligkeit. Die Glückseligkeit ist da, aber ihr seid euch ihrer nicht bewusst. Erst wenn ihr vom Tiefschlaf in den Wachzustand zurückkommt, erinnert ihr euch an das klare Gefühl der Ruhe, das ihr genossen habt. Im Zustand des höheren Bewusstseins *(turīya)* dagegen, seid ihr fähig, ewigen Frieden und Glückseligkeit *(ānanda)* zu erfahren und euch dessen allzeit voll bewusst zu sein.

Samādhi ist Gleichmut

Die Erfahrung dieser Glückseligkeit wurde beschrieben als der Zustand von *Samādhi*. Was ist mit *Samādhi* gemeint? *Samādhi* wird im landläufigen Sinne oft als emotionaler Zustand verstanden, in dem ein Mensch unnormal handelt, so als sei er in einem ekstatischen oder tranceartigen Zustand. Ihr denkt vielleicht, *Samādhi* unterscheide sich von den Zuständen des Wachens, Träumens und des Tiefschlafs. Tatsächlich ist *Samādhi* allen dreien gemeinsam. Die Bedeutung dieses Wortes ist im Wort selbst ausgedrückt: Es besteht aus den Silben „Sama“ und „dhi“. „Sama“ bedeutet „Gleichsein“, und „dhi“ bezieht sich auf den Geist (mind). *Samādhi* bedeutet also Gleichmütigkeit. Gleichmut zu wahren bei Hitze und Kälte, Gewinn und Verlust, Lob und Tadel – das ist *Samādhi*. Ein Mensch, der in *Samādhi* versunken ist, dessen Geist in Gleichmut versunken ist, wird ständig im Zustand der Glückseligkeit sein, ganz gleich, ob er im Wachzustand *(bhūtākāsha)* in sein tägliches Leben vertieft, im Traum *(cittākāsha)* oder im Tiefschlaf *(cidākāsha)* ist. Jeder sehnt sich nach diesem seligmachenden Zustand. Um ihn zu erreichen, ist erhebliche spirituelle Praxis nötig, ihr müsst aber auch die Gnade Gottes gewinnen, indem ihr ein Leben führt, das mit tugendhaften Eigenschaften angefüllt ist, die Ihm gefallen.

Nachdem *Krishna Arjuna* die edlen Charaktereigenschaften eines Weisen *(sthitaprajna)* beschrieben hatte, sagte er zu ihm: „*Arjuna,* es macht keinen Sinn, deine Handlungen nur auf Überlegungen zu gründen, die den Körper einbeziehen. Befolge meine Anweisungen! Tu deine Pflicht, während du die ganze Zeit an mich denkst. Dann wirst du imstande sein, das Göttliche, das überall gegenwärtig ist, zu erfahren und dich an ihm zu freuen. Diese Göttlichkeit ist die Einheit, die aller Vielheit in dieser Welt zugrunde liegt. Gründe deine Handlungen darauf. Konzentriere dich auf diese Göttlichkeit. Ich bin dieses Göttliche und du bist mir sehr lieb. Wenn du deine Aufmerksamkeit auf mich richtest, werde ich mich ganz dir zuwenden." Die Gedanken und Gefühle eines Weisen sind keinem Wandel unterworfen, in welchem Zustand er sich auch befindet. Er hat eine standhafte Einstellung entwickelt und ist stets auf das göttliche Prinzip in seinem Inneren ausgerichtet.

Wen wundert es, dass Feuer von Hitze begleitet wird? Brennen ist der natürliche Zustand des Feuers, so wie Kälte der natürliche Zustand des Eises ist. Ebenso wird jeder, der geboren wird, sterben. Dies sollte als völlig natürlich betrachtet werden. Wer diese Wahrheit anerkennt, wird keinem Kummer unterliegen. Entwickelt also Gleichmut an allen Orten und in allen Situationen. Was auch geschieht, haltet euren Geist fest auf das Göttliche ausgerichtet, das euer wahres Selbst ist.

Um diese Fähigkeit des beständigen Denkens an den *Atman,* eure göttliche Natur, an allen Orten und zu allen Zeiten zu entwickeln, müsst ihr ein tiefes Verständnis für die Eigenarten der drei Welten – der physischen Welt *(bhūtākāsha),* der mentalen Welt *(cittākāsha)* und der kausalen Welt *(cidākāsha)* – erlangen.

Am Abend nehmt ihr euer Essen zu euch und geht kurz darauf ins Bett. Bald nachdem ihr eingeschlafen seid, habt ihr Träume, in denen viel geschieht, aber kaum seid ihr wieder wach, ist von den Traumerlebnissen nichts mehr vorhanden. Im Wachzustand engagiert ihr euch in vielen verschiedenen Aktivitäten und habt zahlreiche Erfahrungen, aber sobald ihr euch wieder schlafen legt, werden alle Handlungen des Wachzustandes ihrerseits von Traumereignissen überlagert. Wir sehen also, dass sich in nur vierundzwanzig Stunden so Vieles verändern kann.

Ihr allein seid wahr

Es gibt eine Reihe von verblüffenden Unterschieden in den Erfahrungen des Wachzustandes und des Traumzustandes. Welchen solltet ihr glauben und welchen nicht? Ihr fragt euch vielleicht: „Welche ist wahr, welche nicht? Bin ich derjenige, der all dies im Wachen erlebt, oder bin ich derjenige, der all das im Traum erlebt?“ Die Weisheitslehren *(vedanta)* geben die Antwort: „Ihr seid weder dies noch das. Ihr seid nicht derjenige, der den Wachzustand erlebt, noch derjenige, der den Traum erlebt hat, noch derjenige, der in Tiefschlaf versunken war. Ihr seid derjenige, der all diese Zustände transzendiert. Ihr seid die transzendente Wirklichkeit.“

Das, was ihr für existent haltet, existiert nicht. Das, was ihr für nichtexistent haltet, existiert in Wirklichkeit. Wenn ihr Weisheit erlangt, erkennt ihr, dass es nur Eines gibt, was wirklich existiert und ewig wahr ist. Das ist der *Atman,* das transzendentale Prinzip. Aber dieses Prinzip des *Atman* ist gewöhnlichen Menschen nicht leicht zugänglich. Was ihr lest, hört und erfahrt, sind lediglich Eigenschaften des physischen Zustandes *(bhūtākāsha)*. Von hier müsst ihr ausgehen und nach dem Ziel greifen. Von der Form müsst ihr zum Formlosen fortschreiten, vom Veränderlichen zum Unveränderlichen, von dem, was mit Eigenschaften *(savikalpa)* versehen ist, zum Eigenschaftslosen *(nirvikalpa)*. Jenseits all dieser, alle Eigenschaften *(guna)* transzendierend und sogar über das Eigenschaftslose und Formlose hinausgehend, ist der unwandelbare, unerschütterliche Zustand des höheren Bewusstseins *(nirvikalpa)*. Dies ist das Ziel aller spirituell Strebenden. Wer in diesen Zustand versunken ist, wird ein Weiser *(sthitaprajna)* genannt. Ihr fragt euch vielleicht, ob *Arjuna* diesen Zustand erreicht hatte. Ja, *Krishna* selbst gewährte *Arjuna* diesen Zustand. *Krishna* transformierte *Arjuna* in ein Werkzeug des göttlichen Willens und machte ihn dadurch zu einem wahrhaft weisen Wesen.

Wenn ein Weiser nicht aktiv ist, kann er den gewöhnlichen Menschen kein gutes Beispiel geben. In Schulen habt ihr einen Leiter für den Sportunterricht und einen Trainer. Der Trainer bekommt seine Anweisungen vom Leiter. Bei den Fitnessübungen schaut der Leiter schweigend zu, während der Trainer „Eins, zwei, drei ...!" ruft und die Übungen vorturnt. Er muss ein Beispiel geben und es vormachen, nur dann kann man von den anderen erwarten, dass sie ihm folgen. Der Weise *(sthitaprajna)* ist wie ein Trainer, der seine Anweisungen von dem inneren Lehrmeister erhält. Er gibt ein Beispiel, damit die gewöhnlichen Menschen es ihm nachtun können.

Als *Krishna Arjuna* die *Gita* gab, verwandelte er ihn in einen idealen Menschen. *Krishna* sagte zu ihm: „Ich werde dich zu meinem Werkzeug machen, das meine Arbeit tut, damit du der Menschheit ein Vorbild sein kannst." Was für ein tieferer Sinn steckt hinter all dem, was *Krishna* für *Arjuna* getan hat? *Arjuna* bedeutet „Einer, der ein reines Herz hat". *Arjuna* lebte immer in *Krishna*. Viele Male nannte

Krishna Arjuna auch Bharata – „Derjenige, der im Glanz Gottes lebt“. Alle tieferen Aspekte der Beziehung zwischen *Krishna* und *Arjuna* können den Namen entnommen werden, die *Krishna Arjuna* gab. *Arjunas* einzige Pflicht war es, *Krishnas* Aufforderungen bedingungslos zu folgen.

Die Eigenschaften eines wahren Weisen

Arjuna sagte: *„Swami,* ich werde deinen Befehlen gehorchen, welche auch immer das sind. Zu was auch immer du mich aufforderst, ich werde es tun. Ich werde nichts aus eigenem Antrieb unternehmen, nichts, was von deinen Anweisungen abweicht.“ Dies ist die richtige Einstellung eines Weisen *(sthitaprajna).* Ein *Sthitaprajna* kennt kein Gefühl von Ich und Mein. Er hat keinen Egoismus und keine Gebundenheit. Jede seiner Handlungen zerstört alle Spuren von Ego und Besitzdenken. Er wird nur die Befehle Gottes akzeptieren und befolgen, der kein anderer als sein innerer Meister ist. Weil diese edlen Eigenschaften so wichtig für die spirituelle Entfaltung sind, werden die Charakteristika eines Weisen im zweiten Kapitel der *Gita* so ausführlich behandelt.

Aber die Beschreibung der Eigenschaften eines Weisen allein wäre von geringem Nutzen gewesen, und so begann *Krishna* mit der Erläuterung der drei Zustände und der verschiedenen Aspekte der drei Welten *(ākāsha). Arjuna* hatte die Intelligenz, die tiefere Bedeutung dieser Ausführungen zu begreifen. Nachdem ihm die Schau der kosmischen Gestalt des Herrn gegeben worden war, verstand er unmittelbar ihren tieferen Sinn. Er erkannte, dass damit die Einheit zwischen dem Physischen *(bhūtākāsha),* dem Mentalen *(cittākāsha)* und dem Kausalen *(cidākāsha)* gemeint war. Nachdem *Arjuna* die kosmische Schau gehabt hatte, sah er *Krishna* als unauslöschlichen Eindruck in seinem Inneren, wann immer er danach die Augen schloss. Er erkannte, dass das, was er mit weit geöffneten Augen gesehen hatte, zur physischen Ebene gehörte. Alles, was er danach mit geschlossenen Augen sah, was seinem Geist (mind) eingeprägt war und von ihm innerlich wahrgenommen wurde, gehörte zur mentalen Ebene. Der unauslöschliche Eindruck dieser Schau, der in seinem Herzen zurückblieb, gehörte in den Bereich des Kausalen. Er ist so etwas wie der Aufdruck auf einem Papier. Auf diese Weise wurde *Krishnas* kosmische Gestalt für alle Zeiten in *Arjunas* Herz eingeprägt.

Arjuna war das Ideal eines Menschen, und doch führte er wie jeder andere alle möglichen alltäglichen Tätigkeiten aus, um der Menschheit als Beispiel zu dienen. Innerlich war sein Geist (mind) immer auf *Krishna* ausgerichtet, welcher der Gestalt angenommene Ausdruck seines eigenen wahren Selbst, des *Atman,* war. *Arjuna* wusste, dass sein physischer Körper ihm ausschließlich zu dem Zweck gegeben worden war, die Anweisungen des inneren Meisters zu befolgen, der sich in der göttlichen Gestalt von *Krishna* vor ihm manifestierte. *Krishna* hob diese Eigenschaft der inneren Ergebenheit als ideales Kennzeichen eines wahrhaft weisen Menschen *(sthitaprajna)* hervor.

Dreiundzwanzigste Ansprache

Begrenzt eure Wünsche, seid stets zufrieden, und ihr werdet Gott lieb sein

Alles, was geboren ist, durchläuft sechs Lebensphasen:
Geburt, Wachstum, Reife, Niedergang, Verfall und Tod.
Was aber niemals geboren wird, stirbt auch nicht.
Für es gelten diese Phasen nicht.

Verkörperungen der Liebe,

das zweite Kapitel der *Gita* ist dem Weg der Weisheit *(sānkhyayoga)* gewidmet. Das Prinzip, das dem *Sānkhyayoga* zugrundeliegt, lautet, dass, was immer geboren wird, auch sterben muss. Aber was niemals geboren wird, kann auch niemals sterben? Was wird niemals geboren und niemals sterben? Der *Atman!* Der *Atman* hat weder Geburt noch Tod. Er unterliegt keinerlei Wandel. Der *Atman* ist ewig, unveränderlich, fortdauernd und eigenschaftslos. Er ist euer wahres Wesen. Der Körper wird geboren, erfährt die verschiedenen Lebensphasen und stirbt, aber der Bewohner des Körpers bleibt unberührt von all diesen körperlichen Veränderungen. Dieser Bewohner ist der *Atman*. Er ist frei von Täuschung *(nirmāyā)*. Wenn ihr dieses göttliche Prinzip einmal verstanden habt, werdet ihr den *Atman* als das einzig wahrhaft Wertvolle, das einzige wahrhaft Wissenswerte anerkennen. Alles andere ist vergänglich und vorübergehend. Ihr müsst jede erdenkliche Anstrengung unternehmen, um die Erkenntnis des *Atman* zu erlangen und dadurch bleibende Freude zu erleben.

Seid zufrieden, jagt keinen Wünschen hinterher

Fördert die Vervielfältigung der Wünsche nicht. Seid zufrieden mit was auch immer euch gegeben wurde. Im Kapitel über Hingabe *(bhaktiyoga)* zählt *Krishna* die sechsundzwanzig edlen Eigenschaften auf, die dem Herrn einen Gottesverehrer lieb werden lassen. Unter diesen ragt Zufriedenheit als eines der wichtigsten Merkmale hervor. Zufriedenheit bedeutet, keinen weltlichen Vergnügungen nachzulaufen. Ihr habt viel Luxus genossen und viele Sinnesfreuden erlebt, aber keinen inneren Frieden oder Erfüllung daraus gewonnen. Gebt es auf, ihnen hinterherzujagen, und ihr werdet zufrieden sein.

Das Herz eines Menschen, der keine Zufriedenheit kennt, ist wie ein Sieb. Wenn ihr damit Wasser aus dem Brunnen schöpfen wollt, ist das Wasser schon beim Hochheben des Siebes gänzlich verronnen. Nicht ein Tropfen bleibt übrig, um euren Durst zu stillen. Ebenso ist es, wenn ihr unter den brennenden Schmerzen des Verlangens und der Gier leidet: Alle Zufriedenheit schwindet dahin, noch bevor ihr die Gelegenheit habt, euch diese Wünsche zu erfüllen. Wenn Zufriedenheit euer Herz verlässt, steht im Hintergrund schon die Unzufriedenheit bereit, um ihren Platz einzunehmen.

Verlangen gebiert immer mehr Verlangen. Jemand, der nichts besitzt, ist vielleicht sehr glücklich, wenn er hundert Rupien bekommt. Aber sobald er sie hat, überlegt er, wie schön es wäre, wenn er tausend

Rupien hätte. Und wenn er durch einen glücklichen Umstand tausend Rupien bekommt, wünscht er sich eine Million, und danach würde er gern Großgrundbesitzer werden. Vom Großgrundbesitzer möchte er zum Gesetzgeber, Minister und schließlich Ministerpräsidenten aufsteigen. Zum Schluss wünscht er sich, seinen Besitz und seine Position dazu zu benutzen, den gottgleichen Zustand zu erreichen. Aber man kann das Göttliche nicht mit Geld und Macht erreichen. Wenn die Wünsche keine Grenzen mehr kennen, wird der Mensch unzufrieden, und sein Reichtum verschafft ihm keinen Frieden mehr. Ihr müsst lernen, Zufriedenheit aus dem zu ziehen, was ihr habt, und zufrieden zu sein mit dem, was euch gegeben ist. Es ist eure Verantwortung, euch um die Besitztümer zu kümmern, die ihr durch Gottes Gnade bekommen habt, und damit glücklich zu sein.

Ihr müsst Gottes Liebe gewinnen

Ihr lobt Gott, aber es ist sehr viel wichtiger, dass Gott euch lobt. Ihr behauptet, Gott zu lieben, aber ihr müsst viel eher herausfinden, ob Gott euch seine Liebe erklärt hat. Ihr glaubt, Gott gehöre euch, aber hat er euch je gesagt, dass ihr ihm gehört? Angenommen, ihr schickt jemandem ein Einschreiben: Ihr seid erst dann ganz zufrieden, wenn ihr vom Adressaten auch in Kenntnis gesetzt werdet, dass er den Brief bekommen und gelesen hat. Das Loben des Herrn und die Beteuerung, dass Gott groß sei, kann mit so einem Einschreiben verglichen werden. Das Absenden allein befriedigt euch nicht. Die volle Zufriedenheit ist erst da, wenn ihr von Gott die Bestätigung bekommt, dass ihr seine Liebe habt und auch er euch als groß ansieht. Nur wenn er sagt: „Du gehörst mir. Du bist mir sehr lieb und teuer!“, seid ihr wirklich zufrieden.

Arjuna bekam eine solche Zusicherung vom Herrn, nachdem er zu *Krishna* gesagt hatte: *„Swami,* du bist mein Ein und Alles, ich bin

Dein!" Zuvor hatte *Arjuna* Wünsche gehabt, aber als er sich dem Herrn vollkommen ergab, entsagte er all seinen Wünschen und seinem Verlangen. Daraufhin verdiente er sich die Erklärung des Herrn: „Lieber *Arjuna,* du gehörst mir!" Um diese Erklärung zu verdienen, müsst ihr euch geistigen Übungen unterziehen. Es ist die Hoffnung und Frucht aller geistigen Übungen, diese Bestätigung vom Herrn zu bekommen, dass ihr ihm gehört. Sie wird zu eurem größten Schatz, die Vollendung eures Lebens.

Selbst wenn ihr hochgebildet und in einer hohen Position seid, selbst wenn ihr sehr reich seid und euch wer weiß wie weit hochgearbeitet habt, braucht ihr einen Reisepass, falls ihr ins Ausland geht. Jemand sagt vielleicht: „Ich bin hochgebildet, ich bin reich, ich habe großen Landbesitz und möchte einen Pass haben." Aber nur, indem er dies sagt, wird er keinen Pass erhalten. All diese Dinge sind persönliche Leistungen und Errungenschaften, aber wenn ihr in ein anderes Land reisen wollt, gibt es ein bestimmtes Procedere, das ihr befolgen müsst. Dieses Procedere kann nicht verschieden für gebildete und ungebildete Menschen oder für wohlhabende und arme Menschen sein.

Sogar in kleinen Dingen, beispielsweise, wenn ihr mit einem Bus, einem Zug oder einem Flugzeug irgendwohin reist, interessiert sich keiner für eure Position und Errungenschaften. Sofern ihr eine Fahrkarte bei euch tragt, wird euch keiner fragen, ob ihr reich oder gebildet seid und welchen Stand ihr habt. Alle werden mit dem Wissen zufrieden sein, dass ihr eine Fahrkarte habt, und man wird euch zu eurem Ziel bringen. Wenn ihr keine Fahrkarte habt, werdet ihr zurückgelassen, gleichgültig welch gute Referenzen ihr habt.

In gleicher Weise müsst ihr die Gnade Gottes haben, wenn ihr Zutritt in das Königreich der Freiheit erlangen wollt. Sie ist für den Eintritt erforderlich. Die Gnade Gottes ist euer Pass. Aber selbst der reicht nicht aus. Es könnte immer noch Einwände und Probleme geben. Ihr solltet auch ein Visum haben, das euch das Recht gibt, zu eurem Zielort zu gelangen. Zusätzlich zur Gnade Gottes müsst ihr auch den Verdienst eurer spirituellen Bemühungen und Bestrebungen haben.

Der Geber ist vielleicht bereit, euch das Geschenk zu überreichen, aber der Empfänger muss ebenso bereit sein, es anzunehmen. Gott ist bereit zu geben, aber ihr müsst auch die Fähigkeit des Annehmens haben. Durch eure Ergebenheit und spirituellen Bemühungen macht ihr euch für das Empfangen von Gottes Gnade bereit. Um also das Königreich der Befreiung zu betreten, müsst ihr Gottes Liebe und auch den Verdienst eurer eigenen spirituellen Anstrengungen haben. Wenn diese beiden zusammenkommen, könnt ihr Freiheit erlangen.

Zufriedenheit ist wahrer Wohlstand

Die *Gita* lehrt, dass es sechsundzwanzig edle Charaktereigenschaften gibt, die ihr erlangen müsst, wenn ihr das Königreich der Befreiung *(moksha)* betreten wollt. Aber in Wahrheit ist es genug, wenn ihr nur eine tugendhafte Eigenschaft erlangt. Das wird ausreichen, um euch für den Zutritt zu qualifizieren. Von allen edlen Eigenschaften, die in der *Gita* im Kapitel über Hingabe *(bhaktiyoga)* angeführt werden, ist Zufriedenheit die wichtigste. Nur wer Zufriedenheit besitzt, kann als groß betrachtet werden. *Swami* fragt recht häufig: „Wer ist der Größte unter den Menschen in dieser Welt?" Die Antwort lautet: „Derjenige, der stets zufrieden ist." Entwickelt deshalb diese Zufriedenheit in euch.

Verliert euch nicht in der Welt, indem ihr nach vorübergehenden Freuden, vergänglichem Reichtum, unbeständigen gesellschaftlichen Positionen und Luxus trachtet. Es ist nichts dagegen einzuwenden, wenn ihr das Glück genießt, das euch im Leben begegnet. Aber vergesst niemals, dass die Welt nur aus den fünf Elementen gemacht ist. Sie hat keinen ewigen Wert. Auch euer Körper besteht aus den fünf

Elementen. Solange ihr diese Welt für wirklich haltet, habt ihr Anhaftungen an den Körper und bestimmte Orte. Es ist das Beste, wenn ihr eure Zeit nicht damit verbringt, diesen Anhaftungen hinterherzurennen. Erinnert euch stattdessen immer an das Ziel. Hier ist ein kleines Beispiel.

Es war einmal ein reicher Mann, der die ganze Welt bereist hatte. Dieser Mann beschloss, sich ein palastartiges Haus bauen zu lassen, das seinesgleichen suchte. Das Haus sollte so außergewöhnlich großartig werden, dass es sämtliche Vorstellungen übersteigen würde. Er beschloss, dieses einzigartige Gebäude zu bauen, selbst wenn es ihn zehn Millionen Rupien kosten sollte. Architekten und Ingenieure wurden aus verschiedenen Landesteilen herbeigerufen, um das Vorhaben zu verwirklichen. Schließlich stand das wunderschöne Haus, und es war ein Haus, das die Menschen verschiedenster Ansichten und kultureller Prägung zufriedenstellte. Zehntausende kamen, um es zu bewundern. Der reiche Bauherr traf alle Vorbereitungen für eine Einweihung im großen Stil. Zuvor rief er aber noch mehrere Sachverständige zu sich und erkundigte sich, ob sie irgendwelche Mängel oder Fehler an dem Gebäude fänden, und seien sie auch noch so klein. Sie konnten es nicht. Das Haus schien vollkommen zu sein.

Er lud Menschen jeder Herkunft und verschiedenster Geisteshaltungen ein, einschließlich vieler wohlhabender Bürger und hoher Würdenträger. Auch große Weise *(rishi)* lud er ein, um ihren Segen zu erlangen. Unter den geladenen Gästen waren auch einige wahrhaft weise Männer *(sthitaprajna)*. Alle Vorkehrungen für ihren Aufenthalt wurden bis ins kleinste Detail ausgearbeitet. Als sie versammelt waren, bat der Bauherr inständig: „Ich bitte euch demütigst, mich wissen zu lassen, ob dieses Haus Mängel oder sonstige Fehler aufweist.“ Die Ingenieure, die das Gebäude konstruiert hatten, brachten dasselbe Gefühl zum Ausdruck und fragten die Versammelten: „Wer an diesem schönen Gebäude einen einzigen Fehler findet, komme nach vorn und sage es. Es ist absolut makellos und prächtig; es ist perfekt bis ins kleinste Detail; es ist wirklich einzigartig und modern."

An diesem Punkt trat ein *Yogi,* der in der Ecke gestanden hatte, vor, richtete das Wort an den reichen Gastgeber und sagte: „Geehrter Herr, ich sehe zwei große Fehler an diesem Gebäude." Alle dort Versammelten waren sehr überrascht und neugierig zu hören, welche Fehler das seien. Der Bauherr faltete die Hände und bat den großen Weisen *(mahātma)* flehentlich: *„Swami,* bitte nenne mir die Fehler, die du soeben angedeutet hast. Wir können die Antwort kaum erwarten."

Der *Yogi* sagte: „O reicher Mann, es sind Mängel, für die du niemanden beschuldigen kannst, weder deine Ingenieure, noch Architekten oder Arbeiter. Die Behebung dieser Mängel liegt sowohl außerhalb deiner als auch jedermanns Einflussmöglichkeit. Ein Mangel ist, dass das ganze Gebäude und alles, was jetzt hier steht, im Laufe der Zeit in Schutt zusammenfällt. Diesem Mangel kann nicht abgeholfen werden. Der zweite Mangel ist, dass die Person, die das Gebäude errichtet hat, auch vergehen und in Vergessenheit geraten wird. Auch diesem Mangel kann nicht abgeholfen werden. Obwohl diese letztlichen Folgen eine Weile auf sich warten lassen werden, sind sie doch unausweichlich. Du erkennst diese Wahrheit nicht und meinst, du hättest etwas Makelloses und Großes geschaffen, das ewig währe. Aber dem ist nicht so. Die beiden genannten Fehler werden am Ende doch das Sagen haben."

Dies ist der Zustand der Menschen, die den Tod vergessen und denken, dass ihr Leben, ihr Werk oder Ruf ewig währten. Nur wenn ihr euren Fokus auf das Selbst *(atman)* lenkt, seid ihr mit Zufriedenheit erfüllt und empfindet unendliche Freude und Glückseligkeit. Wenn ihr solch unendlichen Frieden und Zufriedenheit habt, seid ihr in einem Haus, das niemals vergehen kann, denn dann verweilt ihr beim *Atman,* eurem unveränderlichen ewigen Selbst. Er alleine hat bleibenden Wert. Es gibt nichts, das mit dieser Wohnstätte verglichen werden kann. Anders als die Wohnhäuser, die ihr in der Welt findet, ist sie vollkommen, von Dauer und frei von Mängeln. Deshalb müsst ihr die Wahrheit erkennen, dass alles, was in dieser profanen Welt existiert, vergänglich ist. Richtet euren Blick und eure Konzentration auf den bleibenden *Atman*. Beschäftigt euch ständig mit spirituellen Übungen, um diese innere Schau zu erlangen und bleibt stets zufrieden und ungestört von weltlichen Angelegenheiten.

Der Atman wird niemals geboren und stirbt niemals

Um *Arjunas* Verwirrung über seine äußere Rolle und wahre Identität zu zerstreuen, sagte *Krishna: „Arjuna,* du fühlst dich beunruhigt, weil du denkst, dass du Menschen töten würdest. Du hast die Wahrheit aus dem Blick verloren, die allen Wesen zugrunde liegt. Erkenne, dass du das unsterbliche Selbst *(atman)* bist und deine Verwandten in der Essenz genau dieser unsterbliche *Atman* sind, auch wenn sie sich mit schlechten Handlungen befasst haben. Wer wird also sterben und wer töten? Du, der du der *Atman* bist, tötest deine Verwandten nicht, die derselbe *Atman* sind, und ihrerseits nicht von dir umgebracht werden. Der Tod bezieht sich auf den physischen Körper, nicht auf das wahre Selbst. Der *Atman* kann nicht getötet werden, der *Atman* wird niemals geboren und stirbt niemals. Nur wenn du diese Wahrheit erkennst und praktizierst, folgst du den Weisheitslehren und erfüllst deine Pflicht ungeachtet der Ergebnisse. Begreife die Unsterblichkeit des *Atman* und kämpfe für die Aufrechterhaltung der Rechtschaffenheit. Dann wirst du in Harmonie mit dem göttlichen Willen handeln und selbst inmitten der Schlacht in Frieden versunken sein. Wenn du das Prinzip des *Atman* verstehst und seine dauerhafte Natur erkennst, weißt du, dass es keinerlei Fehler oder Mangel in ihm gibt. Dann kann keine Störung in deinen Geist (mind) eindringen und wird er von keinen Zweifel getrübt.“

All dies muss in seiner tiefen Bedeutung verstanden werden. Die Behauptung, dass man nicht töte und nicht getötet werde, wird von den meisten Lesern der *Gita* unbesehen akzeptiert. Aber sie machen keinen Versuch, die tiefere Bedeutung dieser Aussagen zu verstehen, die auf dem Prinzip der unsterblichen und unveränderlichen Natur des *Atman* beruhen. Wenn ihr euch umseht, wie die Menschen die Lehren der *Gita* praktizieren, werdet ihr entdecken, dass sie sie überhaupt nicht in die Praxis umsetzen, sondern alle Verse frei wiederholen und sogar anderen Vorträge darüber halten. Hier ist ein kleines Beispiel für dieses Verhalten:

Da war ein bestimmter Jäger, ein sehr schlechter Mensch, der schon viele Tiere getötet hatte. Bald dehnte er sein Töten auch auf Menschen aus. Er begann alle Menschen zu ermorden, die durch den Wald kamen und ihm über den Weg liefen, um ihnen all ihre Habe wegzunehmen. Als er gefasst und vor Gericht gestellt wurde, beschloss der Richter, ihn für seine entsetzlichen Verbrechen zum Tod durch den Strang zu verurteilen. Das Urteil sollte am darauffolgenden Tag vor Gericht verlesen werden. Als er vorgeführt wurde, um den Spruch entgegenzunehmen, brachte der Verurteilte eine Ausgabe der *Bhagavadgita* mit, die er in der Tasche behielt. Der Richter erklärte, dass der Verurteilte am folgenden Morgen um sieben Uhr gehenkt werden solle. Als dieser das Urteil vernahm, richtete er unvermittelt das Wort an den Richter und fragte ziemlich kühn: „Herr Richter, warum verhängen Sie so eine harte Strafe über mich?“ Der Richter antwortete: „Dieses Urteil wird verhängt, weil du unschuldige Menschen getötet hast.“

An diesem Punkt zog der Verurteilte seine *Bhagavadgita* aus der Tasche, hielt sie dem Richter entgegen und sagte: „Gemäß dieser heiligen Schrift bin ich weder der Mörder jener Menschen, noch sind diese je getötet worden!", und er fügte unverschämt hinzu: „Wie können Sie diese von Gott selbst gemachte Aussage leugnen?" Nun, in Schläue stand der Richter diesem Mann nicht nach. Ohne einen Augenblick zu zögern, antwortete er: „Ja, es ist sicherlich richtig, dass du nicht getötet hast, und auch, dass sie niemals getötet wurden. Und was mein Urteil betrifft, so töte auch ich dich nicht, noch wirst du getötet werden. Aber deine Hinrichtung durch den Strang findet trotzdem morgen um sieben Uhr statt."

Verringert eure Wünsche und denkt an den Atman

Ihr könnt die *Bhagavadgita* nicht benutzen, um die Umstände so zu verändern, wie sie euch angenehm sind. Ihr müsst die Wahrheiten praktizieren, die in den großen Aussagen der *Gita* gemacht wurden, nachdem ihr ihre innere Bedeutung erfasst habt. Die *Gita* wurde nicht nur *Arjuna* gelehrt. Diese heilige Lehre wurde allen Menschen gegeben, die in die Welt geboren werden. Durch *Arjuna* als Mittler wurde die *Gita* der gesamten Menschheit gegeben. *Arjuna* steht stellvertretend für die gesamte Menschheit. Diese Lehren, die dem Repräsentanten der Menschheit gegeben wurden, sind von der Menschheit als Ganzes anwendbar.

Um diesen Lehren zu folgen, müsst ihr eure Wünsche und Begierden graduell verringern und das Prinzip des *Atman* verstehenlernen. Das wird euch in einen anhaltenden Zustand der Zufriedenheit versetzen. Prüft eure Lebensweise und seht, ob ihr diese Lehren in euren täglichen Aktivitäten praktiziert. Durch bloßes Auswendiglernen der siebenhundert Verse der *Gita* werdet ihr die großartigen Wahrheiten, die darin enthalten sind, nicht erfahren. Diese tiefen Wahrheiten erschließen sich in euren alltäglichen Lebensumständen. In den Alltagssituationen werdet ihr diese Wahrheiten direkt erleben. Ihr müsst die Eigenschaften, die praktiziert werden müssen, klar verstehen, während ihr eure Pflichten erfüllt. Ihr müsst begreifen, wie jede dieser sechsundzwanzig Charaktereigenschaften euch hilft, das Ziel zu erreichen, und dann müsst ihr sie auf euer tägliches Leben anwenden.

Haltet deshalb eure Wünsche und eure Gier unter Kontrolle und seid immer zufrieden. So werdet ihr euch die Liebe Gottes verdienen. Euer Liebesbekenntnis reicht nicht. Dass ihr Gott liebt, ist von geringem Nutzen, solange ihr seine Liebe und Gnade nicht auf euch zieht. Ihr müsst lernen, wie ihr seine Liebe und Gnade verdient. Es hat keinen Sinn, herauszuschreien, dass Gott Euer sei. Ihr müsst danach streben, von Gott die Erklärung zu hören, dass ihr Sein seid. Das ist das Wichtigste, was ihr im Leben erreichen müsst.

Entwickelt von diesem Augenblick an die heiligen Charaktereigenschaften, die euch diese unschätzbare Liebeserklärung eures Herrn einbringen, und heiligt dadurch euer Leben.

Vierundzwanzigste Ansprache

Geduld und Duldsamkeit – das Herz spiritueller Praxis

Von allen edlen Eigenschaften,
die ein Gottesverehrer besitzen muss,
ist keine wichtiger als Duldsamkeit.
Wenn ihr Duldsamkeit habt,
empfindet ihr allein Liebe für andere,
ganz gleich, wie andere euch behandeln, ob sie fürsorglich und
freundlich, ablehnend oder gleichgültig gegenüber euch sind.

Verkörperungen der Liebe,

Duldsamkeit ist das Herz jeder spirituellen Praxis. Sie ist die eine Eigenschaft, die alle spirituell Strebenden in ihrem Leben erlangen müssen. Für die wahrhaft Wissenden, die großen Weisen und edlen Seelen ist Duldsamkeit ihr eigentlicher Glanz, ihre Buße, ihr Opfer und ihre Rechtschaffenheit *(dharma)*. Sie ist ihre Weisheit, ihre unermessliche Liebe. Duldsamkeit ist die Essenz ihrer Gewaltlosigkeit, ihres Mitgefühls, der Tiefe ihrer Glückseligkeit. Duldsamkeit ist das Zeichen aller großen Wesen, sie ist wahrlich alles. Ohne Duldsamkeit ist es nicht möglich, die Wahrheit des *Atman* zu erkennen, die ewig währende, ewig leuchtende göttliche Gegenwart zu manifestieren, die unablässig in euch strahlt.

Erkennt den Atman durch eure direkte Erfahrung

Solange ihr glaubt, dass euer Körper wirklich und das Göttliche unwirklich sei, begreift ihr das Prinzip des *Atman* nicht, und solange ihr euch mit eurem Körper identifiziert und nicht mit eurer essenziellen Wahrheit, eurem wahren Selbst, könnt ihr keine direkte Erfahrung eurer innewohnenden Göttlichkeit erlangen. Es wurde auf vielerlei Arten über den *Atman* gesprochen, aber begreifen könnt ihr ihn nur durch eure direkte Erfahrung.

Jemand kann euch im Detail und voller Enthusiasmus die exquisite Süße von Mangonektar beschreiben, aber solange ihr den Nektar nicht probiert und direkt erfahren habt, könnt ihr seine Süße nicht wertschätzen. Wenn der Nektar auf eurer Zunge ist und ihr euch an seinem Geschmack erfreut, versteht ihr, was mit seiner Süße gemeint ist. Solange ihr euch nicht ebenso nach der direkten Erfahrung Gottes sehnt, solange ihr euch nicht mit spirituellen Übungen befasst und die edlen Eigenschaften entwickelt, die dem Herrn lieb sind, seid ihr niemals in der Lage, die göttliche Süße zu kosten, die aus dem *Atman* aufsteigt.

Was ist der Weg zur Unsterblichkeit (englisch: immortality)? Es ist die Beseitigung von allem Unmoralischen (immorality). *Swami* hat oft darüber gesprochen. Nur wenn ihr die Unmoral in euch beseitigt, könnt ihr Unsterblichkeit erreichen. Wenn ihr Schwächen wie Eifersucht, Hass, Ärger, Stolz und alle anderen Übel beseitigt, die eure Wahrheit verschleiert haben, seid ihr fähig, die Stärke der unveränderlichen Gegenwart von Göttlichkeit in euch zu genießen. Wenn ihr auch nur eine oder zwei der sechsundzwanzig Tugenden annehmt, von denen die *Gita* spricht, ihre tiefere Bedeutung versteht, sie praktiziert und zu einem Teil eures Alltags macht, ist es euch möglich, das unsterbliche Wesen des *Atman* zu erkennen. Von den vielen Eigenschaften, die ein Gottesverehrer entwickeln kann, ist Duldsamkeit das Herzstück aller.

Durch schwierige Umstände erlangt ihr Duldsamkeit

Duldsamkeit *(kshamā)* kann nicht aus Büchern oder durch die Lehren eines *Gurus* erlangt werden. Sie ist nichts, was man auf einem Markt kaufen kann. Nur indem ihr auch unter erschwerten Umständen vertrauensvoll an eurer spirituellen Disziplin festhaltet, könnt ihr euch Duldsamkeit aneignen. Nur wenn ihr Prüfungen habt, in Situationen seid, die voller Probleme und Schwierigkeiten sind, geschieht Duldsamkeit. Unter solch erschwerten Umständen zeigen die in euch verborgenen Schwächen ihr hässliches Gesicht. Sie zeigen sich in euch als Ärger, Angst, Arroganz, Hass und viele andere Übel, die eure essenzielle Wahrheit verschleiern. In solchen Zeiten müsst ihr diese Schwächen erkennen und euch über sie erheben. Welche Handlung ihr auch ausführen müsst, die der Situation angemessen ist, euer innerer Zustand muss unbeeinflusst bleiben und in unerschütterlichem Frieden und Liebe verwurzelt sein.

Wenn ihr keine Duldsamkeit erlernt, erleidet ihr in eurem Leben viel Unglück und Unfrieden. Ohne Duldsamkeit könnt ihr schädliche und schlechte Wege einschlagen. Deshalb ist es essenziell, dass ihr die Bedeutung von Duldsamkeit versteht. Alle Erziehung, alle Macht und Bekanntheit, die ihr vielleicht erlangt habt, sind von keinerlei Nutzen, wenn ihr keine Duldsamkeit habt. Es gibt eine ganze Reihe Gebildeter, die durch Entsagung große Kräfte entwickelt haben, und doch war es ihnen nicht möglich, die Früchte ihrer Buße zu genießen, weil ihnen Duldsamkeit fehlte. Der Mangel an

Duldsamkeit hat große Gelehrte ihren guten Ruf verlieren lassen. Der Mangel an Geduld ist der häufigste Grund dafür, dass Könige ihr Reich verloren haben. Duldsamkeit ist der strahlende Edelstein, der einen Menschen ziert. Wenn diese wichtige Eigenschaft einmal verloren ist, seid ihr unzähligen Schwierigkeiten und Kummer ausgesetzt. Entwickelt also Duldsamkeit. Sie ist essenziell für euren spirituellen Fortschritt. Ohne diese Eigenschaft werdet ihr euch ruinieren.

Kultiviert Duldsamkeit, indem ihr euch ausdauernd dieser Prüfung in schwierigen Situationen unterwerft. Duldsamkeit ist euer entscheidender Schutz. Wenn ihr mit Duldsamkeit ausgestattet seid, werdet ihr von Kummer und Schwierigkeiten, von Problemen und unerwarteten Situationen nicht beunruhigt. Es ist nichts Außergewöhnliches, Gutes mit Gutem zu vergelten, aber Schlechtes mit Gutem zu beantworten, ist eine außergewöhnliche Fähigkeit. Was ist damit gemeint, zu allen Zeiten Gutes zu tun, ganz gleich welche gute oder schlechte Tat euch angewiesen wird? Wenn ihr in eurer essenziellen Wahrheit gegründet seid, wenn ihr in Kontakt mit eurer Wirklichkeit seid, könnt ihr nicht anders als unter allen Umständen die richtige Antwort zu geben, und sie wird aus dem unerschöpflichen Reservoir von Güte und Liebe kommen, die eure unwandelbare Natur sind. Das Praktizieren solch einer Tugend erfordert ein großes Maß an Fähigkeit und Mut und eine tiefe Übereinstimmung mit der essenziellen Wahrheit der einen Göttlichkeit, die in allen Herzen gegenwärtig ist.

Wie sehr andere Menschen euch auch kritisieren, wie sehr sie euch auch untergraben und beschuldigen, ihr solltet niemals Duldsamkeit verlieren. Ihr solltet unbeeindruckt bleiben und weiter inneren Frieden genießen. Wenn andere euch ermahnen, was verliert ihr – ihr, die in der Essenz unsterblich seid? Wie könnten sie euch schaden? Wenn ihr Duldsamkeit habt, seid ihr in eurer göttlichen

Natur gegründet. Wie könnte jemand eure essenzielle Wahrheit beeinträchtigen, die unerschütterlich ist, ganz gleich wie die Umstände auch sein mögen? Aber wenn ihr aus Schwäche eure Duldsamkeit verliert und eure Wahrheit vergesst, unterliegt ihr unendlichem Leid und verliert alles.

Der Baum, der Fluss und die Kuh

Es gibt drei wichtige Aspekte der Natur, die sehr nützlich für den Menschen sind. Diese sind der Baum, der Fluss und die Kuh. Ohne Bäume, Flüsse und Kühe kann die Menschheit nicht gut leben. Welche Gewalt einem Baum auch angetan wird, wie sehr er durch das Schneiden seiner Äste und das Absägen von Holz auch gequält wird, er gibt ununterbrochen jedem, der unter ihm Zuflucht sucht, Schutz vor Regen und Sonne und versucht weiterhin, diesem Menschen Freude zu machen.

Wie sehr die Flüsse auch von Menschen verschmutzt werden, auf welche Weise die Menschen sie auch benutzen oder misshandeln, ohne ihnen Dankbarkeit zu erweisen, sie dienen der Menschheit unablässig, indem sie frisches Wasser von den klaren Berghängen bringen. Selbst während die Flüsse allen dienen, liegt ihre Konzentration darauf, das Meer zu erreichen, das ihre Heimat und ihr Ziel ist. Flusswasser gibt der Menschheit Leben. Die Flüsse kümmern sich nicht darum, ob ihr reines Wasser gut oder schlecht genutzt wird. Auf der Heimkehr zu ihrer letztendlichen Quelle dienen sie kontinuierlich.

Dann sind da die Kühe, die ihren Kälbern die Milch verweigern, um der Menschheit Milch zu geben. Sie geben den Menschen solch eine gute Nahrung. Welches Leid ihr einer Kuh auch zufügt, sie gibt stets süße Milch, keine bittere. Somit haben auch Kühe der Menschheit nur Gutes getan, während die Menschheit den Kühen alle Arten von Leid zufügen. Die Menschen können sie schlagen oder einsperren, sie hungern lassen oder misshandeln, aber die Kuh behält ihre friedvolles inneres Gemüt und dient weiter unter allen Umständen. Diese drei, der Baum, der Fluss und die Kuh, sind gute Beispiele dieser gediegenen Eigenschaft der Duldsamkeit.

Es gibt Zeiten, in denen ihr Duldsamkeit verweigern solltet

Es gibt aber auch Situationen, in denen die äußeren Zeichen von Duldsamkeit *(kshamā)* beherrscht werden müssen, um eine angemessene Antwort auf eine bestimmt Situation zu geben. Obwohl ihr Duldsamkeit tief in eurem Herzen verwurzelt haben solltet, braucht ihr sie nicht unter allen Umständen, die in der Welt aufkommen, zu zeigen. Wenn ihr Duldsamkeit praktiziert, müsst ihr die Umstände untersuchen, in denen Unterscheidungsfähigkeit angewandt und eingesetzt werden muss. Es ist in der indischen Geschichte bekannt, dass der böse Invasor Muhammad Ghori das nördliche Königreich bedrohte und dessen gutem König Prithviraj viele Schwierigkeiten bereitete. Dieser erbarmungslose Angreifer fiel siebzehnmal in das Land ein. Wann immer er kam, richtete dort große Verwüstungen an und erbeutete viele Güter. Er setzte die gesamte Bevölkerung unsagbaren Leiden und Verlusten aus. Trotzdem verzieh Prithviraj seinem Feind, als Muhammad Ghori eines Tages in seine Hände fiel, und gestattete es ihm, in sein Heimatland zurückzukehren.

Der gutmütige König, dem eine rechte Unterscheidungsfähigkeit fehlte, vergab seinem schonungslosen Gegner. Als der König seinen Feind besiegte und der besiegte Schurke um Verzeihung und Schutz bat, vergab er ihm, ohne ihn zu bestrafen. Aber der herzlose Invasor zeigte überhaupt keine Dankbarkeit. Er war ein absolut reueloser, schlechter Kerl und behielt seinen Hass gegenüber dem König und seine Gier, dessen Reich zu erobern. In dem Augenblick, in dem der Invasor freigelassen war und sich wieder in seinem eigenen Land befand, fiel er immer wieder ein. Durch einen Betrug gelang es ihm schließlich, den guten König zu ergreifen. Erbarmungslos stach er Prithviraj die Augen aus. Gegenüber Menschen, die so undankbar sind, die rachsüchtig wie Schlangen sind, solltet ihr keine Duldsamkeit zeigen. Ihr solltet eure Unterscheidungsfähigkeit nutzen und angemessen antworten.

Wann sollte Duldsamkeit gezeigt werden und wann ist sie unangebracht?

Im großen Epos *Mahabharata,* das den Krieg um die Rechtschaffenheit zwischen den *Pandava*-Brüdern und ihren bösen Cousins aufzeichnet, wird erzählt, dass *Arjuna* Ashvattaman, den Mörder von *Draupadis* Kindern, vor sie schleifte. Die *Pandavas* hatten den Krieg gerade erst gewonnen, als die entsetzliche Tat geschah. Obwohl *Draupadi* von Kummer überwältigt wurde, wies sie *Arjuna* auf die Umstände hin, unter denen einem bösen Menschen verziehen werden sollte. *Draupadi* sagte zu *Arjuna,* dass es nicht rechtschaffen sei, einen Menschen zu töten, der von Angst überwältigt sei, oder einen Menschen, der demütig und reumütig sei und um Gnade flehe, oder einen Menschen, der seinen Verstand verloren habe und verwirrt geworden sei, oder einen Menschen, der aus untröstlichem Leid gehandelt habe, oder Frauen und Kinder im Allgemeinen, selbst wenn sie solch eine Bestrafung verdienten. Bei jenen sei es besser, duldsam zu sein und sie zu begnadigen.

Aber gegenüber Menschen, die wiederholt undankbar und arglistig sind, die reuelos und nichtvertrauenswürdig sind, ist es nicht angebracht, Duldsamkeit zu zeigen. Mit ihnen müsst ihr, entsprechend der Umstände, hart umgehen. In eurem Herzen dürft ihr jedoch niemals euren friedvollen Zustand der inneren Duldsamkeit verlieren. Für euer spirituelles Leben ist Duldsamkeit eine essenzielle

Eigenschaft, die erforderlich ist, um den göttlichen Zustand zu erreichen, und ihr müsst sie eifrig praktizieren.

Auch bei Jesus könnt ihr seine hoch entwickelte Tugend der Duldsamkeit finden. Zwölf Jünger lebten und reisten mit ihm, und Jesus dehnte all seine Liebe und seinen Schutz auf sie aus. Aber einer von ihnen, Judas, wurde von Geld verführt und zum Verräter seines Meisters. Trotz Judas' Untreue blieb Jesus unbeirrt und dehnte seine Liebe weiterhin auf Judas aus. Es ist nicht nötig zu Gott zu beten, dass solche Menschen bestraft werden. Wie im Fall von Judas sind es ihre Taten, die sie in die Vernichtung treiben. Welch schlechten Taten ein böser Mensch auch verübt, die Früchte dieser Taten müssen von ihm allein getragen werden. Niemand kann den Folgen seiner Handlungen entgehen. Ihr könnt vielleicht nicht vorhersehen, wann und unter welchen Umständen sie den Betreffenden einholen, aber früher oder später sind sie ihm gewiss.

In beiden großen Epen, dem *Ramayana* und dem *Mahabharata,* gibt es eine Reihe von Begebenheiten, die aufzeigen, wie Menschen letztlich leiden mussten, wenn sie keine Duldsamkeit praktizierten. Denkt an das große Leid der *Pandavas,* die wegen des voreiligen Versprechens des ältesten Bruders, *Dharmaraja,* die Herausforderung eines Würfelspiels anzunehmen, in den Wald gehen und von Wurzeln und Blättern leben mussten. *Dharmaraja* fühlte als König, dass es seine rechte Pflicht gewesen sei, diese Herausforderung zu beantworten, und obwohl er wusste, dass das Spiel manipuliert wurde, war er so in Eile, seine Ehre zu verteidigen, dass er *Krishnas* Anweisungen und die Ratschläge seiner Brüder ignorierte. Mit der Entschlossenheit, seinen Prinzipien gerecht zu werden, ging er das Glücksspiel voreilig ein und musste die Konsequenzen erleiden. Als Ergebnis davon verloren er und seine Brüder ihr Königreich, wurden für vierzehn Jahre in den Wald verbannt und erlitten unsägliche Entbehrungen und Schwierigkeiten. Nur wegen *Dharmarajas* Eile und Mangel an Duldsamkeit entstanden all diese Folgen.

Ihr werdet herausfinden, dass selbst eine große Seele wie *Rama* nicht genügend Geduld und Nachsicht aufbrachte. Am Ende des *Ramayana* gibt es einen Vorfall, bei dem *Rama* sich unmittelbar entschied, *Sita* aus dem Königreich zu verbannen, nachdem er die Kritik und Kommentare eines nichtsnutzigen Wäschers gehört hatte. Danach musste er unter der Qual der Trennung leiden. Aber *Rama* war der *Avatar* seines Zeitalters, die Verkörperung aller göttlichen Prinzipien. Selbstverständlich gibt es auf der Ebene der göttlichen Schau eine tiefere Bedeutung für diese Ereignisse. Im Falle von Göttlichkeit gibt es immer eine tiefere Bedeutung und Wichtigkeit der Taten des *Avatars*. Aber wenn ihr *Rama* vom weltlichen Standpunkt aus erfassen wollt, stellt ihr fest, dass es sein Mangel an Geduld beziehungsweise der Fähigkeit des gleichmütigen Ertragenkönnens war, die zu *Sitas* Verbannung und letztlich zu seinem Unglück führte. Wenn aber Menschen, die nur für das Wohl der Mitmenschen leben, Leiden ausgesetzt werden, nehmen sie dieses dankbar an, um ein Beispiel zu geben und vorzuleben, wie wertvoll Geduld und Duldsamkeit sind, wenn es darum geht, den Härten der Welt zu begegnen.

Übermäßige Eile und Zögerlichkeit sind zwei Extreme, die vermieden werden müssen

Die Eigenschaften der Geduld und Duldsamkeit müssen mit großer Unterscheidungsfähigkeit bezüglich der Umstände und Bedingungen eingesetzt werden. Es gibt Umstände, unter denen ihr rasch handeln müsst. Ihr müsst immer vorausschauen und euch der Konsequenzen bewusst sein, was ihr tut. Unter bestimmten Bedingungen kann uneingeschränkte Duldsamkeit später zu größeren Problemen führen. In den meisten Fällen erzeugt Eile Probleme, aber wenn ihr übertrieben langsam seid, kann auch das zu Problemen führen. Es wird gesagt, dass übertriebene Verspätung Nektar in Gift verwandeln könne.

Langsamkeit und Eile sind zwei Extreme. Wenn ihr einerseits zu hastig seid, können eure Handlungen fatal sein, aber wenn ihr zu lange zögert, werden sie möglicherweise auch vergiftet. Ihr müsst also eure Unterscheidungskraft nutzen und bis zu dem Maß, das den Umständen entspricht, Geduld üben. Wenn unverzüglich Erste Hilfe gegeben werden muss oder wenn ihr einen Leidenden pflegt, der sehr krank ist und wahrscheinlich in den nächsten Minuten sein Leben verliert, falls keine Medizin verabreicht wird, dann müsst ihr schnell handeln. In solchen Situationen darf es kein Zögern geben. Das wäre Gift, und ihr müsst schnell das Richtige tun.

Es gibt auch Situationen, in denen ihr es mit Menschen zu tun habt, die schlecht sind und den falschen Weg eingeschlagen haben. Dann kann es notwendig sein, dass ihr sie warnt und korrigiert oder anderenfalls mit der Situation umgehen müsst. In solchen Fällen kann das Verlieren von Geduld euer bester Rückhalt sein. Oft ist alles, was notwendig ist, dass ihr nur den Klang eurer Stimme ein wenig verändert. Das bedeutet nicht, dass ihr eure innere Eigenschaft der Duldsamkeit verloren habt. Selbst wenn ihr eure Stimme nur ein bisschen erhebt und verärgert erscheint, könnt ihr dennoch die Heiligkeit in eurem Herzen bewahren.

Das Festhalten an der Wahrheit ist dasselbe wie das Praktizieren von Duldsamkeit

Wenn ihr den Weg der Wahrheit befolgt, praktiziert ihr natürlicherweise auch Duldsamkeit. Haltet unter allen Umständen an der Wahrheit fest. Aber manchmal müsst ihr den Ton eurer Stimme und die Lautstärke eurer Worte in einer Weise verändern, die für eine schwierige Situation angemessen ist. Es gibt eine berühmte Geschichte im

Mahabharata. Ashvatthaman, der Sohn des Lehrers der *Pandavas* und ihrer schlechten Cousins und einer der drei übrig gebliebenen Krieger der gegnerischen Seite, hatte in der letzten Nacht der Schlacht den feierlichen und machtvollen Schwur abgelegt, dass er all seine Stärke und angesammelte Kraft, die er aus Buße bezogen hatte, nutzen werde, um die *Pandava*-Brüder zu vernichten, bevor die Sonne am nächsten Morgen aufging.

Krishna kannte *Ashvatthamans* mörderischen Vorsatz und dessen Reichtum an spirituellen Kräften, ihn auszuführen. Aus seiner tiefen Liebe für die *Pandavas* unternahm er Schritte, um sie zu beschützen. Es war schon beinahe Mitternacht, und *Ashvatthaman* war es noch immer nicht gelungen, die *Pandavas* ausfindig zu machen. *Krishna* wusste, dass *Ashvatthaman* zu dem allwissenden Weisen *Durvasa* gehen würde, um herauszufinden, wo die *Pandavas* waren. Nun ist es so, dass ein großer Weiser wie *Durvasa* niemals lügen würde. *Durvasa* war zwar für seine Zornesausbrüche bekannt, aber dieser Zorn hatte einzig den Zweck, die Rechtschaffenheit *(dharma)* zu beschützen und das Feuer der Verderbtheit und des Übels zu ersticken. Selbst im Zorn hielt er an der Wahrheit fest und veränderte nur hin und wieder den Ton seiner Stimme, wenn er Wahrheiten aussprach.

Ihr könnt eure Stimme ein wenig erheben, um die Wahrheit zu sagen

An jenem Abend ging *Krishna* zu *Durvasa. Durvasa* war sehr glücklich darüber, dass er *Krishna* bei sich empfangen durfte. Er sagte *Krishna,* wie sehr er sich durch seinen Besuch gesegnet fühle, und bat ihn: *„Swami,* bitte nenne mir den Grund für Dein Kommen.“ *Krishna* antwortete: *„Durvasa,* ich brauche deine Hilfe.“

Durvasa war zutiefst beglückt darüber, dass *Krishna,* der Herr und Meister über alle Welten, zu ihm kam, um seine Hilfe zu erbitten. Aber selbst dieses Glück war nicht uneingeschränkt. *Durvasa,* der sehr intelligent war und alles wusste, sagte zu *Krishna: „Swami,* ich bin bereit, dir jede Hilfe zu geben, derer ich fähig bin, aber ich bin nicht bereit zu lügen." *Krishna* antwortete: „Ich bin der Bewohner aller Herzen; ich werde wieder und wieder geboren, um die Rechtschaffenheit *(dharma)* zu beschützen. Wie könnte ich je von dir verlangen, eine Lüge zu sprechen? *Dharma* bedeutet rechtes Handeln, deren Grundlage Wahrheit ist. Ich würde dich gewiss niemals bitten, zu lügen." *Durvasa* antwortete: „In diesem Fall bin ich bereit zu tun, was immer du von mir verlangst. Was ist dein Plan, *Swami?* Ich will ihn in die Tat umsetzen."

Krishna sagte, er solle ein tiefes Loch graben lassen, das fünf Personen aufnehmen könne. Als die Grube ausgehoben war, wies *Krishna* die *Pandavas* an, hineinzusteigen. Die Öffnung wurde mit Holzbrettern zugedeckt und ein Teppich darüber ausgebreitet. Und auf den Teppich wurde *Durvasas* Sessel gestellt. *Krishna* bat *Durvasa,* sich darauf zu setzen, und sagte zu ihm: *„Ashvatthaman* wird kommen und dich fragen, wo die *Pandavas* sind. Du wirst ihm die Wahrheit sagen, aber du kannst dabei den Ton deiner Stimme ein bisschen verändern." Wie *Krishna* vorausgesehen hatte, erschien *Ashvatthaman* bei *Durvasa.* Er entbot dem Weisen seinen Gruß und fragte ihn: *„Swami,* du weißt über alles in den drei Welten Bescheid. Bitte sag mir, wo ich die *Pandavas* finden kann." *Durvasa* tat, wie ihm von *Krishna* geheißen: Er sagte die Wahrheit. Er sagte zu *Ashvatthaman:* „Die *Pandavas,* fragst du? Die *Pandavas* sind hier! Selbstverständlich sind sie hier! Direkt unter meinen Füßen!"

Bei diesem gespielten Zornesausbruch bekam es *Ashvatthaman* mit der Angst zu tun, denn *Durvasas* Zorn war berühmt und berüchtigt. *Ashvatthaman* befürchtete nun, dass er selbst statt der *Pandavas* von *Durvasa* getötet werde, und suchte schleunigst das Weite. In Erfüllung seiner Pflicht als erleuchteter Seher *(maharshi)* und in

Gehorsam gegenüber dem Befehl des Herrn, die Guten zu beschützen, und unter Wahrung seiner Integrität hatte *Durvasa* die Wahrheit gesprochen. Aber er hatte die Wirkung seiner Worte verändert, indem er den Ton seiner Stimme angehoben hatte.

Negative Eigenschaften müssen ausgerissen und zerstört werden

Ihr müsst Geduld und Duldsamkeit haben, aber gleichzeitig solltet ihr wissen, unter welchen Umständen und auf welche Weise ihr sie einsetzt. Wie wir gesehen haben, gibt es Situationen, in denen ihr euren Ausdruck von Duldsamkeit mildern müsst. Ihr müsst eure Unterscheidungsfähigkeit nutzen, um zu wissen, wie und wann ihr die Eigenschaft der Duldsamkeit ausdrückt, die sich fest in eurem Herzen niederlassen muss.

Duldsamkeit und Geduld sind Gradmesser eures inneren Zustandes. Sie sind Werkzeuge, die ihr nutzt, um negativen Eigenschaften in euch zu begegnen, die ungesunden Charakterzüge, die euch beim Erkennen eurer göttlichen Wahrheit im Weg stehen. Betrachtet die Fähigkeit, Duldsamkeit in schwierigen Situationen zu üben, als Prüfung. Das sind die Zeiten, in denen die in euch vergrabenen negativen Eigenschaften ihre Köpfe erheben und dazu neigen, sich in schlechter oder schädlicher Weise zu manifestieren. Heißt solche schwierigen Situationen als Herausforderungen und Gelegenheiten willkommen, diese negativen Eigenschaften offenzulegen und zu zerstören. Ihr tut dies durch Duldsamkeit, Geduld und Beherrschung, wenn es andernfalls euer Impuls gewesen wäre, mit Worten und Taten Schaden zuzufügen. Erst nachdem ihr Geduld und Duldsamkeit erlangt und in euch gefestigt habt, entwickelt ihr inneren Frieden und Gleichmut, die notwendig sind, um die Prinzipien der Spiritualität und Göttlichkeit zu verstehen.

Es gibt viele negative Eigenschaften, die von Gottesverehrern völlig gemieden werden müssen. Ihr solltet insbesondere keine Anhaftung, keinen Hass und keine Eifersucht in euch haben. Wenn ihr sie nur im geringsten Maße habt, könnt ihr spirituell nicht vorankommen. Anhaftung, Hass und Eifersucht und ihre kleiner Schwester, die Wut, sind die großen Feinde der Gottesverehrer. Sie sind die Gegensätze von Geduld und Duldsamkeit. Wir werden diese negativen Eigenschaften als Nächstes aufzeigen und lernen, wie sie vollkommen ausgerissen werden können.

Fünfundzwanzigste Ansprache

Eifersucht und Hass – Zwillingsplagegeister, die euren Frieden zerstören

Göttlichkeit ist eins.
Sie ist ewig, unwandelbar und immerwährend.
Sie ist die Bewohnerin aller Körper.
Als Bewohnerin des Körpers aller Lebewesen
wird sie Atman genannt, das unsterbliche Selbst.
Als Bewohnerin der Welt wird sie Gott genannt.
Es ist die eine Göttlichkeit,
die in verschiedenen Formen gegenwärtig ist.
So wie das physische Sein als Körper des Atman
gesehen werden kann,
kann auch die Welt als Körper Gottes betrachtet werden.

Verkörperungen der Liebe,

der Körper ist vergänglich, er kommt und geht, aber der Bewohner des Körpers bleibt derselbe. Ein anderer Name für diesen Bewohner ist

Atman, das unsterbliche Selbst, der universelle Geist, der allem zugrunde liegt, das benannt und über das gesprochen werden kann. Er ist das eine unvergängliche, unveränderliche Sein, das den ganzen Raum und alle Materie durchdringt und das die Grundlage aller Lebewesen ist. Er kann Gott genannt werden, der *Atman* oder der Bewohner *(dehin).* Gott, *Atman* und Bewohner sind exakt dasselbe. Sie sind die eine Göttlichkeit.

Entdeckt den Bewohner durch eure eigene innere Praxis

Die heiligen Schriften bieten uns Richtlinien, um den Bewohner *(dehin)* ausfindig zu machen und erkennen zu können, die schriftlichen Lehren allein reichen jedoch zur Erkenntnis nicht aus. Ihr könnt Göttlichkeit nicht erreichen, indem ihr lediglich die Schriften studiert. Ihr müsst die Offenbarungen der Schriften als Grundlage benutzen und entschiedene Anstrengungen unternehmen, die innere Schau zu entwickeln. Die Schriften, die *Upanishaden,* die *Veden* und die *Puranas,* können nur den Weg aufzeigen. Sie sind wie Wegweiser, welche die Richtung anzeigen. Ihr müsst den Weg selbst gehen, um das Ziel zu erreichen. Die gegebenen Anweisungen befolgend, müsst ihr diese heilige Reise machen und unerschütterlich auf ihr bleiben, bis das Ziel erreicht ist. Dafür hat die *Gita* den Weg dargelegt.

In der *Gita* beginnen die Anweisungen für die Reise mit dem elften Vers des zweiten Kapitels. Das ist der Anfang von *Krishnas* Lehren. Sie beginnen mit dem Befehl, nicht um jene zu trauern, um die nicht getrauert werden sollte. Um wen sollte nicht getrauert werden? Wie kann Trauer vermieden werden? Der Lehrer der *Gita* erklärt, dass es keinen Sinn mache, um Dinge zu trauern, die vergänglich und vorübergehend seien. Körper und Persönlichkeiten sind vergänglich und vorübergehend. Alle Dinge der Welt sind vergänglich und unbeständig. *Krishna* sagte: „*Arjuna,* all dein Kummer ist um nichts.“

Die fünf Merkmale, die alles ausmachen

Jedes der unzähligen Dinge, die in diesem manifestierten Universum gefunden werden können, bestehen aus fünf grundlegenden Merkmalen:

- Jeder ist. Alles existiert. Alles hat Existenz.
- Jeder strahlt mit einem inneren Licht. Alle haben Glanz. Alle sind von Natur aus mit Energie belebt.
- Jeder hat ein tieferes Ziel. Alle haben einen Grund für ihre Existenz. Er ist stark ersehnt und eine Quelle der Freude.
- Jeder hat einen bestimmten Namen, eine Kategorie und eine Bestimmung.
- Jeder hat eine gegebene Gestalt, sowohl materiell als auch feinstofflich. Alle haben eine charakteristische Besonderheit.

Dies sind also die fünf Merkmale, die in allem auffindbar sind, über das gesprochen werden kann. Ob es greifbar ist oder nicht, sobald etwas erdacht ist, können wir sagen, dass es existiert, strahlt und einen Zweck, einen Namen und eine Form hat.

Die ersten drei dieser fünf Merkmale machen die ewige Wahrheit aus, die sich niemals wandelt. Dies ist die dauerhafte Wirklichkeit. Sie ist der *Atman,* sie ist Gott, sie ist der Bewohner, sie ist die Göttlichkeit. Im *Sanskrit* wird von ihr als *Sat-Cit-Ānanda* gesprochen – Sein-Bewusstsein-Glückseligkeit. Denn für *Sat-Cit-Ānanda* gibt es keine Geburt und keinen Tod. *Sat-Cit-Ānanda* kann beschrieben werden als das Kennzeichen oder die Unterschrift von Göttlichkeit. Die beiden verbleibenden Kennzeichen sprechen vom Körper der Göttlichkeit. Name und Gestalt sind nur vorübergehende Erscheinungen und folglich Illusion. Von den fünf grundlegenden Merkmalen, die alles ausmachen, bilden drei die zugrunde liegende Göttlichkeit, die sich niemals wandelt, und die anderen beiden sind die sich verändernden Namen und Formen, welche die Welt bilden.

Erkennt, dass alles Erschaffene, das ihr in der Welt seht, künstlich ist. Alles ist eines Tages entstanden und wird eines künftigen Tages wieder verschwinden. Alles ist, mit anderen Worten, Geburt und Tod unterworfen. Alle können mit Verwandten verglichen werden. Verwandte kommen euch besuchen und bleiben eine Zeit lang, um dann wieder zurückzukehren. Sie bleiben nicht ständig in eurem Haus. Freud und Leid kommen und gehen ebenso wie die Verwandten. Ebenso ist alles, was Name und Gestalt hat, unbeständig. Um Spiritualität zu verstehen, müsst ihr erkennen, dass alle erschaffenen Dinge vergänglich und zeitgebunden sind. Sie verschwinden von einem Tag auf den anderen und sind ununterbrochen dem Wechsel unterworfen. Wegen solcher Dinge bekümmert zu sein, ist wirklich töricht.

Wenn ihr die drei zugrunde liegenden Merkmale, die dauerhaft sind, verstehen wollt, müsst ihr bestimmte edle Eigenschaften und Tugenden entwickeln. Wie von *Krishna* im Kapitel über Hingabe *(bhaktiyoga)* erklärt, ist der spirituell Strebende, der die sechsundzwanzig edlen Eigenschaften erreicht hat, dem Herrn sehr lieb. Man muss aber nicht alle sechsundzwanzig Eigenschaften haben. Es ist wie mit einer Zündholzschachtel: Ihr braucht nicht alle Zündhölzer zu entfachen, wenn ihr Feuer haben wollt; nur ein einziges Hölzchen muss entzündet werden, um euch das ganze Feuer zu geben, das ihr wollt. Wenn ihr eine oder zwei dieser Tugenden in euch entwickelt, werden sich die anderen von selbst einstellen. Aber sie müssen zu einem unauslöschlichen und eingebundenen Bestandteil eures Wesens werden, bevor ihr hoffen könnt, das Prinzip des *Atman* zu begreifen. Beim Streben nach diesen Tugenden, werdet ihr bestimmten negativen Eigenschaften in euch begegnen. Sie sind eure inneren Feinde. Sie werden versuchen, euch vom Manifestieren dieser edlen Eigenschaften fernzuhalten.

Eifersucht und Hass

Im vorherigen Kapitel sprachen wir über die Tugenden der Duldsamkeit und Geduld. Nun wollen wir uns mit den entgegengesetzten Übeln, Eifersucht und Hass, beschäftigen. Eifersucht und Hass sind ein diebisches Zwillingspaar. Der eine kann ohne die Gesellschaft des anderen nicht existieren. Es gibt eine untrennbare Beziehung zwischen den beiden: Der eine sucht unablässig Deckung beim anderen. Hass könnte man mit einem Schädling im Untergrund vergleichen, während die Eifersucht ein Schädling ist, der an der Oberfläche erscheint. Gemeinsam können sie einen Baum zerstören. Stellt euch einen grünen, blühenden, Früchte hervorbringenden Baum vor, der schön anzusehen ist. Wenn Schädlinge in den Baum eindringen, vertrocknet er innerhalb weniger Tage. Der eine Schädling befällt die Äste und Blätter, der andere die Wurzeln. Während der eine die Schönheit des Baumes zerstört, ruiniert der andere das Leben des Baumes an sich. Sie werden einander stets begleiten.

So ist es auch mit Eifersucht und Hass: Wo immer Eifersucht auftaucht, da ist auch Hass, und wann immer Hass sichtbar wird, seht ihr die Eifersucht dahinter hervorlugen. Hass nimmt eine besondere Form an und zeigt sich auf vielfache Weise. Die Eifersucht dagegen hat keine Gestalt oder Form; sie bleibt unter der Oberfläche verborgen. Es wird gesagt, dass es keinen Menschen in dieser Welt gebe, der nicht in irgendeiner Weise an Eifersucht leide. Zumindest eine leichte Neigung dazu ist in jedem Menschen zu finden. Um sicherzugehen, dass diese Eifersucht und dieser Hass nicht in euer System eindringen, müsst ihr selbstlose Liebe entwickeln. Wo selbstlose Liebe ist, da haben Eifersucht und Hass keine Möglichkeit einzudringen und euch zu ergreifen. Wenn Eifersucht und Hass ferngehalten werden, könnt ihr göttliche Glückseligkeit in euch erfahren.

Schönheit ist eine Form von Glückseligkeit. Wo Schönheit ist, da ist auch Freude. Etwas Schönes ist eine fortwährende Freude. Was ist Schönheit? Ist es die Welt, die einer Sache Schönheit verleiht, oder wohnt sie diesen Dingen bereits inne? Wir haben gesehen, wie alle Dinge einem Wandel unterliegen. Wenn ihr alles Veränderliche einmal näher betrachtet, wie lange kann es seine Schönheit behalten? Nur das, was unvergänglich ist, kann wirklich schön sein. Die einzige unvergängliche Wesenheit ist Gott, und darum ist Gott allein schön. Nichts in der Welt ist schöner als Gott. Die wichtigste Pflicht eines Gottesverehrers ist es, den Nektar der Glückseligkeit zu trinken, der von dieser Schönheit ausgeht. Um euch mit diesem Göttlichen, das so voller Schönheit ist, zu sättigen und anzufüllen, müsst ihr euch bestimmte Tugenden aneignen. Um diese Göttlichkeit aufzunehmen und euch mit ihr anzufüllen, müsst ihr die Schwächen und Unzulänglichkeiten beseitigen, die in euch schwelen.

Eifersucht auf das Göttliche

Eifersucht kann auch in eure Beziehung mit dem Göttlichen eindringen. Sie ist eine Form von Arroganz, bei der ihr an euch selbst mehr denkt als an den Herrn und eifersüchtig auf die nach eurem Gefühl übermäßige Aufmerksamkeit werdet, die dem Herrn geschenkt wird. Dazu gibt es ein Beispiel im *Mahabharata,* dem großen Epos, das ausführlich die Schlacht zwischen den Mächten der Rechtschaffenheit und des Bösen erzählt, in dem *Arjuna* auf Seiten der Guten kämpfte und *Krishna* sein Wagenlenker war. In jener großen Schlacht saß *Arjuna* im Streitwagen hinter *Krishna,* der den Wagen lenkte. *Arjuna* hatte an ihrem Vorabend alle Lehren *Krishnas* gehört, welche die *Gita* ausmachen, war jedoch noch nicht ganz bereit, diese in die Tat umzusetzen. Er empfand *Krishna* als eine hervorragende Persönlichkeit, einen göttlichen Lehrer, war aber noch nicht imstande, die volle Göttlichkeit des Herrn zu begreifen.

Die große Schlacht begann, und es wurden einige der schrecklichsten Waffen auf dem Schlachtfeld eingesetzt. Eines Tages geschah es, dass *Arjuna* mit seinem Großvater *Bhishma* kämpfte. *Bhishma* war der Oberbefehlshaber der gegnerischen Seite und wurde als der größte Krieger jener Zeit betrachtet. Während der Schlacht trafen mehrere schwere Geschosse, die *Bhishma* abgeschossen hatte, *Arjunas* Wagen, aber fügten *Arjuna* keine Verletzung zu. *Arjuna* kämpfte in jenen Tagen brillant und setzte seinen Bogen gekonnt ein, während er den Wagen lenkte, indem er mit seinen Füßen gegen *Krishnas* Schultern stieß, die dann die Pferde lenkten, um mit dem Wagen nach rechts oder links abzubiegen.

Die Schlacht wütete unvermindert, ohne dass eine der beiden Seiten die Oberhand gewinnen konnte, bis *Bhishma* schließlich gegen Ende des Tages ohnmächtig in seinem Wagen zusammensank und die Szene verließ. Da blies *Arjuna,* erschöpft, aber triumphierend sein Muschelhorn, um den Sieg in der Schlacht jenes Tages zu verkünden. Er hatte Glauben an das Göttliche, doch in jenem Augenblick fühlte er auch ein wenig Arroganz. Im Moment des Sieges hatte er das Gefühl, dass er für den Sieg verantwortlich sei, und das, nachdem *Krishna* nicht gekämpft, sondern nur den Wagen gefahren hatte.

Es war nach Sonnenuntergang, als sie den Wagen wendeten und nach Hause zurücksteuerten. Sobald der Wagen das Lager der *Pandavas* erreicht hatte, hielt *Krishna* ihn in einiger Entfernung von den Zelten an, drehte sich zu *Arjuna* um und sagte: *„Arjuna,* bitte steig ab und geh ins Zelt." Aufgeplustert, wie *Arjuna* in seinem Egoismus war, dachte er bei sich: „Ich habe heute gekämpft und die Schlacht gewonnen. *Krishna* war nur der Wagenlenker, der von mir geführt wurde. Genau genommen sollte er zuerst absteigen und mir die Tür öffnen. Das wäre das richtige Protokoll." Und so sagte *Arjuna* zu *Krishna:* „Ich denke, du solltest zuerst aussteigen." Aber

Krishna beharrte: „Nein, *Arjuna,* du steigst vor mir aus." So ging es eine Weile hin und her, bis *Arjuna* dunkle Gedanken bekam und Ärger auf *Krishna* verspürte.

Arjuna sagte sich: „Da habe ich gedacht, *Krishna* sei eine große Seele, und nun verhält er sich wahrscheinlich nur deshalb so, weil ich ihm meine Bewunderung ausgesprochen habe. Er hält sich für wichtiger als mich. Nun gut, es ist meine eigene Schuld. Aber die Schlacht geht weiter; sie muss ausgetragen werden, und ich brauche *Krishna* dazu. Es ist besser, wenn ich keine angespannten Gefühle zwischen uns hege. Jetzt Streit mit ihm anzufangen wäre gewiss in niemandes Interesse." So stieg *Arjuna* äußerst zögernd vom Wagen ab. Danach stand er neben dem Wagen und wartete. *Krishna* aber drängte *Arjuna* weiter: „Bleib nicht da stehen! Geh ins Zelt!" *Arjuna,* der keine andere Wahl hatte, ging ins Zelt. Kaum hatte er das getan, sprang *Krishna* in großem Bogen aus dem Wagen. Im nächsten Augenblick ging das Fahrzeug in Flammen auf und fiel in einen Haufen Asche zusammen.

Göttlichkeit hat niemals selbstsüchtige Motive

Arjuna und *Dharmaraja,* sein ältester Bruder, die alles aus einiger Entfernung beobachtet hatten, waren erstaunt. *Arjuna* fragte *Krishna:* „Was ist hier passiert? Was ist der Grund für dieses Spektakel?" *Krishna* antwortete: *„Arjuna,* niemand versteht mein Handeln. Für das Göttliche gibt es keinerlei Selbstsucht oder Egoismus. Der Schutz meiner Jünger ist mein einziges Interesse. Das Wohl und die Ermutigung meiner Jünger sind meine alleinigen Wünsche. Ich habe all die furchtbaren Geschosse, die *Bhishma* abgefeuert hat und die im Wagen gelandet sind, unter meinem Fuß festgehalten und unschädlich gemacht. Solange ich meinen Fuß darauf hielt, konnten sie dir nichts anhaben. Wenn ich vor dir aus dem Wagen gestiegen wäre, hätten dich diese Geschosse samt Wagen zerstört. Du wärest zu Asche geworden. Da du das nicht wusstest, hast du mich aufgefordert, zuerst abzusteigen."

Als *Arjuna* dies hörte, erkannte er, wie arrogant und unwissend sein Verhalten gewesen war. Er hatte alle Anzeichen von Eifersucht zu erkennen gegeben. An Gott Fehler finden zu wollen und sich selbst höher einzustufen, kann als eine Art Eifersucht betrachtet werden.

Es gibt eine Reihe wichtiger Erkennungszeichen für Eifersucht. Eifersucht kommt auf, wenn ihr einen Menschen trefft, der sich größeren Ruhm als ihr verdient hat oder mehr Reichtum hat als ihr. Die Eifersucht erhebt auch ihr Haupt, wenn ihr in die Gegenwart eines Menschen kommt, der schöner und beliebter ist als ihr. Wenn ein Student bessere Noten bekommt als ihr, werdet ihr eifersüchtig. Es ist eine Schwäche des gewöhnlichen Menschen, Eifersucht zu entwickeln, sobald er mit anderen Menschen zusammenkommt, die ihn in Bezug auf Wohlstand, Rang, Schönheit, Intelligenz und ähnlichem übertreffen.

Eifersucht lebt nicht harmlos in euch: In dem Augenblick, in dem Eifersucht in alle Tugenden Einlass findet, die ihr über lange Zeit kultiviert habt, sind alle großen Eigenschaften, die ihr gehegt habt, zunichtegemacht. Sie ruiniert die Natur des Menschen, sie stärkt die tierische Natur, sie fördert die dämonische Natur. Sie kennt keine Skrupel, sie sieht weder vor sich, noch hinter sich. Eifersucht ist solch eine heimtückische Eigenschaft, dass ihr aufpassen müsst, dass sie euch niemals besetzt. Freut euch am Wohlergehen eurer Mitmenschen. Freut euch über ihr Vorankommen. Freut euch über den Wohlstand, den sie erreicht haben. Das ist wahre Tugend. Das ist eine der wichtigsten Lehren der *Bhagavadgita*. Das Wohl der andern zu wollen, ist eine lobenswerte Eigenschaft, die jeder besitzen sollte.

Besiegt Eifersucht, und ihr könnt alles besiegen

Es gibt die alte Geschichte einer hingebungsvollen Dame, die den Ruf hatte, vollkommen ausgeglichen und frei von Eifersucht zu sein. Sogar ihr Name – *Anasuya* – bedeutet „frei von Eifersucht". Als die drei Aspekte des Göttlichen – *Brahma, Vishnu* und *Maheshvara,* die das erschaffende, das erhaltende und das zerstörerische Prinzip des Göttlichen sind – einst zu *Anasuya* kamen, um sie zu prüfen, war ihre äußerste Herzensreinheit dazu imstande, sie für sich zu gewinnen und in kleine Babys zu verwandeln. Sie wurde wie eine Mutter für sie. In ihrer Gegenwart blieben sie glücklich an ihren Arm geschmiegt.

Die drei Aspekte des Göttlichen repräsentieren auch die drei Eigenschaften der Natur, das Aktive *(rajas),* das Passive *(tamas)* und das Zyklische *(sattva),* die alle Erscheinungen in der Welt beherrschen. Diese drei Eigenschaften machen unsere Erfahrungen in der Welt aus, und die drei Aspekte des Göttlichen sind die Basis dieser Eigenschaften. Die tiefere Bedeutung dieser Geschichte ist, dass alles in der Welt wie ein Baby in euren Armen ist, wenn ihr frei von Eifersucht seid. Ihr werdet wie seine Mutter sein, es wird auf euch achten und euch folgen, Wenn ihr erst einmal frei von Eifersucht seid, werdet ihr wahrlich dazu in der Lage sein, alles zu besiegen.

Es kann jedoch nicht nachdrücklich genug darauf hingewiesen werden, dass Eifersucht all eure guten Qualitäten ruiniert. Ihr denkt vielleicht, dass ihr damit andere ruinieren würdet, aber in Wirklichkeit werdet ihr durch sie zerstört, nicht die anderen. Sie macht euch krank. Ihr könnt nicht mehr gut schlafen. Ihr seid nicht mehr imstande, euer Essen zu genießen. Selbst wenn ihr völlig gesund seid, löst die Eifersucht alle möglichen physischen Leiden in euch aus, wenn sie sich eurer erst einmal bemächtigt hat. Sie ist wie eine innere Auszehrung. So wie sich die Tuberkulose einschleicht und den Menschen auszehrt, schwächt euch die Eifersucht, ohne dass ihr es merkt.

Sie kann auf vielfältige Weise in euch eindringen und richtet euch letztlich zugrunde.

Eifersucht ist eine bösartige Krankheit, der ihr nicht erlauben dürft, Fuß zu fassen. Ihr müsst das Gefühl haben, dass Gott euch allezeit mit seiner Gnade segnet. Auch wenn ihr in einer niedrigeren Stellung lebt, als ihr zu verdienen glaubt, solltet ihr euch über das Glück der anderen freuen können. Ihr solltet froh sein, wenn ihr von ihren Errungenschaften hört, und nicht traurig darüber sein, dass sie Dinge besitzen, die ihr nicht habt. Die Eifersucht reicht in diesem unmoralischen Zeitalter *(kaliyuga)* überall hin. Sie herrscht in jeder Art von Mensch vor, sei er *Yogin, Bhogin* oder *Rogin* – wahrheitssuchend, weltlich orientiert oder krank. Meist ist Eifersucht die Ursache dafür, dass Menschen ihren inneren Frieden verlieren und so ihr Leben vergeuden. Mit Eifersucht einhergehend erheben Verleumdung und Hass schon bald ihre hässlichen Gesichter. Wenn ihr das Ziel dieser schlechten Eigenschaften durch andere werdet, ist die große Tugend der Duldsamkeit euer bester Schutz. Dazu eine kurze Geschichte:

Duldsamkeit überwindet Hass

Als Buddha eines Tages um Almosen betteln ging, kam er in ein Dorf, in dem viele Menschen starke Liebe für Buddha empfanden. Aber gerade als er die ersten Häuser des Dorfes erreichte, sahen ihn ein paar junge Kerle, die anfingen, ihn zu kritisieren. Etwas überrascht über den eigenartigen Empfang blieb Buddha stehen und setzte sich auf einen Stein. Dann sprach er sie an: „Nun, ihr Leute, was für einen Genuss bereitet es euch, mich zu kritisieren?“ Ohne einen Grund für ihr Verhalten zu nennen, fuhren sie fort, Buddha zu denunzieren. Buddha sagte: „Nur zu, macht weiter so lange ihr wollt.“ Die jungen Männer beschimpften Buddha weiter, bis sie ihrer Schmähungen müde wurden und schließlich den Ort verließen. Buddhas Duldsamkeit war so sehr entwickelt, dass ihr Hass ihn nicht berühren konnte. Zunächst hatten sie Spaß, aber nachdem sie sich schließlich erschöpft hatten, ohne die Reaktion bekommen zu haben, die sie wollten, beschlossen sie, fortzugehen.

Bevor sie abzogen, rief Buddha ihnen noch zu: „Kinder, ich möchte euch etwas sagen. In dem Dorf hier in der Nähe leben viele Menschen, die mich sehr lieben. Wenn sie hören, dass ihr mich in so gemeiner Weise verunglimpft habt, reißen sie euch in Stücke. Um das zu verhindern, bin ich hier auf diesem Stein sitzengeblieben und habe es euch erlaubt, mich zu beschimpfen. Auf diese Weise habe ich euch ein Geschenk gemacht. Ohne einen einzigen *Paisa* auszugeben, ohne Anstrengungen zu unternehmen, habe ich es geschafft, euch so viel Freude zu bereiten, indem ich es euch erlaubt habe, mich zu beschimpfen. Statt unglücklich wegen eurer Kritik zu sein, bin ich froh, euch so viel Freude bereitet zu haben und ernsthaften Schaden zu ersparen."

Dann erläuterte Buddha ihnen noch einen weiteren Punkt, der einen unauslöschlichen Eindruck in ihrem Herzen hinterließ: „Nehmt an, ein Bettelmönch kommt zu eurem Haus und bittet um Almosen. Ihr bringt ihm Speisen nach draußen, aber die Art der Speisen, die ihr anbietet, ist rituell unrein und für den Mönch nicht annehmbar. Was passiert dann? Weil er das von euch Dargebrachte nicht angenommen hat, müsst ihr es zurückbringen, und es bleibt bei euch. Ebenso bringt ihr mir all diese Kritik dar. Das sind die Almosen, die ihr mir geben möchtet. Aber ich habe das von euch Dargebrachte nicht akzeptiert. Nun, ihr müsst es behalten, es bleibt bei euch. Ihr seht also, all eure Kritik wird in Wahrheit auf euch selbst gerichtet. Ihr kritisiert mich in keinster Weise!"

Man kann ein Einschreiben an einen Freund senden. Was macht das Postamt, wenn der Freund das Einschreiben nicht annimmt? Es schickt es zurück an den Absender. Wenn ihr jemanden kritisiert, derjenige eure Kritik aber nicht annimmt, kommt diese Kritik unweigerlich zu euch zurück. Glaubt nicht, dass ihr durch das Ausdrücken von Eifersucht und Hass, die ihr möglicherweise fühlt, denjenigen Probleme bereiten würdet, auf die sich diese abscheulichen Empfindungen richten. In Wahrheit bereitet ihr euch nur selbst Probleme. Eifersucht und Hass bereiten demjenigen, der mit ihnen infiziert ist, große Schwierigkeiten. Eifersucht und Hass entspringen dem Egoismus. Hier ist ein kleines Beispiel.

Hinter Eifersucht und Hass steckt Egoismus

Es gab einmal einen hingebungsvollen religiösen Menschen *(samnyāsin),* der viel Freude an der Pflege eines Gartens voller Blumen und Obstbäume hatte. Obwohl er in spirituelles Wissen versunken war, hatte er eine große Portion Egoismus in sich. In dem Augenblick, in dem sich der Egoismus in ihm breitmachte, hatte auch die Eifersucht Zutritt zu ihm. Wenn Egoismus und Eifersucht auf der Bildfläche erscheinen, gesellt sich der Hass ganz automatisch hinzu. Gott wandte sich diesem fehlgeleiteten Gottesverehrer zu. Er sah, dass das Herz dieses Menschen trotz all seines korrekten religiösen Äußeren voller Gift war. Gott beschloss, ihn zu bessern, indem er ihm eine Lehre erteilte. Der Herr manifestierte sich in Gestalt eines alten Bettelmönches und spazierte durch den Garten.

Der alte Bettelmönch ging zu einem kürzlich gepflanzten Baum und lobte dessen Schönheit. Als er den Gartenbesitzer in der Nähe bemerkte, fragte er ihn: „Wer ist der Gärtner, der für die Pflege eines so feinen Baumes verantwortlich ist? Der stolze Besitzer plusterte sich auf und sagte: „Mein Herr, ich bin es, der den ganzen Garten angelegt hat. Ich habe mich um diesen Baum und alle anderen Bäume, die du hier auch siehst, gekümmert. Durch meine eigene Arbeit habe ich all diese gefälligen Wege angelegt und den schönen Garten zustandegebracht. Ich allein sehe nach dem Rechten hier. Es ist sonst kein Gärtner da. Ich bin es, der die Pflanzen bewässert. Ich dünge sie, jäte das Unkraut und entferne die Schädlinge. Ich säubere die Wege. Ich sehe zu, dass diese schönen Blumen und Früchte hier wachsen, und ich tue das alles, weil ich andere damit erfreuen will." Und so fuhr er fort, immerzu „ich ..., ich ..., ich ..." wiederholend.

Der alte Bettelmönch gab vor, die Schönheit des Gartens wertzuschätzen, und verweilte eine Zeitlang darin, während der Besitzer sich in der Nähe damit beschäftigte, seinen Garten zu pflegen. Nach einer Weile ging der Bettelmönch fort. Kurze Zeit später betrat eine Kuh den Garten. Sie war so schwach, dass sie kurz davor war, umzufallen und die Pflanzen zu ruinieren, die unter ihrem Körper waren. Der Gartenbesitzer sah, dass die Kuh drauf und dran war, seine schönen Beete zu zerstören, und so warf einen kurzen Stock nach ihr, um sie zu vertreiben. In dem Augenblick, als der Stock die Kuh traf, fiel sie um und verendete. In seiner Religion wurden Kühe als sehr heilig betrachtet und sollten nicht belästigt oder verletzt werden. Da er den Stock geworfen hatte, der die Kuh tödlich zu Fall gebracht hatte, würde er nun an der großen Sünde, eine Kuh getötet zu haben, leiden müssen. Er war entsetzt über die schreckliche Wende der Ereignisse.

Bald darauf kehrte derselbe Bettelmönch in den Garten zurück. Er schlenderte den Weg entlang, auf dem auch die Kuh gekommen war, entdeckte die tote Kuh und war geschockt. Er suchte den Besitzer und drängte ihn, schnell zu der Stelle zu kommen. Der Bettelmönch fragte: „Wer hat diese Kuh getötet? Wer hat diesen Frevel begangen?" Als der Besitzer nicht antwortete, fragte der Bettelmönch direkter: „Sag mir, weißt du, wer die Kuh getötet hat?" Der Besitzer entgegnete: „Das war sicher der Wille Gottes. Hätte sie ohne den Willen Gottes auf diese Weise sterben können? Wenn es ihr nicht bestimmt gewesen wäre zu sterben, hätte sie dann so stürzen und ihr Leben aushauchen müssen, bloß weil ein kleiner Stock sie getroffen hatte?“

Als der alte Bettelmönch das hörte, sagte er zu dem Mann: „Du hast mir vorhin erzählt, dass du allein für das Gedeihen dieses Gartens verantwortlich wärest und wie du allein all diese Pflanzen großgezogen und sämtliche Wege angelegt hättest. Du hast dir all die guten Dinge, die hier geschehen sind, selbst zugutegehalten, aber für das Schlechte beschuldigst du Gott. Du bist ein arroganter, egoistischer Dummkopf, so aufgebläht von deiner eigenen Wichtigkeit, dass du nicht einmal die Hand des Schöpfers beim Hervorbringen all der hiesigen Schönheit anerkennst. Du beanspruchst die Verdienste, die Gott gehören, für dich. Du bist selbst auf Gott eifersüchtig. Wenn es nicht Gottes Willen wäre, stünde nichts in deinem Garten.“

In diesem Moment enthüllte der alte Bettelmönch seine wahre Identität und sagte: „Ich bin der Herr. Ich bin gekommen, deinen Egoismus zu zerstören.“ Der irrende Gottesverehrer fiel in Reue zu Füßen des Herrn. Er erkannte, wie das Ego ihn eingenommen hatte, wie es Fuß gefasst, in ihm Einlass gefunden und ihn dann übernommen hatte. Nun verstand er die tiefere Bedeutung der spirituellen Lehren, über die er so lange geredet hatte. Er erkannte, dass alles von Göttlichkeit durchdrungen ist, und deshalb sollte er Göttlichkeit überall sehen und sein Leben im Wissen führen, dass alles bis ins kleinste Detail der Kontrolle des Göttlichen unterliegt.

Zerstört Egoismus, Eifersucht und Hass durch Liebe und Duldsamkeit

Ihr müsst darauf achten, dass ihr nicht Egoismus und seine Gefolgsleute – Hass und Eifersucht – entwickelt. Wenn sie erst einmal Wurzeln in euch schlagen, lassen sie sich nur sehr schwer wieder ausrotten. Wenn ihr von diesen schlechten Eigenschaften befallen seid, werdet ihr vielleicht nicht das Glück wie dieser Gottesverehrer haben und die direkte Aufmerksamkeit Gottes erhalten, die euch beim Ausreißen hilft. Ihr könnt Eifersucht nicht bloß durch das Lesen der Schriften oder das Ausführen spiritueller Rituale ausrotten. Aber durch entschlossene Bemühungen, eure Gedanken zu transformieren und selbstlose Liebe zu entwickeln, könnt ihr diese Schädlinge vernichten. Opfert all eure negativen Gedanken den Lotosfüßen des Herrn und füllt euch mit unerschütterlicher Liebe und Duldsamkeit an.

Solange ihr Eifersucht habt, könnt ihr niemals erstrahlen. Alle großen Tugenden werden euch verlassen. Die *Gita* lehrt, dass es die vordringlichste spirituelle Übung ist, edle Tugenden zu entwickeln und sie in eurem täglichen Leben umzusetzen. Auf diese Weise könnt ihr euch selber positive Umstände erschaffen. Wenn ihr ein tugendhaftes Leben führt, seid ihr in der Lage, das Prinzip des *Atman* zu erfahren. Aber wenn ihr diese erhabenen Eigenschaften nicht in euch fördert, wird es euch niemals möglich sein, Göttlichkeit zu erkennen.

Das Licht des *Atman* ist überall. Es ist nicht auf eine bestimmte Person oder Gestalt beschränkt. Es strahlt als ein großes Leuchten, welches das gesamte Universum erfüllt. Es kann jede Gestalt und jeden Namen annehmen. Es ist die wahre Grundlage jedes Namens und jeder Gestalt. Nehmt zum Beispiel das Licht, das von einer Glühbirne ausgeht, oder den Luftzug, den ein Ventilator erzeugt, oder die Hitze, die eine elektrische Herdplatte erzeugt, oder die Leistung, die ein Elektromotor hat. Die Wirkungen sind unterschiedlich: Die Leistung des Elektromotors ist etwas Anderes als der Luftzug, den ihr vom Ventilator bekommt. Das Licht aus der Glühbirne ist etwas Anderes als das Essen, das ihr auf der Herdplatte kocht. Die Wirkungen sind also unterschiedlich und die Geräte ebenso, aber durch all diese Geräte fließt ein und derselbe elektrische Strom. Das Gleiche gilt für das Prinzip des *Atman:* Er manifestiert sich auf unterschiedliche Weise in unterschiedlichen Körpern, doch das Substrat ist dieselbe Einheit.

Die Leuchtkraft des elektrischen Lichtes ist proportional zu dem Strom, der in den Glühbirnen fließt. Das Licht, das von den Glühbirnen strahlt, kann mit dem Leuchten des *Atman* in den einzelnen Wesen verglichen werden. Licht hat keine Gestalt oder Form, doch Glühbirnen gibt es in verschiedenen Formen und mit verschiedener Wattleistung. Eine Blitzlichtlampe hat eine andere Form als eine Neonröhre. Die Birne in der Esszimmerlampe mag sehr hell sein, während die eines Nachttischlämpchens eher schwach ist. Aus Unwissenheit fragt ihr euch vielleicht, warum Esszimmerlampe und Nachttischlampe verschieden hell leuchten, wenn es nur eine einzige Art von Strom gibt. Der Unterschied liegt in den Glühbirnen.

Ebenso gibt es Unterschiede im Ausdruck von Liebe in den verschiedenen Herzen. Wenn eure Liebe voll, ganz und gesund ist, seid ihr imstande, die Fülle der Leuchtkraft des *Atman* zu manifestieren und hell zu erstrahlen. Wenn eure Liebe eng und selbstsüchtig ist, wird sie wie das Strahlen einer Nachttischlampe sein. Es ist keine Frage des elektrischen Stroms. Das Potenzial, aus dem jede Menge Strom erzeugt werden kann, ist verfügbar und ständig bereit. Ihr müsst die Glühbirne auswechseln, um helleres Licht zu bekommen. Wenn ihr mit Eifersucht angefüllt seid, ist eure Leuchtkraft sehr schwach. Wenn ihr die Strahlkraft selbstloser Liebe habt, wird die Leistung mit einer Hundert-Watt-Lampe vergleichbar sein. Lasst deshalb eure Liebe sich entfalten. Das Göttliche kann nur mithilfe der Liebe erkannt werden.

Nur durch Liebe könnt ihr Gott erfahren

Um den Mond zu sehen, braucht ihr keine Taschenlampe auf ihn zu richten. Das Mondlicht selbst reicht aus, um ihn zu sehen. Wenn ihr Gott sehen und wahrnehmen wollt, der stets die Liebe selbst ist, der in einem fort immerzu Liebe ist, wird euch das nur durch Liebe gelingen. Es ist unmöglich, ihn zu sehen, wenn ihr von Hass erfüllt seid.

Hass ist das genaue Gegenteil von Liebe und so etwas wie Blindheit.

Wie stark das Licht auch sein mag, das ihr auf einen Blinden richtet, er kann es nicht sehen. Solange ihr schlechte Eigenschaften habt, könnt ihr das Göttliche, das euch so nah ist, nicht wahrnehmen. Wenn ihr frei seid von Eifersucht, Egoismus und Hass, werdet ihr das Leuchten des Göttlichen unmittelbar erleben. Ein Mensch, der sein Auge der Weisheit geöffnet hat, erstrahlt mit der Gegenwart des Göttlichen. Ein Mensch, der seine Augen aus Unwissenheit geschlossen hat, wird des Herrn nicht gewahr. Wenn ihr die Augen schließt, müsst ihr stundenlang nach einem Handtuch suchen, das vielleicht direkt über euch im Regal liegt. Wenn ihr eure Augen öffnet, könnt ihr eure Hand direkt darauf legen. Der Weise *(jnānin),* dessen Augen für das Göttliche geöffnet sind und dessen Sicht nicht von Unwissenheit umnebelt ist, nimmt Gott unmittelbar wahr und erreicht ihn.

Ihr werdet weise, wenn ihr vor Tugenden duftet. Aber wenn ihr von schlechten Eigenschaften durchtränkt seid, mit allen möglichen Zweifeln, Eifersüchteleien und Hass angefüllt seid, werdet ihr rein gar nichts begreifen. Darum sagt man auch: „Lieber tot als mit der Blindheit der Unwissenheit geschlagen." Ihr müsst euch von der Unwissenheit befreien. Eifersucht ist ein Übel, das diese Unwissenheit fördert. Deshalb sollten Studenten, die ein zartes Herz haben, die eine helle Zukunft vor sich haben und große Fortschritte machen müssen, niemals der Eifersucht Raum geben.

Wenn jemand in eurer Klasse eine besonders gute Note bekommt, solltet ihr nicht gleich eifersüchtig werden. Ihr könnt auch darauf hinarbeiten, eine ebenso gute Note zu bekommen. Wenn ihr das nicht geschafft habt und außerdem noch eifersüchtig seid, habt ihr zwei Fehler gemacht: Erstens habt ihr nicht ausreichend gut gelernt, denn sonst hättet ihr besser abgeschnitten, und zweitens habt ihr euer Herz mit eurer Eifersucht verdunkelt. Darüber zu jammern, wäre euer dritter Fehler. Ihr solltet diese schlechten Eigenschaften, die euch mit Sicherheit viel Schaden zufügen, niemals aufkommen lassen. Sie können sogar eine ganze Familie zerstören, die zuvor glücklich war und alles Gute dieses Lebens genießen durfte.

Eifersucht und Hass zerstören jene, die sie hegen

Als *Krishna Arjuna* diese Wahrheiten erklärte, sagte er ihm: „Die *Kauravas, Dhritarashtras* einhundert Söhne, wollen das Glück und die Freude der *Pandavas* zerstören. Es sind ihre üblen Eigenschaften, die sie dazu bewegen, all ihre schändlichen Taten zu vollbringen. Eifersüchtige Menschen ziehen die Gesellschaft schlechter Menschen an. Die *Kauravas* werden von ihrem bösen Onkel Shakuni begleitet, der sie in ihrer Feindseligkeit gegen die *Pandavas* bestärkt. Shakuni ist voller Eifersucht; sie alle sind wie blind. So wie ihr Vater im physischen Sinne blind war, sind alle hundert *Kauravas* geistig blind. Sie kommen zusammen und verstärken einander. Aber du kannst sicher sein, *Arjuna,* dass ihre üblen Eigenschaften sie vernichten werden." Wie *Krishna* voraussagte, überlebte nicht einer der hundert *Kaurava*-Brüder den Krieg, um die Totenfeier für die verstorbenen Eltern abzuhalten. Dies ist die große Tragödie, wenn ihr in Hass und Eifersucht verfallt.

Wenn ihr die *Gita* wirklich verstehen wollt, müsst ihr damit beginnen, all die guten Eigenschaften und Tugenden zu entwickeln, die darin erörtert werden. Wenn diese ein Teil von euch geworden sind, könnt ihr das Göttliche unmittelbar erleben.

Alles, was ihr euch wünscht, könnt ihr vom Wunscherfüllungsbaum bekommen. Die *Gita* ist solch ein Wunscherfüllungsbaum: Sie gibt euch, was auch immer ihr bereit seid zu empfangen. Sie schenkt euch eine Stufe des Verständnisses, das eure jeweiligen Wünsche widerspiegelt. In diesem Zeitalter interpretieren die Menschen die *Gita* nicht korrekt, weil sie mit so vielen falschen Wünschen angefüllt sind, und so ist die *Gita* für sie von geringem Nutzen. Ihr aber müsst eure Tugendhaftigkeit fördern und euch mit Liebe anfüllen. Dann leuchtet die erhabene Botschaft der *Gita* in euch und inspiriert euch, das Göttliche zu erreichen. Diese Göttlichkeit zu erreichen ist euer Geburtsrecht. Sie ist eure unwandelbare Wirklichkeit, eure nicht zu leugnende Wahrheit.

Sechsundzwanzigste Ansprache

Wahrheit und ein guter Charakter – der wahre Lebensatem

Krishna sagte: „Wo beispielhaftes Benehmen ist,
wo Rechtschaffenheit (dharma) und Heiligkeit sind,
wo Pflichttreue und Wahrheit befolgt werden, da ist der Sieg.
Wenn ihr euch auf ehrbare Weise verhaltet,
wenn ihr nach den Grundsätzen des Dharma lebt,
beschützen euch eben diese Grundsätze.
Arjuna! Lebe stets in heiliger und ehrbarer Weise.
Dann wirst du ein Leben führen, das wahrlich wertvoll ist.“

Verkörperungen der Liebe,

es gibt sieben Facetten, ein heiliges Leben zu führen, die wie die sieben Farben der Sonnenstrahlen sind. Sie machen die Vorschriften tugendhaften Benehmens und moralischer Vortrefflichkeit aus, die der wahre Stoff eines spirituellen Lebens sind. Die erste Facette ist Wahrheit, die zweite Facette ein guter Charakter, die dritte rechtes Handeln, die vierte Sinneskontrolle und die fünfte Facette ist, bewusst zu leben mit der Betonung auf der Einschränkung der eigenen

Wünsche. Die sechste Facette ist Entsagung und Losgelöstheit und die siebte Gewaltlosigkeit. All diese Grundsätze des rechten Lebens wurden zum Schutz des Einzelnen und zum Wohl der Gesellschaft niedergelegt. Insgesamt werden sie als *Dharma* oder Rechtschaffenheit bezeichnet.

Wahrheit und Dharma

Wahrheit ist die Grundlage von Rechtschaffenheit. So wie Brennen das Wesen des Feuers ist, Kälte das Wesen des Eises, Duft das Wesen der geöffneten Blüte und Süße das Wesen des Zuckers, ist Wahrheit das Wesen eines Menschen. Wahrheit und ein guter Charakter sind euer wahrer Lebensatem. Wenn ihr die angeborene Wahrheit erkennt, die eure essenzielle Natur ist, dann versteht ihr eure eigene Wirklichkeit.

Um auf dem Gebiet der Spiritualität Erfolg zu haben, ist guter Charakter essenziell. Man kann von Charakter sagen, dass er drei Aspekte hat. Der erste Aspekt wird am besten mit den drei Worten „Religiosität", „Heiligkeit" und „Güte" ausgedrückt. Der zweite Aspekt wird am besten mit den Worten „Toleranz", „Mitgefühl" und „Duldsamkeit" beschrieben. Der dritte Aspekt wird von den Worten „Entschlusskraft", „Entschiedenheit" und „Festlegung" wiedergegeben.

Ganz gleich welche Bildung ihr habt, wie reich ihr seid, welche Positionen ihr besetzt, ob ihr ein großer Gelehrter oder Staatsmann seid, wenn ihr nicht diese drei Charakterzüge habt, seid ihr so gut wie tot. Was ihr auch sonst vielleicht erreicht habt, ohne diese drei Charakterzüge sind alle anderen Errungenschaften und alles Erreichte wertlos. Die Menschen schenken der äußeren Schönheit ihre Aufmerksamkeit, Gott dagegen sieht nur die innere Schönheit. Die Wahrheit ist, dass der untadelige Charakter eines Menschen seine echte Schönheit ausmacht. Ein Mensch ohne guten Charakter ist nichts als ein Stein. Ihr müsst die sieben Facetten des *Dharma* befolgen und jede einzelne in euch leuchten lassen, denn jeder von ihnen ist euch ganz und gar wesenseigen.

Der erste Schritt ist Wahrheit. Wahrhaftigkeit bedeutet nicht einfach, vom Lügen Abstand zu nehmen. Ihr müsst die Wahrheit als eure wahre Essenz, als die Grundlage eures Wesens begreifen. Für die Wahrheit solltet ihr bereit sein, allem zu entsagen. Die Welt benimmt sich in Furcht vor der Wahrheit und ist der Wahrheit stets dienstbar. Wenn keine Wahrheit da ist, bekommt der Mensch Angst und wird sogar zu ängstlich, um zu leben. Es ist die Wahrheit, welche die gesamte Welt beschützt und in Bewegung hält. Wahrheit beseitigt alle Ängste. Sie ist eine solch wichtige Eigenschaft, dass ihr nur in der Lage seid Göttlichkeit zu erreichen, wenn sie tadellos befolgt wird. Charakter ist der Atem der Wahrheit. Für den Charakter sind Tugendhaftigkeit und gutes Benehmen wichtig. Die Menschheit wird ohne gutes Benehmen nicht glänzen. Tugenden, gute Eigenschaften und gutes Benehmen verleihen der Menschheit Glanz.

Wahrheit muss ab frühester Kindheit eingeprägt werden

Ihr müsst Wahrheit, Charakter und gutes Benehmen als eure Basis nehmen, um der Menschheit zu dienen und eure angeborene Göttlichkeit zu erkennen. Macht ab der Kindheit alle notwendigen Anstrengungen, um diese edlen Tugenden anzunehmen. Im frühen Lebensalter begehen Kinder wahrscheinlich bewusst oder unbewusst viele kleine Fehler. Aus Angst, dass die Eltern von diesen Verfehlungen erfahren und sie eine Strafe oder Kritik bekommen, versuchen Kinder ihre Übertretungen zu verheimlichen.

Auf diese Weise tendieren Kinder dazu, die Gewohnheit des Abweichens von der Wahrheit zu entwickeln, um Tadel zu vermeiden. Schließlich wird diese Gewohnheit die wahre Grundlage des Lebens zerstören. Unwahrheit untergräbt eure Menschlichkeit. Deshalb sollten Kinder sehr dazu ermutigt werden, immer die Wahrheit zu sagen, ganz gleich was es auch sein mag, ohne Angst vor den Konsequenzen zu haben, seien sie erfreulich und vorteilhaft für das Kind oder führen sie zu Schelte und Strafe. So wie das Fundament für ein Haus sehr wichtig ist, so wie Wurzeln die Grundlagen eines Baumes sind, ist die Wahrheit das einzig wahre Fundament eines Lebens als Mensch.

Wenn ihr in der Wahrheit schwankt, wird es keine Sicherheit und keinen Schutz in eurem Leben geben. Ein Beispiel für striktes Anhaften an der Wahrheit kann im Leben des großen Königs *Harishcandra* gesehen werden. Wegen seiner kompromisslosen Einstellung zur Wahrheit wurde er von den Umständen dazu gezwungen, seine Frau, seinen Sohn und sein Königreich aufzugeben. Er betrachtete Wahrheit als seine Buße. Selbst in den schwierigsten Situationen, die auf ihn einstürmten, war er nicht bereit, eine Unwahrheit zu sagen oder vom *Dharma* abzuweichen. Letztendlich verlor er sein Königreich. Verbannt und allein nahm er eine Arbeit auf dem Einäscherungsplatz an. Als sein Sohn starb, brachte seine Frau dessen Körper zum Einäscherungsplatz. Obwohl er wusste, dass es seine Frau, Candramati, war, die da kam, und dass der Leichnam der seines Sohnes war, fühlte er sich doch daran gebunden, seine Pflicht als Feuerbestatter zu erfüllen. Auch unter den herausforderndsten Prüfungen wich König *Harishcandra* nicht davon ab, die Wahrheit zu sagen und *Dharma* zu befolgen. Er betrachtete Wahrheit und *Dharma* als die beiden Augen eines Menschen oder als die beiden Räder eines Wagens, als die beiden Flügel eines Vogels, von denen jeder für den anderen unentbehrlich ist.

Selbst eine kleine Lüge kann später zu Unglück führen

Die Erwachsenen sind verpflichtet, der Jugend von Anfang an beizubringen, wie wichtig es ist, die Wahrheit zu sagen. Hier ist ein kleines

Beispiel, das zeigt, wie das Erfinden von Geschichten, um ein jüngeres Geschwisterchen durch Lügen zu verwirren, unerfreuliche Auswirkungen für ein Kind haben kann. Es war einmal ein Vater, der seinem Sohn zum Geburtstag ein ganz besonderes Geschenk machen wollte. Er liebte seinen Sohn, und so gab er ihm eine goldene Münze und sagte, er solle damit zur Mutter gehen und sie bitten, ihm vom Goldschmied einen Ring daraus machen zu lassen. Am darauffolgenden Tag musste der Junge sich für eine Prüfung vorbereiten; das Goldstück hatte er vor sich auf dem Tisch liegen, an dem er lernte.

Nun hatte der Junge eine kleine Schwester, die sehr neugierig und unternehmungslustig war. Als sie das Zimmer betrat, sah sie gleich das Goldstück, nahm es in die Hand und fragte: „Bruder, was ist das?“ Er antwortete: „Das ist eine Goldmünze.“ Sie fragte weiter: „Woher hast du sie?“ Der Junge antwortete scherzhaft: „Sie ist auf einem Baum gewachsen.“ „Wie konnte diese Goldmünze auf einem Baum wachsen?“, wunderte sich die Schwester. Der Junge erfand nun eine ganze Geschichte und erzählte eine Schwindelei nach der anderen. Er sagte: „Wenn du sie wie einen Samen in die Erde eingräbst und mit Wasser gießt, wird ein Baum daraus. Von diesem Baum bekommst du dann noch mehr solcher Goldstücke.“

Die Schwester wollte mehr darüber wissen, aber der Junge sagte: „Du, ich habe keine Zeit, mit dir zu sprechen. Ich muss lernen. Frag mich später.“ Und als sie sah, wie beschäftigt er war, nahm sie die Gelegenheit wahr und steckte das Goldstück ein. Dann ging sie aus dem Zimmer schnurstracks in den Garten, um ein kleines Loch in die Erde zu graben. Sie legte das Goldstück hinein und bedeckte es mit Erde. Dann schüttete sie Wasser darauf und dachte dabei die ganze Zeit daran, wie ein Bäumchen aus dem Samen wachsen würde.

Das Dienstmädchen, welches das kleine Kind vom Fenster aus beobachtete, sah, wie es die Münze eingrub, und als die Kleine wieder ins Haus rannte, ging die Magd hinaus, grub die Münze aus und steckte sie ein. Inzwischen hatte die Mutter ihren Sohn daran erinnert, dass er zur Schule musste. Der Junge wollte nun der Mutter die Goldmünze übergeben, damit sie, wie der Vater vorgeschlagen hatte, einen Ring daraus machen lassen konnte. Der Junge konnte die goldene Münze aber nirgendwo finden. Er lief zu seiner kleinen Schwester und fragte sie, ob sie die Goldmünze gesehen habe. Sie antwortete: „Bruder, ich habe mir gedacht, wenn wir einen Baum daraus wachsen lassen, werden wir eine Menge solcher Münzen haben, und so habe ich sie im Garten in ein Loch gelegt." Daraufhin gingen sie zu der Stelle, an der das Kind die Münze vergraben hatte, konnten dort aber keine Münze finden.

Der Junge war nun in arger Bedrängnis. Anstatt an seinem Geburtstag glücklich zu sein, weinte er. Er erzählte seiner Mutter einen Teil der Geschichte, und sie fragte ihn: „Aber warum hat deine Schwester das Goldstück genommen und im Garten vergraben, mein Sohn?" Der Junge wusste es anscheinend nicht mehr, und so ließ die Mutter ihr Töchterchen holen und fragte es, warum es das getan habe. Die Kleine antwortete: „Er hat gesagt, dass aus der Münze ein Baum wird, und da habe ich es so gemacht, wie er gesagt hat." Die Mutter wandte sich wieder an ihren Sohn: „Weil du deiner Schwester Lügen erzählt hast, bist du heute an deinem Geburtstag unglücklich, anstatt dich zu freuen. Du weinst, und nicht nur das, du hast auch die Goldmünze, die dir dein Vater gegeben hat, verloren."

Wenn Kindern erlaubt wird zu lügen und in ihrem zarten Alter so leichtfertig mit der Wahrheit umzugehen, nimmt diese Gewohnheit im Lauf der Jahre zu. Wenn ihr ihnen dagegen von Anfang an beibringt, Wahrheit als das Fundament ihres Lebens zu betrachten, wird ihr Charakter gefestigt, und sie werden Großes leisten können.

Wenn eine schlechte Eigenschaft geht, können die übrigen nicht lange bleiben

Es gab einst einen großen Lehrer *(jagadguru),* der vielen Menschen half, sich spirituell zu entwickeln. Wenn jemand zu ihm kam und ihn bat, ihn einzuweihen, untersuchte er als Erstes das Verhalten und den Charakter des Betreffenden, um herauszufinden, welche Fähigkeiten er besaß. Entsprechend dieser Fähigkeiten und des Entwicklungsstandes gab er dann ein *Mantra.* Eines Tages kam ein Dieb zu ihm, der erkannt hatte, was für ein großer Mann der *Jagadguru* war, und bat um ein *Mantra.* Der *Jagadguru* sagte: „Gut, mein Sohn, was sind deine Eigenschaften? Welche Fehler hast du?" Der Dieb antwortete: „Meine erste schlechte Eigenschaft ist, dass ich nachts von Haus zu Haus gehe, einbreche und stehle. Weil ich die Nacht mit Stehlen verbringe, trinke ich mich tagsüber in den Schlaf. Das Trinken ist meine zweite schlechte Eigenschaft. Wenn mich die Polizei erwischt, erfinde ich Lügen und gebe ihr viele falsche Informationen, um sie auf eine falsche Fährte zu locken. Das ist meine dritte schlechte Eigenschaft."

Der spirituelle Lehrer fragte den Dieb: „Gut, mein Kind, du sagst, du stiehlst, trinkst und sagst die Unwahrheit. Kannst du eine dieser schlechten Eigenschaften aufgeben?" Der Dieb überlegte eine Weile hin und her. „Wenn ich nicht stehle", dachte er, „wie kann ich dann für meine Familie, meine Kinder und Frau sorgen? Nein, das Stehlen kann ich nicht aufgeben. Und nur wenn ich meinen kräftigen Körper gesund erhalte, kann ich der Polizei immer wieder entkommen. Also brauche ich viel Schlaf, und das Trinken hilft mir, am Tag Schlaf zu bekommen. Aber es ist unwahrscheinlich, dass ich oft geschnappt werde. „Ich werde das Lügen aufgeben", sagte er. Da fragte ihn der Meister: „Versprichst du, dass du ab morgen immer die Wahrheit sagst?" Der Dieb antwortete: „Ganz sicher. Sogar von heute an sage ich nur mehr die Wahrheit." Das war sein fester Entschluss, und tatsächlich machte er es sich von dem Tag an zur Gewohnheit, die Wahrheit zu sagen, wohin er auch ging.

In einer heißen Sommernacht schlich der Dieb in einer nahegelegenen Stadt auf der Suche nach einem lohnenden Einbruch herum. Der Bürgermeister dieser Stadt, ein sehr wohlhabender Mann, ruhte sich auf der Terrasse seines Hauses aus. Damals gab es noch keine Ventilatoren oder Klimaanlagen. Wegen der Hitze und noch schwülen Nachtluft konnte er keinen Schlaf finden. Dem Dieb war es gelungen, auf die Terrasse zu klettern, und kaum hatte er sich hinaufgeschwungen, erspähte ihn der Bürgermeister und wusste dass er es mit einem Einbrecher zu tun hatte. Der reiche Mann sprach ihn an: „He, du, wer bist du?“ Weil der Dieb nur die Wahrheit sagte, antwortete er: „Ich bin ein Dieb.“ Nun wollte der reiche Mann herausfinden, welche Pläne der Einbrecher hatte, und sagte: „Tatsächlich? Nun, ich bin auch ein Dieb.“

Sie beschlossen zusammenzuarbeiten und planten, Wertgegenstände in dem Haus zu stehlen. Der reiche Mann sagte zum Dieb: „Im Tresor des Hauses sind Wertgegenstände eingeschlossen, aber es wird sehr schwierig werden, ihn aufzubekommen, es sei denn, wir kriegen die Schlüssel von irgendwoher. Lass mich ins Haus einbrechen und sehen, ob ich die Schlüssel stehlen kann.“ Der Reiche fuhr fort: „Ich hatte vorhin nach jemandem Ausschau gehalten, der für mich Schmiere stehen könnte. Jetzt, wo ich in dir einen Freund gefunden habe, gehe ich hinein.“

Er verließ den Dieb und tat so, als bräche er in das Haus ein. Er hielt sich eine Weile im Haus auf, kletterte nach einigen Minuten mit den Schlüsseln in der Hand wieder nach oben und tat so, als müsse er dabei vorsichtig sein. Jetzt sagte er zum Dieb: „Ich habe die Schlüssel, aber ich kann den Tresor nirgends finden; ich habe ihn überall gesucht. Lass mich hier aufpassen, und geh du ins Haus. Sieh zu, dass du den

Tresor findest, und bring die Wertsachen mit, die der reiche Mann darin aufbewahrt." Wie sich herausstellte, bewahrte der Reiche im Tresor drei große Diamanten auf. Der Dieb schlich ins Haus, fand den Tresor, öffnete ihn und entnahm ihm die drei kostbaren Diamanten.

Sofort tauchte in seinen Gedanken das Problem auf, wie sie die drei Diamanten unter sich teilen sollten. Seitdem der Dieb begonnen hatte, dem Pfad der Wahrheit zu folgen, war automatisch auch ein gewisses Maß an Rechtschaffenheit in ihn eingedrungen. Er brachte die drei Diamanten mit aufs Dach und sagte zu seinem Reichen: „Bruder, du kannst einen Diamanten behalten. Ich behalte den zweiten. Den dritten können wir nicht zerteilen. Ich werde ihn in den Tresor zurückbringen, damit der Eigentümer auch noch etwas hat. Den soll er behalten." Nachdem er dies entschieden hatte, stieg der Dieb noch einmal ins Haus, legte den dritten Diamanten in den Tresor zurück und kletterte wieder aufs Dach.

Danach, als der Dieb fortgehen wollte, sagte der Reiche zu ihm: „Bruder, vielleicht könnten wir diese Art von Partnerschaft in Zukunft wieder pflegen. Bitte gib mir deine Adresse, damit ich Kontakt zu dir aufnehmen kann." Weil der Dieb verpflichtet war, die Wahrheit zu sagen, gab er dem reichen Mann seine richtige Anschrift. Am nächsten Morgen nahm der Reiche, der auch der höchste Amtsträger der Region war, die Adresse und gab eine Anzeige über den Verlust einiger Diamanten aus seinem Tresor auf. Er wies die Polizei an, ins Dorf mit der genannten Adresse zu fahren und den dort wohnenden Dieb festzunehmen.

Der Dieb war in der betreffenden Stadt gut bekannt. Die Polizei fuhr hin und fand ihn ohne Schwierigkeiten. Sie nahm ihn fest und brachte ihn zum Bürgermeister. Bei Tageslicht erkannte der Dieb die beraubte Amtsperson vor ihm nicht als den Partner der vergangenen

Nacht. Da stellte der Bürgermeister dem Dieb Fragen: „Nun, wie bist du in das Haus gekommen? Wie bist du an die Diamanten gekommen?“

Der Dieb erzählte minutiös alle Details seines Abenteuers. Er sagte, wie er aufs Dach geklettert war, wie es zur Zusammenarbeit mit einer weiteren Person gekommen war, wie er ins Haus eingestiegen war, den Tresor geöffnet, die drei Diamanten entnommen hatte, einen seinem Partner gegeben und einen für sich behalten hatte und wieder ins Haus eingestiegen war, erneut den Tresor geöffnet und den dritten Diamanten wieder hineingelegt hatte. Jede Einzelheit erzählte er. Der Bürgermeister rief seinen Wachtmeister und sagte: „Geh, und sieh nach, ob sich noch ein Diamant im Tresor befindet.“ Der Wachtmeister nahm die Schlüssel des Tresors und dachte bei sich: „Gibt es einen Dieb, der einen gestohlenen Diamanten zurücklegt?“ Darüber nachdenkend öffnete er den Tresor, sah den Diamanten, den der Dieb an seinen Platz zurückgelegt hatte, steckte ihn in seine Tasche und ging zum Bürgermeister zurück. Dort berichtete er, dass kein Diamant in dem Tresor zu finden gewesen sei. Der Bürgermeister aber durchsuchte die Taschen des Wachtmeisters, fand den Diamanten darin und entließ ihn auf der Stelle aus seinem Dienst.

Dann wandte er sich an den Dieb und sagte zu ihm: „Ich weiß, dass du in allem, was du berichtet hast, die Wahrheit sagtest. Deshalb ernenne ich dich heute zu meinem Verwaltungsleiter. Nur ein wahrheitsliebender Mensch sollte ein öffentlicher Beamter sein. Unglücklicherweise bist du ein Dieb geworden, aber deinem Wesen nach bist du keiner.“ So konnte dieser Mensch das Stehlen aufgeben und wurde zu einem hohen Beamten. Er fuhr fort, die Wahrheit zu sagen, gab mit dem natürlichen Lauf der Dinge nach und nach auch das Trinken auf und wurde ein ehrlicher und aufrichtiger Mensch.

Ihr mögt anfänglich einer Menge Schwierigkeiten begegnen, wenn ihr der Wahrheit treu bleibt. Aber wenn ihr den Weg weiterverfolgt, ausschließlich die Wahrheit zu sagen, wird diese Wahrheit euch schließlich mit Freude und Glück erfüllen und euch Erfolg in all euren Bemühungen schenken. Um das Glück und das Wohlergehen der Menschheit zu fördern, lehrt *Krishna* in der *Gita,* dass man immer wahrhaftig sein soll. Er erklärte, dass Wahrheit der königliche Weg durchs Leben sei und dass der Weg der Wahrheit der einzige Weg sei, um rechtes Handeln in der Gesellschaft zu fördern.

Dharma ist unveränderlich, aber das Praktizieren von Dharma ändert sich in jedem Zeitalter

Manchmal wurde gesagt, dass Rechtschaffenheit nachgelassen habe und *Dharma* verschwunden sei. Aber das stimmt nicht. *Dharma* beruht auf Wahrheit. Wahrheit ist absolut. Sie kann niemals einem Wandel unterliegen oder schwächer werden. Dennoch kann sich das Praktizieren von *Dharma* in jedem Zeitalter verändern. Gott inkarnierte als *Krishna,* nicht um *Dharma* wiedereinzuführen, sondern um das Praktizieren von *Dharma* wiedereinzuführen. Der *Dharma* ist nie verschwunden, noch hat er sich jemals geändert. Er wurde nur nicht gelebt.

Die sieben Facetten des *Dharma* existierten in allen vergangenen Zeitaltern *(yuga).* Dennoch hatte jedes Zeitalter spirituelle Übungen, die für es am geeignetsten waren. In den alten Zeiten, in denen das spirituelle Bewusstsein sehr hoch war *(kritayuga),* war die Meditation die geeignetste Übung. Im Zeitalter, in dem *Rama* inkarnierte *(tretāyuga),* waren Buße und Opfer die geeignetsten Übungen, in der *Krishna*-Ära waren es rituelle und zeremonielle Anbetung und in den vergangenen fünftausend Jahren des gegenwärtigen materialistischen Zeitalters *(kaliyuga),* in dem das spirituelle Bewusstsein auf der ganzen Welt verebbt, ist das Rezitieren des heiligen Namens *(nāmasmarana)* die geeignetste Übung. Aber so wie es in den vergangenen Zeitaltern viele Gläubige gab, die *Mantras* rezitierten, welche den Gottesnamen anrufen, gibt es auch in diesem Zeitalter Menschen, welche an Meditation Gefallen finden, sich in Entsagung üben oder rituelle Anbetung praktizieren. Aber die grundlegenden Übungen hängen vom allgemeinen Charakter und der Stimmung der Zeitalter ab.

Verschiedene Übungen geben dem *Dharma* gewissermaßen verschiedene Gesichtszüge, doch der innere Fluss von *Dharma* ist immer derselbe. Wahrheit wird sich nie verändern. Wahrheit ist immer eine, nicht zwei. In allen Zeitformen – Gegenwart, Vergangenheit und Zukunft – und in allen drei Welten – Erde, Himmel und Unterwelt –, in allen drei Bewusstseinszuständen – Wachen, Träumen und Tiefschlaf – und in allen drei weltlichen Eigenschaften *(guna)* – Passivität *(tamas)*, Aktivität *(rajas)* und Ausgeglichenheit *(sattva)* – ist die Wahrheit immer eine. Da Wahrheit eins und die Grundlage von *Dharma* ist, kann sich *Dharma* nicht verändern. Er wankt niemals und unterliegt keinem zeitweiligen Wandel.

Denkt zum Beispiel an einen Menschen, der einer bestimmten Büroarbeit nachgeht. Wie lange wird diese Arbeit seine Pflicht sein? Solange, bis er in Pension geht. Bis dahin geht er jeden Tag ins Büro. Sobald er in Pension geht, ändert sich seine Pflicht. Nach der Pensionierung beginnt er vielleicht, Geschäfte zu machen. Dann sagt er, dass das Nachgehen seiner Geschäfte seine Pflicht sei. Dabei kann er versucht sein, auf Abwegen einen Extragewinn herauszuschlagen. Obwohl er nun vielleicht begonnen hat, Geld durch Lügen und Betrügen zu verdienen, wird er die Arbeit, die er tut, als seine Berufung und Pflicht betrachten. Wenn die Pflicht so vielen Veränderungen unterliegt, wie kann sie dann als *Dharma* beschrieben werden? Diese sich wechselnden Aktivitäten, die eure Zeit mit der Beschaffung von Lebensnotwendigem in Anspruch nehmen, können nicht automatisch als *Dharma* beschrieben werden. Pflicht wird *Dharma,* wenn sie mit den Tugenden erstrahlt, welche die Facetten von *Dharma* ausmachen.

Anderen nicht zu schaden, ist Dharma

Das Wort *Dharma* hat eine ganz einfache Bedeutung. Alle Tätigkeiten, die anderen nicht schaden und die Freiheit anderer nicht beeinträchtigen, können als *Dharma* bezeichnet werden. Hier ist ein kleines Beispiel:

Ihr haltet einen langen Stock in der Hand und spielt damit, indem ihr ihn hin- und herschwingt und damit eine breite, verkehrsreiche Straße entlangschlendert. Ihr sagt euch vielleicht: „Ich habe das Recht, hinzugehen, wohin ich will.“ Nun, wenn das euer Recht ist, hat die Person, die aus der entgegengesetzten Richtung kommt, das Recht, sich vor eurem Stock zu schützen. Ihr seid mit einer Tätigkeit beschäftigt, die andere Menschen auf dieser Straße in Gefahr bringt. Rechtes Handeln verlangt jedoch, dass ihr euch so verhaltet, dass ihr die Freiheit anderer Menschen nicht behindert, die auf derselben Straße gehen.

Wenn ihr euch in einer Weise verhaltet, die nicht schädlich für andere ist und ihre Freiheit nicht verletzt, handelt ihr entsprechend des *Dharma*. Später werden wir *Krishnas* Lehren aufgreifen, in denen er darauf hinweist, dass es nicht reicht, nur davon abzusehen anderen zu schaden. Ihr solltet mit allen Menschen freundlich und mitfühlend umgehen. Aber wenn alle es zumindest als ihre Pflicht ansehen, sich so zu verhalten, dass sie anderen nicht schaden, wird es in der Welt Frieden, Gedeihen und Freude in Hülle und Fülle geben. So zu handeln, ist eure wahre Pflicht, eine Pflicht, die erfüllt werden muss, um anderen ein Beispiel zu geben und die essenziellen Ideale von *Dharma* in Ehren zu halten.

Soziale Pflicht, zwingende Pflicht und familiäre Pflicht

In eurem täglichen Leben in der Familie gibt es drei Arten von Pflichten, die als die drei Aspekte von *Dharma* betrachtet werden können. Es gibt eine soziale Pflicht, eine zwingende Pflicht und eine familiäre Pflicht. Diese Pflichten drücken sich auf verschiedene Weisen aus. Betrachtet zunächst ein Beispiel für die Pflicht gegenüber der Gesellschaft. Angenommen, morgen ist Sonntag, der für euch ein freier Tag ist, und ihr möchtet einige Bekannte zu euch zum Tee einladen. Aber in der Nacht bekommt ihr plötzlich Fieber. Ihr seht ein, dass ihr eure Freunde in diesem Zustand nicht richtig empfangen und bewirten könnt und dass euch die Einladung deshalb nicht glücklich machen würde. Ihr beschließt, die Teeparty zu verschieben. Auf der Grundlage der veränderten Umstände und eurer Rücksicht auf eure Freunde, verlegt ihr die Teeparty auf den kommenden Sonntag. Ihr seid frei, Vereinbarungen zu treffen, die sowohl euren Wünsche als auch euren sozialen Verpflichtungen entsprechen.

Betrachtet als Nächstes ein Beispiel für eine zwingende Pflicht. Nehmen wir an, ihr seid ein Dozent an der Universität. Im Zusammenhang mit den bevorstehenden Prüfungen hat der Rektor für die gesamte Lehrerschaft eine Versammlung angeordnet. Weil dies eine wichtige Fachbereichsversammlung ist, müsst ihr daran teilnehmen. Selbst wenn ihr Fieber habt, nehmt ihr Aspirintabletten und geht hin. Dies ist eine zwingende Pflicht, und ihr habt kein Recht abzusagen. Die Terminbestimmung lag nicht in euren Händen, aber weil das Treffen nun einmal einberufen wurde, wird von euch erwartet, dass ihr teilnehmt.

Nehmen wir jetzt ein Beispiel für eine familiäre Pflicht. Zu Hause entspinnt sich ein kleiner Streit zwischen Eheleuten. Der Mann und die Frau haben eine Kabbelei. Sie ist sehr verärgert. Plötzlich klingelt es an der Haustür und er geht hinaus, um nachzusehen, wer es ist. Er sieht einen Kollegen, der kurz für den gelegentlichen Besuch vorbeigekommen ist. Sobald der Ehemann den Besucher sieht, begrüßt er ihn mit einem Lächeln und einem freundlichen „Hallo“. Er bittet den Besucher Platz zu nehmen und geht recht herzlich mit ihm um. Als er das Schlafzimmer betritt und seiner Frau von dem Besucher erzählt, sieht er, dass sie immer noch sehr verärgert über ihn ist. Sein Ton wird wieder ernst. Aber sobald er ins andere Zimmer geht, um seinen Kollegen zu treffen, fährt er mit seiner freundlichen Konversation fort. Es ist seine Pflicht, den guten Ruf seiner Familie zu schützen, indem er sich in einer Weise verhält, dass ein Außenstehender nicht erfährt, dass er mit seiner Frau gestritten hat.

Wenn jemand, der im Schlafzimmer sehr verärgert über seine Frau ist, ins Wohnzimmer kommt und den Besucher gereizt bittet, das Haus zu verlassen, wird der Gast erschreckt sein. Es ist wichtig darauf zu achten, dass die Geheimnisse und Vertraulichkeiten der Familie nicht nach draußen auf die Straße gelangen. Dies ist eine wichtige Pflicht eines Familienmenschen. Er muss stets umsichtig darauf achten, die Ehre seiner Familie zu schützen. Wenn die Familienehre durch eine Indiskretion verletzt ist, wird es für ihn oder seine Familie ein Leben lang kein Glück mehr geben.

Sinneskontrolle ist der Schlüssel für die rechte Pflichterfüllung

Um den guten Ruf eurer Familie zu schützen, müsst ihr stets auf der Hut sein und euch der Bedürfnisse anderer bewusst sein. Das erfordert Sinneskontrolle. Wenn ihr keine Sinneskontrolle habt, wie sie zuvor erklärt wurde, werdet ihr arrogant. Ein Mensch, der arrogant ist und sich nicht beherrschen kann, ist nichts anderes als ein Dämon. Wenn ihr also *Dharma* praktizieren und beschützen wollt, müsst ihr Sinneskontrolle entwickeln. Sinneskontrolle ist für alles Erstrebenswerte im Leben sehr wichtig. *Krishna* sagte zu *Arjuna: „Arjuna,* sei ein Weiser *(sthitaprajna)* und habe vollkommene Kontrolle über deine Sinne. Gehorche nicht ihrem flackernden Verlangen. Die Sinne müssen sich dir unterordnen. Du solltest kein Sklave deiner Sinne werden, sondern sie zu deinen Dienern machen. Sei ihr Meister *(gudakesha)*. Nur wenn du die Sinne gemeistert hast, wirst du das Recht verdient haben, dem Einen nah zu sein, welcher der Urheber aller Sinne ist und vollkommene Herrschaft über sie hat *(hrishikesha)*.

Im zweiten Kapitel der *Gita,* das sich mit *Sānkhyayoga* befasst, wurden alle Merkmale eines Weisen *(sthitaprajna)* erläutert. Von all diesen Eigenschaften ist die Sinneskontrolle die wichtigste. In diesem Kapitel haben wir verschiedene Aspekte von *Dharma* untersucht, die mit den Sonnenstrahlen verglichen werden können, welche sieben Farben oder Facetten aufweisen. Wie zu Beginn gesagt, umfasst dieses Sonnenlicht des *Dharma* die Strahlen der Wahrheit, des Charakters, des rechtschaffenen Verhaltens, der Sinneskontrolle, der Buße, der Entsagung und der Gewaltlosigkeit. Ihr müsst euch diese alle aneignen.

Versucht, die Bedeutung dieser *Gita*-Lehren zu verstehen, und praktiziert sie in eurem täglichen Leben. Es ist *Swamis* Wunsch, dass ihr nun, nachdem ihr so viel Interesse am Studieren dieser Verse verspürt, genauso viel Interesse am Praktizieren ihrer Bedeutung zeigt und dadurch all die guten Eigenschaften erlangt, die von ihnen überliefert werden.

Siebenundzwanzigste Ansprache

Freundlichkeit und Mitgefühl – die Merkmale eines echten Menschen

Liebt alle Wesen.
Hegt keine Feindseligkeit oder Hass gegenüber irgendeinem Wesen.
Das Göttliche wohnt in seiner ganzen Fülle im Herzen jeden Wesens.
Dies ist die fundamentale Lehre der Gita.

Verkörperungen der Liebe,

Wann immer ihr jemanden hasst, hasst ihr tatsächlich Gott, weil Gott sich in allen niedergelassen hat. Wann immer ihr jemanden kritisiert oder rügt, ist es eben jener, von euch verehrte Gott, der kritisiert und beschimpft wird. Derselbe Gott ist der Bewohner aller Herzen. Dieses Bewusstsein der göttlichen Essenz in jedem Menschen ist die Grundlage der Lehre von der universellen Bruderschaft, die in den heiligen Schriften Indiens von alters her vermittelt wird.

Die Einheit des Selbst, der eine Atman, der überall existiert

Die *Gita* verkündet, dass Göttlichkeit überall und in allem als die alles durchdringende Wirklichkeit gegenwärtig ist, die wir Gott nennen.

Die *Gita* erklärt jedoch eine Stufe, die sogar noch höher als diese ist. Sie lehrt nicht nur, dass Gott überall ist, sondern dass die innere Wahrheit hinter dem Ich, auf das ihr euch bezieht, wenn ihr von euch selbst sprecht, euer unsterbliches Selbst ist, euer höchstes Selbst, das ein und dasselbe mit Gott ist, und das höchste Selbst in euch ist auch das höchste Selbst in jedem. Es ist der *Atman,* eins mit Gott. Im Wesentlichen seid ihr und alles und jedes Gott.

Über die Lehre der Einheit von Gott hinaus, die sich durch universelle Bruderschaft ausdrückt, lehrt die *Gita* auch die Einheit des *Atman,* des einen Selbst, das überall existiert. Die *Gita* zeigt, dass der *Atman,* der als das wahre Selbst in euch existiert, als dasselbe Selbst auch in allen anderen Menschen, in Tieren, Vögeln und allen anderen Arten von Lebewesen existiert. So wie die *Gita* euch anweist, Freud und Leid als gleichwertig zu betrachten, weist sie euch auch an zu erkennen, dass der eine *Atman* in allen Wesen gleichermaßen existiert, seien es Menschen, Tiere oder Pflanzen.

Ihr müsst die Überzeugung haben, dass dieselbe Göttlichkeit unterschiedslos überall existiert, angefangen bei den mikroskopisch kleinen Geschöpfen und Insekten bis hin zum Schöpfer. Das ist der Grund, weshalb der große Dichter Tyagaraja vor Hingabe übersprudelnd sang:

> O Gott, du lebst in der Ameise ebenso wie im Schöpfer.
> Du bist als *Rama* und *Krishna* gekommen.
> Aber tatsächlich lebst du in allen Formen.
> Ich sehe dich überall, in allen Wesen, denen ich begegne.

Die Harmonisierung von Gedanke, Wort und Tat

Heutzutage ist der Mensch so geartet, dass er, wenn er irgendwo Ameisen und Kakerlaken sieht, nicht davor zurückschreckt, sie zu töten. Wenn er aber in einen Tempel geht und ein Bild einer der Formen

Gottes sieht, verehrt er es. In zwei Situationen handelt ihr auf unterschiedliche Weisen, selbst wenn ihr wisst und erklärt, dass der eine Gott überall gegenwärtig ist. Eine Sache zu sagen und entgegengesetzt zu handeln, ist heutzutage eine weit verbreitete Krankheit der Menschen. Aus diesem Grund haben sich die Menschen nicht sehr weit über ihre niedere Natur erhoben, anstatt den Status eines *Mahātma* – eines Gottmenschen – zu erreichen. Die *Bhagavadgita* lehrt Wahrheit in der Handlung, was die Harmonisierung von Gedanke, Wort und Tat bedeutet. Dies ist das Kennzeichen eines echten Menschen. Auf diese Weise manifestiert ihr eure göttliche Natur im Alltag.

Entwickelt euren Glauben und seht die gleiche Göttlichkeit in jedem Lebewesen. Verbreitet eure Liebe, welche die wahre Essenz eurer göttlichen Natur und die göttliche Natur aller Lebewesen ist. Schaut jeden Menschen mit Mitgefühl und Liebe an. Solange ihr nicht diese Einstellung im Umgang mit den anderen annehmt, sind all eure spirituellen Übungen verschwendet. Gott zu verehren, während ihr euren Mitmenschen schadet, kann euch niemals zu eurem Ziel führen. Die *Gita* lehrt, dass der Mensch Gott ist und dass Gott Mensch ist. Die Einheit von Gott und Mensch wird in der *Gita* wiederholt hervorgehoben: „Nur derjenige, der alle gleich behandelt, ist ein wahrer Mensch“, erklärt *Krishna*.

Wenn ihr keine menschliche, gütige Art habt, sind all eure Schulbesuche und Leistungen nichts wert, ganz gleich welche Bildung ihr euch auch angeeignet habt. Güte gegenüber allen Wesen ist eine der wichtigsten Tugenden eines Menschen. Ihr müsst mit Unterscheidungsfähigkeit herausfinden, wie ihr diese Güte entwickeln und in eurem täglichen Leben praktizieren könnt. *Bhūtadayā* – Mitgefühl gegenüber allen Lebewesen – bedeutet, sich um Menschen zu kümmern, die in Not sind, und ihnen zur Hilfe zu eilen. Ihr müsst die notwendigen Anstrengungen unternehmen, ihren Schmerz, ihr Leid und ihre Schwierigkeiten zu lindern. Es nutzt nichts, ununterbrochen „Liebe, Liebe, Liebe“ zu wiederholen. Ihr müsst bei allem, was ihr tut, mit Liebe und Güte handeln. Güte muss ein wesentlicher Bestandteil eures Lebens sein. Ihr müsst daran glauben, dass Güte dasselbe wie Göttlichkeit ist. Ihr müsst daran glauben, dass das Herz, das Güte beheimatet, der Tempel Gottes ist.

Güte ist das Kennzeichen eines wahren Menschen

Es gibt eine Reihe von Schwächen, die in die Menschen eingefallen sind. Als Folge davon haben sie ihre angeborene Güte verloren und sind grausam geworden. Sie benehmen sich eher wie wilde Tiere, die im Dschungel leben. Aber das ist natürlich nicht die wahre Natur des Menschen. Das ist das genaue Gegenteil von Menschlichkeit. Das Wort „Mensch“ oder „Menschlichkeit“ wird im eigentlichen Sinne benutzt, um Güte auszudrücken. Von allen Blumen der Hingabe nimmt Gott die Blume der menschlichen Güte mit der größten Liebe entgegen. Gott gewöhnliche Blumen zu schenken und ihn mit den üblichen, sie begleitenden Gedanken und Absichten zu verehren, ruft keine Liebe in ihm hervor. Das wird ihn weder erfreuen, noch wird er solche Opfergaben annehmen.

Welche Opfergaben nimmt Gott an? Was erkennt er an? Er nimmt die Blumen der Menschlichkeit, die Blumen der Liebe, die Blumen des Mitgefühls, die in eurem Herzen blühen. Wie solltet ihr dieses Gefühl der Güte ausdrücken? Es reicht nicht, nur ein paar gute Werke zu tun. Ihr müsst euer Herz transformieren. Euer Glaube muss einen Sprung machen. Ihr müsst einen tiefsitzenden Glauben an Gottes Allgegenwart entwickeln. Ihr müsst in der Überzeugung leben, dass derselbe Gott in jedem Herzen existiert. Dann seid ihr imstande, die Schmerzen und den Kummer des anderen als euren eigenen Schmerz und Kummer zu erkennen.

In einem kleinen Dorf lebte ein Ehepaar mit einer jungen Tochter. Sie waren nur eine kleine Familie von drei Mitgliedern und nicht wohlhabend; genauer gesagt, war es eine sehr arme Familie. Trotz ihrer Armut beschlossen die Eltern jedoch, ihrem Kind eine gute Schulbildung zu ermöglichen. In dem Dorf, in dem sie lebten, gab es keine Schule, sodass sie ihr Kind in einen Nachbarort schicken mussten. Das kleine Mädchen musste jeden Tag einen Wald durchqueren, um die dortige Schule zu erreichen. Städter fürchten sich vielleicht davor, durch einen Wald gehen zu müssen, aber einem Menschen vom Land macht das nichts aus; es gehört zu seinem Alltag. Also verbrachte das Mädchen seine Zeit mit dem Fußmarsch zur Schule im Nachbarort, dem Unterricht und dem Nachhauseweg am Abend.

Ein Kind, das mit dem Nektar der menschlichen Güte erfüllt ist

Auf dem Waldweg war eine kleine Schutzhütte errichtet, wo sich die Wanderer ausruhen konnten. Eines Tages sah das Mädchen einen alten Mann in der Schutzhütte liegen. Er schien leidend zu sein, und das kleine Mädchen erkannte, dass er nicht dazu in der Lage war, das nächste Dorf zu erreichen, wo er medizinische Hilfe und Versorgung bekommen konnte. Sein Körper war vor Hunger schwach, und als das Mädchen näherherankam, sah es, dass er tatsächlich in keiner guten Verfassung war. Es trug Essen für sich mit, und von diesem Tag an gab das Kind dem alten Mann, der weiterhin in der Waldhütte lag, die Speisen. Jeden Tag stellte es morgens auf seinem Schulweg die Speisen neben ihn und nahm am Abend auf dem Nachhauseweg das leere Gefäß wieder mit. Nach zehn Tagen, an denen das kleine Mädchen den alten Mann so versorgt hatte, war er wieder stärker geworden.

Eines Tages, als das kleine Mädchen auf seinem Nachhauseweg vorbeikam, nahm er seine Hände und fragte es: „Liebes Kind, du hast mir jeden Tag Nahrung gegeben. Bitte sag mir, woher diese Speisen kommen. Wissen deine Eltern, dass du mir täglich Essen bringst? Oder nimmst du es von irgendwoher ohne ihr Wissen? Ist dies wohlmöglich dein Mittagessen, das du mir stattdessen gibst? Sag mir, was du tust. Bitte beantworte meine Fragen." Es antwortete: „Verehrter Herr, ich bin dazu erzogen worden, Dinge nur mit Erlaubnis zu nehmen, und ich kann dir versichern, dass meine Eltern wissen, dass ich dir Essen bringe. Wir sind eine sehr arme Familie und haben nur sehr wenig Geld, aber wir sind immer noch imstande, das Essen für uns und jene, die in Not sind, zu verdienen. Also konnte ich auch für dich Essen von meiner Familie mitbringen."

Er fragte: „Aber wenn ihr so wenig Geld habt, wie könnt ihr dieses Essen kaufen?" Das Kind antwortete: „Im Wald steht ein Baum, der Früchte trägt. Ich pflücke sie, wenn ich auf dem Schulweg daran vorbeikomme und verkaufe sie unterwegs. Mit dem Geld, das ich dafür bekomme, kaufe ich die Lebensmittel. Am nächsten Morgen bereite ich sie zu und bringe sie dir." Der alte Mann war überaus erfreut über den Opfergeist, die Intelligenz und die Geradlinigkeit dieses kleinen Mädchens. Er fragte weiter: „Woher hast du deine edle Gesinnung?" Das Kind antwortete: „Das Gute, zu dem ich fähig bin, habe ich durch die Erziehung meiner Eltern gelernt. Solange ich mich erinnern kann, haben meine Eltern mir gesagt, dass wir mit anderen teilen und ihnen dienen müssen. Wir sind ziemlich arm, aber wir versuchen immer, anderen zu helfen. Wir fühlen uns sehr gesegnet, wenn wir eine Gelegenheit haben, dies zu tun. Es schenkt uns so viel Zufriedenheit." Auf diese Weise erzählte es dem alten Mann ein wenig von seiner Familie und ging dann nach Hause.

Der Mann gewann allmählich seine Gesundheit wieder und konnte in das Dorf gehen, in dem das Mädchen mit seiner Familie lebte. Und was hatte die Barmherzigkeit des Kindes schließlich zur Folge?

Der alte Mann suchte die Familie auf und erzählte, wie er zu Gott gebetet hatte: „O Herr, schenke den Eltern dieses Kindes Gesundheit und Wohlergehen. Als ich krank und hilflos war, konnte ich der Welt nicht nützlich sein. Nun fühle ich mich sehr viel besser und kann anderen behilflich sein. Ich bete zu dir aus einem Herzen voller Dankbarkeit und bitte dich, diese Familie zu segnen." Auf diese Weise teilte er sein Gebet mit ihnen, dass Gott gute Familien wie diese segnen möge, die ihm so großzügig in der Not geholfen hatte. Dann ging er fort.

Gott schüttet seine Gnade über jene aus, die Güte haben

Für das, was das Mädchen aus Herzensgüte getan hatte, erwartete es in keiner Weise eine Belohnung. Ohne ein Ergebnis oder Früchte zu erwarten, hatte es voller Glauben dem kranken Mann täglich gedient. Jetzt schüttete Gott wohlwollend seine Gnade über das Mädchen aus. Eines Abends erschien er mit einer Truhe voller Gold vor dem Haus, in dem die Familie wohnte, und erkundigte sich: „Ist dies das Heim des Kindes, das einem Menschen in Not Speisen und Wasser gegeben hat?" Und er fuhr fort: „Ich war es, der in der Gestalt eines kranken Mannes dort in der Hütte lag, bis euer kleines Mädchen kam und für mich sorgte. Nun hinterlasse ich dieses Geschenk, damit das Kind ohne Sorgen aufwachsen und eine gute Bildung bekommen kann. Ich habe zehn Tage in der Hütte verbracht, um euer Kind zu prüfen. Das Herz dieses Kindes ist heilig und rein; es ist voller Herzenswärme; sein Herz ist meine Wohnort, mein Tempel." Dann gab er den Eltern die Truhe mit der Anweisung, es für das Glück und das Wohl der Tochter einzusetzen.

Aber die Eltern waren nicht besonders glücklich über die Aussicht, einen solchen Schatz zu bekommen. Sie fielen dem Gott, der sie mit seinem Erscheinen gesegnet hatte, zu Füßen und antworteten: „O *Mahātma,* wir brauchen nicht so viel Reichtum. Reichtum, der das eigene Fassungsvermögen übersteigt, ist schädlich; er kann einem Menschen den Seelenfrieden rauben. Er kann das Ego vergrößern und Gott vergessen lassen. Wir möchten nicht so viel Reichtum besitzen.“ Aber nachdem der göttliche Besucher sie gesegnet hatte, war er wieder verschwunden und ließ sie mit dem ganzen Schatz zurück. Der Mann, der zu ihnen gekommen war, war nicht bloß eine große Seele. Die Familienmitglieder erkannten in ihm Gott selbst. Sie behielten das Gold nicht für sich, sondern nutzten es zum Wohl der gesamten Gemeinde, in der sie lebten, und baten jeden Dorfbewohner, in der Überzeugung zu leben, dass in jedem Lebewesen die volle Manifestation des Göttlichen gegenwärtig sei. Durch ihren Lebenswandel zeigten sie, wie Gott erreicht werden kann, indem Liebe, Mitgefühl und Güte gegenüber allen Lebewesen in Not gezeigt werden.

Ihr solltet euren Glauben an Gott nicht einengen, indem ihr denkt, er lebe nur an einem bestimmten Ort. Ihr müsst Gott überall erfahren. Wie könnt ihr dieses Gefühl entwickeln? Gott existiert sowohl im Inneren wie im Äußeren. Wenn Gott nur im Inneren existierte, wäre die innere Reinheit ausreichend. Aber da Gott auch außerhalb von uns existiert, ist auch äußerliche Reinheit erforderlich. Ihr müsst also innen und außen Reinheit pflegen; nur dann werdet ihr euch der Allgegenwart Gottes voll bewusst.

Innere und äußere Reinheit

Was bedeutet äußere Reinheit? Selbstverständlich bedeutet sie zunächst, den Körper rein zu halten und sauber gekleidet zu sein. Aber es bedeutet sehr viel mehr als das. Der Ort, an dem ihr lebt, muss sauber gehalten werden. Die Bücher, die ihr lest, müssen ebenso rein und förderlich sein. Weder im Körper noch im Geist solltet ihr es Schmutz und schlechten Eigenschaften erlauben, sich anzusammeln. Die Aussage, dass ihr täglich ein Bad nehmen solltet, bedeutet, dass jede Unreinheit aus Körper und Geist herausgewaschen werden muss. Wo sich Schmutz ansammelt, bilden sich Bakterien, die Krankheiten mit sich bringen. Erlaubt es deshalb keinerlei Unreinheiten, in euch zu bleiben.

Jeden Morgen solltet ihr eure Zähne mit Bürste und Zahnpaste reinigen und auch eure Zunge säubern. Lasst nicht zu, dass irgendwelche Unreinheiten im Haupteingang bleiben. Wann immer sich irgendwo schmutziges Wasser ansammelt, wimmelt es bald von Moskitos, Würmern und unwillkommenen Bakterien. Genauso ist es mit dem Körper: Wo sich Schmutz darin anhäuft, sammeln sich gern Bakterien. Darüber hinaus müsst ihr auch in der weiteren Umgebung alles sauber halten. Es gibt eine Redensart: „Schau dir das Haus an, dann kennst du seinen Bewohner." Mit anderen Worten: Die Sauberkeit des Hauses ist ein Spiegel seiner Bewohner. Die Maxime der Sauberkeit ist zu eurem eigenen Besten. Wenn Haus und Umgebung sauber gehalten werden, seid ihr glücklich. Ihr müsst euch und alles um euch herum sauber und ordentlich halten, um euch guter Gesundheit zu erfreuen. Wenn ihr gesund seid, wird euch das Glück erhalten bleiben.

Ihr habt vielleicht nur zwei Anzüge zum Wechseln; achtet darauf, dass der, den ihr gerade nicht tragt, sauber ist. Wenn ihr dann den einen Anzug tragt, reinigt den anderen. Genau genommen braucht ihr nicht einmal zwei Anzüge: Solange ihr euren Anzug immer wieder wascht, könnt ihr ihn jeden Tag anziehen. Alles was ihr besitzt, muss sauber gehalten werden. Alles, was ihr habt, muss reinlich gehalten werden; erlaubt es euch nicht, dreckig zu werden. Aber das Reinigen der äußeren Dinge und das Tragen sauberer Kleider nutzen euch nicht viel, wenn ihr die Reinheit des Herzens vernachlässigt. Ihr müsst jede erdenkliche Anstrengung unternehmen, um auch innerlich rein zu werden. Zu diesem Zweck müsst ihr all eure Gedanken und Gefühle heilig halten. Richtet eure Gedanken auf den Dienst am Nächsten.

Erlaubt es Eifersucht und Hass nicht, in euch einzudringen. Versucht, immerzu freudige Gefühle zu haben. Versucht immer, Gefühle voller Freude zu entwickeln.

Es ist nicht nötig, dass ihr euch mit den Angelegenheiten anderer beschäftigt. Denkt immer nur Gutes von anderen. In diesem Zusammenhang erklären die *Veden:* „Lasst die ganze Welt glücklich sein." Universales Glück und Wohlergehen ist die Grundlage der vedischen Lehren und der Gegenstand aller spirituellen Praktiken. Deshalb solltet ihr ununterbrochen über den Gottesnamen nachsinnen, damit er euer Herz reinigt. Nur wenn ihr achtsam dafür sorgt, innere und äußere Reinheit zu bewahren, seid ihr imstande, dem Eindringen schlechter Gedanken und Eigenschaften wie Eifersucht und Hass vorzubeugen.

Besiegt eure inneren Feinde

Prahlada, der große Gottesverehrer, erklärte, dass ihr nur dann als wahrhaft groß erachtet werden könnt, wenn ihr die inneren Feinde besiegt. Er sagte zu seinem Vater, dem Dämonenkönig: „Heute bist du nur ein König, aber wenn du die inneren Feinde, die bei dir Einlass gefunden haben, überwunden hast, kannst du ein großer Kaiser werden." Diese inneren Feinde, zu denen Übel wie Hass, Gier, Stolz und Eifersucht gehören, erzeugen die Illusion, die Menschen besetzt. Ihr solltet es diesen Feinden niemals erlauben, in euer Herz einzudringen. Wenn ihr sie draußen lasst und von euch fernhalten könnt, werdet ihr frei von allen Schwierigkeiten und Problemen leben. Um dies zu erreichen, müsst ihr Freud und Leid, Hitze und Kälte gleichermaßen ertragen können. Wenn ihr diesen Gleichmut entwickelt, werden euch die inneren Feinde nicht belangen.

Aber es ist schwierig, Freud und Leid, Kummer und Glück gleich zu behandeln, wenn ihr nicht den festen Glauben entwickelt, dass

Gott in allen Herzen wohnt. Sobald ihr das erkennt, werden alle Gegensatzpaare überwunden sein und euren Gleichmut nicht länger stören. Dann werdet ihr in göttlicher Gnade versunken sein, und das Schicksal wird euch, ganz gleich wie ungünstig es bis dahin vielleicht war, nicht länger berühren.

Wenn ihr den festen Glauben habt, dass ein und dieselbe Gottheit in jedem Herzen wohnt, ist jedes Hindernis bereits überwunden. Wenn ihr voll an das innewohnende Göttliche glaubt, wird alles und jedes Euer sein. Der Glaube ist der Schlüssel, die Wurzel des spirituellen Lebens. Greift nach ihm, und lasst ihn nicht los. Das ist euer Ziel. Wenn ihr einen Baum fällen müsst, ist es nicht notwendig, zuerst alle Zweige und Blätter wegzuschneiden. Sägt den Stamm ab, und der ganze Baum fällt auf einmal um. Sobald ihr das Göttliche erfasst habt, bekommt ihr auch alles andere unter Kontrolle. Dafür müsst ihr die Übung *(sādhana)* entwickeln, allen Lebewesen Mitgefühl entgegenzubringen, bis die Sorge um das Wohl anderer all eure Taten durchdringt. Und ihr müsst sowohl innere wie äußere Reinlichkeit entwickeln, indem ihr Körper und Geist blitzblank haltet. Nur dann erkennt ihr das Göttliche, das ständig überall gegenwärtig ist.

Ihr müsst also sehr darauf achten, niemanden zu kritisieren, ihr müsst die feste Überzeugung entwickeln, dass jede Kritik, die ihr einem anderen Lebewesen entgegenbringt, direkt zu dem Gott gelangt, der in jenem Herzen wohnt.

Die beiden Ufer des Lebensflusses

Das Leben kann mit einem Fluss verglichen werden. Wenn ihr es diesem Fluss erlaubt, unkontrolliert und ohne Eindämmung zu fließen, werdet ihr wahrscheinlich viele Dörfer vernichten. Ihr müsst alle erforderlichen Maßnahmen ergreifen, damit der Fluss in seinem Bett bleibt und das Meer erreicht. Nur das Meer hat Platz für den Fluss und kann ihn ganz aufnehmen. Wie kann man diesen Lebensfluss das Meer erreichen lassen? In der *Gita* wird gesagt, dass man seine beiden Ufer befestigen muss. Nur dann kann der Fluss sicher weiterfließen und das Meer erreichen.

Was sind diese beiden Ufer des Lebensflusses? Sie wurden als zwei kraftvolle *Mantras* beschrieben. Auf der einen Seite haben wir das *Mantra,* das besagt: „Derjenige, der zweifelt, wird untergehen", auf der anderen Seite haben wir das *Mantra,* das besagt: „Derjenige, der Glauben hat, wird Weisheit erlangen."

Die beiden Ufer des Lebensflusses haben also mit dem Ablegen von Zweifel und dem Aufblühen des Glaubens zu tun. Wenn diese beiden Ufer euer Leben kanalisieren, werdet ihr das Ziel erreichen und ins Meer münden. Diese Lehre *Krishnas* ist die Essenz der Hingabe; sie ermöglicht es euch, das Meer der unendlichen Gnade *(anugraha)* zu erreichen.

Die drei Prinzipien, die euch zum göttlichen Ziel bringen

Krishna sagte: „Kind, dieser Ozean göttlicher Gnade ist das Ziel der Menschheit und das letztliche Ziel allen Lebens. Vergiss dieses Ziel nicht. Glaub nicht an die Welt und fürchte dich nicht vor dem Tod, sondern denk immer an das Göttliche, um dessentwillen du geboren wurdest. Dies sind die drei wichtigsten Prinzipien, die ich dir gebe:

Vergiss niemals Gott.
Glaube niemals an die Welt.
Fürchte dich niemals vor dem Tod.

Nimm diese drei Prinzipien an und präge sie deinem Herzen ein. Denk immer an sie, denn sie werden dein Leben heiligen und dich zu mir führen."

Achtundzwanzigste Ansprache

Furchtlosigkeit – das eine Selbst in allen sehen

Furcht entsteht, wenn ihr einander als getrennt von Gott betrachtet.
Aber wenn ihr wisst, dass das eine Göttliche die Grundlage
von allem ist, was ihr seht, verlässt euch die Furcht für immer.
Wenn ihr erst einmal in dem Bewusstsein gefestigt seid,
dass das göttliche Wesen überall in allem und jedem ist,
seid ihr dauerhaft vom Gespenst der Furcht befreit.

Verkörperungen der Liebe,

ihr müsst fest in dem Glauben gegründet sein, dass jeder Name und jede Gestalt, die an jedem Ort des Universums gefunden werden kann, nichts anderes als eine Kombination der fünf Elemente ist und dass die Grundlage dieser fünf Elemente immer Gott ist. Dann kann Furcht in euch nicht Fuß fassen.

Göttlichkeit ist die Grundlage für alles

Alles besteht ausnahmslos aus denselben fünf Elementen. In dieser manifestierten Schöpfung kann nichts anderes gefunden werden. Es gibt keinen sechsten Faktor. Betrachtet einige Gegenstände, die ihr in diesem Raum seht. Hier ist ein Tisch, da ein Stuhl und dort ein Podium, drüben ist ein Fenster und dort eine Tür. Für all diese verschiedenen Gegenstände bestehen Unterschiede lediglich in Name und Form; das Material, aus dem sie sich zusammensetzen, das Holz, ist bei all diesen Dingen dasselbe. Gleichermaßen sind Berge steinig, bestehen Bäume aus Holz, Erde aus Schlamm, der Körper aus Fleisch und das Meer aus Wasser. Dies sind alles verschiedene Namen und Formen. Aber im Aufbau sind sie alle nur Kombinationen der grundlegenden fünf Elemente.

Diese fünf Elemente sind fünf Aspekte oder Reflexionen des Göttlichen. Es ist ihre göttliche Grundlage, die sie erleuchtet und ihnen ihre Existenz gibt. Außer diesen fünf Reflexionen des Göttlichen existiert nichts anderes im ganzen Universum. In allen fünf ist das Göttliche ein und dasselbe. Sie ist Eines. Jenseits von ihr gibt es nichts Zweites. Wenn ihr dies zweifelsfrei erkannt habt, werdet ihr keine Furcht mehr haben.

Unter allen großen Tugenden nimmt Furchtlosigkeit den ersten Rang ein. Sie ist die ideale Tugend. Solange ihr nicht furchtlos seid, könnt ihr niemals angenehm leben. Ob im Weltlichen – im Schlachtfeld des Lebens in der Welt – oder in euren Anstrengungen auf dem Gebiet des Geistes (spirit), ihr dürft der Furcht niemals Raum geben, hereinzukriechen. Sie darf keinen Platz in eurem Leben finden. Wenn ihr von Furcht belagert seid, werdet ihr übermäßig schüchtern. Nicht einmal die kleinste Aufgabe werdet ihr erfüllen können. Wenn ihr voller Angst seid, könnt ihr in der Welt nicht erstrahlen. Deshalb lehrt die *Bhagavadgita,* dass ihr vollkommen furchtlos werden sollt.

Furchtlosigkeit ist jenseits des Körperbewusstseins

Furchtlosigkeit – *Abhaya* – ist nicht bloß die Abwesenheit von Furcht.

Abwesenheit von Furcht ist *Nirbhaya.* Furcht und die Abwesenheit von Furcht hängen mit dem Körperbewusstsein zusammen. Abwesenheit von Furcht kann manchmal dumm sein, zum Beispiel, wenn der Körper von Gefahr bedroht ist. Furchtlosigkeit dagegen ist jenseits des Körperbewusstseins. Sie kann nur erfahren werden, wenn ihr die Wahrheit erkennt, dass die eine Göttlichkeit in ihrem ganzen Ausmaß in jedem Herzen wohnt.

Es heißt, dass ein furchtsamer Mensch tausend Tode stirbt, während der Furchtlose nur einmal stirbt. „Darum", sprach *Krishna* zu *Arjuna,* „gib deine Angst auf und werde vollkommen furchtlos!" Nur ein Furchtloser kann in großen Unternehmungen siegreich sein. Ein wahrhaft furchtloser Mensch ist von allen Dingen der Welt losgelöst und von der Liebe zu Gott durchdrungen. Dagegen ist derjenige, der egoistisch an seinem Körper und seinen weltlichen Fertigkeiten hängt, voller Ängste. Anhaftung an weltliche Dinge und Egoismus werden niemals von einem Menschen in Betracht gezogen, der frei von Angst ist.

In den Epen findet ihr die Geschichte des Dämonenkönigs *Hiranyakashipu,* der von Angst geplagt war, während sein Sohn *Prahlada* vollkommen angstfrei war. Der König hatte sein Vertrauen in die Welt gesetzt und sein Sohn hatte Gott sein Vertrauen geschenkt. *Prahladas* Lehrer gingen zum König und berichteten ihm: „Durchlaucht, euer Sohn hat keinerlei Furcht. Wie sehr wir ihm auch zusetzen, er weint nicht und beschwert sich nie. Lieber als eine einzige Träne zu weinen, wenn er verletzt wird, lobt er fortwährend Gott und preist endlos Gottes Herrlichkeit und Glanz." Warum war der Junge frei von Furcht? Weil er den festen Glauben hatte, dass es nichts in der Welt gibt außer Gott. Diese Überzeugung schenkte ihm unerschütterliche Furchtlosigkeit.

In der *Brihadāranyakā-Upanishad* finden wir *Yajnavalkya,* der ebenfalls über die Furchtlosigkeit spricht. Er sagte zu seinem Schüler

Janaka, der ein großer Kaiser und *Yogi* war: „Ich bin sehr erfreut über dich. Du bist jetzt vollkommen frei von Furcht und brauchst dich um nichts mehr zu sorgen. Du hast dein Herz ganz mit Gott angefüllt. Du lebst nur als Gottes Werkzeug in dieser Welt und dienst ihm in allem, was du tust. Du hast keine Bindungen an alles Weltliche. Du glaubst, dass alles in der Welt Gestalt habe und von Göttlichkeit durchdrungen sei. Wohin du auch schaust, du siehst nur Einheit in der Vielfalt, die andere sehen. Dieses Bewusstsein hat dich gänzlich frei von Angst gemacht."

Die Furcht vor dem Tod – die machtvollste aller Ängste

Von allen Ängsten, welche die Menschen verfolgen, ist die Angst vor dem Tod die stärkste. Ganz gleich, wie mutig und tapfer ihr auch seid, ganz gleich wie hoch gebildet ihr auch seid, ganz gleich wie sehr ihr mit unbegrenztem Reichtum gesegnet seid, ganz gleich, welch große Talente und Fähigkeiten ihr auch besitzt, die Angst vor dem Tod lauert im Hintergrund und erklärt all eure Errungenschaften für null und nichtig und zerstört euer Selbstvertrauen. Die meisten Menschen werden ein Opfer der Verzweiflung, wenn sie Menschen sterben sehen. In dem Augenblick, in dem sie von jemandes Tod hören, erachten sie dies als sehr unheilvoll und versuchen ihre Ohren davor zu verschließen. Selbst wenn sie über hundert Jahre alt sind, werden sie beim Gedanken ans Sterben ängstlich. Sie möchten immer noch ein bisschen länger leben. Aber wie sehr sich jemand auch wünscht zu leben, der Tod ist ihm doch gewiss.

Die Angst vor dem Tod wird euch nicht vor ihm bewahren. Den Geist (mind) abzulenken, indem er bei den vergänglichen Freuden des Lebens verweilt, wird euch nicht retten. Eure Beziehungen und Freunde können euch nicht retten. Eure großen Leistungen können euch nicht retten. Alle Dinge der Welt und alle Menschen werden von der Welle des Todes weggespült. Was nutzt es, Zuflucht bei jenen zu suchen, die ebenfalls von dieser Welle weggetragen werden? Der Mensch, der Zuflucht sucht, und derjenige, bei dem Zuflucht gesucht wird, werden beide von dieser Welle mitgerissen. Nur wenn ihr an der Göttlichkeit festhaltet, die das feste Ufer des Flusses des Todes ist, könnt ihr die Hoffnung auf Rettung nähren. Wenn ihr wirklich erkennt, dass alles, was existiert, Göttlichkeit ist, gibt es nichts vor dem man sich fürchten muss. Dann seid ihr errettet. Ihr werdet die Furcht vor dem Tod besiegt haben.

Furchtlosigkeit kann mit einem großen Berg verglichen werden, während Angst wie der feinste Hauch ist, den ihr mit eurem Atem erzeugt. Kann diese dünne Brise jemals einen so gewaltigen Berg erschüttern? Natürlich nicht. Der winzige Windhauch der Angst kann den Berg der Furchtlosigkeit niemals erschüttern. Wenn dieser standfeste, unerschütterliche Berg der Furchtlosigkeit einem Verstand (mind) eingepflanzt wird, der rein, lauter und frei von Täuschungen ist, und wenn Furchtlosigkeit in einem Herzen wohnt, das in Glückseligkeit versunken ist, dann drückt ihr wahrhaftig eure göttliche Natur aus. Dann wird sich die Wahrheit, dass überall nur eine göttliche Wirklichkeit existiert, in eurem Herz des Herzens niederlassen. Wenn ihr diese allesdurchdringende Wahrheit als eure Essenz erkennt, lacht ihr über den Tod, denn dann hat der Tod keine Macht mehr über euch.

Warum sollte euch irgendetwas jemals ängstigen? Was könnte euch möglicherweise Angst machen? Der Tod ist in Wirklichkeit nur so etwas wie ein Scherz in diesem Spiel genannt Leben. Wenn die Rolle von euch verlangt, auf der Bühne tot umzufallen, wird dies euch, den Schauspieler, beeinflussen? Was ist so tief erschütternd am Tod eines Körpers, der geboren wird, um zu sterben? Der Körper, der aus den fünf Elementen zusammengesetzt ist, muss eines Tages zerstört werden. Warum solltet ihr euch um so etwas Vergängliches sorgen? *„Arjuna,* du bist nicht derjenige, der tötet, noch werden diejenigen, die du bekämpfst, getötet werden. Das Einzige, was getötet werden kann, ist der Körper. Du bist das unsterbliche Selbst *(atman).* Du bist nicht der Körper." Dies ist die Wahrheit, die *Krishna Arjuna* lehrte und durch die er ihn furchtlos machte. Furchtlosigkeit ist eine Eigenschaft, die so lebenswichtig ist wie der Hauch des Lebens. Sie ist die vordringlichste aller Tugenden, die in der *Gita* gelehrt werden.

Furchtlosigkeit ist die wahre Natur des Menschen

In Wahrheit sind Menschen göttlich und ist Furchtlosigkeit ihre wahre Natur. Sie ist die tiefere Bedeutung des Wortes „Mensch" *(mānava),* das sich auf eure göttliche Essenz bezieht. Hier ist eine Geschichte, die verdeutlicht, wie Menschen nicht gemäß ihrer göttlichen Natur leben, sondern in ihren Taten schlimmer als Tiere geworden sind.

Es war einmal ein beängstigend düsterer Wald, in dem viele Tiere lebten. In den meisten Wäldern, in denen Löwen leben, gibt es keine Elefanten, und wenn Elefanten umherstreifen, sind keine Löwen zu sehen. Aber in jenem Wald gab es alle Arten von Tieren: Löwen, Elefanten, Schakale, Hunde, Affen – das gesamte Königreich der Tiere war dort vertreten. Eines Tages dachte ein kluger Fuchs bei sich: „Die Menschen brüsten sich damit, die menschliche Natur sei etwas Besonderes, Einzigartiges. Sie behaupten, es sei äußerst selten und schwierig, ein Leben als Mensch zu erreichen. Aber die Menschen werden auf dieselbe Art geboren wie wir Tiere. All diese Wesen, diese Kreaturen *(jantu),* werden aus dem Schoß einer Mutter geboren. Die Frage ist: Warum werden wir alle in einen Topf geworfen und ‚Tiere' genannt, während menschliche Wesen auserwählt und ‚Menschen' genannt werden. Inwiefern sind wir geringer als sie?"

Der Fuchs wägte all die verschiedenen Argumente und Gegenargumente zu dieser, ihn verwirrenden Frage ab und beschloss zu beweisen, dass es keinen Unterschied zwischen Mensch und Tier gibt. Von diesem Tag an trug er allen Tieren im Wald sein Problem vor. Er suchte andere Tiere aus und sagte zu ihnen: „Warum sollten wir den jetzigen Stand der Dinge so hinnehmen? Die Leute betrachten das Tierleben als minderwertig im Vergleich zum Menschenleben. Wir sollten Schritte unternehmen, um diesen irrigen Glauben richtigzustellen." Auf diese Weise stachelte er alle Tiere um sich herum auf, über die Sache nachzudenken und sich darüber aufzuregen. Er zeigte ihnen, wie die falschen Vorstellungen gelehrt und von allen Tieren übernommen worden waren, selbst vom mächtigen Elefanten, der stärker als alle anderen war, und vom unerschrockenen Löwen, der ihr König war.

Die große Versammlung der Tiere

Der Fuchs beschloss, eine große Versammlung aller Tiere einzuberufen, um diese Punkte zu besprechen und eine Resolution zu erarbeiten, der alle zustimmen konnten. Der Name, der für diese Versammlung vorgeschlagen wurde, war „Catushpada Mahāsabhā" – „Große Versammlung der Vierbeiner". Es wurde beschlossen, dass alle an einem bestimmten Tag, zu einer bestimmten Zeit in einer großen offenen Arena zusammenkommen sollten.

Anfangs einigte man sich auf drei Tagesordnungspunkte. Der erste war, dass die Menschen wie die Tiere aus dem Schoß einer Mutter geboren werden und es deshalb für Menschen wie für Tiere nur einen einheitlichen Namen geben sollte. Entweder sollte der Mensch *„Jantu"* heißen oder die Tiere „Menschen"; aber es sollte keine zwei Namen und Titel geben. Das war der erste Beschluss, der gefasst werden sollte. Der zweite Tagesordnungspunkt war, dass die Tiere unweise genannt werden, während die Menschen für sich beanspruchen, Weisheit zu besitzen. Die Tiere sollten dies nicht hinnehmen. In welcher

Weise hatten die Menschen denn höhere Weisheit als die Tiere? Der Fuchs insistierte bei diesem Punkt ganz besonders. Er fragte: „Was ist das für eine Weisheit, die der Mensch hat und wir nicht? Wir müssen entschieden feststellen, dass im Menschen wie in den Tieren die gleiche Weisheit existiert."

Der dritte Tagesordnungspunkt, den der Fuchs vorschlug, war: „Der Mensch wird als sprechendes Tier angesehen, während wir stumm sind. Das wird als unser großer Nachteil angesehen, was nach Meinung der Menschen einen großen Unterschied darstellt. Aber selbst wenn wir stumm sind, was fehlt uns schon? Welch außergewöhnliches Glück haben die Menschen durch das Erlernen des Sprechens und den Besitz dieser Fähigkeit erlangt? Lasst uns vorschlagen, dass Sprechen und Stummheit als mehr oder weniger gleichwertig angesehen werden."

„Da ist noch ein vierter Punkt, den wir berücksichtigen sollten", fügte der Fuchs hinzu. „Die Menschen glauben, wir seien rastlos und erregbar *(rājasa),* während sie sich selbst für ruhig und friedlich *(sattva)* halten. Keiner von uns sollte dem jedoch zustimmen. Die friedvolle Natur, die wir haben, besitzt nicht einmal der Mensch. Wir verdienen uns den Ruf und das Ansehen, dass wir dem Menschen an Gelassenheit weit überlegen sind." Alle stimmten zu, dass diese vier Punkte in der Versammlung diskutiert werden sollten. Aber dann tauchte die Frage auf, wen sie um den Vorsitz bei der Konferenz bitten sollten.

Der Fuchs wies darauf hin, dass es *Rishis* und *Mahātmas* gebe, die im Wald Buße täten. „Wir sollten einen sehr hochentwickelten Weisen zum Vorsitzenden unserer Versammlung wählen", schlug er vor. Alle stimmten zu und beschlossen, den Fuchs loszuschicken, einen Weisen zu finden, dem sie trauen konnten, wahrhaftig und gerecht zu sein, und ihn zu bitten die Versammlung zu leiten. Nach langer Suche kam der Fuchs zu einer Höhle, in der er einen Weisen sitzen sah, der in seine spirituelle Disziplin *(sādhana)* versunken war. Er näherte sich ihm ehrerbietig und bat ihn: „*Swami,* wir vom Königreich der Tiere haben beschlossen, eine sehr wichtige Versammlung – eine Catushpada Mahāsabhā – abzuhalten, und wir bitten dich, den Vorsitz zu übernehmen." Der *Rishi,* der alles als lebende Gottheit ansah, sagte: „Gut, ich werde gern kommen und den Vorsitz übernehmen." Und so hielten sie auf einem weiten, offenen Feld ihre Versammlung ab.

Jedes Tier des Waldes, vom kleinsten bis zum größten, kam mit all seinen Kindern, und viele brachten auch ihre Enkel mit. Sie waren alle in Hochstimmung und ungeheuer glücklich darüber, an einem bedeutenden Treffen teilzunehmen. Alle zeigten einen gewaltigen Respekt vor ihrem Vorsitzenden. Für ihn wurde ein hohes Podium errichtet. Neben dem Stuhl des Vorsitzenden wurde ein Stuhl für den Löwen bereitgestellt. Der Weise *(maharshi),* der dem Treffen vorstand, war ebenfalls sehr guter Laune und hatte kein bisschen Angst vor dem Löwen, der neben ihm saß. Der *Maharshi* hatte die Existenz Gottes in jedem Lebewesen erkannt. Deshalb war er vollkommen furchtlos. Als sich alle Tiere gesetzt hatten, sollte die erhabene Versammlung gebührend willkommen geheißen werden. Da der Fuchs auf dieser wichtigen Konferenz der Sekretär war, begann er mit der Willkommensansprache.

„Verehrter Vorsitzender, eure Exzellenz, unser König, geehrte Minister, liebe Brüder und Schwestern! Dies ist ein Tag, der mit goldenen Lettern in die Annalen dieses großen Waldes und seiner Bewohner eingehen wird. Dies ist ein Tag, der im gesamten Königreich der Tiere unvergessen bleiben wird, denn heute haben wir einen großen Erfolg in dieser wichtigen Versammlung zu verzeichnen, zu der ihr alle hier zusammengekommen seid. Ihr habt beachtliche Opfer auf euch genommen, um hierher zu kommen. Ihr habt eure Arbeit stehen- und liegengelassen und habt euch in eurem so geschäftigen Leben die Zeit genommen, an dieser Konferenz teilzunehmen. Lasst mich also an erster Stelle euch allen meinen tiefempfundenen Dank aussprechen." Dann fuhr der Sekretär fort und erläuterte die Punkte der Tagesordnung. Sowie dies geschehen war, stand der Löwe auf und wandte sich an das riesige Publikum.

In welcher Weise sind Menschen besser als Tiere?

Er sagte: „Ihr habt alle gehört, was mein Bruder zu euch gesagt hat. Ich möchte, dass ihr wisst, dass Menschen die großartigen Fähigkeiten, die ihr habt, etwa Tapferkeit und Mut, nicht wirklich besitzen. Ich selbst bin der direkte Beweis dafür. Wo findet ihr einen Menschen, der mir gleichkommt, wenn ihr meinen Mut und meine Tapferkeit, meinen großartigen Heldenmut und meine Stärke betrachtet? Obschon ich der König der Tiere bin, unternehme ich nie falsche oder ungerechtfertigte Handlungen. Ich töte kein Tier ohne Grund. Nur wenn ich hungrig bin, nehme ich Nahrung zu mir. Ich töte kein Tier zum Spiel; ich lasse keine Nahrung verkommen. Betrachtet einmal unseren Mut, unseren Ehrenkodex, unser hohes moralisches Niveau. Könnt ihr solch große Eigenschaften beim Menschen finden? Nein, nicht im Geringsten! Warum sollten wir uns also vor ihnen fürchten? Warum sollten wir gegenüber dem Menschen als minderwertig gelten? Lasst uns an diesem heutigen Tag beschließen, diesen Schandfleck von unserer Ehre abzuwaschen!" Als der Löwe seine Rede beendet hatte, gab es tobende Hochrufe und der Applaus hallte im ganzen Wald wider.

Als sich alles wieder beruhigt hatte, stand der Elefant, der neben dem Löwen saß, auf und sagte: „Der Mensch ist nicht halb so groß wie eines meiner Beine. Ich bin zweifellos gewaltig und mächtig an Gestalt. Meine Intelligenz ist sprichwörtlich groß. Könige, Kaiser, hervorragende Führer, alle haben großes Vertrauen zu mir. Wann immer eine Krönung vollzogen werden sollte, bei der ich nicht anwesend sein konnte, musste sie verschoben werden. Wer könnte in Anbetracht solcher Größe behaupten, der Mensch sei mir überlegen? Meine Intelligenz ist außergewöhnlich. Wenn ihr also nur diese beiden Faktoren, meine Intelligenz und meine physische Größe, berücksichtigt, müsst ihr zu dem Schluss kommen, dass ein Mensch niemals an mich heranreichen wird." Erneut jubelte die Zuhörerschaft vor Zustimmung.

Der Fuchs stand auf und sagte: „Der Löwe, unser berühmter König, hat vorhin zu euch gesprochen, und der große Elefant, unser hervorragender Minister, hat auch sein Votum abgegeben. Nun würden wir gern einen Vertreter der kleineren Tiere bitten, vorzutreten und zu sprechen." Ein Hund, der im Wald herumstreunte und viele Erfahrungen mit Menschen hatte, wurde gebeten, zur Versammlung zu sprechen. Er entbot dem Präsidenten, dem König, dem Minister, dem Sekretär und allen anderen in der großen Versammlung demütig seine Ehrerbietung. Dann sagte er: „Obwohl ich sehr klein und schwach bin, gibt es keinen, der mir an Glauben gleichkommt. Ich habe unerschütterliches Vertrauen und unbegrenzte Treue gegenüber der Person, die mich großgezogen hat und für mich sorgt. Ich werde ihr immer dankbar sein und ihr vertrauen, selbst wenn ich dabei mein Leben lassen sollte. Auch wenn ich verletzt bin oder von meinem Herrn geschlagen werde, vergelte ich ihm die Schläge in keiner Weise. Jedermann weiß, dass die Menschenwesen keine solche Loyalität kennen. In der Eigenschaft der Loyalität kann ich niemals als dem Menschen unterlegen gelten.

Die Menschen bereiten oft denjenigen Schwierigkeiten, die sie liebevoll umsorgt und geleitet haben, beispielweise ihren Eltern und Lehrern. Menschen schrecken nicht davor zurück, Gutes mit Bösem zu vergelten. Sie kritisieren und schmieden Ränke, um genau die Menschen zu betrügen und zu verletzen, die sich liebevoll um sie gekümmert haben. Menschen kennen keine wirkliche Dankbarkeit. Sie haben keine Loyalität. Nur solange ihren Zwecken gedient wird, geben sie vor, gehorsam zu sein. In dem Augenblick, in dem ihre selbstsüchtigen Interessen befriedigt sind, bereiten sie ihrem eigenen Herrn und Meister Unannehmlichkeiten. Wenn Menschen so sind, wie können wir als ihnen unterlegen gelten?" In der Versammlung gab es volle Zustimmung. Kopfnicken und „Hört! Hört!"-Rufe erklangen, die alle vom Hund angesprochenen Punkte bestätigten. Die Tiere traten eines nach dem anderen vor und sagten ihre Meinung. Entsprechend ihrer Rangordnung und ihrer Erfahrung hielten sie Reden, in denen sie die vielen hervorragenden Eigenschaften der Tiere aufzählten, welche die Menschen ignorierten. Schließlich kam die Rede des Vorsitzenden.

Durch Bemühung können die Menschen ihre niedere Natur transformieren

Der Weise wandte sich an die Versammlung: „Liebe Tiere! Alles, was ihr gesagt habt, ist wahr. Wann immer ein spiritueller Lehrer etwas für uns tut oder zu uns sagt, ist es zu unserem Besten. Es ist dazu gedacht, unsere innere Entwicklung, Freundschaft und gutes Einvernehmen mit anderen zu fördern. Aber sowie die Freundschaft erblüht und Verständnis gedeiht, werden die Menschen misstrauisch und denken, dass man Übles mit ihnen im Schilde führe. Ins Gesicht grüßen sie und loben euch, aber hinter eurem Rücken kritisieren und beschimpfen sie euch. Indem sie sich mit Gegensätzen wie diesen und niederen Formen von Tücke anfüllen, vergeuden sie ihre Intelligenz und ihr Leben. Alle Unvollkommenheiten, die bisher dargelegt wurden, sind freilich wahr und im Menschen vorhanden. Was das Essen, den Schlaf, das Atmen und diese Dinge betrifft, gibt es absolut keinen Unterschied zwischen Menschen und Tieren."

Der Weise fuhr fort: „Ich möchte aber hervorheben, dass es tatsächlich eine Besonderheit im Menschen gibt, die einzigartig ist und durch die sie nicht mit Tieren verglichen werden können. Die Tiere mögen eine Portion Grausamkeit geerbt haben, und wenn sie sie einmal haben, können sie nichts mehr daran ändern. Ein Tiger wird, wie hungrig er auch sein mag, keinen Reis mit Curry essen. Er will nur Fleisch und wird sich nicht mit Tee und ein paar Keksen begnügen. Wie sehr er sich auch bemühen mag, seine Gewohnheiten zu ändern, er hat doch keinen Erfolg damit. Wenn sich dagegen ein Mensch genügend anstrengt, kann er seine grausame Wesensart und jede andere schlechte Gewohnheit ändern. Der wichtigste Unterschied zwischen Menschen und Tieren ist der, dass die Menschen kraft ihrer Bemühung eine vollständige Transformation in sich bewirken können, während die Tiere dazu nicht imstande sind. Diese besonderen Fähigkeiten und Fertigkeiten, sich selbst zu transformieren, sind nur im Menschen vorhanden."

Der Fuchs stand auf und sagte: *„Swami,* wir räumen ein, dass die Menschenwesen diese besonderen Fähigkeiten haben, sich zu ändern, aber verdienen sie den hohen Rang, den sie heute genießen, wenn sie davon keinen Gebrauch machen?" Der Vorsitzende erklärte dazu: „Wenn jeder die Fähigkeit hat, sich zu ändern, sie aber nicht nutzt, dann ist er sogar noch schlechter als ein Tier." An diesem Punkt brachen die Tiere in lauten Applaus aus. Die Beifallsrufe gingen weiter, bis der Vorsitzende mit dem Klopfen seines Hammers zur Ordnung rief. Dann wiederholte der Weise den wesentlichen Punkt, dass der Mensch, der die Möglichkeit hat, Gutes zu tun, sie aber nicht nutzt, um sein Verhalten zu bessern und das Gute in sich zu fördern, zweifellos weit unter dem Tier stehe. Er fügte hinzu: „Was für einen Sinn hat all das Wissen, das die Menschen ansammeln? Ändert es ihren Glauben? Sowie ihnen schlechte Gedanke in den Kopf kommen, stumpft ihr Denken ab und werden sie wie Idioten. Die Menschen haben in der Bildung und ihren Fertigkeiten einen hohen Grad erlangt. Aber alles Gelernte dient ihnen lediglich zum Broterwerb. Sie nutzen ihre Bildung nur, um sich die Bäuche zu füllen und ihren Lebensstandard zu sichern."

An diesem Punkt stand der Fuchs auf und fügte den Worten des Vorsitzenden hinzu: „In dem Bemühen, seinen Lebensunterhalt zu verbessern, benutzt der Mensch alle möglichen unethischen Mittel. Es ist klar, dass wir Tiere in dieser Hinsicht viel besser sind als die Menschen." Der Fuchs ließ sich von seiner eigenen Redegewandtheit hinreißen und fuhr noch eine Weile mit diesem Thema fort: „Wir bleiben in unserem Überlebenskampf immer fair. Wenn man uns mit den Menschen vergleicht, so sind wir in jeder Hinsicht viel besser als sie. Tatsächlich ist es so, dass wir die Besten überhaupt sind!" Das brachte ihm eine begeisterte Ovation der gesamten vierbeinigen Versammlung ein. Alle stimmten dieser Einschätzung aus ganzem Herzen zu und drängten den Fuchs, mehr zu sagen. Aber nun hatte der Enthusiasmus seine Grenzen überschritten und der Vorsitzende klopfte den Hammer und rief zur Ordnung. Der Weise erhob sich und machte einige ergänzende Anmerkungen. Er erklärte den zweiten Hauptunterschied, der Menschen einzigartig macht, und sagte: „Der Mensch ist imstande gewesen, die Täuschung *(maya)* zu besiegen, er hat es geschafft, die Illusion zu meistern. Wenn er dies einmal erreicht hat, ist er dazu in der Lage, sein eigenes wahres göttliches Selbst *(atman)* zu erfahren. Dann kann er den Zustand des *Nirvāna,* die erhabene Stufe ewiger Glückseligkeit erreichen. Dies ist ein fundamentaler Unterschied zwischen Menschen und Tieren.

Der entscheidende Unterschied zwischen Menschen und Tieren

Menschen haben die Kraft und auch die Autorität, *Maya* zu besiegen und sich vollkommen von der Illusion zu befreien. Wenn der Mensch sich die Mühe macht und die Anstrengung auf sich nimmt, kann er den *Atman* unmittelbar erleben und sich dadurch als das Göttliche erkennen, das er wahrlich ist. Mit Hilfe spiritueller Übungen kann er das *Nirvāna* erreichen und in höchster Glückseligkeit vesunken sein. Im Sinne der Wahrheit muss ich herausstellen, dass ihr Tiere diese Kräfte und Potenziale nicht habt, mit denen der Mensch ausgestattet ist." Der Weise fügte hinzu: „Liebe Kinder, in der englischen Sprache werden die Menschen kollektiv „mankind", oder kurz „man" genannt. Das Gleiche findet sich im *Sanskrit* als *Mānava*. Der tiefere Sinn von „man" ist, dass die Menschen diese Illusion loslösen und beseitigen können. Sie sind imstande, eine Vision des *Atman* zu bekommen und sich in den Zustand der Freude und der Weisheit zu versetzen, der *Nirvāna* genannt wird. Das ist der Sinn der Buchstaben m-a-n. Das „m" steht für *Maya,* die beseitigt wurde, das A für *Atman,* der gesehen wird, und N für *Nirvāna*, das erlangt wurde. *Nirvāna* zu erlangen heißt, dass der Mensch mit Freude und Glückseligkeit eins wird. Ein wahrhafter Mensch ist also jemand, der die Unwissenheit der *Maya* beseitigt, eine Vision des *Atman* erlangt und den höchsten Zustand der Seligkeit erreicht hat."

Als der Weise geendet hatte, senkten alle Tiere ihre Köpfe und es herrschte eine tiefe, reflektierende Stille, als sie über die Worte nachdachten, die der Vorsitzende gesprochen hatte. Sie mussten zustimmen, dass dies Dinge waren, die sie in ihrer gegenwärtigen Gestalt niemals hoffen konnten zu erreichen. Aber dann erhob ein kühner Bock die Frage: „Sind alle Menschen in der Lage gewesen, diesen Zustand zu erreichen?" Der Weise antwortete mit einem schallenden „Nein!" Er sagte: „Nur sehr wenige kümmern sich überhaupt um diese außergewöhnlichen Schätze, die ihr Geburtsrecht sind. Die meisten Menschen verschwenden ihr Leben und verfolgen niemals diese unschätzbaren Gelegenheiten des menschlichen Lebens. Ihr Streben stinkt vor Selbstsucht und sie behandeln einander schlimmer als Tiere. Obwohl Menschen diese große Kapazität an Weisheit und Glückseligkeit haben, entwickeln sie sich nicht in diese Richtung und sind deshalb nicht imstande, wahre Freude an ihrem Leben zu finden."

Die meisten Menschen sind schlimmer als Tiere

Die Tiere kamen zu einem Konsens und einigten sich darauf, dass jene Menschen, die überhaupt keine Anstrengungen in diese Richtungen machten, bloß wie sie seien und dass es absolut keinen Grund gebe, sie von Tieren zu unterscheiden. Der Weise stimmte zu. Dann wurde der Vorsitzende persönlich und erklärte die Gründe, warum er in den Wald gekommen sei, um darin zu leben. Er sagte: „Die Menschen kümmern sich wenig um diese edlen Fähigkeiten. Tiere greifen nur diejenigen an, die sie ihrerseits angegriffen haben; im Übrigen leben sie in Frieden miteinander. Die Menschen dagegen verletzen auch diejenigen, die ihnen überhaupt nichts getan haben. Sie beschuldigen ihre Mitmenschen grundlos und verursachen Schwierigkeiten und schaden Menschen, die makellos sind und ihnen keinen Grund für eine Provokation gegeben haben.

Menschen befassen sich außerdem mit allen möglichen unpassenden Arbeiten, zu denen sie nicht das Recht haben." Er schloss mit den Worten: „Aus diesen Gründen sind viele echte spirituell Strebende *(rishi)* Entsagende geworden und haben die Gesellschaft der Menschen aufgegeben und sich in den Wald zurückgezogen. Was Menschen auch sagen, tun und denken, ist voll selbstsüchtiger Motive. Tiere haben keine solche Selbstsucht. Tiere schaden einander nicht und häufen keinen Reichtum an. Deshalb sind Menschen in vielerlei Hinsicht schlimmer als Tiere."

In diesem Zusammenhang sagte *Krishna* zu *Arjuna:* „Sei ein wahrer Mensch, nicht jemand, der schlimmer ist als ein Tier. Erhebe dich über die tierische Natur zu deinem wahren menschlichen Wesen. Es gibt zwei Eigenschaften eines Tieres, die du niemals haben darfst: Du bist weder ein Schaf, das scheu und ängstlich ist, noch ein Tiger, der grausam zu den anderen ist. Du bist ein Mensch. Du bist zu Höherem bestimmt. Sei ohne Furcht! Gestatte es dir nicht, ein Opfer von Angst zu werden. In Wahrheit bist du Göttlichkeit. Sorgen und Ängste können niemals Macht über dich haben."

Wenn ihr festen Glauben an Gott habt, werdet ihr furchtlos sein

Im Herzen des Menschen ist unendliche Stärke. Aber trotz dieser Stärke hat der Mensch kein Selbstvertrauen. Weshalb ist dies so? Der Grund ist, dass ihr euch getrennt fühlt. Ihr glaubt, dass ihr etwas anderes als das Göttliche wäret. Aber in Wahrheit ist Göttlichkeit immer als euer Innerstes vorhanden. Dasselbe Göttliche durchdringt das gesamte Universum. Wenn ihr starken Glauben an Gott entwickelt, werdet ihr nicht die geringste Furcht verspüren. Ihr werdet erkennen, dass der Gott, den ihr verehrt, der Eine ist, der überall und in allem existiert, auch in euch. Dieser Glaube wird alle Spuren von Angst aus eurem Herzen vertreiben.

Aber wenn ihr keinen Glauben habt, wird euch die Angst beherrschen. Jeder Augenblick und jeder Schritt wird euch erschrecken. Wenn ihr in eine Prüfung geht, werdet ihr Angst haben. Im Flugzeug werdet ihr Angst haben. Wenn euch ein Lastwagen auf der Straße entgegenkommt, werdet ihr Angst haben. Vom Augenblick, in dem ihr vom Bett aufsteht, bis zum Schlafengehen werdet ihr euch fürchten. Und auch da werdet ihr noch Angst haben, dass Einbrecher kommen und euer Hab und Gut mitnehmen könnten. Aber das ist nicht die Art und Weise, wie ein Mensch leben sollte. Ihr solltet von der Überzeugung durchdrungen sein, dass Göttlichkeit überall gegenwärtig ist und dadurch äußerste Furchtlosigkeit erlangen.

Euer Glauben an die allgegenwärtige Göttlichkeit ist der Schlüssel zum Entwickeln von Furchtlosigkeit. Nur wenn ihr den Glauben verliert, bekommt ihr Angst. Nur wenn ihr euer wahres Selbst vergesst, entsteht Furcht. Ihr habt eure wahre Natur vergessen, den *Atman*. Ihr betrachtet euch als diesen kleinen fünfeinhalb Fuß (1,67 Meter; Anmerkung des Übersetzers) großen Körper, aber die Wahrheit ist, dass eure Gestalt unendlich und eure Macht unbegrenzt ist. Wenn ihr die Anstrengung unternehmt, die Täuschungen zu beseitigen und eine Schau des *Atman* zu bekommen, werdet ihr in die Glückseligkeit des *Nirvāna* eingehen. Dann könnt ihr euch als ein wirklicher Mensch bezeichnen.

Wenn ihr euch auf dem Weg der Selbsterkenntnis nicht anstrengt, sondern in der Dunkelheit versinkt, verfolgt euch die Selbstsucht und verdirbt euer Verhalten. Ihr werdet mehr wie ein Dämon als wie ein Mensch. Fallt nicht in solche Tiefen. Führt euer Leben so, dass ihr euch wahrheitsgemäß „Mensch" nennen könnt, und lebt gemäß der hohen Ideale, die ihr geerbt habt, als euch dieses heilige Leben gegeben wurde.

Entwickelt gute Eigenschaften und gewinnt die Gnade Gottes

Einen der Namen, die *Krishna* benutzte, um *Arjuna* anzusprechen, war *Kurunandana,* was so viel bedeutet wie „Derjenige, der sich daran erfreut, Werke zu verrichten". Die meisten von euch verlieren bald das Interesse an der Arbeit, die ihnen gegeben wird. Wenn der Sonntag kommt und ihr arbeitsfrei habt, seid ihr glücklich. Wenn *Arjuna* einmal einen Tag nichts zu tun hatte, war er sehr unglücklich. *Arjuna* fühlte immer große Freude bei der Arbeit. Er hatte den Namen *Kurunandana* bekommen, weil ihm Arbeit sehr viel Freude bereitete.

Die verschiedenen Beinamen, mit denen *Krishna Arjuna* in der *Gita* anredete, beziehen sich auf verschiedene edle Eigenschaften und Tugenden. Ihr werdet das Wesen des Göttlichen erfahren, wenn ihr euch jeden Tag eine Tugend vornehmt und versucht, sie in euer Leben zu integrieren.

Geduld, Nachsicht, Mitgefühl und Gewaltlosigkeit sind einige der Eigenschaften, die bereits erwähnt wurden. Jetzt habt ihr auch von der Furchtlosigkeit gehört. Aber es gibt noch eine Reihe weiterer wichtiger Tugenden. Nur wenn ihr diese Eigenschaften in euren täglichen Aktivitäten entwickelt, verdient ihr die Gnade Gottes. Ohne diese edlen Eigenschaften zu entwickeln, bekommt ihr keinen Platz im Haus Gottes, ungeachtet eurer Bildung, Position und des Reichtums, den ihr euch erworben habt. Man kann nicht ohne Pass in ein anderes Land reisen. Eure guten Eigenschaften sind der Pass, den ihr braucht, um die Gnade Gottes zu verdienen. Ihr müsst diese Eigenschaften entwickeln.

Nebst eurer Schulbildung solltet ihr euch gute Gewohnheiten und einen einwandfreien Charakter aneignen. Ohne sie wird all eure Bildung wertlos sein. Die Ausbildung, die ihr jetzt verfolgt, ist nur für das Leben in der physischen Welt von Nutzen. Sie wird euch nicht zu Gott führen. In der heutigen Welt ist es Wissenschaftlern gelungen, der Natur eine Reihe von Geheimnissen zu entlocken. Aber waren sie imstande, Freude und Glück von den von ihnen entwickelten Maschinen zu bekommen? Glück und Frieden können nicht davon kommen. Ihr könnt Frieden nur vom Göttlichen bekommen.

Weltliches Glück und Frieden sind nichts als augenblicklich und vergänglich. Sie können euch nicht in den Zustand dauerhaften Glücks versetzten. Das Kapitel in der *Gita* über die Weisheit *(sānkhyayoga)* betont das Begreifen der einen, alles durchdringenden Göttlichkeit, die euch immer nah ist. Das Kapitel *Sānkhyayoga* ist sehr lang: Es beinhaltet zweiundsiebzig Verse. Aber ihr werdet eure Sorgen nicht los, wenn ihr diese Verse nur einfach auswendig lernt und jeden Tag hersagt. Das wird euch nicht viel nützen. Ihr müsst euch sehr anstrengen, die innere Bedeutung der Verse zu leben und beständig in euren Alltagserfahrungen umzusetzen. Nur wenn ihr sie im täglichen Leben praktiziert und euch zu eigen macht, werdet ihr Gottes Gnade verdienen und für immer mit ihm vereint sein.

Neunundzwanzigste Ansprache

Wendet euch Gott zu, und Gott wird sich euch zuwenden

Wenn ihr euer Unterscheidungsvermögen entwickelt
und voll zur innewohnenden Göttlichkeit erwacht,
werdet ihr keinen Kummer erleiden und keiner Furcht unterliegen.
Aber solange ihr dem Körper und den Dingen anhaftet,
sind Angst und Leid bei euch.
Deshalb ermahnte Krishna Arjuna, sein Unterscheidungsvermögen
zu entwickeln und sich vom Körperbewusstsein zu befreien.
Er sagte, dass er zur ganzheitlichen Schau in der Lage sei,
wenn er erst einmal vom Körperbewusstsein befreit wäre.

Verkörperungen der Liebe,

die Menschen haben heutzutage drei verschiedene Sichtweisen. Die erste ist die körperorientierte Sicht, die total oberflächlich ist. Wenn ihr diese Sichtweise habt, seht ihr nur die äußere Erscheinung anderer, wie die Kleider und den Schmuck, den sie tragen, ihre Gesichtszüge, typische Körpermerkmale, Eigenarten des Sprechens und ähnliches. Diese Art des Sehens ist nur an der Welt der Erscheinungen orientiert.

Die zweite Sichtweise ist die einfühlsame. Anstatt auf die äußeren Wesensmerkmale anderer gerichtet zu sein, konzentriert ihr euch auf ihre inneren Gefühle, wie sie von ihrem äußeren Verhalten und ihrer Ausdrucksweise widergespiegelt werden. Ihr schätzt in dem Fall die Gedanken in ihrem Geist (mind) und die Gefühle in ihrem Herzen ein, indem ihr sorgsam darauf achtet, was sie sagen und tun. Wenn ihr diese Sichtweise habt, befasst ihr euch mit den tieferen Gefühlen und Motiven der anderen Person.

Heilige Sichtweise

Die dritte Sichtweise ist das ganzheitliche Sehen. Mit dieser Sichtweise konzentriert ihr euch nicht auf die äußere Erscheinung anderer oder gar ihre inneren Gefühle. Wenn ihr die ganzheitliche Sichtweise habt, seht ihr das göttliche Bewusstsein, das trotz körperlicher Verschiedenheiten und Unterschiede im Ausdruck und in der emotionalen Veranlagung durchkommt. Ihr erkennt, dass Gefühle, Gedanken und Verhaltenseigenschaften allesamt Wandel und Transformation unterliegen. Aber ihr interessiert euch nicht für Charakteristika, die sich mit der Zeit verändern. Bei der ganzheitlichen Sichtweise seid ihr völlig auf die unveränderliche, innewohnende Göttlichkeit ausgerichtet. Solch eine tiefe innere Schau ist eine heilige Sichtweise. Wenn ihr sie erlangt habt, seid ihr in Gottes Hand. Und nicht nur das: Ihr werdet in der Tat Gott selbst.

Die wahrhaft Weisen sagten, dass derjenige, der Gott *(brahman)* erkenne, Gott werde. Ihr werdet, was ihr wahrnehmt. Wenn ihr die ganzheitliche Sichtweise erlangt, nehmt ihr die heilige Natur der Göttlichkeit an. Um ein Mensch von höchster Weisheit *(sthitaprajna)* zu werden, müsst ihr die ganzheitliche Sichtweise *(sudharshana)* fördern. Ihr müsst beständig bei der inneren Einheit verweilen, die der Kern aller äußeren Vielfalt ist. *Krishnas* Gebot für *Arjuna* lautete deshalb, seine Sicht auf das höchste Selbst *(atman)* zu richten und diese ganzheitliche Schau unter allen Umständen beizubehalten.

Prozessionen

In Indien gibt es seit undenklichen Zeiten die Tradition, an Festtagen in Dörfern und Städten Wagenzüge zu veranstalten, die bei Tempeln starten. Während dieser Feste wird das Bild der Tempelgottheit in einer Prozession herumgefahren. Als Erstes wird für diesen Zweck ein großer Wagen gebaut. Dann wird der Wagen aufwändig geschmückt und ein schöner Thron für die Gottheit aufgestellt. Am glückverheißenden Festtag wird die Gottheit mit den entsprechenden Ritualen und Gesängen aus dem Tempel getragen und in den Wagen gehoben. Der Wagen wird anschließend in einer farbenprächtigen Prozession von Gläubigen durch die Straßen gezogen. Ihm gehen Gruppen von Tänzern, Musikern und Sängern voran. Entlang der Prozession opfern viele Menschen der Gottheit, indem sie geweihte Lichter anzünden und vor dem Wagen Lichter schwenken, sobald dieser an ihnen vorbeikommt.

Während solcher Festtage versammeln sich Tausende von Menschen, die aus allen umliegenden Dörfern zusammenkommen. Sie lassen sich in drei Arten von Menschen unterteilen: Die ersten, die den größten Teil der Feiernden ausmachen, richten ihre ganze Aufmerksamkeit auf den Wagen und seine äußere Erscheinung. Andere konzentrieren sich mehr auf die heiligen Gefühle, die durch die Prozession erzeugt werden, wie die eifrige Frömmigkeit jener, die den Wagen ziehen, die ekstatische Freude der Tänzer und Sänger und die Ehrerbietung der Priester und Gläubigen, die ihre Verehrung darbringen. Drittens gibt es einige Wenige, die den wahren Sinn und Zweck erkennen, für den das Fest ausgerichtet wurde. Nur diese kleine Handvoll Menschen sehnt sich danach, eine Vision des inneren

Bewohners, der geheiligten Person, die im Wagen sitzt, zu bekommen.

Das Fest wird natürlich gefeiert, um das Bildnis Gottes in den Wagen einzusetzen. Ohne die Gottesdarstellung hätte das Fest keine Bedeutung. Die heilige Figur im Wagen repräsentiert den inneren Bewohner, der Gott selbst ist. Aber nur ganz selten gibt es jemanden, der diesem Gott seine volle Aufmerksamkeit schenkt. Die meisten Menschen sehen nur die physische Erscheinung des Wagens, seinen Schmuck und ähnliche Dinge, etwa das feine Gewand, das der heiligen Statue angezogen wurde, und die Kostüme der Tänzer und Musiker und all die Geräusche und Farben der Feiernden. Die meisten konzentrieren sich nur auf Äußerlichkeiten. Aber es gibt auch Menschen, die ihre Aufmerksamkeit auf die Anbetungsrituale und die Opfergaben richten, wie das Zerbrechen von Kokosnüssen, das Schwenken von Lichtern und Räucherstäbchen, und die Hingabe, die diese Rituale hervorrufen. Die Zahl der Menschen mit einer solchen Sichtweise und diesem Interesse ist sehr viel kleiner als die jener, die auf die Dekoration, die Tänze, die Theaterstücke und all den äußerlichen Krimskrams achten, der mit dem Fest zusammenhängt.

Aber die göttliche Person, die in diesen Wagen gesetzt wurde und ihn lenkt, wird nur von einer sehr kleinen Zahl ergebenster Gläubiger gesehen, die sich danach sehnen, den heiligen Anblick der Gottheit zu erhalten. Diese Menschen kann man in der großen Menge, die sich an einem solchen Fest beteiligt, an den Fingern einer Hand abzählen. Für sie sind all der äußere Prunk und Putz und all die Geräusche und Aufregung, die mit der Prozession verbunden sind, ein Hindernis bei ihrem Bemühen um einen echten Anblick des herrlichen Gottes, dessen Statue im Wagen sitzt.

Der Wagen des menschlichen Körpers

Was für eine tiefere Bedeutung hat dieser Wagen? Wie viele solcher

Wagen gibt es denn? Der Wagen, von dem wir hier sprechen, ist der menschliche Körper. Somit gibt es nicht nur einen Wagen, sondern Millionen und Abermillionen Wagen. Jeden Tag bewegen sich diese Wagen von Straße zu Straße und von Haus zu Haus, wobei sie den inneren Bewohner in einer Prozession herumfahren. Ihr habt eure Sichtweise so entwickelt, dass ihr nur den Körper und seine äußeren Merkmale oder den Gesichtsausdruck wahrnehmt, der durch die verschiedenen Gefühle und emotionalen Zustände entsteht, aber ihr habt nicht gelernt, die innere Schau zu fördern, die Schau, welche die innewohnende Person in diesem Wagen des Körpers wahrnimmt und versteht, wer Er wirklich ist. Selten gibt es einen Menschen, der den Versuch macht, tiefer, jenseits des äußerlichen und oberflächlichen Aspekts des Körpers und jenseits der emotionalen und gedanklichen Wesenszüge der Menschen zu blicken, und der versucht, das heilige göttliche Prinzip des *Atman* darin zu entdecken.

Die Körper der Menschen sind nicht die einzigen Wagen. Die Körper von Tieren wie Hunden, Tigern und Elefanten sind ebensolche Wagen. Tatsächlich ist der Körper eines jeden Lebewesens ein Wagen. So wird *Shiva* zum Beispiel auf *Nandi,* dem Stier, reitend dargestellt. Der Stier ist *Shivas* Wagen. Trotzdem denkt ihr nicht an *Shiva,* wenn ihr einen Stier seht, aber er ist da. Wenn ihr eine Ratte seht, denkt ihr auch nicht an *Ganesha,* den Elefantengott, der die Aspekte des Schutzes und der Weisheit in der Göttlichkeit repräsentiert. Er ist da und reitet auf dieser Ratte. Die Ratte ist *Ganeshas* Fahrzeug und folglich auch ein Wagen, in dem Gott sich niedergelassen hat. Ebenso werden Löwen, Krähen, Hunde, Schlangen, Adler, Vierbeiner und geflügelte Tiere als Fahrzeuge für verschiedene Aspekte des Göttlichen benutzt. In Wahrheit ist jedes Lebewesen ein Wagen, der Gott in einer Prozession mitnimmt.

Heutzutage habt ihr euch eine Sichtweise angeeignet, die nur den

Wagen sieht. In diesem Zeitalter verbringt ihr fast eure gesamte Zeit damit, den Wagen anzubeten und die Bequemlichkeiten und Vergnügungen des Körpers zu sehen. Als Ergebnis widmet ihr eure Aufmerksamkeit nur den äußerlichen Unterschieden und versucht nicht, den inneren Bewohner zu sehen.

„Wisse deshalb, *Arjuna*", sagte *Krishna,* „dass all diese Menschen, um die du dich so sorgst, nur Wagen sind. Ob Großväter, Brüder, Cousins und wer auch immer, sie sind nur Wagen. In Wirklichkeit siehst du nur Wagen in der Form dieser verschiedenen Verwandten und Lehrer. Du hast deinen Blick getrübt, indem du nur den Körper sahst. Aber ein heiliger Mensch wie du sollte sich nicht so sehr um Äußerlichkeiten kümmern. Du musst deinen Geist auf den inneren Bewohner richten, der sich in jedem menschlichen Körper niedergelassen hat. Nur dann wird deine Sichtweise geheiligt sein. Nur eine solch geheiligte Sichtweise kann die Grundlage für deinen Sieg bilden.

Allein ein Mensch, der diese heilige Sichtweise besitzt, kann in großen Unternehmungen erfolgreich sein. *Arjuna,* die Menschen geben dem Schatten dieselbe Bedeutung, die sie demjenigen beimessen, der den Schatten wirft; sie messen dem Spiegelbild denselben Wert bei wie demjenigen, der das gesehene Bild erzeugt. Aber das ist nicht richtig. Das unveränderliche, heilige Prinzip, das all diese Schatten und Spiegelbilder hat entstehen lassen, ist das ewige Selbst *(atman).* Sein Wert ist grenzenlos und jenseits allen Ermessens, während die äußeren Schönheiten dieser Körper und aller Gedanken, Gefühle und Verhaltensweisen, die in diesen Körpern manifestiert sind, nichts als Abbilder sind. Sie sind nur Schatten ohne jede wirkliche Substanz oder bleibenden Wert."

Solange *Arjuna* den bloßen Spiegelbildern so viel Beachtung schenkte, offenbarte er seine Unwissenheit. Aber er hatte keine weltliche Art von Unwissenheit, sondern Unwissenheit, die sich auf den

Geist (spirit) bezog. *Arjuna* hatte seine innere Sichtweise nicht entwickelt. Er war dennoch dazu in der Lage, zwischen dem Wirklichen und dem Unwirklichen zu unterscheiden. Um ihn von allen Missverständnissen und Verwirrungen zu beschützen, die unvermeidlich entstehen, wenn es einen Mangel an innerer Schau gibt, lehrte *Krishna* *Arjuna* das heilige Wissen vom ewigen Selbst. *Krishna* unterwies *Arjuna* in den spirituellen Übungen, die praktiziert werden müssen, um die höchste Weisheit zu erlangen.

Das Feld des Herzens

Bevor ein Bauer Getreide auf seinem Feld wachsen lassen kann, muss er viele Vorbereitungen treffen: Vor dem Aussäen muss das Erdreich von Stoppeln, Steinen und Unkraut gesäubert und durch Pflügen und Bewässern aufgeweicht werden. Die Samen, die auf diesem Stück Land am besten gedeihen, und die Nährstoffe zum Düngen des Bodens müssen ausgewählt werden. Wenn all diese Vorbereitungen getroffen sind, streut der Bauer schließlich die Saat aus. Bevor eine Saat also aufgehen kann, muss das gesamte Feld für sie vorbereitet werden. Steine müssen entfernt und Unkraut gejätet werden. Erst dann können die geeigneten Saaten ausgestreut werden und ist eine gute Ernte sicher.

Ebenso muss ein spirituell Suchender sorgsam das Feld seines Herzens vorbereiten. Für dieses Feld gelten dieselben Prinzipien der Bodenbearbeitung. Als Erstes müssen alle unerwünschten Gedanken und nutzlosen Angewohnheiten entfernt werden. Sie müssen ausgehackt und weggeräumt werden. Danach müsst ihr das Feld des Herzens mit dem Wasser der Liebe bewässern. Das Wasser der Liebe macht das Herz weich und kultivierbar. Mit Hilfe spiritueller Übungen *(sādhana)* müsst ihr das Feld eures Herzens pflügen und den Dünger des Glaubens ausstreuen, damit der Boden für die Saat fruchtbar und nahrhaft gemacht wird. Erst wenn all dies getan ist, ist das Feld des

Herzens zum Aussäen bereit. Wie können gute Samen im Herzen wachsen und die Chance bekommen, zu einer schönen Ernte zu reifen, solange es mit dem Unkraut niederer Gedanken überzogen ist, solange es dürr, hart, trocken, unfruchtbar ist?

In diesem Zusammenhang sagte *Krishna* zu *Arjuna: „Arjuna,* du musst das Feld deines Herzens bestellen und transformieren. Du musst deine nach außen gerichtete Sichtweise entwurzeln. Entwickle einen reinen und starken Fluss der Liebe zu Gott. Säe die Samen des Gottesnamens in dein Herz, und du wirst eine reiche Ernte an Einheitsbewusstseins einbringen, denn das ist es, was auf diesem Feld am besten wächst; das ist seine wahre Natur. So wirst du ein *Sthitaprajna,* ein Mensch von unbeirrbarer Weisheit; so wirst du dein spirituelles Ziel erreichen. Im Garten deines Herzens wirst du die heilige Frucht der Befreiung kosten. Wenn du sie erst einmal hast, kann die Furcht dich nie wieder plagen.

Wahre Furchtlosigkeit

Wenn du festen Glauben und eine ganzheitliche Sichtweise entwickelt hast und immer an das innewohnende Göttliche denkst, wirst du von Freude nicht mehr erhoben und vor Kummer nicht mehr zurückschrecken. Nur dann wirst du vollkommen furchtlos *(abhaya).* Furchtlosigkeit bedeutet nicht die Abwesenheit von Furcht *(nirbhaya).* Wahre Furchtlosigkeit überwindet Angst vollkommen. Sie ist insgesamt verschieden von und größer als das bloße Beseitigen von Angst. Letzteres ist eine vorübergehende Erfahrung. Sie kommt und geht. Wenn ihr beispielsweise in der Dämmerung ein Seil am Boden liegen seht, denkt ihr vielleicht, es sei eine Schlange. Aus Furcht, die Schlange könne euch etwas antun, richtet ihr eure Taschenlampe darauf, um besser zu sehen, ob es wirklich eine giftige Schlange ist. Aber kaum fällt das Licht darauf, erkennt ihr, dass es gar keine Schlange, sondern ein Stück Seil ist. Mit dieser Erkenntnis ist eure Furcht auch im Nu verflogen. Ihr wart ein Opfer der Furcht und dann wurdet ihr von ihr befreit. Beides waren nur vorübergehende Erfahrungen.

Die Furcht ist nur eine Täuschung, die der menschliche Geist (mind) erschafft. Das Fehlen von Furcht ist ebenso eine gedankliche Täuschung. Eine Sache für eine andere zu halten als sie ist, führt zu Angst; den Fehler zu erkennen und zu berichtigen, führt zur Beseitigung dieser Angst. Aber echte Furchtlosigkeit *(abay)* hat damit nicht das Geringste zu tun. Furchtlosigkeit ist ein permanenter Zustand, in dem die Frage nach der Angst gar nicht auftritt. Wenn ihr von Furchtlosigkeit durchdrungen seid, seid ihr euch ständig eurer wahren Realität bewusst. An diesem Punkt ist es euch unmöglich, der Furcht zu unterliegen. Ihr solltet diese Eigenschaft der Furchtlosigkeit nicht als bloße Abwesenheit von Furcht betrachten. Wenn ihr wahrhaft furchtlos seid, seid ihr euch überhaupt keiner zweiten Wesenheit bewusst. Ihr könnt Furcht nur haben, wenn da etwas Zweites existiert, das Angst in euch hervorruft. Aber Furchtlosigkeit hängt immer mit dem Einheitsbewusstsein zusammen. Sie bezieht sich auf die Nichtdualität *(advaita),* den Zustand, in dem es nicht zwei, sondern nur das Eine geben kann. Nur im Zustand der Nichtdualität seid ihr wahrhaft furchtlos.

Wenn ihr euer wahres Selbst, den *Atman,* vergesst, leidet ihr unter Furcht. Wenn ihr nur an die Welt und nicht an Gott denkt, leidet ihr unter Furcht. Wenn ihr voller Wünsche und Anhaftungen seid, leidet ihr unter Furcht. Wenn ihr euch von den Dingen täuschen lasst, leidet ihr unter Furcht. Wenn ihr dagegen in die transzendente Wirklichkeit vertieft seid, seid ihr vollkommen frei von Angst. Ihr habt dann überhaupt niemals vor irgendetwas Angst. Dann seid ihr wirklich furchtlos.

Krishna sagte: „*Arjuna,* es gibt nur Eines, was du entwickeln musst. Du brauchst deine Sicht der Welt der Erscheinungen nicht zu erweitern. Auch deinen Geist (mind) brauchst du nicht weiterzuentwickeln. Du musst nur den Blick für das Eine, das überall und in allen Wesen existiert, schärfen. Wenn du das Eine erkennst und immer an es denkst, bist du diesem andauernden Hin und Her zwischen Furcht und dem Beseitigen von Furcht – zwischen *Bhaya* und *Nirbhaya* – nicht mehr unterworfen. Aus der irreführenden Perspektive, dass die Welt wirklich und aus verschiedenen Dingen gemacht sei, ist dein Blick getrübt und hast du Angst. Aber wenn du die Wahrheit der Einheit der gesamten Schöpfung erkennst, bist du für immer frei von Angst *(abhaya)*. Ein Mensch wie du sollte weise sein, ein *Sthitaprajna* werden und niemals wieder Furcht erleben."

Die Geschichte von Gajendra und dem Krokodil

Ihr müsst eure Neigung beherrschen, den Blick nach außen, auf den Körper und seine Handlungen und auf den Geist (mind) mit seinen Gedanken und Gefühlen zu richten. Fördert stattdessen die innere Schau des heiligen Selbst *(atman)*. Dies ist die rechte Sichtweise, die ganzheitliche Sichtweise *(sudarshana)*. Es gibt ein schönes Beispiel hierfür im *Shrīmad Bhagavatam*. Es ist die Geschichte von Gajendra, dem Elefanten, der von einem Krokodil gepackt wurde. Dieser Elefant Gajendra besaß ein starkes Ego und war davon überzeugt, dass er mit seiner großen Kraft kämpfen und sich selbst von dem Krokodil befreien könne. Dazu muss man zwei Dinge wissen: erstens, dass Elefanten auf dem Land sehr stark sind, und zweitens, dass Krokodile im Wasser sehr stark sind. Wenn ein Elefant sich ins Wasser begibt, ist er nicht mehr so mächtig wie auf dem Land, und ein Krokodil ist seinerseits auf dem Land nicht mehr ganz so souverän wie im Wasser, das seine natürliche Umgebung ist. In dieser Geschichte war das Krokodil im Wasser und in der Lage, seine gesamte große Kraft einzusetzen. Aber Gajendra, der Elefant, benahm sich sehr arrogant; sein Ego war aufgebläht und er hatte das Gefühl, dass kein Krokodil je an einen Elefanten, den Herrn des Dschungels, heranreichen könne. Er wusste nicht, dass ein Krokodil im Wasser jedem Elefanten des Festlandes mehr als ebenbürtig ist.

Die beiden kämpften eine Weile unnachgiebig miteinander. Schließlich wurde der Elefant müde und verlor seine körperlichen und geistigen Kräfte. Er hatte sein ganzes Vertrauen in sie gesetzt, aber hatte sie erschöpft. Da betete er zu Gott. Solange sein Blick auf den Körper gerichtet gewesen war, hatte er nicht nach Gott gesucht. Solange er sein Vertrauen in seine eigenen körperlichen und geistigen Kräfte gesetzt hatte, war der Gedanke an Gott nicht entstanden und war Gottes Gnade nicht auf ihn herabgekommen. Als der Elefant seine körperliche und geistige Kraft verlor und sich Gott zuwandte, warf *Vishnu* sofort seinen heiligen *Sudarshana*-Diskus und befreite Gajendra aus der Katastrophe, die über ihn gekommen war. Der *Sudarshana,* von dem hier die Rede ist, besteht nicht einfach aus der Wurfscheibe, die der Herr als Waffe trägt, sondern bezieht sich auf Seine Gnade. Ihr erweckt Gottes Gnade, indem ihr eure Sichtweise Gott zuwendet. Dann richtet Gott seinen Blick euch zu.

Wendet euren Blick Gott zu, und ihr seht euer Selbst

Wann wendet Gott euch seinen Blick zu, sodass ihr euch immer in seiner Gnade sonnen könnt? Sobald ihr all eure egozentrischen Vorstellungen von eurer eigenen Kraft des Körpers und des Geistes aufgebt. Ihr gewinnt die Gnade Gottes, sobald ihr euren Blick auf Ihn richtet, euch ganz in Seine Hand gebt und euch genau wie Gajendra, der Elefant, Seinem Willen völlig ergebt. Wenn ihr euren Blick dem geliebten Lehrer zuwendet, wird der Lehrer sich euch zuwenden. Selbst wenn der Blick des Lehrers auf euch fällt, wäret ihr nicht in der Lage den segenspendenden Blick zu erfahren, wenn ihr nicht gleichzeitig euren Blick dem Lehrer zugewandt hättet. Im Augenblick ist eure gesamte Aufmerksamkeit auf den Körper gerichtet. Die Helligkeit der strahlenden Sonne mag euch umgeben, aber ihr Licht ist nicht bis in den Raum eingedrungen, in dem ihr euch aufhaltet. Worin liegt der Grund dafür? Ihr habt Vorhänge und Läden an den Fenstern angebracht und die warmen Sonnenstrahlen draußen gelassen. Nur wenn ihr die dunkeln Vorhänge und Läden aufreißt, kann die Helligkeit des Sonnenlichtes in euren inneren Raum dringen.

In gleicher Weise habt ihr euren Blick mit den Läden des Zweifels und des Ego und mit den dicken Vorhängen des Körperbewusstseins verdeckt, sodass die Strahlen der Gnade nicht durchkommen und bis in euer Herz vordringen. Ihr sagt vielleicht: „Ich war nicht imstande, die Gnade Gottes zu erlangen." Aber wie solltet ihr auch, wenn ihr euren Blick nicht auf Ihn richtet?

Wenn ihr nicht zu Gott schaut, seid ihr mit Gewissheit nicht in der Lage, Gott zu sehen. Was seht ihr, wenn ich direkt vor euch stehe und ihr direkt vor mir steht und wir einander anschauen? Wen seht ihr in meinen Augen und wen sehe ich in euren Augen? Wir sehen einander in den Augen des anderen. Wenn wir uns von Angesicht zu Angesicht gegenüberstehen, kann ich mich in euch sehen und seht ihr euch in mir. Aber wenn ihr hinter mir steht oder euch abwendet, wie kann ich dann mich in euch sehen und ihr euch in mir? Das ist unmöglich. Wenn ihr ebenso wollt, dass eure Augen die Augen Gottes treffen, müsst ihr kommen, direkt vor ihm sein und euren Blick auf Ihn konzentrieren. Wenn ihr das tut, wird Er euch Seinen wohlwollenden Blick zuwenden und werdet ihr eine Schau eures höheren Selbst haben.

Als Gajendra seinen Blick auf Gott richtete, trafen sich ihre Blicke, weil Gott seinerseits auf ihn sah. Wenn dies geschieht, sind alle Probleme mit einem Schlag gelöst.

Der Elefant der Arroganz und das Krokodil der Anhaftung

Wer ist dieser Elefant? Dieser hochmütige Elefant ist Arroganz und Stolz. Ein Mensch voller Arroganz und Stolz entwickelt Wünsche. Wünsche können mit Durst verglichen werden. Wenn dieser stolze Mensch Durst bekommt, geht er zum Wasser der Welt *(samsāra),* um es zu trinken. Noch bevor er ganz im Wasser steht, schnappt die Anhaftung nach ihm. Anhaftung und Besitzgier sind das mächtige Krokodil, das euch aller Kraft beraubt und so erbärmlich aufschreien lässt. Bevor ihr in die Fluten von *Samsāra* gestiegen seid, das heißt, bevor ihr euch so viele Anhaftungen eingehandelt habt, habt ihr nur selten geweint. Ein junger Mann beispielsweise fühlt sich vor seiner Hochzeit frei und ungehindert. Danach wachsen seine Bindungen ständig. Er muss für seine Frau, Kinder, Eltern, Schwäger und weitere Verwandte sorgen und fühlt sich bald so, als hätte sich die ganze Welt an ihn gehängt und zöge ihn unter Wasser.

Wenn ihr erst einmal Egoismus und Stolz entwickelt habt, folgen bald darauf Wünsche. Schon kommen Anhaftungen und daraus entstehen all diese Bindungen. Wenn die Bindungen sich entwickeln, werdet ihr so abgelenkt, dass es euch nicht mehr möglich ist, euch Gott zuzuwenden und Ihn zu sehen. Dann wird Er euch ansehen, und ihr könnt euer eigenes wahres Bild erkennen. „Deshalb“, warnte *Krishna,* „werde kein Opfer von Bindungen, *Arjuna.* Halte deinen Geist (mind) klar und rein. Schau immer auf das unsterbliche Selbst *(atman),* das universale Prinzip. Es ist die eine Göttlichkeit, die in allen Dingen existiert. Kultiviere diese heilige Sichtweise in deinem Geist. Erlaube den Unkräutern und Büschen des Ego und des Körperbewusstseins nicht, sich in deinem Herzen auszubreiten. Lass stattdessen den Baum der Gnade Gottes in deinem Herzen wachsen. Wende deinen Blick Gott zu. Lass dies dein Ziel sein.“

Dreißigste Ansprache

Ergebt euren Geist Gott, um frei zu werden

Die ganze Welt besteht aus drei Eigenschaften (guna).
Diese Eigenschaften machen die Täuschung aus.
Man kann von ihnen als Dichte oder Trägheit,
Aktion oder Reaktion und Gleichgewicht oder Harmonie sprechen.
Obwohl ihre Auswirkungen sehr unterschiedlich sind,
benebeln alle drei Eigenschaften euren Verstand.
Solange sich diese Eigenschaften in eurem Herzen befinden,
bleibt ihr gebunden.

Verkörperungen der Liebe,

unter den oben aufgezählten drei Eigenschaften sind die ersten beiden, nämlich Trägheit *(tamoguna)* und exzessive Aktivität *(rajoguna),* für alles Leid, Kummer, Schwierigkeiten und Probleme verantwortlich, die ihr erlebt. Immer wenn sich Unbeweglichkeit, Faulheit, Benommenheit oder Schläfrigkeit manifestieren oder wenn unbewusste Angst, Wut oder Hass euch ergreifen, werdet ihr von der Eigenschaft der Trägheit oder Dichte überwältigt, was im *Sanskrit Tamas* genannt wird. Wenn dagegen starke Wünsche, fieberhafte Aktivitäten, Ungeduld, Leidenschaft, emotionale und selbstbezogene Aktivitäten jeglicher Art dominieren, beherrscht euch die zweite Eigenschaft, die im *Sanskrit Rajas* genannt wird. Wenn diese beiden Eigenschaften die Zügel in der Hand halten, vergesst ihr eure wahre menschliche Natur. Sie bringen die tierische und die dämonische Natur im Menschen hervor. Zuerst müsst ihr also diese beiden Eigenschaften *Tamas* und *Rajas* ausmerzen.

Reißt die Wurzeln von Tamas und Rajas aus

Ein Bauer, der eine gute Ernte einbringen will, beginnt damit, das Unkraut auf dem Feld zu entfernen. Solange Unkraut das Feld bedeckt und dem Boden seine Nährstoffe und Kraft entzieht, haben die Saaten keine Chance. Das Entfernen des unerwünschten Wachstums ist eine wesentliche Voraussetzung für das Entstehen einer guten Ernte. Wenn ihr gleichermaßen Erleuchtung sucht, wenn ihr die Glückseligkeit des ewigen Selbst erkennen wollt, wenn ihr in der unendlichen Freude des *Atman* verweilen möchtet, müsst ihr vom Feld eures Herzens die Unkräuter *Tamas* und *Rajas* ausreißen. Sie haben dort Wurzeln geschlagen in Form von Begierde, Ärger, Gier, Täuschung, Stolz und Eifersucht, den giftigen inneren Feinden, die besiegt werden müssen. Diese inneren Feinde sind die Kinder von *Tamas* und *Rajas*. Sie halten euch in der Täuschung gefangen. Solange diese Unkräuter in euch sind, seid ihr nicht dazu in der Lage, die Glückseligkeit des *Atman* zu ernten.

Das erste Kapitel der *Gita* ist von *Arjunas* Angst und Klagen angefüllt. Die beiden Eigenschaften *Tamas* und *Rajas* hatten sein Herz eingenommen und waren für Kummer und Leid verantwortlich. *Krishna* lehrte *Arjuna,* dass er zuerst *Tamas* und *Rajas* aus seinem Herzen ausrotten musste, damit er seine wahre menschliche Natur ausdrücken konnte. Um jedoch seine wahre göttliche Natur auszudrücken, musste sogar noch die dritte, die Täuschung ausmachende Eigenschaft transzendiert werden, und zwar diejenige, die im *Sanskrit Sattva* genannt wird, welche von einer ausgewogenen friedlichen Art charakterisiert ist. Sie ist auch eine Begrenzung, die eure göttliche Natur verdeckt, wenngleich mit einem sehr feinen Schleier. Alle drei Eigenschaften halten euch an der individuellen Persönlichkeit fest und hindern euch daran, euer göttliches Selbst ganz zu erkennen. *Krishna* sagte zu *Arjuna:* „Bring mir alle drei Eigenschaften, *Tamas, Rajas* und *Sattva,* dar. Dann bist du von Furchtsamkeit und Sorgen befreit und in der Lage, den Sieg in der Welt zu erringen.

Reinigt euer Herz gründlich, um Gott darin willkommen zu heißen

Wenn ihr eine große spirituelle Persönlichkeit wie einen Weisen oder verehrten Gelehrten in euer Haus einladet, müsst ihr dafür bestimmte Vorbereitungen treffen, wie das Putzen und Schmücken des Hauses. Ihr müsst drinnen und draußen alles säubern und auch die Umgebung in Ordnung bringen, bevor der Gast zu euch kommt. Große Persönlichkeiten betreten kein Haus, das voller Schmutz ist und der Heiligkeit entbehrt. Wenn ihr einen Gouverneur oder hohen Würdenträger in eure Stadt eingeladen habt, reinigt ihr ebenso die Straßen, schmückt die Wege und bereitet alles vor, um die angesehene Persönlichkeit zu empfangen. Obwohl diese Person nur eine vorübergehende Position einnimmt, achtet ihr sehr darauf, euer Haus zu säubern und viele Vorbereitungen zu treffen, um den Ehrengast in eurem Heim zu begrüßen.

Wenn ihr schon so große Anstrengungen auf euch nehmt, eine weltliche Funktion auszuüben, wie viel mehr Anstrengungen solltet ihr unternehmen und welch große Vorbereitungen solltet ihr treffen, um den wahren Gott und Beschützer der Welt in euer Haus einzuladen.

Wenn ihr Gott in eurem Herzen willkommen heißt, müsst ihr euer Herz gründlich läutern. Nur wenn ihr euer Herz reinigt, wird Gott erfreut sein, es zu betreten. *Krishna* sagte: „*Arjuna,* bis jetzt hast du mich nur als Lenker deines Wagens angesehen, aber du musst mich als den Lenker deines Lebens ansehen! Der Sitz, auf dem ich im Wagen Platz nehme, muss sauber und schön geschmückt sein. Jetzt denk daran, wie rein und glanzvoll dein Herz sein muss, damit es ein Sitz für mich wird, wenn ich mich als der Lenker deines Lebens darin niederlassen soll."

Wenn ihr in einen Park geht und beschließt, euch auf die Erde zu setzen, legt ihr eine Matte, eine Zeitung oder ein großes Taschentuch hin und setzt euch darauf. Wenn ihr schon so sehr darauf achtet, wohin sich euer Körper setzt, der letztlich doch nur vergänglich und voller Unreinheiten ist, wie viel mehr Sorgfalt solltet ihr darauf legen, wenn ihr Gott in das innerer Heiligtum eures Herzens einladet?

Solange die beiden Eigenschaften *(guna) Rajas* und *Tamas* in eurem Herzen sind, bleibt es unrein. Diese beiden Eigenschaften verunreinigen das Herz in einem fort. Solange das Herz schmutzig ist, wird das Göttliche nicht eintreten. Ihr werdet nicht fähig sein, seine Anwesenheit darin wahrzunehmen. Deshalb müsst ihr zuerst die dichten und trägen Eigenschaften *(tamoguna)* entfernen, und wenn ihr das getan habt, müsst ihr die leidenschaftliche Eigenschaft *(rajoguna)* daraus vertreiben. Dann wird die reine Eigenschaft *(sattvaguna)* in euch erstrahlen und werdet ihr ein selbstbewusster Mensch, der in Verbindung mit seiner göttlichen Quelle steht. Fangt jetzt an, euch die allergrößte Mühe zu geben, jedes bisschen Schmutz, das sich in eurem Herzen angesammelt hat, zu beseitigen. Dazu ein kleines Beispiel:

Hingabe, Weisheit und Losgelöstheit halten euch rein

Wenn Frauen ausgehen, nehmen sie häufig einen kleinen Spiegel, einen Kamm und ein Taschentuch mit, um sicherzugehen, dass sie ein hübsches Äußeres präsentieren. Warum nehmen sie diese drei bestimmten Gegenstände mit? Auf der Reise ist es sehr wahrscheinlich, dass ihr Haar in Unordnung gerät. Um es zu frisieren, nehmen sie einen Kamm, und um zu sehen, ob es auch sitzt, einen Spiegel. Um das Gesicht abzuwischen, haben sie ein Taschentuch bei sich. Wenn sie einen dieser drei Gegenstände zu Hause lassen, wird ihre Erscheinung nicht perfekt sein. Kamm, Spiegel und Taschentuch sind also notwendig, um ein sauberes und adrettes Aussehen zu behalten.

Wenn ihr ebenso die durcheinandergebrachte Schönheit eures Herzens ordnen wollt, müsst ihr auch bestimmte Hilfsmittel nehmen. Ob euer Haar durcheinander ist oder nicht, zeigt euch der Spiegel. Ob euer Herz durcheinander ist oder nicht, zeigt euch eure Hingabe, die wie ein Spiegel wirkt. Dieser Spiegel muss sauber sein, dann werdet ihr sehen, ob Herz und Geist (mind) rein oder von Unreinheiten bedeckt sind. Sobald ihr merkt, dass euer Herz durcheinander ist, müsst ihr es in Ordnung bringen. Dafür braucht ihr einen Kamm, den Kamm der Weisheit. Weisheit klärt das Herz und bringt es in den Zustand der Ordnung und Schönheit zurück. Ebenso wie ihr dann ein Stück Tuch habt, um den Schmutz auf eurem Gesicht wegzuwischen, müsst ihr den Schmutz, der in euren Geist eingedrungen ist, mit dem Tuch der Losgelöstheit entfernen. Mit Hilfe von Losgelöstheit könnt ihr allen Schmutz aus euren Gedanken entfernen.

So wie Frauen diese drei Dinge – den Spiegel, den Kamm und das Taschentuch – auf jede Reise in der Welt mitnehmen, müsst ihr auf die Reise des Lebens Hingabe, Weisheit und Losgelöstheit mitnehmen, um Herz und Geist rein zu halten.

Die Merkmale von Rajas

Wir haben bereits über *Tamoguna* gesprochen, der euch an eure niedere Natur bindet. Lasst uns nun die Merkmale der leidenschaftlichen

Eigenschaft *(rajoguna)* betrachten, die euch auch in die niederen Gebiete des Seins sperrt und davon abhält, euer wahres menschliches Potenzial auszudrücken. Ein Mensch, der mit *Rajas* angefüllt ist, wird immer bei allem in Eile sein. Er hat keine Geduld und Duldsamkeit. Er kann nicht einmal einen Augenblick lang ruhig sein. Und er wird eine ziemliche Portion Ärger zu erkennen geben. Aber nicht nur das. Er hat auch grenzenlose Wünsche. Dies alles sind die Charakteristika der rajasischen *(rājasa)* Eigenschaft. Dies wird klar, wenn ihr euch Tiere im Zoo anseht. Ob Gepard, Tiger oder Fuchs, keiner kann nicht einmal einen Augenblick lang ruhig stehen. Der Grund ist, dass sie mit einem Übermaß an *Rajas* angefüllt sind.

Wenn *Rajoguna* ins Herz des Menschen eindringt, macht er euch körperlich und geistig unstet. Aber das ist nicht alles, er hält euch auch in der Täuschung. Wenn ihr getäuscht seid, habt ihr starke Wünsche nach den Dingen der Welt. Wenn sich diese Wünsche in eurem Herzen manifestieren, ergreift ihr Aktivitäten, um euch die verschiedenen Dinge zu beschaffen. Auf diese Weise führt Täuschung zu Wunsch und Wunsch zu Handlung. Diese drei, Täuschung, Wunsch und Handlung, sind die machtvollen Eigenschaften, die das Charakteristikum von *Rajas* ausmachen.

Rajoguna ist der Grund für euer ständiges Hin und Her. Wenn ihr an einem bestimmten Ort sitzt, habt ihr das Gefühl, dass ihr nicht lange ruhig bleiben könnt. Irgendein Körperteil ist immer in Bewegung. Dies kann mit einer Zitterpappel verglichen werden. Selbst wenn keine Brise oder Windhauch wehen, bewegen sich ihre Blätter ständig. Das Gleiche trifft auf ein Pferd zu. Das *Sanskrit*-Wort für Pferd – Ashvamedha – bedeutet soviel wie „Dasjenige, was unstet ist“. Wann auch immer ihr ein Pferd seht, bewegt es entweder den Kopf, den Schweif oder die Beine. Deshalb wurde in alten Zeiten das Pferdeopfer (ashvamedha yāga) als ein symbolisches Ritual ausgeführt, um die Hilfe der Götter beim Praktizieren der Beständigkeit des Geistes herbeizurufen.

Entfernt alle drei Eigenschaften und erlangt Freiheit

Das Beispiel für *Rajoguna* ist *Ravana,* der König der Dämonen. Das Beispiel für *Tamoguna* ist *Kumbhakarna,* der Dämon, der jahrzehntelang schlief. Es gab noch einen dritten Dämon, *Vibhishana,* dessen Herz gut war und der sich vollkommen *Ramas* Füßen hingab. Er ist das Beispiel für *Sattvaguna.* Er wählte die Seite der Guten, aber war dennoch ein Dämon. Alle drei, *Ravana, Khumbhakarna* und *Vibhishana,* sind Brüder. Wenn ihr *Ravana* und *Khumbhakarna* in euer Herz lasst, führen sie euch in endlosen Kummer und Schaden. Wenn ihr *Vibhishana* dominieren lasst, wird er euch in Aktivitäten und Lebensweisen führen, die gut sind. Aber dennoch wird auch er euch in der Täuschung versunken und in der Vergessenheit eures wahren göttlichen Wesens halten.

Wenn ihr das Königreich der Befreiung betreten wollt, müsst ihr all diese Dämonen aus eurem Herzen entfernen. Das ist der Grund, weshalb der *Vedanta* lehrt, dass ihr alle drei *Gunas* überwinden und *Shiva* opfern müsst, der mit seinen drei Augen über sie wachen und mit seinem dreigezackten Speer unschädlich machen wird.

Was ist die beste Weise, diese drei Eigenschaften *(guna)* zu beseitigen? Wenn ihr draußen in der Wildnis seid und ein Dorn in euren Fuß eindringt, braucht ihr kein scharfes Messer, um ihn zu entfernen. Es genügt ein zweiter Dorn, um den ersten herauszuholen. Wenn das geschehen ist, werft ihr beide weg. Genauso müsst ihr *Tamoguna* mithilfe von *Rajoguna* entfernen und dann *Rajoguna* mithilfe von *Sattvaguna.* Schließlich müsst ihr auch *Sattvaguna* aufgeben. Bevor ihr das Königreich der Gotteserkenntnis betreten könnt, müsst ihr alle drei Eigenschaften ablegen, die euch an die Täuschung binden. Deshalb wies *Krishna Arjuna* an, alle drei Eigenschaften zu überwinden. Er warnte *Arjuna,* dass er maximale Anstrengungen unternehmen und größte Sorgfalt darauf legen müsse, sich von den drei Eigenschaften zu befreien.

Nachdem *Krishna Arjuna* gelehrt hatte, diese verschiedenen Eigenschaften *(guna)* zu erkennen, zeigte er ihm, wie er sich über sie erheben konnte. Auf diese Weise transformierte *Krishna Arjuna* in einen wahrhaft weisen Menschen. Die wesentliche Ursache dieser drei *Gunas* ist der Geist (mind). Es ist unmöglich, diese menschliche Natur zu transzendieren und das göttliche Wesen zu erkennen, bis euer Geist seine wankelmütige Art verloren hat und still wird. Die beste Weise, diese Eigenschaften zu transzendieren, ist daher, euren Geist Gott zu opfern. Nachdem ihr Ihm euren Geist vollständig dargebracht habt, wird sich Gott in jeder Hinsicht um euch kümmern. Hier ist eine kurze Geschichte dazu:

König Janakas Herausforderung, Selbsterkenntnis zu erlangen

König *Janaka* sandte eines Tages eine Botschaft an das Volk seines Reiches: „Wenn sich unter euch ein großer *Pandit,* ein *Mahātma*, ein *Yogi,* ein *Rishi,* ein *Mahārishi* oder sonst ein Weiser befindet, lasst ihn, wer auch immer es sein mag, zu mir kommen und mich das Wissen vom *Atman* lehren.“ In dieser Botschaft sagte er auch, dass er erwarte, Selbsterkenntnis *(ātmajnāna)* innerhalb weniger Augenblicke zu erlangen, wenn er nur richtig initiiert würde. Noch beim Besteigen seines Pferdes, also noch bevor er fest im Sattel sitze, wolle er *Ātmajnāna* erreicht haben. Er betonte: „Wenn derjenige, der anbietet, mich Selbsterkenntnis zu lehren, mir diese Erfahrung der sofortigen Erleuchtung nicht zusichern kann, wird er aus meinem Königreich verbannt, selbst wenn er der größte Gelehrte oder Gebildete im Land ist.“

Nun, alle *Pandits* und *Rishis* erschraken ein bisschen ob dieser Anforderung. Sie erkannten, dass ihre Gelehrsamkeit und Bildung auf eine harte Probe gestellt werden sollten, und so traute sich keiner vorzutreten und sich anzubieten, den König zu unterrichten und die Bedingungen anzunehmen, die er gestellt hatte.

Zu jener Zeit betrat der Junge *Ashtavakra* das Königreich. Während er unterwegs auf der Straße zur Hauptstadt Mithilapura war, traf er eine Reihe von Menschen, darunter Gelehrte mit kummervollen, langen Gesichtern. *Ashtavakra* fragte sie nach dem Grund für ihre Sorgen und ihren Kummer. Sie erklärten ihm, was geschehen war. Aber *Ashtavakra* konnte nicht begreifen, warum sie sich wegen der Ankündigung des Königs so sehr fürchteten, wenn sie die Lehre richtig gemeistert und ihre Wahrheit erkannt hatten. Er sagte: „Es ist mir eine Freude, dieses Problem mit dem König zu lösen." So gesagt, begab er sich direkt zu König *Janakas* Hof.

Ashtavakra wandte sich an den König mit den Worten: „Mein lieber König, ich bin bereit, dich das Wissen vom *Atman* zu lehren. Aber dieses heilige Wissen kann nicht so einfach vermittelt werden. Dieser Palast ist voller Leidenschaft *(rajas)* und Trägheit *(tamas)*. Wir müssen von hier fort und einen Ort mit absoluter Reinheit *(sattva)* aufsuchen." Also verließen sie den Palast zu Pferde entlang der Straße, die aus der Stadt hinaus zum Wald führte, und wie es üblich war, wenn der Herrscher den Palastbezirk verließ, folgte dicht hinter ihm eine Armee. Als sie den Wald erreichten, wies König *Janaka* die Soldaten aber an, davor zu warten und ihm nicht hinein zu folgen.

Ashtavakra und *Janaka* ritten tief in den Wald hinein. Er teilte dem König mit: „Ich werde dich das Wissen vom *Atman* nicht lehren, wenn du meine Bedingungen nicht annimmst. Ich bin zwar nur ein kleiner Junge, aber weil ich dich lehren soll, habe ich die Position eines Lehrers *(guru)*. Du bist zwar ein allmächtiger Herrscher, aber weil du von mir lernen wirst, bist du jetzt in der Position des Schülers. Bist du bereit, diese Beziehung anzunehmen? Wenn du einverstanden bist, musst du deinem *Guru* das traditionelle Geschenk, das der Schüler *(shishya)* dem Meister gibt *(gurudakshinā),* darbringen. Erst danach werde ich beginnen, dich zu unteweisen."

König *Janaka* sagte zu *Ashtavakra:* „Gott zu erreichen, ist mir das Wichtigste. Ich bin also bereit, dir absolut alles zu geben, was du von mir forderst. Du kannst sogar meine Krone und das Königreich bekommen." Aber *Ashtavakra* antwortete: „Ich will nichts Materielles von dir; alles, was ich will, ist deinen Geist (mind). Du musst mir deinen Geist geben." Der König erwiderte: „In Ordnung, ich opfere dir meinen Geist. Bisher habe ich geglaubt, dass mein Geist mir gehöre, aber von jetzt an wird er allein dir gehören."

Janaka erlangt Selbsterkenntnis

Nun befahl *Ashtavakra* dem König, vom Pferd zu steigen und es am Wegrand stehen zu lassen. Darauf gebot er dem König, sich mitten auf den Weg zu setzen. *Ashtavakra* ging tiefer in den Wald hinein und setzte sich still unter einen Baum. Die Soldaten warteten lange vor dem Wald. Weder der König noch *Ashtavakra* tauchten wieder auf, obwohl es weit nach der üblichen Zeit war, zu welcher der König zurückzukehren pflegte. Sowohl die Offiziere als auch die Soldaten, die ihren König liebten und ihm vertrauten, wurden unruhig herauszufinden, was geschehen war, und machten sich einer nach dem anderen auf, König *Janaka* und den kleinen Jungen, der bei ihm war, zu suchen, in der Erwartung, dass etwas nicht mit rechten Dingen zugehe.

Als sie den Weg in den Wald entlanggingen, waren sie erleichtert, den König dort mitten auf dem Weg sitzen zu sehen. Sein Pferd stand neben ihm. Der König hatte die Augen geschlossen und saß regungslos da. Der Junge, *Ashtavakra,* war nicht zu sehen. Die Offiziere wandten sich an den König, aber er antwortete nicht. Sie fürchteten, dass *Ashtavakra* den König mit einem magischen Bann belegt und ihm sein Bewusstsein geraubt haben könne. Sie gingen den Ersten Minister suchen.

Der Minister kam und wandte sich an den König: „O König! O König! O König!“ Aber *Janaka* öffnete seine Augen nicht. Er bewegte sich auch nicht. Der Minister bekam große Angst und auch alle anderen Würdenträger aus dem Palast, die gekommen waren, wurden nun besorgt. Der König hatte immer rigoros den Zeitplan eingehalten. Er nahm sein Abendessen täglich zur gleichen Zeit ein. Jetzt war diese Zeit schon lange verstrichen, aber der König hatte sich immer noch nicht gerührt. So verging der Tag, und der Abend kam, aber der König bewegte sich nicht, sondern saß unbeweglich auf dem Boden.

Da er keinen anderen Ausweg sah, sandte der Minister den Wagen zurück in die Stadt, damit er die Königinnen holte. Er nahm an, dass der König sicherlich antworten werde, wenn die Königinnen mit ihm sprächen. Die Königinnen kamen und sprachen den König an: *„Mahārāja! Mahārāja!“,* riefen sie. Der König rührte sich nicht und gab nicht das geringste Zeichen von sich. Inzwischen hatten die Soldaten den ganzen Wald nach *Ashtavakra* abgesucht. Sie fanden ihn schließlich friedlich unter einem Baum sitzend. *Ashtavakra* war in göttliche Ekstase versunken.

Die Soldaten riefen nach *Ashtavakra* und forderten ihn auf, ihre Fragen zu beantworten. *Ashtavakra* tauchte aus seinem selbstversunkenen glückseligen Zustand auf. Sie flehten ihn an, zu dem Ort zu kommen, wo der König saß. *Ashtavakra* fragte sie: „Warum seid ihr so besorgt? Der König befindet sich in Sicherheit und alles ist in bester Ordnung.“ Aber sie drängten darauf, dass *Ashtavakra* mit ihnen kam und brachten ihn zum König, der mit geschlossenen Augen regungslos auf der Mitte des Weges saß. Einer der Soldaten sagte: „Hier, sieh selbst! Sieh, was mit dem König geschehen ist!" Bis dahin hatten weder der Erste Minister, die Königinnen, die anderen Würdenträger oder die Leute des Volkes den König gerufen und angesprochen, noch hatte er seinen Mund zur Antwort geöffnet oder seine Augen als Bestätigung aufgeschlagen. Aber jetzt kam *Ashtavakra* und sprach mit dem König. *Janaka* öffnete sofort seine Augen und antwortete: „Meister!"

Ashtavakra fragte den König: „Nun, die Minister, die Soldaten und viele andere sind gekommen. Warum hast du nicht auf ihr Flehen reagiert?" *Janaka* antwortete: „Gedanken, Worte und Taten gehören zum Geist, und den habe ich vollkommen dir dargebracht. Bevor ich den Geist für irgendetwas nutzen kann, brauche ich deine Erlaubnis. Welche Befugnis habe ich, mit jemandem zu sprechen oder den Geist in irgendeiner Weise zu nutzen? Ohne deine Erlaubnis und deine Aufforderung werde ich nichts tun." *Ashtavakra* befahl *Janaka,* einen Fuß in den Steigbügel zu heben und das Pferd zu besteigen. In der Zeit, die er brauchte, um aufzusteigen, sich zu setzen und den zweiten Fuß in den Steigbügel zu heben, hatte er den *Atman* erfahren. Dann sagte *Ashtavakra* zu ihm: „Du hast den Zustand der Gotterkenntnis erreicht."

Für Selbsterkenntnis ist totales Aufgeben des Geistes (mind) erforderlich

Sobald ein Mensch seinen Geist geopfert hat, und zwar mit allen Worten, Taten und Gedanken, hat er nicht mehr die Befugnis oder Macht, irgendetwas ohne die Erlaubnis desjenigen zu tun, dem er seinen Willen überantwortet hat. So wie bei *Ashtavakra* und *Janaka* war es auch bei *Krishna* und *Arjuna. Krishna* sagte: „*Arjuna,* opfere alles mir. Übergib all deine Handlungen mir. Ich werde für dich sorgen und dich zur Befreiung und Erlösung geleiten." Ebenso müsst auch ihr all eure körperlichen, mentalen, spirituellen und weltlichen Pflichten, all eure verschiedenen Taten, Gedanken und Worte Gott opfern, dem inneren Regisseur, der sich in eurem Herzen niedergelassen hat.

Ihr fragt euch vielleicht, ob sogar der Wunsch nach Befreiung *(moksha)* aufgegeben werden muss, wenn alle Pflichten und Wünsche Gott überlassen und dargebracht werden. Im Grunde ist auch das eine Art von Gedanke. Nein. Die wirkliche Bedeutung ist, dass wenn ihr die Last eurer Wünsche, Pflichten und Verantwortlichkeiten Gott geopfert habt und es Ihm erlaubt, all eure Entscheidungen zu treffen, er eure gesamten Bürden tragen wird. Und dann könnt ihr ganz auf das eine wertvolle Ziel des Lebens ausgerichtet sein, das der Selbsterkenntnis.

Alle Bildung, die ihr euch aneignet, alles Lernen, das ihr verfolgt, hängt mit den drei Eigenschaften der Täuschung zusammen. Nur wenn ihr diese drei Eigenschaften überwindet, werdet ihr dazu in der Lage sein, Selbsterkenntnis zu erreichen. Beim Feiern einer Hochzeit wird ein Segen gesprochen, damit das Paar mit einer erfolgreichen Ehe, materiellem Wohlergehen und einer schönen Familie gesegnet werden möge. Dies sind drei von vier elementaren Zielen des menschlichen Lebens. Das erste bezieht sich auf Pflichten, Verantwortlichkeiten und Positionen *(dharma)*, das zweite auf das Anhäufen von Wohlstand *(artha)* und das dritte auf den Wunsch *(kāma)* nach Nachkommenschaft und die Fortführung der Familienlinie. Die drei Ziele haben etwas mit dem weltlichen Leben zu tun. Aber es gibt ein viertes Ziel des Lebens als Mensch. Dieses letzte und wichtigste Ziel ist Befreiung *(moksha)*. Dieses vierte Ziel bezieht sich auf ein spirituelles Leben. Die ersten drei Ziele des menschlichen Lebens können nicht mit dem vierten, der Befreiung, verglichen werden. Opfert all eure kleinen Handlungen, welche diese drei ersten Ziele einbeziehen, gebt sie alle Gott und tauscht sie ein für den einen unschätzbaren Schatz, den Er euch dafür gibt, nämlich Befreiung. Denkt über folgendes Beispiel nach:

In der indischen Währung ist die kleinste Einheit eine *Paisa*. Sie ist eine kleine Metallmünze. Einhundert *Paisa* sind eine Rupie; einhundert Rupien sind zehntausend *Paisa*. Wenn ihr diese zehntausend *Paisa* mit euch herumtragen müsstet, wäre das ein sehr großes, unhandliches Paket. Es wäre auch recht schwierig, eine so große Tasche voller Münzen zu verstecken und sicher aufzubewahren. Wenn ihr die zehntausend *Paisa* alle in ein Stück Stoff binden wolltet, wäre es bald zerrissen und würden die Münzen herausfallen.

Krishna sagte zu *Arjuna: „Arjuna,* ich gebe dir einen Hundert-Rupien-Schein und du gibst mir dafür den ganzen Haufen Kleingeld, den du mit dir herumträgst und der aus zehntausend *Paisa* besteht. Dieser eine Hundert-Rupien-Schein und die zehntausend *Paisa* haben den gleichen Wert, aber was für ein großer Unterschied besteht in der Last, mit der du sie herumträgst. Das trifft auch auf die vielen kleinen Pflichten und Sorgen verschiedenster Art zu, die dich belasten. Gib mir diese zehntausend, ich werde dir einen einzelnen Hundert-Rupien-Schein geben und dir deine Last erleichtern."

All eure unterschiedlichen Gedanken, all eure Wünsche und Bedürfnisse, all diese kleinen Begierden können mit einer einzelnen *Paisa* verglichen werden. Wenn ihr so viel Kleingeld habt, ergeben die Münzen keinen Rupienschein, solange ihr sie nicht zusammenlegt. *Krishna* sagte: *„Arjuna,* alle diese kleinen Wünsche können niemals die Gnade aufwiegen, die ich über dir ausschütten kann. Gib sie also alle mir." Auf diese Weise konnte König *Janaka* Befreiung erlangen, nachdem er seinen Geist, all sein Denken, Tun und Sprechen vollständig *Ashtavakra* geopfert hatte.

Opfert euren Geist Gott

Das Ergebnis und die Essenz von all diesem ist, dass ihr euren Geist Gott opfern solltet. Folgt diesen Anweisungen, die aus der Reinheit eures Herzens kommen, in allem, was ihr tut, denkt und sagt. Das ist damit gemeint, frei von Gedanken *(amanaska)* zu werden. Erlaubt es eurem Geist nicht, den Wünschen zu folgen. Opfert all eure Wünsche Gott und folgt seinen Anweisungen. Solange ihr das nicht getan habt, sind Freud und Leid, Glückseligkeit und Schmerz und alle anderen Gegensatzpaare in euch gegenwärtig. Wenn ihr von diesen Gegensätzen frei sein und alles mit Gleichmut behandeln wollt, müsst ihr frei von Gedanken werden. Deshalb lehrt der *Vedanta,* dass es der menschliche Geist ist, der für Befreiung ebenso wie für Bindung verantwortlich ist. Solange ihr euren Geist nicht aufgebt, werden Leidenschaft *(rajas)* und Trägheit *(tamas)* euch nicht verlassen. Solange ihr *Rajas* und *Tamas* habt, werdet ihr keine Beständigkeit haben. Warum ist der Geist so unstet, dass er andauernd von einem zum anderen springt? Aufgrund eurer Wünsche. Alle Wünsche beziehen sich auf den Körper.

Stellt euch einen Augenblick lang vor, was geschieht, wenn ihr Wasser in ein Gefäß schüttet. Wird das Gefäß bewegt, so bewegt sich auch das Wasser darin. Wird das Gefäß nicht bewegt, so bleibt das Wasser auch unbewegt. In unbewegtem Wasser könnt ihr euer Spiegelbild sehen. In bewegtem Wasser wird auch euer Bild ständig bewegt und folglich verzerrt widergegeben. Das bedeutet: Wenn ihr in den Zustand der Meditation eintreten und eine Vision eures wahren Selbst haben wollt, müsst ihr euren Körper ruhig halten. Der Körper ist wie ein Gefäß und euer Geist wie das Wasser darin. Wenn sich der Körper bewegt, ist das wie die Bewegung des Gefäßes. Dann wird sich auch der Geist darin bewegen. Wenn ihr euren Geist zur Ruhe kommen lassen wollt, müsst ihr auch euren Körper ruhig halten. Denkt darüber nach, wie viel ihr euren Körper bewegt und wie viel mehr sich der Geist dabei bewegt!

Wenn ihr einen Stein in einen Brunnen werft, entstehen Wellen. Diese Wellen, die vom Aufprall des Steines auf der Wasserfläche kommen, breiten sich im Nu bis an den Brunnenrand aus. So ist es auch, wenn ihr einen Gedanken in den Brunnen eures Geistes werft. Er breitet sich im gesamten Körper aus, und was auch immer eure Gedanken sind, sie werden anschließend eure Handlungen beeinflussen. Ihr müsst also immer gute, positive Gedanken in eurem Geist haben. Wenn ihr gute Gedanken habt, werden auch gute Gefühle in eurem Herzen sein. Wenn negative Gedanken in euren Geist eindringen, werden euch diese in allem, was ihr seht, hört, sprecht und wohin ihr auch geht, zu schlechten Handlungen und traurigen Ergebnissen führen.

Beruhigt euren Geist und euren Körper

Wenn ihr sitzt, sollte eure Haltung aufrecht sein und nicht wie die eines alten, gebeugten Menschen. Ihr solltet ausdauernd und gerade sitzen, aber nicht zum anderen Extrem übergehen und euren Kopf zu hoch heben. Auch solltet ihr euren Kopf nicht seitlich neigen. Es ist für die Meditation sehr wichtig, eine aufrechte Sitzposition einzunehmen. Wenn ihr euch eine Linie vorstellt, die senkrecht durch den Scheitelpunkt eures Kopfes *(sahasrāra)* geht, sollte sie geradewegs nach unten bis zum Steißbein reichen, dem Zentrum der feinstofflichen Energie am unteren Ende der Wirbelsäule *(mūlādhāracakra)*. Auf diese Weise wird die gesamte Wirbelsäule richtig ausgerichtet. Dann kann die *Kundalinī*-Energie ungehindert vom *Mūlādhāracakra* zum *Sahasrāracakra* aufsteigen.

Haltet den Körper also ruhig und gerade. Wenn er von Jugend an gekrümmt ist, wird er im Alter vollkommen vornübergebeugt sein. Ob Kopf, Nacken oder Oberkörper, es sollte keine Krümmung da sein. Das ist für Studenten und *Devotees* gleichermaßen äußerst wichtig. Deshalb werde ich euch das noch öfters sagen.

Warum studiert ihr überhaupt? Was ist das Ziel eures Lernens? Ihr lernt tatsächlich, um euren Körper und euren Geist (mind) zur Ruhe zu bringen. Mit Ausnahme der Zeiten, in denen ihr spielt, solltet ihr euch nicht viel bewegen. Selbst wenn ihr sprecht oder singt, solltet ihr ruhig sein. Wenn ihr euren Körper auf diese Weise von Kindheit an kontrolliert, wird er euch als ein Werkzeug zum Erreichen der Meditation sehr hilfreich sein. *Krishna* gab *Arjuna* diese Anweisungen in der *Gita,* um ihn zu einem Idealbild eines Menschen, einem Vorbild für die ganze Menschheit, zu machen. *Krishna* sagte: „*Arjuna,* ich nehme dich als mein Werkzeug, damit du durch dein Beispiel die gesamte Menschheit lehren kannst."

Arjuna wurde ein idealer Mensch. Da sein Geist wegen der leidenschaftlichen *(rājasa)* und trägen *(tāmasa)* Eigenschaften unstet war, befahl ihm *Krishna,* sich von diesen beiden Eigenschaften systematisch zu befreien und sie Gott zu opfern. Schließlich würde er es sogar aufgeben müssen, von der dritten Eigenschaft, der reinen *(sāttvika)* Eigenschaft, kontrolliert zu werden. Im zweiten Kapitel der *Gita,* dem Kapitel über die Weisheitslehren *(sānkhyayoga),* erklärt *Krishna* auf vielfältige Weise, wie die drei Eigenschaften *(guna),* die hier erörtert wurden, besiegt werden können. Wenn ihr sie vollständig aus eurem Geist (mind) ausgemerzt habt, werdet ihr in einen Weisen transformiert, in ein weises Wesen, in jemanden, der in die höchste Weisheit versunken ist *(sthitaprajna).*

TEIL III

DER WEG DES HANDELNS

Einunddreißigste Ansprache

Tut eure Pflicht, aber sorgt euch nicht um die Ergebnisse

Krishna sprach: „Arjuna, du hast Arbeit zu tun. Handle!
Aber gib jedes Interesse an den Früchten deiner Arbeit auf."
Krishna sagte nicht, dass es keine Früchte gebe.
Diese wird es gewiss geben.
Jede Handlung hat ihre Folge oder Frucht.
Aber die Frucht ist nicht wichtig, ihr solltet nicht nach ihr streben.
Die Essenz von Krishnas Lehre ist deshalb, dass ihr eure Pflicht tun müsst, jedoch ohne dabei an das Ergebnis zu denken.

Verkörperungen der Liebe,

für jede Handlung gibt es ein Ergebnis und danach hat dieses Ergebnis eine weitere Handlung zur Folge. Dieser permanente Kreislauf von Handlung und Ergebnis, Ergebnis und Handlung manifestiert sich gleich dem Kreislauf von Samen und Baum. Auch der Samen und der Baum folgen einander, wobei der Samen den Baum entstehen lässt und der Baum den Samen. Ohne Samen könnt ihr keinen Baum haben und ohne Baum keinen Samen. Dasselbe gilt für eine Handlung und ihre Folge. Das sind die natürlichen Zyklen in der Welt. Wenn dies so ist, wenn eines dem anderen folgt, warum solltet ihr ein besonderes Interesse am Ergebnis haben? Eure Pflicht und Verantwortung ist es, die richtige Tat zu tun. Sorgt euch nicht um das Ergebnis. *Krishna* sagte zu *Arjuna:* „Du solltest in diesem Kampf gleichgültig gegenüber dem bleiben, was mit deinen Leuten geschieht oder was dir zustoßen könnte. Tu deine Pflicht, ohne deinen Geist (mind) bei den Folgen verweilen zu lassen."

Das Schild der Hingabe und die Rüstung der Weisheit

In der Schlacht tragen Krieger Schild und Rüstung. Das gibt ihnen einen gewissen Schutz gegen die scharfen Geschosse der Feinde. In der spirituellen Schlacht, die ihr führen müsst, braucht ihr auch eine Art Schild und Rüstung. Darin sind die Hingabe und Liebe zu Gott das Schild und ist die Weisheit die Rüstung. In einem gewöhnlichen, weltlichen Krieg dauert die Schlacht möglicherweise nur einige Tage oder zieht sich ein paar Monate oder gar mehrere Jahre hin. Aber die spirituelle Schlacht geht kontinuierlich weiter; sie endet nie. Sie wurde unaufhörlich, seit den frühesten Tagen von der Menschheit geführt. Seit undenklichen Zeiten gibt es den Kampf zwischen Gut und Böse, zwischen Tugend und Sünde, zwischen Anhaftung und Losgelöstheit.

Die Menschheit hat mit ihren Ich- und Meingefühlen des Hasses, der Eifersucht und anderen schlechten Eigenschaften, die sich in ihr eingenistet haben, einen unaufhörlichen Krieg gewagt. Insbesondere Egoismus und Anhaftung haben eine ungeheure Macht und wirken tatsächlich zerstörerisch. Verglichen mit diesen Eigenschaften ist der Mensch, der sich mit ihnen einlässt, nicht so stark. Ihr seid in Wirklichkeit recht schwach. Ihr werdet von diesen negativen Eigenschaften tatsächlich so dominiert, dass ihr euch wie *Arjuna* mit ihnen identifiziert. Um solch starke Feinde und Eigenschaften zu bekämpfen, müsst ihr die Anweisungen des in euch wohnenden Gottes befolgen und ein sehr starkes Schild und eine sehr feste Rüstung tragen. Das mächtige Schild und die Rüstung, die ihr in dieser spirituellen Schlacht tragen müsst, sind Hingabe und Weisheit. Sie werden euch vor solch furchtbaren Feinden beschützen.

Wenn ihr einen Sonnenschirm habt, der euch Schatten spendet, werdet ihr von der heißen Sonne nicht gestört. Wenn ihr Sandalen oder Schuhe anhabt, macht es euch nichts aus, auf einen Dorn zu treten. Wenn ihr ein Schild und eine Rüstung tragt, werdet ihr von den Waffen, die auf euch geschleudert werden, nicht allzusehr behelligt. „Deshalb, *Arjuna*", sagte *Krishna,* „musst du auf diesem inneren Schlachtfeld dein spirituelles Schild und deine geistige Rüstung anziehen." Als *Krishna Arjuna* zu Beginn der *Gita* aus seiner Verzagtheit holte, gab er *Arjuna* die Rüstung der Weisheit. Das war die erste Lehre, die *Krishna* gab.

Nutzt Weisheit, um eure inneren Feinde zu besiegen

Krishna sagte zu *Arjuna:* „All diese Bindungen, die du jetzt hast, all diese Wünsche, Dinge zu besitzen, sind keine Neigungen, die du gestern oder vorgestern bekommen hast. Sie sind seit zahlreichen Leben bei dir und für all den Schmerz verantwortlich, den du erleidest. Du kannst nicht wissen, wann du schließlich in der Lage sein wirst, dich von dem Schmerz zu befreien, den sie verursacht haben. Du kannst jedoch nicht viel gegen die Vergangenheit tun, also sorge dich nicht um sie. Konzentriere dich stattdessen auf die Mittel, den Schmerz zu beheben, der in der Zukunft zu dir kommt, wenn diese Bindungen und Wünsche weiter über dich herrschen.

In der Schlacht, vor der du stehst, hast du dich mit einer weltlichen Rüstung ausgestattet. Sie wird dir helfen, deinen Körper vor äußeren Feinden zu schützen, aber wie kannst du dich vor den inneren Feinden schützen, die dich in dir bekriegen? Um dich vor ihnen zu schützen, musst du die Rüstung der Weisheit tragen. Du machst dir Sorgen wegen äußerer Feinde, aber denkst überhaupt nicht an die inneren Feinde. Wenn du ihnen unterliegst, wirst du niemals in der Lage sein, deine äußeren Feinde zu besiegen. Deshalb besiege zuerst deine inneren Feinde."

Es ist ganz natürlich, einen Arzt aufzusuchen, wenn ihr krank seid und leidet, aber noch wichtiger ist es, euch darum zu kümmern, dass ihr erst gar keine Krankheiten bekommt. Vorbeugen ist besser als heilen, sagt man. Seit frühester Zeit haben diese inneren Feinde die Menschheit unterworfen und mit Leid erfüllt. Solange ihr voller Egoismus und Anhaftungen seid, seid ihr nicht in der Lage, euch von Kummer und Leid zu befreien. Ihr habt unrechtmäßige Taten begangen, und sie sind für euren Schmerz verantwortlich. Bedeutet dies, dass ihr von Handlungen absehen solltet? Nein. Ihr habt keine andere Wahl, als zu handeln; ihr müsst handeln, und ihr seid frei, eure Taten auch zu genießen. Aber von heute an müsst ihr all eure Handlungen gut ausführen, in einer Weise, die keine schädlichen Konsequenzen und keinen Schmerz in der Zukunft nach sich zieht. Während ihr euch daran haltet, ist es sehr wichtig, dass ihr die zugrunde liegenden Prinzipien des rechten Handelns versteht.

Jede weltliche Erfahrung kann auf Karma zurückgeführt werden

Handeln wird *Karma* genannt. Ihr werdet in *Karma* geboren, ihr entwickelt *Karma* und ihr sterbt in *Karma*. *Karma* – die Taten, die ihr ausführt – sind verantwortlich für Gut oder Böse, Sünde oder Tugend, Gewinn oder Verlust, Freud oder Leid. *Karma* ist wahrlich für euer Leben verantwortlich. *Karma* ist tatsächlich der Schöpfer der Menschheit. Daraus folgt, dass ihr bei eurem Tun nicht achtlos sein dürft. Euer ganzes Leben ist mit Handeln verbunden. Erkennt deshalb die Wichtigkeit des rechten Handelns und engagiert euch unerschütterlich darin.

Denkt nicht, dass Handeln nur etwas Geringes sei. Es beginnt als kleiner Sämling, aber wächst vielleicht zu einem großen Baum heran. Bevor ein Same ein Baum werden kann, muss er zunächst einmal den Boden durchbrechen, in den er gesät wurde. Sobald er ein großer Baum geworden ist, wird er euch seine Früchte schenken. Ob diese Früchte euch Freud oder Leid bringen, hängt vom Samen ab, den ihr gesät habt. Um die besten Früchte zu bekommen, muss der Same der ausgeführten Taten die Erde des Egoismus durchbrechen. Dann kann diese Handlung in *Yoga* – die Vereinigung mit Gott – transformiert werden.

Egoismus entsteht, wenn ihr den inneren Bewohner vergesst

Was ist die Hauptursache von Egoismus? Warum solltet ihr euch jemals egoistisch fühlen? Egoismus entsteht aus der euch angeborenen Unwissenheit. Ihr müsst selbst herausfinden, was der Geburtsort des Egoismus ist, woher er gekommen ist und wo er enden wird. Betrachtet diese Fakten des physischen Universums: Das Licht reist mit einer Geschwindigkeit von sechshundertundsiebzig Millionen Meilen pro Stunde; damit legt es im Jahr eine Billionen Meilen zurück. Wir glauben, die Sonne sei sehr nah, aber die Entfernung zwischen der Erde und der Sonne beträgt ungefähr neunzig Millionen Meilen. Das Sonnenlicht scheint uns ungeheuer hell zu sein, aber es ist nur das Licht dieser einen Sonne. Es gibt Milliarden Sonnen und Sterne; die Entfernung des nächsten Sterns beträgt nahezu vier Lichtjahre oder so etwas wie dreiundzwanzig bis vierundzwanzig Billionen Meilen.

Die Sterne sehen aus, als seien sie einander nah, aber die Entfernung zwischen zwei Sternen beträgt mehrere zehn Billionen Meilen. Es sieht aus, als hätte man Milch über dem Himmel ausgeschüttet.

Die Sterne, die ihr mit einem hochauflösenden Teleskop sehen könnt, gehen in die Abermilliarden und es gibt viele weitere Dinge in den Himmeln, die ihr nicht sehen könnt. Welche Größe hat die Erde im Vergleich zu solch einem weiten Universum, in dem es Milliarden und Abermilliarden Sterne gibt, die Milliarden und Abermilliarden Meilen voneinander entfernt sind? Wo ist der Platz dieses kleinen Planeten Erde im Vergleich zur riesigen Sonne, die doch nur ein unbedeutender Stern unter den zahllosen Sternen ist, die den Himmel sprenkeln?

Wie groß ist das Land, dessen Bürger ihr seid? Wie groß ist der Staat, in dem ihr lebt? Wie klein ist darin der Distrikt, in dem wir uns befinden? Und um wie viel kleiner ist dieses Städtchen, das ihr eure Heimat nennt? Und um wie viel kleiner ist dann nochmals dieses Stückchen Land, das ihr darin bewohnt? Wenn dies die Ausmaße des Universums sind und das eure Größe darin ist, warum seid ihr dann so von egoistischen Gefühlen aufgeblasen? Wenn ihr die Weite der Welt wirklich zur Kenntnis nehmen würdet, hättet ihr keinen Egoismus. Nur wenn ihr die Größe des Universums in Beziehung zu eurer Winzigkeit nicht wahrnehmt, könnt ihr von solch einer dummen Vorstellung besetzt sein.

Vielleicht seid ihr stolz auf euren Körper. Aber der Körper besteht aus nur fünf Elementen. Eines Tages wird er verenden. Nur der Bewohner ist dauerhaft. Er wird weder geboren noch stirbt er, er wächst nicht noch verwest er. Er leuchtet überall. In der ganzen Welt, in einem Meer sich wandelnder Formen, leuchtet die eine unvergängliche Wesenheit als der strahlende Eine. Er ist hinter jeder Form, er ist der Glanz, der jedes Geschöpf im weiten Universum beseelt. Er ist selbst in äußerster Dunkelheit da, denn er ist es, der euch die Dunkelheit offenbart. Dieser alles durchdringende Glanz ist der Bewohner, die ewige Flamme *(paramajyotis),* die stets in diesem trägen Körper leuchtet. Schaut diesen Bewohner an, wendet euch ihm zu, und ihr werdet nicht von Stolz und Egoismus getäuscht.

Dieser Körper ist ein träges Ding, das aus den fünf Elementen besteht
Nehmt Zuflucht bei dem innewohnenden Gott. Seid nicht weiter stolz auf Körper und Gefühl ausgerichtet. Der Körper unterliegt so vielen Krankheiten, er erfährt so viele Veränderungen. Er ist kaum dazu in der Lage, auf diesem Meer der weltlichen Existenz zu reisen und zu überleben. Der Körper ist nur ein träges Ding, er ist nicht mehr als sieben Eimer Wasser, das Eisen von vier zwei Zoll langen Nägeln (5,08 Zentimeter; Anmerkung des Übersetzers), der Phosphor von eintausendeinhundert Streichhölzern und die Kohle, die in vier Stiften und zwei Stücken Seife enthalten ist. Wenn ihr all diese Dinge mit einigen anderen Mischsubstanzen zusammenfügt, wird daraus der Körper. Der Körper besteht somit aus dieser trägen Materie. Aber er kann sich bewegen und Leben zeigen, weil ein Bewohner in ihm ist.

Nehmt die Wanduhr, die dort hängt. Sie hat drei Zeiger: einen Minuten-, einen Sekunden- und einen Stundenzeiger. Sowie ihr die Uhr aufzieht, bewegen sich alle drei Zeiger entsprechend ihres jeweils vorgegebenen Tempos. Wie lange werden sie sich so bewegen? Solange Spannung in der Feder ist, von der sie angetrieben werden. Sobald diese Kraft verbraucht ist, bleiben sie stehen, wo sie gerade sind. Euer Körper kann mit einer Uhr verglichen werden und der Atem mit der Feder. Eure Handlungen sind der Sekundenzeiger, eure Gefühle der Minutenzeiger und eure Freude der Stundenzeiger. Es ist die göttliche Energie in euch, die all dies ermächtigt und belebt.

Im Zusammenhang mit diesem Beispiel der Uhr könnt ihr euch die Antwort auf die Frage, warum ihr überhaupt handelt, selbst geben. Ihr seht, dass der Sekundenzeiger, der eure Handlungen repräsentiert, sich sehr schnell bewegt und die ganze Umdrehung der sechzig Sekunden bald zurückgelegt hat. An diesem Punkt hat der Minutenzeiger, der für eure Gefühle steht, ein Sechzigstel seiner Umdrehung zurückgelegt. Erst wenn der Sekundenzeiger sechzig volle Umdrehungen zu je sechzig Sekunden gemacht hat und der Minutenzeiger eine ganze Umdrehung gemacht hat, wird der Stundenzeiger, der eine Erfahrung der göttlichen Freude und Glückseligkeit darstellt, um eine Einheit vorrücken. Der Stundenzeiger bewegt sich so langsam, dass ihr seine Bewegung nicht sehen könnt, während die Bewegungen des Sekunden- und des Minutenzeigers sichtbar sind.

Hier liegt ein inneres Geheimnis verborgen: Zu jeder vollen Stunde treffen alle drei Zeiger zusammen. Wenn die Handlung, die mit dem Körper und der Natur verbunden ist, das Gefühl, das mit dem inneren Menschen verbunden ist, und die unendliche Freude, die mit dem Göttlichen verbunden ist, zusammenkommen, ist es ein Treffen von Mensch, Natur und Gott.

Von heiligen Taten über hingebungsvolle Gefühle zur Glückseligkeit

Die Natur ist als Aktionsfeld beschrieben worden. Es gibt euch die Gelegenheit, eure Arbeit zu heiligen und euer Ziel zu erreichen. Wenn ihr sechzig gute Taten verrichtet, entsteht daraus ein gutes Gefühl. Deshalb müsst ihr so viele gute Taten tun, um ein gutes Gefühl zu bekommen, und nur wenn ihr sechzig solch guter Gefühle habt, gibt es eine kleine Bewegung eures Stundenzeigers, der die unaussprechliche Erfahrung der göttlichen Freude repräsentiert. Aus diesem Grund sagte *Krishna* zu *Arjuna,* er solle gute Werke verrichten. Wenn ihr unzählige gute Dinge tut, werdet ihr wahrscheinlich ein oder zwei tief beglückende und dauerhaft gute Gefühle haben, und nur, wenn ihr unzählige solch guter Gefühle entwickelt, könnt ihr die ewige Glückseligkeit erreichen, die der ewige Zustand des *Atman* ist. Deswegen müsst ihr anfangen, viele gute Taten zu vollbringen.

Der Körper wurde euch zu diesem bestimmten Zweck, dem Ausführen guter Taten, gegeben. Es ist unmöglich, auch nur einen Augenblick lang ohne Tätigkeit zu verbringen. Das ist der Grund, weshalb dem Verrichten heiliger Werke *(karmakānda),* die zeremoniellen und rituellen Gottesdienst beinhalten, in den *Veden* so viel Bedeutung beigemessen wird. Aber *Karmakānda* bezieht sich nicht nur auf Opferriten *(yajna),* Buße und das Geben von Almosen, die zu einem voraussehbaren Ergebnis führen. Handlungen, die ohne Sorge um die Früchte ausgeführt werden, können *Karmayoga* genannt werden.

Wenn eine Handlung ohne Wunsch und Gefühl des Egoismus ausgeführt wird, ist sie *Karmayoga.* Das ist die höchste Form der Handlung, die heiligste von allen, und ihr solltet ihr bei jedem Schritt, den ihr im Leben tut, folgen. Beseitigt euren Egoismus. Jagt ihn davon! Entfernt euren Wunsch nach der Frucht. Wenn ihr mit dieser Einstellung handelt, wird daraus Arbeit im Geiste (spirit) eines echten Opfers *(yajna);* sie wird zur Bußübung *(tapas)* und zu *Yoga.* Alle drei Handlungsweisen – *Yajna, Tapas* und *Yoga* – vermitteln die gleiche Idee. Jede Handlung, die ihr ausführt, sollte auf diese Weise geheiligt werden. Selbst Einatmen und Ausatmen sind Handlungen, sie sind auch *Karma.* Ohne *Karma* auszuführen, kann der Mensch nicht einen Augenblick lang in der Welt leben. Aber *Karma,* das mit Ego einhergeht, ist immer begrenzt und schädlich.

Nahrung führt zu Gedanken, Gefühlen und Handlungen

Führt deshalb alle Handlungen allein mit dem Gefühl der Opferbereitschaft in eurem Herzen aus, statt mit dem selbstsüchtigen Gefühl des Egoismus. Ob die Ergebnisse gut oder schlecht sind, wohltätig oder schädlich, hängt von der Art eures Handelns ab. Die Taten ihrerseits hängen von den Gefühlen der Selbstlosigkeit oder Selbstsucht ab, die ihr habt. Die Gefühle hängen wiederum von den Gedanken ab, die ihr hegt, und die Gedanken beruhen auf der Nahrung, die ihr zu euch nehmt. Daher habt ihr die Abfolge von Nahrung, die zu Gedanken führt, von Gedanken, die zu Gefühlen führen, von Gefühlen, die zu Handlungen führen, und von Handlungen, die zu Ergebnissen führen. Diese Ergebnisse führen ihrerseits zu weiteren Gefühlen des Leids oder der Freude, je nach Natur der Handlungen, Gefühle, Gedanken und Nahrung. Daran seht ihr, wie wichtig es ist, stets sehr reine und gesunde Nahrung zu essen. Nehmt an, dass ein Weiser, der ein vedisches Ritual ausführt, ein kleines Feuer entzündet, so wie es in den Schriften beschrieben ist. Der daraus aufsteigende Rauch hängt von der Art des gemachten Feuers ab. Als Folge des Rauches bildet sich eine Wolke. Darin kondensiert Wasserdampf, und schließlich entstehen Regentropfen. Die Ernte hängt vom Regen ab, und so ist die Nahrung, die verzehrt wird, von der Ernte abhängig. Schließlich hängt euer physischer Körper, der mit der Nahrung identisch ist, von der Nahrung ab, die ihr zu euch nehmt. Sogar Nahrung kann also bis zu euren Taten zurückverfolgt werden, in diesem Fall zu dem Feuer, das ihr angezündet habt, und zur Opferhandlung, die durchgeführt wurde.

Konzentriert euch auf die Handlung, nicht auf die Frucht

Wenn eure Taten gut sind, wird auch euer Leben gut sein. Eure Handlungen sind die ursprüngliche Ursache, eure Geburt ist das Endergebnis. In diesem Zusammenhang sagte *Krishna:* „Richte deine ganze Aufmerksamkeit auf das Ausführen guter Handlungen und achte nicht auf die Frucht.“ Die Frucht folgt von selbst, aber eure Konzentration sollte eurem Handeln gelten.

In der Vergangenheit habt ihr euch mit vielen guten und schlechten Handlungen befasst und als Ergebnis davon erfreut ihr euch jetzt an ihren Konsequenzen oder erleidet sie. Wie werdet ihr das Leid los, welches das Ergebnis eurer vergangenen schlechten Taten ist? Nur durch das Engagieren in guten Taten könnt ihr euch von diesem Leid befreien. Das it der Grund, weshalb dem Handeln in den *Veden* eine so vorrangige Stellung eingeräumt wird. Schlechte Taten müssen durch gute ersetzt werden, die dann zu vollkommen selbstlosen Taten führen, bei denen kein persönliches Interesse an dem Ergebnis vorhanden ist. Sie werden dann zu *Karmayoga* und führen euch zur Vereinigung mit dem Göttlichen.

Wenn ihr nicht auf eure Handlungen achtet oder eure Zeit mit nutzlosem oder falschem Tun vergeudet, wird euer ganzes Leben vergeudet sein. Das Leben wurde euch gegeben, damit ihr euch mit gutem *Karma,* mit vorbildlichem Tun, beschäftigt. *Karma* bedeutet nicht nur das Ausführen von Handlungen mit dem Körper. *Karma* ist der eigentliche Name für den Körper selbst. Weil der Körper als Ergebnis von Handlungen entstanden ist, die ihr in vorherigen Leben ausgeführt habt, ist der Körper eine der Bedeutungen von *Karma*.

Der Körper ist die Folge von Taten. Er ist an Zeit, Umstände und Kausalität gebunden. Aber das betrifft nur den Wachzustand. Im Traumzustand ist der Körper inaktiv. Somit kann es überhaupt keine Taten geben. Dort gibt es nur die Illusion von Handlung – *Maya*. In den Träumen sind alle Sinne still und ruhig. Im Tiefschlaf, der auch kausaler Zustand genannt wird, gibt es noch nicht einmal einen Geist (mind). Jenseits dieses Zustandes existiert die ultimative Quelle, das, was die große, die ursprüngliche Ursache *(mahākārana)* genannt wird. Sie geht über den kausalen Zustand hinaus. Diese ursprüngliche Ursache ist die Göttlichkeit. Hier ist ein kleines Beispiel, um diese Zustände zu beschreiben:

Die Studenten unter euch kommen vom Wohnheim, das etwa einen Kilometer entfernt liegt, hierhin. Um 4:15 Uhr nachmittags verlasst ihr das Wohnheim und ungefähr um 4:30 Uhr erreicht ihr die *Aschram*-Tore. Ihr braucht also etwa fünfzehn Minuten, um euren Körper vom Wohnheim bis zu diesem Gebäudekomplex zu bringen. Der Zweck eures Kommens ist, Babas Ansprache zu hören. In jeder Handlung, die ihr unternehmt, gibt es dieselben vier Faktoren: Zeit, Handlung, Ursache und Ergebnis. Die Zeit betrug, wie ihr gesehen habt, fünfzehn Minuten. Die Handlung bestand im Gehen vom Wohnheim zu dieser Gebetshalle. Der Zweck war es, die Ansprache zu hören. Das Ergebnis ist, dass ihr dadurch euer Leben heiligt. Auf solche Weise kann der Wachzustand für den spirituellen Fortschritt genutzt werden.

Zeit, Handlung, Zweck und Ergebnis betreffen nur den Körper

Bedenkt weiterhin, dass ihr nach dieser Ansprache zum Wohnheim zurückkehrt. Wenn ihr euer Abendessen eingenommen habt, ruht ihr euch auf dem Bett aus und geht schlafen. Ihr habt einen Traum. Darin geht ihr einen Boulevard in Paris entlang. Wann habt ihr das Wohnheim verlassen, um nach Paris zu reisen, und wie lange habt ihr gebraucht, um dorthin zu kommen? Diese Frage kann nicht beantwortet werden. Es ist keine bestimmte Zeit einbezogen. Wie seid ihr dorthin gereist? Mit dem Schiff oder Flugzeug? Auch das kann nicht beantwortet werden. Es ist keine bestimmte Aktivität darin einbezogen. Warum seid ihr nach Paris gereist? Ihr wisst es nicht; es gab keinen offensichtlichen Grund für euren dortigen Aufenthalt. Was hat euch dann dort gefallen? Was ist das Ergebnis eurer Reise? Sogar das könnt ihr nicht beantworten. Es gibt kein bestimmtes erkennbares Ergebnis als Folge eurer Handlung. Im Traumzustand sind also weder Zeit, Handlung und Zweck noch die Freude an den Ergebnissen vorhanden – nichts davon ist da.

Nehmt nun an, dass jemand kommt und euch aufweckt, kurz nachdem ihr eingeschlafen seid. Ihr steht auf und merkt, dass ihr nur fünf Minuten geschlafen habt. Während dieser fünf Minuten habt ihr euren Traum gehabt und seid nach Paris gereist. Wie war das möglich? Es ist nicht möglich. Es war nur eine mentale Erfahrung. Ihr habt diese Handlung nicht ausgeführt, weder euer Körper noch eure Sinne. Diese mentale Erfahrung hängt mit eurer feinstofflichen Gestalt zusammen. Der grobstoffliche Körper jedoch hat die vier Faktoren Zeit, Handlung, Ursache und Umstände. Ihr habt gesehen, dass keiner von ihnen in der feinstofflichen oder mentalen Erfahrung auftaucht, die mit dem Traumzustand zusammenhängt. Nur wegen der Tricks des Geistes (mind) wart ihr dazu in der Lage, dort eine neue Welt zu erschaffen.

Der Geist hat so viele Menschen auf dem geschäftigen Boulevard in Paris erschaffen, so viel Verkehr, so viele Dinge. Der Geist hat diese besondere Macht. Er hat eine außergewöhnliche Fähigkeit, alles Mögliche zu erschaffen oder zu zerstören, und zwar nicht nur im Traum. Für all eure Handlungen sind die Gedanken eures Geistes verantwortlich. Wenn ihr Gott solch einen machtvollen Geist opfert, wird nicht nur der Geist, sondern werden auch all eure Handlungen, alles, was ihr tut, Ihm geopfert. Wenn ihr euren Geist dazu benutzt, an Gott zu denken, werden all eure Taten geheiligt.

Richtet eure Wünsche auf die Weisheit, um das göttliche Licht zu erlangen

Ein großer Weiser pflegte zu sagen: „Wenn ihr Hymnen zum Lobpreis Gottes singt und ihm ein Licht opfert, erstrahlt die ganze Welt im Glanz dieses Lichtes.“ In eurem Gottesdienst nehmt ihr ein flammendes Licht und bringt es Gott dar. Euer Geist, der aus vielen Wünschen besteht, kann mit dem Öl verglichen werden und der Docht mit der heiligen Weisheit, die ihr erlangt habt. Wenn ihr diese beiden zusammenbringt, indem ihr eure Weisheit dazu benutzt, eure

Wünsche auf Gott zu richten, bekommt ihr den Glanz des göttlichen Lichtes, das von ihrer Vereinigung ausgeht.

Für das Öl und den Docht muss es einen Behälter geben. Der Körper kann als Gefäß betrachtet werden, in dem das Öl der Wünsche und der Docht der Weisheit enthalten sind. Die glückselige Freude, die ihr erfahrt, ist der Glanz des Lichtes, das von diesem heiligen Licht ausgeht. Wenn nur der Docht allein darin wäre und ihr ihn anzünden wolltet, würde er nicht brennen. Es wäre euch auch nicht möglich, allein das Öl anzuzünden. Aber wenn der Docht und das Öl zusammengebracht werden, könnt ihr es anzünden, und ihr habt Licht.

Der Docht kann auch als Handlung oder Arbeit betrachtet werden, die mit dem Geist und seinen Wünschen als Öl zusammenhängt. Der intuitive Intellekt – *Buddhi* – der mit Weisheit zusammenhängt, kann als der Docht betrachtet werden. Wenn ihr diese beiden miteinander kombiniert, also Handlung und *Buddhi,* das heißt all eure Handlungen heiligt, indem sie den Diktaten eures inneren Motivators folgen, wird das Licht daraus hervorstrahlen. Das Licht ist das ewige Licht des *Atman.* Wenn all eure Handlungen heilig werden, erlangt ihr das Bewusstsein eurer ewigen Wahrheit, ihr werdet im Licht des einen unsterblichen Selbst gebadet.

Nun hat die Flamme des Lichtes mehrere individuelle Merkmale. Wenn ein Lufthauch weht, flackert die Flamme. Wenn Wasser auf sie tropft, zischt sie hörbar. Wenn Unreinheiten im Öl sind, erzeugt das Rauch. Sie gibt auch Hitze ab; wenn ihr sie berührt, verbrennt sie euch. In Abhängigkeit von der Art des Öls und des Luftzugs bringt die Flamme verschiedene Lichtfarben hervor. Diese verschiedenen Merkmale gehören zur Flamme, aber nicht zur Helligkeit, die aus dem Licht dieser Flamme entsteht.

Es gibt nur ein Merkmal dieser Helligkeit, nämlich, dass sie alles mit der Herrlichkeit ihres Glanzes berührt. Die Flamme hat mehrere verschiedene Eigenschaften, aber der Glanz des *Atman* hat nur die eine Eigenschaft des Erleuchtens und der Beseitigung der Dunkelheit. Dieses unsterbliche innere Licht des *Atman (ātmajyotis)* wird allen Menschen gleichermaßen gegeben. Das ist die eine alles umfassende Eigenschaft. Aber für die Flamme des Lebens gibt es zahlreiche individuelle Eigenschaften. Viele Veränderungen und Probleme kommen dazu.

Drei Arten von Handlungen

Es gibt drei Arten von Handlungen, die aus verschiedenen Aspekten dieser Flamme des Lebens auftauchen. Da sind die gewöhnlichen Handlungen *(karma),* die zu gewöhnlichen Ergebnissen führen, welche wiederum in einem endlosen Kreislauf zu weiteren Handlungen führen. Das ist wie eine Flamme, die in einem Augenblick ruhig brennt und im nächsten flackert oder verschiedene Färbungen und unterschiedliche Temperaturen hat.

Dann sind da die guten Handlungen *(vikarma),* jene, die stets gute Ergebnisse erbringen. Diese guten Taten sind wie eine unveränderliche Flamme, die immer ruhig ist. Diese zweite Art von Aktivität betrifft das Erfüllen eurer weltlichen Pflichten auf rechte Weise, also in guten Sachen aktiv zu sein, sich mit hingebungsvollen Übungen zu beschäftigen und so weiter. Das sind alles gute Taten, aber mit ihnen geht immer noch ein klares Interesse an den Ergebnissen einher. Die *Veden* erklären, dass selbst die besten und segensreichsten Taten, die mit einem Interesse ausgeführt werden, euch nur so weit wie der Himmel bringen können. Ihr solltet nicht den Eindruck haben, dass euch der Himmel Unsterblichkeit bringt. Wenn die Verdienste der Handlungen aufgebraucht sind, müsst ihr zur Erde zurückkehren. Somit setzt auch diese zweite Art von Handlung den Kreislauf von Geburt und Tod fort.

Als Letztes gibt es Handlungen, die nicht in Bezug zu den Eigenschaften der Flamme stehen. Diese dritte Art von Aktivität ist mit der reinen Strahlung, dem Glanz des atmischen Lichtes *(ātmajyoti)* verbunden. Für solche Handlungen ist das Interesse an der Frucht überhaupt nicht relevant *(akarma)*. Solche Handlungen entstehen aus eurer inneren Natur heraus, eurer tiefsten Wahrheit, die göttlich ist. Ihr führt all eure Handlungen als ein Opfer für das Göttliche aus, im Wissen, dass die eine Göttlichkeit in allen ist. Solch heilige Handlungen können *Yoga* genannt werden, weil ihr dann in *Karmayoga* engagiert seid. Dies ist die Reinheit im Handeln, bei der es keine Anhaftung an das Ergebnis gibt.

Wenn ihr Interesse an den Früchten habt, werden sie bald erschöpft sein, und dann müssen in einem endlosen Kreislauf immer wieder neue Handlungen aufgenommen werden. Das solltet ihr erkennen. Nehmt zum Beispiel ein Mitglied des Parlaments, das zur Wiederwahl antritt. Wenn es den Wahlsieg erringt, kann es der Versammlung für fünf Jahre angehören. Mit der Zeit läuft seine Amtsperiode aus und am Ende der fünf Jahre muss es nach Hause zurückkehren. All die Verdienste, die ihr euch durch eure Aktivitäten erwerbt, können gleichermaßen mit solch einer begrenzten Amtszeit verglichen werden, die einige Jahre dauert. Am Ende der Amtsperiode müsst ihr wiedergeboren werden.

Solange eure Verdienste andauern, genießt ihr den Himmel, aber sobald sie erschöpft sind, müsst ihr wieder in ein Leben hinabsteigen. Das ist der Grund, weshalb *Krishna,* als er *Arjuna* die Lehre vom *Karma* erklärte, sagte: „Anstatt nach den vorübergehenden Ergebnissen einer Handlung zu trachten, die dich an den Kreislauf von Geburt und Tod bindet, strebe danach, das höchste Göttliche zu erkennen, das dein wahres Selbst ist. Wenn du weißt, dass das eine Göttliche das unsterbliche Selbst aller ist, und in diesem Wissen handelst, werden deine Handlungen mit dem göttlichen Willen in Übereinstimmung und geheiligt sein. Dann musst du niemals mehr wiedergeboren werden. Aber wie wirst du jemals dein ewiges Ziel erreichen können, wenn deine Handlungen von den Ergebnissen motiviert werden, die euch wiederum von Leben zu Leben führen, und dein Leben ein fortwährendes Kommen und Gehen ist?“ Hier ist eine kurze Geschichte, die dies veranschaulicht.

Strebt nach dem Höchsten und kommt niemals mehr wieder

Ein eingefleischter Dieb wurde beim Stehlen erwischt und ins Gefängnis gebracht. Das Gerichtsurteil lautete auf sechs Monate Haft. Die sechs Monate vergingen, und es kam der Tag, da der Dieb wieder entlassen werden sollte. Der Gefängniswärter kam und sagte zum Dieb: „Nun, morgen Abend ist deine Zeit hier um, und du hast deine Strafe abgesessen. Du kannst deine Vorbereitungen treffen. Pack deine persönlichen Sachen zusammen, die wir für dich aufbewahrt haben, und mach dich fertig zum Gehen.“ Der Dieb war nicht übermäßig erfreut, dies zu hören, aber auch nicht unglücklich. Er war einfach gleichgültig, denn er wusste, was geschehen würde. „Meine Sachen können hierbleiben“, sagte er.

Der Wärter fragte ihn: „Warum willst du diese Dinge denn nicht mitnehmen?“ Der Dieb antwortete: „Es hat keinen Sinn, sie mitzunehmen. Ich werde in ein, zwei Tagen ohnehin wieder zurück sein. Ihr werdet mich ziemlich bald hier im Gefängnis wiedersehen. Da es sich nur um ein paar Tage handelt, warum sollte ich mich mit diesen Sachen belasten?“ Der Dieb wusste also, dass er wieder stehlen würde, dass er wieder gefasst und bestraft werden und zweifellos auch wieder im selben Gefängnis landen würde.

Eure Handlungen können mit dem Kommen und Gehen dieses Diebes verglichen werden. Ihr führt Handlungen in eurem Leben hier auf der Welt aus. Mit der Zeit werdet ihr dazu motiviert, all eure Handlungen zu guten Taten zu machen und diese führen zu guten

Ergebnissen. Dann geht ihr in den Himmel. Wenn eure Frist dort abgelaufen ist, kommt ihr wieder auf die Erde herab. *Krishna* sagte: „Dieser Vorgang des Aufsteigens und Herabsteigens ist nicht gut." An diesem Punkt gab er *Arjuna* das heilige Wissen: Er wies ihn an, den Ort ewiger Wahrheit ausfindig zu machen und dort zu verweilen. Wenn ihr euch erst einmal an diesem dauerhaften Ort niedergelassen habt, wenn ihr in eurem unsterblichen Selbst verweilt, können euch eure Taten nicht länger binden. Dann wird es keine Notwendigkeit geben, jemals wiederzukommen, denn ihr habt euch in der unvergänglichen Glückseligkeit des *Atman* niedergelassen.

Zweiunddreißigste Ansprache

Der Yoga des Handelns – die Frucht loslassen

Krishna sagte zu Arjuna wiederholt:
„Arjuna, tu deine Pflicht. Beschäftige dich mit rechtem Tun.
Aber trachte nicht nach den Früchten deines Handelns."
Krishnas Ansinnen war es, alle Handlungen von Arjuna in heilige Taten zu verwandeln, in Karmayoga, und ihm dadurch zu helfen, sein spirituelles Ziel zu erreichen.

Verkörperungen der Liebe,

in der Welt werden alle Handlungen um Belohnungen, der sogenannten Früchte, willen ausgeführt. Die überwiegende Mehrheit der Menschen würde überhaupt keine Arbeiten ausführen, wenn ihre Handlungen keine Früchte einbrächten, wenn sie nicht in irgendeiner Weise entlohnt oder bezahlt würden. Was ist *Krishnas* Einwand gegenüber *Arjunas* Streben nach den Früchten seiner Arbeit? Wenn fast alle Handlungen um der Belohnung willen ausgeführt werden, was ist dann die tiefere Bedeutung von *Krishnas* Anweisung, dass *Arjuna* all seine Handlungen ohne Erwartung einer

Belohnung ausführen solle? *Krishnas* einziges Interesse war es darauf zu achten, dass alle Handlungen *(karma)* von *Arjuna* in *Yoga* transformiert wurden, dass *Arjunas* Handlungen mit dem göttlichen Willen in Einklang gebracht wurden. Dies würde geschehen, wenn *Arjuna* sich ganz der Göttlichkeit hingäbe, wenn er all seine Handlungen dem Göttlichen widmete und all seine Anhaftungen an die Ergebnisse aufgäbe. Dann würde sein *Karma* zum *Karmayoga*.

Transformiert all eure Handlungen in heilige Handlungen, und ihr seid frei

Solange ihr mit Körperbewusstsein handelt, das heißt, solange ihr euch mit dem Handelnden identifiziert, kann diese Handlung kein *Karmayoga* sein. Jede Tat, die mit Egogefühl ausgeführt wird, im Sinne von „Ich habe es getan" oder einem Gefühl von Anhaftung, dass es „meine" Handlung sei, kann euch am Ende nur Leid bringen. Solche Handlungen führen immer zu weiteren Bindungen. Wenn ihr jedoch eure Handlungen in *Yoga* transformiert, werdet ihr frei von Bindung. Wie wird Handlung – *Karma* – zu *Yoga?* Alle Handlungen, die als Opfer für Gott getan werden, ohne ein Gefühl des individuellen Handelns und ohne ein Streben nach persönlichen Ergebnissen, werden in *Yoga* transformiert.

Zahllose Schwierigkeiten stellen sich ein, wenn man mit einem Egogefühl handelt. Innerlich habt ihr vielleicht das Gefühl von „Diese Handlung wurde von mir ausgeführt, deshalb sollte ich den Nutzen daraus haben. Ich habe gearbeitet, also verdiene ich eine Bezahlung. Ich bin gewiss zu den Belohnungen berechtigt, die aus meinen ausgeführten Handlungen entstehen." Solche Einstellungen dienen nur dazu, das Ego, das Gefühl von Ich und Mein weiter zu stärken. In dem Maße, wie sich dieses „Ich" und „Mein" vergrößert, geht der *Atman* immer weiter ins Dunkle und es schwindet die Freude, die aus dem *Atman* kommt. Um den Egoismus vollkommen zu zerstören, forderte *Krishna Arjuna* auf, all seine Handlungen in *Yoga* zu transformieren.

Was ist die Methode, eure Handlungen in *Yoga* zu transformieren? Ihr müsst unpersönlich werden, ihr dürft euch nicht mit der Tätigkeit oder den daraus entstehenden Ergebnissen identifizieren, sondern müsst euch ganz auf die Handlung konzentrieren und dem Ergebnis gegenüber gleichgültig bleiben. Mit anderen Worten: Ihr handelt, weil es eure Natur ist, dies zu tun, indem ihr all eure Bemühungen der innewohnenden Göttlichkeit widmet und euch überhaupt keine Sorgen um die Früchte macht und vollkommen desinteressiert an ihnen bleibt. Mit einem solchen Gefühl der Losgelöstheit werden all eure erledigten Aufgaben geheiligt.

Da ist das Beispiel von König *Janaka,* der durch seine Lebensführung zeigte, dass ihr Großes erreichen könnt, wenn ihr handelt, ohne Wünsche nach der Frucht und ohne ein persönliches Interesse an der Handlung zu haben. Dann können eure Leistungen wahrlich sehr großartig werden. Beim Regieren eines Königreiches und beim Tragen der damit zusammenhängenden Verantwortung führte König *Janaka* seine Handlungen allesamt mit der Haltung aus, dass er nur der Zeuge war. Weil er ohne Anhaftung an die Ergebnisse handelte, wurde *Janaka* ein heiliger König *(rājayogin),* ein Monarch *(rāja),* der auch ein *Yogi* war.

Verwandelt Handlungen in Yoga

Jede Handlung, die Gott dargebracht und ohne jegliches persönliches Interesse ausgeführt wird, ist heilig und kann als *Yoga* betrachtet werden. Aber wenn eine Handlung mit einem persönlichen Interesse an der Tat und den Ergebnissen ausgeführt wird, ist sie nichts als Krankheit *(roga).* Der Hauptgrund all dieser Krankheiten ist Anhaftung.

Aus Anhaftung folgen Hass und Ärger. Sie sind wie Dämonen, die all eure menschlichen Eigenschaften verbergen.

Für alle gilt: Sobald Bindung *(rāga)* und Ärger *(dvesha)* sich in euch zeigen, beschwören sie alle dämonischen Neigungen herauf, und ihr vergesst eure wahre menschliche Natur. Deshalb befahl *Krishna Arjuna:* „Führe deine Handlungen frei von allen Anhaftungen aus. Sei unpersönlich. Wenn du frei von persönlichem Interesse handelst, werden die Früchte dieses Handelns dir nichts anhaben. So regiere ich alle drei Welten. Kannst du nicht wenigstens einen kleinen Körper auf diese Weise beherrschen?

Entwickle den festen Glauben, dass du in der Lage sein wirst, viele große Aufgaben zu erfüllen, wenn du kein Interesse an den Belohnungen hast. Aber wenn du Anhaftung an die Ergebnisse einer Handlung hast, unterliegst du der Enttäuschung. Wenn du die erwarteten Früchte bekommst, bist du überglücklich. Wenn du nicht erfolgreich bist, wirst du voller Sorgen sein. Versuche, solche Hochgefühle und Niedergeschlagenheit zu beherrschen. Werde wahrhaft weise *(sthitaprajna)*. Lass es nicht zu, dass du von diesen wogenden Gefühlen des Hochgefühls und der Niedergeschlagenheit unterworfen wirst."

Es gibt keinen Menschen, der sich nicht mit Handeln befasst. Jeder Mensch hat seinen Körper ausdrücklich zu dem Zweck bekommen, aktiv tätig zu sein. Um den Körper zu heiligen, ist es notwendig, dass ihr nur gute Handlungen ausführt. Auf jede Handlung folgt eine Frucht. Ihr solltet erkennen, dass die Freude, die ihr aus eurem Handeln zieht, viel größer ist als die Freude, die sich aus dem Ernten der Frucht ergibt.

Bei einem glückverheißenden religiösen Fest beispielsweise, kann sich eine Familie entscheiden, die ganze Nacht mit anderen Gottesverehrern, Verwandten und Freunden zu verbringen, um hingebungsvolle Lieder zu singen. Solange sie mit ihren Handlungen und Ritualen *(pūjā)* befasst sind, spüren sie keine Müdigkeit. Selbst wenn einige von ihnen an Fieber litten, würde ihnen das nichts ausmachen, weil sie so sehr in die Veranstaltung vertieft sind. Keiner von ihnen ist während der heiligen Handlung müde. Aber wenn ihr die Familie nach Beendigung der *Pūjā* besucht, wird euch auffallen, dass alle müde und erschöpft aussehen.

Die Freude am Tun ist größer als die Freude an der Belohnung

Ihr habt Freude beim Ausführen der Handlung, aber ihr erfahrt nicht in demselben Ausmaß Freude, nachdem die Handlung abgeschlossen ist. Ihr werdet einfach vom Gefühl getäuscht, dass die Freude aus der Frucht des Handelns komme. In Wirklichkeit gibt es überhaupt keine Freude durch die Frucht. Die Freude, die ihr aus der Frucht zu ziehen glaubt, ist nur eine Spiegelung, ein Schatten der wahren Freude, nur eine Phantomfreude. Ihr sucht nicht die dauerhafte Freude. Wie könnte das Ergebnis einer Handlung etwas anderes sein als ein flüchtiger Schatten, wenn die Handlung selbst vorübergehend und vergänglich ist?

Vielleicht habt ihr das Gefühl, dass ihr euch durch Wohltätigkeit oder gute Taten, Einsatz für eine gute Sache, Teilnahme an glückverheißenden Ereignissen oder Engagement in verschiedenen persönlichen Opferhandlungen himmlische Belohnungen verdientet. Dennoch erklärte *Krishna,* dass der Himmel nur vorübergehend sei. Er sagte: „*Arjuna,* es gibt etwas, das weit größer ist als der Himmel. Natürlich solltest du stets Gutes tun. Ich sage nicht, dass du aufhören solltest, gute Taten zu vollbringen, Opfer zu bringen, Askese zu üben und religiöse Rituale und dergleichen auszuführen. Es ist nicht nur dein Recht, sondern auch deine Pflicht, solch guten Taten auszuführen, aber denk bei allem, was du tust, nur an das Wohlergehen der ganzen Welt. Handle nicht aus selbstsüchtigen Motiven. Führe jede

Handlung selbstlos, uneigennützig und mit dem einzigen Bestreben aus, dem Frieden, dem Wohl und dem Gedeihen aller Lebewesen überall zu dienen.

Sorge dich nicht darum, wie du den Himmel erreichst; richte deinen Blick auf ein viel höheres Ziel, jenseits des Himmels. Der Himmel währt nur so lange, wie es die Verdienste deiner guten Werke erlauben. Sobald sie aufgebraucht sind, wirst du auf die Erde zurückkommen müssen. Gib also deine Sehnsucht nach dem vergänglichen Himmel auf. Kultiviere vielmehr Nähe und Liebe zum Herrn. Geh in ihn ein; das ist wirklich wichtig. Das Prinzip des Göttlichen ist größer als der Himmel. Wenn du das Geheimnis des Handelns entdeckt hast und dein ganzes Handeln aus der richtigen Perspektive ausführst, kannst du Gott selbst erreichen."

Die Gita bringt die höchste Weisheit in den Alltag

Die *Bhagavadgita* verlangt von euch nicht, dass ihr alle weltlichen Aktivitäten aufgebt und zum *Samnyāsin* – zum Wandermönch – werdet. Einige Menschen meinen, dass die *Gita* keinen Kindern gelehrt werden dürfe, weil die jungen Menschen durch sie eine Neigung zur Abkehr von der Welt entwickeln und in die Einsamkeit gehen könnten. Viele leiden unter solch einem falschen Eindruck. Aber denkt einmal an die vielen Menschen, welche die *Gita* lehren. Sind sie alle *Samnyāsins* geworden? Haben sie allem Weltlichen entsagt? Wurde *Arjuna,* der die *Bhagavadgita* direkt von *Krishna* hörte, ein *Samnyāsin?*

Der tiefere Sinn der *Gita* muss im Zusammenhang mit der menschlichen Natur verstanden werden, wie sie in der Welt zum Ausdruck kommt, in der alltäglichen Aktivität der Menschen. Das wichtigste Ziel der *Gita* ist es, die unschätzbare alte Weisheit auf die Ebene der irdischen Welt herabzubringen und das weltliche Leben auf die Stufe der höchsten Weisheit zu erheben. Die *Bhagavadgita* bringt den *Vedanta* ins tägliche Leben und hebt das Alltagsleben auf die Ebene des *Vedanta;* sie führt nicht nur Philosophie und Spiritualität in den Alltag ein, sondern auch das tägliche Leben in Philosophie und Spiritualität. Sie versöhnt somit Spiritualität und weltliches Leben.

Die menschliche Existenz bringt nicht nur die täglichen weltlichen Tätigkeiten mit sich. Sie ist beileibe nicht nur dazu da, den Lebensunterhalt zu bestreiten. Die *Bhagavadgita* lehrt die Heiligkeit des menschlichen Lebens; sie führt den Menschen zu seinem letztendlichen Ziel. Sie lehrt ihn, wie er sein Auskommen in der Welt in einer Weise haben kann, die es ihm ermöglicht, den Stand des Menschen zu überwinden, und ihn nicht an weitere Leben als Mensch bindet. Ihr werdet an eure Handlungen nicht gebunden sein, wenn ihr sie in selbstloser Weise, ohne Interesse an ihre Früchte ausführt. Die *Bhagavadgita* lehrt die Übung des Nichtanhaftens *(anāsakti)* an Tätigkeiten, Pflichten und Besitztümer. Durch diese Einstellung des Nichtanhaftens werden eure Handlungen tatsächlich geheiligt. Die *Gita* ermuntert euch nicht dazu, auf Arbeit zu verzichten; im Gegenteil, sie fordert euch dazu auf, eure Pflicht zu tun und alle Handlungen auszuführen, die eurem Stand im Leben angemessen sind. Aber ihr müsst all diese Tätigkeiten in heilige Arbeiten verwandeln, indem ihr sie dem Herrn als Opfer darbringt.

Denkt zum Beispiel an die Arbeit eines Kochs. Köche erfüllen ihre Pflichten auf rechte Weise und machen ihre Arbeit gut, wenn ihr Kopf beim Kochen bleibt. Wenn sie stattdessen alles nur mit Blick auf ihr Gehalt tun, so ist ihr Interesse an der Arbeit nicht sehr groß und wird das Gekochte nicht gut sein. Kochen sollte mit einem Gefühl der Liebe und Versunkenheit in die Arbeit getan werden, mit den Gedanken an das Wohl aller, ohne Sorge um die monetäre Entlohnung.

Dann wird es ein heiliger und reiner Dienst, der nährt und heiligt.

Wenn ihr die euch übertragenen Pflichten, was auch immer sie sind, in gleicher Weise tut, mit voller Konzentration auf die Arbeit, sie dem Göttlichen opfert und ohne jegliches persönliches Interesse an der Frucht erfüllt, sind eure Handlungen heilig und groß. Mit diesem Gefühl des Desinteresses an den Früchten wird eure Arbeit beständig und ihr kommt ebenso stetig eurem Ziel näher. Aber wenn ihr ein persönliches Interesse an der Arbeit habt, die ihr tut, wird es Höhen und Tiefen geben, entwickelt sich Wankelmut und nehmen eure Wünsche schnell zu.

Krishna stellte *Janaka* als den idealen Menschen vor, weil er sein Königreich mit diesem Gefühl der Gelassenheit regierte und dadurch Vollkommenheit erreichte. Es gibt Menschen, deren Blick nur nach außen gerichtet ist, und solche, die sich darin üben, nach innen zu sehen. Die Schau nach außen transformiert den Geist (mind) und erfüllt das Herz mit heiligen Gefühlen. Um die Schau nach innen zu erlangen, müsst ihr diese Versunkenheit in die Arbeit und Losgelöstheit von den Ergebnissen entwickeln, indem ihr alles, was ihr tut, der inneren Göttlichkeit widmet. Es gibt eine Geschichte, welche die große spirituelle Kraft dieser erhabenen Übung zeigt.

Janaka und Shuka

Einst, im Zeitalter vor *Krishna* und *Arjuna,* betrat der Weise *Shuka* König *Janakas* Reich und reiste durch die Umgebung der Hauptstadt. König *Janaka* hörte, dass *Shuka* in der Nähe war, aber wusste nicht, wo er sein Lager aufgeschlagen hatte. Der König sandte Kundschafter in alle Richtungen aus, um Neuigkeiten über *Shukas* Aufenthaltsort zu erfahren. Sie machten *Shuka* in einer Schutzhütte im Wald nahe der Hauptstadt aus. *Janaka* brach mit seinen Ministern auf, um *Shuka* zu besuchen. Er kam nicht als König oder Herrscher. Er kam als Diener Gottes. *Janaka* hatte lange zuvor alle Spuren von Ego getilgt und ging nun als bescheidener spirituell Suchender dorthin. *Shuka* hielt gerade eine Ansprache über ein spirituelles Thema vor seinen Schülern.

Janaka blieb stehen und lauschte seinen Worten mit ganzer Konzentration. Es wurde Abend. Bevor er wieder ging, trat *Janaka* vor und fragte *Shuka: „Swami,* darf ich jeden Tag kommen und deinen inspirierenden Worten lauschen?" *Shuka* antwortete: *„Janaka,* Spiritualität und Philosophie sind kein Privateigentum. Jeder, der Interesse an ihnen hat, jeder, der diese Lehren mit Freude hört, jeder, der daran glaubt, dass er das Ziel erreichen kann, hat ein Recht auf dieses Wissen. Natürlich darfst du kommen. Du bist herzlich willkommen." *Janaka* kehrte in seinen Palast zurück und kam von da an jeden Tag zu *Shukas* Ansprachen.

Shuka aber wollte der Welt beweisen, dass *Janaka* die innere Schau besaß, während die meisten Menschen nur die Sicht nach außen haben. Mit diesem Plan begab er sich zu einem Ort auf dem Gipfel eines Berges, von dem aus man die Hauptstadt überblicken konnte, und baute sich dort eine Hütte. Von diesem Platz aus führte *Shuka* seine täglichen Ansprachen über den *Vedanta* fort. Eines Tages kam König *Janaka* wegen dringender Verwaltungsangelegenheiten später als sonst. *Shuka* wartete mit seiner Ansprache, bis *Janaka* anwesend war.

Er nahm keine Notiz von der großen Menschenansammlung, die sich bereits eingefunden hatte und darauf wartete, dass die Ansprache begann. Um sein Interesse zu zeigen, begann *Shuka* Fragen zu stellen und herauszufinden, warum König *Janaka* noch nicht eingetroffen sei. Er bat auch Einige, loszugehen, um herauszufinden, was den König aufgehalten habe. Er selbst stellte sich an die Straße und wartete dort auf den König und sein Gefolge.

Ein Raunen ging durch die Menge. *Shukas* Schüler, die Ältesten und die übrigen Versammelten flüsterten einander zu: „Seht euch *Shuka* an. Er wird für einen großen Weisen gehalten, der allem entsagt hat, aber etwas scheint daran nicht zu stimmen. Er wartet hier auf König *Janaka!* Bloß weil *Janaka* ein wichtiger Herrscher ist, schenkt er uns keine Aufmerksamkeit mehr. Er scheint auch seine Ansprache nicht beginnen zu wollen.“

Ein anderer sagte: „Seht euch dieses seltsame Verhalten an. Warum zeigt *Shuka* so viel Interesse für einen König? Darf denn ein Weiser Unterschiede machen in seinen Gefühlen für einen König und für andere?“ *Shuka* bemerkte dieses Geflüster sehr wohl. Er verhielt sich absichtlich auf diese Weise, um ihnen eine ordentliche Lektion zu erteilen. Eine halbe Stunde verging. Eine Stunde verging. Zwei Stunden vergingen. *Shuka* wartete immer noch auf *Janaka* und machte keine Anstalten, seine Ansprache zu beginnen.

Das Gift muss herauskommen, bevor die Lehren hineinkommen können

Inzwischen machten die Menschen, deren Herz ein bisschen unrein war, ihrer Eifersucht und ihrem Ärger Luft. All die unreinen Gefühle, die in ihnen verborgen waren, kamen an die Oberfläche. Genau das hatte *Shuka* beabsichtigt; denn erst, wenn das Gift aus dem Herzen herausgekommen ist, können die Lehren des *Vedanta* darin Einlass finden. Erst wenn ein Kopf leer ist, kann er mit heiligen Lehren gefüllt werden. Aber wenn der eigene Kopf bereits mit allen möglichen Unreinheiten gefüllt ist, wie kann er da etwas Reines und Heiliges in sich aufnehmen?

Ohne all die unnütze Schlacke aus dem Kopf zu entleeren, werden sich heilige Lehren dort niemals durchsetzen. *Shukas* Absicht war es also, dass alle niederen Gefühle sich manifestieren und ausdrücken sollten. Er wollte, dass seine Schüler allen Unrat, der sich in ihrem Geist (mind) angesammelt hatte, ausschütteten. Er wusste, dass sie seine Lehren nicht begreifen würden, solange ihr Herz Anhaftungen und negative Gefühle beherbergte. Er musste sie also einem Reinigungsprozess unterwerfen.

Zur gleichen Zeit eilte *Janaka* mit großer Sorge zum Ort der Ansprache. *Shuka* bemerkte *Janakas* Ankunft. *Janaka* war schon von Weitem leicht zu erkennen, weil er für gewöhnlich nicht allein kam. Obwohl *Janaka* kein Interesse daran hatte, Minister und Diener mitzubringen, begleiteten sie ihn aus Sicherheitsgründen ausnahmslos. Bald wussten alle, dass *Janaka* kam. Als König *Janaka* das Gelände betreten hatte, warf er sich sogleich vor dem Meister *(guru)* nieder und bat demütig um Vergebung für seine Verspätung. Dann breitete *Janaka* seine Bastmatte aus und setzte sich.

Unverzüglich begann *Shuka* mit seiner Ansprache. Nun brach der Hass vollends aus seinen jungen dort versammelten Schülern hervor. Ihre Mienen verdüsterten sich infolge der Gefühle, die sie *Shuka* und *Janaka* entgegenbrachten. „Seht euch diesen *Shuka* an!“, dachten sie bei sich, „er will nur dem König gefallen. So weit ist es also her mit seinem *Vedanta*.“

Das Feuer, das die Anhaftungen der Schüler hervorholte

Aber *Shuka* war dabei, allen Anwesenden, die negative Gefühle hegten, eine Lektion zu erteilen. Nach einer Weile unterbrach er seine Ansprache plötzlich und sagte: *„Janaka,* sieh dein Königreich! Es steht in Flammen!“ König *Janaka,* der mit geschlossenen Augen dasaß und ganz in die Heiligkeit der Lehren versunken war, beachtete diese Worte nicht. Sein Geist (mind) war vollkommen auf den *Vedanta* gerichtet, und so verweilte seine Konzentration nur dort.

Die anderen Versammelten sahen Flammen und Rauch, der über der Stadt emporstieg. Einige Schüler, die an ihre Verwandten und Habe dachten, rannten in Richtung Hauptstadt davon. Alle Anhaftungen und Bindungen, die tief in ihrem Herzen verborgen waren, traten nun in vollem Ausmaß in Erscheinung.

Einige Augenblicke später sagte *Shuka* zum König: *„Janaka,* das Feuer hat sich auf deinen Palast ausgeweitet." Auch jetzt nahm *Janaka* keine Notiz von *Shukas* Aussage und bewegte sich nicht von seinem Platz. Er hatte das wahrhaftige Gefühl von Losgelöstheit und Gleichmut gegenüber allem Weltlichen *(anāsakti).* Seine ganze Aufmerksamkeit galt dem *Atman;* neben diesem Eingehen in den *Atman* hatte er keine anderen Gefühle.

Unter den Menschen, die der Ansprache lauschten, waren auch berühmte spirituelle Lehrer *(pandit)* von Weltruf. *Shuka* wollte ihnen zeigen, dass sie zwar sehr große Gelehrte sein mochten, aber ihre Anhaftungen noch nicht ausgelöscht hatten. Als diese Gelehrten die Flammen aufsteigen sahen, gerieten sie in Besorgnis. Sie wandten sich an König *Janaka* und flehten: „O König! König! Bitte tu etwas gegen die schreckliche Katastrophe, die da unten geschieht" Aber *Janaka* befand sich im Zustand des *Samādhi* und genoss die Seligkeit des *Atman.*

Tränen des Glücks rannen über seine Wangen, und er wich nicht einen Augenblick von seinen heiligen Gedanken ab, an die er seine Konzentration geheftet hatte. *Shuka* beobachtete *Janakas* Zustand und war sehr zufrieden. Nach einiger Zeit kamen die Schüler, die in die Hauptstadt gerannt waren, zurück und berichteten, dass dort gar kein Feuer ausgebrochen sei. Nun erklärte *Shuka* den Schülern die Bedeutung all dieser Vorgänge.

Shuka sagte: „Meine Kinder! Ich habe mit meiner Ansprache nicht gewartet, weil *Janaka* ein König und somit eine sehr wichtige Persönlichkeit ist. Ich wartete, weil er ein verdienstvoller Mensch ist, ein wahrer Suchender des Geistes, ein *Shishya;* und ich vertraue einem solchen Menschen. Er hat sich von Ego und Stolz gereinigt, weil er wahre Demut, Hingabe und Gelassenheit hat, und deshalb steht es ihm zu, diese Ansprache zu verzögern. Ihr hört zwar zu, aber nehmt nicht wirklich auf, was gesagt wird, und setzt es auch nicht in die Tat um. Deshalb habt ihr kein solches Recht.

Statt Hunderte zu lehren, die sich keine Mühe machen, diese Lehren in ihrem Alltag anzuwenden, kann ich wenigsten einen lehren, der wahrhaftig das Recht besitzt, gelehrt zu werden, weil er diese heiligen Richtlinien lebt. Was für einen Sinn macht es, Menschen voller Anhaftungen und Ego zu lehren? Es ist wie ein Steinwurf ins Wasser. Der Stein mag jahrelang im Wasser liegen und wird doch nicht einen einzigen Tropfen davon aufnehmen.

Wenn ich auch nur einen Schüler wie *Janaka* habe, ist es für mich zufriedenstellend, weiterzumachen. Was soll ich mit vielen nutzlosen, glänzenden Steinen? Es genügt mir, wenn darunter auch nur ein einziger Edelstein ist. Wozu zehn Hektar unfruchtbares Land besitzen, wenn ihr ein kleines, fruchtbares Fleckchen Erde haben könnt, das fruchtbar und ertragreich ist? Wenn ein König wie *Janaka* zum Heiligen wird, so kann er sein gesamtes Königreich transformieren und es zu einem Reich der Heiligkeit machen, das der ganzen Welt als Beispiel dient.“ *Shukas* Absicht war es, *Janaka* zu einem heiligen König *(rājayogin)* zu machen und gleichzeitig seinen eingebildeten Schülern eine wichtige Lehre zu erteilen.

Durch Arjuna lehrte Krishna die ganze Welt

Krishna hatte eine ähnliche Absicht, als er *Arjuna* die *Gita* lehrte. Auch *Arjuna* war ein heiliger Mensch und hatte sich durch seinen Charakter und seine hohen Ideale für diese Lehren qualifiziert. *Arjuna* besaß Selbstbeherrschung; er hatte eine beträchtliche spirituelle Kraft aus seiner Buße gezogen. Er hatte seine weltlichen Bindungen weitgehend unterjocht. Er besaß einen hochentwickelten Intellekt und war in vielen Künsten bewandert, und er hatte sich *Krishna* in wahrer Demut ergeben.

Krishna sah, dass *Arjuna* für das Wissen bereit war, und beschloss, ihn in den Stand der Weisheit zu erheben. Er lehrte *Arjuna* diese heiligen Lehren mit Bedacht, da er wusste, dass die ganze Welt Nutzen daraus ziehen würde, wenn *Arjuna* gebessert würde. *Arjuna* besaß sowohl die Fähigkeit als auch die Tugend, die es ihm erlaubte, spirituelle Höhen zu erreichen. Dies ist auch der Grund, weshalb ihm so viele ehrenvolle Beinamen gegeben wurden. *Arjuna* bedeutet „der Reine".

Ein weiterer Name, den *Krishna Arjuna* gab, war „Derjenige, welcher heilig in seinem Herzen ist", ein weiterer „Juwel unter den Menschen". *Arjuna* war so mächtig, dass er, wenn er es gewollt hätte, Taten hätte vollbringen können, welche die ganze Welt in Schrecken versetzt hätten. Stattdessen handelte er ausschließlich im Einklang mit der göttlichen Ordnung *(dharma)*. Er verdiente sich das Recht, eine Waffe zu benutzen, die kein anderer seiner Zeitgenossen zu führen vermochte. Ursprünglich gehörte diese Waffe *Shiva*. Später führte *Janaka* sie, und zu *Krishnas* Zeiten *(dvāparayuga)* wurde sie zum respekteinflößenden Gāndīva-Bogen. Dank *Shivas* Gnade war *Arjuna* imstande, diese außergewöhnliche Waffe zu erringen. *Arjuna* war in jeder Hinsicht ein herausragender Held, und *Krishna* hatte einen so edlen und rechtschaffenen Menschen für die Lehre der *Gita* auserwählt, damit dadurch der ganzen Welt gedient würde.

Durch euren Mund gelangt Nahrung in den Magen. Der Magen seinerseits gibt die Nahrung an den ganzen Körper weiter. So wie Nahrung alle Teile des Körpers erreicht, nachdem sie im Magen war, wurde die *Gita* einem reinen, selbstlosen Menschen wie *Arjuna* gegeben, damit sie die gesamte Welt erreichen konnte. Ein Beiname *Arjunas* ist „Partha", was „Sohn der Erde" bedeutet. Ihr alle seid „Kinder der Erde". *Arjuna* kann als hervorragender Vertreter der Menschheit betrachtet werden, und *Krishna* wusste, dass die ganze Welt mit der Zeit verändert würde, wenn er ihn zu einem heiligten Menschen machte.

Gewöhnliche Handlungen, gelassene Handlungen und heilige Handlungen

Gemessen an den gewöhnlichen Handlungen, bei denen ihr euch als die Handelnden betrachtet, sind Handlungen, die frei von der Vorstellung des Handelns sind *(nishkāmakarma),* viel großartiger. Aber eine Handlung, die mit vollkommener Selbstlosigkeit und ohne persönliche Anhaftung *(anāsaktikarma)* ausgeführt wird, ist noch großartiger als *Nishkāmakarma*. Wenn die Handlung jedoch vollständig Gott dargebracht wird, wenn sie ein heiliges Opfer wird, ist sie sogar noch heiliger als diese. Deshalb forderte *Krishna Arjuna* auf, all seine Handlungen dem Herrn zu opfern. Als *Arjuna* diese Stufe in seiner Entwicklung erreicht hatte, als er vollkommen selbstlos handelte und all sein Tun Gott opferte, lehrte *Krishna* ihn die *Gita*.

Auf der ersten Stufe muss jeder Mensch Handlungen *(karma)* ausführen und aktiv die Aufgaben erfüllen, für die er geeignet ist. Man muss handeln, um keine Faulheit zu entwickeln. Ein fauler Mensch ist für die Welt absolut nutzlos. *Swami* ermutigt niemanden zum Müßiggang. Zuerst müsst ihr gewöhnliche Handlungen *(karma)* ausführen. Dann solltet ihr die Stufe betreten, auf der ihr alle Handlungen ohne jegliches Selbstinteresse *(nishkāmakarma)* ausführt. Allmählich transformiert ihr diese Handlungen in *Yoga,* ihr transformiert Arbeit in Anbetung. Dies ist die Kernlehre der *Gita*.

Die Gita gibt euch, was ihr bereit seid zu empfangen

Die *Gita* hat die Wahrheit auf so unterschiedliche Weisen dargelegt, damit Selbstsucht, Egoismus, Arroganz, Stolz, Besitzsucht, Anhaftung, Hass und andere so giftige Eigenschaften vollständig ausgerottet werden. Auf diese Weise hat sie vielen verschiedenen Arten von Menschen geholfen, eine heilige Natur zu entwickeln. Die *Gita* kann mit einem Wunscherfüllungsbaum verglichen werden: Was ihr euch von der *Gita* wünscht, wird sie euch geben. Die Bedeutung, die verschiedenen Lehren der *Gita* gegeben wird, hängt von eurem Blickwinkel und dem Grad eurer spirituellen Reife ab. Niemand kann von sich sagen, dass er die einzig richtige Erklärung eines bestimmten Verses kenne. Niemand kann sagen, dass er um die korrekte Bedeutung eines bestimmten Verses wisse, niemand hat das Recht zu behaupten, er verstehe die einzige Bedeutung.

Die Lehren der *Gita* sind auf jede Stufe des spirituell Suchenden anwendbar. Deshalb kann die *Gita* als das Herz des *Vedanta* bezeichnet werden – sie ist seine Essenz. Die *Gita* ist ein goldenes Schatzkästchen. Die *Gita* ist ein blumenbestreuter Weg. Sie ist die Stütze aller ernsthaft Suchenden und Strebenden. Die *Gita* erlaubt es ihnen, in diesem Meer des weltlichen Lebens zu schwimmen und zu überleben. Die *Gita* hilft ihnen, alle Hindernisse zu überwinden und ihr Ziel zu erreichen. Ein Mensch, der sich nicht um die *Gita* kümmert, verfehlt den Sinn und Zweck des Lebens.

Ganz gleich, wie eure Gefühle sind, die Bedeutung, die ihr der *Gita* entnehmt, entspricht der Stufe eurer spirituellen Entwicklung. Viele der *Devotees* hier kennen beispielsweise das *Sanskrit-Mantra „Shuklāmbaradharam vishnum“,* das zur Erweckung von Gottes Segen rezitiert wird. Seine erste Zeile kann übersetzt werden als „An den Herrn im weißen Gewand“. *Vishnu* ist dieser „Allesdurchdringende“. Er ist allgegenwärtig. Er wird auch als „Der Aschfarbene“ und „Der Mondfarbene“ bezeichnet, da der Mond weißlich aussieht, was dasselbe ausdrückt wie „aschfarben“. *Vishnu* wird auch als „Der Vierarmige“ beschrieben und als „Der mit freundlichem, heiligem Antlitz, das kein Gefühl von Freud oder Leid zur Schau trägt“. Dies ist das Gefühl der Gläubigen, und auf diese Weise beten sie zu Gott. Nichtgläubige benutzen vielleicht dieselben Worte, obwohl das Bild, das sie mit diesen Worten beschreiben, völlig anders aussehen kann.

Das Wort *„Shuklāmbaradharam“* bedeutet also auch „Der, welcher weiße Kleidung trägt“. Wenn ihr nun einem Wesen im weißen Kleid begegnet, das keine Gemütsregungen offenbart, aschfarben ist und vier „Arme“, beziehungsweise Extremitäten hat, könntet ihr es auch mit einem Esel zu tun haben, der auf seinem Rücken einen Packen weißer Kleider vom Wäscher bringt. Er hat einen aschfarbenen Körper und ein sehr geduldiges Gesicht. Er ist an keinen Ort gebunden. Ihr findet ihn in den Straßen, vor dem Haus, überall. Das ist das *„Shuklāmbaradharam“* der Nichtgläubigen. Ob es sich um den Herrn selbst oder um einen Esel handelt, hängt davon ab, wie ihr etwas betrachtet – ob ihr ein Verehrer Gottes oder ein Ungläubiger seid, ob ihr an solch spirituellen Dingen interessiert seid oder nicht.

In gleicher Weise gibt die *Gita* verschiedenen Arten von Menschen unterschiedliche Bedeutungen. Auf der Grundlage eurer Gefühlsebene wird jeder von euch der *Gita* die Bedeutung entnehmen, die dem Grad seines spirituellen Weges entspricht. Die *Gita* ist also ein großer Wunscherfüllungsbaum, die Himmelskuh, die freigebig ihre Milch abgibt. Ihr könnt der *Gita* die Bedeutung entnehmen, die ihr wollt, und die Lehre, die ihr aufzunehmen bereit seid. Es ist viel Wasser im Meer, aber die Menge, die ihr ihm entnehmen könnt, hängt vom Fassungsvermögen des Kruges ab, den ihr mitgebracht habt. Das Wasser ist immer das Gleiche, der Unterschied liegt nur in der Größe des Kruges. Ebenso gibt es Unterschiede in euren Gefühlen, aber die *Bhagavadgita* ist allein eine.

Die grundlegende Botschaft der *Gita* ist für alle dieselbe, ihr heiliger Zweck ist es, die Menschheit in Göttlichkeit zu transformieren. Nehmt ein so heiliges Buch nicht auf die leichte Schulter. Nähert euch der *Gita* mit einem tiefen Gefühl der Hingabe und Ehrfurcht. Ihr solltet die Verse mit einem echten Gefühl und aufrichtigen

Verständnis rezitieren und ihr solltet jeden Tag wenigstens eine oder zwei ihrer Anweisungen in die Tat umsetzen. Nur so werdet ihr Erfüllung in eurem Leben finden.

Dreiunddreißigste Ansprache

Die innere Schau entwickeln

Ob ihr in der Welt aktiv tätig seid
oder euch von ihr zurückgezogen habt,
das Wichtigste ist nicht die Arbeit, die ihr tut oder nicht tut,
sondern wie erfolgreich ihr beim Ausreißen und Vernichten
jener tief eingeprägten Neigungen seid,
die in eurem Herzen verborgen liegen.

Verkörperungen der Liebe,

das Hauptziel aller spirituellen Übungen ist das Beseitigen der negativen Gedankenmuster und unreiner Gewohnheiten, Neigungen und Veranlagungen, die im *Sanskrit Vāsanās* genannt werden und sich tief in euch eingeprägt haben. Sie manifestieren sich in euren Gedanken und Handlungen als die Zwillingsübel Anhaftung *(rāga)* und Hass *(dvesha),* als Anziehung und Abstoßung. Ihr müsst euch von allen Spuren dieser Übel reinigen, die sich in euch verborgen haben.

Ihr könnt nicht vor euren inneren Feinden davonlaufen

Wenn ihr in den Wald oder eine Höhle davonlauft, ohne die geeigneten Übungen *(sādhana)* durchzuführen, um eure inneren Feinde zu vernichten, werden all eure latenten Tendenzen, ob es euch gefällt oder nicht, weiterhin Gedanken und Taten hervorbringen, die euch binden. Diese Unreinheiten werden wie Samen in eurem Herzen liegen und einen Gedankenfluss hervorrufen, der von Vorlieben und Abneigungen, Wünschen und Täuschungen nur so überquillt. Als Folge davon vergesst ihr eure wahre menschliche Natur.

Die *Gita* zeigt, dass ihr frei seid, jede Art von Handlung ohne Sorge um die Ergebnisse auszuführen, wenn ihr die tiefsitzenden Neigungen in eurem Herzen ausrottet. Ab diesem Zeitpunkt werdet ihr von keiner eurer Handlungen *(karma)* mehr gebunden. Mit anderen Worten: Ihr werdet von den Früchten eures Handelns vollständig befreit sein. Menschen, die diese Wahrheit nicht begreifen und alle äußere Tätigkeit aufgeben, enden im Sumpf des Müßiggangs und der Faulheit. Aber die *Gita* hat wiederholt davor gewarnt und gesagt, dass in der Welt der Spiritualität kein Platz für Müßiggang ist.

Was die *Gita* lehrt, ist der *Yoga* des unpersönlichen Handelns *(anāsaktiyoga),* bei dem ihr vollkommen losgelöst und frei von persönlichen Interessen an eurer Arbeit und den Ergebnissen seid, die aus ihr entstehen. Das bedeutet, mit voller Konzentration das Beste zu geben und bis zu den Grenzen eurer Möglichkeiten zu arbeiten, aber all eure Handlungen am Dienst an Gott zu orientieren und im Gottesbewusstsein zu verweilen. Ihr werdet nicht in der Lage sein, diese hohe Stufe der Wunschlosigkeit in eurem Handeln und der Entsagung von den Früchten eurer Arbeit zu erreichen, solange eure *Vāsanās,* die aus früheren Handlungen entstanden sind, nachteilig für den spirituellen Fortschritt sind.

Transformiert alle selbstsüchtigen Handlungen in selbstlose Taten

Als Erstes müsst ihr die negativen Neigungen entfernen, die all eure gewöhnlichen, selbstsüchtigen und euch bindenden Handlungen antreiben, und sie durch positive, edle Eigenschaften ersetzen, die mit segensreichen und selbstlosen Taten zusammenhängen. Wenn ihr euch dann auf der Stufe des selbstlosen Dienens fest niedergelassen habt, auf der ihr nur gute Handlungen ausführt, könnt ihr zu höheren Stufen voranschreiten, auf denen ihr den Früchten all eurer Handlungen entsagt *(nishkāmakarma)*. Von dort werdet ihr auf natürliche Weise zur Stufe des vollkommen selbstlosen, unpersönlichen *Yoga (anāsaktiyoga)* aufsteigen. Auf dieser Stufe stellt ihr sicher, dass all eure Handlungen von größter Reinheit sind, und dann opfert ihr sie alle dem Göttlichen, um zu tun, was es wünscht.

Worin liegt das innere Geheimnis des Tätigseins? Die *Gita* erklärt, dass negative Neigungen nur durch gute, lobenswerte Taten *(satkarma)* beseitigt werden können. Die *Gita* empfiehlt euch, nur mit guten Taten befasst zu sein, damit ihr ständig euer Herz reinigt. Aber sie geht noch weiter. Die *Gita* betont, dass wahre Reinheit des Herzens nur erzielt werden kann, wenn alle Handlungen Gott geweiht werden. Jede Tätigkeit, die ihr ausführt, muss Gott als Opfer dargebracht werden, nur dann kann euer Herz vollkommen gereinigt werden. Betrachtet ein Beispiel:

Wenn Essen verzehrt wird, nachdem es auf verschiedene Weisen gekocht und zubereitet wurde, ist es ein ganz gewöhnliches Nahrungsmittel, und ihr seid seinen guten und schlechten Auswirkungen ausgesetzt. Wenn aber bei der Zubereitung dieses Essens besondere Aufmerksamkeit darauf gelegt wird, dass es rein und würdig ist, dem Göttlichen geweiht zu werden, und dann vor dem Verzehr mit ganzem Herzen Gott dargebracht wird, so wird es zu gesegneter Speise *(prasad)*, die ein heiliges Geschenk Gottes ist.

Genauso fallen all eure vielen routinemäßigen Aktivitäten in die Kategorie der gewöhnlichen Arbeit *(karma)*. Aber wenn ihr die gleichen Handlungen, auch wenn es sich um ganz geringfügige Tätigkeiten handelt, mit der Absicht ausführt, sie Gott darzubringen, indem ihr ihre Ergebnisse nicht eurer eigenen Freude widmet, sondern der Freude Gottes, wird dieses *Karma* zu *Karmayoga* und ein heiliges Opfer, ein *Yajna*. Nur durch *Karmayoga* könnt ihr euch eurer dunklen Neigungen und Prägungen entledigen und euer Herz reinigen.

Reinigt eure Taten, bevor ihr sie Gott darbringt

Wie sollten die Handlungen sein, die ihr den Lotosfüßen des Herrn darbringt? Wie heilig sollten sie sein? Bevor ihr einem gewöhnlichen Menschen etwas anbietet, achtet ihr darauf, dass es nützlich, wertvoll und rein ist und in Ehren gehalten wird, mit anderen Worten: dass es mit Freuden angenommen wird. Wenn dies auf das Geschenk für einen Menschen zutrifft, wie viel sorgfältiger müsst ihr sein, wenn ihr Gott etwas darbringen wollt! Wie rein und äußerst heilig muss es sein! Wie außerordentlich erfüllend muss es sein! Man darf Gott nicht alle Arten von Sachen und Handlungen darbringen. Bevor ihr dem Herrn etwas opfert, müsst ihr es zuerst rein, heilig und großartig machen. Dann wird es ein geeignetes Opfer für Gott sein.

Wenn ihr ihm zum Beispiel eine Rose schenken wollt, wählt ihr zunächst eine schöne, wohlduftende und voll erblühte Rose aus. Dann entfernt ihr die Insekten von der Blüte, die Dornen und alle unvollkommenen Blätter am Stiel und macht sie rundherum zu einer möglichst schönen und reinen Opfergabe. Erst dann opfert ihr sie Gott. Jede Handlung, die ihr ausführt, sollte sein wie dieses Blumenopfer. So wie der zarte Duft der Blume innewohnt, die ihr opfert, müssen eure Handlungen gut und rein sein. Dies ist das Kennzeichen wahren *Karmayogas*. Die *Bhagavadgita* fordert euch dazu auf, nur solche Handlungen Gott zu weihen.

Ihr müsst lernen, zwischen weisem und unweisem Handeln zu unterscheiden, und dafür müsst ihr den Unterschied zwischen Weisheit und Unwissenheit verstehen. Ihr müsst eure Weisheit entwickeln, bis sie sich ausweitet und mit der kosmischen Weisheit verschmilzt, der göttlichen Weisheit. Jeder, der Gott unmittelbar erfahren will, muss diese Weisheit entwickeln und mit ihr eine Reihe anderer wichtiger Eigenschaften.

Die Merkmale eines erleuchteten Wesens

Die Eigenschaften eines Menschen, dem spirituelle Weisheit gegeben ist *(sthitaprajna),* sind Geduld, Entschlusskraft, Reinheit des Körpers und des Geistes (mind), selbstlose Liebe, ein stets gegenwärtiges Bewusstsein, das Sehnen nach der innewohnenden Göttlichkeit und die sechs Eigenschaften, die als spirituelle Schätze bekannt sind, nämlich Kontrolle des Geistes, Sinnesbeherrschung *(dama)*, die Entsagung selbstsüchtiger Wünsche *(uparati)*, Ausdauer und Gleichgültigkeit gegenüber allen Arten von Gegensätzen wie Freud und Leid *(titikshā),* ein unerschütterliches Vertrauen *(shraddhā)* in die heiligen Lehren und die Zufriedenheit, die von einem beständigen, unerschütterlichen Gemüt *(samādhāna)* kommt. Lasst uns die erste dieser Eigenschaften betrachten: die Geduld.

Geduld oder Duldsamkeit ist eine der wichtigsten Charaktereigenschaften, die jeder Mensch leben und besitzen sollte. Viele Könige sind untergegangen, weil sie die Tugend der Geduld aufgegeben haben. Selbst große Weise *(rishi)* haben alle spirituellen Verdienste verloren, weil sie diese Eigenschaft vernachlässigten. Unzählige Schriftgelehrte haben versagt, weil sie diese unschätzbar wertvolle Eigenschaft übersahen. Geduld kann als die wichtigste Rüstung und Waffe im täglichen Lebenskampf betrachtet werden. Ihr verliert sehr schnell all eure menschlichen Eigenschaften, wenn ihr die Geduld verliert. Wie ihr bereits gesehen habt, ist die Tugend der Geduld ein besonders wichtiges Merkmal eines großen Menschen *(sthitaprajna)*. Ohne Geduld ist es nicht möglich, ein erleuchtetes Wesen zu werden.

Eine resolute Natur, das heißt die Eigenschaften der Entschlossenheit und der eisernen Entschlusskraft, ist die Voraussetzung für das Entwickeln von Geduld. Aber man sollte eine entschlussfreudige Wesensart nicht mit Dickköpfigkeit und Dummheit verwechseln. In Angelegenheiten des Geistes (spirit) beziehen sich Standfestigkeit und eine resolute Natur auf ein Denken (mind), das frei von Täuschung und Unbeständigkeit ist.

Welchem Hindernis man auch begegnet, welche Schwierigkeiten und Probleme auch auftauchen, mit einer resoluten Natur bleibt ihr der Erfüllung der Aufgaben fest verpflichtet, bis ihr euer letztendliches Ziel erreicht. Wenn ihr diese Eigenschaft der Entschlossenheit nicht habt, hat Geduld keine Basis und kann sich keine Stärke entwickeln. Geduld und Entschlossenheit sind Zwillinge, einer kann nicht ohne den anderen existieren. Ohne Entschlossenheit kann sich Geduld nicht niederlassen und ohne Geduld entartet Entschlossenheit zu Arroganz.

Lasst uns als Nächstes Reinheit betrachten. So wie ihr verschiedene Handlungen ausführt, um euren Körper zu reinigen, müsst ihr auch verschiedene gute Handlungen ausführen, um euren Geist (mind) zu reinigen. Dadurch könnt ihr die Anhaftungen und Wünsche auslöschen, die euren Geist mit Egoismus verschmutzt haben. Nur wenn diese negativen Eigenschaften entfernt werden, könnt ihr Selbstkontrolle erreichen. So wie eine Schildkröte ihren Kopf und ihre Beine aus ihrem Panzer herausstrecken oder sich ganz in ihn zurückziehen kann, solltet auch ihr imstande sein, eure Sinne zu beherrschen und nur zu benutzen, wenn ihr sie braucht. Die *Gita* hat bestätigt, dass dies auch sehr wichtige Eigenschaften eines Weisen *(sthitaprajna)* sind.

Durch ihre Handlungen offenbaren die Menschen ihr inneres Wesen

Auf dem Gebiet des Handelns *(karma)* zeigt ihr am offensichtlichsten euren Charakter und welche Art von Mensch ihr seid. Deshalb wird dem Ausführen all eurer Handlungen ohne Anhaftung an die Früchte *(nishkāmakarma)* so viel Bedeutung beigemessen. So wie ein Spiegel euch zeigen kann, wie euer Gesicht aussieht, offenbaren eure Taten die inneren Gefühle, die ihr hegt. Wenn ihr mit anderen etwas zu tun habt, könnt ihr leicht herausfinden, was für Menschen sie sind, indem ihr ihre Handlungen beobachtet.

Manche Menschen wirken so, als ob sie sehr anständig, gelassen und sanft wären und eine sehr friedliche Art, also mit anderen Worten eine sattvische *(sāttvika)* Natur hätten. Sie scheinen auch dazu bereit zu sein, große persönliche Opfer zu bringen. Ihr glaubt vielleicht, sie seien mit einem heiligen Herzen gesegnet. Aber ihre Taten beweisen, dass sie anders sind. Ihre Handlungen können völlig ohne Liebe, Mitgefühl, echte Fürsorge und Aufmerksamkeit für andere sein. Ihre Taten können ein tierisches oder sogar dämonisches Wesen offenbaren. Durch ihre Handlungen wird ihre versteckte Natur enthüllt.

Andere Menschen scheinen wegen des ersten Eindrucks, den sie machen, grausam zu sein. Ihr habt vielleicht das Gefühl, dass sie barsch und brüsk seien und es ihnen an höflichem und gütigem Benehmen mangele. Sie können in jeder Hinsicht sehr rajasisch *(rājasa)* oder sogar tamasisch *(tāmasa)* wirken, so als ob sie die niederen tierischen Eigenschaften besäßen, die zuvor erörtert wurden. Aber wenn Menschen in ihrem Handeln Mitgefühl und andere große menschliche Eigenschaften zeigen, müsst ihr darauf schließen, dass sie wahrhaftig von sattvischem *(sattva)* Wesen sind. Wenn ihr also herausfinden wollt, ob ein bestimmter Mensch vorwiegend von sattvischer, rajasischer oder tamasischer Natur ist, ob sein inneres Wesen gelassen und selbstlos oder wunschgetrieben und schnell negativ, bösartig und niederträchtig reagiert, dann braucht ihr euch nur seine Taten anzusehen. Die Handlungen der Menschen enthüllen unverkennbar ihre innere Natur.

Die *Gita* betont die Handlungsweise, die man im täglichen Leben haben sollte. Sie befiehlt euch nicht, allem zu entsagen und ein *Samnyāsin* zu werden, womit gemeint ist, dass ihr euch von allem weltlichen Besitz und Interesse löst und in den Wald geht. Sie zeigt vielmehr, dass es für jeden Menschen eine wichtige Pflicht und Verantwortung ist, in der Welt nützliche Dinge zu tun. Die *Gita* erklärt weiterhin, dass das Geheimnis des menschlichen Lebens darin liegt, den Weg des *Dharma* zu erkennen und zu befolgen, was bedeutet, sich in selbstlosem Dienst und heiligen Handlungen zu engagieren, die das Wohlergehen eurer Mitmenschen fördern.

Die *Gita* erklärt, dass das menschliche Leben im Tätigsein besteht. Nicht einmal euren Körper könntet ihr am Leben erhalten, wenn ihr aller Aktivität entsagen würdet. Deshalb sollte sich jeder gewöhnliche Mensch ebenso wie jeder spirituell Strebende an die Arbeit machen und im rechten Sinne tätig werden. Eure Handlungen müssen jedoch dem Prinzip des *Dharma* entsprechen.

Ihr müsst eure Aktivitäten in *Karma* umwandeln, das nützlich für andere ist. Ihr müsst Handlungen ausführen, die vorbildlich sind, und ihr müsst solch ideale Handlungen ohne selbstsüchtige Motive ausführen. Sie dürfen nicht aus dem zwanghaften Trieb der Wünsche entstehen, sondern von der friedlichen Eigenschaft in eurem Herzen kommen, frei von Selbstinteresse und Anhaftung an die Früchte. Nur dann können eure Handlungen als sattvisch betrachtet werden. Gewöhnliche Menschen werden nicht dazu in der Lage sein, Handlungen vollkommen wunschlos auszuführen. Ihr müsst eure Handlungen und Wünsche ganz darauf ausrichten, Gott zu suchen und zu erfahren. Wenn diese heilige Ausrichtung die Grundlage all eurer Aktivitäten ist, dann wird euer *Karma* zum *Yoga*. Das führt euch geradewegs auf den Weg zur Einheit mit Gott.

Der Bann der Täuschung und ihre beiden machtvollen Kräfte

Seid ihr jedoch in eure Handlungen verwickelt, wird der Bann der Täuschung *(maya)* auftauchen und eure Bemühungen verhindern, das göttliche Ziel zu erreichen. Es gibt zwei machtvolle Kräfte, die *Maya* ausmachen. Diese sind die verschleiernde Kraft *(āvarana)* und die projizierende Kraft *(vikshepa)*. Beide haben keine bestimmte Form oder Gestalt. Betrachtet zunächst sie verschleiernde Kraft. Wie verhüllt sie? Womit verhüllt sie? Wie könnt ihr Dinge, die sie verhüllt hat, entschleiern? Wenn sie keine Form hat, wie verhüllt sie dann? Wie kann sie beseitigt werden? Das alles sind Fragen, die nicht beantwortet werden können.

Maya ist geheimnisvoll und unerklärlich. Täuschung und Verwirrung sind ihre Natur. Denkt an das Stück Seil, das auf der Straße liegt. Ihr lasst euch in der Dunkelheit täuschen und haltet es für eine Schlange. Womit ist das Seil bedeckt? Versucht zu verstehen, was da vorgeht: Ihr bekommt plötzlich Angst, weil ihr euch vorstellt, dass vor euch auf dem Boden eine Schlange liege. In eurem Geist (mind) hat sich das Seil also in eine Schlange verwandelt und ihr habt Angst bekommen. Ist die Schlange wirklich da? Nein, da ist keine Schlange. Wie kann sich dann aber das Seil in etwas verwandeln, das nicht existiert und nie existiert hat? Das ist die Täuschung.

Unter welchen Umständen übt diese Täuschung Einfluss auf euch aus? Während der Dämmerung oder in der Dunkelheit habt ihr die Vorstellung, eine Schlange zu sehen, wo nur ein Seil ist. Die Täuschung kommt durch die Dunkelheit zu euch und hüllt euch ein. In Wirklichkeit ist keine Schlange an die Stelle des Seils getreten, sondern umwölkt die Täuschungskraft den menschlichen Verstand und verdunkelt die Klarheit seiner Wahrnehmung. Diese Täuschung ist *Maya*. Wenn ihr eure Taschenlampe auf den Boden vor euch richtet, entdeckt ihr, dass keine Schlange, sondern nur ein Stück Seil vor euch liegt. Im Licht verschwindet die Illusion also und wird der Gegenstand erkannt.

Das, was existiert, wird immer existieren. Es hört niemals auf zu existieren. Es bleibt für immer unverändert. Es kann nicht die geringste Veränderung in seinem Sein geben. Es ist nur die sie betreffende Täuschung, die kommt und geht. Die Form, die diese Täuschung im Geist annimmt, ist die zweite mächtige Kraft von *Maya,* die projizierende Kraft, welche die imaginären Schöpfungen und Objekte der unveränderlichen Basis überlagert. In unserem Fall ist die Projektion die Schlange, ein andermal etwas anderes.

Stimmungen, Schmerzen, Freuden – sie kommen und gehen. Sie sind so etwas wie Verwandte, die euch besuchen, aber nicht ständig bei euch bleiben. Genauso ist es mit *Maya,* die für menschliche Wesen als Täuschung kommt und geht. Die Täuschung in eurem Geist (mind), die das Seil verdeckt und vor eurem Blick verbirgt, ist die verschleiernde Kraft *(ārana).* Die Täuschung, die von eurem Geist das Trugbild der Schlange erzeugt, ist die projizierende Kraft *(vikshepa).* Mit Hilfe des Lichtes seht ihr das Seil als Seil, und die Schlange verschwindet. Diese beiden Aspekte der *Maya* sind also in der Dunkelheit gekommen und im Licht verschwunden.

Die täuschende Macht von Maya kann auf Dauer gebannt werden

Kommen diese beiden Kräfte der Illusion – *Āvarana* und *Vikshepa* – immer zur selben Zeit gemeinsam oder auch getrennt voneinander vor? Die Verschleierungskraft und die Projektionskraft können zur gleichen Zeit auftreten und verschwinden, aber auch zu verschiedenen Zeiten, etwa im Tiefschlaf, in dem nur die verschleiernde Kraft vorhanden ist. *Maya* ist unerklärlich. Sie hat keinen Anfang, aber sie kann dauerhaft entfernt werden. Wenn das Licht der Weisheit auf sie scheint, verschwindet *Maya* schließlich. Dann wird die eine unveränderliche Wirklichkeit unverhüllt dastehen. Indem *Krishna Arjuna* diese große Wahrheit lehrte, befreite er ihn von der Macht der Täuschung und half ihm, mit dem inneren Selbst zu leuchten.

Damals wie heute entwickelt ihr nur ein oberflächliches Verständnis und eine aufs Äußere gerichtete Sicht der Dinge. Wichtig ist aber die innere Schau; sie allein ist wahr und heilig. Ihr verliert die einzige Wahrheit, die Wahrheit eures wirklichen Seins, aus den Augen, weil ihr nur auf die vergängliche äußere Sicht achtet und die permanente innere Sicht vergesst. Gottes Aufgabe ist es, diese heilige innere Schau wiederherzustellen. Das tut er, wenn er als *Avatar* kommt.

Krishna sagte: „Lieber *Arjuna,* welche Handlungen du auch während deiner Zeit hier auf Erden ausführst, wisse, dass sie alle nicht von Dauer sind. Mit der Zeit wirst du herausfinden, dass alles in dieser Welt vergänglich ist. Deine Beziehungen, deine Anhaftungen, deine Errungenschaften, das Empfinden der Individualität, das du entwickelt hast, all das wird vergehen. Alles wird vom Strom der Zeit weggeschwemmt. Wenn du Dinge festzuhalten versuchst und dich an Dinge hängst, die selbst vom Strom der Zeit mitgerissen werden, welche Chance hast du dann, gerettet zu werden? Welche Möglichkeit hast du, die Vollkommenheit zu erreichen, die für alle Zeiten von diesem Strom unberührt bleibt und ihm niemals unterworfen ist, sondern stets sein Meister ist?

Arjuna, die Dinge, die du festhältst, werden alle fortgeschwemmt. Entwickle die feste Überzeugung, dass du dein Leben verschwendest, wenn du an vergänglichen Dingen festhältst, dass du dadurch diese heilige Gelegenheit vergeudest, die dir gegeben wurde, um den ewig währenden Zustand des wahren Seins zu erreichen. Ergib dich dem Göttlichen; halte an dieser Wesenheit fest, die sich in deinem Herzen niedergelassen hat, und du wirst sicher ewige Freude erlangen, die göttliche Glückseligkeit."

Ein reines Herz ist frei von Anhaftung und Illusion

Mit solchen Worten drängte *Krishna Arjuna,* sich von den Anhaftungen und Illusionen zu befreien, die ihn verwirrten. *Krishna* sagte: „*Arjuna,* du musst dein Herz selber befreien und den Schleier der Unwissenheit entfernen, der dich umhüllt. Schlag den Weg des rechten Handelns ein, arbeite für das Wohl der Welt und weihe jede Handlung, die du ausführst, mir, deinem eigenen Selbst, das in deinem Herzen wohnt."

Es gibt keinen anderen königlichen Weg für das Leben eines Menschen, der zum spirituellen Erwachen führt, als den des *Karmayoga,* den Weg des heiligen Handelns. Ihr könnt den Weg der Hingabe erst einschlagen, nachdem ihr durch gute Werke ein solides Fundament dafür gelegt habt. Erst, wenn ihr eure Gefühle gereinigt und Hingabe erlernt habt, könnt ihr euch auf den Weg der Weisheit begeben und zur höchsten Ebene der Gotterkenntnis fortschreiten. Es ist das Gebiet des Handelns, auf dem ihr das Fundament für das Erreichen der höchsten Höhen des Geistes (spirit) legt oder aber euch in die untersten Tiefen des Leids hinabstürzt. Eure guten oder schlechten Lebensumstände sind unauflösbar mit euren Taten verbunden.

Teile eurer Handlungen können die verschiedenen in den Schriften beschriebenen Opfer *(yajna)* und zeremoniellen Rituale *(yāga)* sein. Diese können euch aber, wie bereits gesagt, nur in den Himmel tragen. *Krishna* informierte *Arjuna* darüber, dass es einen Zustand gibt, der weit jenseits und heiliger als der Himmel ist. „Glaube nicht, dass der Himmel ein Platz für die Ewigkeit ist", sagte *Krishna.*

„Wenn deine Verdienste aufgebraucht sind, musst du den Himmel wieder verlassen und auf die Erde zurückkehren. Der Himmel ist nur ein vorübergehender Aufenthaltsort; du kannst nicht immer dort bleiben. Du denkst vielleicht, dass du im Himmel viele körperliche und geistige Freuden genießen könnest. In Wirklichkeit sind die Freuden, die du dort findest, nur ein klein bisschen größer als jene, die du hier auf der Erde erlangen kannst. Es gibt einen Zustand, der weit, weit jenseits davon liegt und weitaus heiliger ist. Dieser Zustand kann erreicht werden, indem du dich mit Gott identifizierst, indem du dich mit dem *Atman* verbindest, indem du dein kleines individuelles Selbst mit deinem höchsten ewigen Selbst *(brahman)* vereinigst. Um diesen Zustand zu erreichen, musst du vollkommen wunsch- und selbstlos werden. Dazu musst du alle Handlungen ohne die Erwartung jeglicher Früchte durchführen."

Handlungen ohne Anhaftungen an die Früchte

Wann immer ihr eine Tätigkeit ausführt, wird es eine Konsequenz, eine aus eurem Bemühen resultierende Frucht geben. Dennoch gibt es kein Gesetz, das besagt, dass ihr allein die Früchte eures Handelns genießen solltet. Ein Großvater hat vielleicht einen Samen gesät, der allmählich zu einem Obstbaum gewachsen ist, und dieser Großvater kann gestorben sein, bevor der Baum eine Frucht hervorgebracht hat. Aber möglicherweise erfreuen sich seine Enkelkinder einige Zeit später an den Früchten des Baumes. Das ist ein Fall, bei dem der Handelnde die Früchte nicht selbst genießen kann, aber andere die Gelegenheit dazu bekommen.

Der Großvater mag den Baum im Wissen gesät haben, dass er niemals die Früchte würde ernten können. Er hat diese Aufgabe mit der großzügigen Sichtweise übernommen, dass der Baum im Garten kommenden Generationen seine Früchte schenken werde, Früchte, die sie sehr zu schätzen wissen würden, und so konnten die Früchte dieser vorausschauenden Tat von vielen Nachkommen der Familie geerntet werden.

Mit welchem Motiv hat der Großvater den Baum gepflanzt? Er hat es vielleicht mit der geringfügig selbstsüchtigen Absicht getan, dass die Mitglieder seiner Familie Freude an den Früchten haben sollten. Die Selbstsucht aber, die aus dem Handeln zum alleinigen Nutzen kommt, ist weitaus schwerwiegender und minderwertiger im Vergleich zu diesem Hauch von Selbstsucht des Großvaters. Der innere Drang, der euch dazu bringt, Dinge zu tun, die hauptsächlich dem Wohl anderer dienen, ist immer größer und edler als das Gefühl, das einen Menschen in der Erwartung, dass seine Handlungen ihm allein nutzen, zum völlig selbstsüchtigen Handeln treibt. In diesem Sinn gilt die Tat des Großvaters als weit edler als die des Individualisten, der nur für sich selbst handelt.

Aber es gibt offensichtlich eine noch großartigere Handlungsweise, die weit jenseits jeder selbstsüchtigen Erwägung liegt, und zwar wenn ihr eine Tat als Opfergabe für Gott ausführt. Das ist die großartigste aller Handlungsweisen, und danach solltet ihr streben. Ihr solltet euch bemühen, alle eure Handlungen völlig selbstlos und ohne Eigeninteresse auszuführen, indem ihr sie ohne Erwartung an die Früchte Gott opfert. Solch eine Handlung ist wahrlich *Yoga (anāsaktiyoga).*

Von gewöhnlichen Handlungen über Buddhiyoga zu Karmayoga

Das Einsetzen eures Intellekts, um eine Handlung zu planen, deren Früchte einem anderem zugutekommen – so wie bei dem Großvater, der einen Baum für seine Nachkommen pflanzte –, kann als *Buddhiyoga* bezeichnet werden. Beim *Buddhiyoga* untersucht ihr die Konsequenzen eurer Taten und gründet eure Handlungen dabei auf der Denkfähigkeit eures Intellekts. Der Intellekt reicht viel weiter als die engen selbstsüchtigen Überlegungen eures niederen Denkens (mind) und Fühlens. Aber sogar hier gibt es noch eine Nuance von Selbstsucht.

Wenn ihr vollkommen frei von Selbstsucht seid, völlig gleichgültig gegenüber den Ergebnissen, mit voller Konzentrationen effektiv arbeitet, aber ohne Anhaftung oder Wunsch und all eure Handlungen

Gott opfert, dann praktiziert ihr *Karmayoga,* was dem *Buddhiyoga* weit überlegen ist. Solch ein fortgeschrittener Zustand ist für einen Durchschnittsmenschen nicht leicht erreichbar. Aber das heißt nicht, dass ihr nicht versuchen solltet, ihn euch zu eigen zu machen. Wenn ihr euch mit ganzem Herzen darum bemüht, können mit Gottes Gnade selbst unmöglich erscheinende Dinge erreicht werden. Wenn ihr in euren Bemühungen nicht nachlasst und weiter übt, könnt ihr diese hohe Stufe des *Karmayoga* in all euren Aktivitäten erreichen.

Um dabei Erfolg zu haben, muss die innere Schau entwickelt werden. Um in dieser inneren Schau gefestigt zu werden, müsst ihr ein bestimmtes Prinzip ständig in eurem Geist (mind) haben. Es ist so: Ganz gleich wie sehr ihr auch sucht, sei es in dieser physischen Welt, in der Welt eurer Träume und Vorstellungen oder in jeder anderen Welt, alles was ihr seht, wohin ihr auch schaut, sind Kombinationen und Variationen der fünf Elemente, entweder in ihren grobstofflichen oder feinstofflichen Formen. Sie sind das Einzige, was ihr überall finden könnt. Es gibt nichts anderes, es existiert kein sechstes Element.

Diese fünf Elemente sind Widerspiegelungen von Gottes unbegrenztem Glanz. Sie sind seine Aspekte. Ihre Grundlage ist das eine göttliche Prinzip. Deshalb solltet ihr all eure Handlungen im vollem Bewusstsein ausführen, das sämtliche Objekte in der Welt nicht als verschiedene, vielfältige Namen und Formen betrachtet, sondern als Kombinationen der fünf Elemente, die von dem einen göttlichen Prinzip energetisiert und erleuchtet werden. Wenn ihr das wisst, wenn ihr alles in der Welt als heilige Manifestationen der Göttlichkeit seht, werden all eure Handlungen von ganz allein Opfergaben für Gott.

Indem ihr bei eurem Tun solch erhabene Gedanken im Blick habt, wendet ihr eure Perspektive tatsächlich von der begrenzten äußeren Sichtweise der befreienden inneren Sichtweise zu und werdet so ein heiliger Mensch. Das ununterbrochene Denken an das überall gegenwärtige Göttliche ist die beste Methode zur Entwicklung dieser nach innen gerichteten Sichtweise, die euch in *Karmayoga* festigen wird. Aber solch eine innere Schau ist sehr selten unter den Menschen, sogar die größten *Pandits* und Schriftgelehrten sind der äußeren Sichtweise stark verhaftet. Dies erläutert folgende kleine Geschichte:

Astavakra auf der Versammlung der Gelehrten

König *Janaka* berief eines Tages eine Versammlung großer Gelehrter ein. Anerkannte Akademiker nahmen daran teil. Aus allen Teilen des Reiches kamen berühmte *Pandits* und Logiker. Die redegewandtesten aller renommierten Schriftgelehrten strömten herbei. Hochbegabte Menschen, welche die ganze Welt mit ihren intellektuellen und sprachlichen Fähigkeiten zu fesseln verstanden, kamen zur großen Palasthalle, wo die Versammlung stattfand. Die Halle war mit so vielen Geistesgrößen gefüllt, dass für das einfache Publikum kein Platz mehr war.

Die täglichen Sitzungen wurden von König *Janaka* selbst geleitet. Nur die hervorragendsten, verdientesten Persönlichkeiten dieser ausgewählten Teilnehmergruppe bekamen die Gelegenheit, zu sprechen und ihre Sichtweise darzulegen. *Ashtavakra,* ein kleiner Junge mit einem hässlich deformierten Körper, suchte Zugang zu dieser erlauchten und illustren Versammlung. Aber wer sollte schon *Ashtavakra* hereinlassen? Er besaß keine Empfehlungsschreiben oder Referenzen und auch nicht die Unterstützung eines großen Lehrers oder Gönners. Die einzige Hilfe, die er hatte, war sein tiefer Glaube an Gott.

Wer unerschütterlichen Glauben an Gott hat, wird nicht auf unüberwindliche Schwierigkeiten stoßen. Es mag zeitweilig ein paar Hindernisse geben, aber am Ende wird er gewiss Erfolg haben. *Ashtavakra* wartete drei Tage lang vor dem Tor des Königspalastes, durch das die Teilnehmer eingelassen wurden, und beobachtete währenddessen die weltberühmten Gelehrten, die ein- und ausgingen. Obwohl nur anerkannte Größen die Halle betreten durften, war *Ashtavakra* nicht bereit, seinen Entschluss, an der Versammlung teilzunehmen, aufzugeben. „Auch ich habe eine Chance", sagte er sich und wartete weiterhin geduldig am Tor, Tag für Tag.

Ein mitfühlender älterer Schriftgelehrter bemerkte, dass *Ashtavakra* am Tor stand, sooft er morgens und abends ein- und ausging. Der freundliche Gelehrte berichtete König *Janaka* von der Anwesenheit des Jungen. Er erzählte ihm, dass da draußen jemand stehe, der seit Tagen darauf warte, eingelassen zu werden, obwohl er dafür nicht die nötige Qualifikation zu besitzen schien. Er sagte ihm auch, dass es sich um keinen älteren Gelehrten handele, auch nicht um eine Person mittleren Alters, sondern um einen sehr jungen Menschen, der nicht allzu viel Erfahrung zu haben schien und weder die anerkannten Insignien der Gelehrsamkeit trug noch irgendwelche Empfehlungen anwesender *Pandits* aufweisen könne. Kurz, man wisse nichts über ihn oder seine Befähigung, außer dass er beharrlich draußen warte.

König *Janaka* beauftragte seine Wachen, den Jungen am Tor ausfindig zu machen und in die Halle zu führen. König *Janaka* hatte soeben Platz genommen und die Sitzung in einer feierlichen und weihevollen Atmosphäre eröffnet, als *Ashtavakra* den Saal betrat. In dem Augenblick, als die versammelten Gelehrten den Jungen mit seinem verkrüppelten Körper sahen und erkannten, dass er an der Sitzung teilnehmen wollte, fingen die meisten an zu lachen. König *Janaka,* der *Ashtavakra* aufmerksam beobachtete, lachte nicht.

Ashtavakra sah sich interessiert in der Halle um und begann dann unerklärlicherweise noch lauter zu lachen als die sitzenden Gelehrten. Diese überlaute Lachsalve *Ashtavakras* war völlig unzulässig und überraschte die Gelehrten sehr. Das wurde ein echtes Problem für sie. „Warum lacht der Knirps über uns?", fragten sie sich, „Es gibt Grund genug für uns, zu lachen, weil er wirklich komisch aussieht, aber an uns ist beileibe nichts Merkwürdiges. Was für einen Grund hat er also für dieses Lachen?“ Das, was ihnen wie eine Frechheit des Jungen erschien, verstörte und irritierte sie beträchtlich.

Ihr werdet herausfinden, dass es eine recht verbreitete Erfahrung in der Welt ist, dass die Leute geneigt sind, einen Menschen mit einem körperlichen Makel, der ihn verunstaltet und hässlich aussehen lässt, zu belächeln. Ein so hartherziges Verhalten kann man nur als Zeichen der Unwissenheit betrachten. Es ist grundlegend verschieden von dem süßen Lächeln eines unschuldigen Kindes. Ein kleines Kind lächelt jeden an, ungeachtet seines Aussehens. Wenn das Kind lächelt, wird jeder, der es sieht, mitlächeln. Ein solch ansteckendes Kinderlächeln kommt aus der Heiligkeit der Unschuld. Das Lachen, das *Ashtavakra* empfing, war dagegen ganz anderes. Jene Halle war vollgepackt mit großen Gelehrten, die zwar Persönlichkeiten von außergewöhnlichem Rang und Namen waren, denen aber die kindliche Unschuld fehlte.

Die versammelten Gelehrten konnten es also kaum erwarten herauszufinden, warum dieser seltsame junge Bursche, der soeben erst gekommen war, so schallend gelacht hatte. Einer der Gelehrten fragte *Ashtavakra* dreist: „Junger Fremder, wer bist du? Wir kennen dich nicht. Als du hereinkamst, mussten wir über deine Gestalt lachen. Als Antwort darauf hast du noch lauter gelacht als wir. Warum? Was ist so belustigend an den berühmten Schriftgelehrten, die hier sitzen, dass du gar nicht aufhören kannst zu lachen?“

Ohne innere Schau waren sie Schuhmacher, keine Gelehrten

Ashtavakra antwortete: „Ich habe diese Versammlung in dem Glauben betreten, dass ich mich hier in einer heiligen Gesellschaft befände, die der ruhmreiche König *Janaka* einberufen hat, um über die heiligen Schriften zu diskutieren. Wenn ich geahnt hätte, was für eine Art von Menschen hier versammelt ist, hätte ich mich nicht so sehr darum bemüht hereinzukommen. Ich habe geduldig viele Tage gewartet und kam dann herein in dem Glauben, dass ich hier die größten lebenden Gelehrten antreffen würde. Ich habe mich auf die Gesellschaft heiliger Seelen gefreut. Aber leider finde ich hier nur Schuhmacher, die Sandalen nähen und Leder verarbeiten."

Als die Gelehrten das hörten, wurden sie wütend. Sie fühlten sich von *Ashtavakra* zutiefst beleidigt. Doch *Ashtavakra* fuhr unbeirrt fort: „Flickschuster ist der richtige Ausdruck für euch. Nur Schuhmacher, Leute, die Tierhäute verarbeiten, würden sich im Geiste mit dem Wert einer bestimmten Haut befassen; andere Menschen würden sich gar nicht darum kümmern. Ihr lacht alle über meine Haut und habt offensichtlich entschieden, dass sie nicht viel wert ist. Aber nicht einer von euch hat versucht, meinen spirituellen Verstand zu erkennen. *Pandits* sollten die Fähigkeit haben, das Innere zu sehen, ihr aber scheint euch nur für das Drumherum zu interessieren. Wenn ihr keine innere Schau entwickelt habt und euch nur mit dem oberflächlichen Anblick abgebt, könnt ihr nicht Gelehrte genannt werden. Dann seid ihr lediglich Flickschuster, Schuhmacher, Spezialisten für Häute." Das waren *Ashtavakras* Worte.

Die Gelehrten senkten ihre Köpfe und schämten sich. König *Janaka,* der *Ashtavakra* sehr wohl verstanden hatte, lud ihn ein, einen Platz in der Versammlung einzunehmen und verlieh ihm zahlreiche Würden.

Solche Szenen ereignen sich auch heute überall in der Welt. Wie groß die Menschen auch sein mögen, sie haben nur die äußere Sichtweise entwickelt. Sie kümmern sich nicht darum, die innere Sichtweise zu entwickeln. Wenn ihr einen Menschen betrachtet, achtet ihr nur auf seine körperlichen Eigenschaften, seinen Reichtum, seine Status, seine Bildung, seine Titel und so weiter. Wenn aber Gott einen Menschen begutachtet, schaut er auf die Reinheit seines Herzens und achtet auf den Frieden in ihm. Auch ihr solltet diese innere Schau und solch inneren Frieden entwickeln. Ganz gleich, in welcher Situation ihr euch befindet, ihr solltet euch nicht zu voreiligem Enthusiasmus hinreißen lassen. Gestattet der Zeit, edlere Gefühle in euch aufsteigen und sich manifestieren zu lassen.

Lasst alle Gifte ohne Einmischung aufsteigen

Nehmt an, jemand beleidigt euch. Was verliert ihr schon dabei? Ihr solltet auf solche Beleidigungen nicht mit Empörung oder Aufregung reagieren. Wenn ihr friedvoll bleibt, kann der Zorn des anderen frei hervorquellen. Wenn ihr aber die starken Gefühle des anderen aufhalten wollt, indem ihr sie daran hindert, ihrem Ärger Luft zu machen, kann das zu gefährlichen Situationen führen. Betrachtet als Beispiel, dass jemandem übel wird, dass ihm schwindelig ist und er sich erbrechen muss. Was ist der Grund für seine Übelkeit? Er liegt in den Unreinheiten, in giftigen Substanzen, die in seinen Magen gelangt sind. Wo immer Unreinheiten sind, werden sich bald Bakterien ansammeln, und mit ihnen kommen Unwohlsein und Beeinträchtigungen der Gesundheit. Aus diesem Grund ist es äußerst wichtig, dass keine Unreinheiten in euren Organismus gelangen.

Der Körper ist sorgsam darauf vorbereitet, jedes Gift, das in ihn einzudringen sucht, sofort zu erbrechen und auszustoßen. Wenn der Körper eine solche natürliche Reaktion zeigt, wäre es falsch, Medikamente gegen das Erbrechen zu geben. Sie würden nur verhindern, dass die Toxine wieder hinausbefördert werden, sie würden stattdessen im Magen bleiben und bald den ganzen Organismus vergiften. Deshalb sollte man es allen Unreinheiten gestatten herauszukommen und sie nicht daran hindern, indem man Medizin gibt, die den

Brechreiz unterdrückt. Wenn alle Unreinheiten ausgespien sind, kann man heilende Arzneien geben.

Sind das Erbrechen und die Übelkeit vorbei, fühlt sich der Mensch sehr schwach. Dann befolgt er alles, um was ihr ihn bittet. Dies ist also das Beste, wenn jemand Gift erbricht. Dasselbe gilt für einen Menschen, der sehr wütend ist und ein Gift anderer Art hochwürgt. Lasst ihn gewähren; haltet ihn nicht davon ab. Lasst ihn sagen, was er sagen will und solange er es will. Ihr solltet friedvoll und geduldig warten, bis sein Ausbruch vorüber ist. Warum solltet ihr euch aufregen und aus dem Gleichgewicht bringen lassen? Anstatt euch aufzuregen, wird eure geduldige Haltung Zufriedenheit und Glück in euch fördern. Das allein ist schon die Erfahrung des Himmels, nämlich euren Gleichmut und euer Mitgefühl unter allen Umständen zu behalten. Warum solltet ihr euch die Freude solch himmlischer Gefühle verwehren?

Geduld ist die wichtigste Eigenschaft. Von allen guten Eigenschaften, die ein Mensch haben kann, nehmen Geduld und Duldsamkeit den höchsten Rang ein. Baba hat viele Male gesagt: Duldsamkeit ist Wahrheit, Duldsamkeit ist Rechtschaffenheit, Duldsamkeit ist Gewaltlosigkeit, Duldsamkeit ist Glückseligkeit. Duldsamkeit ist tatsächlich genauso viel wert wie alles, was ihr in all den Welten finden könnt. Wenn ein Mensch Duldsamkeit hat, ist er dazu in der Lage, alle anderen wichtigen Eigenschaften wie Gedankenkontrolle *(shama)*, Sinneskontrolle *(dama)*, Entsagung *(uparati)*, Tapferkeit *(titikshā)*, Glauben *(shraddhā)* und Gleichmut *(samādhāna)* zu erringen. Zusammen ergeben sie den Zustand innerer Reinheit.

Ihr nehmt Seife und Wasser, Puder und Parfüms verschiedener Art, um euch äußerlich zu reinigen. Entwickelt gleichermaßen diese sechs spirituellen Schätze und lebt sie täglich, um euch innerlich zu reinigen. Innere Reinheit ist extrem wichtig, noch wichtiger als äußere.

Gott ist innen wie außen immer gegenwärtig. Alle Orte, an denen der Herr gefunden wird, sowohl innen als auch außen, müssen gereinigt und geheiligt werden. Dann wird euch der innewohnende Gott beschützen, wohin ihr auch geht.

Die sechs spirituellen Schätze

Krishna lehrte *Arjuna* all die Eigenschaften, die einen vorbildlichen, in der Weisheit gefestigten Menschen ausmachen, im *Sānkhyayoga*. Sie wurden bereits zuvor erwähnt, aber lasst sie uns noch einmal betrachten. Es sind:

1. Geistesfrieden *(shama)*
2. Sinneskontrolle *(dama),*
3. Verzicht auf Wünsche *(uparati),*
4. Gleichmut unter allen Umständen. Das bedeutet: Ihr bleibt standhaft, ungetäuscht und unerschütterlich in eurem Geist *(titikshā),* ganz gleich was auch immer die Prüfung ist, wie auch immer die Umstände sind.
5. Ein fester Glaube in die Lehren der Schriften ebenso wie in die Worte des Lehrers *(guru)* und der großen Heiligen, die den spirituellen Weg vor euch betreten haben *(shraddhā)* und
6. Seelenfrieden unter allen Umständen und Ausgeglichenheit des Geistes *(samādhāna).*

Nur wenn ihr diese Ausgeglichenheit des Geistes besitzt, könnt ihr Entschlossenheit und seelische Stärke entwickeln. Nur wenn ihr Seelenstärke habt, könnt ihr festen Glauben bekommen. Nur wenn ihr intensiven Glauben habt, werdet ihr heilige Gedanken haben und Wünschen entsagen. Nur wenn ihr Abscheu vor den Dingen der Welt habt, könnt ihr Sinneskontrolle besitzen. Wenn ihr dann Sinneskontrolle erlangt habt, erreicht ihr Seelenfrieden. Wo Seelenfrieden herrscht, ist innere und äußere Reinheit und wo innere und äußere Reinheit ist, wird Geduldigsein zu eurer zweiten Natur und ihr verweilt von ganz selbst in diesem friedvollen Zustand. Ihr müsst euch anstrengen, diese grundlegenden Eigenschaften zu entwickeln, die so lebenswichtig auf dem spirituellen Weg sind.

Durch das Lesen oder Lauschen dieser *Gita*-Lehren oder indem ihr sogar verschiedene Passagen im Gedächtnis behaltet, könnt ihr nicht viel erreichen. Neben diesen Aktivitäten des Geistes müsst ihr wenigstens eine oder zwei der hier genannten Gebote umsetzen. Nur dann wird der Duft der *Gita* in euer Herz eindringen. Es ist Babas Wunsch, dass all diese großen Lehren, derer ihr euch erfreut habt, von euch praktiziert werden, damit sie euer innerer Schatz und ein wesentlicher Teil eurer täglichen Aktivitäten werden können.

Vierunddreißigste Ansprache

Überwindet Körperbewusstsein, erlangt Gottesbewusstsein

Die Welt ist erfüllt von Gott.
So wie sie von Göttlichkeit durchdrungen ist,
ist die Welt auch voll von Karma oder Handlung.
Karma ist Schöpfungskraft, Lebenskraft.
Sie ist eine Kraft, die direkt von Gott kommt.
Ihr kommt in das menschliche Leben,
um die Früchte eurer vorhergehenden Taten zu ernten.
Auf diese Weise führen Handlungen zu Wiedergeburt
und dann zu weiteren Handlungen.
Sie binden euch an das Rad von Geburt und Tod.
Solltet ihr euch in Taten engagieren oder von Taten absehen,
um euch aus dieser Bindung zu befreien?
Die Gita macht die Antwort klar:
Der Weg zur Befreiung führt durch Karma, Handlung.
Aber sie gibt euch auf,
all eure Handlungen in Karmayoga umzuwandeln,
in heilige Handlungen,
die euch zur Vereinigung mit Gott führen.

Verkörperungen der Liebe,

wenn Lebenskraft sich manifestiert, wird sie ein Körper. Das Leben, das diese verschiedenen Körper wie Kleider anzieht, wird auch *Karma* genannt. Das *Sanskrit*-Wort *Karma* bedeutet Arbeit oder Handlung, aber *Karma* bezieht sich nicht nur auf die Handlung, sondern auch auf das Rad von Aktion und Reaktion, von Arbeit und den aus ihr entstehenden Früchten. Euer Körper ist auf der Basis von *Karma* oder Handlung entstanden, die ihr in früheren Leben ausgeführt habt. Ihr bekommt diesen menschlichen Körper und das Leben, um an den Folgen eurer Handlungen aus einem anderen Leben zu leiden oder euch an ihnen zu erfreuen.

Der Körper ist unmittelbar an *Karma* gebunden und hat jenseits von *Karma* keinen Sinn. Körper bedeutet *Karma,* und *Karma* bedeutet Körper. Der Körper ist das Aktionsfeld aller Arten des Handelns *(karmakshetra);* doch Gott ist das Aktionsfeld des heiligen und rechten Handelns *(dharmakshetra)*. Die Zeit und der Ort für eine bestimmte Handlung werden von der Natur bestimmt. Wenn Handlungen heilig und rechtschaffen sind, wenn sie selbstlos und von größter Reinheit sind und Gott geopfert werden, dann werden sie *Yoga,* führen sie zur Einheit mit Gott. Somit könnt ihr sehen, dass in jeder Handlung Gott, Mensch und Natur zusammenkommen.

Ihr führt Handlungen aus, um euer Leben zu heiligen

Alles in der Welt ist das Ergebnis von *Karma*. Deshalb haben die *Upanishaden* erklärt: „Weiht eure Niederwerfungen dem *Karma.*" Was auch immer geschieht, ist die Folge vergangener Taten, also mit anderen Worten, das Ergebnis von *Karma,* und seien die *Karmas* gut oder schlecht, tugendhaft oder böse, alle Handlungen stammen von den Kräften Gottes ab. Der Ausdruck ist vielleicht verschieden, aber im tiefsten Sinne kommt alles von Gott. Das ist der Grund, weshalb ein *Yogi* alles, was ihm geschieht, ohne sich darum zu sorgen, ob es vorteilhaft oder unvorteilhaft ist, als den Willen Gottes akzeptiert und das Vollbringen einer rechtschaffenen Tat als seine erste Pflicht betrachtet.

Das Ziel, für das ihr all eure Handlungen ausführen solltet, ist es, euer Leben zu heiligen. Nur durch Gottes Gnade könnt ihr das Privileg erlangen, euch in rechtschaffenen Taten zu engagieren. Ihr bekommt diese heilige Gelegenheit und Anleitung. Aus diesem Grund heißt diese heilige Schrift *„Bhagavadgita"*. *Gita* bedeutet „Gesang". Es ist der Gesang des Erhabenen. Alle, die diesem Gesang lauschen, werden fähig sein, Kummer und Leid zu überwinden. Sei es auf dem Schlachtfeld oder auf irgendeinem anderem Gebiet: Wo auch immer dieser heilige Gesang erklingt, schwinden Kummer und Sorge.

Wenn Handlungen als Opfer für Gott ausgeführt werden, werden sie zu *Yoga*. Das wird offenbar in dem Gebet eines Heiligen, der sang:

„O geliebter Herr, du bist der *Atman,* mein wahres Selbst. Mein Körper ist dein Haus. Meine täglichen Pflichten sind meine Opfergaben für dich. Mein Lebensatem ist der Lobpreis für dich. Wohin ich auch gehe, ich umkreise dich. Jedes Wort, das ich ausspreche, ist ein *Mantra* der Anbetung für dich. Jede Handlung *(karma),* die ich ausführe, wird als Anbetung für dich getan."

Dieser *Yogi* hatte alle Handlungen, die von seinen Sinnesorganen ausgeführt wurden, gereinigt und Gott geopfert. Dadurch wurden all seine Taten zum Gottesdienst. Wenn ihr all eure Handlungen in heilige Handlungen verwandelt, die sich als Opfergaben für den Herrn eignen, bringen sie euch zur Ausrichtung auf Gott, dann werden sie zu *Anāsaktiyoga*. Ihr müsst die Größe erkennen, die solchem

Yoga innewohnt, und danach streben, all eure Handlungen zu reinigen und dem Herrn zu darzubringen. Am Vorabend der großen Schlacht befahl *Krishna: „Arjuna,* du musst in diese Schlacht ziehen. Aber denke währenddessen ständig an mich, reinige jede Handlung und bring sie mir dar. Das ist es, was mich erfreut." *Arjuna* folgte dem Befehl des Herrn und behielt *Krishna* auf dem Schlachtfeld ständig in Gedanken.

Macht all eure Handlungen zu einem Opfer, nicht zu einem Schlachtfeld

Um eure spirituellen Ziele zu erreichen, müsst ihr die Liebe Gottes gewinnen. Tatsächlich ist das Erfreuen des Herrn an sich schon das Ziel eines Gottesverehrers. Das ist eure allerwichtigste Pflicht. Ihr müsst sicherstellen, dass jede Tat, die ihr vollbringt, den Herrn zufriedenstellt. *Krishna* lehrte: „Befolge meine Gebote und tu deine Pflicht." Indem *Arjuna* dieser Aufforderung nachkam und seine Schlacht austrug, wurden seine Handlungen zum heiligen Opferritual *(yajna),* das die Göttlichkeit verherrlicht und einen in den göttlichen Gnadenstrom einmünden lässt. Im Kontrast dazu steht eine Geschichte aus dem *Bhagavatam.* Es ist die Geschichte von *Daksha,* der ein solches Opferritual darbringen wollte. Aber er verweigerte seinem Herrn, *Shiva,* den Respekt, missachtete ihn und verletzte obendrein die Gebote der heiligen Weisen. Mit einem Gefühl von Ego und Bindung führte er das Opfer aus. Sein Egoismus verwandelte dieses Opfer in eine Schlacht.

Ihr seht also: Weil *Arjuna* Gottes Befehle befolgte und in die Schlacht zog, wurde sie zu einem heiligen Opfer. Aber für *Daksha,* der die Gebote des Herrn übertrat, wurde dieses Opfer zur Schlacht. Was ist nun Schlacht und was Opfer? Alle Handlungen, die rein und selbstlos sind und als Opfer für Gott ausgeführt werden, werden zur

Opfergabe *(yajna)*. Handlungen, welche die Gesetze Gottes übertreten, den heiligen Schriften entgegenstehen und mit einem Gefühl von Egoismus und Großspurigkeit ausgeführt werden, und welche nur dazu dienen, die eigenen Wünsche und Gehässigkeiten zu fördern, all diese Handlungen werden zu einer Schlacht, selbst wenn die Handlung an sich wie ein Opfer aussieht. Wenn sich der Hass und die Wut in Worten eines Menschen ausdrücken und diese Worte widerum zu Streit führen, wird daraus bald eine Schlacht. Die Wurzel all dessen sind Bindungen und Wünsche, die aus der Identifikation mit dem Körper entstehen.

Ihr seid der Atman, ihr seid nicht der Körper

Krishna sagte: *„Arjuna,* befolge meine Gebote. Überwinde das Körperbewusstsein gänzlich. Höre auf, dich mit dem Körper zu identifizieren. Der Körper ist voller Schleim und Schmutz. Du bist nicht dieser Körper; der Körper ist nur vergänglich und flüchtig. Du bist der Zeuge, der Bewohner, der *Atman* in diesem Körper. Dieses sechs Fuß (1,82 Meter; Anmerkung des Übersetzers) große Gehäuse ist nicht das, was du bist. Du bist die kosmische Persönlichkeit, du bist grenzenlos. Dieser Körper unterliegt Geburt und Tod. Aber du bist der *Atman,* der weder geboren wird, noch stirbt. Du bist kein begrenztes Individuum, das dem Vergehen der Zeit unterliegt. Du bist die strahlende Lichtgestalt, welche die Zeit bereits besiegt und gemeistert hat. Unterscheide zwischen dem Unvergänglichen und dem Vergänglichen! Dringe tiefer ein in Weisheit und Unwissenheit! Unterscheide zwischen Wahrem und Unwahrem!

Krishna fuhr fort: *„Arjuna,* erkenne deine wirkliche Natur! Lob und Tadel gelten dem Körper, sie sind nicht ewig. Gewinn und Verlust sind mit dem Körper verbunden. Sie sind ein Ergebnis von Aktivität, von *Karma,* aber sie sind nicht die Charakteristika deiner Essenz, des *Atman.* Sei gleichgültig gegenüber allen Gegensätzen. Behandle Freud und Leid mit Gleichmut. Nur wenn du diesen Gleichmut hast, erkennst du, was wahre Erfüllung ist, und wirst zum wahren Weisen *(sthitaprajna)* ." Mit diesen Worten lehrte *Krishna Arjuna* die höchste Weisheit, die Unterscheidung zwischen Wahrheit und Unwahrheit, das Erkennen des Unvergänglichen hinter allem Vergänglichen.

Gott in menschlicher Gestalt ist nicht auf Avatare begrenzt

Gott ist überall. Er ist allwissend, allesdurchdringend, allmächtig. Er ist nicht auf einen Körper beschränkt. Seine Macht ist nicht auf das durch Körper ausgeführte *Karma* beschränkt. Das Göttliche ist nicht nur ein bestimmter Körper, der im *Tretāyuga* den Namen *Rama* trug, oder ein anderer Körper, der im *Dvāparayuga Krishna* hieß. Diese Inkarnationen dienten der Menschheit als ideale Vorbilder. Aber das göttliche Prinzip ist nicht auf einen angenommenen Körper beschränkt, sondern allgegenwärtig und allwissend.

Diese Wahrheit wurde die Menschen wieder und wieder gelehrt. *Krishna* sprach darüber zu *Arjuna*. Er sagte: *„Arjuna,* ich habe diese *Gita* in alter Vorzeit, in vielen vergangenen Zeitaltern *Surya,* den Sonnengott, gelehrt. Als dann der Sonnengott es an die vielen großen Heiligen jener Zeit weitergab, haben andere in einer langen Linie heiliger Wesen von der *Gita* erfahren. Aber danach geriet dieses Wissen langsam und allmählich in Vergessenheit und ging schließlich verloren. Es ist jedoch genau dieses alte, heilige Wissen, das ich dich heute lehre."

Als *Arjuna* das hörte, meldeten sich Zweifel in ihm, und er dachte: „Der Sonnengott ist eine sehr alte Wesenheit. *Krishna* wurde erst vor Kurzem im gegenwärtigen Zeitalter geboren. Wie kann *Krishna* die Sonne gelehrt haben, die so alt ist?" Kaum hatte *Arjuna* dies gedacht, sprach *Krishna*, der den Kopf und das Herz aller Wesen kennt, wieder zu ihm. Er sagte: „Nun, *Arjuna,* ich kenne deine Zweifel." Mit einem

Lächeln fuhr er fort: „Schau, *Arjuna,* ich bin nicht dieser Körper hier. Ich bin der Eine, der nie geboren wurde. Ich bin jenseits von Zeit und Raum. Ich bin nicht an Bedingungen gebunden. Ich existiere in allen Zeitaltern, immer. Du leitest deine Vorstellungen über mich aus meinem Körper ab und glaubst, dass ich zu diesem *Dvāparayuga* gehörte. Stattdessen sind all diese Zeitalter und Äonen in mir. Versuche nicht, mich auf diesen Körper und auf eine bestimmte Zeit zu begrenzen. Körper ändern sich, doch ich ändere mich niemals. Ich nehme verschiedene Körper an, um *Karma* zu vollbringen und eine bestimmte Mission zu erfüllen." Als *Arjuna* dies hörte, dämmerte in ihm spirituelles Verstehen, und er erkannte das zeitlose, unveränderliche Prinzip der Göttlichkeit.

Erweitert eure Perspektive von euch selbst, um das Göttliche zu verstehen

Nicht alle Menschen sind imstande, die Allwissenheit Gottes zu begreifen. Selbst spirituell orientierte Menschen gründen ihre Ansichten nur auf die äußerlich sichtbaren Werke des Herrn und halten ihn für eine individuelle Wesenheit, die eine bestimmte Gestalt habe. Weil sie sich mit ihrem eigenen Körper identifizieren, halten sie auch Gott für einen bestimmten Körper. Sie spekulieren über die Zukunft dieser bestimmten göttlichen Inkarnation und verkennen die Allgegenwart und Allwissenheit des Göttlichen. Aber das ist nicht richtig. *Krishna* befahl *Arjuna:* „Entwickle Großmütigkeit und weite deinen Horizont. Du kannst mit dem Konzept einer individuellen Persönlichkeit beginnen, aber bleib da nicht stecken. Vergeude nicht dein gesamtes Leben, indem du nur an das Individuelle denkst.

Vom Einzelnen musst du übergehen zum Konzept der Gesellschaft, die über das Individuelle hinausgeht. Individualität und Persönlichkeit hängen mit bestimmten Namen und Formen zusammen. Aber lass deinen Geist (mind) sich über Name und Form erheben. Erreiche und erfahre das Prinzip, das deine eigentliche Essenz ist. Noch siehst du alles im Rahmen der Dualität *(dvaita),* und als Folge davon manifestiert dein Leben nur Dualität. Du bist in Namen und Formen, in Subjekt-Objekt-Beziehungen verstrickt. Nimm die Anstrengung auf dich, von der Dualität *(dvaita)* und Täuschung zu vollkommener Einheit mit dem Göttlichen zu gelangen, indem du beständig diese höchste Weisheit der reinen Nichtdualität *(advaita)* als Ziel verfolgst. Streng dich an, dasselbe göttliche Prinzip überall und in allem zu sehen, bis du die höchste Wahrheit erkennst, dass allein der *Atman,* dein wahres Selbst, wirklich ist und existiert."

Buddha lehrte dieselbe große Wahrheit, obwohl er nicht viele Bezüge auf die *Veden* und Begriffe des *Vedanta* benutzt hat. Trotzdem erfuhr und zeigte er den essenziellen Geist (spirit) der *Veden.* Zuerst sagte er: „Ich nehme Zuflucht bei meiner Unterscheidungsfähigkeit (buddham sharanam gacchami)." Das befasst sich mit dem Individuellen, es spricht von der begrenzten Persönlichkeit. Später ergänzte er: „Ich nehme Zuflucht bei der Gemeinschaft, ich nehme Zuflucht bei der ausgedehnten Familie spirituell orientierter Wesen (sangam sharanam gacchami)." Er erkannte, dass Gefühle, die mit individuellen und persönlichen Betrachtungen zusammenhängen, selbstsüchtig und engstirnig sind und euch nicht sehr viel weiterbringen.

Schreitet vom Einzelnen über die Gesellschaft zum Göttlichen voran

Ihr solltet das individuelle Selbst nicht als alles betrachten, es ist nur ein Tropfen im Meer. In diesem Sinne wies auch *Krishna* an: *„Arjuna,* weite dein Herz und werde großmütig. Schließe die gesamte menschliche Gesellschaft in deinen Blickwinkel ein." Die Gesellschaft hat keine eigene Gestalt, sie besteht aus Individuen. Wenn eine große Anzahl von Individuen zusammenkommt, werden sie zur Gesellschaft.

Baba sagt oft: „Ausdehnung ist mein Leben". Wenn ihr individualisiertes Leben zum Unendlichen (englisch: infinity) ausweitet, wird es Göttlichkeit (divinity). Das bedeutet: Lasst euch als Einzelne vervielfältigen und ausbreiten, damit ihr Göttlichkeit in allen sehen könnt, und ihr werdet Göttlichkeit erfahren. Deshalb sagte *Krishna* zu *Arjuna:* „Lebe in der Gesellschaft, diene der Gesellschaft und entwickle Großmut. Erkenne, dass Göttlichkeit überall und in allen ist."

Die Ausdehnung des Einzelnen zur Gesellschaft bedeutet nicht bloß, einer bestimmten Gruppe, der Verwandtschaft, einer Region, Gemeinschaft oder einem Land eure Loyalität zu schenken. Dies ist der erste Schritt, aber ihr müsst darüber hinaus gehen. Das wird euch begrenzen und nicht den ganzen Weg bis zur Göttlichkeit bringen, die eure eigene Wahrheit ist. Deswegen fügte Buddha noch einen weiteren Schritt hinzu: „Ich nehme Zuflucht bei Wahrheit und Rechtschaffenheit (dharmam sharanam gacchami)."

Der Begriff *Dharma* hat, so wie er hier gebraucht wird, eine sehr weitgefasste Bedeutung; er bezieht sich auf das Eine, das die gesamte Welt voranbringt. Wenn ihr die allgemeine Bedeutung des Wortes *Dharma* untersucht, werdet ihr entdecken, dass es sich auf die grundlegende Natur einer Sache bezieht, auf ihre essenzielle Wahrheit. Es bezieht sich auf den unsterblichen *Atman,* die innewohnende Göttlichkeit. Deshalb ist die tiefere Bedeutung von *Dharma* in der wahren Natur von allem zu finden, im Göttlichen. Beim *Dharma* Zuflucht zu suchen bedeutet, einszuwerden mit den Eigenschaften des Göttlichen. Es heißt, dass die Täuschung *(maya)* der Körper Gottes sei. Aber es ist richtiger zu sagen, dass *Dharma* der Körper Gottes ist. *Dharma* ist seine wahre Gestalt. Aus diesem Grund sagte *Krishna:* „Ich komme wieder und wieder, um *Dharma* einzusetzen." *Dharma* enthüllt die weite Natur des Göttlichen in all seinen herrlichen Aspekten.

Krishna wies *Arjuna* an: „Geh über dieses kurzsichtige Gefühl der

Individualität hinaus. Halte diesen Körper nicht für die gesamte Grundlage deines Lebens. Er ist nur eine Hülle, ein Werkzeug. Er ist es, was du durch deine sterblichen Augen siehst. Weite deine Sichtweise. Entwickle dein inneres Sehen; erlange die Gottesschau. Wenn dein Blick mit Gott erfüllt ist, wird die gesamte Schöpfung für dich Gott. Mache *Dharma* zu deiner Sichtweise und deine Sichtweise wird zur Gottesschau. Dann wirst du die gesamte Schöpfung als Gott sehen."

Krishna fuhr fort, die korrekte Bedeutung des Praktizierens von *Dharma* zu erklären: „Als Individuum bist du ein Prinz, der zur Kriegerkaste gehört. Für den Schutz von Rechtschaffenheit zu kämpfen und deine Schlachten zu planen, ist deine Pflicht, dein *Dharma*. Es wäre nicht recht, wenn du losgehen und einen Krieg anzetteln würdest, aber in diesem Fall haben deine bösartigen Cousins den Krieg gegen dich erklärt. Meine Anweisung ist, dass du deine Pflicht anerkennst und dabei an mich denkst und meine Befehle ausführst. Auf diese Weise werden all deine Handlungen von *Dharma* durchdrungen.

Die Natur des Dharma

Indem *Krishna Arjuna* belehrte, offenbarte er die essenzielle Form von *Dharma*. *„Arjuna,* Brennen ist die wahre Natur des Feuers. Wenn es nicht brennt, ist es kein Feuer. Ebenso ist Kälte die Natur des Eises. Wenn etwas nicht kalt ist, kannst du es nicht Eis nennen. Und Süße ist für den Zucker natürlich. Wenn eine Substanz keine Süße hat, kann sie wie Zucker aussehen, ist aber vielleicht Salz oder Mehl. Ebenso ist der Tod für jeden menschlichen Körper etwas Natürliches. Warum sollte man sich grämen, wenn der menschliche Körper sich auf sein natürliches Ende zubewegt?

So wie Brennen zur Natur des Feuers gehört, Kälte zur Natur des Eises und Süße zur Natur des Zuckers, gehört der Tod zur Natur jedes menschlichen Körpers. Zieh in die Schlacht, ohne dich um die Körper deiner Verwandten zu sorgen. Aber kämpfe im Geiste eines wahrhaft Weisen *(sthitaprajna)*. Wenn du Frieden erhalten willst, musst du dein Ego zerstören, deine Bindungen auflösen und deine Illusionen aufgeben. Aber gib Gott nicht auf! Er ist in dir. Er ist die wahre Quelle deines Seins. Stimme dich auf ihn ein und befolge all seine Befehle, und du wirst das wahre Wesen der Menschheit erkennen."

Dharma, die göttliche Qualität, die für den Menschen natürlich ist und ihm innewohnt, wird *Maya,* die Illusion von Welt, Individualität und Getrenntheit auflösen. Zuvor wurde erwähnt, was die Buchstaben im englischen Wort „man" – ein Mensch ungeachtet des Geschlechts – bedeuten: „M" steht für „*Maya,* die aufgelöst wurde", „A" für „*Atman,* der erkannt wurde" und „N" für „*Nirvāna,* das erreicht wird". Mit anderen Worten: Entfernt das Ego-Selbst, habt die Schau des inneren Gottes und geht in die Freude eures unsterblichen göttlichen Selbst ein, den *Atman.* Das ist es, was *Dharma* ausmacht, das ist die entscheidende Pflicht des Menschen. Darüber solltet ihr wieder und wieder nachsinnen.

Frieden kann nur in eurem Inneren gefunden werden

Frieden ist keine auf dem Markt erhältliche Sache. Er ist kein Ding, das man kaufen oder wie ein Königreich erobern kann. Er ist auch kein Geschenk, das ihr von euren Verwandten bekommen könnt. Frieden liegt in eurer eigenen Natur, er ist in euch. Nur wenn ihr in euch selbst sucht, werdet ihr ihn finden. Befreit euch also von eurer nach außen gerichteten Sichtweise und entwickelt die Schau nach innen. Die äußere Sichtweise ist für ein Tier angemessen, nicht für einen Menschen. Ein wahrer Mensch besitzt die innere Schau. „Heilige also dein Leben", befahl *Krishna Arjuna,* „indem du dieses einzigartige Potenzial des Menschen entwickelst, deinen Geist (mind) nach innen zu wenden."

Es gibt die Geschichte, wie der Weise *Narada* am Anfang seines Weges eine Sorge nach der anderen hatte. Nun hatte *Narada* Einiges gelernt. Er war Meister auf allen vierundsechzig Gebieten der Gelehrsamkeit geworden und hatte alle vierundsechzig Fertigkeiten auch praktiziert, aber immer noch keinen inneren Frieden gefunden. Er begann sich zu fragen: „Was ist der Grund für all diese Sorgen, diesen Mangel an Frieden, den ich spüre? Ich habe alle Arten des Lernens gemeistert, ich verstehe alle menschlichen Wissensgebiete und dennoch ist es mir nicht gelungen, meine Sorgen aufzulösen." Er ging zu dem großen Heiligen Sanath Kumar und bat ihn, ihm den Grund für seine Sorgen und den Mangel an Frieden zu erklären.

Das erste, was Sanath Kumar *Narada* fragte, war: „Was hast du gelernt?" *Narada* antwortete: „Ich bin auf allen Wissensgebieten bewandert und habe es in allen zur Meisterschaft gebracht. Es gibt kein Gebiet, auf dem ich unbedarft wäre." Sanath Kumar antwortete: „Nun, das ist sehr gut. Hast du dann auch das Wissen um das Selbst *(ātmavidyā)* erlangt?" *Narada* sagte darauf: „Nein, bis auf Selbsterkenntnis habe ich jede Art von Bildung." Darauf erwiderte Sanath Kumar: „Seelenfrieden kannst du nur durch das Wissen über den *Atman* erlangen. Nur wenn du dieses höchste Wissen erlangt hast, durch das du alles andere wissen wirst, kannst du gebildet genannt werden. Andernfalls bleibst du unwissend, ganz gleich, wie viele Gebiete du gemeistert hast. Was nutzt es, so Vieles zu lernen, ohne auch nur das Eine zu verstehen, was wirklich wichtig ist?" Hier ist ein kleines Beispiel:

Für eine Hochzeit muss es einen Bräutigam geben

In einem kleinen Dorf sollte eine Hochzeit gefeiert werden. Die Frau des Hauses, in dem die Hochzeit stattfinden sollte, sagte zur Nachbarin: „Liebe Freundin, wir möchten die Hochzeit bei uns in großem

Stil feiern. Wir haben eine berühmte Musikkapelle aus Bombay und viele bekannte Sänger engagiert. Es kommen ausgezeichnete Köche, um das Mahl zu bereiten, und wir stellen ein großes Hochzeitszelt dafür auf. Es wird wirklich eine große Sache. Bitte komm! Diese Hochzeit wird dir sehr gefallen. Es wird eine einzigartige Feier." Die Nachbarin hörte sich dies an und sagte: „Oh, wie wunderbar! Ich werde gewiss kommen." Dann erkundigte sie sich: „Bitt sag, wer ist der Bräutigam?" Die Frau antwortete: „Nun, das ist noch nicht entschieden."

Für eine Hochzeit ist der Bräutigam eine sehr wichtige Person. Wenn der Bräutigam nicht ausgewählt wurde, wer wird dann im Hochzeitszelt verheiratet? Wozu die berühmte Musikkapelle und der Koch, die Sänger und Priester, wenn keiner da ist, der verheiratet wird? Als Erstes muss der Bräutigam erwählt werden, danach bekommen alle anderen Dinge einen Sinn. Wenn es ebenso keinen Seelenfrieden gibt, was nutzt es dann, so viele Dinge gelernt zu haben? Der Weise Sanath Kumar sagte zu *Narada:* „Nur durch das Erkennen des *Atman* kannst du Seelenfrieden erlangen."

Der Mensch ist heutzutage eine leichte Beute von Bindung *(rāga)* und Hass *(dvesha)*. Er wird von der besitzergreifenden Natur überwältigt und ist voller Ego. Seht, in welchem Zustand er sich befindet und was er tut! Er betrachtet sich als das wichtigste Wesen der Welt. Er betrügt sich selbst mit dem Gefühl, dass es niemanden gebe, der größer sei als er. Wegen dieser Täuschung hat er sein Unterscheidungsvermögen verloren und ist nicht mehr imstande, über seinen eigenen verwirrten Zustand nachzudenken. Er denkt, er sei derjenige, der alles tue. Er glaubt, er könne die ganze Welt mieten und mit ihr machen, was ihm gefalle. Aber es ist nicht er, der die Welt regiert. Diese Macht hat er nicht – weder im Guten noch im Bösen. Der Schöpfer der Welt, der Eine, welcher der Beschützer dieser Welt ist, der Eine, welcher der Vater dieser Welt ist, der Eine, welcher die Mutter dieser Welt ist, der

Eine, welcher der Gott dieser Welt ist, nur Er hat die Macht und Berechtigung, sie zu lenken. In der gesamten beweglichen und unbeweglichen Welt gibt es nur einen Meister. Das ist eine unumstößliche Wahrheit, die jedes menschliche Wesen erkennen muss.

Betrachtet die Nöte, denen ihr begegnet, als Chancen und Prüfungen

Gebt euren vorübergehenden Aufregungen und eurem Ärger nicht nach. Ihr verliert dadurch euren Seelenfrieden. Kummer, Verlust, Schmerz und Sorgen, sie alle sind Prüfungen, die euch helfen, eure Schwächen loszuwerden. Sie offenbaren, ob ihr festen Glauben und Geduld entwickelt habt, um Schwierigkeiten auszuhalten und unbeeinflusst von ihnen zu bleiben. Es nutzt nichts, nur die Prüfungen zu bestehen, die an Schulen abgenommen werden. Ihr müsst die Prüfungen bestehen, die das Leben euch stellt. Man sagt: „Nachdem alles Mögliche gelernt wurde, kennt nur ein Dummkopf seinen eigenen Geist nicht.“ Welche Schulbildung man auch genossen haben mag, ein Dummkopf gewinnt ihr keine guten Eigenschaften ab. Was nutzt dann all diese Bildung? Aus seinem nutzlosen Wissen hat er sich nur die Fähigkeit zum Argumentieren und Gegenargumentieren angeeignet.

Warum so viele Dinge lernen, die keinen Wert haben? Gebt euch stattdessen die allergrößte Mühe, etwas über dasjenige zu lernen, was keinen Tod hat. Das ist Bildung, die von bleibendem Wert ist. Was ist das Wissen, das euch befähigt, das zu erkennen, was keinen Tod kennt? Es ist das Wissen vom *Atman,* und die Bildung ist die atmische Bildung. Der Eine, der keinen Tod hat, hat auch keine Geburt. Alles, was geboren wurde, was eine Existenz bekommen hat, ist Veränderung unterworfen und wird schließlich sterben. Die gesamte Welt und alles in ihr hat eine bestimmte Gestalt. Weil es Form hat, wandelt es sich. Ihr solltet versuchen den Zustand zu erreichen, in dem es keine Veränderung gibt. Dafür müsst ihr Selbsterkenntnis *(ātmavidyā)* erlangen, müsst ihr den *Atman* erkennen.

Es ist nicht notwendig, das Gepäck auf eurem Kopf zu tragen

Es war einmal ein alter, unwissender Dorfbewohner, der seinen Heimatort verließ, um eine lange Reise anzutreten. Er war nie zuvor mit einem Zug gefahren; tatsächlich hatte er in seinem ganzen Leben noch nie die Möglichkeit gehabt, einen Zug zu sehen. Nun stand er am Bahnhof und wartete auf den Zug. Bald fuhr ein langer Zug mit vielen Waggons in den Bahnhof ein. Der Dorfbewohner war überwältigt. „Er hat so viele Wagen", dachte er bei sich, „und er fährt so schnell. Seht, wie leicht er auf den engen Schienen balanciert, auf denen ein Mensch kaum laufen kann."

Hunderte von Passagieren warteten auf dem Bahnsteig darauf, in den Zug einzusteigen. Sie hatten sehr viel Gepäck bei sich. Der Mann aus dem Dorf saß da und brütete über seinen Gedanken: „Wie kann dieser Zug nur so viele Passagiere und so viel Gepäck transportieren?", fragte er sich. „Warum haben diese Menschen überhaupt so viel Gepäck dabei?" Zusammen mit den anderen stieg der Dorfbewohner in den Zug ein. Drinnen verstauten die Reisenden ihre Koffer auf der Gepäckablage oder stellten sie auf den Boden und setzten sich. Sie nahmen ihre Plätze ein, plauderten und entspannten sich.

Der Dorfbewohner dachte: „Wie grausam diese Menschen sind! Warum beladen sie diesen armen Zug noch mehr, indem sie einfach ihr Gepäck abstellen, anstatt es selber zu tragen?" Der alte Mann saß also da und behielt sein Gepäck auf dem Kopf. Es reichte schon, dass der Zug ihn beförderte; das Mindeste, was er tun konnte, war, sein Gepäck selber zu tragen und es nicht auf den Boden dieses ohnehin überladenen Zuges zu stellen! Ein Mitreisender fragte ihn: „Mein

Herr, warum trägst du dein Gepäck auf dem Kopf? Warum stellst du es nicht einfach hin und machst es dir bequem?" Der alte Mann antwortete: „Der Zug trägt doch schon so viel Gepäck. Ich möchte ihm nicht auch noch meines aufbürden. Deshalb habe ich es auf meinen Kopf gesetzt und trage es selbst."

Aber was ihr mit eurem Gepäck auch macht, der Zug wird so oder so beides befördern – euch und eure Last. Ihr helft dem Zug nicht im Geringsten, wenn ihr euer Gepäck auf dem Kopf behaltet. Ihr könnt es getrost abstellen und die Reise genießen. Dieser naive alte Mann war zwar freundlich und hatte Mitgefühl, aber nicht viel Intelligenz und Unterscheidungsvermögen.

Krishna sagte zu *Arjuna:* „Obwohl du sehr gebildet bist, obwohl du deine Sinne kontrollierst, Großes geleistet hast und viele Fertigkeiten besitzt, erlebst du zahlreiche Schwierigkeiten. Der Grund dafür ist, dass du nicht imstande warst das Göttliche zu verstehen. Solange du das Göttliche nicht erkennst, bist du nicht frei von Leid. Wenn du dich von Leid befreien und die Gnade Gottes erlangen willst, musst du meine Gebote befolgen.

Denk zuerst daran, dass du nicht der Körper bist. Die Sinnesorgane haben keine Verbindung mit dir; sie gehören zum Körper. Benutze den Körper zur Arbeit, aber identifiziere dich weder mit ihm noch mit der Arbeit. Du hast diesen Körper aufgrund deiner vergangenen Handlungen, wegen deines *Karmas,* angenommen, und du musst ihn nutzen, um *Karma* auszuführen. Steh also auf! Erhebe dich, *Arjuna!* Tu deine Pflicht. Führe Handlungen aus und weihe sie alle mir. Überlass mir die Folgen deiner Handlungen. Meide Selbstsucht, ehre die Gerechtigkeit, sei fest im Glauben! Das ist der *Dharma* von Zeitalter zu Zeitalter. Wenn du meinen Geboten gehorchst, werde ich für dich sorgen."

Identifiziert euch mit dem Göttlichen, nicht mit dem Körper

Krishna fuhr fort: „Ich will dir noch etwas sagen: *Dhritarashtra,* der blinde Vater der *Kauravas,* hatte einhundert Söhne, doch am Ende blieb nicht einer übrig um seine Bestattungsriten zu vollziehen. Warum? All seine Söhne waren Gottes Kinder, aber *Dhritarashtra* betrachtet sie als seine eigenen. *Arjuna,* du wirst auch zu einem Bruder von ihm! Du täuschst dich, wenn du glaubst, dass dieser Körper dir gehöre. Er ist in Wirklichkeit überhaupt nicht dein Körper. Indem du denkst, du seist der Körper, entwickelst du dieselbe blinde Sichtweise. Das ist völlige Unwissenheit. Wenn du diese Unwissenheit nicht abschüttelst, wirst du die Weisheit nicht erlangen können. Du musst Unterscheidungsvermögen und Selbsterforschung entwickeln, damit die Weisheit zu dir kommen kann.

In deinem Körper ist das spirituelle Herz, und in diesem Herzen ist Gott. In deinem Körper ist auch die individuelle Seele *(jīva).* Diese beiden, Gott und *Jīva,* scheinen getrennt voneinander im Körper zu existieren, miteinander zu spielen und ihre Rolle in einem großen Schauspiel aufzuführen. Sie kommen zusammen und trennen sich wieder, wie es der Autor des Stückes bestimmt hat. Er ist es, der die Rollen des Guten und des Bösen, des Tugendhaften und des Sünders verteilt. Doch in Wahrheit gibt es nur das eine Göttliche, das diese Rollen spielt.

Vom Standpunkt des Körpers aus betrachtet, gibt es die individualisierte Seele *(jīva),* die sich als diese bestimmte Person von Körper und Geist manifestiert hat, und Gott, welcher der Bewohner des Herzens ist. Solange du die Vorstellung vom Körper hast, bleiben die beiden, Gott und Seele, getrennte Wesenheiten, die ihr Spiel miteinander genießen. Sobald die Illusion schwindet, verschmelzen sie zu dem einen, alles durchdringenden göttlichen Prinzip. Wenn ihr die falsche Vorstellung des Körperbewusstseins auflöst, führt ihr die Vereinigung des Individuums mit Gott herbei. Dann habt ihr euch im göttlichen Bewusstsein niedergelassen und erfreut euch ewiger Glückseligkeit."

Auf diese Weise lehrte *Krishna Arjuna* das Wissen, wie man ein Weiser *(sthitaprajna)* wird und den Weg zur Glückseligkeit der Nichtdualität erreicht. Er sagte: *„Arjuna,* lebe immer in dem Gefühl, dass alles, was existiert, ein und dieselbe Wesenheit ist. Erlaube es den Sinnen nicht, dich von diesem Gefühl der Einheit und des Gleichmuts fortzuziehen. Lass dein Herz frei von Sorgen und Freuden, Bindung und Hass sein. Bleib unberührt von Lob und Tadel. Behandle alle Menschen gleich."

Krishna sprach zu *Arjuna:* „Wenn du fest daran glaubst, dass alles in dieser Schöpfung eine Manifestation des Göttlichen ist, wirst du in Weisheit versunken und frei von Täuschung sein. Dann erkennst du das wahre Ziel, warum du als Mensch geboren wurdest. *Arjuna!* Führe meine Befehle aus! Sieh mich überall! Erkenne mich als dein wahres Selbst, den *Atman!* Erkenne den *Atman* und sei für immer frei!"

Glossar

(Weiterführende Informationen zu mehr als 3.000 Sanskrit-Begriffen finden Sie in: „Martin Mittwede, Spirituelles Wörterbuch Sanskrit-Deutsch“, Sathya Sai Vereinigung e. V., D-Dietzenbach, ISBN 978-3-932957-81-9. Das Wörterbuch gibt zugleich Zugang zur indischen Mythologie, Ethik und Kultur und bietet sich als Hilfe zur spirituellen Erkenntnis an.)

abhaya	Furchtlosigkeit.
abhyāsa	stetige Übung.
abhyāsayoga	der Weg der systematischen, stetigen Übung.
advaita	Nichtdualität. Monistisches Philosophiesystem, das auf der Einheit von Schöpfung und Schöpfer beruht.
advaitajyotis	das eine Licht ohne ein Zweites.
adveshtā sarvabhūtānām	ohne Hass gegenüber irgendeinem Wesen.
Agastya	der Weise, der das Meer austrank.
aham	Ich; ich bin; der Wissende.
aham brahmāsmi	„Ich bin *Brahman.*“ Ich bin du, du bist ich, wir sind eins.
aham dehāsmi	„Ich bin der Körper.“ Ich bin getrennt von dir; nicht Seele.
aham jīvāsmi	„Ich bin diese einzelne Seele.“
ahamkāra	Ego, Ichhaftigkeit, Selbstsucht, Stolz.
ahimsā	Gewaltlosigkeit in Gedanken, Wort und Tat.
akhandajyotis	vollkommenes, unveränderliches Licht.
akarma	Tatenlosigkeit, Müßiggang; ohne Bewusstsein für die Folgen des Tuns.
ākāsha	Raum, Äther, Kosmos.
amanaska	losgelöst von Denken und Fühlen; meditativer Zustand.
ānanda	vollkommene und höchste Glückseligkeit, wahre und anhaltende Freude, göttliche Glückseligkeit, Seligkeit, Ausgeglichenheit.

anāsakti	Loslassen des Verlangens nach Dingen; Abwesenheit von Wünschen.
anāsaktikarma	unpersönliches Handeln ohne das geringste Eigeninteresse.
anāsaktiyoga	der Weg der Wunschlosigkeit; Handeln ohne Bindung.
anala	Feuer, Unbefriedigtheit.
anārya	Nicht-*Ārya.*
anasuya	frei von jeder Spur von Eifersucht, Hass, Egoismus, Eitelkeit.
anatman	(Sanskrit: anātman) Nicht-Selbst.
antarātma	das innewohnende Sein.
anugraha	Gnade Gottes; Gnade, die Er gewährt.
anurakti	Bindung an Gott, Zuneigung, Liebe zu Gott.
Arjuna	wörtlich: weiß, rein, unbefleckt. Anführer der *Pandavas; Krishnas* Schüler; Held des *Mahabharata.*
artha	Wohlstand, Überfluss, der auf rechtschaffene Weise erlangt wird; Bedeutung, Absicht.
arthārthin	jemand, der um Wohlstand betet, in den Kampf um Reichtum, Besitz und Macht verstrickt ist.
ārthin	Leidender, Bedürftiger.
ārūdha	aufgestiegen, erhoben zur Ebene der Gotterkenntnis.
ārya	derjenige, der dem edlen, rechten Weg folgt.
ashocya	nicht wert, betrauert zu werden.
ashānti	Unfriede.
Ashtavakra	(Sanskrit: ashtāvakra) König *Janakas* jugendlicher Lehrer.
Ashvatthaman	(Sanskrit: ashvatthāman) Krieger des *Mahabharata,* der seinen Vaters rächte, indem er dessen Mörder erschlug, während sie schliefen.
Aschram	(Sanskrit: āshrama) Aufenthaltsort eines Weisen oder Heiligen. Ein Zentrum für religiöse Studien und Meditation.
asti	(zeitunabhängige) Existenz.
āstika	religiöser Mensch; glaubt an Gott, Pflicht, *Karma,* Liebe.
ātmajnāna	Selbsterkenntnis; Wissen um den *Atman* als der zugrunde liegenden Wahrheit.

ātmajyotis	Glanz des *Atman.*
Atman	(Sanskrit: ātman) das wahre, unsterbliche Selbst; der Funke Gottes; die innerste Wirklichkeit, die antreibende Kraft hinter den äußerlichen Dingen.
ātmānanda	Glückseligkeit des Selbstverwirklichten.
ātmavidyā	(durch Sinneskontrolle erlangte) Erkenntnis der Wirklichkeit des *Atman* als dem wahren Selbst.
āvarana	Erhöhung des Vergänglichen über das Ewige, des Ich über das All *(atman).*
Avatar	(Sanskrit: avatāra) Inkarnation Gottes, die auf die Erde „herabsteigt", um *Dharma* zu schützen und wieder aufzurichten. Das Formlose nimmt Form an, um den Menschen durch das eigene Beispiel „den Weg nach oben" zu zeigen.
Ayodhya	(Sanskrit: ayodhyā) wörtlich: „Die Uneinnehmbare"; Hauptstadt des Königreiches von König *Dasharatha, Ramas* Vater.
Bhagavan	(Sanskrit: bhagavān) der Herr, Gott. Er, der die sechs göttlichen Eigenschaften besitzt: Allmacht, Rechtschaffenheit, Herrlichkeit, Gnade, Wissen, Losgelöstheit.
Bhagavadgita	(Sanskrit: bhagavadgītā) wörtlich: „Der Gesang des Erhabenen"; Teil des *Mahabharata,* lehrt in Dialogen zwischen *Krishna* und *Arjuna* die Hingabe an Gott *(bhakti)* als Erlösungsweg.
Bhagavatam	(Sanskrit: bhāgavatam) Kurzform für Bhāgavatapurāna; Name einer heiligen Schrift; erläutert religiöse Wahrheiten durch Geschichten von Heiligen, Sehern und Königen.
bhakti	Hingabe an Gott. Glaube, Beständigkeit, Liebe zu Gott, Festhalten am Herrn unter allen Umständen.
bhaktiyoga	der Weg der Hingabe an Gott.
Bharata	*Ramas* Bruder, Sohn von *Kaikeyi* und *Dasharatha.*
bhāti	Licht.
bhāva	liebevolle Anrede für „Schwager".
bhāvaroga	der Zyklus von Geburt und Tod. Die Krankheit oder das Leiden aufgrund der Bindung an die wechselhafte Natur *(bhava)* des Geistes (mind).

bhaya Furcht vor etwas Unliebsamem, Unerwünschten.
Bhima (Sanskrit: bhīma) einer der Brüder *Arjunas.*
Bhishma (Sanskrit: bhīshma) Großvater der *Pandavas.*
bhogin derjenige, der die weltlichen Freuden genießt.
bhūtadayā Warmherzigkeit gegenüber allen Lebewesen.
bhūtākāsha das grobstoffliche, physische Universum.
Brahma (Sanskrit: brahmā) der Schöpfergott in der Hindu-Trinität; das personifizierte Absolute.
brahmānanda ewige Freude, die eine Emanation der himmlischen Sphäre *Brahmas,* des Schöpfers ist.
brahmajnāna das Wissen von Gott.
brahman das Allumfassende; das formlose, ewige Prinzip jenseits der Begriffs- und Vorstellungswelt.
brahmarishi gottverwirklichter Weiser.
brahmāsmi „Ich bin *Brahman*", ich bin all dies und mehr. Ich bin, was ist, war und sein wird.
brahmatattva die Wirklichkeit, Wesen des *Brahman.*
brihadāranyakā-upanishad Name einer *Upanishad.*
buddhi Unterscheidungsvermögen, Intellekt.
buddhiyoga Übung des Unterscheidungsvermögens.
caitanya 1. zur Spiritualität erwachtes Bewusstsein; 2. siehe *Krishnacaitanya.*
cidākāsha subtilste, kausale Ebene des Universums.
citta Sitz der Gefühle; das Herz; das reine Bewusstsein.
cittākāsha das Universum des Geistes.
daksha der, welcher *Shiva* schmähte.
Dakshinamurti (Sanskrit: dakshināmūrti) Name eines großen Weisen.
dama Sinneskontrolle, Selbstbeherrschung.
Darshan (Sanskrit: darshana) der Anblick des Herrn.
Dasharatha Name von *Ramas* Vater.
dāso 'ham „Ich bin der Diener des Herrn."
deha Körper.
dehin die dem Körper innewohnende Person.
deva göttliches Wesen, Gott.
Devotee Verehrer, Anhänger.
Dīpāvalī Lichterfest.

Dhanamjaya Anrede für *Arjuna,* die „Erringer von Wohlstand“ bedeutet.

Dharma Rechtes Handeln, rechte Lebensführung, Pflicht, gottgewollte Ordnung.

dharmakshetra geweihtes Kampffeld, Austragungsort des pflichtgemäßen Handelns.

Dharmaraja (Sanakrit: dharmarāja) „König der Rechtschaffenheit“; *Arjunas* ältester Bruder, König der *Pandavas.*

dhyāna Meditation.

Draupadi (Sanskrit: draupadī) Gemahlin der *Pandavas;* Symbol für Tugendhaftigkeit.

drashtum Unmittelbare Gottesschau, Erfahrungszustand.

Dhritarashtra (Sanskrit: dhritarāshtra) Name des blinden Vaters der *Kauravas.*

durātman Verderbter; der, welcher der Erkenntnis fern ist.

Durvasa (Sanskrit: durvāsa) Weiser, der wegen seines Zornes bekannt wurde.

dvaita Dualität.

dvāparayuga bronzenes Zeitalter; *Krishnas* Zeitalter.

Dvaraka (Sanskrit: dvārakā) indische Hafenstadt; *Krishnas* Wohnsitz; Symbol für den Körper.

dvesha Hass, Bosheit, Zorn, Abneigung, Ablehnung.

Ganesha der elefantengesichtige Gott und Sohn *Shivas;* Beseitiger der Hindernisse.

Garuda *Vishnus* Gefährt, der Adler.

Gita (Sanskrit: gītā) siehe *Bhagavadgita.*

Govinda Beiname für *Krishna:* „Der, welcher die Tiere (das Tierische) beherrscht.“

Gudakesha (Sanskrit: gudākesha) Beiname für *Arjuna;* „Der, welcher die Sinne beherrscht.“

guna Grundeigenschaft, Grundhaltung beziehungsweise -stimmung; siehe *Tamas, Rajas, Sattva.*

Guru Lehrer.

gurudakshinā Geschenk des Schülers an seinen *Guru.*

Hanuman affengestaltiger Gott; *Ramas* Diener und Jünger.

Harishcandra Name eines Königs der Sonnendynastie.

Hastinapura (Sanskrit: hastināpura) Name einer Stadt.

Hiranyakashipu Dämonenkönig; *Prahladas* Vater.

hrishikesha	(Sanskrit: hrishīkesha) Meister der Sinne; Herr über die Welt der Sinne; ein Name für *Krishna*.
Indra	Name einer Gottheit; in den *Veden* ist er der König der Götter.
indriya	Sinnesorgan.
jagadguru	Weltenlehrer.
Janaka	König von Mithilapura; Vater von *Ramas* Gattin *Sita*.
jantu	alles aus dem Schoß einer Mutter lebend Geborene; Geschöpf, Kreatur.
jijnāsu	Schüler auf dem geistigen Weg, Weisheitssuchender.
jīva	Seele eines Einzelwesens.
jīvanjyotis	das (innere) Licht der Seele.
jīvātman	das individuelle Selbst, der *Atman,* der sich in einer Verkörperung manifestiert.
jnānendriya	(jnāna-indriya) die feinstofflichen inneren Wahrnehmungsorgane.
jnāna	Weisheit.
jnānayoga	der Weg der Weisheit.
jnānin	ein weiser Mensch.
jnātum	Erkennen; wissen, dass Gott existiert.
Kaikeyi	(Sanskrit: kaikeyī) zweite Ehefrau von König *Dasharatha; Bharatas* Mutter.
kālakāla	Herr über die Zeit.
kali	wörtlich: Eisen (siehe *Kaliyuga).*
kaliyuga	wörtlich: eisernes Zeitalter. Das letzte der vier Zeitalter, in dem *Dharma* zurückgeht.
kāma	Wunsch, Verlangen.
kamadhenu	die himmlische Kuh des Überflusses, die alles gibt, was man sich wünscht, die alle Wohltaten gewährt.
katha-upanishad	Name einer berühmten *Upanishad,* welche die Belehrungen des Totengottes *Yama* enthält.
kārana	Kausalkörper, Ursache, Instrument.
karmakshetra	„Aktionsfeld des Handelns" – der Körper.
Karma	(Sanskrit: karman) Arbeit, Handeln, Tätigsein; notwendige Folgen des eigenen Tuns.
karmendriya	(karma-indriya) die grobstofflichen Sinnesorgane.

karmayoga	der Weg des rechten Handelns, der zur Selbsterkenntnis führt.
karmakānda	Teil der *Veden,* der sich mit den rituellen Opferhandlungen und Zeremonien beschäftigt.
kaurava	die hundert bösen Vetter der *Pandavas.*
Kīrtan	(Sanskrit: kīrtana) gemeinsames Singen, Rezitieren und Tanzen.
ko 'ham	„Wer bin ich?“
kosha	Hülle. Es gibt fünf Hüllen, die zusammen mit dem von ihnen umgebenen *Atman* das menschliche Wesen ausmachen.
kripana	Unwissender.
Krishna	wörtlich: schwarz, dunkelblau; Voll-*Avatar,* der vor circa 5.000 Jahren lebte; unterwies *Arjuna* in der *Bhagavadgita* im Wissen um die höchste Wahrheit.
Krishnacaitanya	Name eines großen Weisen aus Bengalen (16. Jahrhundert).
kritayuga	Name des ersten im Zyklus der vier Weltzeitalter; es ist das Zeitalter der größten Vollkommenheit und entspricht dem Goldenen Zeitalter der Griechen; ein anderer Name ist Satyayuga, das Zeitalter der Wahrheit.
krodha	Zorn, Ärger.
kshamā	Duldsamkeit, Tugend der Geduld.
kshaya	Zerstörung.
kshetra	Feld.
kshetrajna	der Kenner des Feldes *(kshetra).*
Kumbhakarna	der Dämon, der *Tamoguna* symbolisiert.
Kundalinī	Name einer Form von Shakti; sie wird auch Schlangenkraft genannt. Wird sie wachgerufen, findet sie bei ihrem Aufstieg durch die verschiedenen Zentren (cakra) ihren Ausdruck in Form von spirituellen Erkenntnissen.
kurukshetra	Kampffeld; Austragungsort des Kampfes zwischen *Pandavas* und *Kauravas* beziehungsweise zwischen Gut und Böse.
kurunandana	Nachkomme der Kurus; Name für *Arjuna;* „Der, welcher mit Freuden Arbeit leistet“.

Lakshmana	Name von *Ramas* zweitgeborenem Bruder; von *Rama* unzertrennlich.
līlā	das göttliche Spiel; auch: Wunder.
lobha	Geiz, Gier.
mada	Laster; Überheblichkeit, aber auch: Intensität.
Madhava	(Sanskrit: mādhava) Anrede für *Krishna:* „Lakshmis Herr“.
Mahabharata	(Sanskrit: mahābhārata) Heldenepos um den Kampf zwischen den *Pandavas* und *Kauravas;* enthält das Lehrgedicht *Bhagavadgita.*
mahākārana	wörtlich: große Ursache; das göttliche Prinzip.
mahārāja	wörtlich: großer König (Kaiser).
maharshi	(Maharshi) großer Seher, Weiser.
mahātma	wörtlich: große Seele; ehrenvoller Beiname.
Maheshvara	der große Herr; ein Name für *Shiva* oder *Vishnu.*
Maitreyi	Gattin von *Yajnavalkya;* diejenige, die von *Brahman* zu reden wusste.
manas	der niedrige, noch nicht geläuterte Geist; Gemüt; Region der Wünsche und Gedanken; Denkvermögen.
mānava	wörtlich: der von Manu kommt; der Mensch.
Mantra	heilige Worte oder Gesänge zum Anheben der Spiritualität; Gebetsformel zur ständigen Wiederholung.
mama	mein.
mamadharma	„mein *Dharma*“.
matbhakta	„mir ergeben“.
matkarmakrit	„Tu dein Werk nur für mich.“
matparamo	„Nur mir zuliebe.“
mātra	Eingrenzung; Maß für die Sinne.
mātsarya	Eifersucht, Neid.
Maya	(Sanskrit: māyā) Illusion, Täuschung; das Nichtwirkliche.
mithyā	verkehrt, falsch.
moha	Verzauberung; Verblendung.
moksha	Befreiung, Entkommen, Rettung.
mūlādhāracakra	unterstes Energiezentrum des Menschen.
nadī	Fluss; stetiges Fließen.
Nala	König aus alter Zeit, der die gesamte Welt regierte.

nāman	Name.
nāmasmarana	Wiederholung des heiligen Namens Gottes.
nandi	Stier; Reittier *Shivas.*
nara	Bezeichnung für „Mensch"; Held; Person.
Narada	einer der sieben großen *Rishis* und Urväter des Geistes; *Brahmas* Söhne.
Narayana	(Sanskrit: nārāyana) Beiname für *Vishnu,* den Erhalter der Welt.
nāstika	ein Mensch ohne Selbstvertrauen; Atheist.
neti	*„neti, neti";* weder dies, noch das: Der Mensch ist weder Körper, noch Intellekt, noch Denken.
nirbhaya	Beseitigen der Angst; frei sein von Angst.
nirmāyā	frei von Illusion.
nirvāna	wörtlich: „Verlöschen"; Beruhigung aller geistigen Unruhe; dieser Begriff beschreibt den Zustand der Befreiung; es ist der völlig ausgewogene Geisteszustand.
nirvikalpa	jenseits der drei *Gunas;* frei von Sinnestätigkeit.
nishkāmakarma	uneigennütziges Handeln; Tätigsein im Sinne der Entsagung, ohne auf das Ergebnis zu schauen.
Paisa	alte indische Währung; 100 *Paisa* sind 1 Rupie.
Pandava	(Sanskrit: pāndava) Nachkommen des Königs Pandu; Name der fünf Brüder, die im *Mahabharata*-Epos gegen die verderbten *Kauravas* kämpfen.
Pandit	Schriftgelehrter.
parabhakti	höchste Form der Hingabe.
paramahamsa	selbstverwirklichtes, heiliges Wesen; höchste (*parama*) Seele (*hamsa*: Schwan).
paramātman	universeller Geist; Allseele.
paramajyotis	höchstes Licht.
Prahlada	Sohn des Dämonenkönigs *Hiranyakashipu;* Vorbild des wahren Jüngers.
Prasad	(Sanskirt: prasāda) Gott dargebrachte und von ihm gesegnete Speisen.
prashānti	wörtlich: „Höchster Frieden".
praveshtum	das Eingehen in Gott; dritte Erfahrungsstufe.
prema	Liebe (göttliche, bedingungslose Liebe).
priya	Liebreiz; geliebt.
pūjā	Anbetungsritual.

Puranas	(Sanskrit: purānas) Name einer Literaturgattung, die zu den klassischen heiligen Schriften zählt.
purushārtha	die vier Ziele des Lebens.
rāga	Leidenschaft, Bindung; das Gefühl, man müsse ein Objekt unbedingt besitzen, selbst wenn man es nur für eine kurze Zeit haben kann; Gefühl, Emotion; Liebe, Zuneigung; Ärger, Zorn; Freude, Genuss; Schönheit; musikalische Stimmung. In der klassischen Musik Indiens gibt es eine ganze Reihe von festgelegten Tonfolgen, die eine bestimmte Stimmung ausdrücken.
rāja	König.
rājayogin	ein heiliger König.
rajas	Aktivität, Erregtheit, Überschwang, Leidenschaft.
rājasa	Adjektiv von *Rajas;* bestimmt, leidenschaftlich, aktiv, kummervoll, von leidenschaftlichen Eigenschaften bestimmt.
Ravana	(Sanskrit: rāvana) Dämonenkönig in Lanka, der *Sita* entführte und dann von *Rama* mit *Hanumans* Hilfe besiegt wurde.
rajoguna	eine der drei Grundeigenschaften (siehe *rajas).*
rākshasa	Dämon.
Rama	(Sanskrit: rāma) wörtlich: jubeln; die Quelle aller Freude *(ānanda); Avatar,* der vor circa 15.000 Jahren lebte; Held des *Ramayana*-Epos.
Ramakrishna	einer der größten Heiligen des letzten Jahrhunderts. Lehrer *Vivekanandas.*
Ramayana	(Sanskrit: ramāyāna) Epos über das Leben *Ramas;* von *Valmiki* verfasst.
Ravana	(Sanskrit: rāvana) Dämonenkönig aus Lanka.
rishi	Weiser; Seher.
roga	Krankheit.
rogin	eine kranke Person; derjenige, der ein Opfer seines ausschweifenden Lebens wird.
rūpa	Form.
sat-cit-ānanda	wörtlich: „Sein-Bewusstsein-Glückseligkeit“.
sādhaka	derjenige, der sich spirituellen Übungen widmet.
sādhana	spirituelle Übungen.
sādhu	ein tugendhafter Mensch, ein Weiser, ein Hingegebener, ein Heiliger; Mönch.

sahasrāra Scheitelpunkt des Kopfes.

sahasrāracakra das tausendblättrige Cakra; Name des höchsten Cakras, das sich oberhalb des Scheitels befindet.

sākshara Führer; Kontrolle Ausübender.

sama Beherrschung der Gedanken.

samādhāna Übung zur Erlangung der Stille des Geistes durch Gleichmaß; Versenkung in das Höchste.

samādhi Stille des Geistes; höchstes Stadium des unerschütterlichen Gleichmuts.

samkīrtan gemeinsames Lobpreisen des Herrn.

samnyāsin Mönch.

samsāra Kreislauf; Flut des Wandels; das Meer der weltlichen Existenz.

sandhyā Übergangszustand zwischen zwei zeitlich gebundenen Phasen.

sānkhya das Wissen vom innewohnenden *Atman*.

sānkhyayoga Weg der Weisheit.

Sanskrit (Sanskrit: samskrita) eine verfeinerte Sprachform, die in erster Linie nicht die materiellen Gegebenheiten beschreibt, sondern von der geistigen Realität kündet. Sie dient dazu, die Schau der Seher *(rishi)* auszudrücken.

santripti/santrupti wahre Freude.

sat-asat gemeinsames Auftreten von Wahrheit und Unwahrheit.

satkarma Handeln in Reinheit.

satsanga die Gesellschaft guter Menschen.

sattva Harmonie, Reinheit.

sāttvika Adjektiv von *Sattva;* erfüllt, bestimmt; rein, gut, fromm, ruhig, unbewegt, gesammelt, gelassen.

sattvaguna eine der Grundeigenschaften (siehe *Sattva).*

satya/satyam Wahrheit.

savikalpa durch die drei *Gunas* geprägter Seinszustand.

shama wörtlich: gleichmäßig, leidenschaftslos; auch: Beherrschung des Denkens.

shānti Friede.

sharīra der Körper, „das, was verdirbt".

sharīrin das Göttliche, das im Körper wohnt.

Shiva einer der drei Aspekte Gottes; Gott als Zerstörer, der auflöst, um Neues zu erschaffen.

shivam	Güte.
shishya	Schüler, der bestrebt ist, den Geist nach innen zu lenken.
shivo 'ham	„Ich bin *Shiva.*"
shraddhā	unerschütterlicher Glaube.
shrī	Ehrentitel; Bezeichnung, die einer Person Heiligkeit und höhere Erkenntnis zuschreibt.
Shrīmad Bhagavatam	Name des Bhagavatam.
Shuka	Name eines großen Heiligen.
Shuklāmbaradharam vishnum	das *Mantra* des weißgewandeten Herrn *(Vishnu).*
Sita	(Sanskrit: sītā) *Ramas* Gattin und Tochter König *Janakas;* Symbol der Illusion.
sloka	Vers (der *Gita).*
so 'ham	(Er, ich); „Ich bin Er."
sthitaprajna	im Zustand der Weisheit Lebender.
sudharshana	inneres Bild; Gott mit dem inneren Auge sehen.
Sugriva	(Sanskrit: sugrīva) Name des Oberbefehlshabers von *Ramas* Heer.
sundaram	Schönheit.
Surya	(Sanskrit: sūrya) der Sonnengott.
sushupti	Schlafzustand; Tiefschlaf.
svadharma	die Pflicht des Selbst, des *Atman.*
Swami	(Sanskrit: svāmī) Herr, Meister.
tamas	Trägheit, Unbeweglichkeit; Dumpfheit.
tāmasa	Adjektiv von *Tamas,* von trägen Eigenschaften bestimmt, träge.
tamoguna	eine der drei Grundeigenschaften (siehe *Tamas).*
tapas	Bußübung: physische, sprachliche und mentale Disziplin; „Hitze", welche die Fähigkeit hat, *Karma* zu Asche zu reduzieren.
tat	„Das"; die letzte, unbeschreibbare Wirklichkeit; Gott.
tat tvam asi	„Das bist Du"; „Du bist Gott." Dieser Satz deutet auf die Identität der individuellen mit der universalen Seele hin.
titikshā	ausharren, ertragen können; sich nicht beirren lassen durch Worte oder Umstände.
tretāy/trupti	Zufriedenheit.
tretāyuga	Name eines der vier Weltzeitalter (*yuga*).

turīya	Stadium des Überbewusstseins.
tvam	„Du“; du selbst; dies; das Selbst des Einzelnen.
Upanishad	mit dem Thema der Weisheit befasster Abschnitt der *Veden.*
uparati	das Erlebnis des Ganzseins, das aus dem Verzicht auf das Wünschen entsteht; das Stillwerden; Aufhören.
upāsana	neben dem Herrn sitzen; Verehrung.
vamana	(Sanskrit: vāmana) Name eines *Avatars* von *Vishnu* in Zwergengestalt, der erschien, um die Welt von dem Dämonen Bali zu befreien.
vairāgin	jemand, der innere Losgelöstheit, Gelassenheit praktiziert.
vairāgya	innere Loslösung, Gelassenheit.
vāsudeva	ein Name für *Krishna*, der ihn als wahren Herrn aller Besitzgüter kennzeichnet.
vaidhabhakti	vaidhabhakti vidhi: Anweisung; die Stufe der *Bhakti,* in der man den Regeln folgt, Disziplinen, die zur Reinigung führen.
Valmiki	(Sanskrit: vālmīki) der Weise und Autor des *Ramayana,* der zuvor Ratnakara, der Dieb gewesen war.
vāsanā	tiefwurzelnde Neigungen; Wunsch; Charakterzug; Prägung; Veranlagung.
Vasishta	großer Weiser aus *Ramas* Zeit.
veda /Veden	Wissen, heilige Lehre; Bezeichnung für die Gesamtheit der ältesten indischen Texte, die nichtmenschlicher (göttlicher) Abstammung sind.
Vedanta	(Sanskrit: vedānta) wörtlich: „Schluss der *Vedas“*; enthält eine Zusammenfassung der höchsten Erkenntnisse.
Vibhishana	(Sanskrit: vibhīshana) *Ravanas* Bruder; Urvater der sattvischen Eigenschaften.
vicarana	Erforschung des Inneren; stetige Selbstprüfung.
videha	körperlos; derjenige, der das Körperbewusstsein transzendiert hat.
Vidyaranya	(Sanskrit: vidyāranya) großer Weiser.
vikarma	unerlaubte Handlung; auch: Freisein vom Tun.
vikshepa	die Projektionskraft der *Maya;* Verwirrung.

vishishtādvaita bedingte Nichtdualität.

Vishnu einer der drei Aspekte Gottes; Gott als Bewahrer der Schöpfung.

Vishvamitra (Sanskrit: vishvāmitra) Name eines Königs, der zum Weisen wurde.

vishvasvarūpa universale Form Gottes.

Vivekananda (Sanskrit: vivekānanda) einer der größten Heiligen des letzten Jahrhunderts; setzte sich für die Einheit der Religionen *(sarvadharma)* ein.

Vyasa (Sanskrit: vyāsa) Autor des *Mahabharata.*

yāga nach außen gerichtete Aktivität; Opferritual, das in einem Umzug von Ort zu Ort wandert.

yajna spirituelle Übung, Opfer; Opfer im Geiste der Demut und Reinheit.

Yajnavalkya Name eines vedischen Heiligen, der unter anderem König *Janaka* unterrichtete.

Yama Gott des Todes.

yuga Zeitalter, Weltzeitalter. Es gibt in der indischen Tradition vier Weltzeitalter: 1. *Kritayuga,* 2. *Tretāyuga,* 3. *Dvāparayuga* und 4. *Kaliyuga.*

yoga Vereinigung mit Gott; alle Übungen und Praktiken, die zu diesem Ziel führen.

yogasūtra Aphorismensammlung des Weisen Patanjali.

Yogi (Sanskrit: yogin) ein nach Vereinigung mit Gott Strebender.

yogīshvara der „Meister der *Yogis“*, Gott.

zamindar Dorfoberster, „Bürgermeister“.

Auswahl deutschsprachiger Literatur von Sathya Sai Baba

Besinnung auf Gott (Dhyāna Vāhinī): Über den Prozess der wirklichen Meditation. 128 Seiten, kartoniert, ISBN 978-3-932957-50-5

Strom des Friedens (Prashānti Vāhinī): Sathya Sai Baba lehrt uns das Geheimnis des Friedens. 116 Seiten, kartoniert, ISBN 3-924739-33-1

Lebe die Liebe (Prema Vāhinī): Über die höchste Form der Liebe: die gesamte Schöpfung als Einheit zu sehen und zu bejahen. 128 Seiten, kartoniert, ISBN 978-3-932957-52-9

Quellen der Weisheit (Sūtra Vāhinī): „Sūtra" bedeutet: „Das, was mit wenigen Worten tiefe Bedeutung enthüllt". Erläuterungen zu den Brahma Sūtras. 68 Seiten, kartoniert, ISBN 978-3-932957-35-2

Erziehung zur Selbsterkenntnis (Vidyā Vāhinī): Sathya Sai Baba erklärt die Grundprinzipien des Wissens und weist auf die Verbindung von Erziehung und Geisteswissenschaft hin. 104 Seiten, kartoniert, ISBN 3-924739-55-2

Mensch und göttliche Ordnung (Gītā Vāhinī): Erklärende Ausführungen Sathya Sai Babas zur Bedeutung der Bhagavadgita. 216 Seiten, kartoniert, ISBN 3-924739-60-9

Ewige Wahrheiten (Bhāratīya Paramārtha Vāhinī und Sathya Sai Vāhinī): Sathya Sai Baba vermittelt die Weisheit der Veden und ihre Bedeutung für den Erkenntnis- und Lebensweg. 192 Seiten, kartoniert, ISBN 3-924739-59-5

Dharma – Göttliche Ordnung (Dharma Vāhinī): Das Bild einer Gesellschaftsordnung, in der jeder an seinem Platz zum Glück des Ganzen beiträgt. 104 Seiten, kartoniert, ISBN 3-924739-97-8

Erfüllung in Gott (Bhāgavata Vāhinī): Sai Babas Version des Bhagavatam. 244 Seiten, kartoniert, ISBN 978-3-932957-46-8

Antworten (Līlā Kaivalya Vāhinī, Prashnottara Vāhinī und Sandeha Nivarinī): Anworten Sai Babas, die zeitlos, unveränderlich und universal gültig sind. 188 Seiten, kartoniert, ISBN 3-924739-87- 0

Upanishaden – Das Wissen vom Sein (Upanishad Vāhinī): Erläuterung der tiefgründigen Wahrheiten der Upanishaden, die zur Selbsterkenntnis führen. 112 Seiten, kartoniert, ISBN 3-932957-05-9

Strom der Erkenntnis (Jnāna Vāhinī): In diesem Buch zeigt Sathya Sai Baba den Weg zur höchsten Erkenntnis, dass alles, was existiert, seinem Wesen nach göttlich und eins mit Gott ist. 73 Seiten, kartoniert, ISBN 3-924739-96-X

Die Geschichte von Rama – Strom göttlicher Liebe (Rāma Kathā Rasa Vāhinī): Sai Babas Version des Ramayana. Band 1: 472 Seiten, kartoniert, 978-3-932957-62-8; Band 2: 240 Seiten, kartoniert, ISBN 3-924739-79-X

Sathya Sai Baba spricht: Bände 1–11, 20, 21, 30, 40. Ansprachen von Sathya Sai Baba zu verschiedenen Anlässen. Kartoniert; Band 1 (Ansprachen 1953–

60): 160 Seiten, ISBN 3-932957-06-7; Band 2 (Ansprachen 1960–62): 176 Seiten, ISBN 3-924739-48-X; Band 3 (Ansprachen 1963–64): 184 Seiten, ISBN 3-924739-49-8; Band 4 (Ansprachen 1963–65): 272 Seiten, ISBN 3-924739-43-9; Band 5 (Ansprachen 1964–67): 248 Seiten, ISBN 3-924739-50-1; Band 6 (Ansprachen 1967–68): 424 Seiten, ISBN 978-3-932957-73-4; Band 7 (Ansprachen 1966–71): 354 Seiten, ISBN 3-924739-51-X; Band 8 (Ansprachen 1970–73): 336 Seiten, ISBN 978-3-932957-65-9; Band 9 (Ansprachen 1974–75): 208 Seiten, ISBN 3-924739-07-2; Band 10 (Ansprachen 1975–80): 248 Seiten, ISBN 3-924739–0-7; Band 11 (Ansprachen 1979–82): 393 Seiten, ISBN 978-3-932957-67-3; Band 20 (Ansprachen 1987): 212 Seiten, ISBN 3- 932957-11-3; Band 21 (Ansprachen 1988): 292 Seiten, ISBN 978-3-932957-69-7; Band 30 (Ansprachen 1997): 240 Seiten, ISBN 3-932957-22-9; Band 40 (Ansprachen 2007): 236 Seiten, ISBN 978-3-932957-75-8

Sommersegen in Brindavan (Summershowers): Vorträge vor Schülern und Studenten in Brindāvan, die in die Wahrheit und Weisheit der indischen Kultur einführen und in denen Sathya Sai Baba seine Botschaft der Liebe erläutert. Broschiert; 1972: 272 Seiten, ISBN 978-3-932957-66-6; Band 2 (1973): 228 Seiten, ISBN 3-932957-47-4; Band 3 (1974): 180 Seiten, ISBN 3-924739-41 2; Band 4 (1977): 176 Seiten, ISBN 3-924739-62-5; Band 7 (1990): 128 Seiten, ISBN 3-924739-80-3; 1993: 144 Seiten, ISBN 3-932957-10-5; 1995: 176 Seiten, ISBN 3-932957-31-8; 1996: 136 Seiten, ISBN 3-932957-28-8; 1998: 110 Seiten, ISBN 3-932957-10-4

Sommersegen in den Blauen Bergen 1976: In diesen Ansprachen erläutert Sathya Sai Baba anhand des Mahabharata und Bhagavatam, was es bedeutet, ein wahrer Mensch zu sein. 144 Seiten, broschiert, ISBN 3-932957-17-2

Kostbarkeiten aus Kodaikanal 1998: In den Ansprachen vom Sommerkurs in Kodaikanal gibt Sathya Sai Baba Anleitung für ein spirituelles Leben. 112 Seiten, broschiert, ISBN 3-932957-16-4

Der Weg nach innen – Sādhana: Zusammenstellung von Auszügen aus Reden Sathya Sai Babas. 256 Seiten, broschiert, ISBN 3-924739-15-3

Botschaft für den Westen: Ansprachen und Unterweisungen für die Gottsuchenden aus „Übersee". 120 Seiten, broschiert, 978-3-932957-67-3